KB263602

**누림강해시리즈❹**

# 출애굽기 강해
## 내가 여호와인줄 알리라

| | |
|---|---|
| **지은이** | 곽면근 |
| **초판발행** | 2013년 6월 21일 |

| | |
|---|---|
| **펴낸이** | 배용하 |
| **책임편집** | 윤순하 |
| **등록** | 제364-2008-000013호 |
| **펴낸곳** | 도서출판 대장간 |
| | www.daejanggan.org |
| **등록한곳** | 대전광역시 동구 삼성동 285-16 |
| **편집부** | 전화 (042) 673-7424 |
| **영업부** | 전화 (042) 673-7424 전송 (042) 623-1424 |

| | |
|---|---|
| ISBN | 978-89-7071-295-6 |
| | 978-89-7071-261-1(세트) |

 값  25,000원

곽면근 목사의 누림강해 시리즈 ④

# 출애굽기 강해

## 내가 여호와인줄 알리라

곽 면 근

# 차 례


서문 · · · · · · · · · · · · · · · 13

1. 알지 못하는 출애굽기 1:1~14 · · · · · · · · · 17

2. 하나님이 일꾼 출애굽기 1:15~22 · · · · · · · · 32

3. 선한 이방인들 출애굽기 2:1~22 · · · · · · · · 46

4. 하나님이 기억하사 출애굽기 2:23~25 · · · · · · · 62

5. 모세야, 모세야 출애굽기 3:1~12 · · · · · · · · 78

6. 스스로 있는 자 출애굽기 3:13~22 · · · · · · · 96

7. 나를 믿지 아니하며 출애굽기 4:1~9 · · · · · · · 112

8. 보낼 만한 자 출애굽기 4:10~17 · · · · · · · · 127

9. 내 아들 내 장자 출애굽기 4:18~26 · · · · · · · 147

10. 여호와가 누구이기에 출애굽기 4:27~5:23 · · · · · 163

11. 네가 보리라 출애굽기 6:1~12 · · · · · · · · 181

12. 명령을 받은 자 출애굽기 6:13~7:7 · · · · · · · 198

13. 말씀과 같았더라 출애굽기 7:8~8:15 · · · · · · · 211

14. 왕의 말씀대로 하여 출애굽기 8:16~31 · · · · · · 226

15. 내가 너를 세웠음은 출애굽기 9:1~35 · · · · · · 243

16. 어떻게 여호와를 섬길는지 출애굽기 10:1~29 · · · · 259

17. 기적을 더하리라 출애굽기 11:1~12:14 · · · · · · 273

18. 아무 일도 하지 말고 출애굽기 12:15~28 · · · · · 287

19. 여호와의 군대 출애굽기 12:29~51 · · · · · · · · · · · 303

20. 이르게 하시거든 출애굽기 13:1~22 · · · · · · · · · · · 318

21. 가만히 서서 출애굽기 14:1~20 · · · · · · · · · · · 333

22. 큰 능력을 보았으므로 출애굽기 14:21~31 · · · · · · · · · · · 349

23. 내가 찬송하리니 출애굽기 15:1~21 · · · · · · · · · · · 364

24. 치료하는 여호와 출애굽기 15:22~27 · · · · · · · · · · · 378

25. 이것이 무엇이냐 출애굽기 16:1~20 · · · · · · · · · · · 392

26. 여호와의 안식일 출애굽기 16:21~36 · · · · · · · · · · · 409

27. 여호와를 시험하여 출애굽기 17:1~7 · · · · · · · · · · · 426

28. 여호와 닛시 출애굽기 17:8~16 · · · · · · · · · · · 441

29. 장인의 말을 듣고 출애굽기 18:1~27 · · · · · · · · · · · 456

30. 제사장 나라 출애굽기 19:1~6 · · · · · · · · · · · 472

31. 다 행하리이다 출애굽기 19:7~25 · · · · · · · · · · · 486

32. 열 마디 말씀 출애굽기 20:1~17 · · · · · · · · · · · 501

33. 형상을 만들지 마라 출애굽기 20:1~6 · · · · · · · · · · · 514

34. 하나님이기 때문에 출애굽기 20:7~17 · · · · · · · · · · · 529

35. 범죄하지 않게 하려 출애굽기 20:12~26 · · · · · · · · · · · 542

36. 하나님의 법규 출애굽기 21:1~1 · · · · · · · · · · · 556

37. 눈에는 눈으로 출애굽기 21:12~36 · · · · · · · · 569

38. 하나님 있는 자들의 법 출애굽기 22:1~31 · · · · · · · 583

39. 가난한 자의 송사 출애굽기 23:1~13 · · · · · · 595

40. 절기를 지킬지니라 출애굽기 23:14~19 · · · · · · · 607

41. 네 앞서 가서 출애굽기 23:20~33 · · · · · · 619

42. 준행하리이다 출애굽기 24:1~18 · · · · · · · 632

43. 거기서 만나리니 출애굽기 25:1~9, 29:38~46 · · · · · · · 648

44. 너희의 신이로다 출애굽기 32:1~6 · · · · · · · 663

45. 목이 뻣뻣한 백성 출애굽기 32:7~14 · · · · · · · 677

46. 슬프도소이다 출애굽기 32:15~35 · · · · · · · 693

47. 이르게 하려니와 출애굽기 33:1~11 · · · · · · · 711

48. 너를 쉬게 하리라 출애굽기 33:12~23 · · · · · · · 725

49. 여호와라 여호와라 출애굽기 34:1~9 · · · · · · · 738

50. 놀라운 일 출애굽기 34:10~17 · · · · · · · 751

51. 수건으로 가렸더라 출애굽기 34:18~25 · · · · · · · 764

52. 마음에 원하는 자 출애굽기 35:1~29 · · · · · · · 775

53. 하게 하시고 출애굽기 35:30~36:7 · · · · · · · 788

54. 여호와의 영광이 충만하매 출애굽기 40:17~38 · · · · · · · 801

# 서 문

기독교는 하나님과 하나님의 사역을 선포하는 종교입니다. 이때 하나님의 사역은 단순한 사건이 아니라 하나님의 뜻을 내포한 계시적 사건입니다. 하나님은 애굽을 정복할 수도 있었지만, 이스라엘을 출애굽시켰고, 단 한 번의 이적으로 출애굽 할 수도 있었지만 열 번의 과정을 거쳤고, 일주일 정도에 광야를 지날 수도 있었지만 사십 년의 세월을 보내게 하였습니다. 그러므로 설교자는 하나님의 사역을 볼 때에 사건과 더불어 사역을 하시는 하나님의 원리를 분별하고 각 사역을 통해 나타나는 하나님의 성품, 하나님의 뜻, 하나님의 목적에 초점을 맞추어야 할 것입니다. 또한, 하나님의 사역은 단발성 사건이 아니라 성경의 다른 사건들과 연관된 것입니다. 출애굽의 시작은 아브람과의 약속에서부터 기인하고 출애굽의 완성은 가나안에 입성하는 것으로 성취됩니다. 동시에 출애굽 사역에 나타난 각양의 이적들은 하나님의 율법을 위한 전제가 되고 유월절, 안식일 등의 절기와 성막도 하나님이 행하신 사역들과 연결되고 궁극적으로는 예수 그리스도의 사역으로 이어집니다. 출애굽기를 강해하면서 성경 전체의 안목을 키울 수 있었던 것이 하나님의 은혜임을 고백합니다.

출애굽기에서 하나님이 가장 자주 반복해서 하시는 말씀이 "이로써 너희가 나를 여호와인줄 알리라" 입니다. 그래서 출애굽기의 제목을 '내가 여호와인 줄 알리라' 로 정했습니다. 하나님은 사역을 펼치시면서 '이로써 너희가 나를 여호와인 줄 알리라'라고 말씀하셨는데 저는 설교자로 출애굽기를 강해하면서 성도들에게 '그분이 여호와인 줄 알게 해야 하는데!' 라는 약간의 부담이 있었습니다. 그러나 내가 성도를 가르치려는 마음보다 하나님의 가르침을 배우는 백성의 자세를 가지자 곧 마음에 평안이 있었습니다. 출애굽기에서 하나님이 자신을 여호와로 소개하고 직접 행동과 사역으로 증거하고 계시기 때문에 '내가 그분을 어떻게 소개할까?' 를 걱정하는 대신 본문을 잘 설명하는 것으로 충분하다는 것을 알았기 때문입니다. 과연 강해를 마쳤을 때 하나님을 더욱 풍성히 알게 되었고 하나님이 나를 향하여 '너는 내 아들이요 장자'라고 선포하시며 나의 하나님이 되어주심에 평안함과 자유함을 누리며 더욱 감사할 수 있었습니다.

출애굽기를 통하여 하나님의 사역 현장에서조차 불평하는 죄인들의 한계를 보며 나 자신이 구원받은 성도임을 감격하며 하나님의 은혜를 날마다 선포할 수 있는 목회를 더욱 가슴 벅차게 할 힘을 얻었습니다. 함께 은혜를 나누었던 성도님께 감사드리며, 말로 행한 설교를 글로 된 책으로 만들어준 도서출판 대장간에 감사를 드립니다.


2013년 6월
하나님의 은혜를 누리는 The누림교회에서 곽 면 근

# 출애굽기 강해

## 내가 여호와인줄 알리라

# 알지 못하는



## 출애굽기 1 : 1 ~ 14

1 야곱과 함께 각각 자기 가족을 데리고 애굽에 이른 이스라엘 아들들의 이름은 이러하니 2 르우벤과 시므온과 레위와 유다와 3 잇사갈과 스불론과 베냐민과 4 단과 납달리와 갓과 아셀이요 5 야곱의 허리에서 나온 사람이 모두 칠십이요 요셉은 애굽에 있었더라 6 요셉과 그의 모든 형제와 그 시대의 사람은 다 죽었고 7 이스라엘 자손은 생육하고 불어나 번성하고 매우 강하여 온 땅에 가득하게 되었더라 8 요셉을 알지 못하는 새 왕이 일어나 애굽을 다스리더니 9 그가 그 백성에게 이르되 이 백성 이스라엘 자손이 우리보다 많고 강하도다 10 자, 우리가 그들에게 대하여 지혜롭게 하자 두렵건대 그들이 더 많게 되면 전쟁이 일어날 때에 우리 대적과 합하여 우리와 싸우고 이 땅에서 나갈까 하노라 하고 11 감독들을 그들 위에 세우고 그들에게 무거운 짐을 지워 괴롭게 하여 그들에게 바로를 위하여 국고성 비돔과 라암셋을 건축하게 하니라 12 그러나 학대를 받을수록 더욱 번성하여 퍼져나가니 애굽 사람이 이스라엘 자손으로 말미암아 근심하여 13 이스라엘 자손에게 일을 엄하게 시켜 14 어려운 노동으로 그들의 생활을 괴롭게 하니 곧 흙 이기기와 벽돌 굽기와 농사의 여러 가지 일이라 그 시키는 일이 모두 엄하였더라

## 애굽에 이른 사람들

### 애굽으로 이주

출애굽기 1장 1절은 "야곱과 함께 각각 자기 가족을 데리고 애굽에 이른 이스라엘 아들들의 이름은 이러하니"입니다. 출애굽기는 창세기와 연결되어 있고 출애굽기 1장 1절의 본문은 창세기 46장 8절 "애굽으로 내려간 이스라엘 가족의 이름은 이러하니라."와 똑같습니다. 기록된 대

로 아브라함의 후손인 야곱의 일행이 당시에 가나안 땅에 임한 기근으로 인하여 요셉이 총리로 있던 애굽으로 이주하여 위기를 모면하게 됩니다. 그때 애굽으로 이주한 야곱일가가 칠십 명이었고, 애굽에 있던 요셉의 가족과 합치면 칠십오 명이 됩니다. 가문이라고 하기에는 너무 미약하고 가족이라고 하기엔 조금 많고 여하튼 매우 적은 숫자가 애굽에 이주하였습니다. 창세기 47장 11절 "요셉이 바로의 명령대로 그의 아버지와 그의 형들에게 거주할 곳을 주되 애굽의 좋은 땅 라암셋을 그들에게 주어 소유로 삼게 하고 또 그의 아버지와 그의 형들과 그의 아버지의 온 집에 그 식구를 따라 먹을 주어 봉양하였더라."는 설명대로 잘 정착을 하였습니다. 애굽에 7년간 기근이 계속되어 애굽 백성들 모두가 가축을 팔고 땅을 팔고 결국 바로의 노예로 전락했을 때에도 이스라엘은 자유민으로 살고 있었습니다.

애굽에서의 이스라엘의 삶은 평탄했던 것 같습니다. 창세기 47장' 27절 "이스라엘 족속이 애굽 고센 땅에 거주하며 거기서 생업을 얻어 생육하고 번성하였더라."고 기록되어 있고, 출애굽기 1장 7절 "이스라엘 자손은 생육하고 불어나 번성하고 매우 강하여 온 땅에 가득하게 되었더라."라고 반복적으로 등장합니다. 칠십 명의 이주로 시작된 애굽의 삶은 사백 년간의 생육하고 번성함을 거쳐 큰 민족 이스라엘 자손이 되었습니다. 작은 부족 야곱 일가가 큰 민족 이스라엘로 성장하게 되는 장소가 바로 애굽입니다.

### 이스라엘과 애굽의 관계

행여 애굽이라는 나라에 대해 '못된 나라, 나쁜 백성, 악한 민족'이라는 선입견을 갖지 마시기 바랍니다. 행여 '하나님은 이스라엘의 하나님으로서 이스라엘과 동행하시며 도우시고 축복하시고 이스라엘을 방해하는 애굽을 하나님이 징계하시고 심판하시고 형벌을 내리신다.'고 생각하지 마시기 바랍니다. 그것보다 훨씬 크고 깊은 것을 발견하셔야 합니다. 출애굽기의 관심은 이스라엘이 애굽에서 벗어나는 것이 아닙니다. 이스라엘 백성들이 노예의 신분에서 자유민으로 해방되는 것이 아닙니다. 출애굽기의 관심은 지역적인 문제이거나, 신분적인 문제가 아닙니다. 출애굽기에서 반복되는 표현이 '이로써 너희가 나를 여호와인 줄 알리라.' 입니다. 출애굽이라는 사건이 중요한 것이 아니라 이 사건을 통해서 하나님을 아는 것이 중요합니다.

이스라엘이 '생육하고 불어나 번성하고 매우 강하여 온 땅에 가득하게 되는 것' 이 이루어지는 장소가 애굽입니다. 창세기 41장에 요셉이 애굽의 총리가 되는 과정이 묘사되어 있습니다. 요셉과 애굽의 바로 왕 중 큰 자는 바로 왕입니다. 애굽의 바로 왕이 요셉을 총리로 고용하는 것입니다. 요셉이 애굽을 사들이는 것이 아니요, 요셉이 바로를 왕으로 세우는 것이 아니라 애굽이 요셉을 총리로 고용하는 것입니다. 야곱의 일가가 애굽으로 내려갔습니다. 야곱의 일가에게 땅을 제공하는 나라가 애굽입니다. 심한 기근가운데서 야곱의 일가족이 식량을 제공받으며 살았습니다. 야곱의 가족에게 식량을 공급한 것이 애굽입니다. 이스라엘이 생육하고 번성하였습니다. 이스라엘이 생육하고 번성하고 강하여지는 동안 이스라엘을 안전하게 지켜준 것이 애굽입니다. 이스라엘의 보호자가 애굽이요, 이스라엘의 공급자가 애굽입니다. 애굽이 이스라엘을 키우고, 애굽이 이스라엘을 복된 자리까지 생육하고 번성하는 일에 기초를 제공하고 그 일에 하나님께 쓰임을 받고 있는 것입니다. 이스라엘은 애굽에 은혜를 입은 것입니다.

혹자는 정반대의 설명을 할 수도 있습니다. 애굽이 요셉을 먹여 살린 것이 아니라 도리어 요셉이 애굽을 멸망의 위기에서 구해주었다고 말할 수 있습니다. 애굽이 아니었다면 요셉은 죽을 수 밖에 없는 것이 아니라 도리어 요셉이 아니었다면 애굽은 기근으로 말미암아 온 나라와 온 백성이 멸절되었을 것이라고 말할 수 있습니다. 모두 옳은 주장입니다. 그렇다면 애굽과 이스라엘은 누가 누구를 위한 것입니까? 애굽이 이스라엘에게 은혜를 베풀었다는 것이 사실일까요 아니면 이스라엘이 애굽에게 은혜를 베풀었다는 것이 사실일까요? 과연 누가 누구를 위하는 것입니까? 한편으로는 애굽이 이스라엘에게 은혜를 베푼 것이요, 다른 한편으로는 이스라엘이 애굽에게 은혜를 베푼 것입니다.

### 온 인류의 하나님

하나님을 믿는 사람들의 역사관 또는 역사인식과 하나님을 믿지 않는 사람들의 역사관 또는 역사인식의 차이점을 인식하셔야 합니다. 불신자들은 하나님을 믿지 않고 하나님의 일하심을 전혀 고려하지 않는 사람들입니다. 그러나 성도들은 하나님을 믿는 자요 하나님의 일하심을 인정하는 자들입니다. 그래서 애굽과 이스라엘의 상호관계에 대해서도 하나님의 일하심을 전제하면서 생각하셔야 합니다.

야곱의 자손이 애굽에 들어갈 때는 애굽이 큰 나라였습니다. 야곱이 애굽으로 이주할 시기에 애굽도 기근으로 인해 멸망의 위기에 처해있었습니다. 다행스럽게도 요셉을 통해 애굽이 멸망의 위기를 벗어났고 더욱 강성한 나라가 되었습니다. 강성한 애굽의 보호아래 이스라엘은 생육하고 번성하여 민족으로 자라나게 되었습니다. 비록 잠시 기근이 있었을지라도 애굽은 당시의 강대국입니다. 강대국 애굽이 기근으로 곤란을 겪고, 불과 칠십 명에 불과한 일가족이 애굽을 구원하는 역사의 현실에서 하나님의 일하심을 발견하고 하나님의 원리를 이해해야 합니다. 애굽이 이스라엘을 키웠다고 말해서도 안 되고, 이스라엘이 애굽을 건져냈다고 말을 해서도 안 됩니다. 성도는 하나님이 일하셨다고 말해야 합니다. 기근으로 멸망당할 위기에 처한 애굽을 요셉을 통하여 극복하게 하신 것이 하나님이시고, 애굽에게 번성함을 주시어 이스라엘의 삶의 터전이 되게 하신 것이 하나님이십니다. 하나님은 이스라엘을 번성하게 하시기 위하여 어떤 외딴 지역에 격리시켜 놓은 것이 아니라 애굽 땅에 거하고 하시고, 이스라엘 백성을 먹이고 입히고 보호하도록 하기 위하여 애굽을 번성하게 하시고 강대국이 되게 하신 것입니다. 하나님이 이스라엘을 입히시고, 하나님이 애굽을 입히시는 것입니다. 애굽과 이스라엘은 서로 간에 누가 누구를 도와주었는가의 논쟁을 하는 것이 아니라 서로에게 은혜를 주신 하나님을 알고 하나님께 감사해야 하는 것입니다.

하나님은 인류를 창조하신 분입니다. 하나님은 모든 인간의 창조자요, 모든 인간에게 축복을 주신 분이요, 모든 인간과 함께 하시는 분입니다. 하나님이 이스라엘만 도우시고, 이스라엘만 사랑하신다면 하나님은 온 인류의 하나님이 아니라 유대인의 하나님일 뿐입니다. 성경은 하나님이 죄인된 모든 인간에게 역사를 통하여 하나님을 알게 하려 한다는 것을 명심하셔야 합니다. 하나님은 이스라엘은 도우시고 애굽은 저주하시는 것이 아니라 이스라엘인이든 애굽인이든 죄인된 자들에게, 죄에 사로잡힌 자들에게, 죄의 원리에 매여 있는 자들에게 죄 말고 하나님, 죄의 원리 말고 하나님의 원리, 죄의 생각 말고 하나님의 심정, 죄의 가치 말고 하나님의 가치를 알리려고 하시는 것입니다.

## 알지 못하는

### 요셉과 이스라엘

출애굽기 1장 8절 "요셉을 알지 못하는 새 왕이 일어나 애굽을 다스리더니 그가 그 백성에게 이르되 이 백성 이스라엘 자손이 우리보다 많고 강하도다."입니다. 애굽에 새 왕이 일어나 애굽을 다스렸지만 그 왕은 요셉을 알지 못하였다고 말합니다. '요셉을 알지 못하는' 이라는 표현이 요셉이 누구인지, 요셉이 어떤 일을 했는지를 모르는 것을 의미하지 않습니다. 만약 그렇게 단순하게 생각하셨다면 그 이유는 여러분이 왕을 안 해보셔서 그렇습니다. 누가 왕이 되는지, 어떻게 왕이 되는지, 왕이 되기 위해 무엇을 어떻게 얼마나 준비하는지 그리고 정작 왕이 되어서 무엇을 어떻게 얼마나 배우고 익히는지를 모르셔서 그렇습니다. 애굽에 새 왕이 등극하였습니다. 새로운 왕은 자기 백성 중에 이방민족, 타 민족, 다른 백성 즉 이스라엘 자손이 함께 살고 있는 것을 알고 있었습니다. 그 이스라엘 자손들이 자신들의 편이 아니라는 것도 알고 있었습니다. 이스라엘이 어디에 살고 있는지 알고 있었고, 이스라엘 백성들의 형편도 잘 알고 있었습니다. 그렇게 이스라엘 자손들에 대해서 알고 있는 왕이 그 이스라엘 사람들을 애굽으로 들어오게 하고, 거주하게 하고, 정착하게 했던 당사자 요셉을 몰랐다는 것이 말이 되지 않습니다.

## 알지 못하는

애굽의 새 왕은 요셉을 알지 못한 것이 아니라 알고 있었습니다. 본문에서 말하는 '알지 못하는'의 의미는 모른다는 의미가 아니라 알아주고 싶지 않다는 의미입니다. 요셉을 알고 있으면 요셉에게 적절한 대접을 해 주어야 합니다. 요셉의 공로를 인정해야 하고, 요셉의 업적을 인정해 주어야 합니다. 애굽의 왕은 요셉에 대하여 모르는 것이 아니라 알아주고 싶지 않다는 것입니다. 다른 표현으로 요셉에 대하여 거슬리게 행동하다, 요셉에게 대하여 적대적으로 행동하다는 의미입니다. 요셉을 기억하고 싶지 않고, 인정해주고 싶지 않고, 지금 요셉의 자손들, 요셉의 백성들을 배려해주고 싶지 않다는 것입니다.

사람이 무엇인가를 하고 싶지 않을 때 취하는 태도가 상대방의 말을 못 알아듣는 척 하는 것입니다. 출애굽기 5장 2절에 보면 모세가 바로에게 백성을 보내라고 할 때 바로가 하는 대답이 나옵니다. "바로가 이르되 여호와가 누구이기에 내가 그의 목소리를 듣고 이스라엘을 보내겠느냐? 나는 여호와를 알지 못하니 이스라엘을 보내지 아니하리라."입니다. 이곳에서도 '알지 못하니' 는 '나는 모른다' 는 의미가 아니라 '여호와를 인정하지 않겠다, 여호와의 말을 듣지 않겠다, 여호와와 상대하지 않겠다' 는 의미입니다.

그럼 알지 못하는의 반대적 의미인 안다는 것은 무슨 뜻일까요? '안다' 라는 의미를 가장 잘 표현하는 구절이 출애굽기 2장 24, 25절 "하나님이 그들의 고통 소리를 들으시고 하나님이 아브라함과 이삭과 야곱에게 세운 그의 언약을 기억하사 하나님이 이스라엘 자손을 돌보셨고 하나님이 그들을 기억하셨더라."입니다. 24절의 기억하셨다는 표현은 말 그대로 기억하셨다는 뜻이고 25절 마지막에 나오는 "하나님이 그들을 기억하셨더라."에서 기억하셨다는 표현은 하나님이 그들을 아셨다는 뜻입니다. 하나님이 이스라엘을 아셨다는 것입니다. 아시면 어떻게 해야 합니까? 아시니까 돌보시고, 아시니까 배려하고, 아시니까 지켜주고, 아시니까 후원하고, 아시니까 동행하고, 아시니까 이제 구원하시겠다는 것입니다. 안다는 것은 정보, 소식에 대한 인지여부를 의미하는 것이 아니라 아는 것으로 인한 아는 자의 역할, 아는 자의 행위, 아는 자의 태도, 아는 자의 자세를 설명하는 것입니다.

저와 여러분은 하나님을 아는 자들입니다. 하나님을 알기에 하나님을 인정하고, 하나님을 알기에 하나님의 말씀에 순종하고, 하나님을 알기에 하나님의 뜻대로 살려고 하는 것입니다. 불신자들은 하나님을 알지 못하는 자들입니다. 하나님을 모르기에 하나님을 거스리고, 하나님을 모르기에 하나님을 부인하고, 하나님을 모르기에 하나님에게 적대적이고 하나님의 말씀에 대해 반항하는 것입니다.

# 바로의 걱정

## 바로의 의미

　바로는 왜 요셉을 알고 싶지 않았을까요? 왜 요셉을 기억하고 싶지 않았고, 이스라엘 자손들을 배려해 주고 싶지 않았을까요? 바로는 요셉을 알아주는 대신 걱정했으며, 두려워했으며, 근심했습니다. 이스라엘의 무엇이 바로를 걱정하게 했으며, 누가 바로를 두려워하게 했으며, 어떻게 바로에게 위협이 되었을까요? 바로는 왜 이스라엘에 대하여 걱정을 했을까요? 이스라엘이 바로에게 두려움을 줄 수 있도록 행동한 것이 무엇입니까? 창세기의 기록에 근거하면 이스라엘은 애굽과 바로에게 해를 끼친 적이 없습니다. 이스라엘이 애굽을 침략한 적이 없고, 이스라엘이 애굽에 전염병을 퍼뜨린 적이 없고, 이스라엘이 애굽에게 경제위기를 몰고 온 적도 없습니다. 도리어 이스라엘은 애굽을 멸망의 위기에서 구해 내준, 말 그대로 알아주어야 하는 행위만을 했을 뿐입니다. 출애굽기 1장 9절이 등장하기까지 이스라엘이 애굽에게 위협이 되는 행위를 한 적이 한 번도 없습니다. 그런데 왜 바로는 이스라엘을 걱정했을까요?

　바로는 출애굽기 1장 9절에서 "그가 그 백성에게 이르되 이 백성 이스라엘 자손이 우리보다 많고 강하도다."라고 말합니다. 바로가 걱정한 것은 이스라엘 자손의 숫자였습니다. 그런데 바로의 말이 참으로 우스운 것입니다. 당시의 가장 강대국이 애굽이요, 애굽의 왕이 바로입니다. 바로는 '파르큰＋오집'이라는 말로 '큰 집, 대궐, 왕궁, 태양'을 의미하고 모든 것의 지배자요 모든 것의 포용자로서 절대군주를 상징하는 이름입니다. 그런 이름을 가진 자라면 백성이 많을수록 좋아해야 하는 것 아닙니까? 백성이 없으면, 백성의 숫자가 적으면 바로파르오라는 이름이 어울리지 않는 것입니다. 바로가 바로로 불리울 수 있는 이유가 많은 백성을 거느리고 있기 때문입니다. 그런데 그러한 바로가 자기 영토 안에 백성이 많다고 걱정을 합니다. 백성의 숫자가 많은 것이 걱정되면 바로라는 이름을 내려놓아야 합니다.

## 바로의 불안

물론 바로는 백성의 숫자가 많은 것 자체를 두려워한 것이 아니었습니다. 출애굽기 1장 10절 "자, 우리가 그들에게 대하여 지혜롭게 하자. 두렵건대 그들이 더 많게 되면 전쟁이 일어날 때에 우리 대적과 합하여 우리와 싸우고 이 땅에서 나갈까 하노라 하고"입니다. 바로가 두려워한 것은 단순히 백성의 숫자가 아니라 앞으로 이 백성들이 행할 지도 모를 반역에 대한 불안감입니다. 이스라엘 백성이 애굽에 대하여 여태껏 한 번도 반역한 적이 없었고, 또한 아직 적과 내통했다는 어떤 단서가 밝혀진 것도 아니고, 이스라엘이 쿠데타를 일으킬 만한 조짐이 보인 것도 아닙니다. 그런데 바로는 아무 현상도 없는 것에 대해 불안해하는 것입니다.

본문에는 '이 땅에서 나갈까 하노라' 는 표현이 나옵니다. 이 표현은 출애굽을 한다는 말이 아닙니다. 출 1장은 애굽에서 나가는 것에 대하여는 이스라엘 백성들조차도 생각이 없는 때입니다. 이스라엘 백성은 애굽에서 생육하고 번성하고 매우 강하여 온 땅에 가득한 상태요, 애굽은 새로운 왕이 등극한 직후로 바로가 이스라엘 자손을 압제하기 전이기에 이스라엘과 애굽 백성 모두가 애굽에서 태평성대를 지내고 있는 시기입니다. 이스라엘 백성이 애굽에서 나갈 생각이 전혀 없습니다. 그러므로 '이 땅에서 나갈까 하노라' 는 말은 출애굽을 한다는 의미가 아닙니다. 나간다는 단어는 다른 표현으로 올라간다, 나아가다, 전진하다, 기어오르다, 솟아나다라는 뜻입니다. 바로의 염려에 나타난 '전쟁이 일어날 때에 적군과 합하여 싸우고 이 땅에서 나아간다' 는 말은 이스라엘 백성이 적군과 합세하여 나라를 빼앗으러 나아올지도 모른다는 걱정입니다.

강대국 애굽의 새로운 왕은 이 숫자 많은 이스라엘 민족이 적군과 합세하여 쿠데타를 일으키고, 자기가 왕위에서 쫓겨날 수도 있을 것을 걱정하는 것입니다. 정작 이스라엘은 그런 의도를 전혀 가지고 있지 않습니다. 이주민에 불과한 이스라엘은 꿈도 계획도 어떤 음모도 꾸민 적이 없는데 정착민이요, 지배자요, 통치자인 애굽의 바로 왕은 혼자서 이스라엘의 반역에 대한 걱정을 하고 있는 것입니다. 바로의 이러한 태도를 괜한 걱정, 쓸데없는 걱정 또는 사서 걱정이라고 합니다.

### 죄의 온상

바로는 쓸데없는 걱정, 하지 않아도 되는 염려를 했습니다. 바로는 왜 불필요한 걱정, 어리석은 염려를 했을까요? 세상에는 정반대되는 두 가지 주장이 종종 있습니다. 예를 들면 아는 것이 병이다라는 주장과 아는 것이 힘이다라는 주장입니다. 어느 주장이 맞습니까? 어느 한쪽만 옳다고 말할 것이 아니라 둘 다 옳다고 해야 할 것입니다. 다만 각 사람이 자신에게 어떻게 활용하느냐에 따라 유용하게 또는 무익하게 작용할 것입니다. 죄인의 원리에 입각하여 판단해보면 사람들은 대체로 아는 것이 병이다라는 쪽으로 활용을 합니다. 자기가 아는 것이 걱정의 뿌리가 됩니다. 알기 때문에 당연하게 받아들이는 것이 아니라 알면서도 인정을 하지 않으려는 것입니다.

본문에 등장하는 새 왕이 누구냐는 것을 역사적으로 밝히는 것은 쉽지 않은 것입니다. 현재까지는 애굽의 새로운 19왕조 힉소스 민족의 왕일 것이라고 알려져 있습니다. 새로운 왕조가 들어섰다는 것은 기존의 왕조를 전복했다는 것 즉 자신이 쿠데타를 했다는 것입니다. 자신이 쿠데타를 행한 사람이 가장 걱정하는 것이 다른 사람이 쿠데타를 일으킬지 모른다는 것입니다. 자신이 한 짓을 가장 잘 알고 있기에, 남들도 모두 자신처럼 할 것 같은 생각에 바로는 걱정을 하는 것입니다. 그런데 누군가 자신에게 반역을 행할지도 모른다는 것을 걱정한다고 해서 반역이 일어나지 않는 것이 아닙니다. 만약 상대방이 반역을 행할 마음을 먹는다면 반역을 막을 방법이 없다는 것도 알아야 합니다. 그런데 인간은 자신은 쿠데타에 성공한 것이라고 생각하고, 동시에 자신은 다른 사람이 쿠데타 일으키는 것을 모두 막을 수 있다고 생각하는 것입니다. 어리석음 그 자체입니다. 인간은 역사를 통해서 아무 것도 배우지 않는다는 것이 유일하게 배우는 것입니다.

## 바로의 지혜

### 인간의 지혜

바로는 이스라엘에 대한 자신의 두려움, 자신의 염려를 쓸데없는 걱정이라고 생각하지 않았습니다. 출애굽기 1장 10절 "자, 우리가 그들에게 대하여 지혜롭게 하자."고 기록된 대로 바로는 자신이 지혜롭다고 생각하고 있습니다. 바로 뿐만이 아니라 대부분의 사람들은 모두가 자신이 하는 생각을 최선 아니면 적어도 차선이라고 생각하고 지혜롭다고 생각하는 것입니다. 각 사람이 자신의 생각을 지혜로 간주할 때 중요한 것은 지혜가 무엇이냐?는 것입니다. 세상 사람들이 생각하는 지혜와 기독교인이 생각하는 지혜가 달라야 합니다. 그런데 대체적으로 지혜는 다르지 않고 똑같다고 생각합니다. 예를 들어 기독교인들과 비기독교인들 간에 벌어지는 논쟁의 주요 이슈는 아마도 창조와 진화일 것입니다. 조금 신학적인 주제로 본다면 예수가 하나님이냐? 인간이냐?일 것입니다. 그런데 정작 놓치고 있는 중요한 이슈는 인간이 타락하여, 인간이 범죄하여 죄인이 되었다는 것입니다. 현재의 인간을 죄인 즉 죄에 사로잡힌 자로 인식하느냐 아니면 원래 창조된 상태로 있느냐는 인식입니다.

만약 인간이 타락하지 않고 원래대로 라고 생각한다면 말 그대로 인간의 상식, 인간의 지혜는 모두에게 동일한 것입니다. 그러나 기독교인은 인간이 타락하여 죄인이 되었다고 선언하는 것입니다. 이 말은 인간의 상식, 인간의 지혜를 곧 모두 죄의 원리, 죄의 상식으로 이해해야 한다는 것입니다. 기독교인의 원리는 세상의 원리와 근본적으로 다른 것입니다. 여기에서 기독교인이 자꾸 실수합니다. 기독교인은 창조에 대해서는 다른 생각, 예수가 누구냐에 대해서는 다른 생각을 가지고 있다고 생각합니다. 그런데 지혜는 같다고 생각하면 안 된다는 것입니다. 인간들이 경험을 통해 쌓아놓은 삶의 원리, 동서고금을 막론하고 이렇게 살아야 한다는 처세술과 성경에 말해주는 지혜가 동일하다고 생각하면 안 됩니다.

## 바로의 지혜

바로는 이스라엘 백성에 대해서 쓸데없는 걱정을 했습니다. 쓸데없는 걱정을 했으니 그는 지혜롭게 행동하지 못한 것입니다. 지혜롭게 행동하지 못한 바로가 제안하는 것이 지혜롭게 행하자는 것입니다. 바로가 왕이요 군주인데 이 일을 행할 때는 명령을 한 것이 아니라 백성들에게 '자, 우리가 그들에게 대하여 지혜롭게 하자' 라고 청원을 했습니다. 바로는 교활하게, 좋게 표현해서 나름대로는 지혜롭게 행동한 것입니다. 군주는 언제나 위풍당당한 모습을 보이는 것처럼 묘사됩니다. 그러나 실상은 그렇지 않습니다. 지금 왕과 백성 중 이스라엘을 염려하여 지혜롭게 행동하자고 제안하는 당사자가 왕입니다. 왕이 말하기를 '두렵건대' 라고 하는 것입니다.

바로가 이렇게 행한 것은 당연한 것입니다. 통치자가 하는 말은 언제나 백성을 위하여입니다. 바로의 입장에서 이스라엘 자손들이 나 왕 바로를 제거하려고 한다고 말하면 명분이 서지 않습니다. 그래서 언제나 이스라엘 자손이 애굽 나라를, 애굽 백성을 지배하려고 한다고 말해야 백성들이 움직이는 것입니다. 그래서 자기 백성들을 이스라엘 자손들의 감독관으로 세워주는 것입니다. 바로의 작전이 통했습니다. 이스라엘을 압제하는 생각은 단지 바로의 생각만이 아니라 애굽 백성 모두가 한 마음 한 뜻으로 행한 것입니다.

### 정반대의 결과

바로는 지혜롭게 행한다고 행했습니다. 바로뿐만이 아니라 온 애굽 백성이 일치단결해서 자신들의 계획대로 진행했습니다. 11절에 나오는 대로 "그들에게 무거운 짐을 지워 괴롭게 하여 그들에게 바로를 위하여 국고성 비돔과 라암셋을 건축하게 하니라."입니다. 애굽에서 이스라엘 백성의 신분과 위치, 역할이 변화된 것은 이때부터입니다. 애굽과 이스라엘이 서로 잘 지내다가 바로의 이러한 조치로 인하여 이제 이스라엘은 바로의 노예로 전락하게 되고, 일군으로 학대를 받게 되는 것입니다. 애굽은 지배자가 되었고 이스라엘은 식민이 된 것입니다. 참으로 비극입니다. 이스라엘이 노예가 되었다는 것이 비극이 아니라 바로의 어리석은 지혜로 말미암아 하나님의 베풀어주신 은혜의 삶이 깨어졌다는 것이 비극입니다. 하나님으로 인하여 이스라엘이 애굽에 거주지를 얻을 수 있었고, 하나님으로 인하여 애굽이 번성함을 얻을 수 있어서 애굽과 이스라엘 모두가 생육하고 번성하였는데, 바로의 어리석은 지혜로 인하여 두 나라, 두 백성의 행복한 삶, 평화로운 관계가 깨어지게 된 것입니다. 하나님의 원리가 만들어내는 자유와 평화대신 죄의 원리가 만들어내는 갈등과 싸움이 시작된 것입니다. 하나님의 원리이어야 모든 인간이 행복합니다.

이제 애굽은 지배자 감독관이 되어 이스라엘을 학대하고 노역을 시켰습니다. 그런데 당황스러운 일이 발생한 것입니다. 학대를 하면 약해져야 합니다. 12절 "그러나 학대를 받을수록 더욱 번성하여 퍼져나가니" 즉 자신들의 계획과 의도와는 다르게 정반대의 결과가 나타난 것입니다. 세상의 이치가 참으로 재미있고 어이없는 경우가 많습니다. 상대방을 많이 때리면 상대는 고통이 늘어나는 것이 아니라 맷집이 생기는 것입니다. 옛날에 본 부인 아들은 공부를 시키고 서자는 공부를 안 시키고 나가서 일을 시키고 장사를 시켰습니다. 후에 공부시킨 아들은 생원이 되어서 겨우 연명하고 살고, 차별했던 아들은 떼돈을 벌어서 갑부가 되는 것입니다. 식당에서 주인이 종업원에게 재료를 아끼라고 어지간히 닦달을 하자 종업원이 하도 주인이 얄미워서 망하라고 듬뿍듬뿍 고기를 썰어 넣었습니다. 그랬더니 그 식당이 소문이 나서 번성을 했답니다. 사람들이 의도한 것과 전혀 다른 결과가 나오는 경우가 허다합니다. 그렇다고 본인의 의도와 반대로 행동하면 내가 기대한 결과가 나오는 것도 아닙니다. 그래서 세상에는 원리, 이치라고 설명할 진리가 없습니다. 이것이 하나님의 원리와 죄의 원리의 차이입니다. 하나님의 원리는 인간을 행복하게 하는 것입니다. 죄의 원리는 인간이 원하는 대로는 안해 준다는 것입니다. 죄의 원리로는 인간이 행복할 방법이 없습니다.

### 정반대의 심정

왕의 제안을 따라 지혜롭게 행동한 애굽 백성들의 마음이 어떻게 되었을까요? 출애굽기 1장 12절 후반부 "애굽 사람이 이스라엘 자손으로 말미암아 근심하여"입니다. 근심하여는 싫어하다, 혐오스럽게 생각하다, 두려워하며 심각한 번민에 빠지다는 뜻입니다. 처음에는 바로 혼자 두려움에 사로잡혔고, 바로와 온 백성이 지혜를 동원했고, 실제로 이스라엘 백성에게 무거운 짐을 지워 괴롭게 하였는데 결국에는 바로와 애굽 백성 모두에게 이스라엘 백성이 정말로 두려운 존재가 되어버린 것입니다. 이스라엘이 애굽에게 위협이 될만한 행동을 한 적이 있습니까?

이스라엘이 바로와 애굽 백성에게 근심을 끼칠 일을 벌인 적이 있습니까? 정작 이스라엘은 애굽과 이스라엘에게 걱정이나 두려움이 될 만한, 근심이 될 만한, 염려가 될 만한 어떤 행동도 행한 적이 없습니다. 염려한 것도 애굽이요, 지혜를 동원한 것도 애굽이요, 조취를 취한 것도 애굽인데 도리어 애굽이 더욱 근심에 사로잡혔습니다. 죄인은 스스로 걱정을 하였고, 스스로 지혜롭게 행동한다고 생각하지만 미련하게 행동하였고, 스스로 당하지 않아도 되는 두려움을 실제로 직면하게 된 것입니다. 죄의 원리로는 인간이 살 수 없습니다. 하나님의 원리이어야 합니다.

### 성도의 삶

여러분은 하나님을 아십니까? 모든 사람을 평안하게 하고 행복하게 하는 하나님의 축복의 원리를 아십니까? 출애굽기를 통하여 하나님을 알아 가시고, 하나님이 인간에게 주시는 축복을 알아 가시고, 하나님의 은혜와 복락을 누리는 하나님의 원리를 알아 가셔서, 삶 가운데 평화와 행복과 자유와 안식을 날마다 풍성히 누리시기를 주님의 이름으로 축원합니다.

# 하나님의 일꾼



## 출애굽기 1 : 15 ~ 22

15 애굽 왕이 히브리 산파 십브라라 하는 사람과 부아라 하는 사람에게 말하여 16 이르되 너희는 히브리 여인을 위하여 해산을 도울 때에 그 자리를 살펴서 아들이거든 그를 죽이고 딸이거든 살려두라 17 그러나 산파들이 하나님을 두려워하여 애굽 왕의 명령을 어기고 남자 아기들을 살린지라 18 애굽 왕이 산파를 불러 그들에게 이르되 너희가 어찌하여 이 같이 남자 아기들을 살렸느냐 19 산파가 바로에게 대답하되 히브리 여인은 애굽 여인과 같지 아니하고 건장하여 산파가 그들에게 이르기 전에 해산하였더이다 하매 20 하나님이 그 산파들에게 은혜를 베푸시니 그 백성은 번성하고 매우 강해지니라 21 그 산파들은 하나님을 경외하였으므로 하나님이 그들의 집안을 흥왕하게 하신지라 22 그러므로 바로가 그의 모든 백성에게 명령하여 이르되 아들이 태어나거든 너희는 그를 나일 강에 던지고 딸이거든 살려두라 하였더라

## 스토리 전개

### 어리석은 교육

어린아이들에게 들려주는 이야기들이 어린아이들이 만들어낸 것이 아니라 어른들이 만든 것이기 때문에 제목은 '동화' 童話이지만 실제로는 어른들의 생각입니다. 그래서 어린이들에게 맞지 않는 것이 참 많습니다. 동화를 통해서 건전한 인격을 형성하고, 건전한 사회관, 가정관, 인생관을 만든다고 하는데 현실은 참 어렵습니다. 동화 헨젤과 그레텔에 나오는 내용은 너무나 살벌해서 차마 어린이의 이야기라고 말하기 곤란

할 정도입니다. 백설 공주, 잠자는 숲속의 공주 등에는 결혼관이 완전히 엉망입니다. 공주들은 인격도 없고, 교제도 없고, 사랑도 없습니다. 그냥 왕의 마음대로입니다. 전쟁에서 이기면 공주를 주겠다든지 공주의 병을 고치면 그냥 사위를 삼겠다든지 나라의 절반을 준다든지 너무 비인격적인 내용으로 가득차 있습니다. 토끼와 거북이는 설정 자체가 잘 못되어 있습니다. 토끼와 거북이가 경쟁을 하려면 토끼는 산으로 뛰어서 봉우리에 도달하고 거북이는 바다로 뛰어들어 섬에 도착하는 시합을 해야 합니다. 그런데 토끼와 거북이가 모두 산으로 뜁니다. 이것은 말이 안 되는 것입니다. 아마도 우리들은 어릴 적부터 말이 안 되는 내용을 배워왔고, 말도 안 되는 질문을 들어 왔고, 말 도 안 되는 행동을 해 왔던 것 같습니다.

어떤 책의 의미를 이해하려면 일단 스토리를 알고 있어야 합니다. 스토리는 말 그대로 스토리이어야 합니다. 그런데 스토리를 읽다보면 이미 나름의 의미 이해도 해 버립니다. 이때 의미를 바르게 이해하면 다행인데, 불행하게도 스토리 자체에 사로잡혀 의미를 오해할 때가 많이 있습니다. 출애굽기가 그와 같은 경우입니다. 애굽이라는 나라에 대하여 처음부터 나쁜 나라, 이스라엘을 압제한 나라라고 생각하는 선입견이 있습니다. 그러나 실제로는 그렇지 않습니다. 적어도 창세기와 출애굽기 초반부까지에서 애굽은 나쁜 나라, 이스라엘을 압제한 나라가 아니라 반대로 이스라엘을 도와준 나라, 이스라엘을 지켜준 나라, 이스라엘을 보호해준 나라였습니다. 창세기 13장에 보면 아브라함이 가나안에 도착하였는데 그 땅에 기근이 들어서 살 수 없었습니다. 그때 아브라함이 피난 가서 목숨을 유지한 곳이 애굽이었습니다. 또한 창세기 40장 이하에서, 야곱 일가도 기근으로 인하여 먹을 것이 없을 때 음식을 공급받으며 살 곳을 공급받은 곳이 애굽이었습니다. 물론 출애굽기 1장에 오면 두 민족의 관계가 변화되고, 5장에서부터 애굽과 이스라엘의 관계가 상극이 되고 충돌을 합니다. 창세기부터 출애굽기의 과정을 알지 못한 채 그냥 출애굽의 기적에 관한 결과만 알고 있어서, 처음부터 결과에 근거하여 판단하면 본문의 의미를 왜곡하는 실수를 범하게 되는 것입니다.

### 죄의 이해

하나님께서 돌보실 때에는 애굽과 이스라엘이 서로 도움을 주고받는 평화의 관계, 안식의 관계를 누리고 있었습니다. 서로에게 고마운 존재였습니다. 이스라엘이 애굽에게나 바로에게 아무런 해를 끼친 적이 없었습니다. 그런데 바로가 자기 스스로 두려움을 느끼고, 자기 스스로 미련한 지혜를 발휘하는 순간부터 평화는 깨어지고, 안식은 금이 가고, 갈등과 싸움이 시작된 것입니다. 가장 무서운 것이 죄인 이유는 그것이 죄이기 때문입니다. 예를 들어 두려움에 대해서 생각해 봅시다. 일반적인 입장에서 사람이 두려움을 느끼는 것은 외부에 그 사람이 두려움을 느낄 수 있는 어떤 요소가 있기 때문이라는 것입니다. 두려움을 제거하려면 두려움을 제공한 그 외부 요소를 제거해야 된다고 생각하는 것입니다. 두려움뿐만 아니라 대부분의 주제에 대해서 이렇게 생각합니다. 두려움을 발생시키는 외부요소를 찾으려고 노력하다가 찾지 못하면 원인을 알지 못한다고 결론을 냅니다. 그 이유는 그들의 관점에는 죄라는 것이 없기 때문입니다.

죄가 치명적인 이유는, 인간에게 해로운 감정이 외부요소에 대한 반응이 아니라 전적으로 내부적·자발적 근거라는 것입니다. 두려운 요소가 있어서 두려운 것이 아니라 죄가 두려움을 드러내기 때문에 평범한 외부 요소가 두렵게 느껴지는 것입니다. 사람관계에서도 마찬가지입니다. 누가 밉다고 합시다. 그러면 제일 먼저 나오는 질문이 왜 밉냐?, 그 사람이 너한테 무슨 미운 짓을 했냐?는 것입니다. 이렇게 질문하는 것이 죄를 모르기 때문입니다. 왜 밉냐?고 물으신다면 정답은 그냥입니다. 괜히 밉다는 것입니다. 주는 것 없이 싫다는 것입니다. 상대방이 나에게 미움과 시기를 유발할 만한 어떤 외부 요소를 주어서가 아닙니다. 그냥 밉다는 것입니다. 세상은 그 이유를 모릅니다. 그러나 기독교는 그 이유를 압니다. 그게 바로 죄가 그 사람의 마음을 움직이는 것입니다. 이런 현상에 대해 세상의 해결책은 미워하지 말라, 괜히 생사람 잡지 말라는 것입니다. 그러면 당사자만 바보 되는 것입니다. 기독교는 죄를 인식시 키고 하나님의 마음을 알려야 하는 것입니다. 문제를 바라보는 관점이 다르고, 제시하는 해결책이 다른 것입니다.

## 바로 프로젝트

### 바로의 마음

죄를 알아야 본문의 바로를 이해할 수 있습니다. 지금까지 애굽과 이 스라엘이 서로 평화롭게 잘 살았습니다. 바로가 두려움에 사로잡혀 이 스라엘과의 평화의 관계를 깨뜨렸습니다. 바로는 평화를 깨고 싶었을까 요? 그렇지 않습니다. 바로는 나름대로 자신의 행복과 안식을 지키고 자 신의 삶을 보장하고 싶었던 것입니다. 그러한 바로의 소망이 죄에 사로 잡혀 죄의 원리로 드러나게 된 것입니다. 죄는 언제나 좋은 명분을 내세 우지만 죄의 원리는 결국 인간을 행복하게 해 주는 것이 아니라 가진 행 복도 깨어버리는 것입니다. 죄의 원리, 죄의 기준이 아니라 하나님의 원 리, 하나님의 기준이어야 인간이 행복한 삶을 누릴 수 있습니다. 바로의 일 단계 프로젝트는 이스라엘 백성을 중노동 시킴으로 출산을 줄이는 것입니다. 이스라엘 백성에게 무거운 짐을 지워 괴롭게 하여 바로를 위 하여 국고성 비돔과 라암셋을 건축하게 하였습니다. 그러나 결과는 12 절 "그러나 학대를 받을수록 더욱 번성하여 퍼져가니"로 당황스럽고 황 당한 것이었습니다. 바로가 정말 지혜로운 사람이었다면 이때 깨달았어야 합니다. '아 이 민족은 다르구나. 내 예상하고 다르구나!' 라고 깨닫고 태도를 바꾸어야 합니다. '압제를 하면 할수록 번성하니까 압제를 할 것이 아니라 예전처럼 평화롭게 살아야겠구나' 라고 정책을 바꾸어야 합니다. 그런데 옳은 판단을 하고, 태도와 정책을 바꾸는 것이 말은 쉬운데 실제로는 잘 되지 않습니다.

인생사 마음먹기 나름이라는 옛말이 있지만 정작 중요한 것은 마음이 먹어지지 않는다는 것입니다. 세상 사람들은 당연히 모르고, 성도들은 알면서도 자꾸 망각하는 것이 인간이 죄인이라는 것입니다. 인간이 자기의 마음을 지배하고 다스리는 것이 아니라 죄가 인간의 마음을 조종하고 있다는 것을 알지 못합니다. 죄인을 다른 말로 죄의 종이라는 하고, 죄의 종의 의미는 죄가 주인이고 인간이 종이라는 것입니다. 종이 주인을 이길 수 없듯이, 인간이 죄를 이길 수 없습니다. 내가 두려운 마음을 먹고, 내가 담대한 마음을 먹는 것이 아니라 내 속에 두려운 마음이 생기고, 내 속에 미운 마음이 생긴다는 것입니다. 애굽의 바로가 자신이 처한 상황에서 지혜로운 마음, 선한 마음을 가져야 하는데 바로는 죄인으로서 선한 마음, 깨닫는 마음을 가질 수 없는 것입니다.

죄인은 자신이 할 수 없는 것을 할 수 있는 것으로 착각합니다. 할 수 없는 것을 하려고 시도하고, 할 수 없는 것을 하라고 권면합니다. 할 수 없는 것은 할 수 없는 것입니다. 할 수 없는 것에 대하여 안 되면 되게 하라고 말하는 것은 옳지 않은 것입니다. 안 되는 것은 안 되는 것이요, 결국 되는 것은 처음부터 될 수 있었던 것입니다. 안 되는 것이 되는 경우는 없습니다. 되는 것을 자신이 안 된다고 잘못 생각하는 경우는 있어도, 안 되는 것이 되는 경우는 없습니다. 되는 것은 원래부터 될 수 있었던 것이고, 안 되는 것은 끝까지 안 되는 것입니다. 죄인이 죄의 마음을 벗어 날 수 없으며, 죄인이 선한 마음, 의로운 마음을 가질 수 없다는 것입니다.

죄인의 가장 안타까운 현실은 자신이 죄인이라는 사실을 모른다는 것입니다. 자신이 죄의 종인 것을 인식하지 못하고, 자신의 생각과 원리가 죄의 생각과 원리라는 것을 인지하지 못하고, 자신의 어리석음이나 실패를 인정하려 들지 않는다는 것입니다. 바로가 자신의 의도와 계획과는 정 반대의 결과가 발생하였음에도 불구하고 그것을 수용하지 않는다는 것입니다. 자신의 뜻과 다른 결과가 나왔다면 자신이 틀렸다는 것을 알아야 하고 멈추어야 합니다. 그러나 죄인은 바른 판단과 바른 행동이 되지 않는 것입니다. 그래서 바로가 취하는 악수, 패착이 13, 14절 "이스라엘 자손에게 일을 엄하게 시켜 어려운 노동으로 그들의 생활을 괴롭게 하니 곧 흙 이기기와 벽돌 굽기와 농사의 여러 가지 일이라. 그 시키는 일이 모두 엄하였더라.' 입니다. 학대를 받을수록 더욱 번성하여 퍼져나가는 것을 보고 느낀 것이 '아하~ 학대가 약했구나!' 라는 것입니다. 바로가 취할 새로운 조치는 학대를 더욱 심하게 하는 것이라고 생각합니다. 죄의 판단과 죄의 선택할 수 있는 지혜가 이것 밖에 없습니다.

### 바로 프로젝트

바로의 프로젝트 2단계 학대 강화 프로그램이 시작됩니다. 15, 16절 "애굽 왕이 히브리 산파 십브라라하는 사람과 부아라 하는 사람에게 말하여 이르되 너희는 히브리 여인을 위하여 해산을 도울 때에 그 자리를 살펴서 아들이거든 그를 죽이고 딸이거든 살려두라."입니다. 영화나 드라마를 볼 때마다 관객이 속이 타는 경우가 있습니다. 관객은 영화 속 주인공의 심정만이 아니라 상대방의 심정도 보니까 극중의 주인공이 행하는 행동이 안타까운 것입니다. 주인공의 행동에 대하여 '아이고 저렇게 하면 안 되는데' 또는 '이렇게 해야 하는데' 라고 발을 동동 구릅니다. 언제나 사람은 당사자가 아닐 때 즉 객관적일 때는 공정할 수 있습니다. 그러나 당사자가 되면 객관적은 어디론가 사라지고 무지하게 주관적이 되어버립니다. 평상시의 공정성이나 공평성, 제삼자였을 때의 냉철함과 중립성은 다 사라져 버립니다. 사람들의 이러한 행동에 대하여 학자들은 적절한 이유를 찾아내지 못하고 있습니다. 죄를 알지 못하면 죄인의 모습을 이해할 수 없는 것입니다.

성경을 읽는 분은 바로가 하는 행동이 어리석어 보입니다. 그러나 바로는 자신이 어리석게 행동한다고 절대로 생각하지 않습니다. 자신은 최선을 다하고 있는 것이요, 자신이 할 수 있는 가장 지혜로운 방식을 총동원하고 있는 것입니다. 바로가 동원한 죄의 원리는 점점 더 인간을 힘들게 하는 것입니다. 처음에는 학대하며 노동을 시켰습니다. 다음에는 출생하는 아이들을 죽이는 것으로 점점 더 악해지는 것입니다. 죄의 원리는 사람을 죽이는 것입니다. 반대로 하나님의 원리는 사람을 살리는 것입니다. 하나님은 인간을 창조하셔서 생명을 주셨습니다. 인간에게 복을 주시며 생육하고 번성하고 충만하기를 바라시는 것입니다. 죄가 개입하는 곳마다 사망의 열매가 맺히고, 하나님이 개입하는 곳마다 생명의 열매가 맺히는 것입니다. 하나님이 도우시니까 17절에서 남자아이들이 살아나고, 하나님이 도우시니까 20절에서 그 백성은 번성하고 매우 강해지는 것입니다.

## 하나님이 일꾼

### 하나님의 일꾼

하나님이 누구를 쓰시고 하나님이 어떤 사람을 세우시느냐는 것이 많은 사람의 관심사입니다. 아마도 출애굽기에서 하나님께 쓰임 받은 사람을 고르라고 하면 대부분 모세를 생각할 것입니다. 출애굽기의 인간적 주인공은 모세라고 생각하고 모세가 언제 등장하는가, 모세가 어떤 일을 하는가를 알고 싶어 합니다. 그러나 출애굽기 1장에는 아직 모세가 등장하지 않습니다. 모세가 등장하지 않는다고 해서, 아무도 등장하지 않거나 아무런 일도 없는 것은 아닙니다. 출애굽기 1장에는 죄의 원리를 보여주는 애굽의 바로 왕과 하나님이 도우시는 사람 히브리 산파들이 등장합니다. 1장 본문에 등장하는 하나님의 일꾼은 산파들입니다. 더 근본적으로 애굽도 하나님이 쓰신 나라라는 것을 기억하셔야 합니다. 사람들은 하나님이 누구를 쓰시느냐를 관심가지며 자신도 하나님께 쓰임받고 싶어 합니다. 아마도 하나님께 쓰임을 받는 자는 복을 받는다고 생각하기 때문일 것인데 이것이 오해입니다.

## 잘못된 질문

기독교의 원리 즉 하나님의 원리는 죄의 원리와 근본부터 차이가 납니다. 죄의 원리 가운데 단순하게 어느 한 부분만 고치는 정도가 아니라 근본적으로, 총체적으로, 본질적으로, 전적으로 새롭게 이해를 해야 합니다. 하나님이 누구를 쓰느냐, 하나님이 어떤 사람을 쓰시냐는 질문은 기독교에 없는 질문이요, 질문자체가 잘못된 것입니다. 이런 질문은 하나님의 관점에서 나오는 질문이 아니라 죄의 원리, 죄의 기준, 죄의 가치, 죄의 인식에 근거한 질문일 뿐입니다. 이런 질문이 가지고 있는 잘못된 인식은 크게 두 가지가 있습니다. 첫째, 이런 질문의 저변에는 사람이 우열이 있다는 인식이 깔려있는 것입니다. 사람 중에 더 나은 사람, 더 나은 조건, 더 나은 능력이 있다는 것입니다. 일반적으로 사람들은 하나님 나라와 하나님의 뜻을 위해 쓸모 있으려면 유능한 능력과 권세와 조건을 갖추어야 한다고 생각합니다. 물론 사람마다 기질이 다르고, 능력이 다릅니다. 그것은 다른 것이지 우열이 있는 것이 아닙니다. 그것은 구별이 있는 것이지 등급이 있는 것이 아닙니다. 그러므로 이런 사람이 쓰임 받는다, 이런 능력이 쓰임 받는다고 말해서는 안 되는 것입니다. 인간에 대한 오해에서 발생하는 왜곡입니다.

둘째, 이런 질문의 바닥에는 인간의 능력이 하나님의 일에 도움이 될 수 있다고 생각이 깔려 있는 것입니다. 즉 하나님의 일이 무엇이냐는 것에 대한 오해에서 발생하는 왜곡입니다. 본문에 산파들이 등장하고, 산파들이 하나님께 쓰임 받고 있습니다. 왜 산파들이 하나님께 쓰임 받고 있습니까? 하나님께 쓰임 받는 것에 대하여 성경의 이야기는 사람들의 생각과는 전혀 다릅니다. 출애굽기 1장에서 가장 힘 있고, 권세 있고, 능력 있는 사람은 애굽 왕 바로입니다. 그런데 능력자는 하나님의 대적자로 등장하고 있습니다. 반면에 가장 힘없고 능력 없고 재주 없는 여인들, 산파들이 애굽의 바로 왕과 대항해 하나님의 계획을 성취해 나가는 일에 쓰임 받고 있습니다. 산파들이 왕의 대적자가 되고, 산파들이 하나님의 사역을 이루어가는 것이 가능한 이유는 하나님의 일은 인간들의 도움이나 능력에 좌우되는 것이 아니라 하나님께서 작정하시고, 하나님께서 이루시는 하나님의 일이기 때문입니다.

산파들이 동원되는 것은 그들이 바로 왕과 대항할 만한 자격과 능력을 조건을 갖추었기 때문이 아니라 하나님이 그들을 붙들어 주시기 때문입니다. 하나님께서 하나님의 백성들을 통해 일하신다는 것은 우리가 쓸모가 있거나 유용하다는 차원이 아닙니다. 하나님이 사람을 통해 일하신다는 것은 하나님도 그 사람의 재능을 통해 일하신다는 의미가 아니라 하나님의 속성과 성품을 드러내고 하나님을 알게 하시기 위하여 하나님이 그분의 백성을 사용하신다는 표현입니다. 안타깝게도 사람들은 모세만 하나님의 일꾼이라고 생각하지 산파는 하나님의 일꾼이라고 생각하지 않습니다. 사람들은 모세처럼 되기만 원하지 산파처럼 되기를 원하지 않습니다. 신학교에 가보면 학생들의 이름을 통해 여기가 바로 신학교라는 사실을 즉시로 알 수 있습니다. 신학교에는 바울이 최소 열 명 있고 사무엘도 최소 다섯 명 있고 모세, 기드온이 있고 요한은 너무 많아서 셀 수도 없고, 야곱, 다니엘, 아삽, 다윗, 에스더도 있습니다. 또

신학교는 온유도 있고, 화평이도 있고, 사랑이도 있고, 양선이도 있고, 기쁨이, 예수마음이라는 예심이, 은혜, 충만이도 여러 명이 있습니다. 나름대로 성경에 등장하는 사람들 중에 자기가 존경하는 사람, 닮고 싶은 사람을 본 따서 이름을 지었을 것입니다. 그런데 그 중에 산파의 이름은 딴 학생은 없습니다. 본문에 산파는 하나님께 쓰임 받았고, 하나님께 복도 받았으니 본받을 만한 인물일 수 있습니다. 하지만 신학교 학생 중에 산파의 이름을 본 받아 김 십부라, 고 부아라고 지은 사람은 없습니다. 모세는 닮고 싶은데 산파는 닮고 싶지 않나요? 하나님이 하시는 일에 대한 오해, 하나님이 사용하신 사람들에 대한 오해에서 발생하는 어이없는 해프닝들입니다. 하나님이 쓰신 사람 중에 산파도 있었다는 것을 기억하시기 바랍니다.

## 하나님이 일꾼

본문이 산파들을 띄워주기 위한 것이 아니요, 본문의 주제가 하나님의 일꾼 또는 하나님이 쓰신 사람 십브라와 부아가 아닙니다. 본문의 강조점은 하나님이 일꾼이시라는 것입니다. 타 종교의 신과 기독교의 신을 비교할 때 기독교가 가장 강조하는 것이 하나님은 인간을 사랑하신다는 것입니다. 구체적으로 타 종교, 특별히 고대 종교의 신화들에 보면 신이 인간을 창조하였다라는 내용들이 나옵니다. 창세기에서 하나님이 인간을 창조한 내용과 유사한 창조설화가 많이 있습니다. 고대 근동의 종교 신화들에 등장하는 인간창조와 성경이 강조하는 인간창조의 차이점이 인간창조의 목적입니다. 타 종교 신화들에서는 신이 자신의 일을 시키기 위해서 인간을 창조합니다. 즉 인간이 신의 일꾼이 되는 것입니다. 기독교의 창조, 하나님의 인간 창조의 독특성 또는 구별성은 하나님이 인간을 신의 일꾼으로 만들지않았다는 것입니다. 인간은 하나님의 목적을 달성하기 위해 수단으로 사용되는 도구가 아니라는 것입니다.

기독교는 인간이 신을 위해, 인간이 하나님을 위해 일하는 것이 아니라, 정반대로 하나님이 인간을 위해, 신이 인간을 위해 일해 주신다는 것입니다. 하나님이 인간을 위해 세상을 창조하시고, 하나님이 인간을 위해 머물 곳과 먹을 것을 제공해 주시는 것입니다. 하나님이 인간을 위해주십니다. 기독교에서는 인간이 신의 도구로 전락된 적이 없습니다.

물론 성경에서 하나님이 인간을 쓰신 적이 있습니다. 스토리상으로는 하나님이 인간을 쓰셨습니다. 본문에 산파들이 등장합니다. 스토리 상으로 보면 산파들이 하나님의 일꾼으로 등장하는 것처럼 보입니다. 산파들이 하나님을 위해 큰일을 행한 것처럼 보입니다. 그러나 정확하게 표현하면 산파들이 하나님의 일꾼이 아니라 하나님이 일꾼이라는 것입니다. 산파들이 하나님을 대신하여 일하거나, 산파들이 하나님을 위하여 일하는 것이 아닙니다. 하나님은 가만히 보고 계시고, 산파들이 온갖 두려움을 극복하면서 엄청난 모험을 감행하면서 일하는 것이 아닙니다. 본문에서 일하는 자가 하나님이십니다. 실제로 하나님이 일하시는 것입니다. 하나님이 산파들을 데리고, 하나님이 일하시는 것입니다. 그러므로 하나님 자신이 일꾼이십니다.

산파들이 이스라엘 여인들이 해산할 때에 도와주었습니다. 산파는 십부라와 부아의 직업입니다. 산파들이 해산하는 여인들을 도와준 것은 특별한 봉사를 한 것이 아니라 자신들의 업무입니다. 산파들은 자신들의 직업과 삶을 다 버린 채 하나님의 일을 하기위해 나선 하나님의 일꾼들이 아닙니다. 산파들은 단지 자신들의 본업을 행하고 있었을 뿐이요, 출산을 돕는 과정에서 산파들이 남자 아이들을 살린 것입니다. 남자 아이들을 살려준 것도 자의적으로 바로에게 대적하기 위해서나 의도적으로 이스라엘 남성의 숫자를 늘려주기 위한 것이 아니라 단지 이미 태어났기 때문입니다. 바로 왕의 프로젝트 1단계는 학대하는 것이었고, 2단계는 출생하는 순간에 남자면 죽이는 것이고, 3단계는 22절에 보는 것과 같이 이미 태어났다면 태어난 아이 중에 아들이면 강에 던지고 딸이면 살려두는 것이었습니다. 산파들은 바로에 의하여 2단계 프로젝트에 동원된 것입니다. 즉 태어나는 순간에 아이를 살리든지 죽이든지 하는 것이 임무였습니다. 그런데 산파들이 이르기 전에 이미 해산하였습니다. 산파들은 아이 출생을 도와주는 자들인데, 이미 해산을 해 버렸으면 산파는 할 일이 없는 것입니다. 결국 본문에 등장하는 산파들은 특별히 한 일이 없습니다. 굳이 표현하자면 산파들은 하나님이 보낸 하나님의 일꾼이기보다 바로의 조치를 따르는 바로의 일꾼이 더 어울릴 것입니다.

하나님의 뜻을 위해 산파들이 일을 한 것이 아니라 도리어 하나님이 일하셨습니다. 하나님이 히브리 여인들에게 건강을 주셨고 산파들이 오기도 전에 이미 해산이 이루어질 수 있도록 하나님이 도와 주셨습니다. 그러므로 아이들이 무사히 태어날 수 있도록 일하신 분도 하나님이시고, 산파들이 바로의 명령을 거역하지 않도록 도우신 분도 하나님이십니다. 하나님이 아이들을 살리셨고 하나님이 산파들을 살리셨고 하나님이 일하셨습니다.

### 은혜의 원리

정작 일하신 분이 하나님이기에 본문 20절 "하나님이 그 산파들에게 은혜를 베푸시니"입니다. 하나님의 이러한 행동을 은혜라고 하는 것입니다. 산파들이 하나님을 위해 일하거나 하나님을 대신해서 일한 것이 아무 것도 없음에도 불구하고 하나님께 은혜를 받았습니다. 산파들은 바로의 명령을 거역하지 않아도 되는 은혜를 받았고, 자신들의 목숨이 달아나지 않아도 되는 은혜를 받았고, 바로의 프로젝트가 실패로 돌아갔음에도 살아남는 은혜를 받았습니다. 그뿐만이 아니라 더욱 큰 은혜와 복을 받은 것이 21절 "그 산파들은 하나님을 경외하였으므로 하나님이 그들의 집안을 흥왕하게 하신지라."입니다. 바로에게서 목숨을 부지하고 살아난 정도가 아니라 하나님의 복 주심으로 집안도 흥왕하게 되었습니다. 산파들이 무엇을 해서 은혜를 받은 것이 아니고, 대단한 사역을 이루어 복을 받은 것이 아닙니다. 정작 산파가 하나님을 위해 행한 일은 없습니다. 산파들이 일을 한 것이 아니라 하나님이 일하시고 하나님이 은혜도 주신 것입니다.

하나님이 인간에게 일하시는 모습을 기독교에서는 하나님이 은혜를 주신다라고 표현하는 것입니다. 은혜는 인간이 일을 해서 받는 상이 아니라 하나님이 인간을 위해 일해주시는 선물에 대한 표현입니다. 하나님께서는 인간이 하나님의 말씀을 순종하면 순종는 대로 복을 주시고, 불순종하면 은혜라는 명분으로 복을 주시는 것입니다. 그래서 하나님을 은혜의 하나님이라고 부르는 것입니다. 은혜라는 개념은 기독교에만 있는 개념이요 인간을 살려주시는 하나님의 일하심을 설명하는 하나님에게만 해당하는 멋있는 표현입니다.

성경을 읽으면서 사람들이 어려워하는 점, 당황해 하는 점, 의문점은 17절 "그러나 산파들이 하나님을 두려워하여 애굽 왕의 명령을 어기고 남자 아기들을 살린지라."입니다. 분명히 성경 본문에 산파들이 애굽 왕의 명령을 어겼다라고 산파들을 칭찬하고, 산파들의 용기를 인정해 주고 있습니다. 당연히 산파들이 큰일을 행한 것처럼 생각이 듭니다. 우리나라 속담 중에 잘되면 내 탓, 안 되면 조상 탓이라는 말이 있습니다. 인간은 잘한 것은 자신의 공로로 간주하고, 안 된 것은 남의 잘못으로 돌리는 죄의 원리를 가장 정확하게 나타낸 표현입니다. 하나님은 이러한 죄의 원리와는 전혀 다른 표현을 사용하시는 것입니다. 잘되면 인간의 공로, 안 되면 하나님의 책임이 하나님의 표현방식입니다. 성경에서 하나님은 언제나 인간 중심적으로 표현을 하십니다. 하나님은 일이 잘 된 것, 좋게 된 것은 모두 인간이 잘해서 된 결과라고 말씀하십니다. 행여 일이 잘못된 것은 하나님이 그렇게 하셨다고 말씀하십니다. 인간을 위해주고, 인간을 배려하고, 인간을 격려하시려는 하나님의 심정, 하나님의 깊은 속뜻을 이해하시고, 하나님의 마음과 심정을 나타낸 성경의 표현들을 이해하셔야 합니다. 그래서 성경의 표현들을 읽으면 하나님의 극진한 인간 사랑이 깨달아져서 눈물이 나오는 것입니다.

저와 여러분은 성경에서 위인이나 영웅을 만나는 것이 아니요 사람을 만나는 것이 아니라 하나님을 만나는 것입니다. 사람을 부려먹는 고약한 신을 만나는 것이 아니라, 인간을 도우시기 위해서 일하시는 하나님, 인간을 살리시기 위해서 일하시는 하나님, 인간에게 복을 주시기 위해서 은혜를 주시는 하나님을 만나는 것입니다. 바로 왕의 명령 앞에 두려워 떨 수밖에 없는 연약한 여인들을 도우셔서 저들로 생명을 유지하게 하시고, 복을 받게 하시는 은혜의 하나님을 만나는 것입니다. 출애굽기를 통해서 하나님을 바로 아시고, 그 동안의 오해와 왜곡을 바로 잡으시고, 하나님의 은혜의 복락들을 풍성히 누리시기를 주님의 이름으로 축원합니다.

# 3

## 선한 이방인들

### 출애굽기 2 : 1 ~ 22

1 레위 가족 중 한 사람이 가서 레위 여자에게 장가들어 2 그 여자가 임신하여 아들을 낳으니 그가 잘 생긴 것을 보고 석 달을 동안 그를 숨겼으나 3 더 숨길 수 없게 되매 그를 위하여 갈대 상자를 가져다가 역청과 나무 진을 칠하고 아기를 거기 담아 나일 강 가 갈대 사이에 두고 4 그의 누이가 어떻게 되는지를 알려고 멀리 섰더니 5 바로의 딸이 목욕하러 나일 강으로 내려오고 시녀들은 나일 강 가를 거닐 때에 그가 갈대 사이의 상자를 보고 시녀를 보내어 가져다가 6 열고 그 아기를 보니 아기가 우는지라 그가 그를 불쌍히 여겨 이르되 이는 히브리 사람의 아기로다 7 그의 누이가 바로의 딸에게 이르되 내가 가서 당신을 위하여 히브리 여인 중에서 유모를 불러다가 이 아기에게 젖을 먹이게 하리이까 8 바로의 딸이 그에게 이르되 가라 하매 그 소녀가 가서 그 아기의 어머니를 불러오니 9 바로의 딸이 그에게 이르되 이 아기를 데려다가 나를 위하여 젖을 먹이라 내가 그 삯을 주리라 여인이 아기를 데려다가 젖을 먹이더니 10 그 아기가 자라매 바로의 딸에게로 데려가니 그가 그의 아들이 되니라 그가 그의 이름을 모세라 하여 이르되 이는 내가 그를 물에서 건져내었음이라 하였더라 11 모세가 장성한 후에 한번은 자기 형제들에게 나가서 그들이 고되게 노동하는 것을 보더니 어떤 애굽 사람이 한 히브리 사람 곧 자기 형제를 치는 것을 본지라 12 좌우를 살펴 사람이 없음을 보고 그 애굽 사람을 쳐죽여 모래 속에 감추니라 13 이튿날 다시 나가니 두 히브리 사람이 서로 싸우는지라 그 잘못한 사람에게 이르되 네가 어찌하여 동포를 치느냐 하매 14 그가 이르되 누가 너를 우리를 다스릴 자와 재판관으로 삼았으냐 네가 애굽 사람을 죽인 것처럼 나도 죽이려느냐 모세가 두려워하여 이르되 일이 탄로되었도다 15 바로가 이 일을 듣고 모세를 죽이고자 하여 찾는지라 모세가 바로의 낯을 피하여 미디안 땅에 머물며 하루는 우물 곁에 앉았더라 16 미디안 제사장에게 일곱 딸이 있었더니 그들이 와서 물을 길어 구유에 채우고 그들의 아버지의 양 떼에게 먹이려 하는데 17 목자들이 와서 그들을 쫓는지라 모세가 일어나 그들을 도와 그 양 떼에게 먹이니라 18 그들이 그들의 아버지 르우엘에게 이를 때에 아버지가 이르되 너희가 오늘은 어찌하여 이같이 속히 돌아오느냐 19 그들이 이르되 한 애굽 사람이 우리를 목자들의 손에서 건져내고 우리를 위하여 물을 길어 양 떼에게 먹였나이다 20 아버지가 딸들

에게 이르되 그 사람이 어디에 있느냐 너희가 어찌하여 그 사람을 버려두고 왔느냐 그를
청하여 음식을 대접하라 하였더라 21 모세가 그와 동거하기를 기뻐하매 그가 그의 딸 십
보라를 모세에게 주었더니 22 그가 d들을 낳으매 모세가 그의 이름을 게르솜이라 하여
이르되 내가 타국에서 나그네가 되었음이라 하였더라

# 하나님

## 열방의 하나님

가정에서 자녀가 어렸을 때 부모와 자녀간에 갈등이 생기는 경우가
있습니다. 갈등의 대부분은 자녀가 부모의 심정을 모르고, 자녀가 부모
의 마음을 오해하기 때문에 발생하는 것입니다. 철들고 나면 말도 안 되
는 소리지만 철이 들기 전에 자녀들이 가지는 고민의 첫 번째는 내가 자
식이 맞나?, 부모가 날 사랑하기는 하는가인 것입니다. 두 번째 고민은
형제들 간의 갈등에서 시작됩니다. 동생이 생기면 당연히 독점하던 사
랑이 나누어질 수밖에 없는데 그걸 어린 심정에 견디기가 힘든 것입니
다. 그래서 드는 생각이 아빠 엄마는 동생만 사랑하나보다 또는 동생을
나보다 더 사랑하나보다라는 것입니다. 이때 어른들이 해주는 대답이
열 손가락 깨물어서 안 아픈 손가락 없다는 것입니다. 모두 다 똑같이
사랑한다는 말입니다. 너무나 상식적으로 부모는 자기의 자식을 동등하
게 똑같이 사랑하는 것입니다. 죄인도 자기 자식을 그렇게 사랑합니다.
그렇다면 하나님은 어떠시겠습니까? 하나님이 인간을 대하실 때 더 사
랑하는 인간과 덜 사랑하는 인간이 있겠습니까? 하나님이 선대하시는
민족과 박대하는 민족이 있겠습니까? 하나님이 인간을 선민과 이방인
으로 구별을 하시겠습니까? 그런 것 없습니다.

창세기 12장 3절에는 하나님이 아브라함을 부르시면서 하시는 중요
한 선언이 등장합니다. "너를 축복하는 자에게는 내가 복을 내리고 너를
저주하는 자에게는 내가 저주하리니 땅의 모든 족속이 너로 말미암아

복을 얻을 것이라 하신지라."입니다. 하나님이 아브라함을 통하여 하실 일의 결론이 땅의 모든 족속이 너로 말미암아 복을 얻을 것이라입니다. 아브라함만 복을 받고 다른 사람은 망하는 것이 아니고, 땅의 모든 족속이 복을 얻을 것이라는 선언입니다. 하나님은 인간을 창조하신 인류의 하나님이십니다. 하나님이 선민과 이방인을 구별하신 적이 없습니다. 하나님이 아브라함만 선대하시기로 작정하신 적이 없습니다.

아브라함 집안의 예를 들어서 확인해 보겠습니다. 창세기 16장에 아브라함의 아내 사라가 아들 없음을 한탄하면서 자기의 여종 애굽 사람 하갈을 아브라함의 첩으로 줍니다. 하갈이 임신하고 여주인 사라를 멸시하니까 사라가 하갈을 학대하고 결국 하갈이 사라 앞에서 도망을 합니다. 도망 중에 여호와께서 하갈에게 나타나 집으로 돌아가라고 권면하며 하갈에게 창세기 16장 11절 "네 씨를 크게 번성하여 그 수가 많아 셀 수 없게 하리라."는 약속을 주십니다. 하갈은 하나님의 권고로 집으로 돌아왔고 아들 이스마엘을 낳습니다. 후에 사라가 아들 이삭을 낳았고 둘이 놀고 있는데 형인 이스마엘이 동생인 이삭을 놀립니다. 사라가 아브라함에게 하갈과 이스마엘을 내보라고 강요를 하자 아브라함이 고민을 하고, 이번에는 하나님이 아브라함에게 사라의 말대로 하갈과 이스마엘을 내보라고 하십니다.

하나님이 아브라함과 사라만 사랑하사 하갈과 이스마엘을 버리시는 것이 아닙니다. 하나님은 아브라함에게 행하시듯 그리고 아브라함의 아들 이삭에게 행하시듯 이스마엘에게도 동일하게 은혜를 주십니다. 이미 창세기 16장 11절에서 하갈에게 말씀하신 것과 똑 같이 창세기 21장 13절에서 아브라함에게도 "그러나 여종의 아들도 네 씨니 내가 그로 한 민족을 이루게 하리라"고 말씀하시고, 광야에서 울고 있는 하갈에게 말씀하시길 창세기 21장 18절 "일어나 아이를 일으켜 네 손으로 붙들라. 그가 큰 민족을 이루게 하리라."고 말씀하시고, 결국 창세기 21장 20절

"하나님이 그 아이와 함께 계시매 그가 장성하여 광야에서 거주하며 활 쏘는 자가 되었더니"라고 말씀하십니다. 하나님이 아브라함에게 약속하신 아들은 이삭이었습니다. 이스마엘은 하나님의 의도와는 상관없이 사라의 어리석음에서 기인된 아들입니다. 그러나 하나님은 모든 인간의 하나님이십니다. 그래서 이삭에게 은혜를 주시고 이스마엘에게도 은혜를 주시는 것입니다. 하나님을 배타적 하나님으로 왜곡하거나 편파적 하나님으로 변질시키면 안 됩니다.

## 사람의 변화

성경에는 선민과 이방인의 구별이 없습니다. 선민과 이방인을 구별하는 것은 유대인들이 만들어낸 왜곡입니다. 창세기부터 출애굽기 2장까지 하나님은 단 한 번도 인간을 구분하신 적이 없고, 차별하신 적이 없습니다. 물론 성경 구절가운데 이스라엘을 내 백성이라고 표현하시는 구절들이 많이 있습니다. 하나님이 이스라엘을 선택하신 것 맞습니다. 이스라엘을 하나님의 백성으로 여기신 것 맞습니다. 그러나 하나님이 이스라엘을 선택하신 것은 다른 나라들을 버리거나 다른 민족들을 포기한다는 의미가 절대로 아닙니다. 하나님은 하나님 믿는 사람을 안 믿는 사람보다 더 낫게 해 준적도 없습니다. 그 사람이 하나님을 모를 때와 그 사람이 하나님을 알 때가 달라지게 하신 적은 있어도, 차별하여 하나님을 모르는 사람을 학대하거나 하나님을 안다는 조건으로 선대한 적이 없다는 것입니다.

신앙은 다른 사람과 비교하거나 차별화를 만드는 것이 아니라 당사자를 이전 사람에서 새 사람으로 만드는 것입니다. 하나님은 하나님을 모르는 아브라함을 하나님을 아는 아브라함으로 변화시켜 주셨지, 애굽의 바로보다 더 부유한 아브라함으로 변화시킨 것이 아닙니다. 하나님은 집을 떠나 방황하던 야곱을 도와 가정을 이루고 가산을 모을 수 있도록 도우셨지, 에서와 비교하여 더 우월하게 만들어주신 것이 아닙니다. 하나님은 형제에게 팔려가 노예가 된 요셉을 총리가 되게 하여 애굽과 이스라엘을 기근에서 구원하는 일에 선용되게 하셨지, 애굽 나라를 정복하고 애굽의 다른 왕들보다 뛰어난 왕이 되게 하신 것이 아닙니다. 하나님은 인간을 다른 인간과 비교하거나 대립시키는 것이 아닙니다. 신앙은 하나님을 모르던 나 자신에서 하나님을 아는 나 자신으로 변화되는 것입니다.

# 선한 애굽인

## 모세의 인물

출애굽기 하면 누구나 떠올리는 인물이 모세입니다. 모세가 출애굽기의 주인공일까? 그렇지 않습니다. 성경의 주인공은 언제나 하나님입니다. 출애굽기 2장에 나오는 모세를 살펴보겠습니다. 출애굽기 2장에는 모세가 출생하여 생존하고 성장하는 장면이 나옵니다. 모세는 처음부터 이스라엘의 위대한 지도자였을까요? 출애굽기 2장에 모세의 영웅적 모습이 있을까요? 하나도 없습니다. 모세의 희생적 모습이 있을까요? 하나도 없습니다. 모세의 의로운 모습이 있을까요? 하나도 없습니다. 모세의 모세됨은 모세로 말미암은 것이 아니라는 뜻입니다. 출애굽기 2장 1절은 "레위 가족 중 한 사람이 가서 레위 여자에게 장가들어 그 여자가 임신하여 아들을 낳으니"로 시작하는 지극히 평범한 이야기입니다. 태어나는 사람은 단지 태어나질 뿐 자신이 할 일은 없습니다. 모세는 평범하게 태어나는 어떤 아기일 뿐입니다. 부모의 이름도 없습니다. 레위 가족 중 한 사람이 가서 레위 여자에게 장가를 들은 것이 놀라운 일입니까? 결혼한 레위 여자가 임신을 한 것이 놀라운 일입니까? 임신한 여인이 아들을 낳은 것이 놀라운 일입니까? 전혀 놀랍거나 신기한 일이 아닙니다. 태어난 아이가 태어나자마자 걸어다닌 것도 아닙니다. 갓 출생한 아이가 글을 읽고 말을 한 것도 아닙니다. 이 아이가 태어나자마자 하늘이 어두워지고 별이 떨어지고 한 줄기 빛이 레위 사람네 집에 머무른 것도 아닙니다. 아이가 태어났고 그 가족에, 그 지역에, 그 나라에, 그 세상에 아무 일도 없었습니다. 모세의 출생은 위대한 영웅의 탄생설화가 아니라 평범한 남자 아이의 이야기일 뿐입니다.

성경이 표현을 재미있게 하는 것이 2절 "그 여자가 임신하여 아들을 낳으니 그가 잘 생긴 것을 보고 석 달 동안 그를 숨겼으나"입니다. 엄마가 아들을 낳아 숨겼는데 그 이유가  그가 잘 생긴 것을 보고입니다. 엄마가 자기 아들을 보는데 당연히 잘 생긴 것으로 보이지 못생기게 보일 까닭이 없습니다. 그런데 성경은 일부러 잘생긴 것을 보고 숨겼다고 표현합니다. 만약 엄마의 보기에 아들이 못생겨보였으면 죽였겠습니까? 절대로 그렇지 않을 것입니다. 실제로 모세는 잘 생겼을까요, 못생겼을까요? 모세의 실제모습은 전혀 중요하지 않음에도 불구하고 본문에는 왜 잘생겼다는 표현을 기록해 놓았을까요?

모세의 외모에 대한 언급이 성경에 두 곳 더 나옵니다. 히브리서 11장 23절에 "믿음으로 모세가 났을 때에 그 부모가 아름다운 아이임을 보고 석 달 동안 숨겨"라고 나옵니다. 부모의 관점에서 보면 모든 자식은 다 잘 생긴 것이고 아름다운 아이인 것입니다. 또 한군데 재미있는 곳이 사도행전 7장으로 스데반이 유대인들 앞에서 설교하는 내용 중에 나오는 설명입니다. 7장 20절 "그 때에 모세가 났는데 하나님 보시기에 아름다운지라. 그의 아버지의 집에서 석 달 동안 길리더니"입니다. 출애굽기와 히브리서에는 부모의 보기에 잘 생겼다고 기록되었고, 사도행전은 하나님 보시기에 아름다웠다고 기록되어 있습니다. 하나님도 인간차별하십니까? 하나님도 미남 좋아하십니까? 하나님도 꽃보다 남자입니까? 하나님은 전혀 인간을 차별하지 않으심에도 불구하고 하나님이 보시기에 아름다웠다라고 표현합니다. 성경이 이러한 표현을 통하여 강조하려는 것은 모세가 선택된 이유가 모세에게 있지 않다는 것입니다.

사람들은 누군가 하나님께 선택을 받았다면 그 사람에게 선택받았을 만한 이유가 있다고 생각합니다. 인간들끼리 선택을 할 때에는 맞는 생각입니다. 그러나 하나님과 인간의 관계에서는 맞지 않는 생각입니다. 성경에서 하나님이 인간을 선택할 때에는, 인간에게 선택의 원인이 있는 것을 말하는 것이 아니라 하나님께 선택의 의지가 있다는 것을 강조하는 것입니다. 모세가 모세 될 수 있었던 것은 모세의 타고난 자질 때문이 아니라 하나님의 일하심의 결과입니다.

### 모세의 부모

하나님의 선택에 관하여 사람들은 당사자가 아니면 누군가에게서든 선택의 원인을 찾으려고 애를 씁니다. 혹자는 모세가 선택된 것이 모세의 부모덕분이라고 주장할 수 있습니다. 모세의 부모는 레위지파였다고 강조할 수 있습니다. 모세의 부모가 레위지파였다는 사실이 중요합니까? 창세기부터 출애굽기 2장까지는 아직 제사장 지파나 하나님의 성전에서 봉사하는 지파 등의 구분이 생기지 않았을 때입니다. 모세는 단지 야곱의 열 두 아들 중 셋째 아들인 레위 가문의 후손인 것입니다. 첫째도 아니고 둘째도 아니고 겨우 셋째 아들의 후손입니다. 야곱의 셋째 아들의 후손이라는 사실, 레위 지파의 자손이라는 사실이 하나님께 선택받는 최우선 조건으로 세워진 적이 없습니다. 모세의 부모는 그냥 평범한 사람들입니다.

모세 부모의 행동은 남다른 측면이 있었을까요? 모세의 부모는 석 달 동안 아이를 숨겼습니다. 부모가 자식 죽이는데 앞장 설 사람이 없기에 모세의 부모뿐만 아니라 대부분의 부모가 모두 자기의 아들들을 숨겼을 것입니다. 그러나 석 달이 지난 후 아이의 울음소리가 커지고 아이의 행동이 많아지면서 아이를 숨긴 사실이 발각될 가능성이 높아지자 모세의 부모도 아이를 버렸습니다. 다른 부모들과 다를 바가 없고 위대한 부모다운 행동이나 영웅을 길러내는 모범적인 양육의 태도가 없습니다. 혹자들은 히브리서 11장 23절 "믿음으로 모세가 났을 때에 그 부모가 아름다운 아이임을 보고 석 달 동안 숨겨 왕의 명령을 무서워하지 아니하였으며"를 근거로 모세의 부모가 남달랐다고 주장할 수도 있습니다. 하지만 히브리서 11장이 강조하는 것은 부모가 아니라 믿음입니다. 히브리서 11장이 강조하는 믿음 또한 부모의 믿음이 아닙니다. 모세의 부모가 왕의 명령을 무서워하지 아니하였다면 단지 석 달 동안 뿐입니다. 석 달이 지난 후에 모세의 부모는 모세를 버렸습니다. 히브리서 11장이 모세 부모의 믿음을 강조한다면 불과 석 달 만에 바닥이 드러난 얄팍한 믿음에 불과한 것입니다. 모세의 부모는 다른 부모들과 다를 것이 하나도 없습니다. 모세의 모세됨, 모세의 선택됨은 모세 때문도 아니고 모세의 부모 때문도 아닙니다.

### 애굽의 공주

출애굽기 2장에는 모세의 운명에서 모세 자신보다 모세의 부모보다 결정적 역할을 한 사람이 나타납니다. 애굽 왕 바로의 딸, 바로의 공주입니다. 5절 "바로의 딸이 목욕하러 나일 강으로 내려오고 시녀들은 나일 강 가를 거닐 때에 그가 갈대 사이의 상자를 보고 시녀를 보내어 가져다가 열고 그 아기를 보니 아기가 우는 지라. 그가 그를 불쌍히 여겨 이르되 이는 히브리 사람의 아기로다."입니다. 모세의 부모가 아이를 버리는 장면과 바로의 딸이 상자를 발견하는 사건은 운명의 장난이거나 기가막힌 우연의 일치가 아닙니다. 바로의 딸은 갈대 상자가 떠내려오는 것을 보았을 때 이미 상황파악이 끝난 것입니다. 목욕하러 나일 강에 갔을 때에 떠 내려오는 상자가 그저 평범한 갈대 상자가 아니라는 것을 알고 있었다는 것입니다. 바로의 딸은 갈대 상자 속에 혹시 먹을 것이라도 있나 혹시 금덩어리라도 있나 궁금해 한 것이 아니라 이미 상자 속에 무엇이 담겨있었는지 알고 있었습니다. 애굽의 공주로서 아버지 바로 왕에 의해 이스라엘 백성들에 대해 시행되는 있는 정책도 알고 있었고, 나일 강에 아이들이 버려진다는 것도 알고 있었고, 부모들이 대부분 그냥 아이를 물에 빠져 죽게 하는 것이 아니라 어떤 요행이라도 바라는 심정으로 갈대 상자든 나무 박스든 어디에든 담아 버린다는 것도 알고 있었습니다. 바로의 딸은 다 알고 있으면서도, 상자 안에 있는 아이가 히브리 사람의 아기인 것도 알고 있으면서도 히브리 아기를 불쌍히 여겨 의식적으로 갈대상자를 가져오게 한 것입니다. 바로의 딸은 참으로 고마운 애굽 사람입니다.

7절 "그의 누이가 바로의 딸에게 이르되 내가 가서 당신을 위하여 히브리 여인 중에서 유모를 불러다가 이 아기에게 젖을 먹이게 하리이까? 바로의 딸이 그에게 이르되 가라하매 그 소녀가 가서 그 아기의 어머니를 불러오니"입니다. 바로의 딸은 그 여자아이가 모세의 가족인 것도 그리고 그 여자아이가 소개한 유모가 모세의 어미인 것도 다 알고 있었습니다. 바로의 딸이 우연히 갈대상자를 건져내고, 우연히 소녀의 이야기를 듣고, 우연히 유모를 구할 정도로 멍청하지 않습니다. 애굽의 공주가 강가에서 떠내려가는 갈대상자를 건져낸다는 것은 획기적인 사건입니다. 바로의 딸은 절대로 아무 생각없이 평범한 행동을 한 것이 아니라 획기적인 행동을 한 것입니다. 애굽의 공주가 신중한 행동을 한 순간에 한 소녀가 나타나는 것은 우연의 일치가 아닙니다. 바로의 딸은 나타난 소녀가 누군인지, 갈대상자 안에 있는 아이와 어떤 관계가 있는지 다 알고 있습니다.

## 선한 애굽인

바로의 딸은 다 알면서 히브리 아기를 건져내었고, 다 알면서 아기의 어미를 유모로 세워주는 것입니다. 참으로 고마운 애굽 사람, 선한 애굽 사람입니다. 신약에 예수님이 비유로 드신 사건 중에 선한 사마리아인으로 소개되는 구절이 있습니다. 누가복음 10장에 나옵니다. 어떤 사람이 강도를 만나 거반 죽게 되었는데 제사장도 그냥 지나가고, 레위인도 그냥 지나갔는데 사마리아 사람은 그를 보고 불쌍히 여겨 가까이 가서 기름과 포도주를 그 상처에 붓고 싸매고 자기 짐승에 태워 주막으로 데리고 가서 돌보아 주고, 그 이튿날 그가 주막 주인에게 데나리온 둘을 내어 주며 돌보아 달라고 말하고 비용이 더 들면 돌아올 때 갚으리라고 합니다. 이 사람이 강도 만난 자의 이웃으로 소개되는 것입니다. 신약에 선한 사마리아인의 이야기가 있다면 구약에는 선한 애굽인의 이야기가 있는 것입니다. 출애굽기 2장 9절 "바로의 딸이 그에게 이르되 이 아기를 데려다가 나를 위하여 젖을 먹이라. 내가 그 삯을 주리라. 여인이 아기를 데려다가 젖을 먹이더니 그 아이가 자라매 바로의 딸에게로 데려가니 그가 그의 아들이 되니라."입니다. 누가복음 10장의 선한 사마리아인보다 백 배는 더 선한 애굽인입니다. 죽을 수밖에 없는 아이를 강에서 건져내어 살려주고 그 아이가 자라날 수 있도록 젖을 먹이게 하고 그 삯을 주고 마침내는 그 아이를 데려가다 아들로 삼으니 누구보다 더 선하고 누구보다 더 헌신적인 모습입니다.

모세의 부모나 모세 자신은 바로의 딸을 위해 아무 것도 해 주는 것이 없습니다. 반대로 바로의 딸은 모세의 생명의 은인입니다. 복을 받으면 누가 받아야 합니까? 상을 받으면 누가 받아야 합니까? 하나님이 축복을 내려주시려면 누구에게 주셔야 합니까? 모세는 아무 것도 하지 않았는데 그저 이스라엘 백성이라는 이유만으로 복을 받아야 하고, 바로의 딸은 이렇게 헌신적으로 긍휼과 자비를 베풀었는데 애굽인이라는 이유만으로 저주와 징계를 받아야 합니까? 절대로 그렇지 않습니다. 선민과 이방인의 구별은 하나님이 만드신 것이 아닙니다. 성경은 하나님 앞에 모든 인간을 동일하게 다루고 계시다는 것을 강조하는 것입니다.

## 선한 미디안인

### 모세의 행동

모세는 젖을 먹고 자라야 하는 시기에 다행스럽게도 자기 어머니의 품안에서 자라게 되었습니다. 혹자들은 이 시기에 모세가 어머니로부터 엄청난 신앙교육을 받았다고 생각합니다. 모세가 어머니로부터 히브리 민족이라는 민족정신을 고취 받은 것은 맞지만 신앙교육을 받은 적은 없습니다. 그 시기에 이스라엘은 사백여년 동안 애굽에서 애굽적 세계관과 종교관에 근거한 삶을 살고 있었고 하나님을 모르고 있습니다. 하나님의 약속도 기억하지 못했고 하나님을 예배하지도 하나님을 찬양하지도 하나님께 기도하지도 않았습니다. 온 이스라엘이 하나님을 모르고, 어머니도 하나님을 모르고 있었기에 모세는 특별한 신앙교육을 받은 적이 없습니다. 출 3장부터 모세가 하나님을 만나는 장면이 나오는데 모세는 단 한 번도 하나님을 아는 자의 모습, 신앙 교육을 받은 자의 모습, 신앙인의 모습을 보여주지 못합니다. 모세가 어머니로부터 단지 히브리사람이라는 교육을 받았을 뿐 신앙교육을 받은 적이 없다는 증거입니다.

출애굽기 2장에 등장하는 모세는 영웅 모세가 아니라 연약한 모세요 문제아 모세일 뿐입니다. 단지 태어날 뿐이었는데 태어나는 순간부터 죽음에 직면해 있는 연약한 모습일 뿐입니다. 모세가 애굽의 왕궁에서 바로의 딸의 아들로 자라나지만 애굽인에게도 선대를 받지 못하고 히브리인들에게도 선대를 받지 못했던 것 같습니다. 장성한 후의 행동도 자기의 신분과 위치에 걸 맞는 정당한 행동이 아니라 결국은 도망가야만 하는 부적절한 행동을 했을 뿐입니다. 여하튼 어느 날 모세는 애굽 사람을 죽인 사건에 휘말려 도망을 치게 됩니다. 15절 "바로가 이 일을 듣고 모세를 죽이고자 하여 찾는지라. 모세가 바로의 낯을 피하여 미디안 땅에 머물며 하루는 우물 곁에 앉았더라."입니다. 이제 모세는 미디안에서 살게 됩니다. 도망을 쳐서 피난하여 당당하게 살아가는 모습이 아니라 숙소와 먹거리를 걱정해야 하는 처지가 되었습니다.

모세의 용모에 대한 묘사는 잘 생겼다는 표현만 나오는데 모세는 키가 컸을까요 작았을까요? 힘이 셌을까요 약했을까요? 아마도 모세는 왕궁에서 먹고 자라서 그런지 덩치가 좀 있고 힘도 좀 있었던 것 같습니다. 12절에 나오는 대로 히브리 사람을 괴롭히는 애굽인을 쳐 죽일 정도의 힘이 있었던 것 같고, 16절에 보면 미디안 제사장의 딸이 양에게 물을 먹이려고 하는데 17절 "목자들이 와서 그들을 쫓는지라. 모세가 일어나 그들을 도와 그 양떼에게 먹이니라."고 행동할 정도입니다. 그리고 그 여자들이 자기 아버지에게 보고하는 말 중에 19절 "그들이 이르되 한 애굽 사람이 우리를 목자들의 손에서 건져내고 우리를 위하여 물을 길어 양 떼에게 먹였나이다."라고 합니다. 미디안 딸들을 방해했던 사람들은 두 번 모두 목자들이라고 복수로 소개되고 그들에게서 미디안 제사장의 딸을 구해냈던 모세는 한 사람이었으니까 아마도 삼대일 또는 오대일 정도의 대결을 벌인 것 같습니다. 여하튼 모세는 여러 목자들을 물리쳤다고 하니 힘깨나 썼던 모양입니다.


### 선한 미디안인들

딸을 일곱 가진 미디안 제사장은 목자들을 물리친 이 힘센 남자에 대해서 어떻게 생각을 했을까요? 20절 "아버지가 딸들에게 이르되 그 사람이 어디에 있느냐? 너희가 어찌하여 그 사람을 버려두고 왔느냐? 그를 청하여 음식을 대접하라 하였더라.”고 합니다. 위험한 상황에서 딸을 구해준 사람에 대한 당연한 감사의 인사일 것입니다. 그러나 미디안 제사장이 취하는 태도는 단순한 감사의 정도를 넘어서는 것입니다. 미디안 제사장의 보기에 모세는 필요한 사람이었습니다. 자기의 딸들을 보호해줄 사람이 필요하기도 했고 양을 먹일 사람이 필요하기도 했습니다. 그래서 그 사람을 선대해주는 것입니다. 결국 21절 “모세가 그와 동거하기를 기뻐하매 그가 그의 딸 십보라를 모세에게 주었더니”가 되는 것입니다.

모세가 미디안 제사장에게 해 준 일과 미디안 제사장이 모세에게 해 준 일을 비교하면 미디안 제사장이 모세에게 해 준일이 훨씬 큰일입니다. 모세는 도망자요 떠돌이가 될 수밖에 없는 상태인데 그를 받아주고 먹여주고 재워주고 가정을 이루어주고 기반을 닦을 수 있도록 배려해주는 사람이 미디안 제사장입니다. 출애굽기 2장 1~10절이 선한 애굽의 공주를 묘사하고 있다면 2장 16~22절은 선한 미디안 제사장 집안을 묘사하고 있는 것입니다. 본문에서는 선한 이방인들을 소개하고 있습니다. 인간을 선민과 이방인으로 나누는 사람들에게는 용납하기 쉽지 않은 내용입니다. 누가복음 10장 사마리아인의 비유에서 예수님이 누가 강도만난 자의 이웃이 되겠느냐고 질문하였을 때 율법교사는 절대로 사마리아인이라고 대답을 하지 않습니다. 자존심이 용납하지 않았기 때문에 겨우 하는 대답이 자비를 베푼 자니이다라고 대답합니다. 하나님을 이스라엘만의 하나님이라고 생각하는 사람들은 선한 바로의 딸의 헌신을 이해하지 못할 것이며, 선한 미디안 제사장의 수고를 이해하지 못할 것입니다. 그러나 성경은 모세를 건져내고 모세를 양육시키고 모세에게 은혜를 베푼자로 이방인들을 소개하고 있는 것입니다. 하나님은 인간적 기준으로 인간을 구분하지 않습니다. 하나님은 인간적 자격에 근거해서 인간을 선택하지 않습니다. 하나님은 인간적 능력에 근거해서 인간을 사용하지 않습니다.

# 모세의 적대자들

## 애굽인, 미디안인

종종 어린아이들은 사람을 좋은 사람과 나쁜 사람으로 구분하곤 합니다. 애굽은 좋은 나라입니까 나쁜 나라입니까? 미디안은 좋은 사람들입니까 나쁜 사람들입니까? 이러한 질문은 대답하기 어려운 것이 아니라 질문이 잘못된 것입니다. 민족적으로 인간을 구분하는 것도 옳지 않고 종교적으로 인간을 구분하는 것도 옳지 않습니다. 모세는 히브리 민족의 응원 속에, 앞으로 민족을 이끌어나갈 영도자로 무럭무럭 자라나고 있는 것이 절대로 아닙니다. 모세는 애굽 공주의 아들로 입양되어 애굽 사람으로 교육받고 성장하고 있습니다. 사도행전 7장 22절 "모세가 애굽 사람의 모든 지혜를 배워 그의 말과 하는 일들이 능하더라."라고 소개되고 있습니다. 모세는 애굽 사람으로 자라나는 것입니다. 또한 모세는 미디안 사람으로 생활하는 것입니다. 일반적으로 남자가 사람구실을 할 때, 남자가 인간이 될 때, 남자가 남자다워질 때를 결혼하는 때로 말하곤 합니다. 자기 아내가 생기고 자식이 생기고 가정이 생기면 남자는 전혀 딴 사람이 되고 새 사람이 됩니다. 모세의 경우 아내를 얻고 자식을 얻고 새 출발을 하는 곳이 미디안입니다. 단지 미디안이라는 지역을 말하는 것이 아니라 미디안 제사장의 사위가 된 것입니다. 미디안 제사장은 미디안의 지방 종교, 미디안의 토속 종교, 미디안의 무속 신앙의 책임자입니다. 모세는 미디안 제사장 집안의 사위로, 미다안 여자의 남편으로 미디안 사람이 된 것입니다.

**히브리인**

모세는 히브리 민족 출신입니다. 과연 히브리인들은 모세가 성장하고 행동하는데 무슨 역할을 하였을까요? 2장 11, 12절에 모세의 히브리인다운 행동 즉 애굽인을 쳐 죽이는 행동이 나옵니다. 모세의 행동에 대해 모세를 먹여주고 입혀주고 길러준 애굽인의 관점에서는 배은망덕한 행동이지만 히브리인의 관점에서 보면 그래도 자신의 정체성을 잃지 않고 같은 동족을 기억하고 있고 동족이 고되게 노동하는 것을 안타까이 여기는 마음으로 여겨줄 수 있습니다. 모세의 행동에 대해 다른 히브리인들이 자랑스럽고 대견하게 생각했을까요? 히브리인들의 생각을 엿볼 수 있는 것이 13절 "이튿날 다시 나가니 두 히브리 사람이 서로 싸우는지라. 그 잘못한 사람에게 이르되 네가 어찌하여 동포를 치느냐 하매 그가 이르되 누가 너를 우리를 다스리는 자와 재판관으로 삼았느냐? 네가 애굽 사람을 죽인 것처럼 나도 죽이려느냐? 모세가 두려워하여 이르되 일이 탄로되었도다. 바로가 이 일을 듣고 모세를 죽이고자 하여 찾는지라."입니다.

출애굽기 2장에서 모세를 도와주는 사람이 애굽사람 바로의 딸과 미디안 제사장입니다. 반대로 모세를 위기에 처하게 하는 사람은 히브리 사람들입니다. 도대체 누가 아군이고 누가 적군입니까? 모세는 히브리 사람들의 기대 속에 자라난 사람이 아닙니다. 민족의 영도자가 될 사람으로서 온 백성의 추앙을 받으며 예비된 사람이 아니라는 것입니다. 모세가 애굽의 왕자의 신분임에도 불구하고 자기 백성을 돌아본 사건에 대해 정작 히브리인들은 다른 반응을 보인 것입니다. 히브리 사람들은 모세에 대해 비록 애굽의 옷을 입고 있지만 마음만큼은, 정신만큼은 히브리인이라고 인정한 것이 아니고, 비록 지금은 애굽의 왕궁에서 자라고 있지만 후에 이스라엘을 위해 큰일을 하겠다고 기대하고 있는 것이 아닙니다.

모세가 애굽 사람을 죽인 사건을 누가 보았는지, 누가 바로에게 알렸는지는 본문에는 드러나지 않았습니다. 그러나 정황을 보면 애굽사람이기 보다는 도리어 히브리 사람인 것처럼 보입니다. 모세의 입장에서 생각하면 세상에 믿을 놈이 하나도 없는 것입니다. 이런 모세의 경험이 나중의 모세의 행동에 영향을 끼칩니다. 후에 알게 되지만 모세는 자신이 백성들에게로 돌아오는 것을 두려워했습니다. 백성들이 자기의 하는 말을 들어주지 않을 것이라고 했고, 돌아오고 싶어 하지 않았습니다. 선한 애굽인, 선한 미디안인, 선한 이방인들과 대조하여 본다면 악한 동족이요 악한 선민입니다.

## 하나님의 원리

출애굽기의 중심 주제는 하나님의 백성 이스라엘을 애굽에서 구해내는 것이 아닙니다. 출애굽 사건은 표면에 드러난 장면일 뿐입니다. 이 사건을 통해서 하나님이 강조하고자 하는 내용을 바로 알아야 합니다. 하나님은 이스라엘 사람만의 하나님도 아니고 이스라엘 사람만을 쓰시는 것도 아닙니다. 하나님은 모든 사람의 하나님이요 하나님은 모든 사람을 쓰십니다. 더 나아가 하나님은 사람을 쓰시는 것이 아니라 사람을 위해 하나님이 일하십니다. 저와 여러분도 유대인의 관점에서는 이방인이었습니다. 그러나 하나님의 은혜로 성도가 되었습니다. 성도는 하나님의 사람들입니다. 먼저 은혜 받은 자의 사명을 기억하시고 은혜를 누리시면서 하나님을 드러내는 삶을 살아가시기를 주님의 이름으로 축원합니다.

# 하나님이 기억하사



## 출애굽기 2 : 23 ~ 25

23 여러 해 후에 애굽 왕은 죽었고 이스라엘 자손은 고된 노동으로 말미암아 탄식하며 부르짖으니 그 고된 노동으로 말미암아 부르짖는 소리가 하나님께 상달된지라 24 하나님이 그들의 고통 소리를 들으시고 하나님이 아브라함과 이삭과 야곱에게 세운 그의 언약을 기억하사 25 하나님이 이스라엘 자손을 돌보셨고 하나님이 그들을 기억하셨더라

## 상달된지라

### 부르짖으니

요한복음 4장에 예수님이 사마리아지역으로 가시는 장면이 나옵니다. 예수는 우물가에 앉으셨고 제자들은 먹을 것을 사러 동네에 들어갔습니다. 예수님과 사마리아 여인의 대화가 이어지고 제자들이 돌아와서 예수님을 대접합니다. 31절 이하에 "그 사이에 제자들이 청하여 이르되 랍비여 잡수소서. 이르시되 내게는 너희가 알지 못하는 먹을 양식이 있느니라. 제자들이 서로 말하되 누가 잡수실 것을 갖다 드렸는가 하니 예수께서 이르시되 나의 양식은 나를 보낸 이의 뜻을 행하며 그의 일을 온전히 이루는 이것이니라."고 나옵니다. 제자들의 생각대로라면 예수는 나쁜 사람입니다. 기껏 제자들은 음식을 구하러 동네에 들어가서 고생하여 접대를 하는데 하시는 말씀이 '내게는 너희가 알지 못하는 먹을 양

식이 있느니라.'고 합니다. 예수 혼자 몰래 먹을 양식을 감춰놓고, 제자들을 동네에 보낸 후에 혼자 몰래 먹어버렸다고 생각하는 것입니다. 예수님과 제자들의 대화에서 '양식'이라는 용어가 같은데 '의미'가 다르기 때문에 발생하는 어이없는 장면입니다. 이와 같이 성경의 '용어'와 '개념'에 대해 성경이 의도한 것과 성도가 알고 있는 것이 달라서 많은 오해가 발생합니다.

출애굽기 2장 23절은 "여러 해 후에 애굽 왕은 죽었고 이스라엘 자손은 고된 노동으로 말미암아 탄식하며 부르짖으니 그 고된 노동으로 말미암아 부르짖는 소리가 하나님께 상달된지라."입니다. 본문에는 이스라엘 백성들이 부르짖었다고 말합니다. 실제로 이스라엘 백성들은 고된 노동으로 말미암아 삶이 힘들고 어려웠고, 생명의 위협을 늘 감수해야 했기에 불안하고 두려워서 당연히 부르짖었습니다. 그런 상황에 처해있다면 누구라도 다 부르짖었을 것입니다. 이때 이스라엘 자손들은 '누구에게' 부르짖었을까요? 너무 쉽게 '이스라엘 백성들이 하나님께 부르짖었다.'고 생각하시면 안 됩니다. 당시 이스라엘은 당연히 하나님을 알고 있었을 것으로 생각하지 마시고, 모세는 그의 어머니를 통해 집중적 신앙교육을 받았을 것으로 생각하지 마시고, 이스라엘 백성은 하나님께 부르짖었다고 너무 쉽게 너무 단순하게 생각하지 않으셔야 합니다. 이스라엘이 고된 노동으로 인하여 부르짖은 것은 맞지만 하나님께 부르짖은 것이 아닙니다. 오늘날 대부분의 사람들은 이스라엘 사람들이 하나님을 알고 있었고, 하나님과 자신들의 조상들이 맺었던 언약에 대해서 알고 있었다고 생각하기에 고통 중에 있을 때에 이스라엘 백성들이 하나님을 기억하고, 하나님의 언약, 약속을 기억하고 하나님께 부르짖어 도움을 청했다고 생각을 합니다. 그러나 실제로는 그렇지가 않다는 것입니다.

이스라엘은 고통 중에 부르짖었습니다. 이스라엘은 삶이 너무 힘들고 어려워서 아무에게나 도와달라고 부르짖은 것입니다. 본문의 '부르짖으니라'는 하나님을 부르고, 하나님을 믿고, 하나님을 의지한 것이 아니라 힘든 가운데 외쳐 되는 탄식이요 아우성에 불과한 것입니다. 인간은 자신이 감당할 수 없는 고난을 당할 때 누구라도 탄식하고 울부짖습니다. 특정한 대상이 아니라 아무나 들어달라는 절규요 외침입니다. 힘겨운 상황에 처한 사람은 특정한 대상을 골라서 도움을 요청하는 것이 아닙니다. 절규와 부르짖음은 자신의 고통을 표현하는 방식이지 반드시 특정 대상만을 향하여 하는 것이 아닙니다. 간혹 평상시에 하나님이 없다고 하고, 하나님을 저주하던 사람들도 조금만 어려우면 하나님을 찾기도 합니다. 또는 반대로 평상시에 믿음이 좋은 것으로 여겨졌던 사람이 어려운 상황에 처하자 금새 하나님이 아닌 엉뚱한 것에 의지하는 모습을 보이기도 합니다. 왜냐하면 인간이 연약하고 자신의 고통이 너무 힘들기 때문입니다. 이스라엘 백성도 지금 그런 장면에 불과합니다.

### 죄인의 요구

만약 이스라엘 백성이 하나님을 알고 있었고, 하나님이 자신들의 조상 아브라함과 맺었던 언약에 대해서 알고 있었다면 이스라엘 백성들은 단지 어려움을 호소하고 울부짖는 정도에 그치지 않았을 것입니다. 도리어 도움을 청하는 자세가 아니라 당연히 요구하는 자세, 안 들어주면 죽여 버리겠다는 태도를 나타낼 것입니다. 연약한 표정을 지으며 제발 은혜를 베풀어달라는 간절한 모양새가 아니라 도리어 화난 표정으로, 분개하는 표정으로, 맡겨놓은 물건 달라는 태도로 강력하게 요구할 것입니다. 부탁이 아니라 명령을 하고, 간구가 아니라 요구를 할 것입니다. 만약 이스라엘 백성이 하나님을 알고, 하나님의 약속을 알았다면 이렇게 순하게 부르짖지 않습니다.

성경에 사람들이 나와서 우는 장면, 부르짖는 장면에 대해 대부분의 성도님들은 '저들이 회개하였다.' 또는 '하나님께 기도했다.' 고 생각하는 경향이 있습니다. 그러나 성경에 나오는 사람들이 우는 장면은 회개가 아니라 그냥 우는 것입니다. 사람들이 부르짖는 장면은 기도가 아니라 그냥 부르짖는 것입니다. 사사기 2장에 이스라엘 백성들이 가나안의 족속들을 물리치지 아니하고 쫓아내지 아니하고, 그들의 제단을 헐지 아니한 것에 대해 하나님이 안타까와 하시면서 결국 그것이 이스라엘의 올무가 될 것이라고 말씀하시는 장면이 나옵니다. 그때 2장 4절에 "여호와의 사자가 이스라엘 모든 자손에게 이 말씀을 이르매 백성이 소리를 높여 운지라. 그러므로 그 곳을 이름하여 보김이라 하고 그들이 거기서 여호와께 제사를 드렸더라." 즉 백성들이 소리를 높여 울었다고 합니다. 얼마나 울었으면 그곳 이름이 보김 즉 우는 자들이라고 지어졌습니다. 백성들이 울었다고 나오는 것은 회개가 아니라 실제로 그냥 운 것입니다. 기독교에서 말하는 회개는 우는 것이 아니라 돌아서는 것을 말합니다. 사람들은 울기만 하지 돌아서지 않습니다. 돌아설 힘이 없어서 단지 울기만 하는 것입니다. 그래서 부르짖는 것이 회개가 아니고 우는 것이 회개가 아니고 반성하는 것이 회개가 아닙니다. 본문에서 이스라엘이 부르짖었다는 표현이 저들이 회개했다, 하나님을 믿고 의지하고 간구했다는 의미가 아니라는 것입니다. 이스라엘의 부르짖음을 강조하려는 의도가 아닙니다.

### 상달된지라

23절의 강조점은 부르짖음 즉 저들이 부르짖었다는 것이 아니라 상달됨 즉 하나님이 들으셨다는 것입니다. 사람들이 타종교와 기독교를 구분하지 못하는 것 그래서 기독교 신앙에 대해 가장 오해되는 부분이 이것입니다. 대부분의 종교에서 강조되는 것은 '인간의 행위' 입니다. '인간이 정성을 드렸다, 인간이 예물을 드렸다, 인간이 충성을 다했다,

인간이 자기의 가장 소중한 것을 바쳤다, 인간이 몇 날 몇 일을 먹지도 자지도 않고 기도를 했다.' 등등입니다. 반대로 기독교에서 가장 강조하는 것은 '하나님의 사역'입니다. '하나님이 하셨다, 하나님이 들으셨다, 하나님이 받아주셨다, 하나님이 기억하셨다, 하나님이 응답하셨다. 하나님이 육신을 입으셨다, 하나님이 십자가를 지셨다, 하나님이 부활하셨다, 하나님이 우리를 구원하셨다, 하나님이 승천하셨다, 하나님이 재림하신다.' 등등 입니다.

성도들도 신앙생활에서 자주 강조하고 부각시키려고 하는 것이 '내가 부르짖었다.'는 것입니다. 그러나 중요한 것은 '내가 부르짖었다.'가 아니라 '상대가 들어주었다' 즉 하나님이 들어주셨다는 것입니다. 그러면 다음에 '맞아, 하나님이 들어주셨지. 그런데 왜 들어 주셨을까? 저 사람하고 나하고 똑같이 부르짖었는데 나는 응답받고 저 사람은 응답 못 받았어. 내 기도를 들어주신 것은 내가 열심히 부르짖었기 때문이야!' 라고 결국 하나님도 들어줄 수밖에 없는 '나의 행위'를 강조하려고 합니다. 기독교는 정반대입니다. 하나님이 들어주셨다는 것입니다. 하나님이 들어주신 이유는 하나님은 은혜가 많으신 분이기 때문입니다. 방향성 없는 아우성이 응답받는 것은 부르짖는 자의 열정 때문이 아니라 듣는 자의 신실함 때문입니다. 나는 어느 방향인지도 모르고, 상대가 누구인지도 모르고, 상대가 무엇을 좋아하는 지도 모르기 때문에 내 방식대로, 내가 할 수 있는 대로 했을 뿐인데 그 얼토당토 않은 말을, 들어 주여야 하는 의무가 있지도 않으신 하나님이 들어 주셨다는 것이 중요한 것입니다. 우리가 하나님께 감사하는 이유가 여기에 있는 것입니다. '내가 기도했으니 들어주시요!' 라고 요구하는 것이 아니라 '들어주셔서 감사합니다.' 라고 들어주심을 강조하는 것입니다. 본문의 강조점은 23절 '이스라엘이 부르짖었다.'는 것이 아니라 24, 25절 "하나님이 그들의 고통 소리를 들으시고 하나님이 아브라함과 이삭과 야곱에게 세운 그의

언약을 기억하사 하나님이 이스라엘 자손을 돌보셨고 하나님이 그들을
기억하셨더라."는 것입니다.

## 하나님이 기억하사

하나님이 이스라엘의 부르짖음을 들어주신 이유는 하나님이 기억하
셨기 때문이라는 것입니다. 하나님은 '아브라함과 이삭과 야곱에게 세
운 하나님의 언약'을 기억하신 것입니다. 이스라엘 백성들의 간절함에
마음이 감동되신 것이 아니요, 이스라엘 자손들의 고통에 애잔함을 느
낀 것이 아니요, 이스라엘의 부르짖음이 하도 처절해서 하나님도 측은
지심을 가지게 된 것이 아닙니다. 이스라엘의 부르짖음에는 '하나님의
약속에 대한 기억'이 언급되지 않습니다. 막연한 부르짖음에 불과합니
다. 실상 이 언약을 기억했어야 하는 당사자는 이스라엘입니다. 이스라
엘이 기억하고, 하나님께 약속을 상기시키며 도와달라고 요청할 수 있
었어야 합니다. 그런데 이스라엘은 전혀 기억을 하고 있지 못합니다.

도리어 하나님은 기억하고 계셨습니다. 하나님은 그 동안은 잊고 계
셨다가 저들의 부르짖는 소리에 갑자기 기억이 나신 것이 아니라 항상,
계속 기억하고 계셨습니다. 1장에서 이스라엘이 생육하고 불어나 번성
하고 매우 강하여 온 땅에 가득할 수 있도록 일 하신 분이 이 언약을 기
억하고 계신 하나님이시고, 산파들로 하여금 바로의 명령을 거역하지
않아도 되도록 히브리 여인들에게 건장함을 주시고 산파가 도착하기 이
전에 해산할 수 있도록 도움을 베푸신 일을 하신 분이 이 언약을 기억하
고 계신 하나님이시고, 고통 중에 향방 없는 부르짖음을 들어주시는 분
이 이 언약을 기억하고 계신 하나님이십니다. 하나님은 아브라함과 약
속을 맺으신 순간부터 단 한 번도 약속을 잊으신 적이 없고, 단 한 번도
이스라엘을 방치한 적도 없으십니다. 기억하고 계셨기에 하나님이 이스
라엘을 돌보셨고, 기억하셨기에 하나님이 그들을 위해 일하시는 것입니

다. 하나님은 '너희들이 기억하고 요청하면 내가 도와주겠다.'고 말씀하시는 분이 아니라 '비록 너희는 잊을지라도 나는 잊지 않고 너희와 함께하며 너희를 도울 것이다.'라고 선언하는 분입니다.

창세기 6장부터 9장까지에는 노아시대에 있었던 홍수사건이 기록되어 있습니다. 인간의 죄로 인한 자멸사건이요, 하나님의 은혜의 인간구원사건입니다. 이때에도 하나님이 언약을 세우십니다. 9장 12~16절 "하나님이 이르시되 내가 나와 너희와 및 너희와 함께하는 모든 생물 사이에 대대로 영원히 세우는 언약의 증거는 이것이니라. 내가 내 무지개를 구름 속에 두었나니 이것이 나와 세상 사이의 언약의 증거니라. 내가 구름으로 땅을 덮을 때에 무지개가 구름 속에 나타나면 내가 나와 너희와 및 육체를 가진 모든 생물 사이의 내 언약을 기억하리니 다시는 물이 모든 육체를 멸하는 홍수가 되지 아니할지라. 무지개가 구름 사이에 있으리니 내가 보고 나 하나님과 모든 육체를 가진 땅의 모든 생물 사이의 영원한 언약을 기억하리라."입니다. 인간은 무지개를 보고 '야 무지개다!'라는 감탄 외에는 할 일이 없습니다. 그러나 하나님은 비가 온 뒤에 무지개를 두시고, 하나님이 기억하시는 것입니다. '내가 인간을 보호해야지, 내가 인간을 지켜야지, 내가 인간을 구원해야지, 다시는 인간이 자멸하도록 두지 않을 것이다.'라고 하나님이 기억하시는 것입니다. 출애굽기 2장에서도 정작 이스라엘은 자기들의 조상이 하나님과 맺은 언약을 기억조차 못하고 있습니다. 그러나 하나님이 기억하고 계십니다. 24절의 '기억하사'는 말 그대로 기억한다는 의미이고 25절의 '기억하사'는 '아신다'는 의미 즉 하나님이 이스라엘의 사정을 아시기에 하나님이 이스라엘의 부르짖음을 들으시고 돌보시는 것입니다.

# 하나님의 조치

## 하나님의 일하시는 모습

성경을 읽으면서 사람들은 종종 '하나님을 이해하지 못하겠다.' 고 불평합니다. 하나님의 일하시는 방식이 마음에 들지 않는다는 표현일 것입니다. 2장 23절에서 백성들이 부르짖었고, 24, 25절에서 하나님이 기억하셨고, 자손을 돌보셨고, 이스라엘을 아시사 아는 자의 행동을 시작하였다고 소개를 드렸습니다. 그러면 사람들이 하는 질문이 '하나님이 왜 이제 하느냐?' 는 것입니다. 이스라엘이 애굽으로 말미암아 고통을 당하기 시작한 것이 출애굽기 1장부터였습니다. 그런데 2장에 하나님이 이스라엘을 애굽에서 건져주는 사건이 등장하는 것이 아닙니다.

사람의 관점에서 아주 속이 터지는 사건이 연이어 나오는 것이 2장 1절 "레위 가족 중 한 사람이 가서 레위 여자에게 장가들어 그 여자가 임신하여 아들을 낳으니."부터입니다. 하나님이 마치 사오정이나 4차원 같이 행동하십니다. 이스라엘 백성은 고통을 당하고 있는 데, 빨리 한 사람을 선택하고 빨리 구출 작전을 시작하셔야 되는데, 하나님은 그제서야 중매 서고 계십니다. 한 레위인이 레위 여자에게 장가를 갔답니다. '어머 임신을 했대요~. 글쎄 아들을 낳았다네요~.' 입니다. 어찌되었든 모세가 태어났습니다. 그러면 이제 모세를 통해서 이스라엘을 구출하는 작전이 시작되어야 할 것입니다. 그런데 스토리가 전혀 엉뚱하게 전개됩니다.

모세가 애굽의 왕궁에 머물러 있다가 히브리 자기 형제, 자기 동포의 어려운 처지를 보고 의분을 일으켜 거사를 행했습니다. 그러면 그 거사가 도화선이 되어서 온 이스라엘이 떨치고 일어나야 되는 것 아닙니까? 모세가 보장된 안락한 삶을 포기하고 민족을 위해 일하려고 뛰어들었으면 민족적 단합이 이루어지고 민족봉기가 일어나야 되지 않습니까? 그런데 성경 스토리는 모세가 도망자가 되는 것으로 이어집니다. 혼자 헛된 짓거리를 한 것이요, 혼자 신세망친 것입니다.

또 그 다음엔 어떤 이야기가 나와야 합니까? 모세가 미디안에 가서 제사장 딸과 결혼을 했답니다. 민족을 위해서 힘을 모으려고 하면, 피난 가서 정략적으로 그 지역 지주의 딸과 결혼을 할 수도 있습니다. 그래서 지주의 지원을 받아 학교도 세우고, 백성도 모으고, 든든한 후원부대를 모아야 합니다. 그리고 드디어 거사의 날이 될 때 거대한 외부 지원군이 함께 몰려와야 합니다. 그러면 그 동안 오해받을 수 있었던 행동들이 모두 용납될 수 있을 것입니다. 그런데 성경 스토리는 전혀 딴판입니다. 모세는 미디안 제사장 딸과 결혼을 했습니다. 정략적으로 한 것이 아니라 아예 살림 차리고 살았습니다. 애굽에 돌아갈 날만을 기다리고 있었던 것도 아니고, 다른 준비를 하고 있었던 것도 아니랍니다. 그냥 양치면서 살았습니다. 애 둘 낳고 잘 살았답니다. 하나님은 지금 뭐하고 계십니까?

3장에 넘어가면 스토리 전개가 빠르게 진행될까요? 하나님이 모세를 부르시면, 모세가 당장 아멘하고 대답하고 총알같이 애굽에 있는 이스라엘 백성에게도 돌아갈까요? 그래서 4장에 가면, 모세와 백성들이 만나고 백성들은 모세가 돌아왔다고, 이제 이스라엘에도 소망이 있다고 반가와 할까요? 5장이후로 가면, 드디어 모세와 아론이 애굽 왕 바로 앞에 나아가서 담판을 짓고, 이스라엘 백성이 품위도 당당하게 독립해서 나올까요? 전혀 그렇지가 않다는 것입니다. 이스라엘은 부르짖었고, 하나님은 기억하셨다고 기록되었는데, 하나님은 지금 뭐하고 계십니까?

### 출애굽기의 주제

출애굽기의 주제는 '출애굽' 이 아닙니다. 원래 이 책의 제목은 출애굽기가 아닙니다. 히브리 성경에서 책 제목을 지을 때는 그 책의 첫 번째 단어로 정했습니다. 창세기는 '베레쉬트' 즉 '처음에', 출애굽기는 '베 엘레 세모트' 즉 '그리고 이름들', 레위기는 '바 이크라' 즉 '그리고 부르셨다', 민수기는 '베 미드바르' 즉 '광야에서', 신명기는 '엘레 하 데바림' 즉 '말씀들' 입니다. 그런데 히브리 성경을 헬라어로 번역 한 '70인 역' 에서 제목들이 모두 바뀌었습니다. 첫 번째 단어를 제목으로 하는 대신, 번역자들이 읽어본 후 내용을 개괄할 수 있는 의미를 담는 것으로 바뀌어 '창세기', '출애굽기', '레위기', '민수기', '신명기' 라고 했습니다. 이때 과연 각 책의 내용을 개괄할 수 있는 의미를 담는 제목 으로 바꾼 것이 적절하게 했느냐는 것에 대해 의문이 많습니다. 출애굽 기의 내용이 출애굽에 관한 것이며, 민수기의 내용이 백성의 숫자에 관 한 것이냐는 의문입니다. 창세기도 정작 세상의 창조에 관한 이야기는 1, 2장뿐이고, 출애굽기도 출애굽에 관한 것은 10여장 정도에 불과하고, 민수기도 백성의 숫자를 세는 것은 단 두 번만 등장하는데 그것이 제목 으로 적당하냐 즉 그 책의 내용을 대표한다고 말할 수 있느냐는 것입니 다. 여하튼 70인 역의 번역자들은 이 책의 이름을 '출애굽기' 라고 정했 고, 그 이후로 이 책의 이름은 '출애굽기' 로 전해져 내려오고 있고, 사람 들은 출애굽기의 중심내용이 '출애굽' 이라고 생각하고 있습니다.

그러나 출애굽기의 주제나 목적은 '출애굽' 이 아닙니다. 1장부터 전 개되는 것이 출애굽을 중심으로 펼쳐지고 있지 않습니다. 물론 출애굽 기에서 출애굽은 중요한 사건입니다. 비록 출애굽이라는 사건이 등장하 지만, 목적이 출애굽인 것은 아닙니다. 출애굽이 목적이라면 지금처럼 전개 되어서는 안 됩니다. 한 사람 장가들이고, 도망가고, 결혼하고, 애 낳고 이렇게 노닥거려서는 안 됩니다. 모세하고 하실 이야기가 있더라 고 일단 백성은 구출해 놓고 하셔야 됩니다. 그런데 하나님이 이스라엘 의 고통 소리를 들으셨다고 하는데 전혀 듣지 않은 분처럼, 한량처럼 행 동하고 계십니다. 왜냐하면 출애굽이 하나님의 목적이 아니기 때문입니다.

## 모세의 전력前歷

하나님의 목적이 무엇인지 확인할 수 있는 힌트를 찾아보겠습니다. 하나님이 출애굽을 위해 사용하신 사람이 모세입니다. 하나님이 왜 모세를 택하셨을까요? 앞장에서 모세의 출생과 성장을 살펴보았습니다. 모세의 삶은 사람의 기준으로 보아서는 하나님이 쓰시기에 가장 부적합한 사람입니다. 모세는 처음 40년을 애굽에서 생활했습니다. 모세가 애굽에서 생활했다는 표현은 단지 거주지를 말하는 정도가 아닙니다. 모세는 애굽의 언어를 익혔고, 애굽의 문화를 익혔고, 애굽의 학문을 익혔습니다. 동시에 모세는 애굽의 종교를 익혔습니다. 애굽이라는 나라 자체가 종교와 정치가 하나로 연결되어 있는 나라입니다. 당연히 모세는 애굽의 종교를 알았고, 온갖 종교적 행사에 참석하였습니다. 애굽 종교적 신관과 축복과 저주의 원리를 배우고 익히며, 애굽 종교적 방식으로 생활하였던 것입니다. 자그만치 40년 동안 그것도 한쪽 귀퉁이가 아니라 본산, 중심지에서, 중심적 역할을 하면서 살았습니다. 혹자들은 '모세는 비록 애굽 왕궁에 살았지만, 비록 애굽 종교적 환경에 둘러 쌓여있었지만 신실하게 하나님만을 믿고 섬겼다.'고 생각할 수 있습니다. 그러나 실상은 정반대로 모세는 애굽 종교에 둘려 쌓여있었고, 애굽 종교적 사고방식으로 생활하였고 하나님을 알지도 못했고, 하나님과 조상들의 언약을 기억하지도 못했습니다. 애굽에서의 모세는 애굽 사람 모세입니다.

왕궁을 벗어난 후 모세는 미디안에서 40년을 살았습니다. 미디안 제사장 이드로의 집에서 살았습니다. 그 집에 대해서 전혀 모르고 들어간 것이 아니라 알면서도 들어갔습니다. 그 집이 미디안에 있는 지방 종교, 토속 종교, 무속 종교의 제사장의 집이라는 것을 다 알면서 그 집에 들어갔고, 그 집에 동거하는 것을 기뻐하였고, 그 집안의 제사장의 딸과 혼인하였고, 자녀를 낳았습니다. 혹자들이 생각하는 것처럼 '비록 미디안 제사장의 집에 거주하였으나 중심에는 하나님을 믿고 의지하고 섬겼다.' 가 아니라 철저하게 미디안 사람처럼, 미디안 제사장의 가족처럼 살았습니다. 미디안 종교를 배웠고, 미디안 종교를 따랐고, 미디안 종교적 방식대로 40년을 생활하였던 것입니다. 미디안에서의 모세는 미디안 사람 모세입니다.

이와 같이 모세는 하나님께 부름받기 전 80년 동안 애굽 종교와 미디안 종교 등 타종교에 심취한 자가 되었고, 우상종교의 최고 신봉자가 되었고, 이방종교 종사자가 되어있었던 것입니다. 하나님과의 관계를 기준으로 삼는다면 하나님과 가장 멀리 있던 사람입니다. 그런 모세가 하나님께 선택을 받았습니다. 모세가 선택을 받은 것은 가장 하나님을 잘 알았기 때문이거나 하나님을 가장 잘 믿었기 때문이거나 하나님을 가장 신뢰했기 때문이 아닙니다. 모세가 하나님께 선택을 받은 이유는 정반대의 조건 즉 하나님을 가장 몰랐기 때문이요, 가장 타 종교에 익숙해져 있었기 때문입니다. 여기에서 하나님의 목적을 이해할 수 있는 힌트가 나오는 것입니다.

### 하나님의 목적

하나님이 왜 모세를 선택하셨는가를 이해하려면 하나님의 목적을 바르게 이해해야만 합니다. 하나님의 목적은 '출애굽' 이 아닙니다. 하나님의 목적은 '모세 영웅 만들기' 가 아닙니다. 하나님의 목적은 '하나님의 계획을 달성하기 위하여 모세를 이용하는 것' 이 아닙니다. 하나님의 목적은 하나님을 모르는 사람에게 하나님을 알게 하는 것입니다. 좁게는 하나님을 모르는 모세에게 하나님을 알리는 것이요, 확장하면 하나님을 모르는 이스라엘에게 하나님을 알리는 것이요, 더 확장하면 하나님을 모르는 애굽에게 하나님을 알리는 것이요, 더 확장하면 하나님을 모르는 인류에게 하나님을 알리는 것입니다. 하나님을 모르는 사람에게 하나님을 알게 하는 것이 하나님의 목적입니다. 하나님을 모르는 사람에게 하나님을 알리는 것이 하나님의 목적이라면 하나님이 부르는 사람, 하나님이 선택하는 대상은 당연히 하나님을 모르는 사람이어야 합니다. 그래서 하나님은 아무나 사용하셔도 되는 것입니다. 왜냐하면 어차피 모든 죄인들은 하나님을 모르고 있기 때문입니다. 인간은 모두가 죄인으로서 똑같은 조건에 처해있는 것입니다. 하나님께서 특별히 선택할 만한, 다른 사람들과 구별된 만한 조건을 가지고 있는 사람이 존재하지 않는 것입니다. 도리어 하나님을 모르는 사람에게 하나님을 알게 하는 교육적 효과를 기대한다면 단지 하나님을 모르는 사람보다는 아예 타종교에 심취한 사람이 더욱 좋을 것입니다. 그래서 하나님이 선택한 모세는 하나님을 모르는 정도를 넘어 아예 타종교, 또는 우상종교에 익숙한 사람입니다. 모세는 40년간 애굽 종교에 열중했었고, 40년간 미디안 종교에 열중했던 사람이었기 때문에 선택받은 것입니다.

'왜 모세인가?' 를 이해하려면 '하나님의 목적이 무엇인가?' 를 바로 이해해야 합니다. 예를 들어 우리나라에 줄넘기가 보급이 되지 않았을 때를 생각해 보겠습니다. 줄넘기의 유용성을 아는 한 외국인이 우리나라에 왔다고 합시다. 우리나라에는 줄넘기라는 말 자체가 없고, 줄넘기라는 물건이 없고, 줄넘기한다는 개념이 없는 상태입니다. 그런 사람에게 줄넘기가 얼마나 즐겁고, 줄넘기가 얼마나 신나고, 줄넘기가 얼마나 건강에 좋은지를 소개하고 싶으면 특별한 대상을 고를 것 없이 아무나 다 된다는 것입니다. 왜냐하면 어차피 줄넘기를 아는 사람이 하나도 없기 때문입니다. 줄넘기를 소개하려고 할 때에는 줄넘기를 모르는 사람이 대상이 되는 것입니다. 그런 측면에서 아무도 줄넘기를 아는 사람이 없으니까 모든 사람이 대상이 되는 것입니다. 누구를 선택해도 됩니다.

그때 한 사람을 선택되었습니다. 왜 그 사람이 선택되었냐고 묻는 다면 대답은 '그냥' 입니다.

그런데 줄넘기를 소개하면서 기왕에 줄넘기의 효과를 입증하고 싶으면, 줄넘기가 건강에 좋다는 것, 줄넘기가 신체발달에 좋다는 것을 증명하고 싶다면 몸매가 좋은 사람과 비만인 사람 중에 비만인 사람을 골라야 합니다. 몸매가 좋은 사람을 고르면 줄넘기를 하고 난 후에도 줄넘기 때문에 몸매가 좋아졌다고 아무도 생각하지 않습니다. 왜냐하면 줄넘기를 하기 전부터 몸매가 좋았기 때문입니다. 반대로 비만인 사람을 골라서 줄넘기를 한 후 몸매가 좋아진다면 줄넘기의 효과가 인정되는 것입니다. 하나님의 목적이 하나님을 알리는 것입니다. 그렇다면 하나님이 선택할 대상은 아무나, 누구나 될 수 있는 것입니다. 하나님을 알게 된 효과를 입증하려면 하나님을 모르는 사람 중에 더욱이 타종교에 흠뻑 젖어있는 사람입니다. 그래서 모세가 선택된 것입니다.

## 또 다른 사람들

성경에 나오는 다른 사람들을 확인해 보겠습니다. 대표적인 예가 아브라함입니다. 아브라함의 집안은 다른 신을 섬기던 집안입니다. 여호수아 24장 2절 "여호수아가 모든 백성에게 이르되 이스라엘의 하나님 여호와께서 이같이 말씀하시기를 옛적에 너희의 조상들 곧 아브라함의 아버지, 나홀의 아버지 데라가 강 저쪽에 거주하여 다른 신들을 섬겼으나 내가 너희의 조상 아브라함을 강 저쪽에서 이끌어 내어"입니다. 아브라함의 아버지 데라가 하나님을 잘 믿은 사람이 아니라 다른 신들을 섬긴 사람입니다. 데라만 다른 신을 섬긴 것이 아니라 아브라함도 아버지를 따라 다른 신을 섬긴 것입니다. 이스라엘의 조상은 데라가 아니라 아브라함입니다. 여호수아에서는 너희의 조상들이라고 말하고 있습니다. 데라와 아브라함이 이방신을 섬겼으나, 즉 이방신을 섬김에도 불구하고 하나님이 꺼내셨다는 것입니다. 아브라함이 하나님께 이스라엘의 조상으로 선택받았습니다. 하나님을 잘 믿었기 때문이 아니라 하나님을 모르고 있고, 다른 신을 섬기는 자였기 때문입니다. 하나님의 목적이 하나님을 모르는 자에게 하나님을 알게 하는 것이기 때문입니다.

또 다른 사람 요셉을 확인해 보겠습니다. 요셉은 야곱의 아들로서 후일에 애굽의 총리가 되었던 사람입니다. 요셉이 하나님께 선택을 받고 애굽의 총리가 된 것이 하나님을 잘 믿고 하나님께 충성했던 사람이라 하나님의 상주시고 복 주셔서 이방종교요 우상종교의 소굴인 애굽에서 총리자리를 선물로 주신 것이 아닙니다. 실상은 정반대입니다. 요셉이 형들에 의해 애굽으로 팔려가서 여러 사건을 거친 후 총리가 되었습니다. 창세기 41장 45절 "그가 요셉의 이름을 사브낫바네아라 하고 또 온의 제사장 보디베라의 딸 아스낫을 그에게 주어 아내로 삼게 하니라."라고 나옵니다. 요셉이 총리가 되는 것이 목적이 아니라 총리가 됨으로 이스라엘 땅에 기근이 들어 죽게 되는 위험 속에서 이스라엘을 건져내는 일을 위해 선택을 받게 되는 것입니다. 요셉의 생애 중에 정작 중요한 일은 총리가 되기까지가 아니라 총리가 된 이후부터입니다. 그런데 총리가 되자마자, 이제 하나님의 일꾼으로 하나님의 사역을 시작해야 할 시점에 요셉이 온 제사장 보디베라의 딸과 결혼을 합니다. 하나님의 사람이 이방 종교 제사장의 딸과 결혼을 하는 것입니다. 하나님이 이런 사람을 데리고 애굽과 이스라엘을 기근에서 구해주시는 것입니다. 요셉이 이방종교를 멀리하고 오직 하나님만 의지하기 때문이 아니라 도리어 이방 종교 제사장의 딸과 결혼하는 사람이기에 하나님이 그를 선택하시는 것입니다. 하나님의 목적이 하나님을 모르는 자에게 하나님을 알게 하는 것이기 때문입니다.

## 제자들

　신약에서도 마찬가지입니다. 예수님이 이 땅에 강림하셨습니다. 예수님은 의인들을 만나러, 의인들을 부르러 오신 것이 아닙니다. 예수님이 이 땅에서 찾은 사람, 은혜를 베푼 사람들은 신실한 자나 거룩한 자나 의로운 자가 아니었습니다. 예수님은 죄인들을 만나러 오셨고, 죄인들을 구원하러 오셨고, 죄인에게 은혜를 주시러 오신 것입니다. 예수님의 목적이 죄인을 구원하는 것이었기 때문에 예수님은 죄인의 집에 가셨고, 죄인들과 식사를 하셨고, 죄인들의 질병을 고치셨고, 귀신들린 자에게서 귀신을 쫓아내주셨던 것입니다. 당시의 유대 종교지도자들과 관원들은 예수님의 목적을 이해하지 못하기에 예수님의 행동을 용납할 수 없었던 것입니다. 예수님이 제자들을 택하셨습니다. 예수님이 선택한 제자들은 하나님을 가장 잘 믿는 제사장들이 아니었습니다. 하나님을 가장 잘 아는 서기관이나 바리새인들이 아니었습니다. 하나님을 모르는 자들 다른 표현으로 하나님을 알아야 하는 자들이었습니다. 그래서 선택된 제자들이 베드로, 안드레, 마태, 바돌로매, 도마 등 이었던 것입니다.

　구원받은 성도는 하나님의 백성, 하나님의 자녀입니다. 다른 표현으로 성도는 하나님을 아는 자들, 하나님을 인정하는 자들입니다. 성도가 불신자들과 다른 점은 하나님을 알게 되었다는 것입니다. 성도는 하나님을 알고, 하나님의 목적을 알고, 하나님의 일하시는 원리를 알고, 하나님의 복락을 알고, 하나님의 말씀의 의도를 알게 된 자들입니다. 하나님과 더불어 참되고 바른 행복한 삶을 날마다 누려 가시기를 주님의 이름으로 축원합니다.

# 5

# 모세야, 모세야

## 출애굽기 3 : 1 ~ 12

1 모세가 그의 장인 미디안 제사장 이드로의 양 떼를 치더니 그 떼를 광야 서쪽으로 인도하여 하나님의 산 호렙에 이르매 2 여호와의 사자가 떨기나무 가운데로부터 나오는 불꽃 안에서 그에게 나타나시니라 그가 보니 떨기나무에 불이 붙었으나 그 떨기나무가 사라지지 아니하는지라 3 이에 모세가 이르되 내가 돌이켜 가서 이 큰 광경을 보리라 떨기나무가 어찌하여 타지 아니하는고 하니 그 때에 4 여호와께서 그가 보려고 돌이켜 오는 것을 보신지라 하나님이 떨기나무 가운데서 그를 불러 이르시되 모세야 모세야 하시매 그가 이르되 내가 여기 있나이다 5 하나님이 이르시되 이리로 가까이 오지 말라 네가 선 곳은 거룩한 땅이니 네 발에서 신을 벗으라 6 또 이르시되 나는 네 조상의 하나님이니 아브라함의 하나님, 이삭의 하나님, 야곱의 하나님이니라 모세가 하나님 뵈옵기를 두려워하여 얼굴을 가리매 7 여호와께서 이르시되 내가 애굽에 있는 내 백성의 고통을 분명히 보고 그들이 그들의 감독자로 말미암아 부르짖음을 듣고 그 근심을 알고 8 내가 내려가서 그들을 애굽인의 손에서 건져내고 그들을 그 땅에서 인도하여 아름답고 광대한 땅, 젖과 꿀이 흐르는 땅 곧 가나안 족속, 헷 족속, 아모리 족속, 브리스 족속, 히위 족속, 여부스 족속의 지방에 데려가려 하노라 9 이제 가라 이스라엘 자손의 부르짖음이 내게 달하고 애굽 사람이 그들을 괴롭히는 학대도 내가 보았으니 10 이제 내가 너를 바로에게 보내어 너에게 내 백성 이스라엘 자손을 애굽에서 인도하여 내게 하리라 11 모세가 하나님께 아뢰되 내가 누구이기에 바로에게 가며 이스라엘 자손을 애굽에서 인도하여 내리이까 12 하나님이 이르시되 내가 반드시 너와 함께 있으리라 네가 그 백성을 애굽에서 인도하여 낸 후에 너희가 이 산에서 하나님을 섬기리니 이것이 내가 너를 보낸 증거니라

# 하나님의 출현

## 하나님의 출현

기독교와 타종교의 가장 기본적인 차이점 중의 하나가 신의 출현, 신의 계시입니다. 이 차이점이 출애굽기 3장 2절 "여호와의 사자가 떨기나무 가운데로부터 나오는 불꽃 안에서 그에게 나타나시니라."에 극명하게 보입니다. 타종교의 신은 감추어져 있습니다. 타종교에는 신을 만난 자가 없고, 당연히 신을 본 자가 없고, 신의 음성을 들은 자가 없고, 신에 대해서 아는 자가 없는 것입니다. 물론 신과 만나는 방법이 있습니다. 인간이 먼저 신에게 나아가는 것입니다. 인간이 먼저 신이 만족할 만한, 신이 흡족할 만한, 신이 흡향할 만한 예물을 들고 신에게 나아가는 것입니다. 타종교에서는 신과 인간의 관계 중에 언제나 인간이 먼저 움직여야 합니다. 인간의 행동을 보고 신이 반응하는 것이 타종교의 특성입니다.

기독교는 타종교와는 다르게 언제나 하나님이 먼저 행동하십니다. 존재적으로도 하나님이 인간보다 먼저 존재하셨습니다. 활동이나 행동이라는 측면에서도 하나님이 먼저 일하시고, 먼저 행동하셨습니다. 하나님이 창조사역을 행하신 결과 인간이 존재할 수 있었던 것입니다. 인간이 범죄 한 이후에도 하나님이 먼저 움직이십니다. 아담이 범죄 후 두려워 숨었을 때 하나님이 먼저 인간을 찾아오셨습니다. 죄인 중에 아무도 하나님을 알지 못하였을 때 하나님이 먼저 아브라함에게 나타나셨습니다. 이스라엘 백성이 애굽으로 인하여 중한 노동을 당하며 고통당하면서도 하나님의 약속을 기억하지 못하고 있을 때 하나님이 먼저 기억하셨습니다. 출 3장에서도 모세가 하나님께 나아와 '내 백성을 구해 주세요' 또는 '제가 이스라엘 백성을 구할 수 있도록 능력을 주세요' 라고 간구하기 이전에 하나님이 먼저 모세에게 나타나신 것입니다.

## 하나님이 먼저

'하나님이 먼저' 행동하신다는 것은 대단히 많은 것을 함축하고 있습니다. 첫째로, 인간이 하나님을 찾아 나서지 않아도 된다는 것입니다. 동서고금에 구도자들이 있었습니다. 구도자들의 주요 관심사는 진리가 무엇이고, 신이 어디에 있는지 궁금해 하며 신을 찾아나서는 것입니다. 신을 알지 못하면서 신을 찾아나선다는 참으로 어이없는 이야기입니다. 직접 길을 떠나 신을 찾아 나서기도 하지만, 자기 내면속으로 들어서 신과의 접촉을 시도하기도 합니다. 신을 모르는데, 신의 거처도, 신의 속성도, 신의 원리도 모르는데 신을 만나고 싶고 신을 알고 싶어 한다는 것이 황당한 이야기요 불가능한 이야기입니다. 그러나 기독교에는 인간이 신을 찾아나서는 이야기가 없습니다. 언제나 하나님이 먼저 인간에게 나아오는 것입니다.

'하나님이 먼저' 행동하신다는 것은 둘째로, 인간에게 조건이 존재하지 않는다는 것입니다. 신이 인간을 찾아 나오는 것이기 때문에 신이 인간에게 요구하는 것이 없는 것입니다. 예물을 요구하지도 않으며, 만나주기 위한 조건을 제시하지도 않습니다. 그래서 우리는 성경에서 자격을 갖춘 예물, 자격을 갖춘 인간이야기를 볼 수 없는 것입니다. 하나님이 인간을 만나주실 때 아무 것도 요구하지 않고, 아무 것도 묻지 않는다는 것을 알 수 있습니다. 하나님이 아브라함을 만나실 때 물으신 것이 없고 요구하신 것이 없습니다. 하나님이 모세를 만나실 때 질문하시거나 찾으신 것이 없습니다. 하나님이 예언자들을 부르실 때 요구하거나 물으신 것이 없습니다. 예수님이 제자들을 뽑으실 때 요구하거나 물으신 것이 없습니다. 저와 여러분이 구원받을 때 하나님께 질문 받으신 것이나 요청받으신 것이 단 한번도, 단 한 가지도 없습니다.

'하나님이 먼저' 행동하신다는 것은 셋째로, 모든 책임이 하나님께 있다는 것입니다. 하나님이 시작하시고, 하나님이 진행하시고, 하나님이 완성하시는 일이기 때문에 모든 책임은 하나님께 있는 것입니다. 구약성경이 히브리어로 기록되었는데 히브리어에는 '인간의 책임'에 해당하는 단어자체가 없습니다. 하나님이 모든 것을 책임지시는 것입니다. 모든 책임이 하나님께 있다는 것은 인간을 심판하지 않는다는 표현입니다. 기독교에서 '하나님이 인간을 심판하신다.'라고 말할 때는 '하나님이 인간을 벌주고 지옥 보낸다'는 의미가 아니라 '하나님이 인간을 구원하신다'는 의미입니다. 하나님이 인간을 보시고, 인간이 죄인이라는 판정을 내리신 후에 죄인에게 필요한 것은 은혜라고 결정하시고 결국 은혜로 구원하시기 때문입니다.

## 타지 않는 나무

2절에서 보는 것처럼 모세가 하나님을 찾아 나선 것이 아니라 하나님이 먼저 모세에게 나타나셨습니다. 2절 후반부 "그가 보니 떨기나무에 불이 붙었으나 그 떨기나무가 사라지지 아니하는지라."는 표현대로 떨기나무에 불이 붙었으나 타지 아니하는 신기한 현상이 일어났습니다. 모세도 그 광경을 보고 신기하게 여겨 3절 "이에 모세가 이르되 내가 돌이켜 가서 이 큰 광경을 보리라. 떨기나무가 어찌하여 타지 아니하는고"라고 말합니다. 타지 아니하는 떨기나무가 하나님이 일하시는 방식을 보여주는 것입니다. 세상의 모든 일은 원인이 있습니다. 또 현상이 있으면 현상이 이루어질만한 근거가 있습니다. 떨기나무에 불이 붙었습니다. 불이 붙었다는 것은 무엇인가가 타고 있어야 한다는 것입니다. 불이 혼자 일어나고, 혼자 지속될 수 없는 것입니다. 불이 일어나려면 무엇인가 발화될 근거가 있어야 하고, 불이 지속되려면 무엇인가가 타고 있어야 합니다. 그런데 떨기나무에 불이 있는데 나무가 타지 않는 것입니다. 나무가 타지 않으면 불이 꺼져야 하는데, 아무 것도 재료가 없는데 불이 계속 있습니다. 떨기나무에 불이 붙었으나 떨기나무가 사라지지 아니하는 것은 인간의 방식, 인간의 원리를 넘어서는 것입니다. 그래서 이 사건은 하나님의 사건이요, 하나님의 임재를 의미하는 것입니다.

이 사건에서 중요한 것은 하나님이 왜 이렇게 나타나시냐는 것입니다. 호렙 산에서 하나님이 모세에게 나타나셨습니다. 하나님이 모세에게 나타나는 이유는 하나님을 알게 하는 것입니다. 하나님을 모르는 인간, 반대로 말하면 인간만 아는 인간이요 하나님의 존재와 원리, 기준, 가치, 개념, 방법을 모르는 인간, 반대로 말하면 인간의 원리, 기준, 가치, 개념, 방법만 아는 존재에게 하나님을 알리려면 인간의 것과는 다른 것을 보여주고 알려주어야 합니다. 그러니 하나님의 출현은 당연하게 인간의 생각과는 다른 방식으로 등장하는 것입니다. 인간의 상식에는 무엇인가 타야 불이 지속됩니다. 그런데 모세 앞에 나타난 불은 재료가 타지 않는데 불이 지속되고 있는 것입니다. 이 불은 인간이 피운 불이 아니고, 인간이 유지하고 있는 불이 아니라 하나님이 피운 것이요, 하나님이 유지하고 있는 불로서 하나님의 출현을 상징하는 것입니다.

하나님이 타지 않는 떨기나무의 불꽃으로 나타나시는 것 자체가 하나님의 원리를 소개하는 것입니다. 하나님의 일에는 무엇이 필요한 것이 아닙니다. 하나님도 무엇인가가 있어야 일을 행하실 수 있는 것이 아닙니다. 하나님의 일은 하나님이 하시는 것입니다. 모세가 재료를 준비하고, 모세가 가져온 물건을 통해 불꽃을 만드는 것이 아니라 하나님이 불을 만드는 것입니다. 모세가 준비되어서 모세가 하나님께 나아오는 것이 아니라 하나님이 모세를 부르시는 것입니다. 이 사건에서 하나님이 모세를 불러서, 모세를 통하여 일을 하시는 것이 아니라 모세조차도 하나님의 대상이라는 것입니다. 모세는 이 사건을 진행하시는 분이 하나님인 줄도 모르고 단지 신기한 현상으로만 여겨 구경하러 나옵니다. 그러나 하나님은 모세를 알고 계십니다. 그래서 '모세야, 모세야' 라고 모세를 부르십니다. 모세가 먼저 '하나님, 하나님' 부르면서 하나님을 찾은 것이 아니라, 하나님이 모세를 불렀다는 것입니다. 언제나 하나님이 먼저이십니다.

## 하나님의 열심

이스라엘 백성들은 하나님의 약속을 기억하지 못했지만 하나님은 기억하셨습니다. 더 본질적으로 나아가면, 사람들이 약속을 해 달라고 요청하지 않았지만 하나님이 약속하셨습니다. 그러므로 하나님의 일은 하나님이 먼저 계획하시고, 하나님이 보장하시고, 하나님이 진행하시는 하나님의 일입니다. 열심을 내는 당사자가 하나님이십니다. 약속에 신실하신 분이 하나님이십니다. 인내하시는 분이 하나님이십니다. 지치지 않고 포기하지 않으시는 분이 하나님이십니다. 하나님의 열심이 하나님의 사역을 이루어 내시는 것입니다. 우리의 소망이 바로 하나님의 신실하심이요, 하나님의 열심인 것입니다.

하나님은 모세라는 사람이 태어나기를 기다리신 것이 아니요 모세라는 사람이 준비되기를 기다리신 것도 아닙니다. 모세가 힘이 있고, 지혜와 능력이 있고, 열심이 있으면 하나님의 사역에 보탬이 되는 것도 아닙니다. 혹자들은 모세가 왕궁에 있을 때 하나님이 쓰지 않은 이유에 대하여 모세가 힘이 있었기 때문이라고 합니다. 그래서 하나님은 모세가 힘이 빠질 때 까지 광야에서 기다렸다고 주장하기도 하지만 하나님은 모세에게서 힘이 빠지기를 기다리신 것도 아닙니다. 모세가 혈기가 왕성하다가 자기 노력, 자기 수고로 안 된다는 것을 알 때까지 기다리신 것이 아니라는 말입니다. 하나님은 모세를 탈진시키고, 소진시킨 것이 아닙니다. 만약 모세가 힘이 빠졌다면, 그래서 약해지면 더더욱 쓸모없는 인간일 뿐입니다. 또한 사람이 거칠고 다혈질이라고 해서 하나님이 쓰시기에 불편한 것도 아니고, 사람이 온유하고 다정다감하면 하나님 쓰기기에 편한 것도 아닙니다.

왕궁 생활 40년이 지나고, 광야 생활 40년이 지나고 드디어 모세가 80세가 되었습니다. 이제 모세가 쓰임 받을 때가 된 것입니까? 준비가 된 것입니까? 무엇을 할 수 있습니까? 자신이 할 수 있다는 자신감을 내려놓아야 합니까? 그렇다면 그런 사람은 많았습니다. 모세는 왕궁에서 자랐으니까 할 수 있다는 생각이라도 했지만 아예 할 수 있다는 생각조차도 하지 못하는 사람이 너무나도 많이 있습니다. 하나님이 자신감을 내려놓은 사람을 고르신다면 모세 말고 다른 사람을 고르셨을 것입니다. 모세가 80세가 되어 자신감도 없어지고, 교만함도 없어지고 힘이 빠졌다고 합시다. 그때 하나님이 나타나시면 모세가 '하나님 잘 오셨습니다.' 라고 맞이할까요? 출애굽의 목적이 이스라엘이 애굽에서 나가는 것이 아닌 것처럼, 하나님이 모세를 부르시는 이유 또한 모세를 사용하기 위해서가 아닙니다. 모세가 힘이 있느냐 없느냐는 하나님의 선택, 하나님의 일하심과 아무런 상관이 없습니다.

사람의 열정이 하나님의 일하심에 보탬이 된 적이 없고, 반대로 사람의 무능력함이 하나님의 일에 방해가 된 적도 없습니다. 하나님의 일하심이 사람에 의하여 영향을 받을 것이라는 생각을 아예 마시기 바랍니다. 모세의 상태와 상관없이 하나님은 계속하여 일하셨습니다. 중요한 것은 하나님이 모세에게 나타나셨다는 것입니다. 모세가 젊었느냐 늙었느냐는 아무 상관이 없습니다. 하나님은 모세의 열정으로 일할 것이 아니고, 모세의 경륜으로 일할 것이 아닙니다. 하나님께서 모세가 80세 되었을 때에 나타나신 이유는 전혀 다른 측면에서 등장할 것입니다.

### 거룩한 땅이니

5절은 "하나님이 이르시되 이리로 가까이 오지 말라. 네가 선 곳은 거룩한 땅이니 네 발에서 신을 벗으라"입니다. 하나님은 모세가 선 곳이 거룩한 땅이라고 말씀하시지만 모세는 자신이 선 곳이 거룩하다는 것을 알았을까요? 1절은 "모세가 그의 장인 미디안 제사장 이드로의 양 떼를 치더니 그 떼를 광야 서쪽으로 인도하여 하나님의 산 호렙에 이르매"라고 되어 있습니다. '광야 서쪽' 은 반드시 서쪽 방향을 가리키는 것이 아니라 '광야를 지나서' 라는 의미이고, 내용적으로는 모세가 자주 가던 곳이 아니라는 것입니다. 모세가 서 있는 곳은 모세가 자주 다니던 미디안 지경이 아니라 밖의 새롭고 낯선 먼 곳으로 모세는 이 지역을 모르고 있는 것입니다. 모세는 자세히는 모르고 있지만 이 지역은 누가 봐도 알 수 있는 거룩한 땅이었을까요? 그렇지 않습니다. 만약 거룩한 곳이었다면 모세는 다가가지 않았을 것이기에 그곳은 지극히 평범한 곳이었습니다.

모세가 서 있는 곳은 실상은 매우 평범한 장소인데 하나님은 왜 거룩한 땅이라고 했을까요? 이것이 인간의 방법론과 하나님의 방법론의 차이입니다. 본문은 표현마다 인간의 방법과 하나님의 방법을 대조시키고 있습니다. 이 사건의 목적이 하나님을 알리는 것이기 때문입니다. 이 사건의 전개는 모세가 그 동안 생각하고 있던, 알고 있던 모든 것과는 전혀 다른 것입니다. 모세는 당대 최고의 나라 애굽에서 학문과 종교를 익힌 사람이요 인재요 그 시대를 대변할 수 있는 인간의 대표입니다. 경력이나 이론적 배경뿐만이 아니라 인간의 실제 삶에 대해서도 최고입니다. 그 당시 가장 리얼한 삶의 현장인 광야에서 잔뼈가 굵었습니다. 모세는 인간의 삶에 대해 이론과 실전을 겸비한 인간 대표입니다. 그런 인간 대표 모세에게 하나님은 인간의 생각과 사고와 인식과 학문과 경험과는 전혀 다른 차원으로 하나님을 소개하고 있는 것입니다.

하나님이 말씀하신 '거룩한 땅이니' 에 사용된 거룩의 의미와 방법도 사람들의 개념과 다릅니다. 기독교의 거룩은 그 자체에 의미가 있지 않습니다. 예를 들어 기독교에는 특별한 거룩한 장소가 없습니다. 반대로 하나님이 임재하시면 그곳이 거룩해 지는 것입니다. 하나님이 거룩한 곳에 임재하시는 것이 아니라 하나님이 임재하시는 곳이 거룩한 곳이 되는 것입니다. 거룩을 결정짓는 주체가 하나님이십니다. 또한 거룩한 직업도 거룩한 사람도 거룩한 시간도 없습니다. 그 직업이, 그 시간이, 그 일이, 그 사람이 거룩해지는 것은 하나님의 임재에 달려있는 것입니다. 세상은 특별한 것, 거룩한 것을 찾으러 다닙니다. 그러나 기독교는 하나님이 만들어내십니다. 이와 같은 이유로 인간 대표 모세로서는 자신이 처한 상황과 사건들이 매우 황당한 것입니다. 나무가 타지 않는데 불이 붙어있는 것도 황당하고, 하나님이 자신의 이름을 알고 부르는 것도 황당하고, 평범한 지역인데 거룩하다고 하는 것도 황당하고 모세는 종합적 충격을 받고 있는 것입니다. 모세가 배우고 알고 있던 기존의 모든 내용이 다 무너지고 전혀 새로운 것을 배우고 경험하고 있는 것입니다.

# 하나님의 선언

## 하나님의 선언

출애굽기 3장 1~5절에서 하나님의 출현 그리고 하나님과 모세의 만남을 소개해 드렸습니다. 지금까지 모세는 황당해 하고 있을 뿐입니다. 하나님께서 느닷없이 나타나셔서 모세가 알고 있던 것과는 전혀 다른 내용을 말씀하시기에 당황할 수밖에 없습니다. 하나님의 목적이 모세를 당황하게 하거나 놀라게 만드는 것이 아니기에 이제부터 하나님이 차분하게 모세에게 하나님을 알리시는 장면이 나오는 것입니다. 6절 "또 이르시되 나는 네 조상의 하나님이니 아브라함의 하나님, 이삭의 하나님, 야곱의 하나님이니라."입니다. 앞에서 하나님과 인간의 관계에서 언제나 하나님이 먼저 행동하신다고 설명했습니다. 그래서 하나님은 인간에게 아무 것도 묻지 아니하시고, 요구하지 아니하신다고 했습니다. 지금 그것을 확인하실 수 있습니다. 하나님과 모세가 대면하였고 하나님이 '모세야, 모세야' 라고 모세를 부르셨고 모세가 '내가 여기 있나이다.' 라고 대답하였습니다.

그 다음에 하나님의 말씀이 이어집니다. 하나님의 말씀은 질문이 아니라 선언입니다. 하나님이 모세에게 묻는 것이 아니라, 모세가 물으려고 하는 것에 대하여 하나님이 미리 대답하시는 것입니다. 하나님은 모세에 대하여 궁금한 것이 없습니다. 모세에게 '몇 살이냐? 어디 출생이냐? 집안은 쓸 만하냐? 학식은 있느냐? 재주는 있느냐? 힘 좀 쓰냐? 돈은 있냐? 나를 알고는 있냐?' 등 아무 것도 묻지 않습니다. 혹자들은 '하나님은 준비된 사람을 쓰신다.' 또는 '하나님은 거룩하고 신실한 자를 쓰신다.' 고 말하곤 합니다. 하지만 그러한 주장들은 기독교와 하나님에 대하여 오해하는 것입니다. 하나님이 모세에게, 인간에게 묻지 않는 다는 것은 이미 다 알고 계신다는 것이요, 인간의 상황이 하나님의 사역에 아무런 장애가 되지 않는다는 것입니다. 타종교에는 이런 장면이 없습니다. 타종교는 언제나 신이 인간에게 질문을 합니다. 그러나 하나님은 모세에 대하여도, 백성에 대하여도 다 알고 계시기에 묻지 않으십니다. 하나님이 알고 계시는 증거가 7절 "여호와께서 이르시되 내가 애굽에 있는 내 백성의 고통을 분명히 보고 그들이 그들의 감독자로 말미암아 부르짖음을 듣고 그 근심을 알고"입니다.

### 사역의 선언

하나님께서 모세에게 하신 첫 번째 선언이 바로 하나님의 존재 선언, 하나님과 인간의 관계 선언입니다. 하나님의 두 번째 선언이 하나님 사역의 선언입니다. 하나님이 인간에게 사역을 요구하시는 것이 아니라 하나님이 행하실 사역을 선언하신다는 것입니다. 하나님의 사역 선언이 8~10절 "내가 내려가서 그들을 애굽인의 손에서 건져내고 그들을 그 땅에서 인도하여 아름답고 광대한 땅, 젖과 꿀이 흐르는 땅 곧 가나안 족속, 헷 족속, 아모리 족속, 브리스 족속, 히위 족속, 여부스 족속의 지방에 데려가려 하노라. 이제 가라. 이스라엘 자손의 부르짖음이 내게 달하고 애굽 사람이 그들을 괴롭히는 학대도 내가 보았으니 이제 내가 너를 바로에게 보내어 너에게 내 백성 이스라엘 자손을 애굽에서 인도하여 내게 하리라."입니다. 너무나 황홀하게도 모두 하나님이 하시겠다고 선언하십니다. 하나님이 모세에게 이루어내라고 요구하고 주문하고 지시하는 내용이 없습니다. 인간에게 과업을 주시지 않고 도리어 하나님이 인간을 위해 모든 것을 행하시겠다고 선언하는 것이 기독교입니다. 인간이 신의 일을 하는 것이 아니라 하나님이 인간의 일을 행하시는 것입니다. 기독교에 타종교에는 없는 감사가 존재하는 이유입니다. 하나님과 인간의 관계에서 언제나 하나님이 인간을 위해 주시고, 하나님이 인간을 위해 일해 주시는 것입니다. 하나님과 인간의 관계에서 언제나 하나님이 일꾼이십니다.

## 하나님의 설복

### 궁금증, 기대감

하나님의 출현과 선언에 대하여 인간의 관점, 모세의 입장에서 살펴보겠습니다. 이 사건이 있기 전까지 모세는 하나님을 모르고 있었습니다. 만약 모세가 하나님을 알고 있었고, 이스라엘 민족을 구해내야 한다는 사명감에 불타고 있었다면, 이렇게 하나님이 나타나셨을 때 즉시 아멘하고 경배했어야 하고, 아멘하고 순종했어야 합니다. 그런데 모세는 하나님의 출현에 반가워하는 대신 놀라고 있고, 하나님의 선언에 대하여 감사하는 대신 어안이벙벙한 반응을 보일 뿐입니다. 3절에서 모세는 불 가운데 타지 않는 떨기나무를 보면서 궁금해 합니다. "내가 돌이켜

기서 이 큰 광경을 보리라. 떨기나무가 어찌하여 타지 아니하는고?"라며 신기한 장면을 보면서 모세는 그냥 감탄해서 구경하러 가는 것이 아닙니다. 모세는 애굽 종교 40년, 미디안 종교 40년을 경험한 사람입니다. 즉 모세는 매우 종교적인 사람이요, 매우 경험이 많고, 경륜이 많은 사람입니다. 다양한 종교적 지식과 경험이 있는 모세는 신기한 불꽃을 보고 단순하게 구경하러 가는 것이 아니라 기대한 것이 있었습니다. 모세는 이미 떨기나무가 불이 붙었으나 타고 있지 않다는 것을 알았고 그것은 신비한 광경이요 인간의 작업이 아니라는 것을 알았습니다. 모세는 구경을 간 것이 아니라 다른 목적이 있었습니다. 모세가 본 것은 신비한 현상이요, 모세가 기대한 것은 신비로운 경험입니다. 모세가 알고 있는 종교적 지식에 의하면 신비한 경험을 하려면 신비한 현상을 일으키고 있는 자 즉 신비한 능력을 행하는 술객을 만나야 하며, 그 술객으로부터 능력을 전수받는 것이었습니다. 이것이 모세가 종교에 대하여 알고 있는 전부입니다. 모세는 불꽃을 보면서 하나님을 기대하고 가는 것이 아니라 술객이 있을 것을 기대하고 가는 것입니다.

**두려움**

기대감을 가지고 불꽃이 있는 현장에 도착했을 때 모세의 예상과 기대와는 전혀 다른 현상이 나타납니다. 그곳에는 술객이나 박수 또는 종교에 관련된 사람이 있는 것이 아니라 음성이 있었습니다. 또한 이미 자기를 알고 있고 심지어는 '모세야, 모세야' 자기를 부르는 것이었습니다. 모세는 '내가 여기 있나이다' 라고 대답할 수밖에 없었고 또 음성이 들려 "이리로 가까이 오지 말라. 네가 선 곳은 거룩한 땅이니 네 발에서 신을 벗으라. 나는 네 조상의 하나님이니 아브라함의 하나님, 이삭의 하나님, 야곱의 하나님이니라."는 말씀을 하십니다. 모세가 귀 기울인 것은 '신발을 벗으라' 는 명령이 아니라 '나는 하나님이라' 는 선언입니다.

들리는 음성을 듣고 모세는 반가워했던 것이 아닙니다. 왜냐하면 전혀 예상 밖의 현상이고,  자기를 알고 자기에게 말하고 있는 신에 대하여 모세는 전혀 모르고 있기 때문입니다.

5, 6절의 하나님의 말씀 중에 모세에게 놀라운 내용은 '나는 네 조상의 하나님이니' 입니다. 이 말씀을 들은 모세의 반응은 '하나님. 안녕하세요. 이제 오십니까?' 가 아닙니다.  하나님은 '나는 네 조상의 하나님이니라.' 고 말씀하셨지만 모세에게는 '나는 신이니라' 고만 들립니다. 왜냐하면 모세는 조상의 하나님을 모르기 때문입니다. 분명히 모세는 술객이나 박수 등 사람을 기대하고 왔습니다. 모세가 신기한 현상이 일어나는 곳을 향하여 오면서  신과의 만남을 기대하는 대신 인간 또는 술객을 기대하였던 이유는 모세가 알고 있는 종교에서는 신이 잘 등장하지 않기 때문입니다. 애굽 종교나 미디안 종교 등 타종교에서는 신은 언제나 비밀에 쌓여있고, 신은 언제나 신비에 쌓여있는 것입니다. 인간이 신을 만나려면 중재자가 필요하고 신의 중재자 역할을 술객이나 박수 등이 담당하였던 것입니다. 또한 타종교에서는 신을 만나려면 인간이 신의 처소로 나아가야 하는 것입니다. 모세는 그 동안 애굽 종교와 미디안 종교를 체험하였기에 자신이 신의 처소로 나아간 것도 아니요, 신을 향한 예물을 준비하지고 않았기에 들판에서 비록 신기한 현상을 보고 있지만 신을 만날 것을 전혀 기대하지 않고 단지 술객정도를 만날 수 있을 것으로 예상한 것입니다. 그런데 신이 나타났고 신이 자기를 알고 있고 자기에게 말을 걸고 있습니다. 모세의 기대와 예상과는 전혀 다른 현상인 것입니다.

이때 모세가 느낄 수 있는 감정이 두려움입니다. 6절 "모세가 하나님 뵈옵기를 두려워하여 얼굴을 가리매" 입니다. 모세는 하나님의 출현을 반가워한 것이 아닙니다. 모세가 하나님을 사모하고 있었고, 빨리 하나님이 나타나서 이스라엘을 구해줄 것을 기도하고 있었던 것이 아닙니다. 모세는 하나님을 모르고 있었고, 모세는 단지 애굽의 신개념, 미디안의 종교방식만을 알고 있었을 뿐입니다. 자기가 알고 있던 애굽 종교, 미디안 종교의 방식에 의하면 신은 이렇게 느닷없이 인간에게 나타나는 것이 아닙니다. 모세는 당황할 수밖에 없는 것입니다. 물론 애굽의 종교, 미디안의 종교에서 사람들이 신을 만나는 경우가 있기는 하지만 절차와 방식이 다릅니다. 신을 만나려면 먼저 인간이 예물을 가지고, 신을 감동시킬 말한 준비를 해서, 신이 계신 곳으로 나아가야 합니다. 그런데 모세는 아무런 예물도 없고, 신전도 아니고, 술객도 없고 자신이 신을 만날 만한 아무런 준비가 되어있지 않단 말입니다.

이유와 상황과 관계없이 일단 신을 만났으니 좋은 것이 아닙니다. 모세가 신을 만나서 즐겁고 행복하다고 말하는 것이 아니라 "두려워하여 얼굴을 가리매"라고 되어 있습니다. 타종교의 신은 감추어져 있고, 나타나지 않는데, 만나기도 쉽지 않은데, 신을 만나려면 인간이 먼저 무지하게 정성을 드려야 하는데 가끔씩 신이 먼저 나타나는 경우가 있습니다. 신이 느닷없이, 예고도 없이 불쑥 등장할 때는 주로 상이나 복을 주는 경우가 아니라 벌이나 징계를 내리는 경우입니다. 신의 도움을 받으려면 신을 감동 시키는 정성을 드려야하니 도대체 감당하기가 힘들어서 무섭고, 또 어떤 때는 느닷없이 나타나서 벌을 주니 피할 길도 없고 대책도 없으니 무서운 것입니다. 이것이 대부분의 사람들이 가지고 있는 왜곡된 종교관으로, 신을 안 믿는 사람들도 가끔씩 천둥이 치면 무서워하는 것처럼 예고 없는 신의 등장에 사람들은 반가워하는 대신 늘 두려워하는 것이요 모세의 경우도 마찬가지입니다.

본문에서 하나님의 의도와 모세의 반응은 전혀 반대입니다. 하나님은 모세가 찾아 나오지 않아도 되도록 먼저 찾아오셨습니다. 그리고 모세에게 자신을 알리셨습니다. 인간에게는 참으로 친절하고 고마운 일입니다. 그런데 모세는 도리어 놀래고 무서워합니다. 하나님이 모세에게 잘못하신 것이 하나도 없고, 모세를 위협하거나 협박한 일이 없음에도 불구하고 모세는 스스로 두려워하고 있습니다. 모세의 종교관, 모세의 신에 대한 인식이 틀려있기 때문입니다. 바른 종교는 인간의 마음을 편안하게 하지만 왜곡된 종교는 인간의 마음을 두렵게 하는 것입니다.

## 부담감

7~9절은 하나님이 모세에게 요구하는 명령이 아니라 하나님이 행하실 일의 선언입니다. 하나님의 말씀을 조목조목 확인해 보면 모세가 할 일은 없고 모두 다 하나님이 일하시는 것입니다. 하나님이 내려가시고, 하나님이 건져내시고, 하나님이 인도하시고, 하나님이 데려가신다고 말하십니다. 하나님이 모세를 보내신다고, 하나님이 모세에게 백성을 인도하여 내게 하신다고, 모두 다 하나님이 일하신다고 말씀하십니다. 이때 모세는 단 한마디 ‘네’ 라고만 하면 됩니다. 하나님이 모든 일을 다 하신다고 하시기에 모세는 단지 하나님이 하시는 대로 두면 되는 것입니다. 그런데 모세의 반응은 전혀 다릅니다. 11절 “내가 누구이기에 바로에게 가며 이스라엘 자손을 애굽에서 인도하여 내리이까?”입니다. 지금 모세는 큰 착각을 하고 있는 것입니다. 하나님의 선언은 하나님이 하실 일을 말씀하시는 것인데 모세는 자신이 할 일에 대한 명령이라고 오해하는 것입니다. 모세가 이렇게 오해하는 것은 당연한 것입니다. 모든 타종교에서는 신이 인간을 위해 일하지 않습니다. 신이 인간을 위해 일하기로 선언하고, 그 일을 하지 않으면 신이 쪼개지겠다고 언약을 세우는 모습은 존재하지 않습니다. 그러니 하나님에 대하여 모르고 있고, 애굽 종교와 미디안 종교의 방식만 알고 있는 모세가 하나님의 말씀을 들을 때에 하나님이 하실 일의 선언이라고는 상상도 할 수 없었던 것입니다. 하나님이 말씀하신 내용이나 의도와는 관계없이 모세는 하나님의 말씀이 무조건 자신에게 명령하는 것으로 알아듣는 것입니다.

모세가 하나님의 말씀을 차분히 듣고, 곰곰이 생각해보았다면 오해하지 않을 것입니다. 그러나 모세는 차분히 들을 것도 없고 생각할 것도 없는 것입니다. 모세가 차분히 듣고 내용을 분석해보면 하나님의 말씀이 명령이 아니라는 것을 알 수 있을 텐데, 모세는 아예 하나님의 말씀을 생각하려고 시도조차 하지 않는 것입니다. 왜냐하면 모세가 알고 있는 모든 신은 언제나 명령만 하였기 때문입니다. 모세가 알고 있는 신은 명령하고 즉각적이고 무조건적인 복종만을 요구하였기 때문입니다. 떨기나무 불꽃 가운데 나타난 신이 무슨 말씀을 하는지, 어떤 내용을 하는지에 관계없이 모세는 이미 신의 말씀은 명령이라는 인식에 사로잡혀 있는 것입니다. 이러한 인식가운데 하나님의 말씀을 들어보니 자기가 행하기 힘들고 어려운 내용들입니다. 그래서 하는 말이 '내가 누구이기에 바로에게 가며, 이스라엘 자손을 애굽에서 인도하여 내리이까?' 입니다. 모세는 하나님의 말씀에서 기대와 소망과 희망을 가진 것이 아니라 도리어 부담감을 느낀 것입니다. 참으로 하나님의 의도와 인간의 반응이 이렇게 다릅니다. 하나님을 모르면 모든 사람이 모세와 같은 반응을 보일 수 밖에 없습니다. 하나님이 사랑을 표현할 때 사람은 두려움을 느끼고, 하나님이 선포를 행하실 때 사람은 부감을 느끼는 것이 왜곡된 종교의 안타까운 현상입니다.

## 하나님의 설복

모세의 엉뚱한 반응을 보고 하나님이 하시는 말씀이 12절 "하나님이 이르시되 내가 반드시 너와 함께 있으리라. 네가 그 백성을 애굽에서 인도하여 낸 후에 너희가 이 산에서 하나님을 섬기리니 이것이 내가 너를 보낸 증거니라."입니다. 하나님이 모세에게 보이시는 반응은 모세가 오해하는 것에 대하여 화나 역정을 내시지도 않고 책망이나 꾸짖음도 행하지 않습니다. 하나님은 모세에게 자상하십니다. 모세가 하나님을 모르는 것 당연하고, 하나님의 말씀을 오해하는 것이 당연하기 때문입니다. 하나님은 모세가 누구인지, 모세가 어떤 능력과 재주를 가지고 있는지 상관이 없기에 묻지도 않았습니다. 하나님은 인간을 아시기에 질문하지 않을 때, 인간은 하나님을 모르기에 질문이 많은 것입니다. 모세의 질문에 대한 하나님의 대답은 간단합니다. 모세가 하나님께 '내가 누구이기에' 라고 질문할 때 하나님은 '내가 반드시 너와 함께 있으리라.' 고 대답하십니다. 하나님은 모세의 존재, 모세의 자격, 모세의 능력, 모세의 성품, 모세의 태도 등 모세가 누구냐에 대하여는 단 한마디도 언급하지 않으시고 단지 '내가 반드시 너와 함께 있으리라' 고만 대답하십니다. 왜냐하면 모세가 누구냐는 사실이 하나님의 사역에 아무런 상관이 없고 또한 모든 일은 하나님이 하실 것이기 때문입니다.

하나님은 모세에게 모세가 묻지 않은 것까지도 알려주시는 자상함을 보이십니다. 모세는 하나님께 증거물을 요청한 적이 없습니다. 그런데 하나님은 증거물을 주시는 것입니다. 하나님이 주시는 증거가 "네가 그 백성을 애굽에서 인도하여 낸 후에 너희가 이 산에서 하나님을 섬기리니 이것이 내가 너를 보낸 증거니라"입니다. 일반적으로 증거물은 결과가 이루어지기 전에 약정의 의미를 가지지만 하나님이 보여주신 증거물은 약정의 표시가 아니라 결과입니다. 하나님의 증거물이 나타나면 이미 모든 상황이 완료되고, 종결된 것입니다. 그러므로 하나님의 증거의 말씀은 증거물 정도가 아니라 하나님의 말씀, 하나님의 약속을 반드시, 분명히, 꼭, 절대적으로 이루어진다는 하나님의 선언입니다.

본문에서 하나님을 모르는 인간에게 하나님이 나타나시는 장면부터 대화 하나하나까지 세심하게 하나님을 알리는 것을 보셨습니다. 우리 모두도 처음에는 모세처럼 알고 있었고, 모세처럼 반응했습니다. 그러나 이제는 구원받고 하나님을 알게 되었습니다. 하나님을 두려워하지 않고 반가워하며, 하나님의 말씀을 부담스러워하지 않고 복음으로 듣는

것입니다. 복음을 복음으로 듣고, 은혜를 은혜로 누리는 여러분의 신앙
되기시를 주님의 이름으로 축원합니다.

# 6

# 스스로 있는 자

## 출애굽기 3 : 13 ~ 22

13 모세가 하나님께 아뢰되 내가 이스라엘 자손에게 가서 이르기를 너희의 조상의 하나님이 나를 너희에게 보내셨다 하면 그들이 내게 묻기를 그의 이름이 무엇이냐 하리니 내가 무엇이라고 그들에게 말하리이까 14 하나님이 모세에게 이르시되 나는 스스로 있는 자이니라 또 이르시되 너는 이스라엘 자손에게 이같이 이르기를 스스로 있는 자가 나를 너희에게 보내셨다 하라 15 하나님이 또 모세에게 이르시되 너는 이스라엘 자손에게 이같이 이르기를 너희 조상의 하나님 여호와 곧 아브라함의 하나님, 이삭의 하나님, 야곱의 하나님께서 나를 너희에게 보내셨다 하라 이는 나의 영원한 이름이요 대대로 기억할 나의 칭호니라 16 너는 가서 이스라엘의 장로들을 모으고 그들에게 이르기를 여호와 너희 조상의 하나님 곧 아브라함과 이삭과 야곱의 하나님이 내게 나타나 이르시되 내가 너희를 돌보아 너희가 애굽에서 당한 일을 확실히 보았노라 17 내가 말하였거니와 내가 너희를 애굽의 고난 중에서 인도하여 내어 젖과 꿀이 흐르는 땅 곧 가나안 족속, 헷 족속, 아모리 족속, 브리스 족속, 히위 족속, 여부스 족속의 땅으로 올라가게 하리라 하셨다 하면 18 그들이 네 말을 들으리니 너는 그들의 장로들과 함께 애굽 왕에게 이르기를 히브리 사람의 하나님 여호와께서 우리에게 임하셨은즉 우리가 우리 하나님 여호와께 제사를 드리려 하오니 사흘길쯤 광야로 가도록 허락하소서 하라 19 내가 아노니 강한 손으로 치기 전에는 애굽 왕이 너희가 가도록 허락하지 아니하다가 20 내가 내 손을 들어 애굽 중에 여러 가지 이적으로 그 나라를 친 후에야 그가 너희를 보내리라 21 내가 애굽 사람으로 이 백성에게 은혜를 입히게 할지라 너희가 나갈 때에 빈손으로 가지 아니하리니 22 여인들은 모두 그 이웃 사람과 및 자기 집에 거류하는 여인에게 은 패물과 금 패물과 의복을 구하여 너희의 자녀를 꾸미라 너희는 애굽 사람들의 물품을 취하리라

# 모세의 질문

## 영웅의 패턴

3장부터 모세와 하나님의 대화가 등장합니다. 이 장면의 주인공은 모세가 아니라 하나님입니다. 성경은 사람이 영웅으로 등장하는 이야기가 아닙니다. 그래서 성경에는 영웅에 대한 전형적인 패턴이 없습니다. 일반적으로 영웅의 패턴은 두 종류입니다. 하나는 원래 날 때부터 영웅입니다. 출생이 다르고, 성장과정이 다르고 누가 봐도 그냥 영웅입니다. 성경에는 그런 사람이 단 한 사람도 등장하지 않습니다. 또 다른 영웅의 패턴은 정반대로 일상적인 것보다 못하게 태어나고, 평범하게 사는 것보다 못하게 도리어 고난과 역경을 당하는 버림받은 영웅의 패턴입니다. 버림받았으나 그것이 전화위복이 되어, 역경을 버텨내고 위대한 영웅이 된다는 것입니다. 성경에는 이런 패턴도 없습니다.

물론 유사한 패턴은 있습니다. 사람 사는 모습, 사람이 성장하는 모습이 거기서 거기이기에 성경에는 이런 모습, 저런 모습이 나오는데 간혹 영웅의 패턴이나, 버림 받은 영웅의 패턴 같은 양상이 나옵니다. 그러나 세상의 영웅이야기와는 전혀 차원이 다릅니다. 왜냐하면 성경의 이야기에는, 그 사람이 독특하기 때문에 영웅이 되는 것이 아니라 하나님이 그를 만들어 가시는 이야기이기 때문입니다. 그 사람이 영웅적 기질이 있어서가 아니라 아무라도 하나님이 그렇게 만들어 가시는 것입니다. 그래서 우리는 성경을 통해서 하나님을 배우는 것이지 모세를 배우는 것이 아닙니다. 기독교의 설교는 하나님을 선포하는 것이지 모세를 칭찬하는 것이 아닙니다. 설교를 들은 사람은 하나님을 알게 되는 것이지 모세를 알게 되는 것이 아닙니다. 출애굽기의 주인공은 모세가 아니라 하나님이십니다.

## 내가 누구이기에?

3절에서 하나님이 먼저 모세에게 나타나셨고, 6절에서 하나님이 먼저 모세에게 친절하게 하나님 자신을 밝히셨고, 7절에서 하나님이 먼저 앞으로 행하실 일들을 말씀하셨습니다. 하나님의 말씀에 대해 모세는 긍정의 반응을 보인 것이 아니었습니다. 3장 7~10절에서 하나님은 분명하게, 확고하게, 정확하게, 명백하게 하나님이 일하실 것이라고, 하나님이 역사하실 것이라고 선언하셨습니다. 모세는 그저 '예'만 하면 되었는데 '예'를 하지 않았습니다. 모세는 자기에게 나타난 신 즉 하나님을 알지도 못합니다. 자기가 그 신을 믿는 자도 아니요, 신의 말을 들어야 하는 신의 사제도 아닙니다. 자신이 신에게 선발되었다는 개념도 없습니다. 그런데 신이 자신을 부르고 말을 하는 것입니다. 모세는 하나님의 말씀을 신의 명령이라고 생각할 뿐 하나님의 선언이라고 생각하지 못하는 것입니다. 모세의 입장에서는 졸지에 신의 명령을 받은 것으로 인식하는 것입니다. 자기가 신의 명령을 들어야 하는 이유도 없고, 들어보니까 자기가 할 수 있는 것도 아닙니다. 그래서 11절 "내가 누구이기에 바로에게 가며 이스라엘 자손을 애굽에서 인도하여 내리이까?"가 등장했던 것입니다.

모세의 '내가 누구이기에'라고 하는 말은 질문을 하는 것이 아닙니다. '저는 무능력합니다. 저는 부족한 사람입니다.'라고 겸손하게 사양하는 것도 아닙니다. 모세가 낮아지거나 순종하는 모습이 아닙니다. 모세는 황당해하고 어이없어 하는 것입니다. 그 일을 할 수 있는지 없는지 자신을 돌아보는 장면이 아니라 '내가 왜요?'라고 말을 하는 것입니다. '내가 왜 갑니까? 내가 왜 바로에게 갑니까? 그리고 설령 간다한들 내가 어떻게 이스라엘 자손을 끄집어냅니까?' 모세는 하나님께 질문하는 것이 아니라 하나님의 말씀을 거부하는 것입니다.

모세에 대한 하나님의 응답이 12절이었습니다. 모세의 입장에서 12

절을 들어보십시오 "하나님이 이르시되 내가 반드시 너와 함께 있으리라. 네가 그 백성을 애굽에서 인도하여 낸 후에 너희가 이 산에서 하나님을 섬기리니 이것이 내가 너를 보내 증거니라."는 말씀을 들으면 듣자마자 갑자기 '이제 갈 수 있겠다.' 라는 자신감이 생깁니까? 모세의 입장을 상상해 보십시오. 느닷없이, 예상도 못했는데, 갑자기 신이 나타났습니다. 듣도 보도 못한 그런 신입니다. 신의 출현도 놀라운데 신이 말씀도 하시고, 말씀하신다는 사실도 놀라운데 말씀의 내용이 엄청난 일에 관한 명령입니다. 당연히 '내가 왜 해야하나? 또 어떻게 하나?' 라는 생각에 거부했고, 돌아온 대답이 '내가 함께 한다' 입니다. 본문에서 모세와 하나님이 주고받는 대화만 뽑아 보면 다음과 같습니다. '모세야, 모세야', '내가 여기있나이다', '이리로 가까이 오지 말라, 네가 선 곳은 거룩한 땅이니 네 발에서 신을 벗으라. 나는 네 조상의 하나님이니 아브라함의 하나님, 이삭의 하나님, 야곱의 하나님이니라', '내가 애굽에 있는 내 백성의 고통을 분명히 보고 그들이 그들의 감독자로 말미암아 부르짖음을 듣고 그 근심을 알고 내가 내려가서 그들을 애굽인의 손에서 건져내고 그들을 그 땅에서 인도하여 아름답고 광대한 땅 젖과 꿀이 흐르는 땅 곧 가나안 족속, 헷 족속, 아모리 족속, 브리스 족속, 히위 족속, 여부스 족속의 지방에 데려가려 하노라. 이제 가라. 이스라엘 자손의 부르짖음이 내게 달하고 애굽 사람이 그들을 괴롭히는 학대도 내가 보았으니 이제 내가 너를 바로에게 보내어 너에게 내 백성 이스라엘 자손을 애굽에서 인도하여 내게 하리라', '내가 누구이기에 바로에게 가며 이스라엘 자손을 애굽에서 인도하여 내리이까?', '내가 반드시 너와 함께 있으리라. 네가 그 백성을 애굽에서 인도하여 낸 후에 너희가 이 산에서 하나님을 섬기리니 이것이 내가 너를 보낸 증거니라.' 모세가 말할 차례입니다. 모세가 하는 말은 '그런데 당신은 누구십니까?' 입니다. 그것이 13절의 질문입니다.

## 당신은 누구입니까?

13절에는 모세의 질문이 나오고 14절에는 하나님의 대답이 나옵니다. 모세의 질문의 의미가 과연 무엇이고, 하나님의 대답의 의미가 무엇이냐에 대하여 참으로 많은 논란이 있습니다. 가장 일반적인 오해는 모세가 하나님의 이름을 물어보았고, 하나님은 하나님의 이름을 대답하였다는 주장입니다. 이런 오해가 생기는 이유는 모세가 하나님을 알고 있었다고 생각하기 때문입니다. 어린 시절 어머니를 통해 신실한 신앙교육을 받았고, 비록 애굽 왕궁에 머물러서 온갖 애굽 종교 교육을 받고 애굽 종교 행사에 참석했어도 오직 하나님만을 믿고 있었으며, 미디안에 와서도 비록 미디안 제사장 집안의 사위가 되었고 함께 살고 그 집안 종교 행사에 참석했을지라도 마음의 중심에는 오직 하나님만을 섬기고 있었고, 한편으로는 '어서 빨리 이스라엘 민족을 구출해야지' 라는 사명감에 불타고 있었다고 생각을 합니다. 그러나 실제 모세의 심정은 그렇지 않습니다.

만약 모세가 하나님을 알고 있었다면 출애굽기 3장, 4장, 5장의 내용은 지금하고는 전혀 다르게 기록되어 있어야 합니다. 모세가 하나님을 알고 있었다면 3장에서 하나님이 나타나실 때 모세는 너무나 반갑게 할렐루야를 불러야 하고, 4장에서는 너무나 즐겁게 이스라엘 백성에게로 달려가야 하고, 5장에서는 너무나 당당하게 애굽의 바로 왕 앞에 가서 하나님의 말씀을 전해야 합니다. 만약 3, 4, 5장이 위와 같이 기록되었다면 모세가 하나님을 알고 있었다는 의견에 동의하겠습니다. 그러나 출애굽기의 기록은 정반대로 되어 있습니다. 3장에서 하나님이 나타나서 선언하셔도 모세는 괜히 엉뚱한 말만 늘어놓고, 4장에서는 자기가 이스라엘 백성에게 가도 백성들이 믿지 않을 것이라고 하면서 늑장을 부리고 있고, 5장에서는 바로에게 다녀온 뒤에 '왜 나를 보내셨나이까?' 라고 투덜거리고 있을 뿐입니다. 도무지 한 곳에서도 모세가 하나님을 아는 믿음의 모습, 순종의 모습, 신실한 모습이 보이지 않습니다. 결국 13절의 질문이 하나님을 잘 믿고 있는 상태에서 다만 하나님의 이름을 몰라서 물어보는 것이 아니란 뜻입니다. 또 모세 자신은 하나님과 하나님의 이름을 알고 있지만 이스라엘 백성들이 하나님을 모르고 있기에 백성들을 대신에서 물어보고 있는 것도 아닙니다. 모세가 하나님께 무엇을 물었고, 하나님이 무엇을 대답했는지를 상고해 보겠습니다.

### 그의 이름이 무엇이냐?

모세는 하나님의 이름을 물은 것이 아니었습니다. 모세가 하나님과 대면하였을 때 하나님은 이미, 먼저 하나님임을 밝혔습니다. 떨기나무에서 불이 타고 있는 현상을 보고 궁금증을 가지고 그곳에 가고 있는 모세에게 하나님은 먼저 말을 거셨고, 먼저 하나님을 밝히셨습니다. 6절 "나는 네 조상의 하나님이니 아브라함의 하나님, 이삭의 하나님, 야곱의 하나님이니라."고 분명하게 말씀하셨습니다. 또 13절에서 모세가 이스라엘 백성을 핑계대면서 "그들이 내게 묻기를 그의 이름이 무엇이냐 하리니 내가 무엇이라고 그들에게 말하리이까?"고 질문을 합니다. 14절은 하나님이 모세에게 말씀하신 것이고, 15절에서는 모세의 요구대로 대답을 해 주십니다. 모세가 '그들이 내게 묻기를' 이라고 하여 '그들에게 말할 것' 을 요청했었기에 하나님도 그들에게 말할 것을 대답해 주시는 것이 15절 "하나님이 또 모세에게 이르시되 너는 이스라엘 자손에게 이같이 이르기를 너희 조상의 하나님, 이삭의 하나님, 야곱의 하나님께서 나를 너희에게 보내셨다 하라. 이는 나의 영원한 이름이요 대대로 기억할 나의 칭호니라."입니다.

모세의 요구에 대한 하나님의 대답이 이미 6절에서 하나님이 밝히시고 알리신 것과 똑같은 것입니다. 16절 "너는 가서 이스라엘의 장로들을 모으고 그들에게 이르기를 여호와 너의 조상의 하나님 곧 아브라함과 이삭과 야곱의 하나님이 내게 나타나"도 마찬가지입니다. 결국 6절의 선언, 15절의 대답, 16절의 말씀이 모두 똑같습니다. 모세가 이름을 묻기 전에 이미 하나님은 자신을 밝히셨고, 모세가 이름을 물었을 때에도 이미 밝힌 것과 동일한 대답만 하시는 것입니다. 그러므로 모세의 질문은 하나님의 이름을 묻는 것이 아니고, 하나님의 대답도 하나님의 이름을 말해주는 것이 아닌 것입니다.

## 모세의 종교 인식

### 모세의 생각

하나님과 모세가 주고 받은 본문 13절의 질문과 14절의 대답은 모세가 어떤 사고에 근거하여 질문하였고 하나님이 어떤 사고에 근거하여 대답하셨는지를 분명히 이해해야 합니다. 표면상으로는 하나님의 이름을 물어보았고 하나님의 이름을 대답하였습니다. 하지만 실제적으로, 내용상으로는 무엇을 물어본 것이고, 무엇을 대답하신 것일까요? 본문에서 표면적 질문과 대답이 아니라 질문의 의도와 대답의 의미를 알아야 한다는 것입니다. 모세는 40년간 애굽 종교를 배우고 익혔으며 애굽 종교 세계에서 살았습니다. 또한 모세는 40년간 미디안 종교를 배우고 익혔으며 미디안 종교 세계에서 살았습니다. 당연히 모세의 종교관, 모세의 신앙관, 모세의 신 개념은 애굽 종교적이며 미디안 종교적인 것입니다. 모세가 하나님을 직면하였을 때 모세는 '이분은 우리 조상의 하나님이시구나!' 라고 알아본 것이 아닙니다. 자기 앞에 나타난 신이, 자신을 소개하니까 모세는 당연히 '애굽의 신들 중의 하나이거나, 미디안 신들 중의 하나일 것' 이라고 생각을 하는 것입니다. 그런데 지금 자기 앞에 나타나고, 자기에게 소개하고 있고, 자기에게 말하고 있는 이 신은 자신이 알고 있는 애굽 종교나 미디안 종교의 신과는 다른 방식으로 나타나고, 다르게 말하고, 다르게 반응하고 있습니다. 모세로서는 황당한 것입니다.

자신에게 나타난 신에 대한 모세의 첫 번째 반응이 '내가 누구이기에' 즉 '내가 왜 당신이 가란다고 갑니까?' 였고, 이러한 모세의 반응에 하나님이 '내가 너와 함께 하겠다.' 라고 말씀하시니까 모세의 두 번째 반응이 '당신이 누군데요?' 인 것입니다. 모세의 질문 "너희의 조상의 하나님이 나를 너희에게 보내셨다 하면 그들이 내게 묻기를 그의 이름이 무엇이냐 하리니 내가 무엇이라고 그들에게 말하리이까?"가 무슨 뜻인지를 분별하셔야 합니다. 모세는 하나님을 다 알고 있는데 백성들이 몰라서 대신 묻는 것이 아니고, 모세가 하나님을 다 알고 있는데 단지 이름만 몰라서 이름을 묻는 것이 아니라, 도대체 당신은 누구입니까 즉 존재를 묻는 것이요, 성품을 묻는 것이요, 신분을 묻는 것입니다. 모세가 이렇게 질문하는 까닭은 그 동안까지 모세가 알고 있던 신과는 전혀 다르기 때문입니다.


## 고대 종교

모세가 알고 있는 종교 개념, 신 개념 즉 애굽 종교관과 미디안 종교관 또는 고대 종교관을 살펴보겠습니다. 고대 이집트에서도 많은 신들을 믿고 섬겼고 수십 개나 되는 신들의 이름이 알려져 있습니다. 천체와 관련이 있는 신으로서는 먼저 태양신 라Ra, 달의 신 혼스, 하늘을 나타내는 여신 누트Nout, 땅을 나타내는 남신 게브Geb, 여신 테프네트와 태양신 라Ra의 아들인 공기의 신 슈Shou, 나일 강의 신으로 죽음과 부활의 신으로 숭배된 오시리스Osoris가 있습니다. 또한 고대 이집트에는 새나 동물신이 상당히 많이 포함되어 있습니다. 새의 신으로서는 호루스가 솔개로, 지혜의 신 토트Thot도 토키라는 새로 표현되고, 멘투Mentou도 솔개의 모습, 고양이의 신 바스테트, 숫양의 머리를 한 창조의 신 크놈Khnoum, 악어의 모습을 한 세베크, 멤피스에서 숭배한 암사자 모습의 세크메트

Sekmet, 개의 모습을 하고 죽은 자를 감시하는 아누비스Anubis, 또 케프리는 풍뎅이 벌레로 나타나고 프타Ptah는 황소로, 아포피스Apophis는 뱀으로 상징되었습니다.

동서고금을 막론하고 인간이 만들어 내는 신의 모습은 대부분 유사합니다. 애굽 신이 조금 낯설다면 그리스 신화에 나타나는 신은 익숙하실 것입니다. 카오스에서 가이아대지와 에로스사랑가 나타나고 뒤이어 에레보스어둠와 닉스밤가 생겨나고 그들 사이에서 아이테르공기와 헤메라낮가 태어납니다. 가이아는 우라노스하늘와 폰토스바다를 낳았습니다. 신들은 여러 자손들을 낳는데, 신들의 형제끼리 제비를 뽑아 제우스는 하늘을, 포세이돈은 바다를, 하데스는 명부지옥를 각각 지배합니다. 신은 자기의 영역이 있습니다. 전쟁과 지혜와 공예의 여신 아테나, 미와 사랑의 여신 아프로디테, 사냥과 달의 여신 아르테미스. 곡물의 생장을 주관하는 여신 데메테르, 화로의 불을 주관하는 헤스티아, 태양신이고 음악·의술·궁술·예언의 신인 아폴론, 전령일종의 메신저이며 나그네의 수호신이자 상업과 도둑의 신인 헤르메스, 불과 대장간의 신 헤파이스토스, 군신 아레스, 포도주의 신으로 주연의 상징인 디오니소스 등이 있습니다.

동·서양을 막론하고 고대 종교, 우상 종교의 특징이 있는데 하나는 신들의 계보가 있다는 것이요 다른 하나는 신의 통치 지역이 있다는 것입니다. 그러므로 지금 모세가 하는 질문 '이름이 무엇입니까?' 는 구체적으로 살펴보면 '당신의 어느 신의 계보입니까? 강력한 집안입니까? 우두머리입니까?' 라는 것과 '당신은 무엇을 다스리는 신입니까? 어느 지역입니까? 어느 영역입니까?' 라는 말이요, 또 실질적인 의미로는 '내가 당신을 믿고 갈만한 그런 신입니까?' 라는 것입니다.

# 하나님의 대답

## 하나님과 이름

모세의 질문이 단순히 하나님의 이름을 묻는 것이 아니기에 하나님의 대답 또한 단순히 하나님의 이름을 말하는 것이 아닙니다. 엄밀하게 말하면 하나님은 이름이 없습니다. 이름이라는 것은 자신이 짓는 것이 아니라 누군가가 지어주는 것입니다. 그런 의미에서 하나님에게 이름을 지어줄 수 있는 존재가 없습니다. 또한 이름을 짓는 이유나 목적은 그를 부르기 위해서입니다. 그런 의미에서 하나님을 부를 존재가 없습니다. 더 정확하게 표현하면 어느 누구도 하나님을 부를 이유가 없습니다. 왜냐하면 하나님은 언제나 먼저 행동하는 분이기 때문입니다. 인간이 하나님을 부르고 찾고 간구하기 이전에 하나님은 인간의 필요를 먼저 아시고 먼저 인간의 모든 필요를 먼저 채워주시는 분이기에 인간이 하나님의 이름을 부를 이유가 없기에 이름이 필요 없으신 분입니다.

모세의 질문이 이름이 아닌 신의 성품과 능력과 영역에 관한 것이기에 당연히 하나님의 대답은 이름이 아니라 하나님의 존재, 하나님의 속성, 하나님의 성품을 말하는 것입니다. 하나님의 대답은 질문에 대한 응답이 아니라 모세가 그동안 가지고 있던 종교관, 대부분의 인간들이 가지고 있는 종교인식, 종교방식을 깨는 대답이 되는 것입니다. 모세 질문의 핵심이 '당신은 어디서 났습니까? 누구 계보입니까?' 라는 것이었습니다. 하나님의 대답은 바로 그 질문의 핵심을 찌르는 것입니다. 그래서 대답이 '나는 스스로 있는 자' 가 되는 것입니다. 하나님의 대답은 모세의 모든 궁금증을 풀어주는 것이 아니라 아예 모세의 종교관을 혁신하는 것입니다. 모세가 떨기나무에 나타난 신에 대하여 궁금한 것이 백가지였다고 할지라도 하나님은 백가지를 대답하시는 것이 아닙니다. 하나님께서 모세에게 열 가지를 대답해도 부족하고, 아흔 아홉가지를 대답해도 부족하고, 백가지 모두를 대답해도 모세는 이해하지 못합니다. 왜 냐하면 모세는 하나님의 대답을 자기 식으로 생각할 것이기 때문입니다. 그래서 하나님은 모세에게 딱 한 가지만, 모세의 개념에 없고 모세의 인식에 없고 모세의 사고방식에 없는 단 한 가지를 말씀하시는 것입니다. 이 한 말씀 속에 백가지가 아니라 만 가지 이상, 하나님의 실체가 담겨있는 것입니다.

### 스스로 있는 자

하나님이 말씀하신 스스로 있는 자가 무슨 뜻입니까? 하나님의 말씀은 문자적으로 스스로 있는 자 또는 홀로 존재하는 자라는 의미가 아니라 모세가 생각하는 방식과 다른 자라는 의미입니다. 하나님의 말씀은 모세가 알고 있고 믿고 있고 인식하고 있는 종교와 신과는 전혀 존재의 차원과 통치의 차원과 속성의 차원이 전적으로 다른 자라는 의미입니다. 모세가 자기 생각에 입각해서 하나님에 대하여 물어볼 때, 하나님은 모세의 개념에 없는 전혀 다른 차원으로 대답하시는 것입니다. 13절의 질문과 14절의 대답보다 더 중요한 것이 있습니다. 하나님은 모세가 13절에서 질문하기 이전에 이미 6절에서 하나님의 존재, 신분, 속성, 성품을 다 밝히셨다는 것입니다. 그러므로 모세의 사고를 깨뜨리기 위해서 대답하신 14절의 스스로 있는 자가 무슨 의미인가에 초점을 맞추어야 하는 것이 아니라 6절에서 모세에게, 15절에서 이스라엘 백성에게, 16절에서 이스라엘의 장로들에게 알려주신 '나는 네 조상의 하나님이니 아브라함의 하나님, 이삭의 하나님, 야곱의 하나님이니라.' 의 의미를 알아야 한다는 것입니다.

하나님은 모세가 질문하기 이전에, 이미 모세의 심중을 뚫고 계셨고 이미 모세가 질문할 만한 내용에 대한 대답을 다 하셨고 단지 대답 정도가 아니라 아예 핵폭탄을 던져 놓으셨습니다. 하나님의 출현과 하나님

의 사역 선언이 스스로 있는 자라고 대답하기 이전에 이미 스스로 있고
자라는 말 속에 담겨있는 하나님의 속성 즉 애굽과 미디안의 종교와 신
의 개념과 사고와 인식과는 전혀 다른 차원의 하나님이시라는 것을 드
러내셨던 것입니다. 단지 모세가 알아차리지 못하고, 다시 질문을 한 것
에 불과합니다. 하나님은 이미 6절에서 "나는 네 조상의 하나님이니 아
브라함의 하나님, 이삭의 하나님, 야곱의 하나님이니라."고 말씀하셨습
니다. 이 말씀이 이미 모세의 사고를 깬 것이고, 이 말씀이 이미 스스로
있는 자라는 대답에서 밝히는 차별성과 구별성, 유일성, 자존성을 모두
선언한 것입니다. 그 이유를 상고해 보겠습니다.

타종교에서 신들은 신에 대해서만 이야기 합니다. 신의 기원, 신의 능
력, 신의 권세, 신의 위엄, 신의 통치, 신의 지배, 신의 심판, 신의 뜻, 신
들의 계보, 신의 힘 등 다 신들 이야기만 합니다. 그래서 애굽의 종교에
익숙해 있던 모세도 신의 계보와 신의 통치를 궁금해 한 것입니다. 그러
나 지금 모세에게 말씀하시는 하나님은 '나는 네 조상의 하나님이니 아
브라함의 하나님, 이삭의 하나님, 야곱의 하나님이니라.' 라고 인간에 대
해서 말씀하십니다. 모세는 신의 계보를 질문하고 싶어하는 데 하나님
은 인간과의 연관성을 말씀하고 계십니다. 하나님은 하나님이 어느 신
의 남편이고, 어느 신의 부인이냐 등의 신들 간의 관계를 말씀하시는 것
이 아니라 하나님과 인간의 관계를 말씀하시는 것입니다. 이것이 다른
신들과 전혀 다른 차원인 것입니다. 하나님은 인간을 찾아오신 하나님
이요, 인간과 언약을 맺으신 하나님이요, 인간과 맺으신 언약을 이루어
오고 계신 하나님이요, 그 언약을 기억하고 계신 하나님이요, 그 언약을
지키려고 모세를 부르시는 하나님이요, 언약의 대상들에게 언약을 성취
시키기 위하여 스스로 나타나신 하나님이라는 것입니다.

하나님은 하나님 멋대로 하시는 분이 아니라 인격적인 분입니다. 하
나님이 인격적이라는 의미는 하나님의 뜻이 있고 하나님의 원리가 있고

성품이 있고 속성이 있다는 것입니다. 또 하나님은 신실하신 분입니다. 하나님은 약속을 했으면 반드시 지키시는 분입니다. 비록 약속의 당사자인 인간이 하나님을 잊고 기억하지 못할지라도 하나님은 신실하신 분으로서 반드시 기억하시고 변치 않으시고 약속을 이루시는 분입니다. 또 하나님은 일하시는 분입니다. 인간이 먼저 행하기를 기다리시는 분이 아니라 도움이 필요한 자에게 하나님이 먼저 다가가십니다. 또 하나님은 인간을 위한 분입니다. 다른 신들이 '나는 태양신 라Ra이다, 또는 나는 어느 신과 어느 신의 아들이다.' 등의 자기 이야기만 할 때 하나님은 '나는 네 조상의 하나님이니 아브라함의 하나님, 이삭의 하나님, 야곱의 하나님이니라.' 고 인간과의 관계를 강조하시는 것입니다. 성경이 정말 멋있지 않습니까!

## 하나님의 방식

### 전혀 새로운 방식

출애굽기의 강조점은 출애굽 사건이 아니라 하나님에 대하여 모르는 자들에게 하나님 자신을 알리시는 것입니다. 그러므로 하나님의 출현과 대화의 장면들이 처음부터 끝까지, 하나부터 열까지 모두 기존의 우상 종교와는 다르게 나타나는 것입니다. 하나님이 다른 우상들, 다른 신들과 다릅니다. 그래서 하나님이 행하시는 방식도 다른 것입니다. 출애굽기 1장부터 3장까지 하나님의 일하시는 방식이 타 종교의 방식이 달랐고, 앞으로도 계속 다른 모습이 나올 것입니다.

하나님이 모세를 선택했다는 것 자체가 이미 다른 방식입니다. 하나님은 하나님을 가장 잘 아는 자를 뽑은 것이 아니라 하나님이 누구인지도 모르는 사람을 선택한 것입니다. 세상에서 흔히 자신이 가장 믿을 만한 사람을 심복이라고 합니다. 그런 면에서 모세는 하나님의 심복이 아니라 골치덩이입니다. 하나님에 대하여 무지한 골치덩이를 선택하셨기에 하나님이 가장 수고하시는 일이 모세를 설득하는 것입니다. 모세가 하나님의 일에 도무지 보탬이 되지 않습니다. 그러니까 모세는 하나님의 대행자가 아니라, 모세 자체가 하나님의 대상자라는 것입니다.

## 전혀 새로운 개념

8절 "내가 내려가서 그들을 애굽인의 손에서 건져내고 그들을 그 땅에서 인도하여 아름답고 광대한 땅 젖과 꿀이 흐르는 땅 곧 가나안 족속, 헷 족속, 아모리 족속, 브리스 족속, 히위 족속, 여부스 족속의 지방에 데려가려 하노라."입니다. 하나님이 이스라엘을 출애굽 시켜서 새로운 곳으로 인도한다고 하십니다. 그 곳을 설명하는 표현이 젖과 꿀이 흐르는 땅입니다. 젖과 꿀이 흐르는 땅이라는 표현이 창세기에는 없습니다. 출애굽기 3장 8절에 처음 등장하고 출애굽기 3장 17절, 13장 5절, 33장 3절 등 앞으로는 가나안이 묘사될 때 마다 젖과 꿀이 흐르는 땅이라고 표현됩니다. 하나님이 아브라함에게 약속하신 지역, 지금 모세에게 다시 말씀하시는 일곱 족속이 사는 지역이 가나안입니다. 그 가나안 지역을 젖과 꿀이 흐르는 땅이라고 표현하는 것입니다.

아주 재미있는 것은 창세기부터 출애굽기까지 가나안 땅이 소개될 때 젖과 꿀과는 전혀 상관이 없게 등장했었습니다. 상관이 없는 정도가 아니라 아예 반대로 나왔습니다. 창세기 12장에서 아브라함이 갈대아 우르를 떠나 도착한 곳이 바로 가나안입니다. 잠시 후에 아브라함이 애굽으로 이사를 가서 부인을 빼앗길 뻔한 위험에 처합니다. 아브라함이 가나안을 떠나 애굽으로 간 이유는 기근 때문입니다. 가나안이 젖과 꿀이 흐르는 땅이라고 소개되는데 정작 가나안 지역에 기근이 있었습니다. 창 26장에 이삭이 그 땅을 떠나 그랄로 가서 블레셋 왕 아비멜렉에게 이르는 장면이 나옵니다. 그곳에서 이삭도 부인을 누이라고 속이고 생활하다가 아내를 껴안는 것이 들켜서 곤욕을 치릅니다. 이삭이 고향 가나안을 떠난 이유도 흉년때문입니다. 젖과 꿀이 흐르는 땅으로 소개되는 가나안에 흉년이 있었습니다. 야곱과 그의 가족들이 모두 고향 가나안을 떠나 애굽으로 들어오게 된 이유도 가나안 지역에 있었던 심한 기근 때문이었습니다. 가나안이 젖과 꿀이 흐르는 땅으로 소개되지만 정작 가나안에는 기근과 흉년이 있었던 것입니다. 과연 가나안을 젖과 꿀이 흐르는 땅으로 소개하는 것이 어울립니까? 가나안 지역을 젖과 꿀이 흐르는 땅으로 소개하는 표현에서 이제까지 없는 새로운 인식이 등장하는 것입니다. 가나안 지역 자체에 실제로 젖과 꿀이 흐르기 때문이 아니요, 가나안 지역이 토지와 기후와 농사조건이 너무 양호하기 때문이 아니라, 이제 하나님이 이 땅을 책임지시고 공급하시고 보호하실 것이기 때문에 젖과 꿀이 흐르는 땅이라고 소개되는 것입니다. 젖과 꿀이 흐르는 땅이라는 표현은 토양에 대한 분석과 평가가 아니라 하나님의 공급, 하나님의 책임성을 의미하는 것입니다.

### 전혀 새로운 관계

하나님의 일하심이 타 종교와 다른 또 하나는 하나님과 인간이 대화한다는 것입니다. 하나님은 모세를 불러 명령하고 계신 것이 아니요 모세는 명령에 복종하고 있는 것이 아닙니다. 하나님과 인간, 하나님과 모세가 대화하고 변론하고 토의 하고 있는 것입니다. 이 장면에서는 하나님이 주도권을 가지신 것이 아니라 모세가 주도권입니다. 모세가 버티고 있고, 모세가 질문하고 있습니다. 하나님은 모세의 질문을 다 들어주시고 다 대답해 주십니다. 하나님이 모세를 설득하고 계시는 것입니다. 하나님이 모세의 요구를 다 응답해 주시는 것입니다. 출애굽기를 통하여 기존의 종교인식, 세상의 신관을 모두 떨쳐 버리고 하나님을 바로 배우고 하나님의 말씀의 뜻과 원리를 바로 배우셔서 하나님 때문에 신나

고 하나님 때문에 즐겁고 하나님 때문에 자유롭고 하나님 때문에 행복
한 신앙의 삶을 누려 가시기를 주님의 이름으로 축원합니다.

**7**

# 나를 믿지 아니하며

### 출애굽기 4 : 1 ~ 9

1 모세가 대답하여 이르되 그러나 그들이 나를 믿지 아니하며 내 말을 듣지 아니하고 이르기를 여호와께서 네게 나타나지 아니하셨다 하리이다 2 여호와께서 그에게 이르시되 네 손에 있는 것이 무엇이냐 그가 이르되 지팡이니이다 3 여호와께서 이르시되 그것을 땅에 던지라 하시매 곧 땅에 던지니 그것이 뱀이 된지라 모세가 뱀 앞에서 피하매 4 여호와께서 모세에게 이르시되 네 손을 내밀어 그 꼬리를 잡으라 그가 손을 내밀어 그것을 잡으니 그의 손에서 지팡이가 된지라 5 이는 그들에게 그들의 조상의 하나님 곧 아브라함의 하나님, 이삭의 하나님, 야곱의 하나님 여호와가 네게 나타난 줄을 믿게 하려 함이라 하시고 6 여호와께서 또 그에게 이르시되 네 손을 품에 넣으라 하시매 그가 손을 품에 넣었다가 내어보니 그의 손에 나병이 생겨 눈 같이 된 지라 7 이르시되 네 손을 다시 품에 넣으라 하시매 그가 다시 손을 품에 넣었다가 내어보니 그의 손이 본래의 살로 되돌아왔더라 8 여호와께서 이르시되 만일 그들이 너를 믿지 아니하며 그 처음 표적의 표징을 받지 아니하여도 나중 표적의 표징은 믿으리라 9 그들이 이 두 이적을 믿지 아니하며 네 말을 듣지 아니하거든 너는 나일 강 물을 조금 떠다가 땅에 부으라 네가 떠온 나일 강 물이 땅에서 피가 되리라

## 왜 그들이 믿지 않을까?

### 모세의 불신

상대방을 믿고 신뢰하는 것은 어느 날 갑자기 생기는 것이 아니고, 내가 신뢰하기로 마음먹기로 작정해서 시작되는 것도 아닙니다. 상대방에 대한 이해, 상대방에 대한 믿음, 상대방에 대한 신뢰는 상호간의 지속적

인 관계를 통하여 신의가 쌓여갈 때 저절로 신뢰가 되는 것입니다. 인간 관계도 이러할진대 인간과 하나님의 관계는 더욱이나 그렇습니다. 대부분의 성도님들은 모세에 대하여 히브리서에 묘사된 상태로 알고 있습니다. 히브리서 11장 24~27절에 "믿음으로 모세는 장성하여 바로의 공주의 아들이라 칭함 받기를 거절하고 도리어 하나님의 백성과 함께 고난 받기를 잠시 죄악의 낙을 누리는 것보다 더 좋아하고 그리스도를 위하여 받는 수모를 애굽의 모든 보화보다 더 큰 재물로 여겼으니 이는 상 주심을 바라봄이라. 믿음으로 애굽을 떠나 왕의 노함을 무서워하지 아니하고 곧 보이지 아니하는 자를 보는 것 같이 하여 참았으며"라고 나옵니다. 그래서 모세는 위대한 결단을 행한 사람이요, 희생을 감수한 사람이요, 처음부터 믿음으로 시작하여 오직 충성으로 일관한 사람일 것으로 생각합니다. 그러나 출애굽기에서 확인하는 모세의 모습은 이러한 소개와는 달라서 성도들을 당황하게 만드는 것입니다.

모세는 출생순간부터 80년간 하나님에 대하여 모르는 환경에서 성장하였습니다. 당연히 하나님을 모르고 있습니다. 전혀 하나님에 대한 이해가 없는데 어느 날 갑자기, 느닷없이, 광야에서 하나님이 신비하게 나타나 엄중한 명령을 한다고 모세가 선뜻 갈 수 있는 것이 아닙니다. 3장에서 모세는 9절의 '이제 가라'는 하나님 말씀에 순종하지 않았습니다. 당연히 처음에는 '내가 누구이기에' 즉 '내가 왜 갑니까?'라고 물었고, 두 번째에는 '나를 보내는 당신이 누구입니까?'라고 물었습니다. 이것은 질문을 한 것이 아니라 가지 않겠다는 의지의 다른 표현이었습니다.

모세가 자기가 알고 있는 방식에 근거하여 질문을 하자 하나님은 모세가 알고 있지 않는 방식에 근거하여 대답을 하셨습니다. 하나님의 대답은 모세에게 전혀 도움이 되지 않았습니다. 모세가 알고 있지 않은 방식으로 주신 대답은 모세에게 아무 소용이 없는 것입니다. 여전히, 계속하여 모세는 하나님에 대해 알지 못하는 것입니다. 13절의 모세의 단순한 질문에 14절부터 하나님은 난해하고 복잡한 대답을 하십니다. 하나님 자신은 스스로 있는 자 즉 모세가 생각하고 있는 계보나 족보가 있는 신의 한 부류가 아니고, 하늘, 바다, 기후 등 특정 지역이나 영역을 지배하는 신의 한 부류가 아니라 말 그대로 스스로 있는 자 즉 무엇인가에 의존되지 않으며, 어딘가에 제한되지 않는 신이라고 선언을 하신 것입니다. 기존의 신들과 다른 특징적 표현이 나는 조상의 하나님, 아브라함의 하나님 이삭의 하나님 야곱의 하나님입니다.

하나님은 이어서 모세에게 장로들을 모으고 말할 것과 장로들을 데리고 애굽의 왕에게 나아가 말할 것과 애굽의 여인들에게 말할 것을 알려주셨습니다. 하나님이 첨부하여 말씀하신 내용들은 모세가 질문하지도 않았고 질문할 마음도 아예 없는 것들입니다. 하나님이 이렇게 자상하게, 이렇게 친절하게, 이렇게 미리 알아서 말씀해 주시지만 모세는 관심이 없습니다. 모세는 지금 자기에게 말하는 스스로 계신 분이 누구인지 모르고 있고, 이 분을 믿고 따라 갈만하다는 신뢰가 가지 않는 것입니다. 모세가 하나님의 말씀대로 애굽으로 돌아갈 수 있는 것은 '아, 이 분을 믿고 따라 갈 만하구나!' 라는 확신이 들어야만 가능한 것인데 아직까지 모세에게는 그런 확신이 전혀 없습니다. 당연히 가지 않겠다고 거부하고 반항하는 것이 4장의 내용입니다.

### 백성의 불신

3장에서 모세가 하나님에게 질문한 것은 13절의 백성들이 묻기를 "그의 이름이 무엇이냐 하리니 내가 무엇이라고 그들에게 말하리이까?" 였습니다. 이 질문에 대한 대답은 간단하게 14절 "나는 스스로 있는 자이니라. 너는 이스라엘 자손에게 이같이 이르기를 스스로 있는 자가 나를 너희에게 보내셨다 하라."로 충분합니다. 그런데 하나님은 3장 15~22절까지에서 모세가 묻지도 않은 것을 길게 말씀하십니다. 아직

갈 마음도 없는 사람, 아직 자기에게 말하는 하나님에 대하여 전혀 신뢰도 하지 않고 어떤 기대도 하지 않고 있는 모세에게, 하나님은 마치 곧 출발할 사람한테 말하는 것처럼 말씀하십니다. '이스라엘 자손에게 이 같이 이르기를', '이스라엘 장로들을 모으고 그들에게 이르기를', '너는 그들의 장로들과 함께 애굽 왕에게 이르기를' 등등 모세가 듣고 있으면 참 웃기는 장면입니다. 이 말을 듣고 있는 모세가 속으로 웃으면서 아마도 '누가 간대~!' 라고 어이없어 할 것입니다.

하나님은 왜 모세가 묻지도 않은 말씀을 미리 너절하게 말씀하셨을 까요? 그 이유는 하나님은 모세가 무슨 변명을 해 댈지 이미 다 알고 계 셨기 때문입니다. 모세가 변명하는 것이 4장 1절 "모세가 대답하여 이르 되 그러나 그들이 나를 믿지 아니하며 내 말을 듣지 아니하고 이르기를 여호와께서 네게 나타나지 아니하셨다 하리이다."입니다. 하나님은 모 세가 이렇게 나올 줄 알았습니다. 그래서 이미 3장 18절에 "그들이 네 말을 들으리니" 즉 '가서, 내가 16, 7절에 말한 대로 전하라. 그렇게 하 면 그들이 네 말을 들으리니' 라고 말씀하신 것입니다. 하나님은 이미 백 성들이 모세를 믿지 않을 것이며, 모세가 백성들이 믿지 않을 것에 대해 염려하는 것을 아셨고, 백성들로 하여금 모세를 믿게 하실 말씀을 해 주 신 것입니다. 하나님이 모세를 보내시면서 단지 명령만 하는 것이 아닙 니다. 모세가 처할 상황을 미리 아시고 대비책과 해결책을 모두 제공해 주시는 것입니다.

하나님은 이 세상 그 누구보다 인격적인 분입니다. 하나님은 억지를 쓰시는 분이 아니고, 강짜를 놓으시는 분이 아니고, 막무가내로 행동하 시는 분이 아닙니다. 안되면 되게 하라고 몰아세우시는 분도 아니고, 일 단 가라고 선동하시는 분도 절대로 아닙니다. 지금 하나님은 모세와 대 화를 하고 계십니다. 이것이 기독교의 획기적인 사건인 것입니다. 신과 인간이 대화 한다는 것 자체가 획기적인데 대화의 장면이 더 기가막힌 것입니다. 천지의 창조자요 만물의 주관자이신 하나님이 말씀하고 계시고, 아무 것도 모르는 인간이 하나님의 말씀에 거부하고 반항하고 있는 장면입니다. 모세는 한 번도 아니고 거듭 거듭 못 하겠다고 하나님을 못 믿겠다고 고개를 똑바로 세우고 할 말 다 해가면서 대들고 있는 장면입니다. 모세가 거부하고 있는 것을 하나님이 계속 듣고 계시며, 하나님이 모세에게 계속하여 새로운 말씀과 추가적 행동을 이어가고 계신 것입니다. 얼핏 보면 누가 하나님이고 누가 인간인지, 누가 명령하고 누가 순종하고 있는지 혼동될 정도입니다. 본문은 하나님이 이 세상의 그 어떤 신이라고 불리는 존재와도 전혀 다른 모습을 보여주는 것입니다.

하나님이 모세에게 바로에게로 가라고 하실 때 대책 없이 막무가내로 가라고 하시지 않습니다. 하나님은 모세가 묻기도 전에 모세가 물을 것까지 다 아시고 미리 먼저, 일이 되게 하시겠다고 약속하시는 것이었습니다. 그런데도 모세가 못 믿는 것입니다. 모세의 입장에서는 믿을 수가 없고, 믿어지지 않는 것입니다. 지금 자신과 대면하고 있는 신과 같은 존재를 이전에 만나본 적이 없고 이와 같은 방식으로 신을 접해 본 적이 없기 때문입니다. 모세 자신도 지금 하나님을 믿을 수가 없는데, 자기가 백성에게 가서 하나님 즉 스스로 있는 자가 모세 자신에게 나타났고 자신을 보냈다고 하면 백성들이 믿지 않을 것이요 믿지 못할 것이 너무나 확연한 것입니다. 하나님을 향한 모세의 저항과 질문이 백번 일리가 있습니다.

모세가 불안해하는 것이 4장 1절 "그들이 나를 믿지 아니하며, 내 말을 듣지 아니하고 이르기를 여호와께서 네게 나타나지 아니하셨다 하리이다."입니다. 이스라엘 백성이 모세의 말을 믿지 않는 까닭은 아마도 두 가지 때문일 것입니다. 하나는 모세 자체를 못 믿는 것이요 다른 하나는 모세가 말하는 내용이 가능성이 없는 것입니다. 두 가지이지만 결국은 하나 즉 모세에게 여호와가 나타났다는 사실을 믿지 못하겠다는 것입니다. 백성들이 모세에게 여호와가 나타났다는 사실을 믿지 못하는 이유는 무엇일까요? 모세가 그동안 거짓말을 많이 했습니까? 모세가 마치 양치기 소년같이 행동한 적이 있습니까? 모세는 자기의 존재나 자기의 말의 신뢰성에 대해서 불안해하고 있는 것이 아닙니다. 대신 모세가 걱정하는 것은 이스라엘 백성들이 가지고 있는 종교적 인식입니다. 이스라엘 백성들이 모세에게 여호와가 나타났다는 말을 믿지 않을 것이라고 생각하는 근거는 이스라엘 백성들이 가지고 있는 종교 인식, 종교 사상, 종교 개념, 종교 태도, 종교 습관 때문입니다.

모세는 지금 하나님이 자기에게 나타나고 자기와 대화하고 자기의 거부를 받아주고 있는 이러한 신을 그 동안 만나본 적이 없습니다. 자기가 그 동안 알고 있던 애굽 신들과 미디안 신은 이렇게 행동하지 않았습니다. 모세조차도 그 동안 자기가 알고 있던 신 개념과 지금 하나님의 행동양식이 달라서 당황하고 있습니다. 하물며 자신이 백성들에게 이러한 하나님을 소개하면 백성들은 당연히 믿지 않을 것이라고 걱정을 하고 있는 것입니다. 자기가 소개해야 하는 하나님은 자신이 예전에 알고 있던 것과 같이 현재 이스라엘 백성들이 알고 있는 신의 개념과 신의 방식과 다르기 때문입니다. 그렇다면 이스라엘 백성들이 여호와께서 모세에게 나타나셨다고 믿지 않을 것으로 생각하는 저들의 종교인식을 확인해야 합니다.

## 백성들의 사고방식

이스라엘 백성들이 여호와께서 모세에게 나타나실 리가 없을 것이라고 생각하는 이유는 그 동안의 저들의 종교방식에 있어서는 신은 아무에게나 나타나지 않기 때문입니다. 신이 어떤 사람에게 나타난다는 것은 신이 그 사람을 선택했다는 의미입니다. 이스라엘 백성들의 생각에,

지금까지의 저들의 종교인식에 신이 사람을 선택한다면 그것은 신이 그 사람을 신의 대리자요 신의 대행자로 세우는 것을 의미합니다. 신의 대리자요 신의 대행자가 될 사람이라면 당연히 준비된 자요 신령한 자요 거룩한 자요 위대한 자라는 인식이 있는 것입니다. 신이 자기의 수준과 맞는 자, 신이 보내기에 합당한 자, 신이 어디에 내 놓아도 모든 인간들에게 인정을 받을 만 한 자, 과연 그 사람만 보아도 신의 존귀와 엄위를 드러낼 수 있는 자를 선택할 것이라고 생각하는 것입니다. 모세가 백성들에게 가서 스스로 있는 자라는 신 즉 여호와가 자기에게 나타났다고 말을 전하면 백성들의 모세의 말을 인정하지 않을 것입니다. 왜냐하면 백성들의 생각에는 모세가 신의 선택을 받아 신의 대리자가 될 만큼 뛰어나거나 위대한 인물이 아니기 때문입니다.

이스라엘 백성의 관점으로는 모세는 민족의 반역자입니다. 이스라엘 백성들이 애굽의 관료들로부터 압제를 받고 심한 노동에 시달리는 있는 동안에 모세는 애굽 왕궁에서 호의호식하던 자입니다. 또한 모세는 살인자요 도망자입니다. 게다가 도망가서 저 살자고 다른 민족과 결혼한 이단아입니다. 이스라엘 백성들의 생각에 신이 민족적 배신자, 살인자, 도망자, 이단아에게 나타날 리가 없고, 그런 인간을 신의 대리자요 대행자로 선택하여 세운다는 것은 도무지 불가능한 일이라는 것입니다. 그런 모세가 돌아와서 한다는 소리가 신이 자기에게 나타났다고 아무리 주장하여도 백성들이 믿을 리가 없습니다. 저들의 종교인식으로는 절대로 믿을 수가 없습니다.

이것은 비단 이스라엘 백성들만의 종교인식이 아니라, 모세가 활동하던 시기 대략 주전 1300년경의 고대 사람들만의 종교인식이 아니라 대부분의 죄인들의 종교인식이요 현재까지도 사람들이 가지고 있는 매우 일반적인 생각입니다. 신약에도 유사한 표현이 나옵니다. 요한복음 1장에 예수님이 빌립을 만나 '나를 따르라' 고 말씀하십니다. 1장 45절에

빌립이 나다나엘을 찾아가서 "모세가 율법에 기록하였고 여러 선지자가 기록한 그이를 우리가 만났으니 요셉의 아들 나사렛 예수니라."라고 말합니다. 그때 나다나엘이 하는 말이 "나사렛에서 무슨 선한 것이 나겠느냐?"입니다. 이것이 종교에 대한, 신의 선택에 관한 모든 인간의 전형적인 사고방식입니다. 신은 아무 곳에서 나타나는 것이 아니며, 신은 아무에게나 나타나는 것이 아니라는 것입니다. 과연 인간은 하나님에 대하여 너무나 무지한 것이며, 하나님에 대하여 죄인적 방식으로 밖에는 이해하지 못하는 것입니다.

지금 모세는 하나님과 대화하고 있습니다. 이 순간에 가장 놀라고 있는 존재가 바로 모세 자신입니다. 자신도 신이 이렇게 나타나고, 이렇게 행동할 줄은 전혀 몰랐던 것입니다. 모세의 사고방식에 스스로 계신 자라는 존재와 존재 방식자체도 낮 설은 것이고, 자신이 신의 말에 거부하는 태도를 보이고 있고 자신이 신에게 반항하는 태도를 보여도 신이 전혀 개의치 않고 자신을 받아주고 있는 신에 대하여 놀라움을 금치 못하고 있는 것입니다. 자신의 종교개념과 인식과 너무 달라서 직접 현장에서, 체험하고 있는 당자사로서 자신도 받아들여지지 않는 이 신에 대하여, 자신과 유사한 종교인식을 가지고 있는 다른 사람들에게 설명할 방법이 없다는 것을 모세는 걱정하고 있는 것입니다. 모세의 걱정은 당연한 것입니다.

## 하나님의 방법

### 왜 처음처럼 하지 않을까?

본문을 조금만 신중하게 살펴보면 3장과 4장에서 하나님의 일하시는 방식이 다르게 나타나는 것을 알 수 있습니다. 하나님이 모세에게 나타나서 말씀하실 때 모세가 3장 11절 "내가 누구이기에 바로에게 가며 이스라엘 자손을 애굽에서 인도하여 내리이까?”라고 반항 또는 거부하였을 때 하나님은 모세에게 이적과 기적을 보여주거나 능력을 준 것이 아니라 “내가 반드시 너와 함께 있으리라.”고 대답하셨습니다. 그렇다면 이스라엘 백성들이 믿지 않을 때 즉 백성들이 ‘하나님이 모세에게 나타나지 않았고 모세가 애굽에서 이스라엘 백성을 이끌어 낸다는 말은 가능하다 않다.’ 라고 말을 할 때에도 “내가 반드시 너희와 함께 있으리라.”고 대답하시면 충분할 것입니다. 아니면 반대로 백성들이 믿지 않을 때 즉 이제 4장에서 보게 될 것처럼 이적과 기적을 보여주시려면, 처음에 모세가 질문할 때에도 진작부터 이렇게 이적을 보여주셨으면 되었을 텐데 그렇게 하지 않으셨습니다. 하나님은 왜 3장과 4장에서 서로 다른 방식을 보이실까요?

정확하게 말하면 하나님의 일하심은 서로 다른 것이 아닙니다. 모세와 이스라엘 백성은 한 부류요 동일한 수준, 똑같은 사고방식입니다. 모세는 3장을 통해 하나님을 다 이해했고, 4장에서는 신실하고 믿음직스러운 하나님의 일꾼이 되어있는 것이 아닙니다. 4장에서도 여전히 모세는 아직 하나님을 신뢰치 못하고 있는 것이며, 후반부에 등장하는 이스라엘 백성도 하나님을 모르고 있는 것입니다. 그러므로 3장에서 모세를 대하는 하나님의 반응과 4장에 백성들에게 보여주려는 하나님의 반응은 동일한 것입니다. 3장과 4장 모두 모세에게 보여주는 것이요, 3장과 4장 모두 백성들이 겪어나갈 과정인 것입니다.

### 기적이 등장하는 이유

4장에는 모세에게 대답해 주시기 위하여 하나님이 펼치시는 세 가지 이적이 등장합니다. 종류로는 세 가지요, 실제적으로 행해진 것은 네 번입니다. 지팡이가 뱀이 된 것, 뱀이 지팡이가 된 것, 손에 나병이 생긴 것, 나병 든 손이 회복 된 것 총 네 번 이적이 행해지고, 나일 강물을 떠서 땅에 부으면 피가 될 것은 약속만 되었지 아직 실행되지 않은 것입니다. 모세가 걱정한 것은 백성들이 여호와께서 모세에게 나타나지 않았다고 말하는 것입니다. 일반적으로 사람들은 이러한 걱정을 해결하기 위하여 모세가 달라지기를 기대합니다. 하나님을 만나서 모세가 달라진 것을 보여주면 하나님이 모세에게 나타난 것이 증명된다고 생각합니다. 그래서 모세가 달라진 모습 즉 모세가 능력을 갖추고, 신비한 행동을 하는 것을 기대합니다. 하지만 하나님은 모세를 신비한 사람으로 변화시켜 주지 않으십니다.

하나님이 모세에게 기적을 펼쳐주시는 이유는 모세를 인정해주기 위한 것이 아닙니다. 모세가 기적을 행한다고 해서 모세가 신령하다는 의미가 아닙니다. 기적이 등장하는 이유는 그 사람 즉 모세에게 초점이 맞추어진 것이 아니라 그 사람을 부른 신 즉 하나님에 대해 설명하기 위한 것입니다. 기적을 통해서 모세를 부르신 하나님의 존재, 하나님의 능력을 보여주는 것입니다. 부름 받은 모세가 대단하고 모세가 신령하고 모세가 위대해서 하나님이 모세를 부른 것이 아니라는 것입니다. 반대로 모세를 부르신 하나님이 기적을 행하는 능력을 가진 자라면 부름 받은 사람이 모세이든 다른 어떤 사람이어도 상관이 없다는 것을 알려 주는 것입니다. 놀라운 이적을 행하는 하나님이라면 어떤 사람을 선택하더라도 기적을 행할 수 있는 것입니다. 그러므로 당연히 기적은, 기적을 행하는 사람에게 초점이 맞추어지는 것이 아니라 사람으로 하여금 그러한 기적을 행하게 하시는 하나님에게 맞추어지는 것입니다. 그래서 5절 "이는 그들에게 그들의 조상의 하나님 곧 아브라함의 하나님, 이삭의 하나님, 야곱의 하나님 여호와가 네게 나타난 줄을 믿게 하려 함이라."입니다. 사람들로 하여금 하나님을 알게 하는 것이 목적이요 결과입니다. 기적을 통하여 '모세'에게 하나님이 나타나신 것이 증거되는 것이 아니라, 모세에게 '하나님'이 나타나신 것이 증거되는 것입니다.

# 단계적 기적

## 지팡이와 뱀 사건

이제부터 모세의 이유 있는 항변에 대한 하나님의 대답을 상고하도록 하겠습니다. 2절에서 하나님이 물으십니다. "네 손이 있는 것이 무엇이냐?" 대답하기 쉬운 질문입니다. 하나님은 인간에게 늘 쉬운 것만 물으십니다. 대답이 가능합니다. "지팡이니이다." 정답입니다. 3절에서 하나님이 또 말씀하십니다. "그것을 땅에 던지라." 참 실천하기 쉽습니다. 하나님은 인간에게 늘 쉬운 것만 시키십니다. 모세가 "곧 땅에 던지니." 즉 하나님이 시키시는 대로 했습니다. 4절에서 하나님이 또 말씀하십니다. "네 손을 내밀어 그 꼬리를 잡으라." 머리를 잡으라는 대신 꼬리를 잡으라고 하시니 정말 다행입니다. 모세가 손을 내밀어 그것을 잡았습니다. 참 간단하고 쉽습니다. 하나님은 모세에게 던지면 뱀이 되는 지팡이를 구해오라고 하지 않으셨습니다. 또 하나님은 지팡이를 던져서 뱀을 만들라고 말씀하지 않으셨고, 뱀을 집어서 지팡이를 만들라고 말씀하지 않으셨습니다. 하나님의 말씀은 언제나 쉽습니다.

과연 지팡이가 뱀이 되고, 뱀이 지팡이가 되는 사건이 모세에게 영향이 있었을까요? 모세는 이것을 신비하게 여기고, 이것을 통해 하나님을 신뢰할 수 있었을까요? 하나님이 모세에게 보여주실 이적의 종류도 다양하고, 행하실 기적의 수준도 다양할 텐데 하필이면 지팡이로 뱀을 만드는 것에는 다 이유가 있습니다. 모세는 애굽의 종교에 해박하였고 애굽의 술객들이 행하는 의식들도 많이 보았었습니다. 앞으로 열 가지 기적에서 확인할 수 있듯이 애굽의 술객들은 다양한 술법을 행하였었고 모세도 이미 그것을 알고 있었습니다. 하나님은 모세의 이러한 종교인식과 배경을 알고 계시기에 일부러 막대기 사건, 뱀 사건을 일으키시는 것입니다. 사실 지팡이는 지니고 있는 사람에 따라 용도와 의미와 가치가 다릅니다. 목자가 들고 있으면 막대기이고, 장교가 들고 있으면 지휘봉이고, 조직 폭력배가 들고 있으면 무기이고, 왕이 들고 있으면 왕권의 상징입니다. 모세는 애굽 왕 바로의 지팡이 즉 홀에 대해서 잘 알고 있습니다. 애굽 왕 바로는 왕권의 상징으로 그리고 태양신의 아들로서의 종교적 상징으로서의 지팡이를 가지고 있습니다. 예나 지금이나 종교를 막론하고 지팡이가 상징하는 것은 권세와 위엄입니다.

하나님은 모세를 권세의 상징으로 화려하고 근엄한 지팡이를 가지고 있는 바로에게 보내기 위해 모세에게 평범한 아니 초라한 나무 막대기 지팡이를 내세우시는 것입니다. 물론 바로의 지휘봉과 모세의 막대기는 차원이 다릅니다. 바로의 지휘봉은 왕권의 의미만 있을 뿐 아무런 효용성이 없습니다. 바로의 지팡이는 정치적으로 종교적으로 권세를 의미하기에 생기기는 멋있고 폼이 나기는 신령해 보이지만 아무런 능력이 없습니다. 그런데 하찮은 모세의 막대기에서는 이적과 기적이 나타납니다. 즉 바로가 의지하고 있는 것보다 지금 모세에게 나타난 하나님이 더 크고 강한 분임을 모세에게 드러내려는 의도인 것입니다. 하나님은 모세와 백성들에게 이 사건을 통해 하나님을 의지할 수 있도록 하려는 것입니다.

성경에는 하나님의 반전, 하나님의 역설이 자주 등장합니다. 하나님이 재미있게 일을 하시는 것입니다. 바로가 히브리인이 출산할 때 남자 아이거든 죽이라고 명령을 내립니다. 그런데 바로의 명령을 어긴 아이를 바로의 딸이 키웁니다. 또 바로가 죽이라고 명령한 강물에서 바로가 죽게 됩니다. 또 모세의 어머니는 자기의 아들을 돌보면서 양육비를 받게 됩니다. 또 양육비를 받은 어머니처럼 이스라엘의 여인들도 출애굽할 때 애굽에서 돈을 받습니다. 또 이스라엘이 노예가 됨으로 착취를 당한 것이 아니라 출애굽 할 때 정당한 대가를 지불받게 됩니다. 이와 같은 유형으로 바로의 지팡이 앞에 모세의 막대기를 가지고 가게 하시는 것입니다. 하나님의 조크입니다.

### 나병이 생긴 손

모세에게 두 번째 나타나는 이적이 나병든 손입니다. 대부분의 사람들은 신을 두려워합니다. 신에 대헤 불안해하고 두려워하는 것은 신의 도움을 받지 못할 것 때문이 아니라 신에게 벌을 받을 것 때문입니다. 사람에게는 신의 도움이 없으면 안 된다는 간절함은 없어도 신의 벌을 것에 대한 두려움은 존재합니다. 인간들의 생각에 신에게 벌을 받는 것은 신에 대해 불경하고 불순종할 경우입니다. 모세 시대에 인간들이 신에게 받는 극악한 형벌이 나병이라고 생각했습니다. 왜냐하면 나병은 치유가 될 수 없었기 때문입니다. 사람들은 나병이 치유되지 않는 이유가 신에게 받은 형벌이기 때문이라고 생각 한 것입니다. 그래서 하나님은 모세의 손에 나병이 발생하게 하고 그 나병이 치유되게 하십니다. 하나님은 모세에게 인간의 능력으로는 이루어 질 수 없는 일이 이루어지게 하는 것입니다. 애굽과 미디안의 종교가 알고 있는 신은 형벌은 주지만 은혜는 주지 않았습니다. 그래서 나병이 발생하기는 하지만 치유되지는 못했던 것입니다. 그런데 지금 모세는 손의 나병이 치유되는 것입니다. 그 어떤 신도 행하지 못했던 것을 하나님이 모세에게, 백성들에게 행해 보이시는 것입니다. 그래서 하나님이 이스라엘을 구원하실 수 있다는 것을 보여주시는 것입니다. 이 사건을 통해 하나님이 모세를 보내신 것, 그리고 모세를 보내신 하나님이 이스라엘을 구할 수 있는 능력이 있다는 것을 보여주는 것입니다.

### 내가 하리라

모세의 반항에 대해, 불신에 대해 하나님은 세 가지 종류로 네 번의 이적을 통해 대답을 해 주셨습니다. 하나님은 이 사건들을 통하여도 저들이 믿지 않을 것을 알고 계셨습니다. 만약 막대기 사건과 나병 손 사건을 통해서 백성들이 믿었다면 8절이 등장하지 않아야 합니다. 그런데 하나님은 8절 "만일 그들이 너를 믿지 아니하며 그 처음 표적의 표징을 받지 아니하여도 나중 표적은 믿으리라."는 말씀을 하십니다. 하나님이 아무리 기적을 행하여도 백성들이 어차피 믿지도 않을 표징을 행하신 것에는 충분한 이유가 있습니다. 그리고 계속하여 9절 "그들이 이 두 이적을 믿지 아니하며 네 말을 믿지 아니하거든 너는 나일 강 물을 조금 떠다가 강에 부으라. 네가 떠온 나일 강 물이 땅에서 피가 되리라."고 말씀하십니다. 하나님은 처음 표징은 안 믿어도 나중 표적은 믿을 것이라고 말씀하셨습니다. 그런데 또 두 이적을 안 믿어도 세 번째는 믿을 것이라고 말씀하십니다. 이렇게 말씀하시려면 아예 처음부터 첫 번째 이적도, 두 번째 이적도 믿지 않을 것이라고 말씀을 하셨어야 했을 것입니다.

하나님은 저들이 처음 이적도 믿지 않고, 둘째 이적도 믿지 않고, 심지어 세 번째 이적도 믿지 않을 것을 알고 계셨습니다. 그래도 이렇게 하셔야 합니다. 왜냐하면 만약 하나님이 이런 과정을 거치지 않고 최종적인 역사를 펼치시면 사람들은 도리어 하나님께 반문을 합니다. 하나님이 여러 가지 이적을 행하시지 않으셔도 자신들은 첫 번째 이적만을 보고서도 믿으려고 했다고 거드름을 피웁니다. 그래서 인간으로 하여금 핑계치 못하게 하기 위해서라도 하나님은 이렇게 하셔야 합니다. 인간으로 하여금 핑계치 못하게 하기 위하여 모세 개인에게는 이러한 사건이 있고, 집단적으로는 이스라엘의 출애굽과 광야사건이 있는 것입니다. 이스라엘은 출애굽과 광야사건을 경험하고 난 후에도 하나님을 안 믿었습니다. 넓은 안목에서 성경을 관찰하면 구약의 결론은 인간은 도무지 믿지 않는다는 것이다. 그래서 인간에게는 하나님의 은혜 즉 구원, 죄에서의 해방이 있어야 한다는 것입니다. 그래서 구원도, 십자가도 하나님이 지시는 것입니다.

출애굽기의 주인공은 모세가 아니라 하나님이십니다. 사실 출애굽기의 핵심 사건도 이스라엘이 애굽을 탈출하는 사건이 아니라 하나님이 애굽에서 이스라엘을 이끌어 내시는 사건입니다. 책 제목을 '출애굽기'가 아니라 '이끌어내심'이라고 해야 옳을 것입니다. 출애굽기를 통하여 저와 여러분의 과거의 불신앙의 모습을 점검하시고, 나에게 주신 하나님의 은혜를 깨달으시고, 현재의 신앙을 감사하면서 즐겁고 자유롭고 평화롭고 행복한 신앙의 삶을 누려나가시기를 주님의 이름으로 축원합니다.

# 보낼 만한 자



## 출애굽기 4 : 10 ~ 17

10 모세가 여호와께 아뢰되 오 주여 나는 본래 말을 잘 하지 못하는 자이니다 주께서 주의 종에게 명령하신 후에도 역시 그러하니 나는 입이 뻣뻣하고 혀가 둔한 자이니다 11 여호와께서 그에게 이르시되 누가 사람의 입을 지었느냐 누가 말 못하는 자나 못 듣는 자나 눈 밝은 자나 맹인이 되게 하였느냐 나 여호와가 아니냐 12 이제 가라 내가 네 입과 함께 있어서 할 말을 가르치리라 13 모세가 이르되 오 주여 보낼 만한 자를 보내소서 14 여호와께서 모세를 향하여 노하여 이르시되 레위 사람 네 형 아론이 있지 아니하냐 그가 말 잘 하는 것을 내가 아노라 그가 너를 만나러 나오나니 그가 너를 볼 때에 그의 마음에 기쁨이 있을 거이라 15 너는 그에게 말하고 그의 입에 할 말을 주라 내가 네 입과 그의 입에 함께 있어서 너희들이 행할 일을 가르치리라 16 그가 너를 대신하여 백성에게 말할 것이니 그는 네 입을 대신할 것이요 너는 그에게 하나님 같이 되리라 17 너는 이 지팡이를 손에 잡고 이것으로 이적을 행할지니라

## 하나님 놀려먹기

### 다양한 내용

성경에는 정말로 다양한 내용들이 기록되어 있습니다. 거룩한 하나님의 말씀만 기록되어 있는 것이 아니라 하나님의 말씀에 대한 인간의 다양한 반응도 기록되어 있습니다. 그 중에는 우리를 부끄럽게 만드는 정말 믿음 좋은 반응이 있습니다. 마태복음 8장에 나오는 백부장 같은 사람입니다. 자기 하인이 병이 들어 예수님께 고쳐달라고 부탁을 드리

니 예수께서 '가서 고쳐 주리라' 고 대답을 하십니다. 그러면 그냥 '그러세요' 하면 되는데 이 사람은 예수님께 굳이 오실 이유가 없고 '다만 말씀으로만 하옵소서. 그러면 내 하인이 낫겠사옵나이다' 라고 말을 합니다. 이 말씀을 듣고 예수님께서 말씀하시길 '내가 진실로 너희에게 이르노니 이스라엘 중 아무에게서도 이만한 믿음을 보지 못하였노라' 는 칭찬을 하십니다. 성경 읽다가 이런 구절 만나면 웬만한 믿음 있다고 생각하는 성도님들조차도 대부분 기가 죽습니다.

그러나 성경에는 반대의 경우가 훨씬 많습니다. 즉 오직 순종하는 신실한 모습만 있는 것이 아니라 아직 하나님을 모를 때 사람들이 행한 행동이 있습니다. 하나님을 알면 하나님을 존경하고 사랑하고 고마워하고 감사하는 것이 당연합니다. 그러나 하나님을 모르고 있던 시절이라면 하나님을 무시하고 거부하고 조롱하고 비웃고 약올리는 모습이 나오는 것 또한 당연한 것입니다. 우리들에게 믿음의 영웅으로 알려져 있는 사람들이 하나님을 모를 때 했던 정말로 어처구니없는 반응들을 몇 가지 살펴보도록 하겠습니다. 하나님을 몰랐기에 하나님을 향해 행한 엉뚱한 일들을 하나님 놀려먹기라고 제목을 붙여보았습니다.

### 아브라함과 사라

제일 먼저 살펴볼 사람은 아브라함입니다. 창세기 12장에서 하나님이 아브라함을 부르시고 하나님이 아브라함을 가르치시는 사역이 시작됩니다. 12장 후반부에 아브라함이 애굽으로 피난 가서 바로에게 부인을 빼앗길 뻔하자 하나님이 아브라함의 부인을 구출해주고 재물도 얻어 가지고 나올 수 있도록 도와주십니다. 15장에서는 아브라함이 상속자가 없다고 투덜대자 하나님이 아브라함의 몸에서 날 자가 상속자가 될 것이고 후손은 하늘의 별과같이 많을 것이라고 말씀하시고, 하나님의 말씀을 믿을 수 있도록 하나님이 맹세하시는 언약을 체결하십니다. 17장에서는 하나님께서 아브라함과 후손들과 영원한 언약을 맺어 아브라함과 후손의 하나님이 되시겠다고 선언하십니다. 그리고 징표로서 아브라함의 가족들에게 할례를 행하라고 하십니다. 이렇게 수차례에 걸쳐서 하나님이 아브라함에게 자식을 주실 것을 다짐하고 다짐하고 또 다짐하셨습니다. 그리고 아브라함의 아내의 이름을 사래에서 사라로 바꾸게 하시고 말씀하시는 것이 창세기 17장 16절 "내가 그에게 복을 주어 그가 네게 아들을 낳아 주게 하며 내가 그에게 복을 주어 그를 여러 민족의 어머니가 되게 하리니 민족의 여러 왕이 그에게서 나리라."입니다. 하나님이 이렇게 말씀하시면 아브라함이 두말 할 것 없이 아멘 해야 합니다. 그런데 아브라함의 반응이 17절 "아브라함이 엎드려 웃으며 마음속으로 이르되 백 세 된 사람이 어찌 자식을 낳을까 사라는 구십 세니 어찌 출산하리요 하고 아브라함이 이에 하나님께 아뢰되 이스마엘이나 하나님 앞에 살기를 원하나이다."입니다.

사람들은 사라가 하나님의 말씀에 웃은 것은 잘 알고 있습니다. 18장에서 하나님의 천사가 아브라함에게 말하는 것을 사라가 듣습니다. 18장 9절 "그들이 아브라함에게 이르되 네 아내 사라가 어디 있느냐? 대답하되 장막에 있나이다. 그가 이르시되 내년 이맘 때 내가 반드시 네게로 돌아오리니 네 아내 사라에게 아들이 있으리라 하시니 사라가 그 뒤 장막 문에서 들었더라." 그리고 12절 "사라가 속으로 웃고 이르되 내가 노쇠하였고 내 주인도 늙었으니 내게 무슨 즐거움이 있으리요."입니다. 아브라함과 사라 중에 누가 그래도 낫습니까? 사라가 낫습니다. 사라도 하나님의 말씀을 허무맹랑한 말씀으로 어처구니없는 말씀으로 오해하여 듣고 웃었습니다. 사라도 하나님의 말씀에 대하여 웃기는 웃었는데 속으로, 겉으로는 표시 나지 않게 웃었습니다. 하나님이 사라가 웃는 것을 아시고 "사라가 왜 웃으며 이르기를 내가 늙었거늘 어떻게 아들을 낳으리요 하느냐?"라고 다그치시자 사라는 얼른 부인합니다. 15절 "사라가 두려워서 부인하여 이르되 내가 웃지 아니하였나이다."라고 말하는 것은 자신이 속으로 웃었기 때문에 자기가 웃었다는 것이 감추어진 것으로 생각한 것입니다.

사라와는 다르게 아브라함은 창세기 17장 17절 "아브라함이 엎드려 웃으며 마음속으로 이르기를."입니다. 사라와 아브라함의 행동이 서로 대조되어 재미있게 묘사되고 있습니다. 사라는 속으로 웃고 겉으로 말을 했지만 아브라함은 엎드려 웃고 속으로 말을 했습니다. 아브라함이 엎드려 웃었고 한 번은 속으로 말하고 한 번은 겉으로 말합니다. 겉으로 말한 것이 창세기 17장 18절 "이스마엘이나 하나님 앞에 살기를 원하나이다."입니다. 아브라함의 심정은 '하나님, 헛소리 그만하시죠. 후손 주신다는 말은 아예 하지 마시고 대신 이 이스마엘에게 엉뚱한 일이 생기도 않도록 해 주십시오!' 입니다. 아브라함이 감히 하나님에게 이렇게 행동한 적이 있다는 것을 알고 계셨습니까?

## 야곱

하나님 조롱하기로는 야곱도 한 가락 합니다. 야곱이 형 에서를 피해 외삼촌 네 집으로 야반도주할 때 밤에 그저 돌멩이 하나 베고 잠을 잡니다. 그때 하나님이 나타나서 도망자에게는 어울리지 않는 거창한 말씀을 해 주십니다. 창세기 28장 13절 "나는 여호와니 너의 조부 아브라함의 하나님이요 이삭의 하나님이라. 네가 누워 있는 땅을 내가 너와 네 자손에게 주리니 네 자손이 땅의 티끌 같이 되어 네가 서쪽과 동쪽과 북쪽과 남쪽으로 퍼져 나갈지며 땅의 모든 족속이 너와 네 자손으로 말미암아 복을 받으리라. 내가 너와 함께 있어 네가 어디로 가든지 너를 지키며 너를 이끌어 이 땅으로 돌아오게 할지라. 내가 네게 허락한 것을 다 이루기까지 너를 떠나지 아니하리라 하신지라."입니다. 홀홀 단신으로 떠나는 야곱의 입장에서는 땅주고 후손주고 복주고 함께 동행해 주고 지켜주고 이끌어주고 떠나지 않고 너무나 과분한 축복의 말씀이기에 즉시 아멘으로 화답해야 할 것입니다. 그런데 야곱이 하는 말이 20절 "야곱이 서원하여 이르되 하나님이 나와 함께 계셔서 내가 가는 이 길에서 나를 지키시고 먹을 떡과 입을 옷을 주시어 내가 평안히 아버지 집으로 돌아가게 하시오면 여호와께서 나의 하나님이 되실 것이요 내가 기둥으로 세운 이 돌이 하나님의 집이 될 것이요 하나님께서 내가 주신 모든 것에서 십분의 일을 내가 반드시 하나님께 드리겠나이다."입니다. 야곱의 대답이 지혜롭다고 해야 할지 교활하다고 해야 할지 매우 영악합니다. 야곱은 하나님의 말씀이 두루 뭉실하다고 생각하고 자신이 구체화하여 먹을 떡과 옷을 달라고 분명하게 언급합니다. 마치 하나님이 행하시는 일이 허술하고 하나님보다 인간이 더욱 꼼꼼하고 세밀하게 점검하고 분명하게 일처리를 하는 듯한, 약간 하나님을 비웃고 타이르는 듯한 태도입니다.

성경의 본문을 단순하게 읽으면 세밀한 감정들이 느껴지지 않습니다. 그러나 사건들의 흐름을 보고, 문맥을 이해하면 사람들의 말들이 얼마나 하나님을 업수이 여기는 말인지, 하나님을 비웃는 말인지 분별이 됩니다. 하나님이 사람들한테 이런 굴욕을 당해 주시고 더 재미있는 것은 하나님께서 이 사람들이 요구하는 대로 다 들어주신다는 것입니다. 하나님은 인간에게 굴욕을 받으시고 화를 내시는 것이 아니라 도리어 굴욕을 극복하신다는 것입니다. 마치 사람들이 자신들의 욕심을 하나님을 통해 얻어낸 것 같지만 실상은 하나님이 사람들이 말하는 대로 이루어주시는 과정을 통해서 기어코 저들을 하나님의 의도대로 설복하여 내신다는 것입니다. 그래서 하나님이 멋있는 분이신 것입니다. 아브라함과 사라 그리고 야곱을 살펴보았습니다. 다음 사람은 하나님을 조롱하고 골통 먹이는데 아주 고상하게 약을 올립니다. 바로 모세입니다.

# 하나님의 말씀

## 가라, 이르라

출애굽기 3장에서 하나님과 모세가 만나고 대화가 시작되어 4장 10절부터의 본문을 보고 있습니다. 3장 1절부터 4장 9절까지 하나님이 모세에게 말씀하신 것 중에 모세가 직접 행동해야 하는 일은 딱 두 가지였습니다. 하나는 3장 9절에 '가라' 는 것입니다. 또 하나는 3장 14절에 '너는 이스라엘 자손에게 이같이 이르기를', 3장 15절에 '너는 이스라엘 자손에게 이같이 이르기를' , 3장 16절 '너는 가서 이스라엘의 장로들을 모으고 그들에게 이르기를', 3장 18절 '너는 그들의 장로들과 함께 애굽 왕에게 이르기를' 입니다. 즉 모세가 구체적으로 직접적으로 행할 일은 '가라' 와 '이르라' 두 가지로 하나로 합치면 '가서 이르라' 또는 '가서 말하라' 입니다.

창조 이래 지금까지 하나님은 인간에게 어려운 일을 시키지 않았습니다. 하나님을 믿는 신앙이 어렵고 힘든 것이면 안 됩니다. 신앙이 부담되고 짐스러우면 안 됩니다. 하나님을 믿는 것이 자신의 삶을 포기하고 자신의 것을 희생하는 것이면 안 됩니다. 하나님 때문에 인간이 어려워지면 잘못된 신앙입니다. 하나님은 인간을 도우시고, 인간의 행복을 위해 일하시는 분이십니다. 하나님은 절대로 인간의 삶을 불편하게, 곤고하게, 힘들게 만들지 않으십니다. 하나님이 모세에게 말씀하신 것, 지시하신 것은 매우 간단하고 쉬운 것이었습니다. 하나님은 모세에게 가서 애굽 왕 바로를 때려잡으라고 한 것이 아닙니다. 하나님은 모세에게 가서 애굽의 모든 술객들을 다 제거하라고 하신 것도 아닙니다. 하나님은 모세에게 가서 이스라엘 백성들을 책임지고 모두 이끌어내라고 하신 것도 아닙니다. 하나님은 모세에게 단지 가서 말하라고 하셨을 뿐입니다.

**할 말**

혹자는 하나님이 모세에게 말씀하신 가서 말하라는 것이 결코 단순하고 쉬운 것이 아니라고 항변하실 수도 있습니다. 가서 말하라고만 말씀하셨을 뿐 구체적으로 어떤 말을 해야 할지를 언급하지 않으셨기에 말해야 하는 내용을 알지 못한 채 말하러 가는 것이 매우 곤란한 것이라고 주장하실 수도 있습니다. 실제로 말을 전하는 사람이 전해야 하는 말을 알고 있지 않으면 매우 난감할 것입니다. 하나님은 인간에게 어려운 일도 시키지 않으시고 난처한 입장에 처하게 만들지도 않으십니다. 하나님은 모세에게 무작정 가서 아무 것이나 말하라고 지시하신 것이 아니라 모세가 할 말도 정확하게 알려 주셨습니다. 하나님이 처음 모세에게 말씀하신 것이 3장 6~10절입니다. 그때에 모든 것을 하나님이 하신다고 말씀하셨습니다. 하나님께서 말씀하시기를 '내가 내려가서, 내가 건져내고, 내가 데려가려 하노라, 내가 보았으니, 내가 보내어, 내가 인도하여 내게 하리라.' 입니다. 모두 하나님이 하실 일이고 모세가 할 일은 단 하나 9절에 나오는 '가라' 뿐입니다.

출애굽기 3장 13절에서 모세가 하나님께 질문을 하고 14절에서 하나님이 모세에게 대답을 하시고, 드디어 출애굽기 3장 15~22절에 하나님이 모세에게 '가서' '이렇게 말하라' 고 할 말을 다 정해주시는 말씀이 나옵니다. 3장 15절 "너는 이스라엘 자손에게 이같이 이르기를 너희 조상의 하나님 여호와 곧 아브라함의 하나님, 이삭의 하나님, 야곱의 하나님께서 나를 너희에게 보내셨다.", 3장 16, 17절 "너는 가서 이스라엘의 장로들을 모으고 그들에게 이르기를 여호와 너희 조상의 하나님 곧 아브라함과 이삭과 야곱의 하나님이 내게 나타나 이르시되 내가 너희를 돌보아 너희가 애굽에서 당한 일을 확실히 보았노라. 내가 말하였거니와 내가 너희를 애굽의 고난 중에서 인도하여 내어 젖과 꿀이 흐르는 땅 곧 가나안 족속, 헷 족속, 아모리 족속, 브리스 족속, 히위 족속, 여부스 족속의 땅으로 올라가게 하리라 하셨다.", 3장 18절 "너는 그들의 장로들과 함께 애굽 왕에게 이르기를 히브리 사람의 하나님 여호와께서 우리에게 임하셨은즉 우리가 우리 하나님 여호와께 제사를 드리려 하오니 사흘 길쯤 광야로 가도록 허락하소서."입니다. 하나님은 모세에게 가야 하는 대상과 진해야 하는 말을 정확하게 말씀해 주셨습니다. 세 번에 걸쳐 유사한 내용을 반복하였기에 어려운 일이 아니고 이 말을 전하기 위해 본래부터 말을 잘해야 하고 입이 유들유들해야 하고 혀가 나긋나긋해야 할 필요가 있는 것도 아닙니다.

### 아무 것도 묻지 않았다

모세가 하나님을 만난 첫 장면부터 하나님의 말씀에 순종하는 대신 이런 저런 변명을 하였고, 모세의 변명과 질문에 하나님이 모든 대답을 다 해 주셨고, 이적과 기적으로 응답을 해 주시니까 모세가 더 이상 하나님께 저항할 명분이 없어졌습니다. 하나님이 모세에게 가서 이르라고 하실 때 모세가 대답한 말이 4장 10절 "모세가 여호와께 아뢰되 오 주여 나는 본래 말을 잘 하지 못하는 자니이다. 주께서 주의 종에게 명령 하신 후에도 역시 그러하니 나는 입이 뻣뻣하고 혀가 둔한 자니이다."입니다.

위에서 아브라함과 사라 그리고 야곱의 말 중에 마치 하나님을 놀리는 듯한 표현이 있는 것을 확인해 보았습니다. 모세가 4장 10절에서 한 말의 의미를 바르게 이해하기 위한 전초작업이었습니다. 성경의 본문은 단순하게 기록된 대로 이해할 것이 아니라 본문의 상황과 말하는 자의 입장과 의도를 종합하여 바르게 이해하여야 합니다. 안타깝게도 모세의 말이 원래 모세의 의도와는 다르게 아주 오해되어 자주 인용되고 있습니다. 모세가 4장 10절의 말을 하는 것이 모세가 하나님을 전혀 모르고 있다는 증거입니다. 왜냐하면 모세가 하는 말과 하나님의 사역은 아무런 관련성이 없기 때문입니다. 모세가 말하기를 자신은 본래 말을 잘 하지 못한다고 했지만 모세가 본래 말을 잘 하지 못하는 것이 하나님의 사역에 아무 영향력이 없습니다. 하나님은 모세에게 말을 잘하는 여부를 물으신 적이 없습니다. 하나님은 모세에게 혀가 부드럽고 빠르게 움직일 수 있느냐고 물으신 적이 없습니다.

하나님이 모세를 부르시고 세우실 때 모세에게 단 한 가지도 질문한 것이 없고 요청한 것이 없었습니다. 하나님이 모세의 출신 가문을 묻지 않으셨고, 모세의 타고난 능력이 무엇인지 묻지 않으셨고, 모세가 그 동안 모아놓은 재물이 얼마나 되는지 묻지 않으셨고, 모세가 광야에서 지팡이로 뱀을 만들 수 있는 기술을 개발했는지 묻지 않으셨고, 모세가 거짓을 사실처럼 교활하게 표현하는 수사력이 있는지 묻지 않으셨고 실제로 아무 것도 물은 것이 없었습니다. 하나님은 모세에게 단 한 가지라도 자격조건을 제시하신 적이 없고, 모세가 하나님의 기준에 합당한지의 여부를 따져 본 적이 없습니다. 왜냐하면 하나님의 일은 하나님이 하실 것이기에 모세의 능력이나 자격이 아무런 영향력이 없기 때문입니다. 하나님의 일은 하나님이 하실 것이기에 모세 때문에 하나님의 일이 수월해지지도 않으며 모세 때문에 하나님의 일이 어려워지지도 않을 것이기 때문입니다.

하나님은 모세에게만이 아니라 성경에 등장하는 어떤 사람에게도 어떤 것도 물은 적이 없고 따진 적이 없습니다. 아브라함의 경우 하나님이 아브라함에게 본토친척 아비 집을 떠나고 하실 때 아브라함이 걸음을 잘 걸을 수 있고, 먼 길을 여행해도 지치지 않을 체력이 있는지의 여부를 묻지 않았습니다. 아브라함에게 자손을 주신다고 약속 하실 때 자녀를 양육할 수 있는 재력은 있는지의 여부를 묻지 않았습니다. 사라에게 자녀를 출산할 수 있는 능력의 여부를 묻지 않았습니다. 가나안 땅을 주시겠다고 선언하실 때 객지에서 잘 견딜 수 있는지, 가나안 지역 사람들의 텃세를 극복할 수 있는지의 여부를 묻지 않았습니다. 하나님은 아브라함과 사라에게 정말로 아무 것도 묻지 않으셨고 요구하지 않으셨습니다. 아마 여러분도 구원받을 때 하나님께 구원받을 자격의 여부를 질문받으신 적이 없고, 구원받은 이후의 삶에 대한 각서와 다짐을 요청받으신 적이 없으실 것입니다.

하나님이 아브라함에게나 모세에게나 저와 여러분에게 아무 것도 묻지 않으시는 이유는 모든 일을 하나님이 행하실 것이기 때문입니다. 하나님은 모세를 불러서 하나님의 일에 사용하시려고, 써 먹으려고 하시는 것이 아닙니다. 반대로 하나님이 모세를 위해 일하시는 것입니다. 하나님이 모세를 위해, 하나님이 인간을 위해 일하실 것이기 때문에 인간의 자격과 조건을 묻지 않으시는 것입니다. 하나님이 처음 모세를 만나셔서 하신 말씀이 '내가 내려가서, 내가 건져내고, 내가 데려가려 하노라, 내가 보았으니, 내가 보내어, 내가 인도하여 내게 하리라.' 즉 모든 일을 하나님이 하신다는 것이었습니다. 그러므로 모세가 "나는 본래 말을 잘 하지 못하는 자니이다."라고 말한 것은 하나님이 자신을 부르신 목적에 대하여, 하나님이 행하실 일에 대하여 전혀 알지 못하고 한 말입니다.

## 하나님 약 올리기

### 모세의 생각

출애굽기에서 모세는 2장부터 등장합니다. 3장부터 모세가 떨기나무 불꽃을 통해 하나님을 만나서 시작된 대화가 4장까지 이어지고 있습니다. 출애굽기 2장부터 4장에 나오는 모세는 하나님에 대하여 모르고 있는 상태입니다. 자신에게 나타나신 하나님, 자신을 선택하신 하나님, 자신을 바로에게 보내시는 하나님, 자신에게 하나님이 행하실 일을 선언하시는 하나님에 대하여 전혀 모르고 있습니다. 모세가 하나님을 모르고 있기 때문에 모세에게 발생한 모든 상황에 대하여 하나님의 기준이 아닌 모세의 기준에서 생각하고 있습니다. 하나님께서 모세에게 단지 가서 말하라는 쉽고 간단한 말씀을 하셨음에도 불구하고 느닷없이 모세가 "나는 본래 말을 잘 하지 못하는 자니이다."라고 말하는 이유는 모세가 하나님을 모르니까, 하나님이 일하시는 원리를 모르니까, 지금 자기에게 말씀하시는 하나님의 말씀의 의미를 모르니까, 아무리 하나님이 하나님을 알리셔도 모세는 여전히 자기만을 생각하고 있기 때문입니다. 모세는 하나님이 처음부터 말씀하시기를 "내가 반드시 너와 함께 있으리라"(3:12)라고 하신 의미를 모르는 것입니다. 하나님이 모세에게 책임을 지워 보내는 것이 아니라 친히 가신다는 것을 이해하지 못하는 것입니다. 모세는 여전히 자기가 해야 한다고 생각하는 것입니다. 자기를 부르신 하나님을 생각하는 것이 아니라 자기를 생각하는 것입니다. 자기를 위해 하나님이 하실 일을 생각하는 것이 아니라 자기가 하나님을 위해 할 일을 생각하는 것입니다.

## 말 or 힘

서두에 하나님을 조롱하고 하나님을 약 올린 사람들의 샘플로 아브라함과 야곱 그리고 모세를 소개해 드렸습니다. 모세가 하나님을 향해 하나님 약 올리기를 하는 장면이 바로 4장 10절입니다. 모세가 왜 10절처럼 말하고, 이렇게 말하는 것이 어떻게 하나님을 조롱하고 하나님을 비웃고 하나님을 약 올리는 표현인가를 이제부터 확인해 보겠습니다. 모세가 생각하기로는 하나님이 말씀하신 대로, 자신이 애굽의 바로 왕에게서 백성을 구출해 내려면 가장 필요한 것이 힘입니다. 모세가 알고 있는 유일한 승리방정식은 능력, 무력, 재력, 전투력 등의 힘입니다. 애굽이 이스라엘을 압제할 수 있는 것도 힘이 세기 때문이요, 이스라엘이 애굽 왕에 의해 노역으로 시달리고 있는 것도 힘이 약하기 때문입니다. 이스라엘이 애굽의 압제로부터 벗어날 수 있는 길은 힘을 기르는 것입니다. 모세 자신도 힘이 있었을 때 힘으로 애굽인을 쳐 죽였었고, 미디안으로 도망하였을 때 우물가에서 힘으로 미디안 목자들을 물리쳤습니다. 모세가 현재 광야에서 양이나 치고 있으면서 애굽으로 돌아갈 생각을 전혀 하지 않고 있는 이유도 자신이 힘이 없기 때문입니다.

어느 날 하나님이 모세에게 나타났습니다. 그리고 하나님이 모세에게 여러 말씀을 하셨습니다. 모세가 하나님의 말씀을 모두 들었지만, 하나님의 말씀 중에 자신이 하나님을 의지할, 자신이 하나님의 말씀에 순종할만한 힘이 도무지 느껴지지 않은 것입니다. 하나님이 자신을 신이라고 하기에 신의 이름을 물어보았습니다. 그랬더니 하나님의 대답이 자신의 이름이 스스로 있는 자라고 합니다. 모세로서는 그 동안 한 번도 들어본 적이 없는 이름입니다. 하나님의 이름을 듣는 순간 포스가 느껴지지 않습니다. 모세가 신의 이름을 질문한 것은 자기에게 나타난 신이 신들의 계보에서 어느 정도의 서열에 위치하는 지, 어느 지역을 다스리는 지, 어느 영역을 주관하는지를 물은 것입니다. 그런데 하나님의 대답은 스스로 있는 자로서 계보에 들지 못하고 어느 지역이나 영역에도 해당되지 않는 것입니다. 스스로 있는 자라는 신의 이름은 모세에게 신선하고 새로운 느낌이 드는 것이 아니라 무명의 신이요 무경험의 신이요 무능력의 신에 불과한 것입니다.

모세는 하나님이 어떤 능력을 가지고 있는지 물어보았습니다. 직접 물어보면 실례가 되니까 '백성들이 믿지 않을 것'이라고 에둘러서 물어보았습니다. 모세의 요청에 하나님이 몇 가지 이적을 행하셨습니다. 막대기를 던지니 뱀이 되게 하고, 뱀을 집으니 막대기가 되게 하고, 멀쩡한 손을 품에 넣으매 나병이 들게 하고, 나병 든 손을 품에 넣으매 본래의 살로 돌아오게 하였습니다. 하나님이 행하신 몇 가지 기적을 통하여 모세가 감동을 받은 것이 아닙니다. 왜냐하면 이러한 이적과 기적은 이미 모세가 왕궁에 있을 때에 흔히 보던 현상에 불과하기 때문입니다. 애굽에 있는 술객들도 너무나 쉽게 여러 가지 이적과 기적을 행하는 것을 모세는 많이 보았습니다. 하나님이 행하신 이적에 너무나 놀라워하며 하나님의 말씀에 순종할 만한 신뢰가 생기지 않았습니다. 모세의 생각에 하나님은 이름도 알려져 있지 않고 능력도 남다를 것이 별로 없는 존재요, 믿고 따라 갈 만한 힘과 위엄이 전혀 느껴지지 않았던 것입니다.

## 하나님 약 올리기

모세의 입장에서 더욱 암담한 것은 하나님의 지시내용입니다. 자기 앞에 나타나서 자신을 스스로 있는 자라고 소개한 분이 모세를 애굽의 왕 바로에게 보내겠다고 큰소리치며 하시는 지시 내용이 가서 말하라는 것입니다. 당시 최고의 강대국 애굽에서 이스라엘을 구출해 내겠다고 떵떵거리는 하나님의 전략이 단지 가서 말하라는 것입니다. 모세의 생각에 애굽에서 이스라엘을 데리고 나오려면 당연히 힘이 있어야 합니다. 그런데 하나님은 모세에게 힘에 대하여는 단 한마디도 언급하지 않고, 모세에게 힘을 주시는 것도 아니고 힘이 있는 군대를 붙여주시는 것도 아니고 달랑 가서 말하라는 것입니다. 힘이 있으면 힘으로 밀어붙이면 될 뿐 말 할 필요가 없기에 말을 하는 것은 가장 힘이 없는 방식입니다. 모세의 생각에 강대국 애굽을 상대로 하는데 아무런 힘이 없는 상태에서 가서 말하는 것은 정말로 어이가 없는 것입니다. 자신을 보내는 하나님이 아무런 힘도 없고 전략도 없이 단지 말하라는 것은 모세에게도 이해도 되지 않고 용납할 수 없고 순종할 수 없는 한심한 말일 뿐입니다. 모세의 생각에 말도 안 되는 말을 하고 계시는 하나님이라는 분, 스스로 계신 자라는 분에게 모세는 어안이 벙벙할 뿐 도무지 할 말이 없는 것입니다.

　　과거에 모세는 애굽의 왕궁에서 고등 교육을 받은 사람입니다. 모세는 백성들을 얼르고 달래는 정치적 대화술, 상대국들을 치고 빠지는 외교적 표현력, 다 주는 것 같아도 하나도 주지 않을 수 있는 교활한 문장력, 딴청 피고 딴 애기 하는 것 같은데 핵심을 찌르는 완곡어법, 어리숙한 것 같은데 챙길 것 다 챙기는 심리적 표정연기 등 다양한 교육을 받아 말과 대화 또는 협상에 도통한 사람입니다. 이러한 경력이 있는 모세에게 하나님의 말씀은 도무지 실효성이 없으며, 모세가 하나님을 향하여 하나님의 말씀이 실효성이 없다는 의미를 직설적으로 표현하지 않습니다. 하나님에게 하나님의 제안이 쓸데없고 어이없는 말이라고 대놓고 반박하지 않습니다. 모세가 하나님의 말씀은 하나도 이루어질 것 같지 않고 아무리 생각해도 가능성이 없다면서 하나님의 생각과 방식을 완전히 무시하면서, 하나님을 비웃으며 조롱하며 약 올리며 자신의 생각과 의견을 제시하는 표현이 10절입니다. 출애굽을 시키겠다는 하나님이 하시는 말씀이 달랑 ‘가서 말하라’ 는 것이기에 모세가 하는 말이 “오 주여, 나는 본래 말을 잘 하지 못하는 자니이다”입니다. 하나님이 힘은 언급하지 않고 단지 말하라고만 말하기에 모세는 말을 못한다고 받아치는 것입니다. 모세의 표현이 정말 하이 코메디요 하나님께 한방 먹인 것입니다. 모세의 조롱이 한 번에 그치지 않고 결정타를 날리는 것이 “주께서 주의 종에게 명령하신 후에도 역시 그러하니 나는 입이 뻣뻣하고 혀가 둔한 자니이다.”입니다.

　　모세 생각에 하나님의 말은 말이 안 됩니다. 자신이 애굽의 왕에게 가서 하나님이 지시하신 대로 ‘내 백성을 보내라’ 고 말하면 바로가 보내줄 리가 없습니다. 하나님의 말씀이 참으로 어이가 없어서 따지지도 않고 실소를 띠면서 한마디 한 것이 “나는 본래 말을 잘하지 못하는 자니이다”였습니다. 그 다음에 하나님에게 조목조목 반론을 펴는 것입니다. 모세는 다음과 같이 말하는 것입니다.  ‘하나님 좋습니다. 하나님이 힘을 주시지 않고 가서 말을 하라고 하는데, 아마도 말로 무슨 수를 내려고 하시나 본대, 그렇다면 가서 말하라고 저를 보내시려면 저에게 말을 잘 할 수 있는 능력을 주셔야 합니다. 저를 보내겠다고 말씀하시는 순간 제 혀가 순간속도 백마디를 할 수 있을 정도로 빨리 움직이게 하든가 또는 말하는 순간 목소리가 상대를 제압할 정도의 굵고 강하고 카리스마가 느껴지게 하든가 또는 머리 속에 무슨 말을 어떻게 해야 하는지 딱 떠올 라서 당장이라고 말을 하고 싶어서 입이 근질근질 하게 하든가 또는 내 가 가서 말을 하면 되겠다는 생각이 들만한 어떤 변화가 있어야 되지 않 습니까? 그런 것이 있어야 가서 말을 하지요? 그런데 아무런 변화가 없 잖아요? 입니다. 이러한 내용을 함축적으로, 우회적으로, 하나님을 비 웃듯 하는 표현이 "주께서 주의 종에게 명령하신 후에도 역시 그러하니 나는 입이 뻣뻣하고 혀가 둔한 자니이다."입니다. 대단한 언어유희입니 다.

## 모세의 말솜씨

모세는 실제로 본래 말을 잘 하지 못하는 자가 아닙니다. 모세는 실제 로 입이 뻣뻣하고 혀가 둔한 자가 아닙니다. 모세는 자기가 하나님에 대 해서 궁금하면서도 '이스라엘 백성들이 묻기를 그의 이름이 무엇이냐?' 라고 할 것이라고 핑계대면서 자기가 알고 싶은 내용을 다 알아내고, 자 신이 하나님의 능력이 알고 싶으면서 4장 1절에 '그들이 여호와가 네게 나타나지 않았다고 말할 것이다.' 라고 하면서 하나님의 능력을 시험해 보았습니다. 모세는 교활하고 지혜롭게 말을 잘합니다. 내용상으로는 하나님을 마음껏 조롱하면서 표현상으로는 전혀 드러나지 않게 교묘하 게 말장난을 하고 있습니다. 그러므로 10절은 모세가 실제로 말을 잘 못 한다는 말이 아닙니다.

모세의 말 속에 담긴 속뜻은 '하나님 지금 당신이 하신 말이 말이 된다고 생각하십니까? 애굽은 온갖 무기를 가지고 있는데 나는 달랑 지팡이 하나요, 애굽은 온갖 힘을 가지고 있는 데 가서 단지 말을 하라니 어림도 없습니다.' 입니다. 모세가 백성에게 가서 말을 한다고 가정할 때 백성의 반응을 충분히 예상할 수 있습니다. 모세가 '하나님이 여러분 이스라엘 백성들을 애굽에서 인도하여 내신답니다' 라고 말하면 이스라엘 백성들은 '어떻게 나갈건데, 지원군있어?' 라고 물을 것이고, 그때 모세가 '아니요 군대는 없습니다. 단지 하나님이 그냥 말 하라고 했습니다' 라고 하면 백성들이 절대로 호응하지 않을 것입니다. 또한 모세가 바로 왕에게 가서 말을 한다고 가정할 때 바로 왕의 반응도 충분히 예상할 수 있습니다. 모세가 바로 왕에게 '이스라엘 백성을 보내시오!' 라고 하면 바로 왕이 의아해 하며 '너 누구랑 왔냐? 반란군이 있냐? 용병이라도 사서 데려왔냐?' 고 물을 것이요, 모세가 '아니요, 나는 혼자 왔소, 하나님이 그냥 말하랬어!' 라고 한다면 바로 왕이 박장대소를 할 것입니다. 이러한 상황을 가정하면서 모세는 자신의 심정을 하나님께 토로하는 것입니다. 4장 10절의 모세의 말은 결국 '하나님 당신 말 하나도 듣고 싶지 않습니다. 쓸데없는 소리 그만하시죠.' 라는 것입니다.

모세가 하나님에게 이러한 반응을 보이는 이유는 하나님을 모르기 때문입니다. 하나님을 알면 하나님이 자신과 함께 한다는 사실 하나로 충분합니다. 군대보다, 어떤 무기보다 하나님이 가장 든든한 것입니다. 그런데 하나님을 모르면 하나님은 아무 짝에도 쓸모가 없습니다. 분명히 모세는 떨기나무가 타지 않으면서도 불꽃이 유지되는 현상을 보았습니다. 그러나 그 현상이 모세를 변화시키지 못했습니다. 막대기가 뱀이 되고 뱀이 막대기가 되고, 손에 나병이 생기고, 나병든 손이 치유되는 이적과 기적도 보았습니다. 그러나 이적과 기적이 모세를 변화시키지 못했습니다. 인간이 하나님을 아는 것은 오직 하나님의 은혜로만 가능하다는 것을 다시 한 번 확인하게 해 주는 장면입니다.

## 모세 약 올리기

본문에 더 재미있는 장면이 있습니다. 이전에 아브라함이 하나님을 비웃을 때 하나님이 받아주셨고 야곱이 하나님을 조롱할 때 하나님이 받아주셨습니다. 당연히 모세가 하나님을 업신여길 때에도 하나님이 받아 주십니다. 하나님과 인간의 대화이든, 인간과 인간의 대화이든 상호간에 대화방식의 기본은 동일패턴으로 응수하는 것입니다. 상대가 진지하게 나오면 나도 진지하게 반응하고 상대가 조크로 나오면 나도 조크로 반응하는 것입니다. 만약 상대는 진지하게 나오는데 내가 조크를 하면 무례한 행동이요, 상대가 조크를 하는데 내가 진지하게 반응하면 사오정이나 사차원이 되는 것입니다. 10절에서 모세가 느닷없이 참으로 엉뚱한 말을 했습니다. 물론 엉뚱한 말 속에는 전혀 다른 모세의 진심이 담겨있습니다. 이때 하나님도 모세의 대화패턴과 보조를 맞추어 엉뚱한 대답을 하시는 것입니다. 물론 하나님의 엉뚱한 대답 속에 전혀 다른 하나님의 진심이 담겨있는 것입니다. 하나님의 재치있는 대답, 자신을 조롱하는 모세를 향해 도리어 하나님이 모세를 조롱하듯 받아치는 하나님의 대답이 11절 "여호와께서 그에게 이르시되 누가 사람의 입을 지었느냐 누가 말 못하는 자나 못 드는 자나 눈 밝은 자나 맹인이 되게 하였느냐 나 여호와가 아니냐"입니다. 모세의 말에 담긴 의도를 파악하셨듯이 하나님의 대답에 담긴 의도를 파악하셔야 합니다. 모세의 말과 같이 하나님의 대답도 언어유희라는 것을 분별하셔야 합니다.

## 오해와 왜곡

모세와 하나님이 주고받은 대화가 전혀 다른 속마음을 가진 채 표면적으로 엉뚱하게 표현하는 언어유희라는 사실을 망각한 채 갑자기 진지에게 드러난 표현대로 이해하면 안 됩니다. 모세와 하나님의 의도와 뜻을 분별하지 못하면 본문에서 심각한 기독교에 대한 오해, 하나님의 성품에 대한 왜곡이 발생합니다. 본문에서 발생하는 오해와 왜곡은 다음과 같은 것입니다. 오해의 첫 번째 유형은 '우리 주변에 말 못하는 자가 말을 하지 못하는 것은 하나님이 말 못하는 자로 만드셨기 때문이요 못 듣는 자가 못 듣는 것 또한 하나님이 못 듣는 자로 만드셨기 때문이요 눈 밝은 자가 눈이 밝고 맹인이 된 자가 맹인이 뒨 것은 하나님이 눈 밝은 자로 만드셨고 하나님이 맹인으로 만드셨기 때문이다.' 라고 말하는 것입니다.

왜곡의 또 다른 유형은 '하나님은 전능하십니다. 하나님은 무엇이든 하실 수 있습니다. 하나님은 어떤 사람은 말 못하게, 어떤 사람은 못 듣게, 어떤 사람은 못 보게 하실 수 있습니다. 또 하나님은 주권이 있습니다. 누구를 말 못하게 할지, 누구를 못 듣게 할지, 누구를 못 보게 할지는 전적으로 하나님 마음입니다. 누가 감히 하나님이 하시는 일에 가타부타 말할 수 있습니까? 전능하신 하나님, 천지만물을 주관하시는 하나님이 마음대로 하실 수 있습니다. 우리가 어떻게 알 수 있습니까? 출애굽기 4장 11절에 하나님이 분명히 말씀하셨습니다.' 라고 말하는 것입니다. 이것은 본문에 대한 완벽한 오해요 하나님의 일하심에 대한 완벽한 왜곡입니다.

### 반전에 반전

4장 10절의 모세의 말과 4장 11절의 하나님의 대답은 서로 연결해서 이해해야 합니다. 자신을 부르시고 보내시는 하나님의 의도와 생각과 방식을 전혀 모르는 모세가 하나님을 조롱하면서 "나는 본래 말을 잘 하지 못하는 자니이다. 주께서 주의 종에게 명령하신 후에도 역시 그러하니 나는 입이 뻣뻣하고 혀가 둔한 자니이다."라고 말을 하니까 하나님 역시 조소하는 말투로 받으시는 것입니다. 하나님의 대답의 참 뜻은 '네가 말 못하는 것 괜찮아. 입이 뻣뻣하고 혀가 둔한 것 괜찮아. 네가 그렇게 된 것은 내가 그렇게 만들어 놓은 거야. 다 알고 있어. 아무 문제없어. 나 여호와야!' 입니다. 그리고 다시 한 번 12절을 말씀하시는 것입니다. "이제 가라. 내가 네 입과 함께 있어서 할 말을 가르치리라." 이 말씀의 참 뜻은 '네가 말을 잘하건 못하건 상관 하지마라. 네 입이 뻣뻣하건 혀가 둔하든 관계없다. 너는 내가 처음부터 말한 대로 그냥 가서 말을 해라. 내가 그 입과 함께 있어서 비록 너는 뻣뻣하게 둔하게 말해도 통할 말을 알려줄 것이니 아무 걱정하지 말라.' 입니다. 성경의 표현이 정말 재미있습니다.

모세는 더 이상 할 말이 없습니다. 자신이 하나님께 KO 펀치를 날렸다고 생각했는데 도리어 KO 펀치가 돌아온 것입니다. 그래서 더 이상 할 말이 없고, 오직 한 말 13절 "오 주여 보낼 만 한 자를 보내소서."라고 합니다. 이 말 또한 결국은 자신은 도무지 가지 못하겠다는 의미입니다. 하나님이 무엇이라고 하시든 자신의 생각에는 도무지 될 것 같지 않아서 절대로 가지 않겠다는 뜻입니다. 모세는 계속하여 엉뚱한 표현으로 자신의 속내를 감추고 있는 것입니다. 당연히 하나님도 동일한 패턴으로 모세에게 응답을 하십니다. 마치 모세의 말을 못 들으신 것처럼 엉뚱하게 대꾸를 하시는 것입니다. 하나님의 대답이 14~16절 "여호와께서 모세를 향하여 노하여 이르시되 레위 사람 네 형 아론이 있지 아니하냐 그가 말 잘하는 것을 내가 아노라. 그가 너를 만나러 나아오니 그가 너를 볼 때에 그의 마음에 기쁨이 있을 것이라. 너는 그에게 말하고 그의 입에 할 말을 주라. 내가 네 입과 그의 입에 함께 있어서 너희들이 행할 일을 가르치리라. 그가 너를 대신하여 백성에게 말할 것이니 그는 네 입을 대신할 것이요 너는 그에게 하나님 같이 되리라."입니다. 이 말씀의 뜻은 '네가 말을 못해서 갈만하지 않다고? 입이나 혀가 풀어지지 않아서 갈만하지 않다고? 알았어. 그럼 내가 말 잘하는 사람을 붙여줄게. 네 형 아론 있지. 그가 말 잘하는 것을 내가 안다. 너도 알지. 그가 너에게 올거야. 그럼 됐지.' 입니다. 문학적으로 언어유희의 절정입니다.

하나님의 대답을 들은 모세의 심정은 아마도 답답해서 속이 터질 것 같을 것입니다. 성경에는 기록이 안 나왔지만 아마도 모세가 하나님께 대들었을 것입니다. 이제는 우회적인 표현이나 완곡어법이나 언어유희를 사용하지 않고 직설적으로 덤볐을 것입니다. 아마도 모세는 '지금 누가 말 잘하나 못하나를 물은 것입니까? 지금 누가 입과 혀를 말한 것입니까? 이스라엘을 애굽에서 건져내려면 힘이 있어야지 말로 하라는 게 말이 됩니까? 라고 대들었을 것입니다. 모세가 처음부터 이렇게 표현했다면 하나님은 처음부터 이와 같은 방식으로 답을 주셨을 것입니다. 아마도 하나님은 '모세야. 걱정하지 마라. 이스라엘을 출애굽시키는 것은 네가 할 일이 아니요 말로 할 일도 아니다. 내가 할 것이니 너는 나를 믿고 내가 하라는 대로 하기만 하면 된다.' 라고 대답하셨을 것입니다. 모세가 어줍잖게 하나님 앞에 말장난을 걸었다가 된통 당한 것입니다.

본문에 나오는 모세와 하나님의 대화는 단순한 농담이나 조크 또는 언어유희에 불과한 것이 아닙니다. 하나님은 모세에게 말장난을 받는 모욕을 당하시면서, 굴욕을 당하시면서, 조롱을 당하시면서, 비웃음을 당하시면서 까지 모세의 생각을 조금씩 조금씩 깨뜨리고 계신 것입니다. 모세의 애굽적 사고방식, 모세의 미디안적 사고방식, 모세의 죄인적 사고방식에 전혀 맞지 않는 말씀만 골라서 하시면서 모세에게 하나님을 알리시고, 모세에게 하나님의 개념과 원리를 알리시고, 모세에게 하나님의 방법을 알리시는 것입니다. 본문은 모세가 하나님을 위하여 무엇을 행하는 것이 아니라, 하나님이 모세를 위하여 가르치시고 교육시키고 계신 것입니다. 그 결과 모세가 좋아질 것입니다. 성경을 통하여 하나님의 일하심을 더욱 풍성히 알아가기 바랍니다.

# 내 아들 내 장자



## 출애굽기 4 : 18 ~ 26

18 모세가 그의 장인 이드로에게로 돌아가서 그에게 이르되 내가 애굽에 있는 내 형제들에게로 돌아가서 그들이 아직 살아 있는지 알아보려 하오니 나로 가게 하소서 이드로가 모세에게 평안히 가라 하니라 19 여호와께서 미디안에서 모세에게 이르시되 애굽으로 돌아가라 네 목숨을 노리던 자가 다 죽었느니라 20 모세가 그의 아내와 아들들을 나귀에 태우고 애굽으로 돌아가는데 모세가 하나님의 지팡이를 손에 잡았더라 21 여호와께서 모세에게 이르시되 네가 애굽으로 돌아가거든 내가 네 손에 준 이적을 바로 앞에서 다 행하라 그러나 내가 그의 마음을 완악하게 한즉 그가 백성을 보내주지 아니하리니 22 너는 바로에게 이르기를 여호와의 말씀에 이스라엘은 내 아들 내 장자라 23 내가 네게 이르기를 내 아들을 보내 주어 나를 섬기게 하라 하여도 네가 보내 주기를 거절하니 내가 네 아들 네 장자를 죽이리라 하셨다 하라 하시니라 24 모세가 길을 가다가 숙소에 있을 때에 여호와께서 그를 만나사 그를 죽이려 하신지라 25 십보라가 돌칼을 가져다가 그의 아들의 포피를 베어 그의 발에 갖다 대며 이르되 당신은 참으로 내게 피 남편이로다 하니 26 여호와께서 그를 놓아 주시니라 그 때에 십보라가 피 남편이라 함은 할례 때문이었더라

## 내 형제에게로

### 이드로에게 고하기를

성경을 대하실 때 너무 경건한 자세로만 임하지 말고 하나님이 말씀하시는 다양한 패턴, 진리를 소개하는 여러 가지 표현방법, 대화를 묘사하는 수사학적 기법들이 있다는 것을 알고 읽으시면 훨씬 이해가 쉽고 내용도 감동적일 것입니다. 모세가 아주 재미있는 사람입니다. 말을 느

물느물하게 합니다. 하나님과 대화하면서도 절대 직설적으로 질문하지 않고 빙빙 돌려서, 다른 사람들을 들먹이면서 자기 하고 싶은 이야기를 다 합니다. 심지어는 하나님 약올리기 또는 하나님 조롱하기도 하고 하나님께 아주 넉살좋게 쫑코를 주기도 합니다. 만약 하나님이 눈치가 없으신 분이었디면 모세가 하나님을 조롱하는지 조차도 못 알아차렸을 것입니다. 다행히도 하나님은 눈치가 백단이시라 모세의 조롱을 다 알아채셨고, 역으로 모세의 조롱을 받아치시기도 하셨습니다. 더 이상은 모세가 할 말이 없었나봅니다. 이제 고향으로 가려고 합니다.

모세가 순순히 갈 리가 만무합니다. 18절 "모세가 그의 장인 이드로에게로 돌아가서 그에게 이르되 내가 애굽에 있는 내 형제들에게로 돌아가서 그들이 아직 살아 있는지 알아보려 하오니 나로 가게 하소서."입니다. 3장 1절에서 모세가 하나님의 산 호렙에 도착하는 장면이 나오고 그 이후로 하나님과 모세의 대화가 길게 등장했었습니다. 그리고 이제 모세가 호렙 산에서 집으로 돌아온 것이 4장 18절의 "모세가 그의 장인 이드로에게 돌아가서"입니다. 이드로는 모세가 어디를 갔다 왔는지, 모세에게 무슨 일이 있었는지 모르고 있습니다. 아마도 예전처럼 양을 치러 다녀왔을 것이라고 생각했을 것입니다.

모세가 재미있는 사람이라는 것은 장인 이드로에게 이야기하는 장면에서도 확인됩니다. 모세는 장인에게 하나님 이야기를 한 마디도 안 합니다. 떨기나무 불꽃가운데서 하나님이 나타나셨다는 말도 안하고, 하나님이 자기를 애굽으로 보내시겠다고 말씀하신 것도 말하지 않고, 하나님이 애굽에서 이스라엘 백성들을 이끌어 내게 하신다는 말씀도 안하고, 자신이 하나님의 말씀을 거부하고 애굽으로 가지 않으려고 별별 소리를 다 해봤어도 소용이 없었다는 이야기도 안 합니다. 모세가 장인에게 하는 말이라고는 오직 한마디 돌아간다는 것입니다.

지금 모세는 계속 하나님께 투덜대고 있는 것입니다. 말은 이드로에게 하고 있는데 정작 듣기는 하나님 들으라고 계속 엉뚱한 소리만 해 대는 것입니다. 하나님은 모세에게 '애굽으로 가라, 바로에게로 가라, 이스라엘 백성들과 장로들에게 가라, 그리고 하나님이 백성을 이끌어 내신다고 말하라.' 고 말씀하셨는데 모세가 이드로에게 하는 말은 전부 딴소리입니다. 모세가 이드로에게 애굽으로 간다고 말합니다. 애굽에서 바로 왕을 만날 것이라고 말하지 않고 그냥 "애굽에 있는 내 형제들에게로" 간다고 합니다. 애굽으로 돌아가는 이유에 대해서도 백성을 이끌어 내기 위해서가 아니라 그냥 "내 형제들이 아직 살아 있는지 알아보려 하오니"입니다. 모세가 능구렁이 중에 상 능구렁이입니다. 모세의 말을 들은 장인 이드로가 모세에게 대답할 말은 당연히 '평안히 가라' 입니다. 사위가 고향에 있는 형제들이 살아있는지 알아보러 간다는데 말릴 이유가 없는 것입니다.

### 모세 편들어주기

모세가 애굽으로 돌아가려는 것은 불타는 사명감이 있기 때문이 아닙니다. 모세는 그냥 가는 것이요, 어쩔 수 없어서 가는 것입니다. 하나님의 표현방법, 성경의 표현방법을 분별하셔야 합니다. 모세는 아직까지 하나님에 대한 신뢰가 없지만 더 이상 하나님께 저항할 명분이 없기에 억지로, 울며 겨자먹기 식으로 애굽으로 가는 것입니다. 그런데 하나님은 모세의 행동을 하나님의 말씀에 대한 순종으로 인정해 주시는 것입니다. 하나님은 모세가 진심으로 가는지, 기쁨마음으로 가는지, 순종하며 가는지, 하나님의 말씀을 믿으며 가는 지 등을 전혀 따지지 않습니다. 왜냐하면 애굽에서 이스라엘 백성을 이끌어 내는 것은 모세가 할 일이 아니라 하나님이 하실 일이기 때문입니다. 하나님이 모세에게 명하신 것은 딱 두 가지, 합치면 달랑 한 가지 가서 말하라는 것이었습니다. 그리고 지금 모세가 가고 있으니 그것으로 충분한 것입니다. 모세가 입이 삐쭉 나온 채로 투덜투덜 대면서 가는 것도 가는 것이요, 가기 싫어서 털레털레 발로 괜히 돌멩이 차면서 마지못해 가는 것도 가는 것입니다. 하나님은 가라고 말씀하셨고 어쨌든 모세는 가고 있기에, 하나님은 모세가 가는 것을 보면서 모세가 하나님의 말씀을 순종하는 것으로 여겨주고, 모세가 세상에서 가장 하나님 말씀을 잘 따르는 사람으로 어겨주는 것입니다.

물론 본문에는 하나님의 이런 마음을 표시한 기록이 없습니다. 하지만 본문에 나타난 하나님의 응답이 매우 재미있고 하나님의 응답을 통해 하나님의 마음을 읽어낼 수 있는 것입니다. 모세가 장인 이드로에게 한 말이 18절이요, 말하는 대상은 이드로이지만 실제로는 하나님 들으라고 엉뚱한 소리만 해 대는 것입니다. 그런 모세에게 하나님이 대답하시는 것이 19절입니다. 얼핏 보면 전혀 별개 소리처럼 들리지만 모세와 하나님의 대화가 연결되어 있는 것입니다. 모세가 장인에게 하는 말을 하나님이 들으시고 모세가 하나님에게 딴청을 피고 있다는 것을 알고 계시는 것입니다. 그래서 하나님은 모세와 장인의 대화에 끼어들어 모세 들으라고 한 마디를 하십니다. 19절 "여호와께서 미디안에서 모세에게 이르시되 애굽으로 돌아가라. 네 목숨을 노리던 자가 다 죽었느니라."입니다. 18절과 19절의 대화가 연결되는 것 즉 모세가 엉뚱한 말을 하면 하나님이 엉뚱하게 받아치고, 모세가 약을 올리면 하나님도 약을 올려주고, 어떤 때는 모세가 딴소리하면 하나님은 정곡을 찌르고, 모세가 직설적으로 말하면 하나님은 에둘러서 말하는 양상입니다. 비슷한 예가 될만 한 하나의 이야기를 만들어 보면 하나님이 모세에게 '곧 지진이 일어날 것이다.' 라고 말씀하시자 모세가 '몸도 근질근질했는데 한바탕 흔들면 개운하겠네요.' 라고 말한 다음 장인에게 가서 '장인어른 저 춤추러갑니다.' 할 때 하나님께서 '너 허리 다칠까봐 미리 구급차 보냈다.' 라고 말하는 유형입니다.

모세가 하나님의 말씀에 순종을 잘 하는 것으로 모세 편을 들어주려고 성경이 주는 힌트가 20절에도 나옵니다. "모세가 그의 아내와 아들들을 나귀에 태우고 애굽으로 돌아가는데 모세가 하나님의 지팡이를 손에 잡았더라."입니다. 성경은 어떻게든 모세를 칭찬하려고 별별 지푸라기를 다 잡는 애를 씁니다. 가라는 하나님의 말씀에 순종해서 애굽으로 가고, 갈 때에 단순하게 가는 것이 아니라 하나님이 하라는 대로 하면서 갑니다. 하나님은 17절에서 "너는 이 지팡이를 손에 잡고 이것으로 이적을 행할지니라"고 말씀하셨기에 모세가 20절 "모세가 하나님의 지팡이를 손에 잡았더라."고 하나님의 말씀대로 순종하며 갑니다. 비록 모세의 속마음은 억지로 투덜대면서 가고 있지만 성경은 계속하여 모세를 순종의 모습으로 높여주는 것입니다. 이것이 하나님이 사람을 대하는 마음이요, 성경이 사람을 올려주는 표현방식입니다.

비슷한 예가 될 만 한 이야기를 하나 만들어 보면 다음과 같습니다. 부모의 말을 듣지 않는 아들이 있었습니다. 이웃집 사람이 와서 아들의 흉을 보자 부모가 화가 나서 자기 아들이 얼마나 말을 잘 듣는지를 보여주려고 장면을 연출합니다. 공부하기 싫어서 나가 놀고 싶어 안달이난 아들에게 이웃집 사람 들으라고 소리를 칩니다. '아들아, 이제 좀 나가 놀아라.' 그러자 아들이 '네' 라고 대답하고 쏜살같이 나옵니다. 부모는 '우리 애 말 잘 듣잖아요.' 라고 말한 후, 밖으로 나가려고 하는 아이에게 '신발신고 나가라.' 고 하자 아들이 '네' 라고 대답하고 잽싸게 신발을 신습니다. 부모는 또 '우리 아들이 말만 잘 듣네.' 라고 한 후, 또 '잠은 집에 들어와서 자라.' 고 하자 아들은 또 큰 소리로 '네' 라고 대답합니다. 부모는 의기양양한 모습으로 '세상에 우리아들보다 대답을 잘하고 부모 말 잘 듣는 아들이 또 있을까!' 라고 합니다. 하나님이 모세를 대하는 장면이 이와 같은 것입니다.

## 하나님의 지팡이

하나님을 믿지 않는 모세, 하나님의 말씀에 순종하기 싫어하는 모세가 왜 지팡이를 들고 갈까요? 성경은 지팡이를 강조하려고 하는 것이 아닙니다. 지팡이는 그냥 막대기일 뿐입니다. 지팡이가 등장하는 이유는 지팡이의 특성을 말하려는 것이 아니고, 모세의 순종을 강조하려는 것이 아니고 하나님을 부각시키려고 하는 것입니다. 4장 1절에서 모세는 자기가 말할지라도 사람들이 믿지 않을 것이라고 했습니다. 모세의 요구에 하나님은 첫째로, 모세를 특별하게 만들어 주지 않았습니다. 모세를 도사로 만들어 주시거나, 신령해 지게 만들어 주지 않았다는 것입니다. 사람들로 하여금 모세의 말을 믿도록 해주기 위해서 누가 봐도 모세가 달라졌다는 것을 알아차릴 수 있는 표식을 주지 않은 것입니다. 둘째로, 하나님은 모세에게 비법을 주지도 않았습니다. 모세는 이적과 능력을 행할 수 있는 어떤 새로운 기술도 알지 못하고 그 어떤 주문도 암송할 줄 모릅니다. 하나님이 모세에게 지팡이를 뱀으로 변하게 하는 주문을 주시지 않았다는 것입니다. 무슨 말을 해야 손에 나병이 생기고, 어떤 행동을 해야 나병든 손이 고쳐지는지 알려주지 않았습니다. 모세는 자기 스스로 이적을 행할 수 있는 어떤 존재가 된 것도 아니고 비법을 받은 것도 아닙니다. 셋째로, 하나님은 모세에게 특수 장비를 주지도 않았습니다. 생긴 것도 희한하고 소리도 희한하고 보는 순간 무엇인가 신비감이 드러나게 생긴 것을 주시지 않았습니다. 나무 막대기 속에 마법을 걸어 놓은 것도 아니요 비밀 무기를 숨겨놓지도 않았습니다.

모세가 들고 있는 지팡이는 아주 평범한, 아무 곳에서나 구할 수 있는, 양치는 대부분의 사람들이 모두 가지는 지팡이 또는 막대기일 뿐입니다. 아무도 신비롭게 생각하지 않습니다. 모세에게 하나님이 주신 것은 지팡이가 아니라 오직 한 가지 "내가 너와 함께 가리라. 내가 네 입과 함께 있어서 할 말을 가르치리라."입니다. 하나님의 말씀이 성사되는 것은 모세 때문이 아니라 하나님이 행하시기 때문입니다. 하나님의 사역이 성사되기 위해서는 모세가 다른 존재가 되거나, 모세가 능력이 있거나, 모세에게 신비한 물건이 있어야 되는 것이 아니라 하나님이 함께 하시면 되는 것입니다. 그래서 하나님은 일부러 모세에게 막대기를 들고 가라는 것입니다. 이 막대기를 통해서 역사가 일어나리라고 아무도 생각하지 않습니다. 그리고 실제로도 이 막대기를 통해서 아무 일도 나타나지 않습니다. 모든 역사는 하나님이 하셨다는 것이 드러날 뿐입니다. 인간이 가진 것 중에 하나님께 유용한 것, 쓸모 있는 것이 있다고 생각하지 마십시오. 인간에게 특정한 것이 구비되면 하나님께 더 크게 쓰임 받을 수 있을 것이라고도 생각하지 마십시오. 하나님은 있는 그대로의 인간을 쓰십니다. 그때 가장 하나님의 하나님 되심이 드러나게 되는 것입니다.

## 내 아들 내 장자

### 내 아들 내 장자

하나님은 모세에게 4장 21절 "여호와께서 모세에게 이르시되 네가 애굽으로 돌아가거든 내가 네 손에 준 이적을 바로 앞에서 다 행하라. 그러나 내가 그의 마음을 완악하게 한즉 그가 백성을 보내주지 아니하리니 너는 바로에게 이르기를 여호와의 말씀에 이스라엘은 내 아들 내 장자라. 내가 네게 이르기를 내 아들을 보내 주어 나를 섬기게 하라 하여도 네가 보내 주기를 거절하니 내가 네 아들 네 장자를 죽이리라 하셨다 하라 하시니라."고 말씀하십니다. 모세가 할 일은 가서 말하는 것입니다. 이스라엘의 출애굽을 인도할 주인공은 모세가 아니라 하나님이십니다. 모세가 할 일은 오직 가서 말하는 것입니다. 그러므로 모세에 대하여 이스라엘의 영도자, 난세의 영웅, 구국의 지도자, 민족의 구원자

등의 어떤 칭호도 붙여서는 안 됩니다. 오직 하나님만이 구원자이십니다.

모세가 바로에게 가서 전할 말이 22, 23절입니다. 하나님께서 모세로 하여금 바로에게 전하라고 한 말은 단순한 말이 아니라 엄청난 선언입니다. 혹시 성경을 읽다가 중요한 구절이나 은혜 받는 구절에 밑줄을 치신다면 3장에서 하나님의 이름을 묻는 모세에게 하나님의 독특성과 하나님의 친인간적 성품을 증거하는 표현 즉 "나는 네 조상의 하나님이라"고 기록된 3장 6절에 그리고 "이스라엘은 내 아들 내 장자라"고 선언하는 4장 22절에 그리고 "내 아들을 보내어 나를 섬기게 하라"는 구절에 밑줄이 쳐 있어야 합니다. 4장 22절이 엄청난 선언인 이유는 하나님이 인간을 향하여, 신이 인간을 향하여, 하나님이 백성을 향하여, 하나님이 노예들을 향하여 '내 아들, 내 장자' 라고 선언하셨기 때문입니다. 인류 역사에서 세상의 어떤 신도 인간을 향하여 '내 아들 내 장자' 라고 선언한 적이 없습니다. 도리어 반대표현 즉 인간이 스스로 '나는 신의 아들이다' 라고 자신을 높이기 위해서 선언하는 경우는 많이 있습니다. 그러나 신이 인간을 향해, 그것도 인간 중에 권세 자나 높은 자가 아닌 낮은 자요 종 된 자요 노예 된 자에게 '너는 내 아들 내 장자다.' 라고 선언하지 않았습니다. 그런데 출애굽기 4장에서 다른 모든 신들과는 아예 다른 존재요, 스스로 계신 분이신 여호와께서 이스라엘을 향해, 인간을 향해 '너는 내 아들이요 내 장자다' 라고 선언하시는 것입니다. 여호와께서 이스라엘을 '내 아들 내 장자' 라고 선언하시기에 바로에게 '이스라엘을 보내라' 고 말씀하시는 것이 아니라 '내 아들을 보내라' 고 말씀 하시는 것입니다.

### 자기 백성을 구원

하나님이 이스라엘 백성을 애굽에서 구출하시려는 것과 마찬가지로 하나님께서 죄에 빠진 인간을 구원하시는 이유는 인간이 하나님의 아들이요 하나님의 장자요 하나님의 백성이요 하나님의 것이기 때문입니다. 하나님과 인간은 창조주와 피조물로 구별되는 것이 아니요 신과 인간으로 대립되는 것이 아닙니다. 기독교는 하나님과 인간의 연결을 강조하는 것이요, 하나님과 인간의 하나됨을 선포하는 종교입니다. 하나님께서 먼저 인간을 위해주시고 높여주시는 것입니다. 그래서 인간의 입장에서는 하나님이 고맙고 감사한 것입니다. 신약성경에 의하면 하나님이 이 땅에 강림하셨습니다. 성육신하신 하나님의 이름이 예수인데 예수는 마태복음 1장 21절 "그 이름을 예수라 하라. 이는 그가 자기 백성을 그들의 죄에서 구원할 자이심이라."고 소개됩니다. 예수가 이 땅에 강림하신 이유가 자기 백성을 구원하기 위해서입니다.

인간은 하나님의 여러 피조물 중의 하나에 불과한 것이 아니라 창조 때에 하나님의 형상과 모양을 따라 지음 받았고, 하나님이 불어 넣어주신 생기를 받아 하나님의 것, 하나님의 백성, 하나님의 자녀, 하나님의 아들이 된 것입니다. 하나님께서 인간이 하나님의 아들이요 하나님의 장자요 하나님의 백성이요 하나님의 것이기 때문에 끝까지 책임지시는 것입니다. 인간이 하나님을 떠나자 하나님이 육신을 입고 강림하시면서까지라도 인간을 구원하시고 회복시키시는 것입니다.

### 출애굽의 목적

간혹 성도님들이 성경을 읽다가 난감해 하는 구절 중의 하나가 21절입니다. 정확하게 말하면 하나님의 말씀 중에 있는 "내가 그의 마음을 완악하게 한즉"에 관한 것입니다. 의문의 핵심은 하나님이 바로의 마음을 완악하게 했다면 바로가 이스라엘 백성을 보내주지 않은 것이 결국 하나님 탓이지 않느냐는 것입니다. 이 궁금증을 해결하려면 우선 출애굽의 목적이 무엇인지를 정확하게 이해해야 합니다. 하나님이 미디안 광야에 살고 있는 모세를 부르시고 애굽으로 돌려보내 애굽에서 압제당하고 있는 이스라엘 백성을 이끌어 내시겠다고 선언하셨습니다. 하나님이 행하실 이 사역에서 중요한 것은 이스라엘이 애굽에서 나오는 것이 아닙니다. 이스라엘이 애굽의 노예에서 자유민으로 신분이 바뀌는 것도 아닙니다. 만약 이스라엘을 애굽에서 긴져내는 출애굽 자체가 목적이라면 하나님은 가능한 빨리 단숨에 이끌어내시면 됩니다. 출애굽을 위해서라면 하나님이 굳이 레위인이 장가들고 모세가 태어나고 자랄 때까지 기다릴 이유가 없고, 거듭된 하나님의 말씀에도 굳이 안가겠다는 모세를 억지로 가게 하셔야 하는 이유도 없고, 앞으로 살펴볼 출애굽 과정에 나타난 10가지 이적을 행할 이유도 없습니다. 출애굽이 목적이라면 하나님이 단 한 번의 놀라운 능력을 발휘하셔서 이스라엘을 애굽에서 나가게 하면 되고, 심지어는 애굽에서 나올 것이 아니라 차라리 애굽을 정복해 버리면 이스라엘의 노동도 끝이 나고 노예 신분에서도 풀려나고 도리어 애굽을 차지하게 되는 일거삼득의 효과를 누릴 수도 있습니다. 그러나 하나님은 애굽을 정복하지 않았고, 빨리 출애굽을 이룬 것도 아닙니다. 왜냐하면 하나님의 목적은 출애굽이 아니요, 이스라엘 백성을 노예에서 자유민이 되게 하는 것이 아니었기 때문입니다.

출애굽기에서 행하시는 하나님의 목적은 출애굽이 아니라 이스라엘을 '내 장자 내 아들'로 삼는 것입니다. 인간의 입장에서는 인간이 하나님의 아들과 장자가 되는 것은 쉽습니다. 하나님이 인간을 하나님이 아들과 장자로 삼아주시면 됩니다. 정작 중요한 문제는 하나님이 인간을 하나님의 아들과 장자로 삼아주시는데 인간이 또는 이스라엘이 하나님에 대하여 아무 것도 모른다면 아들과 장자가 되는 것이 아무 소용이 없다는 것입니다. 인간이 하나님의 아들과 장자가 되느냐의 여부가 아니라 인간이 하나님의 아들과 장자다우냐의 문제가 생기는 것입니다. 그러므로 지금 하나님이 일을 진행하시는 과정에서 저와 여러분이 살펴보아야 하는 것은 '과연 출애굽이 이루어지는가?'의 성취여부가 아니라 출애굽이라는 사건을 통해서 하나님의 아들이 알아야 하는 '하나님이 어떻게 드러나는가?' 즉 하나님의 성품, 하나님의 원리, 하나님의 마음, 하나님의 속성 등을 알아차려야 하는 것입니다. 하나님의 한 말씀 한 말씀마다 한 행동 한 행동마다 다 하나님을 드러내고 알리시려는 의도가 담겨있는 것입니다. 그런 하나님의 의도를 생각하시면서 21절의 "바로의 마음을 완악하게 한다"는 것, 23절의 "바로에게, 네 아들 네 장자를 죽이리라"는 것 그리고 24~26절의 할례사건의 의미를 이해하셔야 합니다.

## 하나님의 계시

### 완악하게

애굽에서 400여년 째 거주하여온 출애굽기의 이스라엘은 애굽의 종교관에 젖어있고 하나님을 알지 못합니다. 이스라엘이 애굽 신을 버리고 하나님을 택하기 위해서는 하나님을 알아야 하고, 하나님을 알기 위해서는 하나님의 힘과 능력이 나타나야 합니다. 이스라엘이 하나님을 믿기 위해서는 하나님이 바로보다 강하고 세다는 것, 하나님이 애굽이 믿고 의지하는 어떤 신보다도 강하고 세다는 것이 증명되어야 합니다. 하나님의 능력이 한 번 나타나는 것은 이스라엘 백성에게 우연으로 여겨질 수 있고, 하나님의 위엄이 한 두 차례 드러나는 것은 이스라엘 백성에게 애굽의 다른 신들에게서 보았던 모습과 유사하게 생각될 수 있습니다. 이스라엘 백성에게 하나님을 믿게 하기 위해서는 하나님께서 한 번이나 두 번 또는 서너 번 정도가 아니라 열 번에 걸쳐서라도 완벽하고 철저하게 애굽의 신들을 제압하고 절대적 승리를 보여주셔야 합니다.

21절의 "완악하게 한즉"으로 번역된 히브리 단어는 사전적으로 '견고하다, 강하다, 강성하다, 강력하다, 굳세다' 등의 의미가 있습니다. 완악하게 한즉은 하나님이 바로의 마음을 하나님의 의도대로 조종하시겠다는 의미가 아닙니다. 한글개역 성경은 '바로의 마음을 강팍하게 하다'로 번역하였고 공동번역 성경은 '바로가 억지를 부리게 하다'로, 새번역은 '바로가 고집을 부리게 하다'로 번역을 했습니다. 그러나 인격적이신 하나님, 인간을 사랑하시는 하나님, 인간을 배려하시는 하나님이 인간의 마음을 하나님 마음대로 조절하지 않습니다. 애굽의 바로 왕은 이스라엘 백성을 보내주려고 하는데 하나님이 바로 왕의 마음을 붙잡고 조종해서 계속하게 완악하게 되는 것은 없습니다. 정확한 의미를 설명해 보겠습니다.

애굽에 있는 이스라엘은 애굽 소속이요 바로의 것입니다. 그런데 하나님은 바로의 생각과는 전혀 다르게 '이스라엘은 내 아들 내 장자라'고 말씀하신 것입니다. 그리고 당연하게 '내 아들을 보내주어 나를 섬기게 하라'고 요구하시는 것입니다. 이 말을 듣고 바로가 이스라엘을 절대로 보내지 않을 것입니다. 왜냐하면 바로의 생각에 이스라엘은 자기 노예 즉 바로의 종이요 바로의 것이기 때문입니다. 어느 날 느닷없이 나타난 어떤 신이 바로의 백성을 자신의 백성이라고 주장하면서 보내달라고 할 때 바로가 얼른 보내준다면 대제국 애굽의 왕 바로의 체면이 서지 않는 것입니다. 만약 모세가 바로에게 가서 '하나님이 말씀하시길 이스라엘은 하나님의 아들이요 장자라고 하십니다. 그래서 하나님의 아들을 보내라고 하십니다.'라고 말하니까 바로가 얼른 보내주었다고 할지라도 그것은 바로가 마음을 부드럽게 먹은 것이거나 마음을 넉넉하게 먹은 것이나 마음을 관대하게 한 것이 아닙니다. 만약 바로가 어떤 신의 말을 듣고, 그 신의 요구대로 '그 신의 아들, 그 신의 장자'들인 이스라엘을 보내주었다면 그것은 바로가 이스라엘 백성을 포기한 것이요, 바로가 그 요구를 한 신에게 항복한 것이 되는 것입니다. 그러므로 바로는 이스라엘 백성 즉 자기의 것을 절대로 보내 줄 수 없는 것입니다.

모세가 와서 하나님의 말씀을 전하며 이스라엘을 내보라고 한다면 바로는 이스라엘 백성을 보내는 대신 자신의 것을 지키기 위해 마음을 단단히 먹어야 하고 마음을 강하게 먹어야 하고 마음을 굳게 먹어야 합니다. 바로의 입장에서는 '나의 것을 누구에게도 내어줄 수 없다', '내 나라에 있는 한 사람도 내 나라 밖으로 보내 줄 수 없다'고 마음을 견고하게 먹어야 합니다. 하나님이 21절에서 '바로의 마음을 완악하게 한즉'이라고 하신 말씀의 의미는 '완악하게'가 아니라 '강하게, 견고하게'입니다. 그렇게 바로의 마음을 강하게, 견고하게 할 것이라고 말씀하시고 실제로 행하신 것이 22절 "너는 바로에게 이르기를 여호와의 말씀에 이스라엘은 내 아들 내 장자라"입니다. 애굽의 바로 왕 휘하에 있는 백성들을 행하여 하나님은 이스라엘은 내 아들 내 장자라고 선언하시는 것입니다. 하나님이 이 말씀을 하시기 전까지 바로는 애굽 백성은 당연히 자기 백성이고, 이스라엘은 당연히 자신의 노예라고 생각했을 것입니다. 그런데 느닷없이 여호와라는 신이 보냈다는 모세가 나타나서 애굽에 있는 자기의 노예들에 대해서 '이스라엘은 하나님의 아들이요 장자이니 보내어 나를 섬기게 하라'는 말을 듣는다면 어떻게 반응하겠습니까? 바로 왕이 '아하 그랬구나, 우리 땅에서 노예로 있는 자들이라 어디서 왔는지 누구 아들인지도 몰랐는데 하나님의 아들이었구나. 주인이 찾는다면 보내야지. 그래 가라'고 말할 리가 없습니다. 아마도 바로는 크게 화를 내면서 버럭 소리 지를 것입니다. 바로가 이르기를 '누가 감히 그딴 소리를 해. 이스라엘은 애굽에 속한 것이요, 바로에게 속한 것이다.'라고 외칠 것입니다. 그것이 본문에 표현된 '바로의 마음을 완악하게 한즉' 즉 바로의 마음을 강하게 한 것, 견고하게 한 것입니다.

## 내 아들, 네 아들

하나님이 바로의 마음을 완악하게 하는 행동이 22절에 나오는 대로 "이스라엘은 내 아들 내 장자라"는 선언이었고 이스라엘이 하나님의 아들이요 장자이기에 23절이 나옵니다. 23절에는 대조되는 표현이 나오므로 주의 깊게 읽어야 합니다. "내가 네게 이르기를 내 아들을 보내 주어 나를 섬기게 하라 하여도 네가 보내 주기를 거절하니 내가 네 아들 네 장자를 죽이리라 하셨다 하라 하시니라."입니다. 본문에서 대조되는 것은 내 아들 내 장자와 네 아들 네 장자입니다. 출애굽 사건의 목적은 출애굽이 아니라 하나님을 드러내는 것 그래서 하나님의 아들이요 장자인 이스라엘로 하여금 누가 진짜 신인지, 하나님이 누구이신지, 하나님이 어떤 분이신지를 알게 하는 것입니다. 본문에서 이스라엘은 애굽에 소속되어 있고 바로의 땅에 살고 있고 바로의 신들의 지배를 받고 있고 바로에게 공급을 받고 있습니다. 이스라엘의 생사여탈이 바로의 손에 달려있는 것입니다. 바로도 그렇게 생각하고 있고, 이스라엘도 그 생각을 벗어난 다른 생각이 있을 수 없습니다.

그때 바로도 놀래도 이스라엘도 놀랠 수밖에 없는 하나님의 선언 즉 "이스라엘은 내 아들 내 장자라"는 선언이 나오지만 바로도 듣지 않고 이스라엘도 듣지 않을 것입니다. 그래서 하나님은 바로에게 대결을 선언하시는 것입니다. 하나님이 선언하시는 대로 이루어지는 지, 애굽의 바로 왕의 생각하는 대로 이루어지는 지 해보자는 것입니다. 하나님 말씀의 뜻은 '이스라엘은 내 아들 내 장자다. 그래서 내가 내 아들을 이끌어 내어 나를 섬기게 하리라. 바로야, 만약 네가 이스라엘의 주인이라면 이스라엘을 지켜내 보아라. 아니 이스라엘이 아니라 네 아들 네 장자라도 지켜보아라. 네가 애굽의 아비요, 네가 백성의 주인이라면 한번 네 아들과 장자를 지켜보아라.' 고 선언하시는 것입니다. 하나님과 바로 왕, 하나님과 바로가 의지하는 애굽 신들과의 대결이 시작되는 것입니다.

하나님은 이스라엘을 하나님의 아들이요 장자라고 선언하셨기 때문에 이스라엘을 구출하실 것이요 살려내실 것입니다. 바로가 이스라엘을 자신의 것이라고 생각한다면 당연히 이스라엘을 지켜내고 막아내야 할 것입니다. 하나님은 이스라엘을 다툼의 대상으로 제시하지 않습니다. 이미 하나님은 이스라엘을 하나님의 아들이요 장자라고 선언하기 때문입니다. 하나님은 당연히 하나님의 아들이요 장자인 이스라엘 구출할 것이기에 바로에게 이스라엘을 막거나 지켜보라고 도전하시는 것이 아니라 진짜 바로의 것, 진짜 바로의 아들, 진짜 바로의 장자 그것만이라도 지켜보라고 말씀하시는 것입니다.

## 할례 사건

만약 바로가 자기의 아들과 장자를 죽음에서 건져낸다면 바로가 이기는 것이요 바로의 신들이 참 신이 되는 것이고, 만약 하나님이 이스라엘을 출애굽시키지 못하거나 이스라엘 백성 중의 하나라도 죽음을 당한다면 그것은 이스라엘이 하나님의 아들이나 장자가 아닌 것이요, 하나님이 신이 아니라는 것이 되는 것입니다. 그럼 당연히 하나님은 이스라엘 백성 중의 하나라도 죽지 않게 해야 합니다. 그래서 등장하는 것이 24~26절 할례사건입니다.

할례는 창세기 17장에서 하나님이 아브라함과 언약을 세우실 때, 이스라엘은 하나님의 기업이 되고 하나님은 이스라엘을 책임지실 것을 기억하게 하는 징표로 세운 것입니다. 이제 하나님의 백성과 바로의 백성이 구분되어서 하나님의 백성은 살아서 구출될 것이고 바로의 백성은 죽임을 당할 것입니다. 그래서 하나님은, 그 동안 애굽의 통치 밑에서 하나님의 백성이 아닌 것처럼 살았던 자들에게, 대표적으로 하나님을 떠나 살고 있어서 하나님의 백성의 징표인 할례를 행하지 않은 채 살고 있던 모세의 아들에게 할례를 행하게 하심으로 하나님의 백성은 하나이 살려내신다는 것을 강조하시는 것입니다.

오늘도 하나님은 저와 여러분을 향하여 선언하십니다. 너는 내 아들이요 내 장자라, 내가 너와 함께 하겠다, 내가 너를 지키고 내가 너를 축복하리라 말씀하십니다. 성도된 저와 여러분은 하나님이 죄에서 우리를 건져내심으로 하나님의 자녀가 되었으니 이제는 죄의 생각과 기준과 가치와 개념과 원리대신에 하나님의 기준과 원리로 하나님이 주신 복락들을 하나님의 세상에서 날마다 누려 가시기를 주님의 이름으로 축원합니다.

# 여호와가 누구이기에

## 출애굽기 4 : 27 ~ 5 : 23

27 여호와께서 아론에게 이르시되 광야에 가서 모세를 맞으라 하시매 그가 가서 하나님의 산에서 모세를 만나 그에게 입맞추니 28 모세가 여호와께서 자기에게 분부하여 보내신 모든 말씀과 여호와께서 자기에게 명령하신 모든 이적을 아론에게 알리니라 29 모세와 아론이 가서 이스라엘 자손의 모든 장로를 모으고 30 아론이 여호와께서 모세에게 이르신 모든 말씀을 전하고 그 백성 앞에서 이적을 행하니 31 백성이 믿으며 여호와께서 이스라엘 자손을 찾으시고 그들의 고난을 살피셨다 함을 듣고 머리 숙여 경배하였더라 1 그 후에 모세와 아론이 바로에게 가서 이르되 이스라엘의 하나님 여호와께서 이렇게 말씀하시기를 내 백성을 보내라 그러면 그들이 광야에서 내 앞에 절기를 지킬 것이니라 하셨나이다 2 바로가 이르되 여호와가 누구이기에 내가 그의 목소리를 듣고 이스라엘을 보내겠느냐 나는 여호와를 알지 못하니 이스라엘을 보내지 아니하리라 3 그들이 이르되 히브리인의 하나님이 우리에게 나타나셨은즉 우리가 광야로 사흘길쯤 가서 우리 하나님 여호와께 제사를 드리려 하오니 가도록 허락하소서 여호와께서 전염병이나 칼로 우리를 치실까 두려워하나이다 4 애굽 왕이 그들에게 이르되 모세와 아론아 너희가 어찌하여 백성의 노역을 쉬게 하려느냐 가서 너희의 노역이나 하라 5 바로가 또 이르되 이제 이 땅의 백성이 많아졌거늘 너희가 그들로 노역을 쉬게 하는도다 하고 6 바로가 그 날에 백성의 감독들과 기록원들에게 명령하여 이르되 7 너희는 백성에게 다시는 벽돌에 쓸 짚을 전과 같이 주지 말고 그들이 가서 스스로 짚을 줍게 하라 8 또 그들이 전에 만든 벽돌 수효대로 그들에게 만들게 하고 감하지 말라 그들이 게으르므로 소리 질러 이르기를 우리가 가서 우리 하나님께 제사를 드리자 하나니 9 그 사람들이 노동을 무섭게 함으로 수고롭게 하여 그들로 거짓말을 듣지 않게 하라 10 백성의 감독들과 기록원들이 나가서 백성에게 말하여 이르되 바로가 이렇게 말하기를 내가 너희에게 짚을 주지 아니하리니 11 너희는 짚을 찾을 곳으로 가서 주우라 그러나 너희 일은 조금도 감하지 아니하리라 하셨느니라 12 백성이 애굽 온 땅에 흩어져 곡초 그루터기를 거두어다가 짚을 대신하니 13 감독들이 그들을 독촉하여 이르되 너희는 짚이 있을 때와 같이 그 날의 일을 그 날에 마치라 하며 14 바로의 감독들이 자기들이 세운 바 이스라엘 자손의 기록원들을 때리며 이르되 너희가 어찌하여 어제와

오늘에 만드는 벽돌의 수효를 전과 같이 채우지 아니하였느냐 하니라 15 이스라엘 자손의 기록원들이 가서 바로에게 호소하여 이르되 왕은 어찌하여 당신의 종들에게 이같이 하시나이까 16 당신의 종들에게 짚을 주지 아니하고 그들이 우리에게 벽돌을 만들라 하나이다 당신의 종들이 매를 맞사오니 이는 당신의 백성의 죄니이다 17 바로가 이르되 너희가 게으르다 게으르다 그러므로 너희가 이르기를 우리가 가서 여호와께 제사를 드리자 하는도다 18 이제 가서 일하라 짚은 너희에게 주지 않을지라도 벽돌은 너희가 수량대로 바칠지니라 19 기록하는 일을 맡은 이스라엘 자손들이 너희가 매일 만드는 벽돌을 조금도 감하지 못하리라 함을 듣고 화가 몸에 미친 줄 알고 20 그들이 바로를 떠나 나올 때에 모세와 아론이 길에 서 있는 것을 보고 21 그들에게 이르되 너희가 우리를 바로의 눈과 그의 신하의 눈에 미운 것이 되게 하고 그들의 손에 칼을 주어 우리를 죽이게 하는도다 여호와는 너희를 살피시고 판단하시기를 원하노라 22 모세가 여호와께 돌아와서 아뢰되 주여 어찌하여 이 백성이 학대를 당하게 하셨나이까 어찌하여 나를 보내셨나이까 23 내가 바로에게 들어가서 주의 이름으로 말한 후로부터 그가 이 백성을 더 학대하며 주께서도 주의 백성을 구원하지 아니하나이다

# 순종하는 아론

## 기독교의 초월

대부분의 종교는 초월을 특성으로 가지고 있습니다. 아무리 낙후된 원시사회에 가도 종교가 있고, 그 종교의 집행자는 하다못해 무당일지라도 초월적인 능력이 있고, 종교의 내용에는 낙원이라든가 열반이라든가 무릉도원이라든가 나름대로 초월의 세상에 대한 기대가 있습니다. 기독교에만 초월이 있고 타종교에는 초월이 없다고 생각하면 안 됩니다. 그러나 기독교를 포함한 모든 종교가 초월을 다룬다고 해서 그 초월의 의미가 동일한 것은 절대로 아닙니다. 기독교와 타종교는 초월의 주체가 다르고 초월의 대상이 다르고 초월의 내용이 다릅니다. 초월이라는 동일한 용어를 사용하지만 기독교의 초월이 타종교의 초월과 어떻게 구별되는 가를 분별하셔야 합니다.

기독교에서 말하는 초월은 초월의 주체라는 측면에서 인간의 초월이

아니라 하나님의 초월입니다. 기독교의 초월은 인간이 삶의 현실을 벗어나는 것을 의미하지 않습니다. 그와는 정반대로 하나님이 인간과 구별되어 계시다는 초월이고 그 초월하신 하나님이 인간의 현실로 들어오신다는 것을 의미합니다. 또한 기독교의 초월은 일, 수고, 행동, 역사의 내용적 측면에서 인간이 삶의 현실을 떠나는 신기하고 기이한 일로서의 초월을 의미하지 않습니다. 그와는 정반대로 하나님의 일은 하나님께 관련된 일이 아니라 모두 인간에게 관련된 일이요 인간의 현실적 삶에 관한 일을 하나님이 행하신다는 의미입니다. 즉 기독교의 초월은 전적으로 하나님이 초월적 존재인 것이지 인간에게 초월을 약속하거나 초월을 제안하지 않습니다. 하나님은 인간에게 지극히 인간적인 것을 권면하시는 것이지 초월적인 일 즉 인간의 인격이나 능력이나 원리를 벗어나도록 요구하지 않습니다.

기독교 신앙에서 '우리는 하나님을 믿는다. 그러므로 하나님이 초월적 존재이시듯 우리도 초월할 수 있다.'고 생각하면 안 됩니다. 그렇게 생각하면 신앙의 내용이 자꾸 초월적인 방식으로, 신비적인 방식으로, 비인격적인 방식으로 치우치게 되어 있습니다. 기독교의 특성을 바르게 분별해야 합니다. 예를 들어 기독교는 인간에게 금욕을 요구하지 않고 금식을 요구하지 않고 자아를 부인하라고 요구하지 않습니다. 즉 하나님은 인간의 기본권에 대한 포기를 요구하지 않는다는 것입니다. 왜냐하면 인간의 기본권은 하나님이 인간에게 부여하신 것이기 때문입니다. 또한 기독교에는 무소유라는 개념이 없습니다. 왜냐하면 무소유는 불가능하기 때문입니다. 불가능을 논하지 이전에 무소유는 인간적 또는 인격적이지 않기 때문입니다. 존재는 당연히 소유와 연관되어 있습니다. 사람들은 종종 살면서 '아이고, 먹고사는 걱정 없이 맘 편하게 살았으면 좋겠어요!' 라는 말을 합니다. 하지만 먹고사는 걱정 없이 사는 삶은 없고, 그러한 삶은 지독히 비인간적, 비인격적인 소망입니다. 인간은 사는 동안 의, 식, 주에 관하여 생각하며 살게 되어 있습니다. 내가 의식주에 관한 생각을 하지 않으면 다른 사람이 내 대신 나의 의식주를 걱정해야 합니다. 기독교의 초월을 잘못 강조해서 무엇인가 어려운 일을 해내는 것, 특별히 불가능해 보이는 일을 해 내는 것을 목적으로 삼거나 자랑으로 삼으면 인 됩니다. 또한 기독교의 초월을 잘못 강조해서 정상적이고 일상적인 일을 얕보며 특이하고 신기한 일을 강조하는 방식이면 안 됩니다. 본문을 통해 기독교의 왜곡된 상식과 다른 두 가지 장면을 살펴보면서 우리의 신앙을 점검해 보겠습니다.

### 누가 더 순종하는가?

출애굽기하면 제일 먼저 떠오르는 사람이 모세입니다. 흔히 사람들에게는 모세가 하나님의 일꾼으로 알려져 있습니다. 모세는 하나님께 크게 쓰임 받은 사람이요 아론은 모세 덕분에 모세의 형이라는 것 때문에 모세의 행적에 곁붙어 있는 사람처럼 느껴집니다. 그래서 일반적으로 모세를 강조합니다. 모세에 대하여 칭찬하기를 믿음의 사람, 순종의 사람, 지도력이 있는 사람, 헌신의 사람, 결단의 사람 등 각양 붙일 수 있는 칭찬은 다 같아 붙여주지만 아론에 대하여는 별다른 언급이 없습니다. 4장 27절 "여호와께서 아론에게 이르시되 광야에 가서 모세를 맞으라 하시매 그가 가서 하나님의 산에서 모세를 만나 그에게 입맞추니"가 성경에 아론이 등장하는 첫 번째 장면입니다. 먼저 하나님과 모세가 만나는 장면과 하나님과 아론이 만나는 장면을 비교해 보시기 바랍니다. 하나님과 모세가 만나는 장면은 웅장합니다. 하나님이 타지 않는 떨기 나무 불꽃가운데 나타나시고, 하나님의 계시고 있고, 하나님의 능력과 이적이 나타나고, 하나님의 거듭된 말씀이 있습니다. 그리고 계속하여 하나님을 거부하고 불순종하는 모세가 있습니다. 모세는 3장에서 시작하여 4장이 끝날 때까지도 하나님의 말씀을 듣지 않고 아직도 안 가고 있습니다.

반면에 하나님과 아론이 만나는 장면은 평범합니다. 특별한 장면은 아무 것도 없고 그냥 하나님이 말씀하십니다. 말씀도 길지 않고 간단하게 "광야에 가서 모세를 맞으라."로 끝입니다. 하나님이 매우 평범하게 단 한 번 아론에게 말씀하셨는데 아론이 하나님의 말씀대로 가서 하나님의 산에서 모세를 만납니다. 모세와 아론 중에 하나님께 순종을 더 잘한 사람을 고르라면 당연히 아론입니다. 모세와 아론 중에 하나님을 기쁘게 한 사람을 선택하라면 당연히 아론입니다. 모세와 아론 중에 하나님께 영광을 돌린 사람을 뽑으라면 당연히 아론입니다. 간혹 기독교인들이 말하는 방식대로 '하나님은 순종하는 사람을 쓰신다.' 고 한다면 하나님이 크게 쓰셔야 하는 사람은 당연히 아론입니다. 본문에 근거하여 모세와 아론을 비교할 때 '모세가 순종하였기에 하나님이 크게 쓰셨다.'는 표현은 도무지 적절하지 않는 말이 되는 것입니다.

다음은 모세가 한 일과 아론이 한 일을 비교해 보시기 바랍니다. 모세가 한 일은 4장 28절 "모세가 여호와께서 자기에게 분부하여 보내신 모든 말씀과 여호와께서 자기에게 명령하신 모든 이적을 아론에게 알리니라."입니다. 이제 겨우 모세가 하나님께 순종하는 모습이 달랑 하나가 나오는 것입니다. 모세가 행한 일이라고는 하나님의 말씀을 자기 형 아론에게 말한 것입니다. 반면에 아론이 한 일은 4장 29, 30절 "모세와 아론이 가서 이스라엘 자손의 모든 장로를 모으고 아론이 여호와께서 모세에게 이르신 모든 말씀을 전하고 그 백성 앞에서 이적을 행하니."입니다. 모세는 자기 형 아론에게 말하였고, 아론은 장로들 앞에서 장로들에게 이야기 하고, 장로들 앞에서 이적을 행합니다. 모세와 아론 중 더 큰 일을 행한 사람은 아론이요, 더 어려운 일을 행한 사람도 아론이요, 더 훌륭한 일을 행한 사람도 아론입니다.

사람들은 모세만 알고 있기에 모세 이야기만 하고 모세가 훌륭하다고만 합니다. 그러나 만약 모세와 아론을 비교하면 모세는 내세울 일이 없고, 자랑할 것이 없고, 존경받을 만한 내용이 없습니다. 모세를 비하하고 아론을 추켜세우려는 것이 아닙니다. 무조건 모세를 강조하려는 우리네의 어리석은 신앙을 돌아보고, 어떻게든 모세를 높여보고자 각양의 이유를 들어서 위대한 모세나 믿음의 모세를 만들어보려는 비 신앙적 태도를 바로잡아 보자는 것입니다. 모세의 모세 됨은 모세 때문이 아니라 모세를 받아주시고 견뎌주시는 하나님 때문입니다. 우리는 출애굽기를 통하여 모세를 보고 모세를 배우는 것이 아니라 하나님을 만나고 하나님을 배워야 하는 것입니다.

## 백성이 믿으며

### 하나님이 먼저

기독교인들이 일반적으로 말하는 신앙방식을 점검해보아야 하는 장면을 하나 더 살펴보겠습니다. 4장 30, 31절 "아론이 여호와께서 모세에게 이르신 모든 말씀을 전하고 그 백성 앞에서 이적을 행하니 백성이 믿으며 여호와께서 이스라엘 자손을 찾으시고 그들의 고난을 살피셨다 함을 듣고 머리 숙여 경배하였더라."입니다. 3장 13절과 4장 1절에서 모세는 백성들이 자신이 전하는 말을 믿지 않을 것이라고 걱정을 했습니다. 그런데 4장 31절에서는 모세의 걱정과는 달리 백성들이 믿었다고 합니다. 4장 30, 31절이 정말 중요한 이유는 사건이 진행되는 순서를 잘 분별해야만 기독교의 신앙방식을 정확하게 파악할 수 있기 때문입니다. 사건의 순서가 먼저 "여호와께서 모세에게 이르신 모든 말씀을 전하고 그 백성 앞에서 이적을 행하니"이고 후에 "백성이 믿으며 여호와께 이스라엘 자손을 찾으시고 그들의 고난을 살피셨다함을 듣고 머리 숙여 경배하였더라."가 나옵니다. 분명히 "말씀을 전하고 이적을 행하니 백성이

믿으며 경배하였더라."고 되어있습니다. 순서를 바꾸어서 '백성들이 믿
으매 하나님이 이적을 행하시더라.' 로 되어 있지 않다는 것입니다. 이
순서를 바꾸어서 생각하면 기독교의 신앙방식이 왜곡되는 것입니다.

안타까운 것은 교회에서 선포되는 신앙방식이 성경에서 말씀하는 것
과 조금씩 다른 양상을 보인다는 것입니다. 분명히 성경에서는 하나님
이 먼저 행동하셨는데 오늘날 메시지는 인간에게 먼저 행하라고 요구합
니다. 인간이 하나님을 향해 먼저 행하면 하나님이 반응하실 것이라고
말을 합니다. 그렇지 않습니다. 이러한 메시지는 하나님과 인간의 관계
에서 사역의 순서가 바뀐 것입니다. 출애굽기를 잘 읽어보면 이스라엘
백성이 먼저 하나님께 부르짖고 백성이 먼저 하나님께 매어 달리고 백
성이 먼저 하나님께 믿음의 모습을 보여드렸더니 하나님이 이스라엘 백
성을 도와주신 것이 아닙니다. 설교에서 듣는 메시지 중에 성경이 소개
하는 것과 다른 양식을 예를 들어 보겠습니다. '사람은 누구나 자신이
아는 것은 다 할 수 있다. 그러므로 아는 것을 행하는 것은 믿음이 아니
요, 모르는 것을 해야 진짜 믿음이다', '될지 안 될지를 따지지 말고 일
단은 해 봐라. 하면 된다', '네가 먼저 하나님께 너의 믿음을 보여 드려
라', '하나님은 너에게 복을 주시기 전에 네가 믿음이 있는지 없는 지 시
험해 보기를 원하신다', '신앙은 확실하고 분명한 길을 걷는 산책이 아
니라 모험이고 도전이다', '인간사 진인사 대천명人間事 盡人事 待天命이다.
네가 먼저 하나님을 감동시켜라. 그러면 하나님이 크게 축복하실 것이
다' 등등 입니다. 표현 자체로는 나름대로 일리가 있는 말이지만 기독교
의 메시지 또는 성경의 말씀과는 조금 차이가 있습니다. 세상의 교훈과
하나님의 진리의 말씀을 바르게 분별하셔야 합니다.

### 인간의 반응

본문에서 확인할 수 있는 것과 같이 성경은 언제나 하나님이 먼저 행하십니다. 하나님이 행하시니까 인간이 믿을 수 있는 것입니다. 하나님이 먼저 행하시니까, 다른 표현으로 하면 인간이 하나님께 그 일을 행하시도록 어떤 조건을 제시하지 않았는데도 하나님이 먼저 행하셨기에 그것을 은혜라고 합니다. 인간의 입장에서 하나님의 은혜를 받고나면 저절로 감사가 나오는 것입니다. 은혜는 하나님이 먼저 행하시는 것입니다. 하나님이 먼저 행하시고 후에 하나님의 행하심을 받은 인간에게서 반응이 나오는 것입니다. 본문 30, 31절에서도 하나님이 이적을 행하시매 백성이 믿으며 머리 숙여 경배하는 행위가 수반되었던 것입니다.

기독교는 하나님이 먼저 존재하시고, 하나님이 먼저 행동하시니까 인간이 존재하는 것입니다. 하나님이 먼저 인간에게 은혜를 주시니까 인간이 하나님께 감사하는 것입니다. 저와 여러분의 신앙도 마찬가지입니다. 하나님이 먼저 저와 여러분을 구원하셨기에 저와 여러분이 성도가 될 수 있었던 것입니다. 하나님이 먼저 저와 여러분과 동행하시기에 우리가 하나님께 나아올 수 있고, 하나님께 예배할 수 있는 것입니다. 인간은 하나님이 먼저 행해주시는 은혜로 사는 것입니다. 이 순서가 바뀌면 그것은 기독교가 아니라 인간종교일 뿐입니다. 기독교는 하나님이 인간을 위해 일하시는 종교요, 하나님이 먼저 행하시는 종교입니다.

# 여호와가 누구이기에

### 여호와가 누구이기에

다른 사건을 통해서 한 번 더 확인해 보도록 하겠습니다. 드디어 모세가 아론에게 붙어서 바로와 대면을 합니다. 5장 1절에 애굽 바로 왕의 첫 번째 반응이 나타납니다. "그 후에 모세와 아론이 바로에게 가서 이르되 이스라엘의 하나님 여호와께서 이렇게 말씀하시기를 내 백성을 보내라. 그러면 그들이 광야에서 내 앞에 절기를 지킬 것이니라 하셨나이다."입니다. 여러분이 바로 왕이라면 이 말을 듣고 어떻게 하시겠습니까? 모세의 말을 듣는 순간 당장 보내시겠습니까? 세상에 어떤 나라의 왕도 이 말을 듣고 자기 나라에 있는 사람을 보내 줄 왕은 없습니다. 그래서 2절 "바로가 이르되 여호와가 누구이기에 내가 그의 목소리를 듣고 이스라엘을 보내겠느냐? 나는 여호와를 알지 못하니 이스라엘을 보내지 아니하리라."입니다. 바로의 대답에서 가장 핵심은 "여호와가 누구이기에"입니다. 바로 왕은 여호와가 누구인줄 모른다는 것입니다. 여호와가 누구인지 모르기에 여호와가 하는 말을 들어줄 수 없다는 것입니다.

바로 왕의 입장으로서는 너무나 당연한 것입니다. 바로가 백성을 보내주지 않는 것이 바로 왕만 행하는 불순종이 아닙니다. 도리어 한 나라의 왕이라면 최소한 이 정도의 반응은 나타내 주어야 합니다. 만약 바로 왕이 어느 날 갑자기 느닷없이 나타난 도망자요 배신자인 모세의 말을 듣고 얼른 자기의 백성을 내어 보내주면 사람들은 바로 왕에 대해 믿음 좋다고 칭찬하지 않고 도리어 왕이 미쳤다고 조롱할 것입니다. 바로는 자기가 여호와를 전혀 알지 못하기에 여호와의 이름으로 전해지는 어떠한 말도 순종할 수 없고 거부하는 것이 당연합니다. 모세가 여호와를 알게 하고, 바로가 여호와를 알게 될 때까지, 바로가 여호와라는 신이 자신이 말하는 대로 이루어낼 수 있는 능력이 있는지의 여부를 확인할 수 있을 때까지 바로는 여호와의 요구를 거부하고 버틸 것입니다. 그것은 바로의 강팍함이 아니라 당연한 인간의 도리요 통치자의 원리입니다. 기독교의 신앙은, 기독교의 하나님은 이러한 인간의 반응을 불순종이라고 말하지 않습니다. 이러한 태도를 믿음이 없다고 책망하고 꾸짖지 않는다는 것입니다.

### 모세의 반응

'여호와가 누구인줄 모르기에 여호와의 말을 따를 수 없다.' 는 바로의 태도는 이미 출애굽기에서 나온 적이 있습니다. 출 3장과 4장 내내 모세의 태도가 이것이었습니다. 모세가 3장과 4장 내내 수도 없이 하나님과 대화하면서 어쨌거나 가지 않으려고 했던 모습을 보이고, 그때마다 각양의 변명을 늘어놓았던 내용이 '여호와가 누구이기에 내가 갑니까?' 라는 것이었습니다. 여호와가 나타나서 가라고 말씀하실 때 모세는 여호와가 누구이기에 내가 가냐고 주저했고, 여호와가 나타나서 이스라엘 백성에게 가서 말하라고 말씀하실 때 모세는 여호와가 누구이기에 자신이 가서 말을 하느냐고 망설였고 여호와가 나타나서 애굽의 바로 왕 앞에 가서 이스라엘 백성을 보래라고 말을 하라고 말씀하는데 모세는 여호와가 누구이기에 자신이 감히 애굽의 바로 왕 앞에 가느냐고 거절했습니다. 결국 모세가 하나님의 말씀을 순종하지 않았던 이유는 여호와가 누구이기에 즉 여호와를 몰랐기 때문입니다. 이런 모세를 하나님은 불순종이라고 책망하지 않았다는 것입니다.

### 하나님의 반응

모세가 하나님을 몰랐기에 가지 않겠다고 반응한 것은 불순종한 반응이 아니라 인간의 지극히 정상적인 반응이었습니다. 그래서 하나님은 모세의 반응을 받아주신 것입니다. 모세가 하나님을 신뢰할 수 없어서, 갈 수 있는 믿음이 서지 못해서 못가겠다는 것을 무작정 가라고 다그칠 수만은 없습니다. 모세가 여호와가 누구인줄 몰라서 못가겠다고 하면 하나님은 여호와가 누구인지 알려주어서 모세가 갈 수 있게 해 주어야 합니다. 하나님은 자신이 말하는 것을 말대로 하실 수 있는 존재요 말대로 하실 수 있는 능력이 있는 존재라는 것을 알기만 하면 못가는 것이 아니라 안 갈 사람이 하나도 없는 것입니다. 그러기에 하나님은 모세에게 그냥 가라고 하지 않았고 일단 가라고 하지 않았고 무조건 가라고 하지 않았습니다.

대신 하나님은 모세에게 하나님을 가르치는 것입니다. 모세가 자기를 부르신 신의 이름조차 모르는 데 어떻게 가냐고 따졌습니다. 그랬더니 하나님께서는 '다 알고가면 그게 믿음이냐? 모르고도 가는데 믿음이다.' 라고 강짜를 놓지 않으시고 자상하게 모세의 질문에 친절하게 '나는 스스로 있는 자이니라.' 고 알려 주셨습니다. 모세가 하나를 물어보면 하나님은 열 개를 대답해 주셨습니다. 다음엔 모세가 하나님의 이름은 알겠는데 하나님의 능력을 몰라서 못 가겠다고 거부했습니다. 그랬더니 하나님은 '먼저 너의 믿음을 보여라. 그러면 내가 능력을 보여주리라.' 고 인간에게 요구하지 않았다는 것입니다. 능력을 요구하는 모세에게 하나님은 한 번이 아니라 네 번이나 능력을 보여주셔서 모세에게 증명을 해 주셨습니다. 그러자 이번에는 모세가 더 이상 하나님에 대해서 핑계 댈 수 없자 자신이 말을 못한다고 핑계를 대었습니다. 그랬더니 하나님은 '불순종하는 자에게는 징계와 형벌이 있으리라.' 고 협박하지 않았다는 것입니다. 하나님은 말 잘하는 아론을 부르셔서 모세에게 붙여주어, 본문 27절 이하에서 본 것같이 모세를 도와주도록 하셨습니다. 여호와가 누구인지 몰라서 못 가겠다는 모세에게 하나님은 믿음이나 신앙이나 모험이나 도전을 요구하지 않으셨습니다. 도리어 하나님을 모른다는 모세에게 하나님은 자신을 계시하시고 알리시고 가르치시고 증거하시면서 하나님의 말씀에 순종할 수 있도록 확증해 주셨습니다.


## 기적, 하나님의 계시

### 바로의 행동

출애굽기 3장과 4장에서 모세가 하나님께 나타낸 반응이나 5장 2절에서 바로 왕이 하나님께 나타낸 반응은 동일한 것 즉 "여호와가 누구이기에 내가 그 말을 듣느냐?"는 것입니다. 모세의 반응에 하나님이 징계와 심판과 재앙을 내리는 대신 계시를 주시면서 하나님을 알리셔서 모세로 하여금 하나님 말씀대로 행동하게 만들어 주셨다면, "여호와가 누구이기에 내가 그의 목소리를 듣고 이스라엘을 보내겠느냐?"는 바로 왕의 반응에 대해서도 하나님은 징계와 심판과 재앙을 내리는 대신 계시를 주시면서 하나님의 말씀대로 백성들을 보내 줄 수 있도록 하나님이 만들어 주셔야 한다는 것입니다. 왜냐하면 바로는 여호와가 누구인지 모르기 때문에 하나님의 말씀을 따르기를 거부하고 있기 때문입니다. 모세이든 바로이든 자신이 모르는 존재에 대하여 순순히 따르지 않는 것은 정상적인 것입니다. 이런 바로에 대해 하나님은 징계하실 일이 아니라 하나님을 알리셔야 한다는 것입니다.

5장 4절 이하에는 바로 왕이 이스라엘 백성들의 노역을 더 힘들게 하는 행동들이 나타납니다. 이러한 바로의 행동은 지극히 정상적인 반응입니다. 바로는 여호와가 누구인지 모르고 있습니다. 그런데 모세가 와서, 바로 왕으로서는 그 동안 한 번도 듣도 보도 못한 신이요 족보에도 없고 계보에도 없고 애굽의 신의 목록에 전혀 등장하지 않는 여호와라는 신의 이름을 대면서, 그 신이 자기에게 나타났고 그 신이 이스라엘 백성을 보내라는 말을 했다고 하는 내용들이 전부 모세가 지어낸 거짓말처럼 들리는 것입니다. 어쩌면 모세가 왕궁에서 도망하였다가 40년 만에 돌아와서 이런 소리를 하는 것이 혹시 모세가 미디안에서 세력을 규합해서 반란을 시도하며 애굽에 도전장을 내미는 것일지도 모른다고 생각할 수 있는 것입니다. 여호와를 모르는 바로 왕으로서는 당연한 반응입니다. 그래서 5장 9절에서 모세의 말을 거짓말이라고 선언하는 것입니다. 바로가 행한 조치들은 대부분의 인간들이 행하는 일반적인 조치요 상식적인 조치입니다.

인간들이 생각하는 방식대로, 사람이 딴 마음을 갖는 경우는 육신이 편할 때입니다. 육신이 편하면 사람은 지금까지의 마음을 유지하는 대신 괜히 딴 마음을 먹어보는 것이 게 죄인 된 인간의 너무나 뻔한 생활 패턴입니다. 통치자인 바로 왕은 인간의 이러한 심리를 너무나 잘 알고 있습니다. 그래서 이스라엘 백성들이 혹시라도 모세의 말을 듣고 딴 마음 들지 않도록 하려고 육신을 편하지 못하게 만드는 것입니다. 이것은 바로 왕만 사용하는 방식이 아니라 모든 인간이 사용하는 방식입니다. 아랫사람을 부리는 모든 윗사람은 다 이 방식을 씁니다. 제가 바로 왕의 편을 들어주려고 것이 아니라 인간의 원리와 하나님의 일하심의 관계를 잘 분별하려는 것입니다.

## 열 가지 이적

모세와 바로 왕의 대면을 거쳐 7장부터는 출애굽기의 대표적 사건인 열 가지 이적이 등장할 것입니다. 출애굽기를 이해하는 핵심은 열 가지 이적이 왜 등장하는지 그 이유를 본문에서 풀어야 한다는 것입니다. 하나님의 말씀에 대한 모세의 반응이나 바로의 반응은 똑 같이 "여호와가 누구인줄 모르기에 여호와의 말을 들을 수 없다."는 것입니다. 여호와를 모른다는 모세에게 여호와를 알려 주었다면, 여호와를 모른다는 바로 왕에게도 여호와를 알려 주어야 한다는 것입니다. 여호와를 모른다는 바로 왕에게 여호와를 알려주기 위하여 등장하는 하나님의 계시, 하나님의 가르침, 하나님의 자기 증거가 열 가지 이적입니다. 저와 여러분이 가지고 계신 성경책에 보면 단락 들 위에 소제목이 붙어 있습니다. 대부분 첫째 재앙, 둘째 재앙, 셋째 재앙이라고 되어 있을 것입니다. 그런데 정작 성경 본문에는 첫 번째 재앙이라는 표현이 전혀 등장하지 않고, 두 번째 심판 또는 형벌 이라는 표현도 전혀 등장하지 않고, 세 번째 또는 네 번째 징계라는 표현이 전혀 등장하지 않는다는 것입니다. 열 가지 이적이 등장할 때 대부분의 성도는 너무 쉽게 열 가지 재앙이라고 생각합니다. 애굽의 바로 왕이 하나님께 순종하지 않아서 하나님이 심판하시고 징계하시고 형벌을 내리시고 재앙을 주신다고 생각합니다. 안타깝게도 이러한 일반적인 생각이 성경에 대해, 하나님에 대해 오해하고 있는 것입니다. 하나님은 인간을 축복하시는 분이지 형벌을 내리시는 분이 아니십니다.

기독교가 출애굽기의 열 가지 이적에 대하여 열 재앙이라고 표현할 때마다 대부분의 사람들은 기독교가 살벌한 종교요 하나님이 잔인한 신이라고 생각하게 됩니다. 열 가지 이적을 열 가지 재앙으로 소개하는 것이 하나님을 무지막지하고 비상식적이고 비인격적이라고 생각하게 만들고 있습니다. 열 가지 이적을 열 가지 재앙으로 소개하는 것이 하나님은 느닷없이 나타나서 무조건 말을 들으라고 명령하는 존재요, 하나님의 말을 듣지 않으면 한 번 두 번이 아니라 열 번이라도 벌을 내려서 인간을 초토화 시켜버리는 존재라고 하나님을 오해하고 왜곡하게 만드는 것입니다. 하나님은 절대로 인간을 징계하고 벌주는 분이 아니라 인격적인 분이시며, 인간을 축복하시는 분입니다. 성경은 하나님이 인간을 도우시는 장면들로 가득 차 있습니다.

바로의 행동은 불신앙이나 불순종이 아니라 여호와가 누구인지 모르는 자가 행할 수 있는 지극히 평범한 행동이요 모세가 행동했던 것과 똑같은 행동일 뿐입니다. 그렇다면 하나님이 애굽에게 펼치시는 열 가지 이적은 바로가 불순종하기에 거듭 징계하고 벌주시는 장면이 아니라 여호와를 모르는 자에게 거듭 하나님을 알리시는 장면입니다. 이적이 열 번이나 반복되는 이유는 하나를 보여주었더니 못 알아듣기에 둘을 보여주고, 둘을 보여주니 못 알아듣기에 셋을 보여주고, 셋을 보여주니 못 알아듣기에 넷을 보여주고, 그렇게 다섯을 보여주고, 여섯을 보여주고, 일곱을 보여주면서 여호와를 알게 하는 작업이기 때문입니다. 여호와를 알면, 여호와의 능력을 알면, 여호와의 하나님 되심을 알면 바로는 백성을 보낼 것입니다. 그러니까 열 번에 걸친 사건은 열 가지 재앙이 아니라 열 가지 이적이요, 열 가지 이적은 모두 열 가지 계시입니다. 모세에게 계속하여 하나님이 하나님을 보여주신 것과 마찬가지로, 바로에게 하나님이 계속하여 하나님을 보여주시는 것입니다.

### 성경의 표현

성경 전체 중에 유난히 출애굽기에 자주 반복되는 표현, 특별히 기적이 추가될 때마다 반복되는 표현이 있습니다. 하나의 이적이 등장할 때마다 '불순종하여 재앙을 내리노라.' 는 말 대신에 반복되는 구절이 있습니다. 첫 번째 이적을 주시면서 7장 17절 "여호와가 이같이 이르노니 네가 이로 말미암아 나를 여호와인줄 알리라", 두 번째 이적을 주시면서 8장 10절 "왕에게 우리 하나님 여호와 같은 이가 없는 줄을 알게 하리니", 네 번째 이적을 주시면서 8장 22절 "내가 여호와인줄을 네가 알게 될 것이라.", 일곱 번째 이적을 주시면서 9장 14절 "온 천하에 나와 같은 자가 없음을 네가 알게 하리라.", 9장 29절 "세상이 여호와께 속한 줄을 왕이 알리이다.", 여덟 번 째 이적을 주시면서 10장 2절 "너희는 내가 여호와인 줄을 알리라." 즉 이적이 주어질 때마다 "이로써 너희가 내가 여호와인줄 알리라."가 반복되는 것입니다. 이적이 계속해서 주어지고 있는 이유는 여호와를 알게 하시기 위해서입니다. 그러므로 당연히 열 가지 이적은 재앙이 아니라 하나님의 계시입니다. 이 열 가지 계시가 없었다면 모세도 바로 왕도 이스라엘 백성도 저와 여러분도 하나님이 애굽의 신보다 강하다는 것을 도무지 알 수 없는 것입니다. 하나님은 여호와가 누구인줄 몰라서 불순종할 수밖에 없는 인간들에게 재앙을 내리는 분이 아니라 하나님을 계시하시는 분인 줄 아시기 바랍니다. 인간들로 하여금 기어코 하나님을 알게 해서 하나님이 주시는 복락들을 누리게 하시는 고마우신 하나님인줄 아시기 바랍니다.

# 왕따 모세

## 이스라엘이 찾은 사람

애굽의 바로 왕은 여호와가 누구인줄 몰라서 하나님께 불순종했고, 이스라엘 백성은 여호와가 누구인 줄 알아서 하나님께 순종 한 것이 아닙니다. 모세도 하나님을 몰랐고 바로 왕도 하나님을 몰랐고 이스라엘 백성들도 하나님을 몰랐습니다. 그래서 애굽에 나타난 열 가지 이적은 모세를 향한 하나님의 계시요, 바로 왕을 향한 하나님의 계시요, 이스라엘 백성들을 향한 하나님의 계시요, 애굽 백성들을 향한 하나님의 계시요, 온 인류를 향한 하나님의 계시 사건인 것입니다.

5장 15절 "이스라엘 자손의 기록원들이 가서 바로에게 호소하여 이르되 왕은 어찌하여 당신의 종들에게 이같이 하시나이까?"입니다. 바로 왕이 백성을 탄압하는 정책을 펴자 이스라엘 백성들이 찾아간 것은 모세가 아니었고, 하나님이 아니었습니다. 백성이 찾아간 것은 애굽 왕 바로였습니다. 왜냐하면 이스라엘 백성들은 하나님이 애굽 왕보다 세고, 하나님이 애굽의 신들보다 세다는 것을 몰랐기 때문입니다. 그래서 하나님의 말 때문에 자신들의 신세가 곤고해지자 하나님의 능력을 믿고 하나님의 구원을 기다린 것이 아니라 애굽 왕에게 달려간 것입니다. 자기 발로 애굽의 왕에게 찾아가서 이스라엘은 바로를 향하여 스스로 자신들을 당신의 종 곧 바로의 종이라고 고백하고 있습니다. 한 번이 아니라 5장 15절과 16절에서 두 번 세 번 강조해서 당신의 종 곧 바로의 종이라고 강조하는 것입니다. 애굽 사람들에 대해서는 당신의 백성이라고 표현하고 자기들은 당신의 종이라고 낮추는 것입니다. 이스라엘 백성들이 이렇게 하는 이유는 살아남기 위한 생존전략입니다. 여호와가 누구인지 모르겠는데, 여호와의 말 때문에 괜히 애굽 왕에게 미움만 받게 되었으니 이렇게 해서라도 살아야겠다는 몸부림입니다.

## 이스라엘의 코메디

5장 20절 "그들이 바로를 떠나 나올 때에 모세와 아론이 길에 서 있는 것을 보고 그들에게 이르되 너희가 우리를 바로의 눈과 그의 신하의 눈에 미운 것이 되게 하고 그들의 손에 칼을 주어 우리를 죽이게 하는도다. 여호와는 너희를 살피시고 판단하시기를 원한노라."입니다. 이스라엘의 삶의 정황이 점점 곤고해지는 사태는 여호와 하나님으로부터 시작된 것입니다. 모세가 이 일을 벌인 것이 아니라 하나님이 이 일을 벌이신 것입니다. 모세는 하나님이 하라는 대로 했을 뿐입니다. 그런데 백성들은 여호와의 말씀대로 행동한 모세에 대하여 여호와에게 "여호와는 너희를 살피시고 판단하시기를 원하노라."고 부탁을 합니다. 공동번역 성경과 새번역 성경은 동일한 구절에 대해 '야훼께서 너희들을 내려다 보시고 벌을 내려 주셨으면 좋겠다.'고 번역했습니다. 모세와 아론을 보낸 당사자가 하나님이신데, 이스라엘 백성들이 하나님에게 모세와 아론을 벌주라고 하면 하나님이 정말 어이없는 존재가 되어 버리는 것입니다. 모세는 겨우 겨우 하나님 말씀에 순종해서, 겨우 겨우 하나님이 하라는 대로 바로에게 말을 전했을 뿐인데, 정작 이스라엘 백성들은 모세를 보낸 그 하나님에게 모세를 벌 주셨으면 좋겠다고 말하고 있으니 하나님의 심정이 참으로 답답하였을 것이요, 모세의 심정이 억울해 미칠 지경일 것입니다.

5장 22, 23절에 모세의 심정이 자세하게 기록되어 있습니다. "모세가 여호와께 돌아와서 아뢰되 주여 어찌하여 이 백성이 학대를 당하게 하셨나이까? 어찌하여 나를 보내셨나이까? 내가 바로에게 들어가서 주의 이름으로 말한 후로부터 그가 이 백성을 더 학대하며 주께서도 주의 백성을 구원하지 아니하시나이다.”입니다. 투정이나 하소연 정도가 아니라 아우성이요 울부짖음입니다. 모세로서는 처음부터 자기가 하나님의 말을 듣지 않는 것이 나았을 것이라고 심히 자책하며 후회하고 있는 것입니다. 모세가 하나님께 큰소리치며 대들며 원망하고 불평할 지라도 하나님은 모세에게 징계를 내리거나 재앙을 내리지 않습니다. 다음 장에서 모세를 향한 하나님의 자상하고 친절하신 손길을 확인하실 수 있습니다. 본문에는 하나님의 말씀이 4장 27절 '광야에 가서 모세를 맞으라.' 딱 한번 등장합니다. 그 다음부터는 아론과 모세가 행동하는 것이 나오는 것입니다. 모세와 아론이 행동에 나섰지만 되는 일이 하나도 없습니다. 모세가 돌아온 영웅일지라도, 구국의 지도자일지라도, 말 잘하는 아론 일지라도 아무것도 안 되는 것입니다. 이스라엘을 출애굽 시키는 역사는 하나님이 행하시는 일입니다. 다음 장에서 하나님이 행하시는 일을 확인하실 수 있습니다.

성경을 오해하여 자상하신 하나님을 징계하시는 하나님으로 왜곡하지 말고, 성경을 바르게 이해하여 하나님을 알아 가시고, 하나님의 축복을 알아 가시고, 하나님의 복락을 누리는 하나님의 마음, 심정, 원리를 알아 가셔서 날마다 하나님의 은혜를 누리는 행복한 삶 되시기를 주님의 이름으로 축원합니다.

# 네가 보리라



1 여호와께서 모세에게 이르시되 이제 내가 바로에게 하는 일을 네가 보리라 강한 손으로 말미암아 바로가 그들을 보내리라 강한 손으로 말미암아 바로가 그들을 그의 땅에서 쫓아 내리라 2 하나님이 모세에게 말씀하여 이르시되 나는 여호와이니라 3 내가 아브라함과 이 삭과 야곱에게 전능의 하나님으로 나타났으나 나의 이름을 여호와로는 그들에게 알리지 아니하였고 4 가나안 땅 곧 그들이 거류하는 땅을 그들에게 주기로 그들과 언약하였더니 5 이제 애굽 사람이 종으로 삼은 이스라엘 자손의 신음 소리를 내가 듣고 나의 언약을 기 억하노라 6 그러므로 이스라엘 자손에게 말하기를 나는 여호와라 내가 애굽 사람의 무거 운 짐 밑에서 너희를 빼내며 그들의 노역에서 너희를 건지며 편 팔과 여러 큰 심판들로써 너희를 속량하여 7 너희를 내 백성으로 삼고 나는 너희의 하나님이 되리니 나는 애굽 사 람의 무거운 짐 밑에서 너희를 빼낸 너희의 하나님 여호와인줄 너희가 알지라 8 내가 아 브라함과 이삭과 야곱에게 주기로 맹세한 땅으로 너희를 인도하여 그 땅을 너희에게 주어 기업을 삼게 하리라 나는 여호와라 하셨다 하라 9 모세가 이와 같이 이스라엘 자손에게 전하나 그들이 마음의 상함과 가혹한 노역으로 말미암아 모세의 말을 듣지 아니하였더라 10 여호와께서 모세에게 말씀하여 이르시되 11 들어가서 애굽 왕 바로에게 말하여 이스라 엘 자손을 그 땅에서 내보내게 하라 12 모세가 여호와 앞에 아뢰어 이르되 이스라엘 자손 도 내 말을 듣지 아니하거든 바로가 어찌 들으리이까 나는 입이 둔한 자니이다

## 모세의 반응

### 누구의 말대로

일반적으로 사람들은 다른 사람의 말을 잘 듣지 않는 청개구리적인 기질이 있습니다. 간혹 유명하신 분들이 명을 달리하실 때, '나 죽으면

이렇게 해 달라'고 유언을 남기시는 경우가 있지만 유족들이 고인의 뜻에 전적으로 따르는 경우가 많지 않습니다. 왜냐하면 고인에게 고인의 생각이 있었듯이, 남은 자들에게는 남은 자들의 생각이 따로 있기 때문입니다. 말은 말 자체의 의미가 아니라 말 하는 자가 누구이냐에 말의 효과가 달려있는 것입니다. 사람의 말은 누구의 말이든 별 차이가 없습니다. 본문을 통해 말과 말하는 자의 관계 그리고 하나님 말씀의 특징을 살펴보겠습니다.

하나님과 모세의 대화는 말 그대로 말장난입니다. 대화는 서로의 뜻을 이해하며 주고받는 것인데 하나님과 모세의 대화는 한 쪽은 말을 하고 있는데 다른 한쪽은 말이 안 된다고 발버둥을 치는 모습입니다. 하나님이 모세를 부르셔서 '가서 말하라'고 말씀하셨습니다. 가서 말하라고 지시하는 것은 매우 쉽고 단순하지만 정작 말해야 하는 대상이 애굽의 왕 바로이고, 말해야 하는 내용이 애굽의 종들 즉 애굽에 있는 이스라엘 백성을 내 보내라는 것으로서, 모세가 말 한다고 해서 왕이 들어줄 리도 없고 도리어 그 말을 전하는 모세만 죽음을 당할 수도 있는 난감한 지경입니다. 모세로서는 하나님의 말이 도무지 이해가 되지 않는 것입니다. 여하튼 모세는 가서 지시 받은 하나님의 말씀을 전달하였습니다. 그런데 분명히 모세는 하나님의 말씀대로 행했는데 상황은 하나님의 말씀대로 이루어지지 않았습니다.


## 바로의 말대로, 모세의 말대로

모세가 바로에게 하나님의 말씀을 전했을 때 나타난 바로 왕의 반응이 출애굽기 5장에 나오는 사건들입니다. 바로 왕은 이스라엘 백성들이 너무 편해서 게을러져서 모세가 전하는 황당한 내용에 귀가 솔깃해서 감히 엉뚱한 요구를 한다고 판단하였습니다. 바로가 명령을 내려 이스라엘 백성들에게 짚을 직접 줍게하면서도 동일한 숫자의 벽돌을 만들어야 하는 방식으로 노동을 가중 시켰습니다. 이스라엘 백성들의 감독관들이 바로에게 항의를 해 보았지만 소용이 없었습니다. 하나님이 바로에게 말한 것은 아무 것도 이루어지지 않았고, 바로가 백성에게 말한 것은 모든 것이 이루어졌습니다.

다른 한편으로는 모세가 하나님께 말한 대로 이루어진 것입니다. 모세는 하나님의 말씀을 듣는 처음 순간부터 계속하여 하나님이 제안하신 방법 즉 가서 말하는 것으로 되지 않을 것이라고 거부하였습니다. 하나님이 말씀하신 가서 말하라는 방식으로는 바로가 귀 기울일 턱이 없고 절대로 일이 성사되지 않을 것이라고 장담을 했기에 거부했던 것입니다. 하나님이 계속해서 가라고 하자 마침내는 "나는 본래 말을 잘 하지 못하는 자니이다. 주께서 주의 종에게 명령하신 후에도 역시 그러하니 나는 입이 뻣뻣하고 혀가 둔한 자니이다."라고 했던 것입니다. 모세의 말은 쉽게 표현하면 '말로는 안 됩니다.' 라는 것이었습니다. 결국에는 모세의 말대로 된 것입니다.

### 모세의 오해

그런데 과연 하나님의 말씀대로는 되어 지지 않았고, 바로의 말대로 그리고 모세의 말대로 되었을까요? 진작부터 말로는 안 된다고 따졌던 모세인데, 실제의 결과도 하나님의 말씀대로가 아니라 모세의 말대로 되었으니 이제는 모세가 큰 소리를 낼 때가 되었습니다. 이제부터 모세의 말이 곱게 나오질 않습니다. 모세는 당연하게 그리고 당당하게 5장 22, 23절처럼 반응했던 것입니다. "모세가 여호와께 돌아와서 아뢰되 주여 어찌하여 이 백성이 학대를 당하게 하셨나이까? 어찌하여 나를 보내셨나이까? 내가 바로에게 들어가서 주의 이름으로 말한 후로부터 그가 이 백성을 더 학대하며 주께서도 주의 백성을 구원하지 아니하시나이다."입니다. 아마도 모세는 하나님이 자기에게 가서 말하라고 하시는 의미가, 자기가 가서 바로에게 말하기만 하면 바로가 곧바로 백성을 보내주게 할 것이라는 의미로 알아들었던 모양입니다. 이 장면에서 이상하고 어이없는 존재는 하나님이 아니고 바로가 아니고 모세입니다. 세상에 어떤 인간도 어떤 왕도 낯선 사람이 신의 이름으로 말을 전한다고 해서 곧이곧대로 듣고 곧장 백성을 내 보내주지 않습니다. 하나님의 말씀대로 이루어지지 않은 것이 아니라 모세가 하나님의 말씀, 하나님의 선언, 하나님의 약속을 잘못 이해한 것입니다.

하나님의 말씀은 하나님의 말씀대로 이루어졌습니다. 하나님은 모세가 바로에게 가서 말을 전해도 바로 왕이 즉시 백성을 보내주지 않을 것을 이미 알고 계셨습니다. 하나님만 알고 계셨던 것이 아니라 모세에게도 이미 친절하게 일어날 일들을 설명까지 해 주셨습니다. 출애굽기 3장 19절 "내가 아노니 강한 손으로 치기 전에는 애굽 왕이 너희가 가도록 허락하지 아니하다가 내가 내 손을 들어 애굽 중에 여러 가지 이적으로 그 나라를 친 후에야 그가 너희를 보내리라."입니다. 과연 하나님이 말씀하신 그대로 이루어졌습니다. 그러므로 모세가 행한 5장 22, 23절의 항변은 하나님의 말씀을 귀담아 듣지 않았고 하나님의 일하심을 제대로 이해하지 못한 모세의 어리석은 행동입니다. 하나님은 하나님의 말씀대로 잘 역사를 진행하고 계시는 중인데 모세는 엉뚱하게 왜 일이 하나님 말씀대로 이루어지지 않고 도리어 백성이 학대를 더 당하고 있느냐고 항변하는 것입니다. 지금 이 순간 가장 어이없어 하는 당사자는 모세가 아니라 하나님이십니다. 이런 모세의 행동을 적반하장賊反荷杖 또는 안하무인眼下無人이라고 하는 것입니다. 이러한 모세의 태도가 대부분의 성도들이 가지고 있는 잘못된 신앙이해, 잘못된 하나님 이해, 잘못된 기독교 이해의 전형적인 모습입니다. 사람들은 자기가 하나님을 믿으면, 자기가 하나님의 능력을 받으면 당장 세상을 지배할 수 있을 것으로 착각을 합니다. 그런데 현실은 전혀 하나님의 하나님 되심을 증명하는 것 같지 않고 도리어 자기가 하나님을 믿음으로 더욱 악화되는 현상을 낳기도 하기에 당황하는 것입니다. 더 넓은 하나님의 안목을 이해하셔야 합니다.

## 모세의 무지함

본문에서 모세가 오해한 것 그리고 오늘날 성도들이 자주 행하는 오해가 하나님의 일을 분별할 때 현상만 볼뿐 목적과 내용을 알지 못한다는 것입니다. 모세는 하나님의 가라는 말을 듣지 않으려고 했습니다. 모세는 하나님의 가서 말하라는 말을 순종하지 않으려고 했습니다. 하나님께 반항했고 질문했고 대답을 들었습니다. 그러나 모세는 하나님께서 왜 그 일을 하시는지를 하나님께 묻지 않았고, 그래서 하나님이 왜 그 일을 하시는지를 몰랐습니다. 또한 하나님이 어떻게 그 일을 진행하실지도 몰랐습니다. 모세에게 중요한 것은 단지 '그 일이 되느냐?'는 것뿐이었습니다. 모세가 바로에게 가서 말을 전했는데, 하나님이 모세에게 말씀하신 그 일이 이루어지지 않았습니다. 그래서 모세는 하나님께 항변했던 것입니다. 하지만 정확하게 말하면 바로 왕의 마음이 완악해져서 백성을 보내지 않을 것이라는 말씀은 이루어졌고, 이스라엘 백성을 애굽에서 인도하여 내는 것은 아직 이루어지 않았습니다. 하나님이 모세에게 말씀하신 엄청난 사건 즉 이스라엘을 애굽에서 인도하여 내는 것은 이루어지지 않은 것이 아니라 아직 안 이루진 것 뿐입니다. 아직 안 이루어졌다고 해서 이루어지지 않은 것이 아닙니다. 말 그대로 아직 안 이루어진 것일 뿐입니다. 아직 이루어지지 않은 것은 그 일을 통하여 이루고자 하는 하나님의 진짜 목적이 아직 이루어지지 않았기 때문입니다.

아직 안 이루어진 것은 이루어지지 않은 것이 아니라 현재 이루어가고 있는 것입니다. 그 일이 이루어지는 것은 그 일을 통하여 이루고자

하는 목적이 달성되면 저절로 이루어지게 되는 것입니다. 하나님이 말씀하시는 것은 결국 모두 이루어집니다. 그렇다면 하나님의 백성이 관심을 집중시켜야 하는 것은 그 일 자체가 아니라 하나님이 왜 그 일을 이루고자 하시는가 그리고 어떻게 그 일을 이루어 가시는가를 아는 것입니다. 그러니 모세를 포함한 대부분의 사람들, 대부분의 성도님들은 하나님이 행하시는 일과 하나님이 행하시는 일을 통해 이루고자하는 것을 혼동합니다.  하나님이 왜 그 일을 이루시는가? 에는 관심이 없고 오직 '그 일이 이루어졌는가? 에만 관심이 있습니다.

　예를 들어 설명해 보겠습니다. 어떤 사람이 심각한 병에 걸려서 고칠 길이 없어서 하나님께 매어 달리면서 기도를 했습니다. 자기와 같은 질병이 걸린 사람이 고침을 받았다고 간증을 하는 것을 들었는데 그 사람은 매일 밤 12시에 강대상 앞에서 맨발로 맨 바닥에 무릎 꿇고 기도를 했다고 합니다. 그래서 자기도 그렇게 했더니 은혜로 하나님이 기도에 응답을 해 주셔서 병을 고쳐주셨습니다. 이때 중요한 것은 자신의 불치병이 나았다는 사실이 아니요 자신이 매일 밤 12시에 맨 발로 맨 바닥에서 기도했다는 사실이 아니라 하나님이 내 기도에 응답하셨다는 사실입니다. 치유받은 사람이 하나님이 자신의 기도를 들어주셨다는 것을 아는 것, 하나님이 자신을 사랑하시고 돌보고 계시다는 사실을 아는 것이 가장 중요한 것입니다. 그런데 사람들이 가장 기뻐하는 것은 병이 나았다는 사실이고, 사람들이 가장 신비하게 생각하고 따라하고 싶어 하는 것은 매일 밤 12시에 맨 발로 맨 바닥에서 기도했다는 것입니다. 정작 중요한 것은 하나님이 내가 하는 무당같은 기도, 마치 타종교처럼 행하는 미신 같은 태도에도 나를 불쌍히 여기셔서 나의 기도를 들어주셨다는 것입니다. 하나님의 은혜를 받고 더욱 하나님을 알게 되었다는 것이 가장 소중한 것입니다.

# 하나님의 반응

## 하나님의 반응

만약 모세의 반응이 정상적인 것이었다면 즉 하나님이 말씀하셨음에도 불구하고 하나님의 말씀대로 이루어지지 않은 것이고, 도리어 백성이 어려움에 처한 것이라면 하나님이 망신살이 뻗친 것이기에 흥분해야 하는 당사자는 하나님입니다. 만약 바로가 하나님의 말씀 듣기를 거부한 것에 대하여 하나님이 화를 내신다면 모세가 화내는 정도는 화도 아닙니다. 감히 하나님이 하시는 말씀을 인간인 바로가 거부하였다는 사실에 하나님은 대노를 하셔야 합니다. 그런데 하나님은 바로 왕이 하나님의 말씀에 순종하기를 거부한 것에 대하여 일체 화를 내지 않습니다. 왜냐하면 하나님은 하나님의 말씀이 수포로 돌아갔다고 생각하지 않고, 하나님이 바로 왕이나 애굽의 신에게 졌다고 생각하지도 않기 때문입니다. 하나님은 흥분하지도 않습니다. 왜냐하면 아직 일이 끝난 것이 아니요 하나님의 계획이 실패가 아니기 때문입니다. 도리어 원래 하나님의 계획대로 되어가고 있고, 사건 속에 하나님이 의도하신 목적이 이루어져 가고 있기 때문입니다. 만약 모세가 하나님의 목적을 알았다면 모세 또한 성질내지 않고 하나님께 나아와서 키득 키득 웃었어야합니다. 그리고 '아이고 하나님. 바로가 영락없이 하나님이 예상한 대로 행동하네요. 하나님이 계획하신 대로 두 번째 계시를 드러내셔야 되겠습니다. 아마도 바로는 자기가 이긴 줄 알고 있을 것입니다. 하하하.' 라고 말했어야 합니다. 불행스럽게도 바로의 반응에 대해서 모세는 하나님과 같은 반응, 여유로운 반응, 일의 진행을 지켜보고 있는 반응을 보이지 못했습니다.

하나님은 바로에게 화를 내지 않은 것뿐만이 아니라 모세에게도 화를 내지 않으셨습니다. 모세가 하나님께 대들어도 하나님은 흥분하지 않으셨습니다. 왜냐하면 하나님은 바로가 그렇게 행할 줄 이미 아셨던 것처럼 모세도 이렇게 행동할 줄 아셨기 때문입니다. 모세가 하나님께 대들자 하나님은 모세에게 더 많은 설명을 해 주시는 것입니다. 모세가 하나님을 몰라서 그렇게 행동하니까 모세를 변화시키려면 더 많은 것을 알려 주셔야 하는 것입니다. 모세에 대하여 하나님이 보이시는 반응이 바로 6장 1절 "여호와께서 모세에게 이르시되 이제 내가 바로에게 하는 일을 네가 보리라. 강한 손으로 말미암아 바로가 그들을 보내리라. 강한 손으로 말미암아 바로가 그들을 그의 땅에서 쫓아내리라."입니다. 하나님이 이 말씀을 모세에게 처음하시는 것이 아닙니다. 이미 하나님이 3장 19, 20절 "내가 아노니 강한 손으로 치지 전에는 애굽 왕이 너희가 가도록 허락하지 아니하다가 내가 내 손을 들어 애굽 중에 여러 가지 이적으로 그 나라를 친 후에야 그가 너희를 보내리라"고 말씀하셨고 유사한 말씀을 6장 1절에서 다시 하시는 것입니다. 하나님은 이미 다 알고 계셨습니다. 일이 이렇게 진행될 줄 다 알고 계셨습니다. 하나님의 계획이 차질이 생긴 것이 아니라 계획대로 진행되고 있는 것입니다.

### 네가 보리라

하나님의 궁극적 목적은 이스라엘을 애굽에서 인도하여 내는 출애굽 사건이 아니라, 출애굽 사건을 통하여 하나님을 모르는 인간에게 하나님을 알리는 계시啓示입니다. 최종적으로는 모든 인간에게 하나님을 알리시는 것이지만 굳이 순서를 정해본다면 지금 당장, 제일 먼저 하나님을 알아야 하는 대상이 모세입니다. 일단은 모세부터 하나님을 알게 해야 하고, 다음은 이스라엘 백성이 하나님을 알게 해야 하고, 다음은 바로가 하나님을 알게 해야 하고, 다음은 애굽이 하나님을 알게 해야 하고, 다음은 모든 인류가 하나님을 알게 해야 합니다. 모세는 자신이 하나님을 알아야 한다는 것에는 관심이 없고 단지 일이 하나님의 말대로 되는가 안 되는가에만 관심을 가지고 있습니다. 6장 1절에서 하나님은 모세를 대상으로 일을 하십니다. 하나님이 펼치시는 역사를 보아야 하는 사람이 모세입니다. 하나님의 말씀대로 이루어지는 것을 보고 하나님을 알아야 하는 자가 모세입니다. 그래서 하나님은 "내가 바로에게 하는 일을 네가 보리라."고 말씀하시는 것입니다. 모세가 보아야 하는 것입니다. 바로가 하나님 말씀대로 백성들을 결국 쫓아내버리는 것, 그래서 하나님의 말씀이 이루어지는 것을 모세가 보아야 하는 것입니다. 모세는 하나님이 행하시는 역사의 구경꾼이나 관람객이 아니라 하나님 사역의 대상이요, 하나님의 의도와 목적과 뜻을 알아차려야 하는 당사자입니다.

## 강한 손으로

하나님이 바로에게 강한 손을 펼치신다고 말씀하십니다. 성경에 강한 손, 편 팔 등의 표현은 하나님의 권능, 권위, 신분 등을 상징합니다. 대부분의 성도님들이 하나님이 바로에게 강한 손을 펼치는 것을 오해하여 하나님이 바로에게 징계와 심판 또는 형벌을 내리시겠다 뜻으로 생각합니다. 강한 손은 권위, 능력, 권세를 나타내지만 권위와 능력이 심판과 징계만을 의미하는 것이 아닙니다. 히브리어는 인간의 신체를 통해서 감정이나 의미를 표현하는 경우가 종종 있습니다. '내 마음이 아프다. 즉 너무 고통스럽다.' 는 표현이 히브리어로는 '내 내장들이 쓰리다.' 입니다. '슬픈 일을 당해서 너무 안타깝다.' 는 표현은 히브리어로는 '내 간이 땅에 쏟아졌다.' 입니다. '내 양심이 너무 괴롭다.' 는 표현은 히브리어로는 '내 콩팥이 저리다.' 입니다. 신체나 장기를 통하여 인간의 감정을 나타내는 표현은 히브리어에만 있는 것이 아니라 우리나라에도 있고 모든 언어에 다 있습니다. 우리나라에도 무엇인가를 심히 사모하는 심정을 '애간장을 녹이다.' 라고 표현하고 깜짝 놀란다는 표현을 '간이 다 벌렁벌렁하다', 어떤 사람이 어이없이 행동하는 것을 조롱할 때는 '쓸개가 빠졌다.', 황당한 상황에 직면해서는 '기가 막히다.' 등의 표현을 사용합니다.

하나님이 강한 손으로 바로를 대하시고 결국 바로가 강한 손으로 말미암아 백성을 내 보낸다는 것은 하나님이 능력과 권위를 그렇게 행하신다는 것입니다. 이 말은 심판과 징계와 형벌을 의미하는 것이 아닙니다. 전혀 다른 의미로 하나님은 바로 왕과는 차별적 존재 즉 권위있는 존재이시고, 바로 왕과는 격이 다른 존재 즉 위엄이 있으신 분이라는 뜻입니다. 권위가 있고 위엄이 있으면 말 그대로 권위가 있게 행동하고 위엄이 있게 행동해야합니다. 즉 동등한 차원에서 누가 더 능력이 있고, 누가 더 실력이 있느냐의 문제가 아니라 아예 차원이 다르기 때문에 일을 행하는 방식자체가 다르다는 것입니다.

예를 들어 설명해 보겠습니다. 동네에서 아이 둘이 싸웁니다. 한 아이는 덩치가 크고 싸움도 잘하고 다른 아이는 덩치가 작고 싸움도 못합니다. 덩치 작은 아이가 싸움에 져서 아버지를 불러옵니다. 아버지를 부르러 가면서 친구에게 하는 말이 '우리 아버지가 오면 너는 죽었다.' 입니다. 아이의 말은 자기 아버지가 덩치가 크다는 의미가 아니요 싸움을 잘한다는 의미가 아니요, 자기 아버지가 친구와 맞짱 떠서 친구를 심하게 때려 줄 것이라는 의미가 아닙니다. 너와 나는 어린이라는 동등한 수준인데 아버지가 오면 그분은 아버지요 어른이시라 어른의 자격으로 상대를 혼낼 것이라는 의미입니다. 아버지의 입장에서 생각해보면 자기 아이가 밖에서 매를 맞고 들어오자 당장에 때린 아이를 찾아가서 혼내 주려고 합니다. 그때 맞고 들어온 아이는 '아이고 아버지, 키도 작고 몸집도 작고 싸움도 못하면서 괜히 나가면 친구에게 아버지가 맞을지도 몰라요. 그만두세요.' 라고 합니다. 이 아이는 권위가 무엇인지 차원이 무엇인지 격이 다르다는 것이 무엇인지를 모르는 것입니다. 오직 동등한 차원 즉 신체적 조건에서 누가 더 크고, 싸움의 능력에서 누가 더 잘 싸우느냐만 아는 것입니다. 그래도 아버지는 가서 혼내주겠다고 집을 나섭니다. 동네 어귀에서 아들을 때린 친구를 보자마자 아버지는 주먹을 휘두르는 것이 아니라 '너 누구네 아들이냐? 너의 아버지가 누구시냐?'라고 시작하는 것입니다. 아버지는 아이와 싸워서 이기려는 의도가 아니라 격을 구분하는 것이요 차원을 달리하는 것이요 아버지라는 권위와 위엄에 근거하여 훈계하려는 것입니다.

## 하나님의 방식

하나님이 바로에게 강한 손으로 행하신다는 것은 동등한 차원에서 능력 대결로 이기겠다는 것이 아닙니다. 물론 능력대결에서도 이깁니다. 하지만 동등한 수준에서 능력이 많기에 이기는 것이 아니라 원래 수준차이가 나기 때문에 능력도 당연히 차이가 있는 것이기에 저절로 당연히 이기는 것입니다. 이런 의미로 6장 1절 "이제 내가 바로에게 하는 일을 네가 보리라. 강한 손으로 말미암아 바로가 그들을 보내리라. 강한 손으로 말미암아 바로가 그들을 그의 땅에서 쫓아내리라."를 이해하셔야 합니다. 모세가 5장 22, 23절에서 하나님께 항변한 것은 왜 하나님은 아무런 능력을 보여주지 않고 왜 실력을 발휘하지 않고 왜 말대로 되지 않느냐는 것이었습니다. 마치 동네 친구와의 싸움에서 맞고 돌아온 아이의 투정과 같은 것입니다. 모세의 불평에 대해 하나님은 '이제 능력을 보여줄게!'라고 힘을 과시하려는 것이 아닙니다. 도리어 '이제 너는 내가 하나님이라는 것을 알게 될 것이다. 내가 바로를 타이를 것이다. 내가 바로를 지도할 것이다. 내가 바로를 옳게 행동할 수 있도록 가르칠 것이다.'라는 의미입니다.

만약 동네에서 어른과 아이가 시비가 붙어 싸움을 하게 되었다면 어른과 아이는 격이 다른 존재이기 때문에 싸우는 방식이 전혀 다릅니다.

어른이 아이하고 싸워서 아이를 때리고 이겼다고 해서 이긴 것이 아니요 동네 영웅이 되는 것이 아닙니다. 도리어 동네에서 어른이 아이와 싸웠다는 소문이 나서 어른으로의 체면을 잃은 것이기에 이사를 가야 합니다. 싸움에는 이겼지만 실제로는 진 것입니다. 반대로 어른과 아이가 실제로 싸움을 하여 아이가 어른을 때리고 이기는 경우도 있습니다. 그러나 아이가 어른을 때리고 이긴 것은 절대로 이긴 것이 아닙니다. 다음날 그 아이는 온 동네에 패륜아로 낙인찍히고 인간 말종이라느니 후레자식이라느니 들보잡이라느니 흉흉한 말이 나돌고 동네의 부모들은 자기 아이에게 그 아이와는 절대 어울리지 말라고 합니다. 결국 어른을 때려서 이긴 그 아이가 그 동네에서 살 수가 없어서 이사를 가게 되어있습니다. 아이에게 맞은 어른은 그날부터 동네의 인격자요 스승으로 높임을 받습니다. 어른이기에 싸워서 이길 수 있음에도 불구하고 아이를 사랑하는 마음으로 맞아준 것으로 존경을 받습니다. 격이 다른 두 존재의 갈등의 양상과 대결의 양상을 이해하셔야 합니다.

어른과 아이는 격이 다르고, 격이 다르기 때문에 행동하는 원리가 다르고 역사하는 방식이 다른 것입니다. 절대로 경쟁이 아니요 대결이 아닙니다. 모세는 하나님과 바로를 동등한 자격에 놓고 능력 대결을 요구하고 있는 것입니다. 그런 모세에게 하나님은 강한 손을 언급하십니다. 즉 권위가 다르고 차원이 다르고 격이 다르다고 선언하시는 것입니다. '모세야, 이기느냐 지느냐 그것을 걱정하느냐? 그런 것은 걱정하지 말고 내가 왜 일을 하는지, 너는 나를 잘 알도록 하라. 내가 누구인지 다시 설명할게.' 이것이 하나님의 요청입니다.

# 하나님의 선언

## 나는 여호와이니라

하나님은 모세가 하나님을 알기를 원하십니다. 모세가 하나님을 모르니까 정작 하나님의 일이 계획대로 진행되고 있음에도 불구하고 마치 아무 일도 없는 것처럼, 도리어 하나님이 무능력하고 패배한 것처럼 행동하는 것을 안타까워하시는 것입니다. 그래서 하나님이 다시 모세에게 하나님이 누구인지, 하나님이 왜 이 일을 행하시는지, 그래서 결과가 어떻게 될 것인지를 다 알리시는 것입니다. 가장 먼저 나오는 표현이 6장 2절 "나는 여호와이니라"입니다. 이 말은 권위의 선포가 아닙니다. 만약 권위를 드러내려면 상대방 즉 적에게 나타내야지 같은 편에게 드러내면 그것은 권위가 아니라 거드름입니다. 2절에 "나는 여호와이니라."고 말씀하시고 6절 후반부에 다시 "나는 여호와라."고 말씀하십니다. 하나님이 이 곳에서 왜 이 말씀을 하시는지 이해하시려면 2절과 6절 그리고 7절과 8절을 연계해서 읽어보셔야 합니다. 하나님의 말씀을 간추려서 읽어보면 "나는 여호와이니라. 나는 여호와라. 내가 애굽에서 너희를 빼내며 너희를 건지며 너희를 속량하여 너희를 내 백성으로 삼고 나는 너희의 하나님이 되리니 나는 너희의 하나님 여호와인줄 너희가 알지라. 내가 아브라함과 이삭과 야곱에게 주기로 맹세한 땅에서 너희를 인도하고 그 땅을 너희에게 주어 기업을 삼게 하리라. 나는 여호와라."입니다.

하나님이 모세와 이스라엘 거듭 반복하는 "나는 여호와이니라."는 말씀은 권위의 선언이 아니요 '내가 여호와이니까 내 말 잘 들으라.' 는 협박이 아닙니다. 하나님의 선언은 정반대의 의미를 가지고 있습니다. '나는 여호와다. 그러므로 내가 말한 6, 7, 8절의 일들을 다 행할 것이다. 6, 7, 8절의 일이 되어 진 후에, 나 여호와의 말대로 성취된 후에 나 여호와가 이 모든 일을 미리 말했던 여호와인줄 알라' 는 의미요 즉 하나님이 모세에게 앞으로 일어날 일들에 대하여 알려주고 있는 것입니다. '내가 여호와이다. 이제부터 내가 내 이름을 걸고 내 말대로 모든 일이 되도록 역사를 행할 것이다. 내가 여호와라는 것을 꼭 기억하길 바란다. 내가 여호와이다. 나중에 너희는 내가 여호와인 것을 알게 될 것이다.' 라는 의미입니다.

### 여호와의 성품

하나님은 모세에게, 이스라엘 백성에게 하나님에 대해서 알리시는 것입니다. 그래서 하나님은 아브라함과의 언약을 말씀하시는 것입니다. 3~6절 "내가 아브라함과 이삭과 야곱에게 전능의 하나님으로 나타났으나 나의 이름을 여호와로는 그들에게 알리지 아니하였고 가나안 땅 곧 그들이 거류하는 땅을 그들에게 주기고 그들과 언약하였더니 이제 애굽 사람의 종으로 삼은 이스라엘 자손의 신음 소리를 내가 듣고 나의 언약을 기억하노라."입니다. 하나님이 이 순간에 이 말씀을 하시는 이유는 이스라엘이 하나님을 알지 못하기에 당연히 하나님과 아브라함이 맺은 언약, 하나님이 아브라함과 이삭과 그리고 야곱과 거듭 거듭 맺어주신 언약을 기억조차 하지 못하고 있기 때문입니다. 비록 이스라엘 백성은 그 언약을 기억하지 못해도 하나님은 기억하고 계신다는 것입니다. 하나님은 모세와 이스라엘 백성에게 하나님이 과거부터 현재까지 일해오신 역사를 알림으로 현재부터 미래까지의 역사를 신뢰할 수 있도록 만들어 주시는 것입니다. 이 말씀은 과거를 회상하는 차원이 아니라 과거에 기반을 두고 더욱 미래를 견고히 해 주는 말씀인 것입니다.

약속을 맺는 것은 중요합니다. 그러나 약속을 맺은 사건이 중요한 것이 아니라 약속을 맺은 이후에는 약속을 지키고 약속을 이루어 나가는 것이 훨씬 더 중요합니다. 하나님은 아브라함과 약속하셨다는 사실을 상기시키고, 하나님이 그 약속을 지켜오셨다는 사실과 지금 이스라엘 백성에게 그 약속을 이루고 성취시키려 한다는 것을 강조하시는 것입니다. 아브라함에게는 전능의 하나님으로는 나타났으나 나의 이름을 알리지 않았으나 지금 모세와 이스라엘 백성에게는 아브라함에게도 알리지 않았던 하나님의 이름을 알려 주셨다고 말씀하십니다. 아주 단도직입적으로 말해서 하나님에게는 이스라엘 백성이 아브라함만큼 아니 아브라함보다 더 중요하다는 것입니다. 하나님이 이 말씀을 하시는 이유는 이스라엘 백성이 하나님도 모르고 언약도 모르니까 하나님의 말씀을 들으려 하지 않기 때문입니다. 하나님을 모르는 백성에게는 하나님을 알게 하셔야 합니다. 하나님과 인간의 관계에서는 언제나 하나님이 먼저 일하십니다. 백성이 먼저 하나님을 믿고 순종해야 역사가 일어나는 것이 아니라 하나님이 먼저 은혜를 주시고 역사를 펼쳐주셔야 백성이 하나님을 알 수 있으며 믿을 수 있으며 순종할 수 있는 것입니다. 그래서 당연히 하나님이 먼저 행하시는 것입니다. 하나님이 일을 행하시기 전에 '나는 여호와니라' 라고 미리 말씀 하여주시고, 일을 행하신 후에 '나 여호와 맞지!' 라고 인정을 받으시는 것입니다.

### 너희의 하나님이 되리라

이스라엘을 향한 하나님의 다짐이 6, 7절 "내가 애굽 사람의 무거운 짐 밑에서 너희를 빼내며 그들의 노역에서 너희를 건지며 편 팔과 여러 큰 심판들로써 너희를 속량하여 너희를 내 백성으로 삼고 나는 너희의 하나님이 되리니"입니다. 너무나 감동적입니다. 하나님이 이스라엘의 하나님이 되시기를 원하시고 계십니다. 하나님이 명령하거나 위협하지 않으시고 하나님이 이스라엘에게 복종을 요구하지 않으십니다. 하나님이 모세와 이스라엘 그리고 저와 여러분의 하나님이 되시고 싶으셔서 얼마나 열심을 내시는지 아셔야 합니다. 하나님이 모세와 이스라엘 그리고 저와 여러분의 하나님으로 인정받고 싶으셔서 얼마나 수고 하시는

지 감동받으셔야 합니다. 하나님이 모세와 이스라엘 그리고 저와 여러분의 하나님이 되고 싶으셔서 얼마나 노력하시는지 이해하셔야 합니다.

기독교는 신의 권위로 인간을 누르는 종교가 아니라 하나님이 다양한 이적과 거듭된 말씀으로 인간을 이해시키고 설복하는 종교입니다. 또한 이것은 모세와 이스라엘 그리고 저와 여러분을 포함한 모든 인간 앞에 선택을 제시하는 문제가 아닙니다. 8절 "내가 아브라함과 이삭과 야곱에게 주기로 맹세한 땅으로 너희를 인도하고 그 땅을 너희에게 주어 기업을 삼게 하리라. 나는 여호와라."입니다. 이것이 하나님의 의지요, 하나님의 열정입니다. 모세와 이스라엘은 출애굽 하고야 말 것이며, 하나님의 자녀가 되고 말 것이며, 하나님의 백성이 되고 말 것이며, 하나님의 기업이 되고야 말 것이며, 하나님의 축복을 누리고야 말 것입니다. 하나님이 그렇게 하시겠다는 것입니다. 이스라엘을 출애굽시켜 하나님의 백성 삼으시듯, 하나님은 저와 여러분을 구원하시어 하나님의 백성 삼으신 것입니다. 만약 인간이 하나님을 인정하지 않으시면 하나님이 육신으로 강림까지 하시고 십자가에 죽으시면서까지 우리 하나님이 되시겠다고 선언하시는 것이고, 기어코 그렇게 하신 것입니다. 이것은 인간의 선택의 문제가 아니라 인간에게 주어진 하나님의 은혜요 하나님의 복입니다. 이것을 알면 하나님의 은혜를 누리는 것이요, 모르면 실제로는 하나님의 백성이면서도 자기만 하나님의 백성됨을 누리지 못하는 것입니다. 안타깝게도 이스라엘은 하나님을 알아차리지 못했습니다. 9절 "모세가 이와 같이 이스라엘 자손에게 전하나 그들이 마음의 상함과 가혹한 노역으로 말미암아 모세의 말을 듣지 아니하였더라.' 인 것입니다.

이스라엘 백성만 하나님의 말씀을 듣지 않은 것이 아니라 모세도 마찬가지였습니다. 10~12절 "여호와께서 모세에게 말씀하여 이르시되 들어가서 애굽 왕 바로에게 말하여 이스라엘 자손을 그 땅에서 내보내게 하라. 모세가 여호와 앞에 아뢰어 이르되 이스라엘 자손도 내 말을 듣지 아니하였거든 바로가 어찌 들으리이까? 나는 입이 둔한자니이다.”입니다. 아직까지 모세는 예전과 동일한 것입니다. 4장 10절에서 “본래 말을 잘 하지 못하나이다. 주께서 주의 종에게 명령하신 후에도 역시 그러하니 나는 입이 뻣뻣하고 혀가 둔한 자니이다.”라고 말했고 6장 12절에서 “나는 입이 둔한 자니이다.”라고 말하고, 6장 30절에서 다시 “나는 입이 둔한 자이오니 바로가 어찌 나의 말을 들으리이까”라고 말할 것입니다. 이러한 모세에게 하나님은 또 은혜를 주시고 또 계시를 주시고 또 역사를 펼치실 것입니다. 하나님은 모세가 하나님을 알고 모세가 하나님을 믿을 수 있을 때까지 가르치실 것입니다.

## 12

# 명령을 받은 자

### 출애굽기 6 : 13 ~ 7 : 7

13 여호와께서 모세와 아론에게 말씀하사 그들로 이스라엘 자손과 애굽 왕 바로에게 명령을 전하고 이스라엘 자손을 애굽 땅에서 인도하여 내게 하시니라 14 그들의 조상을 따라 집의 어른은 이러하니라 이스라엘의 장자 르우벤의 아들은 하녹가 발루와 헤스론과 갈미니 이들은 르우벤의 족장이요 15 시므온의 아들들은 여무엘과 야민가 오핫과 야긴과 소할과 가나안 여인의 아들 사울이니 이들은 시므온의 가족이요 16 레위의 아들들의 이름은 그들의 족보대로 이러하니 게르손과 고핫과 므라리요 레위의 나이는 백삼십 칠 세였으며 17 게르손의 아들은 그들의 가족대로 립니와 시므이요 18 고핫의 아들들은 아므람과 이스할과 헤브론과 웃시엘이요 고핫의 나이는 백삼십삼 세였으며 19 므라리의 아들들은 마흘리와 무시니 이들은 그들의 족보대로 레위의 족장이요 20 아므람은 그들의 아버지의 누이 요게벳을 아내로 맞이하였고 그는 아론과 모세를 낳았으며 아므람의 나이는 백삼십칠 세였으며 21 이스할의 아들들은 고라와 네벡과 시그리요 22 웃시엘의 아들들은 미사엘과 엘사반과 시드리요 23 아론은 암미나답의 딸 나손의 누이 엘리세바를 아내를 맞이하였고 그는 나답과 아비후와 엘르아살과 이다말을 낳았으며 24 고라의 아들들은 앗실과 엘가나와 아비아삽이니 이들은 고라 사람의 족장이요 25 아론의 아들 엘르아살은 부디엘의 딸 중에서 아내를 맞이하였고 그는 비느하스를 낳았으니 이들은 레위 사람의 조상을 따라 가족의 어른들이라, 26 이스라엘 자손을 그들의 군대대로 애굽 땅에서 인도하라 하신 여호와의 명령을 받은 자는 이 아론과 모세요 27 애굽 왕 바로에게 이스라엘 자손을 애굽에서 내보내라 말한 사람도 이 모세와 아론이었더라 28 여호와께서 애굽 땅에서 모세에게 말씀하시던 날에 29 여호와께서 모세에게 말씀하여 이르시되 나는 여호와라 내가 네게 이르는 바를 너는 애굽 왕 바로에게 다 말하라 30 모세가 여호와 앞에서 아뢰되 나는 입이 둔한 자이오니 바로가 어찌 나의 말을 들으리이까 1 여호와께서 모세에게 이르시되 볼지어다 내가 너를 바로에게 신 같이 되게 하였은즉 네 형 아론은 네 대언자가 되리니 2 내가 네게 명령한 바를 너는 네 형 아론에게 말하고 그는 바로에게 말하여 그에게 이스라엘 자손을 그 땅에서 내보내게 할지니라 3 내가 바로의 마음을 완악하게 하고 내 표징과 내 이적을 애굽 땅에서 많이 행할 것이나 4 바로가 너희의 말을 듣지 아니할터인즉 내가 내 손을

애굽에 뻗쳐 여러 큰 심판을 내리고 내 군대, 내 백성 이스라엘 자손을 그 땅에서 인도하여 낼지라 5 내가 내 손을 애굽 위에 펴서 이스라엘 자손을 그 땅에서 인도하여 낼 때에야 애굽 사람이 나를 여호와인줄 알리라 하시매 6 모세와 아론이 여호와께서 자기들에게 명령하신 대로 행하였더라 7 그들이 바로에게 말할 때에 모세는 팔십 세였고 아론은 팔십 삼 세였더라

# 하나님의 선언

## 일하시는 하나님

출애굽기에서 일하시는 분은 언제나 하나님이십니다. 이스라엘은 고통 중에 힘들다고 절규했습니다. 바로 왕의 살인 명령을 대항하여 산파를 도와 죽음에 임박한 인간의 생명을 살려주시는 분도 하나님이시고 고통스러워하는 인간의 절규를 들으시는 분도 하나님이시고 아브라함과 언약을 맺어주신 분도 하나님이시고 조상들과 맺으신 언약을 기억하신 분도 하나님이시고 이스라엘에게로 나아오시는 분도 하나님이시고 출애굽의 역사를 펼치시는 분도 하나님이십니다.

간혹 사람들은 '하나님이 일하신다. 그러나 하나님은 사람을 통해 일하신다'고 말합니다. 이 말은 하나님도 사람이 없으면 일을 못 하시든가 또는 하나님의 일도 사람이 있어야만 되어 진다는 의미는 아닙니다. 하나님이 사람을 통해 일하신다는 말의 의미는 하나님이 하시는 일은 그 일 자체가 목적이 아니라 사람을 위해서 그 일을 하신다는 것입니다. 하나님이 사람을 통해 일을 하실 때 그 사람 때문에 일이 쉬워진 경우나 일이 가벼워진 경우나 일이 빨라진 경우가 전무합니다. 언제나 그 사람 때문에 일이 늘어나고 일이 어려워지고 일이 복잡해집니다. 출애굽기에서도 하나님이 모세를 부르셔서 3~6장까지 정작 출애굽의 일은 하나도 못하고 계속하여 모세와 실랑이를 벌이고 있을 뿐입니다. 모세 때문에 일이 지체되고 있을 뿐입니다.

만약 하나님이 일이 목적이었다면 하나님은 절대로 사람과 함께 일하지 않으셨을 것입니다. 일이 목적이었다면 하나님이 혼자 해버리시는 것이 가장 빠르고 가장 편하고 가장 확실할 것이기 때문입니다. 그러나 하나님은 혼자 일을 하지 않으셨습니다. 왜냐하면 하나님의 목적은 일이 아니라 사람이기 때문입니다. 그래서 '하나님은 사람을 통해 일하신다'라는 말보다는 정확하게 표현한다면 '하나님은 일을 통해 사람에게 계시하신다' 또는 '하나님은 일을 통해 사람을 축복하신다.'고 말해야 합니다. 하나님의 목적은 일이 아니라 사람이며, 하나님은 일을 위해 사람을 쓰시는 것이 아니라 사람을 위해 일을 쓰는 것입니다. 하나님의 목적, 하나님의 사역 대상은 사람입니다. 하나님의 목적은 사람이 하나님을 알고 하나님의 은혜와 복락을 누리는 것입니다. 인간은 하나님의 일의 수단이 아니라 대상입니다. 하나님의 사역에서 정작 일하는 당사자는 언제나 하나님이십니다. 기독교의 하나님은 인간을 위해 일하시는 분이십니다.

### 반복되는 항변, 반복되는 계시

출애굽기에서 하나님 사역의 첫 번째 대상이 모세입니다. 하나님이 모세를 부르신 이유는 모세가 하나님의 사역에 적합한 능력이 있기 때문이 아니요, 하나님을 향한 충성심이 있기 때문도 아니요, 신실한 믿음이 있기 때문도 아닙니다. 하나님이 모세를 부르신 이유는 모세가 하나님을 몰라서 즉 모세가 하나님을 알아야 하기 때문입니다. 모세는 하나님을 모르기에 하나님의 말씀에 따를 수 없다고 버티는데 참 어지간히도 고집이 있습니다. 모세는 자기가 모르는 것, 자기가 할 수 없는 것은 죽어도 못한다고 버팁니다. 모세는 하나님께 물어 볼 것 다 물어보고 하나님을 시험해 볼 것 다 시험해 보고 하나님을 조롱할 것 다 하면서 끝끝내 못한다고 난리입니다. 그런 모세를 하나님은 다 받아주신다는 것입니다. 하나님이 모세의 모든 행동을 전혀 책망이나 꾸짖음 없이 다 받아주시는 이유는 모세의 항변이 당연하기 때문입니다. 인간이 자기 자신이 생각할 때에 할 수 없다고 여기지는 일을 하지 못하고 버티는 것은 당연한 것이기에 모세의 태도는 당연한 것이고 바로 왕의 태도도 당연한 것입니다.

하나님과 인간의 관계에서 일해야 하는 존재는 언제나 하나님입니다. 하나님과 모세 중에 당연히 하나님이 일하십니다. 모세가 하나님을 위해 일하는 것이 아니라 하나님이 모세를 위해 일하시는 것이고, 이스라엘이 하나님을 위해 일하는 것이 아니라 하나님이 이스라엘을 위해 일하시는 것입니다. 지금까지의 상황을 돌아보면 모세가 한 일은 오직 하나 말대답뿐입니다. 계속 일하신 분이 하나님이십니다. 하나님은 떨기나무 불꽃 가운데 나타나셨고, 모세에게 가서 말하라고 말씀도 하셨습니다. 모세가 이름을 물으매 하나님이 대답하셨고 모세가 못가겠다고 버티자 하나님이 이적과 기적을 펼치셨습니다. 하나님은 이런 저런 일을 하고 계시고 모세는 구경만 하고 있는 것입니다. 지팡이가 뱀이 되게 하는 것도 하나님이 하셨습니다. 뱀이 지팡이가 되게 하는 것도 하나님이 행하신 일입니다. 모세의 손에 나병이 들게 하는 것도 하나님이 행하셨습니다. 나병든 손이 온전하게 회복되게 하는 것도 하나님이 행하신 일입니다. 아론을 부른 것도 모세가 아니라 하나님이셨고, 아론에게 모세를 맞으러 나가게 하신 것도 하나님이 하셨습니다. 모세는 말대꾸만, 불평만 하고 있었고 하나님이 모든 일을 하셨습니다. 안 가겠다는 모세, 할 수 없다는 모세를 가게하고 모세에게 할 수 있다는 것을 알려 주려면 하나님이 더 많이 설득해야 합니다. 바로 왕에게도 마찬가지입니다. 바로 왕은 자기가 하나님의 말씀을 거부할 수 있다고 생각합니다. 하나님의 뜻대로가 아니라 자기 뜻대로 할 수 있다고 생각합니다. 바로 왕에게 하나님이 하시려는 것을 막을 수 없다는 것을 알게 하려면 하나님이 바로에게 하나님을 알려 주셔야 합니다. 그래서 하나님이 계속 일하시는 것입니다.

하나님은 일이 이렇게 진행될 줄 처음부터 다 알고 계셨습니다. 하나님이 말씀하시면 바로 왕이 백성을 보내주지 않을 것을 알고 계셨습니다. 그래서 바로 왕이 백성을 보내주지 않아도 하나님은 놀라지 않으십니다. 마찬가지로 하나님이 부르시고 말씀하시면 모세가 당장 순종하지 않을 것 즉 애굽 사람 바로 왕은 둘째 치고 이스라엘 사람 모세부터도 순종을 하지 않을 것을 알고 계셨습니다. 그래서 하나님은 처음부터 모세가 순종할 때까지 이미 하나하나 순서를 가지고 일을 해오셨습니다. 순종할 때까지가 아니라 순종할 수 있도록 일 해 오신 것입니다. 하나님은 모세가 순종하기를 기다리신 것이 아니라 모세가 순종할 수 있도록 계시하시고 가르치시고 증거 하신 것입니다.

## 왜 족보인가?

### 기획된 일들

3장에 하나님이 출현하시는 사건부터 4장에 이적과 기적, 5장에 바로의 반응, 6장에 족보가 나타나고 7장에 다시 하나님이 말씀하시는 장면까지 모든 사건은 처음부터 계획된, 순서와 절차가 있는, 하나하나 진행되어져 가고 있는 연속 기획물입니다. 모세는 6장 12절에서 입이 둔한 자라고 항변하고 6장 30절에서 다시 입이 둔한 자라고 항변합니다. 모세의 항변에 대해 7장1~6절까지 하나님이 말씀을 하십니다. 모세의 저항은 여기까지입니다. 7장 7절부터는 모세의 항변하는 자세가 없어집니다. 그리고는 모세가 모든 것을 "하나님이 명하신 대로 하였더라."라는 표현이 나오기 시작합니다. 출애굽기를 자꾸 읽어보시면 7장 이후부터 모세의 태도와 자세가 바뀌었다는 것을 감지하실 수 있습니다. 드디어 모세가 더 이상 항변하지 않는 것이며, 나름대로 일할 수 있는 모든 것이 갖추어졌다고 생각하는 것입니다. 그렇다면 그 동안 모세는 왜 그렇게 버텼을까요? 도대체 무엇이 부족하다고 생각하여 하나님의 말씀을 거부하였을까요? 반대로 하나님은 모세에게 무엇을 제공하셨을까요?

6장 14절 이하는 족보 또는 가계도가 등장합니다. 이러한 문맥의 배열을 보고 흔히 말하기를 '느닷없다' 라고 합니다. 성도들이 성경 읽기를 난감해 하는 이유가 바로 이런 구절 즉 뜬금없이 엉뚱한 이야기가 펼쳐진다고 생각하기 때문입니다. 왜 갑자기, 불현 듯이, 정처 없이, 홀연히 족보가 등장할까요? 우리의 생각에는 이상하지만 하나님은 인격적인 분으로서 모든 일을 질서 있고 규모 있게 행하심을 기억하셔야 합니다. 이곳에 족보가 등장하는 것 또한 하나님의 세밀한 배려요 치밀한 구도입니다. 제목을 족보 또는 계보 또는 가계도라고 소개했지만 실제로는 정확하게 무엇이라고 불러야 할지 요상합니다. 아담부터 시작하는 인류의 족보도 아니고, 아브라함부터 시작하는 이스라엘의 계보도 아닙니다. 불쑥 야곱의 아들부터 시작합니다. 창세기에 의하면 야곱은 열 두 아들을 두었기에 야곱부터 족보가 시작된다면 야곱의 열 두 아들의 명단이 나와야 하는데 족보에는 달랑 세 아들만 나옵니다. 야곱의 아들 중 레위가 등장하고, 특별히 레위의 아들들이 많이 나오고 마지막 26절은 "이스라엘 자손을 그들의 군대대로 애굽 땅에서 인도하라 하신 여호와의 명령을 받은 자는 이 아론 모세요" 즉 아론과 모세로, 27절은 "애굽 왕 바로에게 이스라엘 자손을 애굽에서 내보내라 말한 사람도 이 모세와 아론이었더라." 즉 모세와 아론으로 끝이 납니다. 조상에서부터 족보를 나열해 오다 보니까 아론과 모세에 도달한 것이 아니라 처음부터 아론과 모세를 부각시키기 위한 의도적인 족보입니다. 즉 이 족보는 일부러 여기에 등장한다는 것입니다. 왜 이러한 족보가 나올까요?

이 족보의 역할을 이해하는 힌트는 바로 7장 1절에 있습니다. "여호와께서 모세에게 이르시되 볼지어다. 내가 너를 바로에게 신 같이 되게 하였은즉 네 형 아론은 네 예언자가 되리니"입니다. 하나님은 모세가 바로 왕에게 신 같이 되게 하셨고 아론은 예언자가 된다고 말씀하십니다. 이와 유사한 표현이 이미 출 4장 16절 나왔었습니다. "그아론가 너모세를 대신하여 백성에게 말할 것이니 그는 네 입을 대신할 것이요 너는 그에게 하나님 같이 되리라."입니다. 4장 16절은 하나님이 모세와 아론을 하나로 엮어주시겠다는 장면으로 모세는 신과 같은 존재의 역할을 맡을 것이고 아론은 신의 예언자, 신의 말을 대언하는 자가 되게 하실 것이라는 말입니다. 이제 모세와 아론의 역할이 결정되었습니다. 궁금한 것은 왜 모세와 아론의 역할이 정해져야 하고 이곳에 모세와 아론의 족보가 등장하는 이유입니다.

### 신과 같게, 대언자가 되리니

하나님이 이와 같이 일하시고, 성경이 이와 같이 기록되어 있는 이유는 모세와 아론이 만나야 하는 대상이 애굽의 바로 왕이기 때문입니다. 바로는 애굽의 왕이지만 오늘날과 같은 수상, 대통령, 임금 정도의 신분이 아닙니다. 고대 세계 또는 당시 애굽의 세계관에서 애굽의 파라오 또는 왕은 사람들에게 신적인 존재로 인식되어 있습니다. 애굽 왕을 칭하는 파라오 또는 바로라는 명칭 자체가 신의 아들이라는 의미를 담고 있습니다. 바로 왕은 신적인 존재이기에 당연히 신적인 존재는 인간적인 존재와 상면하지 않습니다. 신적인 존재는 신적인 존재와 대면하는 것입니다. 신적인 존재는 신적인 존재와만 상면하는 것이고, 신적인 존재는 자신과 격이 다르고 급이 다르고 수준이 다른 존재들에게 자신이 말을 하지 않습니다. 바로 이외의 다른 존재들은 모두 자신 보다 격이 낮은 존재요, 격이 낮은 존재와 말을 할 때는 직접 말하지 않고 옆의 대언자 또는 예언자를 통해서 말을 하는 것입니다. 그래서 바로 왕은 자신이 신적인 존재로서 신적인 위엄을 가지고 있으며 그 옆에 신의 대언자들, 예언자들, 종교 집행자들이 서 있는 것입니다.

바로에게 나아가는 모세는 애굽에 이스라엘 백성을 도와달라는 민원을 청구하러 가는 것이 아닙니다. 일개 애굽 감독이나 관료를 만나서 부탁하러 가는 것이 아닙니다. 모세는 애굽의 신적인 존재요 신의 존재 양식을 가지고 행동하는 바로 왕을 만나러 갈 예정인 것입니다. 하나님은 인간에게 매우 친절하신 분입니다. 하나님은 인간을 곤경에 빠뜨리지 않으시고, 무안을 당하게 만들지 않으시고, 난감한 상황에 밀어 넣지 않으십니다. 하나님은 언제나 인간을 높여주시고 존귀하게 해주시고 인격적으로 대해주십니다. 모세의 경우 하나님은 모세를 애굽의 바로 왕에게 보내면서 막무가내로 보내시는 것이 아니라 바로 왕과 대면할 수 있는 최소한의 폼을 갖추어 주시는 것입니다. 애굽의 왕이 신적 존재로 인식되고 예언자를 대동하는 양식으로 등장을 한다면, 하나님은 모세도 신적인 존재로 만들어주고 예언자를 대동시켜 주시는 것입니다. 그래서 애굽 왕의 모습과 모세의 모습의 격을 맞추어 주시는 것입니다. 출애굽기 4장 16절의 말씀이 이제는 7장 1절의 말씀으로 이어지는 것입니다. 처음에 모세와 아론의 관계에서 모세가 신과 같은 자가 되고 아론이 예언자가 된다고 했습니다. 그 말은 모세를 하여금 아론을 지배하고 아론으로 하여금 모세를 섬기라는 말이 아닙니다. 모세와 아론의 역할은 이제 바로 앞에 설 때에 분명해 지는 것입니다. 모세는 아론에게 신적인 모습이 되는 것이 아니라 바로에게 신적인 존재로 나아가게 되는 것이고, 아론은 바로에게 신적인 존재인 모세의 예언자가 되는 것입니다.

이 순간에 하나님이 얼마나 적절하게 일하시는 분이신가를 보여주는 장면이 6장 14~25절의 족보입니다. 혹자들은 느닷없는 족보의 등장에 난감해 하지만 이곳에 족보가 등장하는 것은 치밀한 하나님의 기획입니다. 지금 여기에 족보가 등장하는 이유는 모세가 바로 왕 앞에서 신적인 존재로 역할을 해야 하기 때문입니다. 앞서 출애굽기 3장에서 하나님이 모세에게 처음 나타났을 때에 모세가 하나님의 이름을 물어보는 장면이 있었습니다. 모세가 하나님께 이름을 물어보았다는 것은 단지 이름이 이니라 신의 계보, 신의 족보, 신의 서열을 물어본 것이라고 했습니다. 왜냐하면 애굽의 신개념, 애굽의 종교개념에는 모든 신이 계보와 족보와 서열이 있기 때문입니다. 그때 하나님의 대답이 "나는 스스로 있는 자이니라."였습니다. 하나님의 대답은 하나님이 애굽의 신들과 원천적으로 다른 존재임을 선언하는 것이었습니다.

지금은 모세가 애굽의 신적 존재인 바로 왕에게 나아가야 합니다. 애굽의 바로 왕은 신적인 존재로서 당연히 족보를 가지고 있습니다. 바로 왕은 애굽의 태양신 라Ra의 아들 파라오입니다. 애굽의 신적인 존재 바로 왕 앞에 나아가라면 모세 또한 신적인 존재가 되어야 하고, 바로가 애굽의 신의 아들로서 족보가 있다면, 모세 또한 신적인 존재로서 나아가 대면하려면 애굽의 신들의 형식에 구색을 맞추는 족보가 있어야 합니다. 물론 애굽의 신들의 족보에는 각양 신들과 신들의 능력과 신들의 영역을 자랑스럽게 나열하고 있습니다. 이에 반해 모세의 족보는 단지 몇몇 조상들의 이름을 적어 놓았을 뿐입니다. 하나님께서 애굽 신들의 족보를 조롱하며 비웃기 위해 도무지 어울리지 않는 모세의 족보를 동원하고 있다는 것을 분별하셔야 합니다. 애굽의 모든 것을 아예 무시하는 것이 아니라 도리어 어울리지 않는 족보를 동원하여 줌으로 애굽의 폼생폼사에 맞장구를 치시는 것입니다. 하나님의 조크, 하나님의 위트를 이해하셔야 합니다.

유사한 형식의 재미있는 예를 들어보겠습니다. 유럽에서는 법관들이 흰색의 큰 가발을 쓰는 것이 전통입니다. 웅장한 흰색 가발을 쓰는 것이 법관이라는 최고의 권위의 상징으로 여겨지는 것입니다. 우리나라의 평범한 아저씨가 대머리인 관계로 사람들 몰래 가발을 쓰고 다녔습니다. 이분이 유럽을 관광을 하던 중 대법원을 탐방하게 되었는데 출입문 앞에서 경비원들이 가로막고 '이곳은 아무나 들어갈 수 있는 곳이 아닙니다. 이곳을 들어가시려면 권위의 상징인 가발이 있어야만 합니다. 당신 같은 사람은 못 들어갑니다.' 라고 말했습니다. 이때 이 분이 갑자기 자기 머리에서 가발을 벗으니 대머리가 드러났습니다. 그리고 '나도 가발을 썼습니다. 우리나라에서는 하급 판사들이 하얀 가발을 쓰고, 진짜 훌륭한 대법관들은 검은 가발을 씁니다.' 라고 말하고는 유유히 들어갔답니다. 이분이 자기의 가발을 통해 저들의 전통을 아주 재밌게 비웃어준 것이 하나님이 모세의 양치는 막대기를 통해 바로 왕의 통치자의 홀을 흉내 내고, 모세의 족보를 통해 애굽의 종교관과 세계관을 비웃어 주는 것과 유사한 것입니다.

## 갖추어진 폼

이제 모든 폼이 갖추어졌습니다. 바로는 애굽의 신이기에 하나님은 모세로 하여금 바로 왕 앞에 신적인 존재가 되게 하셨습니다. 바로는 애굽의 신으로서 예언자들을 데리고 있기에 하나님은 아론으로 하여금 모세의 대언자의 역할을 하게 하셨습니다. 애굽 왕 바로는 신적인 존재로서 권위와 위엄의 상징인 홀 또는 지팡이를 가지고 있기에 하나님은 모세에게 막대기를 들고 가게 하셨습니다. 또한 바로는 신적은 존재로서 족보를 가지고 있기에 하나님은 모세와 아론의 족보를 기록해 주셨고 바로의 뒤에는 태양신 라Ra가 있기에 하나님의 모세의 함께 스스로 계신 분 여호와로 서 계시는 것입니다. 모세가 부족하다고 느껴졌던 모든 부분을 하나님이 채우셨습니다. 모세가 자격이 없다고 생각했던 모든 자격을 하나님이 구비하여 주셨습니다. 언제나 기억하셔야 하는 것은 하나님은 자격이 있는 자나 준비가 된 자를 부르시는 분이 아니라는 것입니다. 도리어 하나님은 아무나 부르십니다. 그리고 하나님이 부른 그 사람을 자격이 있는 자로 준비시켜 주시고 만들어 주시는 것입니다. 그래서 하나님이 일꾼이신 것입니다.

족보의 마지막 부분 6장 26, 27절은 "이스라엘 자손을 그들의 군대대로 애굽 땅에서 인도하라 하신 여호와의 명령을 받은 자는 이 아론과 모세요 애굽 왕 바로에게 이스라엘 자손을 애굽에게 내보내라 말한 사람도 모세와 아론이었더라."입니다. 본문에는 모세와 아론에 대해 "명령을 받은 자"로 표현되어 있습니다. 하나님이 말씀하신 것이 "명령"이라고 번역되어 있기에 성경을 읽는 분들이 자꾸 하나님이 명령하고 지시한 줄로 생각하고 하나님의 명령을 받은 사람들은 복종하고 따라야 한다고 생각합니다. 그러나 정확하게 말하면 하나님은 명령하신 것이 아닙니다. 모세와 아론은 하나님의 일을 이루어 내라고 명령을 받은 자가 아니라, 도리어 하나님에 의하여 세움을 받은 자인 것입니다. 기독교는 인간에게 하나님의 일을 하라고 명령을 내리지 않습니다. 도리어 감히 인간이 하나님의 역사에 동참할 수 있도록 세움을 받는 것입니다. 모세로서는 할 수 없는 일을 할 수 있도록 하나님이 부르시고 도우시고 세워주신 것입니다. 저와 여러분 모두도 마찬가지입니다. 하나님의 일을 위해 일꾼으로 명령받은 것이 아니라, 하나님의 백성으로 세움 받은 것이요 하나님의 자녀로 인치심을 받은 것이요 하나님의 후사로 존귀함을 받은 것입니다. 그래서 하나님이 고마우신 분이요 은혜로우신 분이요, 하나님의 은혜를 받은 사람이 하나님께 감사하고 찬양하는 것입니다.

### 나는 여호와라

하나님은 사람을 들어 일꾼으로 사용하시는 것이 아니라 하나님이 일하셔서 하나님의 사람으로 만들어 내시는 것입니다. 하나님의 일하심의 대상이 바로 인간입니다. 그래서 일하실 때마다 "나는 여호와라"라고 선언하시면서 하나님을 알라고 권면하시는 것입니다. 6장 2절, 6장 6절, 6장 8절, 6장 29절에 계속하여 "나는 여호와라"라고 선언하시고, 7장부터 하나님의 열 가지 이적과 기적이 나타날 때도 계속하여 "이로써 너희가 내가 여호와인줄 알리라."라고 선언하시는 것입니다. 하나님은 일하시는 분이요, 하나님이 일하시는 대상은 인간이요, 하나님의 일하시는 내용은 인간으로 하여금 하나님을 알게 하시고, 그 결과 인간이 하나님의 마음과 심정과 원리를 가지고 하나님의 세상에서 행복하게 사는 것입니다.

하나님이 모세를 부르셔서 계속 해서 한 가지 '가서 말하라' 는 말씀을 하십니다. 종종 사람들은 하나님이 왜 바로에게 직접 말씀하지 않는지, 하나님이 왜 열 번씩이나 이적을 행하시는 지 궁금해 합니다. 하나님의 일하심을 유심히 살펴보면 하나님은 일하실 때 단지 일을 하시는 것이 아니라 일정한 패턴이 있음을 발견하게 됩니다. 하나님은 일을 시작하기 전에 언제나 우선 '이런 일이 있으리라.' 라고 알려 주십니다. 그리고 실제로 하나님이 말씀하신 일이 일어납니다. 그래서 사람들은 하나님이 단도직입적으로 일을 이루셔도 될 텐데, 예고 없이 그냥 일하시면 안 되냐고 묻기도 합니다. 하나님이 예고 없이 일하시면 안 됩니다. 왜냐하면 하나님의 일하심의 목적이 일 자체가 아니라 '하나님의 말씀대로 된다' 는 것을 알게 하고, '그분이 하나님이시다' 라는 것을 알게 해야 하기 때문입니다. 그래서 7장 3절 "내가 내 표징과 이적을 애굽 땅에서 많이 행할 것이다."라는 선언이 나오는 것입니다. 그 결과는 7장 5절 "내가 내 손을 애굽 위에 펴서 이스라엘 자손을 그 땅에서 인도하여 낼 때에야 애굽 사람이 나를 여호와인줄 알리라."가 되는 것입니다. 하나님의 일하심, 하나님의 사역의 목적은 애굽을 쓸어버리는 것이 아니고, 애굽을 파멸시키는 것이 아니고, 애굽을 저주하는 것이 아니고, 애굽도 하나님을 알게 하시는 것입니다. 하나님은 사람들이 하나님을 알 때까지

계속하여 일하십니다. 또한 하나님은 언제나 저와 여러분이 하나님의
은혜를 풍성히 누릴 때까지 동행하여 주실 것입니다. 하나님을 아시고
하나님으로 인한 자유와 평안과 행복과 행복을 풍성히 누리시기를 주님
의 이름으로 축원합니다.

# 13

## 말씀과 같았더라

### 출애굽기 7 : 8 ~ 8 : 15

8 여호와께서 모세와 아론에게 말씀하여 이르시되 9 바로가 너희에게 이르기를 너희는 이적을 보이라 하거든 너는 아론에게 말하기를 너의 지팡이를 들어서 바로 앞에 던지라 하라 그것이 뱀이 되리라 10 모세와 아론이 바로에게 가서 여호와께서 명령하신 대로 행하여 아론이 바로와 그의 신하 앞에 지팡이를 던지니 뱀이 된지라 11 바로도 현인들과 마술사들을 부르매 그 애굽 요술사들도 그들의 요술로 그와 같이 행하되 12 각 사람이 지팡이를 던지매 뱀이 되었으나 아론의 지팡이가 그들의 지팡이를 삼키니라 13 그러나 바로의 마음이 완악하여 그들의 말을 듣지 아니하니 여호와의 말씀과 같더라 14 여호와께서 모세에게 이르시되 바로의 마음이 완강하여 백성 보내기를 거절하는도다 15 아침에 너는 바로에게로 가라 보라 그가 물 있는 곳으로 나오리니 너는 나일 강 가에 서서 그를 맞으며 그 뱀 되었던 지팡이를 손에 잡고 16 그에게 이르기를 히브리 사람의 하나님 여호와께서 나를 왕에게 보내어 이르시되 내 백성을 보내라 그러면 그들이 광야에서 나를 섬길 것이니라 하였으나 이제까지 네가 듣지 아니하도다 17 여호와가 이같이 이르노니 네가 이로 말미암아 나를 여호와인 줄 알리라 볼지어다 내가 내 손의 지팡이로 나일 강을 치면 그것이 피로 변하고 18 나일 강의 고기가 죽고 그 물에서는 악취가 나리니 애굽 사람들이 그 강물 마시기를 싫어하리라 하라 19 여호와께서 또 모세에게 이르시되 아론에게 명령하기를 네 지팡이를 잡고 네 팔을 애굽의 물들과 강들과 운하와 못과 모든 호수 위에 내밀라 하라 그것들이 피가 되리니 애굽 온 땅과 나무 그릇과 돌 그릇 안에 모두 피가 있으리라 20 모세와 아론이 여호와께서 명령하신 대로 행하여 바로와 그의 신하의 목전에서 지팡이를 들어 나일 강을 치니 그 물이 다 피로 변하고 21 나일 강의 고기가 죽고 그 물에서는 악취가 나니 애굽 사람들이 나일 강 물을 마시지 못하며 애굽 온 땅에는 피가 있으나 22 애굽 요술사들도 자기들의 요술로 그와 같이 행하므로 바로의 마음이 완악하여 그들의 말을 듣지 아니하니 여호와의 말씀과 같더라 23 바로가 돌이켜 궁으로 들어가고 그 일에 관심을 가지지도 아니하였고 24 애굽 사람들은 나일 강 물을 마실 수 없으므로 나일 강 가를 두루 파서 마실 물을 구하였더라 25 여호와께서 나일 강을 치신 후 이레가 지나니라 1 여호와께서 모세에게 이르시되 너는 바로에게 가서 그에게 이르기를 여호와의 말씀에 내 백성

내가 여호와인 줄 알리라  **211**

을 보내라 그들이 나를 섬길 것이니라 2 네가 만일 보내기를 거절하면 내가 개구리로 너의 온 땅을 치리라 3 개구리가 나일 강에서 무수히 생기고 올라와서 네 궁과 네 침실과 네 침상 위와 네 신하의 집과 네 백성과 네 화덕과 네 떡 반죽 그릇에 들어갈 것이며 4 개구리가 너와 네 백성과 네 모든 신하에게 기어오르리라 하셨다 하라 5 여호와께서 모세에게 이르시되 아론에게 명령하기를 네 지팡이를 잡고 네 팔을 강들과 운하들과 못 위에 펴서 개구리들이 애굽 땅에 올라오게 하라 할지니라 6 아론이 애굽 물들 위에 그의 손을 내밀매 개구리가 올라와서 애굽 땅에 덮이니 7 요술사들도 자기 요술대로 그와 같이 행하여 개구리가 애굽 땅에 올라오게 하였더라 8 바로가 모세와 아론을 불러 이르되 여호와께 구하여 나와 내 백성에게서 개구리를 떠나게 하라 내가 이 백성을 보내리니 그들이 여호와께 제사를 드릴 것이니라 9 모세가 바로에게 이르되 내가 왕과 왕의 신하와 왕의 백성을 위하여 이 개구리를 왕과 왕궁에서 끊어 나일 강에만 있도록 언제 간구하는 것이 좋을는지 내게 분부하소서 10 그가 이르되 내일이니라 모세가 이르되 왕의 말씀대로 하여 왕에게 우리 하나님 여호와와 같은 이가 없는 줄을 알게 하리니 11 개구리가 왕과 왕궁과 왕의 신하와 왕의 백성을 떠나서 나일 강에만 있으리이다 하고 12 모세와 아론이 바로를 떠나 나가서 바로에게 내리신 개구리에 대하여 모세가 여호와께 간구하매 13 여호와께서 모세의 말대로 하시니 개구리가 집과 마당과 밭에서부터 나와서 죽은지라 14 사람들이 모아 무더기로 쌓으니 땅에서 악취가 나더라 15 그러나 바로가 숨을 쉴 수 있게 됨을 보았을 때에 그의 마음을 완강하게 하여 그들의 말을 듣지 아니하였으니 여호와께서 말씀하신 것과 같더라

## 모세가 떴다

### 이야기 전개

출애굽기 1장부터 지금까지의 장면은 매우 단순합니다. 애굽에 살던 이스라엘 백성의 숫자가 많아져서 위협을 느낀 바로 왕이 이스라엘 백성들에게 노역을 시켜 삶을 곤고하게 하고, 출생하는 사내아이들을 죽이도록 명령을 내렸고, 그런 와중에 모세라는 사람이 출생하여 왕궁에서 성장하다가 개인적 감정으로 사람을 죽이고 광야로 도망하여 살고 있던 중 하나님이 그에게 나타나 애굽으로 돌아가서 바로 왕에게 하나님의 말씀을 전하라는 분부를 받았다는 것입니다. 바로 왕에게 나아가기를 주저하는 모세에게 하나님이 여러 가지 모양으로 나아갈 수 있도

록 모세의 요구를 들어주고 바로 왕에게 나아갈만한 모양새를 갖추어 주었습니다. 실제로 모세가 바로에게 나아가서 하나님의 말씀을 전했으나 아무런 긍정적 반응은 없고 도리어 백성들의 삶만 곤고해지고, 모세는 바로와 백성들 모두에게 비난을 받게 되자 하나님께 나아와 불평을 쏟아 놓았습니다. 그러자 하나님은 모세에게 또 다시 하나님이 이스라엘 백성을 애굽에서 인도하여 내실 것을 천명하셨습니다.

스토리 상으로는 간단한데 정작 성경 본문에는 많은 양이 할애되어 있습니다. 정작 출애굽기를 읽어보면 하나님과 모세가 나눈 대화의 절반이상이 동일한 내용이라는 것을 발견하게 될 것입니다. 3장 5~12절에서 하나님이 이스라엘을 애굽에서 건져내겠다고 선언하셨습니다. 6장 1~9절에 동일한 내용이 반복되고, 7장 1~7절에 동일한 내용이 또 반복이 됩니다. 대화의 중간 중간에 모세의 요청이 있고 하나님의 응답이 있습니다. 하나님이 동일한 말씀을 계속 반복하는 이유는 모세가 하나님의 말씀을 알아듣지 못하기 때문이요 모세가 하나님의 말씀에 동의하지 않기 때문입니다. 애굽 땅에 나타날 열 가지 이적 사건도 동일한 이유입니다. 이적과 기적의 양상이 다양하기는 하지만 동일한 목적을 가진 사건이 무려 열 번이나 반복됩니다. 이적과 기사가 열 번이나 반복되는 이유는 바로 왕이 하나님의 말씀을 알아듣지 못하기 때문이요, 바로 왕이 하나님의 말씀대로 행동하지 않기 때문입니다.

### 하나님의 말씀대로

7장 10절 서두에 "모세와 아론이 바로에게 가서"라고 나옵니다. 모세가 바로에게 처음 나간 것이 5장 1절입니다. 바로 앞에 갔다가 봉변만 당하고 쫓겨난 후 다시, 두 번째로 바로에게 나아간 것입니다. 처음 바로에게 갔다 온 후 좌절하고 낙담해서 하나님께 항변하던 모습이 5장 22절에 나와 있습니다. 6장과 7장에 걸쳐 하나님의 말씀이 있었고 이제

7장 10절에서 모세가 두 번째 바로에게 나아가는 것입니다. 5장에서 처음 바로에게 나아갔던 모세와 7장에서 두 번째 나아가는 모세는 큰 차이가 납니다. 만약 아무 것도 달라지지 않았다면 모세는 두 번 다시 바로에게 나아가지 않았을 것입니다. 모세가 달라진 것은 거듭된 사건과 반복되는 하나님의 말씀을 들으면서 한 가지를 깨달은 것입니다.

처음에 모세는 자신이 위험을 무릅쓰고 바로에게 나아갔으나 아무 것도 얻은 것이 없다고 생각했습니다. 그래서 하나님께 왜 보내놓고 아무 일도 일어나지 않게 하셨냐고 불평을 했었습니다. 그런데 그것은 모세가 잘못 생각한 것이었습니다. 하나님은 모세에게 '네가 한 번만 가면 한 번에 이스라엘 백성을 데리고 나아올 수 있도록 해 주겠다.'고 말씀하신 적이 없습니다. 도리어 하나님은 정반대로 말씀을 하셨습니다. 3장 19절에 "내가 아노니 강한 손으로 치기 전에는 애굽 왕이 너희가 가도록 허락하지 아니하다가 내가 내 손을 들어 애굽 중에 여러 가지 이적으로 그 나라를 친 후에야 그가 너희를 보내리라."고 하나님은 이미 일어날 상황에 대해 정확하게 말씀을 하셨던 것입니다. 또 6장 1절에 "내가 바로에게 하는 일을 네가 보리라 강한 손으로 말미암아 바로가 그들을 보내리라 강한 손으로 말미암아 바로가 그들을 그의 땅에서 쫓아내리라."고 바로가 보내지 않을 것도 말씀하셨고 여러 가지 이적을 행하실 것도 이미 말씀하셨습니다. 그러므로 바로가 이스라엘 백성을 보내지 않은 것은 하나님의 계획이 실패가 아니라, 모든 일이 하나님의 계획대로 하나님이 말씀하신 대로 진행되고 있다는 것을 의미하는 것입니다. 모세는 이제야 '아, 실패가 아니구나. 원래 이렇게 될 것이라고 말씀하셨구나. 모든 것이 하나님의 말씀대로 이루어지고 있는 것이구나!' 라는 생각을 하게 된 것입니다.

사람들이 하나님의 의도를 모르기 때문에 하나님의 일하심을 오해합니다. 성경에서 오해받는 가장 대표적인 사건이 바로 예수님의 십자가 사건입니다. 예수님이 이 땅에 오신 것은 십자가를 지고 죽기 위해서입니다. 그러므로 예수님이 죽으시는 것은 실패가 아니라 성공입니다. 예수는 하나님의 일을 하다가 사로잡혀서 죽임을 당한 실패한 개혁자가 아니라 원래의 목적과 의도대로 사역을 완성하신 성공자입니다. 구약에서 예수의 삶을 예언한 것이 이사야 52장 13절 "보라 내 종이 형통하리니."입니다. 만약 예수가 잡히지 않았거나 고난을 당하지 않았거나 죽임을 당하지 않았으면 다행인 것이 아니라 큰일 인 것입니다. 예수가 성육신 하신 것, 예수가 삼년 동안 사역을 행하신 것, 예수가 사람들에게 배척을 받으신 것, 예수가 사로잡히신 것, 예수가 관원에게 매를 맞으시는 것, 예수가 십자가를 지고 가시는 것, 예수가 죽으시는 것은 모두 형통한 예수의 삶입니다. 예수의 삶은 고난과 시련과 역경이 아니라 만사형통이요 일사천리의 삶인 것입니다. 하나님의 의도와 목적을 바로 알아야 하나님이 행하시는 사건들을 바로 이해할 수 있는 것입니다. 대부분의 죄인들은 하나님을 모르고, 하나님의 목적을 모르고, 하나님의 일하시는 의도를 모르고 오해합니다. 모두 모세처럼 자기 방식 즉 죄의 방식으로만 생각을 합니다.

## 모세의 변화

출애굽기 7장 본문에서 모세는 달라진 것입니다. 단지 달라진 정도가 아니라 엄청난 변화인 것입니다. 모세의 변화는 외형의 변화가 아니요 능력의 변화가 아니요 가정의 변화가 아니요 빈부의 변화가 아니요 신분의 변화가 아니요 지위의 변화가 아닙니다. 모세가 뱀으로 변했다 지팡이로 변했다하는 변신 지팡이를 가진 것보다, 멀쩡했다가 나병이 들고 나병이 들었다가 멀쩡해지는 변신 손바닥을 가진 것보다, 자기 형을 자기의 예언자로 삼게 되었다는 것보다 더 놀라운 변화가 있습니다. 모세에게 일어난 변화는 생각의 변화, 하나님에 대한 인식의 변화입니다.

바로 왕이 여호와의 말씀을 순종하느냐의 문제 이전에, 모세조차도 하나님의 말씀이 실제로 이루어질 것이라고는 전혀 생각을 하고 있지 않았습니다. 모세도 여호와를 몰랐기에 여호와의 말씀을 들으려하지 않았고, 비록 여호와가 하는 말을 들었어도 여호와가 하겠다는 일이 이루어지리라고는 전혀 생각을 안 했던 것입니다. 그런데 모세는 모든 일이 여호와의 말씀대로 진행되고 있는 것을 보게 되는 것입니다.

절대로 가지 않겠다고 버티던 자기가 이미 바로 왕에게 갔다 온 것도 여호와의 말씀대로 된 것이고, 바로 왕이 백성을 보내지 않겠다는 반응도 여호와의 말씀대로 된 것입니다. 또  처음에 모세는 바로 왕은 고사하고 백성들 앞에 서는 것조차 두려워했던 사람인데 자기가 백성들, 장로들 앞에 가서 말을 전한 것도 여호와의 말씀대로 된 것입니다. 또 자기는 말을 못한다고 반항할 때 하나님은 아론을 불러서 대변인이 되게 해 주겠다고 말씀하셨는데 실제로 형 아론을 40년 만에 만나게 되었고 아론이 모세의 대변인이 된 것도 하나님이 말씀하신 대로 되었다는 것입니다.

모세가 곰곰이 생각해보니 자기가 되지 않을 것이라고 생각했던 자신의 생각이 모두 틀린 생각이었고, 절대로 되지 않을 것이라고 생각했던 하나님이 말씀하신 일이 모두 되어진 것입니다. 모세는 전부 틀렸고 하나님은 전부 맞았던 것입니다. 모세는 자기 생각에 전혀 안 될 것 같았던 일들이 하나님이 말씀하신 대로 이루어지는 것을 경험하면서 하나님을 알게 되었고, 하나님이 하시는 말씀은 앞으로도 계속 실제로 이루어질 것임을 알게 된 것입니다. 하나님은 모세를 부르셔서 종으로 써 먹은 것이 아니라, 하나님은 모세에게 말씀하고 설득하고 이적을 보여주는 과정을 통하여 모세로 하여금 하나님을 알게 하셨고, 모세를 하나님의 사역자로 세우셨고 이제 모세는 하나님의 늠름한 사자가 되어 바로 왕을 향해 나아가는 것입니다. 이제 성경에도 모세의 태도를 전혀 다르게 표현합니다. 7장 6절 "모세와 아론이 여호와께서 자기들에게 명령하신 대로 행하였더라."입니다. 모세가 변한 것은 하나님을 알게 되었다는 것입니다. 하나님을 알게 되자 모세의 생각이 바뀌고 모세의 행동이 변화된 것입니다.

### 제자의 변화

모세와 똑같은 양상이 신약성경 복음서와 사도행전에도 등장합니다. 복음서에서 예수님은 수도 없이 반복해서 '내가 십자가를 지러 왔다. 내가 죽으러 왔다. 죽었다가 삼일 만에 살아나리라.' 고 말씀하셨습니다. 제사장들도 믿지 않았고, 서기관들과 바리새인들도 믿지 않았고, 심지어는 예수의 제자들도 믿지 않았습니다. 제자들은 도리어 예수에게 절대로 그런 일이 있어서는 안 된다고 말리기까지 하였습니다. 그러나 결국 제사장들의 생각이나 서기관들과 바리새인들과 제자들의 생각대로가 아니라 예수님의 말씀대로 모든 것이 이루어졌습니다. 예수님의 말씀대로 모든 것이 다 이루어지고 난 후에야 제자들이 예수를 알게 되었고 예수를 믿게 되었습니다. 하나님이 저와 여러분과 모든 인간들에게 하나님의 권위에 근거하여 명령하신다고 생각하지 마십시오. 도리어 하나님은 우리가 될 수 없는 자임에도 불구하고 하나님의 백성으로 세워주시는 것입니다. 하나님은 인간을 하나님의 목적에 사용하시기 위해서 부르시는 것이 아니라, 인간을 하나님의 사람으로 세워주시기 위해서 부르시는 것입니다. 하나님의 인간사랑에 감사하시기 바랍니다.


## 바로의 요구

### 변하지 않은 바로

모세가 다시 바로 앞에 나아갔습니다. 모세가 처음 나아갔던 5장과는 조금 다릅니다. 5장에서는 그냥 말만 전하고 나옵니다. 그런데 7장에서는 이적이 등장합니다. 하나님은 모세를 그냥 보내지 않고 이번에도 하나님이 전 과정을 다 알려주시고 일어날 일을 다 알려주시고 보내십니다. 하나님의 일은 아무 것도 모른 채 일단 덤비는 것이 아니고 무턱대고 하는 것이 아닙니다. 모세는 하나님의 거듭 된 약속을 받아들고 이제 다시 바로에게 나아가는 것입니다. 8, 9절 "여호와께서 모세와 아론에게 말씀하여 이르시되 바로가 너희에게 이르기를 너희는 이적을 보이라 하거든 너는 아론에게 말하기를 너의 지팡이를 들어서 바로 앞에 던지라 하라. 그것이 뱀이 되리라."입니다. 하나님은 바로가 모세에게 이적을 요구할 것이라고 말씀하십니다. 이 말씀을 들은 모세는 이제 바로의 행동, 바로의 반응, 바로의 요구가 이해가 됩니다. 모세는 바로의 심정을 100% 이해합니다. 왜냐하면 자기도 그랬었기 때문입니다.

모세가 하나님을 모를 때에 하나님께 이적을 요구한 것은 불신앙의 모습이 아닙니다. 하나님에 대해 아무 것도 모른 채 이적이나 기적이 없어도 그냥 믿는 것이나 무조건 믿는 것이 믿음 좋은 것이 아닙니다. 성경에 나타나는 인간의 모습은 모든 인간의 보편적인, 전형적인 모습인 것입니다. 모세가 행동 했던 것과 같이 바로도 똑같이 행동하는 것입니다. 하나님을 모르는 인간들의 지극히 당연한 행동이요 정상적인 행동입니다. 어느 날 누군가가 나타나서 평상시 자기가 가지고 있던 생각과 전혀 다른 이야기를 할 때 얼른 들어줄 사람은 세상에 한 사람도 없습니다. 사람은 자기가 인정이 되어야, 자기 생각 또는 기준에 합당해야 행동할 수 있습니다. 이것은 지극히 평범하고 상식적이고 당연하고 정상적인 모습입니다.

모세가 처음 바로 왕에게 나아갔을 때 바로 왕은 아예 상대조차도 해주지 않았었습니다. 5장 2절에 나오는 대로 "여호와가 누구이기에 내가 그 말을 듣느냐?"고 했을 뿐입니다. 7장에서 모세가 다시 나왔을 지라도 바로는 여전히 모세에게 관심이 없습니다. 그렇다고 여호와에게 관심이 있는 것도 아닙니다. 바로는 모세에게도 여호와에게도 관심이 없습니다. 모세를 무시하고 여호와는 알지 못하는 바로 왕이 모세에게 이적을 요구하는 것은 두 가지 이유를 가지고 있습니다. 하나는 바로의 심중에 모세는 이적을 행하지 못할 것이라고 생각 하는 것입니다. 또 다른 하나는 만약 모세가 이적을 행할지라도 바로 왕의 술객들이 훨씬 뛰어날 것이라고 생각을 하는 것입니다. 결국 바로는 이적을 요구함으로 자신이 믿고 있는 애굽 신의 힘을 과시하고 모세가 언급하는 신 즉 여호와의 요구를 들어주지 않을 것을 확실하게 해 두자는 것입니다.

## 완악한 마음

실제로 모세가 바로 왕 앞에 가자 모든 일이 하나님이 말씀하신 대로 진행됩니다. 아론이 지팡이를 던지자 뱀이 됩니다. 지팡이가 뱀으로 변하는 것을 보고 바로 왕은 전혀 놀라지 않습니다. 11절 "바로도 현인들과 마술사들을 부르매 그 애굽 요술사들도 그들의 요술로 그와 같이 행하되 각 사람이 지팡이를 던지매 뱀이 되었으나."입니다. 예전부터 애굽의 마술사들도 유사한 술법을 행했고 지금 요술사들도 아론의 행동을 똑같이 행했습니다. 그 동안 애굽의 신전과 궁정에서 많은 술객들이 행한 허다한 이적들을 보아온 바로 왕에게 지팡이가 뱀이 되는 정도는 신기한 이적의 축에 끼지도 않는 것입니다. 물론 아론의 지팡이가 그들의 지팡이를 삼켰지만 여전히 바로는 놀라지 않습니다. 바로는 아무런 표정의 변화 없이 13절 "그러나 바로의 마음이 완악하여 그들의 말을 듣지 아니하니 여호와의 말씀과 같더라."입니다.

본문에 나오는 "바로의 마음이 완악하여"는 나쁜 표현이 아닙니다. 바로가 강퍅한 사람이거나 완고한 사람이거나 고집이 있는 사람이라는 의미가 아닙니다. 또한 하나님이 일부러 바로의 마음을 조종하여 완악하고 강퍅하게 만들었다는 의미도 아닙니다. 출애굽기에는 바로가 마음을 완악하게 했다는 표현이 자주 나옵니다. 7장 14절 "바로의 마음이 완강하여 백성 보내기를 거절하는도다", 7장 22절 "바로의 마음이 완악하여 그들의 말을 듣지 아니하니", 8장 15절 "그의 마음을 완강하게 하여 그들의 말을 듣지 아니하였으니." 등입니다. 본문에서는 바로라는 사람의 강퍅한 마음을 보는 것이 아니라 죄인 된 인간의 한계 또는 죄인의 유일한 선택을 보아야 합니다. "바로의 마음이 완악하여"의 의미는 바로의 마음이 바뀌어야하는 아무런 상황이 발생하지 않았다는 것입니다. 바로는 취할 수 있는 다른 조치가 있음에도 불구하고 억지를 부리고 있는 것이 아닙니다. 바로는 현재의 행동이외의 다른 행동, 다른 선택을 할 것이 없습니다. 다른 행동, 다른 선택을 할 수 있다는 것은 다른 것도 알고 있다는 것을 의미합니다. 그러나 다른 것을 알지 못하고 자기가 알고 있는 것 하나만 알고 있다면 그 사람은 다른 것을 할 수 없고 오직 자기가 알고 있는 것만을 할 수 있을 뿐입니다. 자기가 알고 있는 대로, 자기가 알고 있는 것과 자기가 할 수 있는 것을 행하고 있는 사람을 고집스러운 사람이나 완강한 사람이라고 말하면 안 됩니다. 누군가에게 현재와 다른 행동을 기대한다면 다른 행동을 하라고 요구할 것이 아니라 다른 것도 있다는 것을 알리는 것이 급선무입니다. 하나님은 지금 바로에게 재앙을 내리고 계시는 것이 아니라 계시를 행하고 있다는 것을 기억하셔야 합니다.

## 여호와의 말씀과 같더라

### 능력대결?

출애굽기 7장이 진행되도록 이스라엘의 상황은 하나도 달라지지 않았습니다. 바로 왕이 온순해진 것도 아니고 백성의 노역이 줄어든 것도 없습니다. 그런데 성경은 '아무 것도 달라진 것이 없더라.' 가 아니라 "여호와의 말씀과 같더라"고 선언하는 것입니다. 첫 번째 이적이 행해진 후 7장 22절에 "여호와의 말씀과 같더라", 두 번째 이적이 행해진 후 8장 15절에 "여호와께서 말씀하신 것과 같더라"입니다. 정작 이스라엘의 상황은 아무 것도 달라지지 않았는데 성경이 계속하여 "여호와의 말씀과 같더라"고 선언한다면 하나님의 사건을 이해하는 우리의 이해방식이 바뀌어야 하는 것입니다.

혹시 바로가 이적을 요구했을 때 왜 하나님은 그렇게 시시한 이적을 행하셨을까 궁금해 하신 분도 있으실 것입니다. 하나님은 바로가 어떻게 나올 줄 이미 알고 계셨기에 바로가 이적을 보이라고 할 때 더 강하고 놀라운 것을 할 수 있었음에도 불구하고 하나님이 애굽의 술객들조차 흉내낼 수 있는 평범한 것을 행하셨습니다. 왜냐하면 지금 하나님은 바로와 싸움 또는 능력대결을 하고 계시는 것이 아니기 때문입니다. 모세나 이스라엘 백성이나 성경을 읽는 성도들은 누가 이길까 마음을 조마조마해가면서 궁금해 해야 하는 상황이 아닙니다. 하나님에게 바로 왕은 하나님의 적군이 아니라 포섭 대상일 뿐입니다.

한 번 이기는 싸움을 하는 싸움 방식과 아예 상대방을 내 사람으로 얻으려고 하는 싸움 방식은 전혀 다릅니다. 한 번 이기는 싸움을 하려면 가능한 빨리 한 방에 꺾어야 하고, 단지 직면한 싸움에서 이기는 것이 목적이요 상대방을 패배자로 만드는 것이 목적이라면 무조건 이기면 됩니다. 한 방에 이기고 한 방에 진 게임은 진 사람이 다음에 또 싸움을 걸어옵니다. 왜냐하면 진 사람이 실력으로 완벽하게 졌다고 생각을 하지 않기 때문입니다. 너무 빨리 경기가 끝나고 또는 한 방으로 승패가 결정되었기에 경기에 운이 없었다거나 공격이나 수비가 순간적인 실수를 했다거나, 작전을 잘못 짰다거나, 당일의 몸 상태가 좋지 않았다고 생각합니다. 준비를 잘하면, 실수를 하지 않으면, 운이 좋으면 나도 충분이 이길 수 있다고 생각하기 때문입니다. 경기에 지고 화가 나고 재도전 하고 싶은 마음이 드는 것은 질만한 시합이 아니라고 생각하는 것이요, 자신도 충분히 이길 수 있는 실력이 있다고 생각하는 것입니다. 사람은 자기가 졌다고 생각을 잘 안 하고 특별히 한방에 이기면 경기는 이기지만 상대의 인정을 받아내지 못합니다.

싸움이나 대결에서 승리하는 정도가 아니라 상대의 인정을 받으려면, 상대로 하여금 아예 두 번 다시 도전을 못하게 만들려면, 더 나아가 상대방을 나의 사람으로 만들려면 한 번 이겨서 되는 것이 아니라 계속 이겨야 합니다. 상대가 이번에는 실수했다고 생각하여 다시 도전하면 또 이기고, 상대가 운이 없었다고 생각하여 다시 도전하면 또 이기고, 상대가 날씨가 안 좋았다고 생각하여 다시 도전하면 또 이기고, 상대가 컨디션이 나빴다고 생각하여 다시 도전하면 또 이기고, 상대가 도전할 만한 모든 빌미를 다 제공해주고 모든 도전을 다 받아주어서 다 이기면 됩니다. 상대로 하여금 더 이상 변명할 수가 없게, 자기가 해 볼 수 있는 모든 것을 다 동원했는데도 이길 수 없으면 그때는 이길 수 없다고 말을 합니다. 진정한 승리는 그때 얻어지는 것입니다. 단지 자기가 졌다고 인정하는 차원이 아니라 나를 이겼으면 당신이 진정 챔피언이라고 말하도록 만들어 내는 것입니다. 이것이 하나님이 행하시는 열 가지 이적의 과정입니다. 하나님은 인간과 싸우지 않습니다. 하나님은 바로와 능력대결을 펼치시고 계시는 것이 아닙니다. 인간은 하나님의 사랑의 대상입니다.

## 첫 번째 이적

### 약한 모습

하나님은 바로를 꺾어 버리는 것이 목적이 아니라 바로에게 하나님을 알게 하는 것, 바로가 하나님의 말씀을 따르게 하는 것이 목적입니다. 바로로 하여금 하나님의 말씀을 인정하고 순종할 수 있도록 하려는 의도입니다. 그렇다면 이제 여러분은 지금부터 펼쳐질 열 가지 이적이 나타나는 과정들을 충분히 예상할 수 있을 것입니다. 단순히 과정만이 아니라 결과까지도 모두 예상할 수 있는 것입니다. 하나님의 뜻을 알면 성경에 나타난 하나님의 사건들, 하나님의 과정들을 모두 예상할 수 있고 이해할 수 있고 확인할 수 있습니다. 하나님이 바로 왕에게 이적을 열 번이나 행하시는 이유를 살펴보았습니다. 그렇다면 이제 첫 번째 이적이 나올 때 바로의 마음이 변하지 않을 것도 이미 예상 할 수 있습니다. 두 번째 이적이 나올지라도 바로의 마음이 달라지지 않을 것도 이미 알 수 있습니다. 아직 세 번째 이적이 등장하지도 않았지만 세 번째 이적이 나온 이후의 결과도 알 수 있고 네 번째부터 열 번째까지의 이적에서 나타날 바로의 반응도 이미 다 알 수 있습니다. 하나님의 마음을 알면 성경이 너무 쉽게 이해되는 것입니다.

7장 14절 "여호와께서 모세에게 이르시되 바로의 마음이 완강하여 백성 보내기를 거절하는도다."입니다. 바로가 여호와의 말씀대로 백성 보내기를 거절한다고 하여 하나님이 무기력한 것이 아니요 완악한 바로 때문에 하나님이 일하시기에 곤란을 겪는 것도 아닙니다. 이런 표현이 강하신 하나님이나 전능하신 하나님이 쩔쩔 매는 듯한 인상을 주는 것으로 오해하면 안 됩니다. 애굽에게 내려지는 열 가지 이적은 하나님의 재앙이 아닙니다. 이스라엘은 하나님을 향해 모든 것을 잘했고, 애굽은 하나님을 향해 엄청난 죄를 지은 것이 아닙니다. 출애굽기 1장에서 말씀 드린 것과 같이 애굽은 원래 이스라엘에게 좋은 일을 한 나라입니다. 갈 곳 없는 백성에게 땅을 주었고, 먹을 것 없는 백성에게 먹을 것을 주었고, 할 일 없는 백성에게 일거리를 주었고, 외부의 세력에게서 막아주었던 좋은 나라였습니다.

## 여호와인줄 알리라

하나님은 모든 인류의 하나님이십니다. 하나님이 모세의 하나님이시면 바로의 하나님도 되십니다. 하나님이 이스라엘의 하나님이시면 애굽의 하나님도 되십니다. 하나님이 각 사람에게 하신 말씀이 동일합니다. 하나님이 모세에게 하신 일과 바로에게 하신 일이 같고, 하나님이 이스라엘에 행하시는 일들과 애굽에게 행하시는 일들이 같습니다. 하나님이 사람을 구분하지 않고, 민족을 구분하지 않고, 나라를 구분하지 않고 인간을 향해 펼치시는 사역들의 목적이 동일하게 하나님을 알게 하는 것입니다.

첫 번째, 하나님께서 모세에게 하신 말씀의 한 예가 출애굽기 3장 11절 "모세가 하나님께 아뢰되 내가 누구이기에 바로에게 가며 이스라엘 자손을 애굽에서 인도하여 내리이까? 하나님이 이르시되 내가 반드시 너와 함께 있으리라. 네가 그 백성을 애굽에서 인도하여 내 후에 너희가 이 산에서 하나님을 섬기리니 이것이 내가 너를 보낸 증거니라."입니다. 하나님은 처음부터 이스라엘 백성을 애굽에서 나오게 하실 것임을 천명하셨고, 정작 이스라엘이 애굽에서 나와야 증거가 된다고 말씀하셨습니다. 두 번째, 하나님께서 이스라엘에게 하신 말씀의 한 예가 6장 6, 7절 "그러므로 이스라엘 자손에게 말하기를 나는 여호와라. 내가 애굽 사람의 무거운 짐 밑에서 너희를 빼내며 그들의 노역에서 너희를 건지며 편 팔과 여러 큰 심판들로써 너희를 속량하여 너희를 내 백성으로 삼고 나는 너희의 하나님이 되리니 나는 애굽 사람의 무거운 짐 밑에서 너희를 빼낸 너희의 하나님 여호와인줄 너희가 알지라."입니다. 하나님이 처음부터 이스라엘을 출애굽 시키겠다고 말씀하셨고, 그때 여호와를 알 것이라고 말씀하셨습니다. 세 번째, 하나님께서 애굽에게 하신 말씀의 한 예가 7장 4~5절 "바로가 너희의 말을 듣지 아니할터인즉 내가 내 손을 애굽에 뻗쳐 여러 큰 심판을 내리고 내 군대, 내 백성 이스라엘 자손을 그 땅에서 인도하여 낼지라. 내가 내 손을 애굽 위에 펴서 이스라엘 자손을 그 땅에서 인도하여 낼 때에야 애굽 사람이 나를 여호와인줄 알리라."입니다. 또 하나님께서 지금 저와 여러분에게도 동일한 사건을 통해서, 동일하게 하시는 말씀이 "너희가 나를 여호와인줄 알리라."입니다.

하나님은 처음부터 열 가지 이적이 행해지고 결국 이스라엘이 출애굽을 할 때에야 모세도 이스라엘도 애굽도 바로도 하나님을 알게 될 것 즉 인정할 것이라고 선언하셨습니다. 그러므로 중간에 나오는 어떤 모습도 실패가 아닌 것입니다. 모든 것이 하나님이 모세에게 말씀하신 대로 이루어졌습니다. 하나님이 바로에게 말씀하신 대로 이루어졌습니다. 하나님이 구약에 예언하신 대로 복음서에서 이루어졌습니다. 하나님이 성경에 말씀하신 대로 이루어졌습니다. 이와 같이 하나님이 말씀하신 모든 것이 앞으로도 이루어질 것을 확실히 믿습니다. 하나님을 아시고, 하나님의 말씀대로 이루어 질 것을 아신다면, 하나님의 말씀에 순종하시고 하나님의 원리대로 사셔서 하나님의 은혜와 복락들을 누리시기를 축원합니다.

# 14

## 왕의 말씀대로 하여

### 출애굽기 8 : 16 ~ 31

16 여호와께서 모세에게 이르시되 아론에게 명령하기를 네 지팡이를 들어 땅의 티끌을 치라 그것이 애굽 온 땅에서 이가 되리라 17 그들이 그대로 행할 새 아론이 지팡이를 잡고 손을 들어 땅의 티끌을 치매 애굽 온 땅의 티끌이 다 이가 되어 사람과 가축에게 오르니 18 요술사들도 자기 요술로 그같이 행하여 이를 생기게 하려 하였으나 못 하였고 이가 사람과 가축에게 생긴지라 19 요술사가 바로에게 말하되 이는 하나님의 권능이니이다 하였으나 바로의 마음이 완악하게 되어 그들의 말을 듣지 아니하였으니 여호와의 말씀과 같더라 20 여호와께서 모세에게 이르시되 아침에 일찍이 일어나 바로 앞에 서라 그가 물 있는 곳으로 나오리니 그에게 이르기를 여호와께서 이와 같이 말씀하시기를 내 백성을 보내라 그러면 그들이 나를 섬길 것이니라 21 네가 만일 내 백성을 보내지 아니하면 내가 너와 네 신하와 네 백성과 네 집들에 파리 떼를 보내리니 애굽 사람의 집집에 파리 떼가 가득할 것이며 그들이 사는 땅에도 그러하리라 22 그 날에 나는 내 백성이 가주하는 고센 땅을 구별하여 그 곳에는 파리가 없게 하리니 이로 말미암아 이 땅에서 내가 여호와인 줄을 네가 알게 될 것이라 23 내가 내 백성과 네 백성 사이를 구별하리니 내일 이 표징이 있으리라 하셨다 하라 하시고 24 여호와께서 그와 같이 하시니 무수한 파리가 바로의 궁과 그의 신하의 집과 애굽 온 땅에 이르니 파리로 말미암아 그 땅이 황폐하였더라 25 바로가 모세와 아론을 불러 이르되 너희는 가서 이 땅에서 너희 하나님께 제사를 드리라 26 모세가 이르되 그리함은 부당하니이다 우리가 우리 하나님 여호와께 제사를 드리는 것은 애굽 사람이 싫어하는 바인즉 우리가 만일 애굽 사람의 목전에서 제사를 드리면 그들이 그것을 미워하여 우리를 돌로 치지 아니하리이까 27 우리가 사흘길쯤 광야로 들어가서 우리 하나님 여호와께 제사를 드리되 우리에게 명령하시는 대로 하려 하나이다 28 바로가 이르되 내가 너희를 보내리니 너희가 너희의 하나님 여호와께 광야에서 제사를 드릴 것이나 너무 멀리 가지는 말라 그런즉 너희는 나를 위하여 간구하라 29 모세가 이르되 내가 왕을 떠나가서 여호와께 간구하리니 내일이면 파리 떼가 바로와 바로의 신하와 바로의 백성을 떠나려니와 바로는 이 백성을 보내어 여호와께 제사를 드리는 일에 다시 거짓을 행하지 마소서 하고 30 모세가 바로를 떠나 나와서 여호와께 간구하니 31 여호와께서 모세의 말대로

하시니 그 파리 떼가 바로와 그의 신하와 그의 백성에게서 떠나니 하나도 남지 아니하였더라 32 그러나 바로가 이 때에도 그의 마음을 완강하게 하여 그 백성을 보내지 아니하였더라

# 징계가 아니라 가르침

## 교육적 사역

일반적으로 사람들이 기독교에 대하여 오해하고 있는 사실 중의 하나가 인간이 범죄하면 하나님이 벌을 주신다는 것입니다. 하나님과 인간의 관계, 하나님 말씀의 의미, 범죄와 심판에 대한 개념들이 혼동되기 때문에 발생하는 오해입니다. 인간이 죄를 짓는다고 해서 하나님께서 죄 값으로 인간에게 징계와 형벌을 내리지 않습니다. 물론 인간이 죄를 지으면 죄의 결과가 옵니다. 그러나 죄의 결과는 하나님께로부터 오는 것이 아니며 당연히 하나님께 받는 죄 값이 아닙니다. 인간은 행동은 행동 자체로 분리되어 있어서 하나님이 행동에 대한 결과를 따로 주는 것이 아닙니다. 행동은 결과와 연결되어 있습니다. 예를 들어 밥을 먹는 것과 배가 부른 것은 연결되어 있지 분리되어 있지 않습니다. 나는 밥을 먹었고 아내가 밥을 먹은 행동에 대한 상으로 배부름을 주는 것이 아니고, 나는 밥을 안 먹었을 뿐인데 내가 밥을 안 먹었다고 아내가 벌로 배고픔을 주는 것이 아닙니다. 밥을 먹었으니 배가 부르고, 밥을 안 먹었으니 배가 고픈 것입니다. 마찬가지로 죄를 지면 죄 된 행동의 결과가 죄로부터 당연하게 오는 것이지 하나님이 죄 값으로 징계와 형벌을 내리지 않는다는 것입니다.

죄의 결과를 하나님의 형벌이라고 생각하면 안 되고, 죄 값과 훈계를 혼동하면 안 됩니다. 다시 한 번 예를 들어보겠습니다. 아이가 집안에서 장난치다가 유리창을 깼고 아버지가 아이를 다섯 대를 때렸습니다. 이

때 매 다섯 대가 유리 창 값이 아니고, 아버지가 아이를 때린 것이 아이에게 유리창 값을 받아낸 것이 아닙니다. 만약 아들이 다섯 대를 맞는 대신 유리창 값을 돈으로 물어드리겠다고 제안한다고 해서 매를 안 맞는 것이 아닙니다. 유리창 값은 유리 가게에 가면 알 수 있습니다. 자녀의 잘못된 행동에 대해서 부모가 자녀를 때리는 것은 유리창 값이 아니고 죄 값도 아닙니다. 애시 당초부터 아버지와 아들관계에는 죄 값이 없습니다. 그럼에도 불구하고 부모가 아이를 때리는 것은 아들이 잘못된 행동을 하는 것을 보면 아버지로서 속이 상하고 마음이 아프고 가슴이 안타까운 것이기에, 죄 값을 받아내려는 것이 아니라 다시는 그런 행동을 하지 말라는 교육을 하는 것입니다. 물론 교육의 방식이 다양하지만 이 아버지가 알고 있는 최상의 교육방법이 때리는 것이기에 아이에게 매를 드는 것입니다. 다섯 대를 맞은 것이 절대로 죄 값이 아닙니다. 아들이 잘못한다고 아버지가 아들에게 죄 값을 치르라고 하지 않습니다.

하나님은 인간의 범죄에 대해 징계나 형벌을 내리지 않습니다. 인간이 하나님께 범죄하는 것은 하나님을 모르고, 하나님의 사랑과 은혜와 축복을 모르기 때문에 행하는 행동입니다. 이렇게 하나님을 몰라서 행하는 범죄에 대하여 하나님은 징계와 형벌을 내리시는 것이 아니라 하나님을 알게 하는 계시의 은혜를 주십니다. 하나님의 목적은 죄인된 인간들에게 하나님을 알게 하는 것입니다. 인간에게 한 가지를 보여주었는데 못 알아들으면 두 개를 보여주는 것입니다. 두 개를 보여주어도 못 알아들으면 세 개를 보여주는 것입니다. 단지 숫자를 늘려가는 정도가 아니라 더 큰 것, 더 중요한 것을 알려 주시는 것입니다. 하나를 못 알아들었다고 징계를 내리는 것이 절대로 아니라는 것입니다. 출애굽기의 이적이 그와 같은 것이요 그 표현이 7장 16~18절 "그에게 이르기를 히브리 사람의 하나님 여호와께서 나를 왕에게 보내어 이르시되 내 백성을 보내라. 그러면 그들이 광야에서 나를 섬길 것이니라 하였으나 이제까지 네가 듣지 아니하도다. 여호와가 이같이 이르노니 네가 이로 말미암아 나를 여호와인줄 알리라. 볼지어다. 내가 내 손의 지팡이로 나일 강을 치면 그것이 피로 변하고 나일 강의 고기가 죽고 그 물에서는 악취가 나리니 애굽 사람들이 그 강 물 마시기를 싫어하리라하라."입니다. 첫 번째 이적이 등장한 이유는 바로와 애굽 사람들이 그 이전의 이적을 보고도 하나님을 알지 못해서 나오는 것입니다. 두 번째 이적이 나오는 이유도 첫 번째 이적을 보고도 하나님을 알지 못하기 때문입니다.

## 하나님의 전략

출애굽기에서 하나님의 계획은 상대로 하여금 하나님을 알게 하는 것입니다. 하나님을 모르는 사람에게 하나님을 알게 하시려면 가능한 하나님에 대하여 많이 알려야 합니다. 하나님을 풍성히 많이 자세히 알려야 하기 때문에 처음부터 가장 큰 이적을 행하여 한 방에 애굽을 제압하지 않는 것입니다. 도리어 하나님은 차근차근히, 조목조목 설명해 나가는 것입니다. 상대방의 모든 변명 다 들어주고 상대방의 모든 핑계 다 들어주는 것입니다. 하나님의 목적이 이기는 것 자체가 아니라는 것입니다. 하나님과 바로 왕의 대결은 싸움 거리도 안 되는 것입니다. 그래서 중간 중간에 하나님이 지는 것 같아 보이는 모습은 실제로는 전혀 지는 것이 아닙니다. 상대방으로 하여금 바닥을 드러내게 하고, 하나님을 온전히 이해하게 만들려면 상대를 계속해서 이끌고 가야합니다. 이런 것을 전략이라고 합니다.

사람들은 하나님의 의도를 모릅니다. 그래서 하나님이 애굽에 여러 차례 이적을 행하시며 일하시는 방식을 전략이라고 하지 않고 치사하다고 비난합니다. 하나님의 의도와 목적을 모르고 전략을 모르기 때문에 하는 말입니다. 사람들이 하나님의 일하심을 치사하다고 말하는 근거는 하나님이 거짓말을 하고 속임수를 썼다는 것입니다. 모세가 처음에 바로를 찾아갔을 때 이스라엘 백성이 애굽에서 완전히 벗어나서 가나안으로 갈 것이라고 말을 하지 않았습니다. 출애굽기 5장 3절 "그들이 이르되 히브리인의 하나님이 우리에게 나타나셨은즉 우리가 광야로 사흘길쯤 가서 우리 하나님 여호와께 제사를 드리려 하오니 가도록 허락하소서", 8장 27절 "우리가 사흘길쯤 광야로 들어가서 우리 하나님 여호와께 제사를 드리되 우리에게 명령하시는 대로 하려 하나이다."라고 말했습니다. 이 말들은 사실이 아닙니다. 하나님이 아브라함과 맺은 언약에는 단지 한번 광야에 나와서 제사하는 정도가 아니라 아예 가나안 땅에 정착하여 사는 것입니다. 하나님이 조상들과의 약속을 기억하여 출애굽을 계획하셨다면 당연히 애굽을 완전히 빠져나와 가나안까지 이동하는 것이 원래 계획입니다. 그렇다면 하나님이 바로에게 거짓말 하신 것입니까? 하나님이 속으로는 완전히 애굽에서 나갈 마음을 먹고 있으면서 처음에는 마치 잠깐 나갔다 올 것처럼 바로를 속이신 것입니까? 사람들은 이런 구절들을 보면서 하나님이 치사하게 행동했다고 말합니다. 그러나 이것은 하나님이 치사하게 행동한 것이 아니요 승리를 위한 술수가 아니요 너무나 자상하고 친절한 하나님의 배려입니다.

## 하나님의 배려

강자와 약자가 대결할 때 강자의 행동이 배려인지 치사함인지를 구분하는 기준은 강자의 행동이 누구에게 유익이 되느냐는 것입니다. 아버지와 아들이 바둑을 두는 예를 들어보겠습니다. 아버지는 1단이고 아들은 9급입니다. 바둑계에서는 1단과 9급은 함께 바둑을 두는 대상이 아닙니다. 왜냐하면 아예 상대가 되지 않고 이미 결과가 너무나 뻔하기에 게임이 되지 않기 때문입니다. 여하튼 대국을 할 때 바둑 고수인 아버지가 하수인 아들을 골려줍니다. 초반에 불계승을 거두지 않고 상대방의 집을 잡을듯 하다가 잡지 못하고, 자신의 집을 지을 듯 하다가 짓지 못하고 결국 장시간에 걸쳐 대국을 하였으나 마지막에 상대편 대마를 잡아 크게 이겼습니다. 결국에는 이길 것인데 상대를 아주 약 올리고 이기고, 상대의 기를 꺾으며 이겼습니다. 이렇게 이기는 것은 치사한 것입니다. 왜냐하면 패배자를 더욱 초라하게 만들었기 때문입니다. 반대의 경우를 설명해 보겠습니다. 고수가 상대의 집을 잡을 듯 하다가 살려주고, 자신의 집을 잃을 듯 하다가 지키면서 대국을 진행합니다. 상대가 공격하면 살짝 피하면서 받아줍니다. 상대가 수비만하면 살짝 밀어붙여서 상대를 당황하게 만들지만 게임을 끝내지는 않습니다. 대국이 끝날 때에는 계가를 하여 겨우 고수가 이기게 됩니다. 이것은 고수가 장난친 것이 아니요 치사한 것이 아니요 고수의 배려입니다. 고수의 행동이 배려인 것은 우선 고수가 하수와 대국을 했다는 것 자체가 배려입니다. 또한 고수가 하수를 단 번에 이기지 않았다는 것이 배려입니다. 고수가 대국을 오래 끌어주었기에 대국을 치루는 동안 하수는 고수의 다양한 수를 보고 배우게 되는 것입니다. 하수는 고수의 수를 받아내기 위해 고민도 해보고, 연구도 해 볼 수 있는 것입니다. 또 고수가 받아 주기에 하수일지라도 중간 중간에 고수를 애 먹여보기도 한 것입니다. 결국 하수는 지면서도 많은 바둑의 수를 배운 것입니다. 고수는 처음에는 고수가 아닌 것처럼 수를 속이고, 빨리 이길 수 있었는데도 마치 질 수도 있는 것처럼 거짓을 한 것이 아닙니다. 고수는 치사한 바둑을 둔 것이 아닙니다. 처음부터 고수는 이기는 것이 목적이 아니라 하수를 강하게 만드는 것이 목적이었던 것입니다. 이것은 치사한 것이 아니라 도리어 강자가 약자의 스파링 파트너가 되어 준 것이요 도리어 강자가 약자를 배려해준 것이요 약자에게 은혜를 베풀어준 것입니다. 이와 같이 어떤 존재의 행동이 치사한 행동이냐 배려의 행동이냐는 것은 그 행동을 하는 목적이 누구를 위한 것이냐에 달려있습니다.

　　하나님은 절대로 치사하게 행동하지 않으십니다. 하나님은 하나님의 유익을 위하여 바로를 약 올리는 것이 아닙니다. 하나님의 일하심은 결국에는 바로를 위하려는 것입니다. 바로로 하여금 하나님을 알게 하려는 것입니다. 첫 번째 이적이 이루어졌습니다. 매우 쉬운 것이어서 7장 22, 23절 "애굽 요술사들도 자기들의 요술로 그와 같이 행하므로 바로의 마음이 완악하여 그들의 말을 듣지 아니하니 여호와의 말씀과 같더라. 바로가 돌이켜 궁으로 들어가고 그 일에 관심을 가지지도 아니하였고"입니다. 하나님의 목적을 모르면 이 장면에서 하나님이 애굽의 술객들에게 망신당했다고 생각할 것입니다. 그러나 하나님의 목적을 알면 하나님은 첫 번째 이적에서 망신을 당한 것이 아니라, "여호와의 말씀과 같더라."가 되는 것입니다. 바로가 관심을 가지지도 않았다고 합니다. 그러면 다음에는 관심을 가질 만한 일을 해야 하는 것입니다. 그래서 두 번째 이적이 등장하는 것입니다.

## 왕의 말씀대로

### 미리 말하기

8장 1, 2절 "여호와께서 모세에게 이르시되 너는 바로에게 가서 그에게 이르기를 여호와의 말씀에 내 백성을 보내라. 그들이 나를 섬길 것이니라. 네가 만일 보내기를 거절하면 내가 개구리로 너의 온 땅을 치리라."입니다. 출애굽기를 자주 읽어보시면 하나님이 열 가지 이적을 행하시는 패턴을 발견하실 것입니다. 단지 출애굽기의 열 가지 이적뿐만이 아니라 성경 전체에 나타난 하나님의 동일한 사역패턴이 있습니다. 하나님의 목적은 인간으로 하여금 하나님을 알게 하는 것이 목적입니다. 그렇다면 하나님은 가능한 모든 일을 인간에게 알려야 한다는 것입니다. 그래서 하나님은 어떤 일을 하시기전에 반드시 하나님이 하실 일에 대하여 인간에게 공지를 하십니다. '내가 이것을 행하겠다', '내가 이렇게 행하겠다' 라고 앞으로 일어날 모든 일을 예고하시는 것입니다. '예고 후 실행, 공지 후 실행' 이 하나님의 사역패턴입니다.

하나님은 아브라함에게도 하나님이 하실 일을 미리 말씀하셨습니다. 창세기 12장 2절 "내가 너로 큰 민족을 이루고 네게 복을 주어 네 이름을 창대하게 하리니 너는 복이 될지라. 너를 축복하는 자에게는 내가 복을 내리고 너를 저주하는 자에게는 내가 저주하리니 땅의 모든 족속이 너로 말미암아 복을 얻을 것이라 하신지라"입니다. 이스라엘에 대하여도 창세기 15장 13절 "여호와께서 아브람에게 이르시되 너는 반드시 알라. 네 자손이 이방에서 객이 되어 그들을 섬기겠고 그들은 사백 년 동안 네 자손을 괴롭히리니 그들이 섬기는 나라를 내가 징벌할지며 그 후에 네 자손이 큰 재물을 이끌로 나오리라."고 이미 말씀하셨습니다. 하나님은 행하실 일에 대하여 먼저 예고 또는 공지 하셨고 하나님이 말씀하신 대로 다 행하셨습니다. 하나님은 모세에게도 미리 말씀하시고 말씀하신 대로 행하셨고, 다윗에게도 미리 말씀하시고 말씀하신 대로 행하셨고, 예수에 대하여도 예언서에 미리 말씀하시고 말씀하신 대로 행하셨습니다. 하나님이 예고 후 실행 또는 공지 후 실행의 패턴으로 사역을 행하시는 이유는 사람으로 하여금 하나님을 알게 하기 위해서입니다.

## 달라진 것

하나님은 매번 이적을 행할 때마다 애굽과 바로 왕에게 예고하여 주십니다. 두 번째 이적은 개구리 이적입니다. 이적이 일어나는 매 단계마다 조금씩 차이가 나고 있는 것을 체감하셔야 하고 무엇이 달라지고 어떻게 달라지고 있는가를 발견하셔야 합니다. 첫 번째 나일 강이 피가 되는 것은 애굽의 요술사들도 행하였습니다. 두 번째 개구리 이적도 애굽의 요술사들이 행합니다. 8장 7절 "요술사들도 자기 요술대로 그와 같이 행하여 개구리가 애굽 땅에 올라오게 하였더라."입니다. 두 번째 이적에서 달라진 것이 8장 8절에 나옵니다. "바로가 모세와 아론을 불러 이르되 여호와께 구하여 나와 내 백성에게서 개구리를 떠나게 하라. 내가 이 백성을 보내리니 그들이 여호와께 제사를 드릴 것이니라."입니다. 첫 번째 이적과는 달리 두 번째 이적에서 달라진 것은 바로의 반응입니다.

첫 번째 이적이 일어났을 때 바로의 반응은 7장 23절 "바로가 돌이켜 궁으로 들어가고 그 일에 관심을 가지지도 아니하였고" 즉 무반응이었습니다. 그런데 두 번째 이적에 대해서는 반응을 보인 것입니다. 애굽의 요술사들이 개구리가 애굽 땅에 올라오게 하였습니다. 사실 요술사들은 가능한 개구리들이 올라오지 않게 했어야 합니다. 그런데 모세와 아론을 흉내내다 보니 자기들에게 불리한 행동을 만들어 내는 것입니다. 개구리를 안 올라오게 하자니 능력이 부족하다는 얘기를 들을 것 같고, 능력을 과시하였더니 자기들에게 불리한 결과가 배가 되어버린 것입니다. 애굽의 술객들도 개구리를 올라오게 하였는데 심각한 문제가 발생하였습니다. 개구리를 올라오게는 하였는데 물러가게는 못하는 것입니다. 차라리 올라오게 하지 않는 것이 좋을 뻔 하였지만 그럴 수도 없었으니 애굽의 요술사들이 매우 난감하였을 것입니다. 두 번째 이적에서 바로가 이전과 다르게 반응을 나타낸 이유는 자신들이 감당할 수 없었기 때문입니다. 바로의 반응이 8장 8절 후반부 "내가 이 백성을 보내리니 그들이 여호와께 제사를 드릴 것이니라" 즉 백성을 보내겠다는 것입니다. 이스라엘 백성들의 소원이 이루어지고 모세의 기대와 바람이 다 이루어는 대답 즉 바로 왕이 이렇게 백성을 보내겠다고 말을 하면 모세가 너무나 기뻐하면서 당장에 백성을 이끌고 나와야 합니다. 바로가 백성을 보내주겠다고 하니 자연스럽게 나오면 됩니다. 그런데 본문에는 아주 희한한 장면이 이어집니다.

## 하나님의 제안

8장 9절을 "모세가 바로에게 이르되 내가 왕과 왕의 신하와 왕의 백성을 위하여 이 개구리를 왕과 왕궁에서 끊어 나일 강에만 있도록 언제 간구하는 것이 좋을는지 내게 분부하소서."입니다. 고된 노동으로 말미암아 탄식하며 부르짖은 사람들이, 흙 이기기와 벽돌 굽기와 농사의 여러 가지 일로 힘들어 하던 사람들이, 자녀를 출산할 때마다 불안에 떨던 사람들이, 짚을 직접 주어야 하는 수고를 하면서도 동일한 벽돌을 만들게 되었다고 불평하던 사람들이, 어찌하여 이 백성이 학대를 당하게 하셨느냐고 반항하던 사람들이, 애굽에서 나가야겠다고 바로 왕에게 요청했던 사람들이 왕이 직접 보내 줄테니 여호와께 제사를 드리라고 말하면 당장 나와야 하는 것이 정상입니다. 그런데 모세는 개구리를 제거하여 애굽을 청소해주고 나가겠다는 것입니다.

더욱 재미있는 것은 개구리를 제거하는 시기를 바로가 정하게 하는 것입니다. 하나님의 목적이 이스라엘을 출애굽시키는 것이 아니라 하나님을 알게 하는 것임을 기억하셔야 합니다. 하나님은 애굽 왕을 물리치고 백성을 구출하는 정도가 아니라 애굽 왕이 더욱 철저히 하나님을 알도록 기회를 제공하시는 것입니다. 하나님은 바로 왕에게 하나님은 말씀하신 대로 이루시는 분이라는 것과 더 나아가 바로가 요구하는 것도 모두 행할 수 있다는 것을 보여주시겠다는 것입니다. 바로 왕에게 하나님을 테스트 해보라고 권고하는 것입니다. 만약 출애굽이 목적이라면 바로에게는 물을 것도 없고, 바로에게 기회를 줄 필요도 없습니다. 괜히 개구리 치워주면 바로의 마음이 원상태로 돌아설지도 모르기에 지금 있는 대로 두는 것이 상책이요 가능한 빨리 나가는 게 좋습니다. 그러나 하나님은 그렇게 하지 않는 것입니다. 하나님의 목적은 출애굽이 아니라 하나님을 알게 하는 것입니다. 그래서 하나님은 바로에게 자신들이 할 수 없는 것을 하나님이 할 수 있는지를 테스트 해보라고 권고하는 것입니다. 이 사건이 없다면 바로는 하나님은 본인이 의도한 일만 행할 줄 알 뿐 다른 사람이 요청하는 일을 할 수 없는 제한적인 존재로 인식할 것입니다. 그래서 하나님은 바로에게 아무 것이나 어떤 것이나 요구하게 하시고 바로의 요구대로 행함으로 바로의 의심을 해결하시는 것입니다. 10절에 바로가 선택한 날이 "그가 이르되 내일이니라"이고 모세의 대답이 "왕의 말씀대로 하여 왕에게 우리 하나님 여호와와 같은 이가 없는 줄을 알게 하리니"입니다. 물론 하나님은 바로가 어떻게 변할 것도 진작부터 다 알고 계시면서 일을 하시는 것입니다. 15절 "바로가 숨을 쉴 수 있게 됨을 보았을 때에 그의 마음을 완강하게 하여 그들의 말을 듣지 아니하였으니 여호와께서 말씀하신 것과 같더라."입니다. 하나님은 바로에게 왜 거짓말 했냐고 묻지 않으시고, 왜 사기 쳤냐고 화내지 않으시고, 해 달라는 대로 다 해주었는데 왜 오리발 내미느냐고 달려들지 않으시고 그냥 두십니다. 하나님의 의도, 하나님의 일하시는 방법을 이해하셔야 합니다.

### 술객들의 항복

세 번째, 땅의 티끌을 치면 이가 되는 이적이 나타납니다. 세 번째 이적이 등장하는 이유는 바로 왕이 첫 번째 이적과 두 번째 이적을 깨닫지 못하기 때문입니다. 매 단계마다 더 크고, 더 강하고, 더 귀한 이적이 나타나는 것입니다. 세 번째 이적에서도 조금 달라진 것이 있습니다. 8장 18절 "요술사들도 자기 요술로 그같이 행하여 이를 생기게 하려 하였으나 못 하였고 이가 사람과 가축에게 생긴지라." 즉 세 번째 부터는 애굽의 술객들이 따라하지 못하는 것입니다. 19절 "요술사가 바로에게 말하되 이는 하나님의 권능이니이다 하였으나 바로의 마음이 완악하게 되어 그들의 말을 듣지 아니하였으니 여호와의 말씀과 같더라."입니다. 이후로는 다음 이적이 계속될지라도 애굽의 현인도 마술사도 요술사들도 등장하지 않습니다. 이제 자신들의 한계를 안 것입니다. 그러나 중요한 것은 자기들의 한계를 아는 것이 아니라 하나님을 알아야 하는 것입니다. 하나님이 일하시는 목적과 과정, 애굽을 무찌르는 것이 아니라 하나님을 알게 하는 것, 단번에 멋진 승리를 쟁취하는 것이 아니라 애굽과 이스라엘 모든 사람에게 유익하게 일을 진행하고 계심을 알아야 합니다.

## 내 백성을 구별하리라

### 구별의 사건들

첫 번째 이적이 나일 강의 물이 피로 변하는 것이었습니다. 애굽 사람들이 나일 강 물을 마실 수 없어서 강가를 두루 파서 마실 물을 구하였다고 하였습니다. 두 번째 이적이 개구리였습니다. 개구리가 애굽 사람들의 영역에 올라온 것입니다. 세 번째 이적이 티끌입니다. 애굽 온 땅의 사람과 가축에 올랐다고 합니다. 이 세 가지 이적이 애굽 사람에게만 임했는지 이스라엘 사람들에게도 임했는지의 여부는 정확하게 묘사되어 있지 않습니다. 이제 네 번째 이적부터는 애굽 사람과 이스라엘 사람의 구분이 분명하게 나타납니다. 네 번째는 파리를 통한 이적입니다. 8장 22절 "그 날에 나는 내 백성이 거주하는 고센 땅을 구별하여 그 곳에는 파리가 없게 하리니 이로 말미암아 이 땅에서 내가 여호와인줄 네가 알게 될 것이라. 내가 내 백성과 네 백성 사이를 구별하리니 내일 이 표징이 있으리라 하셨다 하라 하시고 여호와께서 그와 같이 하시니 무수한 파리가 바로의 궁과 그의 신하의 집과 애굽 온 땅에 이르니 파리로 말미암아 그 땅이 황폐하였더라."입니다. 다섯 번째 이적이 가축의 죽음인데 9장 6절 "이튿날에 여호와께서 이 일을 행하시니 애굽의 모든 가축은 죽었으나 이스라엘 자손의 가축은 하나도 죽지 아니한지라"입니다. 일곱 번째 이적이 우박인데 9장 25, 26절 "우박이 애굽 온 땅에서 사람과 짐승을 막론하고 밭에 있는 모든 것을 쳤으며 우박이 또 밭의 모든 채소를 치고 들의 모든 나무를 꺾었으되 이스라엘 자손들이 있는 그 곳 고센 땅에는 우박이 없었더라"입니다. 아홉 번째 이적이 흑암인데 10장 22, 23절 "모세가 하늘을 향하여 손을 내밀매 캄캄한 흑암이 삼 일 동안 애굽 온 땅에 있어서 그 동안은 사람들이 서로 볼 수 없으며 자기 처소에서 일어나는 자가 없으되 온 이스라엘 자손들이 거주하는 곳에는 빛이 있었더라"입니다. 열 번째 이적이 장자의 죽음인데 11장 5~7절 "애굽 땅에 있는 모든 처음 난 것은 왕위에 앉아 있는 바로의 장자로부터 맷돌 뒤에 있는 몸종의 장자와 모든 가축의 처음 난 것까지 죽으리니 애굽 온 땅에 전무후무한 큰 부르짖음이 있으리라. 그러나 이스라엘 자손에게는 사람에게나 짐승에게나 개 한 마리도 그 혀를 움직이지 아니하리니 여호와께서 애굽 사람과 이스라엘 사이를 구별하는 줄을 너희가 알리라 하셨나니"입니다.

## 누가 신인가?

하나님의 일하심의 궁극적인 목적은 하나님을 알게 하는 것입니다. 이적에서 애굽 지역과 이스라엘 지역의 구별이 등장하는 것도 하나님을 알게 하는 것입니다. 하나님이 이스라엘을 구별하셨다고 해서 그 구별성의 근거를 이스라엘에서 찾으려고 하면 안 됩니다. 이스라엘이 거룩했다, 이스라엘이 신실했다, 이스라엘은 범죄하지 아니했다고 말하면 안 됩니다. 하나님이 애굽과 이스라엘을 구별하신 이유는 하나님을 애굽의 신들과 비교하기 위해서입니다. 애굽이 신을 믿는 이유는 애굽 신의 보호를 받기 위해서입니다. 이것은 모든 인간이 똑같습니다. 신이 인간을 도와준다고 생각하지 않으면 신을 믿을 이유가 없습니다. 우상을 섬기든, 미신을 섬기든 누군가를 의지하는 것은 그의 도움과 혜택을 받고 싶어 하는 것입니다. 애굽도 마찬가지입니다. 그렇다면 애굽의 신들은 자신의 백성인 애굽 사람들을 지켜주어야 하는 의무가 있는 것입니다.

하나님이 이적을 행하면서 애굽 영역과 이스라엘 영역을 구분하시는 이유는 누가 진짜 신인가를 애굽 사람들에게 그리고 이스라엘 사람들에게 증명하기 위해서입니다. 애굽에 여러 가지 이적이 나타나 애굽 백성들이 피해를 보고 있습니다. 그렇다면 당연히 애굽의 신은 애굽의 수호신으로 위풍당당하게 나타나서 애굽을 방해하는 모든 세력, 애굽 백성을 곤고하게 하는 세력들을 물리쳐야 합니다. 그런데 한 번, 두 번, 세 번 이적이 거듭되도 애굽 신은 전혀 등장하지 않습니다. 나일 강 물이 피로 변하여 백성들이 먹을 물이 없고, 개구리가 온 사방에 나타나 왕과 백성들의 삶이 곤고해지고, 티끌이 이가 되어 가축과 사람이 괴로움을 당하고 있어도 애굽 신은 나타나지 않고 애굽 백성을 위한 아무런 역할을 하지 않습니다.

여호와는 이스라엘의 하나님이십니다. 여호와는 이스라엘의 하나님으로 백성들의 부르짖음을 듣고 백성을 인도하여 내기위해 나타나셨습니다. 이스라엘을 "내 아들 내 장자"라 부르시며 바로에게 "내 백성을 보내라. 그러면 그들이 나를 섬길 것이니라"고 당당하게 요구하였습니다. 또 애굽 전역에 여러 가지 이적에 나타나고 있습니다. 애굽 백성은 왕으로부터 신하까지 고통을 당하고 있는데 이스라엘 백성에게는 아무런 피해도 일어나지 않습니다. 왜냐하면 이스라엘의 하나님이신 여호와가 이스라엘 백성을 지키고 계시기 때문입니다. 하나님은 자기 백성이 피해를 보고 있는데 가만히 있는 애굽 신과 자기 백성이 고통 중에 힘들어 하고 있으니까 나타나서 구출해주려고 하는 여호와 하나님 중에 누가 진짜 신이냐고 묻는 것입니다. 자기 백성을 위하는 진짜 신은 당연히 하나님이십니다.

## 하나님의 성품

애굽의 신들이 어디 있습니까? 애굽의 신들이 무엇을 하고 있습니까? 족보와 계보에 등장했던 신들, 각종 영역과 지역을 다스린다는 신들이 도대체 어디로 사라졌습니까? 그동안 애굽의 신들은 애굽 백성들에게서 많은 공경을 받고 섬김을 받아왔습니다. 그렇다면 애굽이 가장 곤란한 처지에 빠진 이 상황에 애굽 신이 나타나 주어야 하는데 성경에 보면 애굽의 신들은 단 한 번도 나타나지 않고 단 한 가지도 행하는 것이 없습니다. 왜냐하면 애굽은 신은 신이 아니기 때문이요 존재하지 않기 때문입니다.

성경에 소개되는 하나님의 속성을 잘 분별하시기 바랍니다. 성경은 창세기 1장 1절 "태초에 하나님이 천지를 창조하시니라."로 시작합니다. 성경이 가장 먼저 강조하는 것이 하나님의 행동, 하나님의 활동, 하나님의 일하심, 하나님의 움직임입니다. 사람들이 하나님의 존재를 궁금해할 때 성경은 이미 하나님의 존재를 전제하고 하나님의 활동을 소개함으로 하나님의 존재를 설명하는 것입니다. 아담은 범죄한 후 하나님께 나아온 것이 아니라 도리어 숨었습니다. 그때에도 하나님이 아담을 찾아오셨습니다. 하나님은 하나님이 지으신 인간을 위로하고 도와주고 지켜주려고 찾아오신 것입니다. 가인이 범죄한 후에도 하나님이 가인을 찾아오셔서 죽임을 당하지 않도록 지켜주십니다. 이스라엘이 애굽에서 압제를 당해서 힘들어 죽겠다고 아우성을 칠 때에도 하나님이 그 음성을 들으시고 조상들과 맺으신 약속을 기억하시고 하나님이 이스라엘에게 오십니다. 하나님이 애굽에서 열 가지 이적을 행하시고 하나님이 이스라엘을 구출하십니다. 어느 것도 하나님을 막을 수 없으며 어느 누구도 하나님의 백성을 해칠 수 없습니다. 하나님은 인간의 하나님으로서 인간을 위해 일하시는 정말 좋으신 하나님이십니다.

## 애굽 종교의 허상

애굽 사람들이 많은 애굽 신들을 섬겼습니다. 그런데 실제로는 사람들이 신을 섬기는 것이 아니요 신들이 자신들을 도와줄 것이라고 생각하지 않습니다. 죄인들의 개념에 신은 인간을 도와주는 고마운 존재가 아니고 인간을 해롭게 하는 나쁜 존재요 단지 강한 존재일 뿐입니다. 그래서 인간들의 마음에 신의 은혜를 받았으면 좋겠다는 기대감은 적고 신의 저주만 받지 않았으면 좋겠다는 두려움이 강한 것입니다. 동화나 설화에 보면 신의 진노를 달래는 제물만 있을 뿐 신에 대한 감사의 예물은 없습니다. 우리나라 심청전도 바다를 잔잔하게 해달라는 제물이지 항해에 적당한 바람을 불게 해주셔서 고맙다는 예물이 아닌 것입니다.

지금까지 살펴본 이적은 물이 피가 되는 것, 개구리가 올라오는 것, 티끌이 이가 되는 것, 파리가 가득한 것입니다. 하나님이 이런 이적을 행하시는 이유는 애굽이 이러한 것들을 신들로 섬기고 있었기 때문입니다. 애굽이 이나 파리나 개구리를 신으로 섬긴 것은 이나 파리나 개구리로부터 도움을 기대한 것이 아닙니다. 앞으로 나타날 이적도 메뚜기, 종기, 우박 등도 모두 애굽을 해롭게 하는 것입니다. 애굽은 자신들을 도와줄 신들을 섬기고 있는 것이 아니라, 자신들을 해롭게 하는 신들을 섬기는 것입니다. 이것들을 신으로 섬겨서 도와달라는 것이 아니라 제발 해치지 말아달라고 섬기고 있는 것입니다.

만약 애굽이 자신들의 신들이 역사할 것을 믿고 있었다면 출애굽의 상황은 전혀 다르게 전개되어야 합니다. 애굽에 이스라엘의 하나님 여호와가 나타났으면 애굽의 바로 왕은 당연히 신전으로 달려가서 애굽의 신들에게 자신들을 구해달라고 부탁해야 합니다. 그러면 애굽의 신전에서 신기한 능력이 나타나 갑자기 개구리들이 애굽에서 나와서 이스라엘 백성들이 사는 고센땅으로 몰려가야 합니다. 이스라엘 사람들이 개구리 때문에 미치겠다고 아우성을 치고 바로 왕에게 항복을 해야 합니다. 그런데 애굽의 신들은 반응이 없고 역할이 없습니다. 또 애굽의 신전에서 갑자기 먼지가 일어야 합니다. 바람이 불고 황사 같은 것이 뿌옇게 일어나 이스라엘 사람들의 몸에 달라붙어 이가 되어서 사람들이 모두 가려워 죽을 맛이 되어야 합니다. 그런데 애굽의 신전은 반응이 없습니다. 또 애굽의 신전에서 날개 짓 소리가 나더니 파리 수천 수만 마리가 한꺼번에 이스라엘 지역으로 날라 가서 그 소리가 천둥소리를 능가하고 그 숫자 때문에 하늘이 가려서 어두컴컴해야 합니다. 그런데 애굽의 신전은 반응이 없습니다. 애굽의 신들은 자신들의 아들인 바로와 백성들이 곤경을 당하고 있는데 아무런 반응이 없습니다. 왜냐하면 애굽의 신들은 신이 아니요 존재하지 않기 때문입니다.

애굽 사람들이 나일 강신, 파리 신, 이 신, 우박 신, 메뚜기 신을 섬기고 있는 이유는 그것들에게 피해를 본 적이 있기 때문입니다. 고대 문헌들에 의하면 애굽이 이나 파리, 우박, 베뚜기 등이 집단으로 나타나서 인간들이 큰 피해를 보았다는 기록이 종종 나옵니다. 고대 사람들은 어디서 이가 나오는지를 몰랐고 어떻게 치료하는지를 몰랐기에 이를 섬기게 되었고 제발 한꺼번에 나타나서 애굽을 괴롭게 하지 말아달라고 부탁하게 된 것입니다. 이것이 애굽 종교의 현실이요 인간종교의 현실입니다. 기독교의 신개념과 이방종교의 신개념이 얼마나 극명하게 다른지를 이해하셔야 합니다. 하나님은 인간에게 징계를 행하지 않는 정도의 신이 아니라, 보다 적극적으로 은혜를 주시고 축복을 주시는 고마우신 하나님이십니다. 출애굽기를 통하여 인간 종교의 본질을 파악하시고, 하나님의 은혜를 아셔서 하나님과 동행하시며, 멋지고 즐겁고 신나는 삶, 행복하고 자유로운 신앙의 삶을 누려 가시기를 주님의 이름으로 축원합니다.

# 15

# 내가 너를 세웠음은

## 출애굽기 9 : 1 ~ 35

1 여호와께서 모세에게 이르시되 바로에게 들어가서 그에게 이르라 히브리 사람의 하나님 여호와께서 말씀하시기를 내 백성을 보내라 그들이 나를 섬길 것이니라 2 네가 만일 보내기를 거절하고 억지로 잡아두면 3 여호와의 손이 들에 있는 네 가축 곧 말과 나귀와 낙타와 소와 양에게 더하리니 심한 돌림병이 있을 것이며 4 여호와가 이스라엘의 가축과 애굽의 가축을 구별하리니 이스라엘 자손에게 속한 것은 하나도 죽지 아니하리라 하셨다 하라 하시고 5 여호와께서 기한을 정하여 이르시되 여호와가 내일 이 땅에서 이 일을 행하리라 하시더니 6 이튿날에 여호와께서 이 일을 행하시니 애굽의 모든 가축은 죽었으나 이스라엘 자손의 가축은 죽지 아니한지라 7 바로가 사람을 보내어 본즉 이스라엘의 가축은 하나도 죽지 아니하였더라 그러나 바로의 마음이 완강하여 백성을 보내지 아니하니라 8 여호와께서 모세와 아론에게 이르시되 너희는 화덕의 재 두 움큼을 가지고 모세가 바로의 목전에서 하늘을 향하여 날리라 9 그 재가 애굽 온 땅의 티끌이 되어 애굽 온 땅의 사람과 짐승에게 붙어서 악성 종기가 생기리라 10 그들이 화덕의 재를 가지고 바로 앞에 서서 모세가 하늘을 향하여 날리니 사람과 짐승에게 붙어 악성 종기가 생기고 11 요술사들도 악성 종기로 말미암아 모세 앞에 서지 못하니 악성 종기가 요술사들로부터 애굽 모든 사람에게 생겼음이라 12 그러나 여호와께서 바로의 마음을 완악하게 하셨음으로 그들의 말을 듣지 아니하였으니 여호와께서 모세에게 말씀하심과 같더라 13 여호와께서 모세에게 이르시되 아침에 일찍이 일어나 바로 앞에 서서 그에게 이르기를 히브리 사람의 하나님 여호와의 말씀에 내 백성을 보내라 그들이 나를 섬길 것이니라 14 내가 이번에는 모든 재앙을 너와 네 신하와 네 백성에게 내려 온 천하에 나와 같은 자가 없음을 네가 알게 하리라 15 내가 손을 펴서 돌림병으로 너와 네 백성을 쳤더라면 네가 세상에서 끊어졌을 것이나 16 내가 너를 세웠음은 나의 능력을 네게 보이고 내 이름이 온 천하에 전파되게 하려 하였음이니라 17 네가 여전히 내 백성 앞에 교만하여 그들을 보내지 아니하느냐 18 내일 이맘때면 내가 무거운 우박을 내리리니 애굽 나라 세워진 그 날로부터 지금까지 그와 같은 일이 없었더라 19 이제 사람을 보내어 네 가축과 네 들에 있는 것을 다 모으라 사람이나 짐승이나 무릇 들에 있어서 집에 돌아오지 않은 것들에게는 우박이 그 위에 내리리니 그것들

이 죽으리라 하셨다 하라 하시니라 20 바로의 신하 중에 여호와의 말씀을 두려워하는 자들은 그 종들과 가축을 집으로 피하여 들였으나 21 여호와의 말씀을 마음에 아니하는 사람은 그의 종들과 가축을 들에 그대로 두었더라 22 여호와께서 모세에게 이르시되 너는 하늘을 향하여 손을 들어 애굽 전역에 우박이 애굽 땅의 사람과 짐승과 밭의 모든 채소에 내리게 하라 23 모세가 하늘을 향하여 지팡이를 들매 여호와께서 우렛소리와 우박을 보내시고 불을 내려 땅에 달리게 하시니라 여호와께서 우박을 애굽 땅에 내리시매 24 우박이 내림과 불덩이가 우박에 섞여 내림이 심히 맹렬하니 나라가 생긴 그 때로부터 애굽 온 땅에는 그와 같은 일이 없었더라 25 우박이 애굽 온 땅에서 사람과 짐승을 막론하고 밭에 있는 모든 것을 쳤으며 우박이 또 밭의 모든 채소를 치고 들의 모든 나무를 꺾었으되 26 이스라엘 자손들이 있는 그 곳 고센 땅에는 우박이 없었더라 27 바로가 사람을 보내어 모세와 아론을 불러 그들에게 이르되 이번은 내가 범죄하였노라 여호와는 의로우시고 나와 나의 백성은 악하도다 28 여호와께 구하여 이 우렛소리와 우박을 그만 그치게 하라 내가 너희를 보내리니 너희가 다시는 머물지 아니하리라 29 모세가 그에게 이르되 내가 성에서 나가서 곧 내 손을 여호와를 향하여 펴리니 그리하면 우렛소리가 그치고 우박이 다시 있지 아니할지라 세상이 여호와께 속한 줄을 왕이 알리이다 30그러나 왕과 와의 신하들이 여호와 하나님을 아직도 두려워하지 아니할 줄을 내가 아나이다 31 그 때에 보리는 이삭이 나왔고 삼은 꽃이 피었으므로 삼과 보리가 상하였으나 32 그러나 밀과 쌀보리는 자라지 아니한 고로 상하지 아니하였더라 33 모세가 바로를 떠나 성에서 나가 여호와를 향하여 손을 펴매 우렛소리와 우박이 그치고 비가 땅에 내리지 아니하니라 34 바로가 비와 우박과 우렛소리가 그친 것을 보고 다시 범죄하여 마음을 완악하게 하니 그와 그의 신하가 꼭 같더라 35 바로의 마음이 완악하여 이스라엘 자손을 내보내지 아니하였으니 여호와께서 모세에게 말씀하심과 같더라

# 히브리 사람의 하나님

## 히브리 사람

출애굽 사건에는 열 개의 이적이 등장합니다. 간단히 생각하면 이적의 종류만 다를 뿐 유사한 내용이 반복된다고 할 수 있지만 세밀하게 살펴보면 조금씩 다른 점들이 사실은 매우 큰 차이점을 드러내고 있다는 것을 발견하실 수 있습니다. 9장 1절 "여호와께서 모세에게 이르시되 바로에게 들어가서 그에게 이르라. 히브리 사람의 하나님 여호와께서 말

씀하시기를 내 백성을 보내라. 그들이 나를 섬길 것이니라.”입니다. 본문에서 하나님이 자신을 “히브리 사람의 하나님 여호와”로 소개하고 있는 것이 매우 의미 깊은 내용입니다. 히브리라는 말이 창세기에는 딱 세 장면에서 여섯 번만 나오는데 출애굽기에 오면 매우 빈번하게 나옵니다. 히브리라는 말의 의미는 정확하지는 않지만 두 가지 주장이 있습니다. 하나는 ‘이브르’라고 ‘건너다’라는 의미입니다. 창세기에서 아브라함을 소개할 때 14장 13절 “히브리 사람 아브람”이라고 나옵니다. 여기에서의 히브리 사람은 ‘건너온 사람’ 즉 아브람이 갈대아 우르에서 유브라테스 강을 건너온 사람이라는 의미입니다.

또 다른 의미는 ‘아비루’로 당시의 하층민들, 천민들을 일컫는 용어였다고 합니다. 창세기 39, 40장에서 애굽으로 팔려온 요셉이 애굽의 군대장관 보디발의 아내에게 유혹 받은 걸 뿌리쳤을 때 그 장군의 아내가 요셉을 지칭할 때 사용하는 용어가 히브리 사람입니다. 39장 14절 “그 여인의 집 사람들을 불러서 그들에게 이르되 보라 주인이 히브리 사람을 우리에게 데려다가 우리를 희롱하게 하는 도다. 그가 나와 동침하고자 내게로 들어오므로 내가 크게 소리 질렀더니”이고 39장 17절 “이 말로 그에게 말하여 이르되 당신이 우리에게 데려온 히브리 종이 나를 희롱하려고 내게로 들어왔으므로”라고 말을 합니다. 그리고 애굽의 술 맡은 관원장이 요셉에 대하여 말하기를 41장 12절에 “그 곳에 친위대장의 종 된 히브리 청년이 우리와 함께 있기로 우리가 그에게 말하매 그가 우리의 꿈을 풀되 그 꿈대로 각 사람에게 해석하더니”라고 합니다. 애굽 사람들에게 히브리 사람이라는 말은 매우 천한 사람들이라는 의미가 있습니다. 출애굽기 1장에서 이스라엘에서 출산하는 사람들 돕는 여인들을 언급할 때 히브리 산파라고 말을 하고, 애굽의 공주가 강가에서 모세를 건졌을 때 2장 6절에 “이는 히브리 사람의 아기로다”라고 말을 합니다.

## 히브리 사람의 하나님

출애굽기 3장부터 하나님이 모세를 부르시고 바로에게 보내시면서 말씀을 전하라고 하실 때마다 하나님 자신을 히브리 사람의 하나님 여호와라고 소개하십니다. 3장 18절, 5장 3절, 7장 16절, 9장 1, 13절, 10장 3절 등에서 확인하실 수 있습니다. 강대국 애굽의 태양 신의 아들 바로 앞에서 하나님은 자신을 히브리 사람의 하나님 여호와라고 말씀하십니다. 하나님이 자신을 히브리 사람의 하나님이라고 표현하는 이유를 확인해 보겠습니다. 먼저 성도들이 성경의 내용을 오해하는 예를 두 가지 들어보겠습니다. 하나는 '하나님은 낮은 자의 하나님이십니다. 가장 천대받고 멸시받고 고통 받는 자들과 함께 하시는 하나님이십니다. 소외된 사람들, 버림받은 사람들 가운데 하나님은 임재하십니다. 높은 곳이 아니라 낮은 곳, 영광이 있는 곳이 아니라 아픔이 있는 곳, 누구나 찾는 곳이 아니라 아무도 찾지 않는 곳, 바로 그곳에 하나님이 계십니다.' 라고 말하는 것입니다. 맞는 말이요 틀린 말이 아니지만 강조하는 포인트에 따라서 오해를 유발하는 말들입니다. 낮은 자의 하나님이 높은 자의 하나님은 아니라는 의미는 아닙니다. 가난한 자들과 함께 하시는 하나님이 부자들과는 함께 하지 않는다는 의미가 아닙니다. 다른 하나는 정반대의 오해입니다. '하나님은 낮은 자를 높게 하시며, 가난한 자를 부하게도 하십니다. 하나님은 이스라엘에 세상에서 가장 뛰어난 민족이 되게 하시겠다고 하셨습니다. 또 하나님은 이스라엘에게 꾸어 줄지라도 꾸지 아니하리라고 말씀하셨습니다.' 라고 말하는 것입니다. 조금 전에는 낮은 자의 하나님이라며, 조금 후에는 높은 자의 하나님이 되어 있습니다.

이런 식의 오해가 빈번한 것이 가난한 자와 고아와 과부들에 관한 내용입니다. 분명히 성경에는 하나님이 특별히 고아와 과부와 가난한 자들에 대해 배려하는 말씀이 많이 등장합니다. 하나님이 그들에게 관심이 많이 있습니다. 하나님은 부모 있는 자와 남편 있는 자와 부자에게는 관심이 없다는 의미가 아닙니다. 고아와 과부는 인간 중에 가장 연약한 자들을 대표하는 것입니다. 하나님은 특별히 고아와 과부만 생각하시는 것이 아니라, 인간이 하나님을 떠나 있는 상태가 인간 중에 예를 들면 고아와 과부와 같은 상황이라는 것입니다. 하나님 앞에 모든 인간은 고아와 과부와 같은 것입니다. 즉 하나님이 고아와 과부를 사랑하신다는 말씀은 모든 인간에게 관심이 있으시다는 말씀입니다.

하나님이 강대국 애굽의 바로 왕에게 자신을 히브리인의 하나님이라고 소개하는 것은 상징적인 소개입니다. 하나님이 가난한 자들, 약한 자들, 낮은 자들, 히브리인들의 하나님이시라는 말은 하나님을 떠난 모든 인간들이 바로 가난한 자들이요 약한 자들이요 낮은 자들이라는 의미로서, 하나님은 모든 인간들의 하나님이시라는 것입니다. 이것을 비교적으로 강조하려고 하니까 하나님 없이도 잘 살고 있는 애굽과 대조를 시키고 있는 것일 뿐입니다. 하나님에게는 이스라엘과 애굽이 똑같은 존재들입니다. 그래서 본문에서 하나님의 이적은 이스라엘과 애굽 모두에게 동시에 나타나고 있는 것입니다. 모세에게 하나님을 알리시듯, 바로에게 하나님을 알리시고, 이스라엘에게 하나님을 알리시듯, 애굽에게 하나님을 알리시고 계시는 것입니다. 절대로 하나님이 이스라엘과 애굽을 차별하시는 것이 아닙니다. 이스라엘에게는 복을 주시고, 애굽에게는 저주를 내리시는 것이 아니라는 것입니다.

### 구별하는 이유

물론 본문에는 하나님이 애굽과 이스라엘을 구별하시는 장면이 나오지만 이러한 구별은 절대로 차별이 아닙니다. 열 가지 이적을 열 가지 재앙으로 해석하여 애굽은 벌을 받고 이스라엘은 복을 받는다면 이스라엘이 복을 받을 만한 일을 행한 적이 없기 때문에 적절한 설명이 되지 못합니다. 애굽이 이스라엘보다 못한 것이 없고 이스라엘이 애굽보다 나은 것이 없습니다. 이스라엘은 상을 받는 것이 아니고 애굽이 벌을 받는 것이 아닙니다. 그런데도 하나님은 애굽과 이스라엘을 구별하셨습니다. 왜냐하면 하나님을 알게 하시기 위해서입니다. 하나님은 애굽과 이스라엘 모두에게 하나님을 알게 하려고 하시는 것입니다. 애굽과 이스라엘에게 애굽의 신들의 역할과 하나님의 역할을 비교하여 알게 하려는 것입니다. 애굽 땅에서 여러 가지 이적이 등장하고 있습니다. 특별히 애굽이 신들로 섬기는 있는 것들로 인해서 고난을 당하게 하시는 것입니다. 하나님은 애굽의 신들에게 나와서 애굽에 임하는 곤란을 막아보라는 것입니다. 애굽을 곤란 중에서 지켜내고 환난 중에서 건져 내보라는 것입니다. 애굽의 신으로서 신의 역할을 해보라는 것입니다. 하나님은 히브리인의 하나님으로서 히브리인을 지키시는 것입니다. 애굽 사람들이 많은 신들을 섬겼으니 섬김을 받은 신들이 애굽을 지켜보라는 것입니다.

구체적으로 비교해 보겠습니다. 애굽 사람들이 사는 곳에 어려움이 임했습니다. 왜냐하면 애굽의 신이 애굽을 지키지 못했기 때문입니다. 히브리인들이 사는 지역에는 아무런 어려움이 임하지 않습니다. 왜냐하면 히브리인들의 하나님이 지키셨기 때문입니다. 애굽 사람들이 사는 지역에는 개구리가 올라와 가득차서 살수가 없었습니다. 애굽의 신이 전혀 보호해 주지 못했습니다. 히브리인들의 지역에는 개구리가 올라오지 않았습니다. 히브리인들의 하나님이 보호하셨습니다. 애굽 사람들이 사는 지역에는 티끌이 이가 되어 사람과 가축에게 생겼습니다. 애굽의 신들이 막아주는 역할을 못했습니다. 히브리인들의 지역에서는 티끌이 변하여 이가 되지 않았습니다. 히브리인들의 하나님이 막아주셨습니다. 애굽 사람들이 사는 지역에는 파리가 가득해서 그 땅이 황폐하였습니다. 애굽의 신들이 막아주지 못했습니다. 히브리인들의 지역에는 파리가 가득하지 않았습니다. 히브리인들의 하나님이 보호해 주셨습니다. 애굽 사람들이 사는 지역에는 가축들이 죽었습니다. 애굽의 신들이 가축이 죽지 않도록 보호하지 못했습니다. 히브리인들의 지역에는 가축의 죽음이 임하지 않았습니다. 히브리인들의 하나님이 가축이 죽지 않도록 돌보셨습니다. 이러한 사건들, 이적들을 보면서 이스라엘과 애굽 사람들 모두가 깨달아야 합니다. 하나님만이 진정한 하나님이시라는 것을 깨달아야 하는 것입니다. 애굽 사람들은 자신들의 신들이 무능함을 통해서 하나님을 깨달아야 합니다. 이스라엘 사람들은 자신들이 보호받음을 통해서 하나님을 깨달아야 하는 것입니다.

### 바로의 점검

본문의 다섯 번째 이적에는 바로의 독특한 행동, 바로의 그동안과는 다른 반응이 나타납니다. 7절 "바로가 사람을 보내어 본즉 이스라엘의 가축은 하나도 죽지 아니하였더라. 그러나 바로의 마음이 완강하여 백성을 보내지 아니하니라."입니다. 바로가 사람을 보내어 이스라엘의 정황을 살폈다는 것입니다. 바로가 자기들의 상황과 이스라엘의 상황을 비교 점검하는 상황파악 또는 진상조사에 나선 것입니다. 바로가 무엇을 알고 싶었을까요? 바로가 확인하고 싶어 했던 내용이 무엇일까요? 단지 이스라엘의 가축이 죽었나 죽지 않았나를 궁금해 했을까요? 다양한 생각을 하셔야 하는데 애굽 사람들이 동물 신을 섬겼다고 해서 실제로 동물을 신으로 섬긴 것이 아니라고 말씀을 드렸습니다. 바로 왕과 애굽 사람들이 동물을 실제로 신으로 섬긴 것이 아닙니다. 메뚜기 신, 파리 신, 가축 신들이 살아서 역사하고 외부의 적이 침입할 때 나와서 대신 싸워주기를 기대한 것이 아닙니다. 다만 그러한 동물들의 출현으로 말미암아 피해를 본 경험이 있고, 그러한 현상을 미리 알아차릴 수가 없기에 피해를 막거나 대책을 세울 방법이 없었던 것입니다. 그래서 세운 방편이 재난을 미리 예방하기 위한 비책으로 제물을 드리는 것이라고 말씀을 드렸습니다. 그러니까 우상 숭배하는 사람들은 미련하고 어리석은 것이 아니라 불쌍하고 안타까운 것입니다. 왜냐하면 두려움 속에 살고 있기 때문입니다.

이적이 계속해서 반복되어도 바로 왕의 마음이 변하지 않습니다. 모세가 아무리 말을 해도 바로 왕이 듣지를 않습니다. 바로 왕의 마음이 변하지 않는 이유는 바로는 여전히 모세의 말대로 될 리가 없다고 생각하기 때문입니다. 바로는 이미 오래 동안 애굽에 살아왔고, 애굽의 정치와 경제와 기후와 역사를 알고 있습니다. 지금 애굽에게 임하고 있는 어려움은 처음 있는 일들이 아닙니다. 이미 애굽에 이러한 자연 현상적 어려움이 임한 적이 많이 있었습니다. 어느 해에는 메뚜기가 기승을 부렸고, 어느 해에는 파리 때문에 몸살을 앓았고, 어느 해에는 이 때문에 피해가 막심했던 경험이 있었습니다. 그런데 이러한 자연 재해에는 말 그대로 속수무책이었습니다. 언제 오는 지도 몰랐고, 어떻게 오는 지도 몰랐고, 어떻게 물리쳐야 하는지도 몰랐습니다. 더더군다나 재난들이 사람이 오란다고 해서 오는 것도 아니고, 가란다고 해서 가는 것도 아닌 것입니다. 오죽 했으면 그것들의 피해를 줄여보려고 그것들의 형상을 신상으로 만들어 놓고, 제물을 드리기까지 했겠느냐 말입니다.

그런데 모세가 바로에게 와서 하는 말이 '하나님이 그런 것을 오게 하겠다.' 하며 또 '하나님이 그런 것을 가게 하겠다.' 고 하는 것입니다. 모세의 이러한 말이 바로에게는 어림없는 소리로 들리는 것입니다. 모세의 말이 '내일 하나님이 티끌이 이가 되게 한다' 고 말을 합니다. 바로는 하나님이 말한다고 해서 될 것이라고 생각하지 않는 것입니다. 모세의 말이 '하나님이 애굽의 가축은 죽게 하고 이스라엘 자손의 가축은 죽지 않게 하겠다.' 고 합니다. 바로는 모세가 말한다고 해서 될 것이라고 생각하지 않는 것입니다. 이러한 현상들이 모세라는 사람이 말한다고 말한 대로 될 리가 있느냐는 것입니다. 이러한 현상들이 모세에게 말을 전하라고 했다는 히브리인들의 하나님이라는 신이 말하라고 한 대로 되겠느냐는 것입니다. 바로는 '애굽의 신들이 왜 아무 것도 하지 않는가?'를 궁금해하지 않습니다. 어차피 바로 왕은 애굽의 신들을 믿지 않았습니다. 당연히 바로는 '히브리인들의 하나님이 히브리인들의 가축을 지켜주었나?'를 궁금해 하지 않았습니다. 왜냐하면 아직 바로는 히브리인의 하나님을 믿지 않고 있기 때문입니다. 바로가 점검하고 싶었던 것은 '과연 모세가 전한 대로 되었는가?', '과연 히브리인들의 하나님이 말한 대로 되었는가?'가 궁금했던 것입니다.

## 하나님의 방법

바로의 이러한 반응은 지극히 정상적인 반응입니다. 하나님은 이미 바로가 이렇게 나올 줄 다 알고 계셨습니다. 바로에게서 이런 반응이 올 줄로 알았다면 하나님은 이미 단지 이적을 나타내는 정도가 아니라 바로의 궁금증을 풀어주고 바로로 하여금 어떠한 변명도 할 수 없게끔 치밀하게 행동하셨어야 합니다. 하나님은 이미 그렇게 하셨습니다. 나일 강물이 피로 변하는 이적을 행할 때에는 바로가 물 있는 곳으로 나올 때 그 앞에 나아가서 행하고, 두 번째 개구리 이적을 행할 때에도 바로 왕의 면전에서 행합니다. 바로 왕이 직접 보고, 애굽의 술객들도 직접 행합니다. 세 번째 티끌이 이가 되게 하는 이적도 바로 왕과 술객들 앞에서 행합니다. 이번에는 술객들이 따라하지 못합니다. 이적을 굳이 바로 왕 앞에서 행하는 이유는 바로 왕으로 하여금 변명하지 못하게 하도록 하기 위해서입니다. 하나님이 행하시는 이적들이 하나님이 행한 것이 아니라 자연 현상이라거나 주기적으로 있던 일이라고 둘러대지 못하게 하려고입니다. 하나님이 말씀하신 대로 되었다는 것을 그들에게 확인시키기 위해서입니다.

또 개구리 이적에서는 모세가 바로에게 개구리가 물러날 시기를 요구하라고 말합니다. 개구리가 언제 물러나도록 해 줄 것인지를 바로에게 정하라고 요청하는 것입니다. 왜냐하면 개구리가 저절로 물러난 것이 아니라는 것을 확증하려는 것입니다. 바로 왕이 내일이라고 요구를 하고 실제로 다음날 개구리들이 물러갑니다. 이것은 개구리 이적이 자연현상이 아니고 하나님이 말씀하신 대로 이루어진 것임을 알게 하는 것입니다. 네 번째 이적까지에서 바로는 이적에 대해 전혀 이적이라고 생각하지 않았습니다. 평상시 자주 경험한 현상일 뿐이고, 애굽의 술객들도 할 수 있는 일이라고 생각한 것입니다. 이적이라고 생각하지도 않았고, 더더군다나 히브리인들의 하나님 여호와라는 신이 말한 대로 된다고는 전혀 생각하지 않았던 것입니다.

다섯 번째 이적이 가축의 죽음입니다. 하나님이 가축의 죽음의 시한을 정합니다. 9장 5절 "여호와께서 기한을 정하여 이르시되 여호와가 내일 이 땅에서 이 일을 행하리라"입니다. 그리고 6절 "이튿날에 여호와께서 이 일을 향하시니" 즉 하나님은 말씀하신 대로 행하시는 것입니다. 또 하나님이 애굽과 이스라엘을 구별하여 애굽의 가축은 죽고 이스라엘 자손의 가축은 죽지 않으리라고 말씀하셨습니다. 그리고 "여호와께서 말씀하신 대로" 이루어졌습니다. 그 동안 반응이 없던 바로가 다섯 번째 이적이 이루어진 후에 사람을 보내어 점검하러 왔습니다. 바로가 점검하고 싶었던 것은 가축이 죽었나 살았나가 아니라 그 이상입니다. 바로가 알고 싶었던 것은 '과연 여호와의 말대로 되었는가?' 입니다. 그런데 살펴보니 '과연 여호와의 말씀대로' 된 것입니다. 바로의 입장에서 놀라운 것은 이러한 이적이 나타났다는 것이 아닙니다. 왜냐하면 이러한 현상은 처음 있는 것이 아니라 이미 여러 번 있었던 현상이기 때문입니다. 왜냐하면 이적은 자기의 술객들도 할 수 있는 것이었기 때문입니다. 바로의 입장에서 정말로 놀라운 것은 '히브리인들의 하나님이 말 한 대로 된다.'는 것입니다. '여호와가 정한 시점에 정한 방식대로 정한 이적이 일어난다는 것'입니다. 바로가 확인하고 싶었던 것은 '히브리인들의 하나님이 말한 대로 이루어지는가?' 그것이었습니다. 확인해 본 결과 하나님의 말씀대로 이루어졌다면 이제는 바로가 변화되어야 하지만 여전히 바로는 변하지 않았습니다.

## 내가 너를 세웠음은

### 바로의 역할

하나님의 목적은 바로를 죽이는 것도 아니고, 바로를 이기는 것도 아닙니다. 오직 하나 바로로 하여금 하나님을 알게 하는 것입니다. 14~16절 "내가 이번에는 모든 재앙을 너와 네 신하와 네 백성에게 내려 온 천하에 나와 같은 자가 없음을 네가 알게 하리라. 내가 손을 펴서 돌림병으로 너와 네 백성을 쳤더라면 네가 세상에서 끊어졌을 것이나 내가 너를 세웠음은 나의 능력을 네게 보이고 내 이름이 온 천하에 전파되게 하려 하였음이니라."입니다. 만약 하나님의 목적이 바로를 이기는 것이고, 애굽을 물리치는 것이라면 하나님은 이렇게 행동하시면 안 되고 단번에 이기셔야 합니다. 그러나 하나님의 목적은 바로를 이기는 것이 아닙니다. 하나님의 목적을 오해하면 본문의 의미도 당연히 왜곡됩니다. 14~16절에 대한 대표적인 오해를 예를 들어 보겠습니다. '하나님이 사람을 쓰시는 방법은 두 가지입니다. 하나는 선한 일에 선한 방법으로, 하나는 악한 일에 악한 방법으로. 16절에 하나님이 바로를 세웠다고 하십니다. 무슨 일에 세움을 받았습니까? 저주 받는 일에, 재앙 받는 일에 세움 받았습니다. 우리는 바로처럼 세움 받거나 쓰임 받아서는 안 됩니다. 우리는 바로처럼 쓰임 받지 말고, 선한 일에 선한 방법으로 사용되어야 합니다.' 이렇게 말하는 것은 바로에 대한 부정적인 태도뿐만 아니라 하나님의 성품까지 왜곡하는 것입니다. 하나님은 바로를 재앙 받는 일에 세우는 것이 아니라 하나님을 알게 하는 일에 세우신 것입니다.

출애굽의 사건에서 바로의 역할이 없습니다. 바로는 무슨 역할을 하는 것이 아니라 하나님의 계시의 대상이 되는 것입니다. 하나님이 바로를 통해서 무엇을 하시는 것이 이닙니다. 히나님이 바로를 세웠다는 것은 하나님이 하나님의 일을 위해서 바로를 써 먹었다는 의미가 아니라 바로를 하나님의 사역의 대상으로 삼았다는 것입니다. 바로는 대상이고 실제로 모든 사역은 하나님이 하신 것입니다. 하나님의 일은 하나님이 하신다는 것입니다. 바로가 하나님을 알리는 것이 아닙니다. 바로가 하나님을 찬양하는 것이 아닙니다. 그 모든 것은 하나님이 하십니다.

예를 들어 설명해 보겠습니다. 어떤 사람이 암 말기 진단이 나왔습니다. 하나님이 은혜를 주셔서 치료를 해 주셨고 그 사람이 고침을 받았습니다. 그 사람이 행한 일, 그 사람이 하나님을 위해 행한 일은 없습니다. 그 사람은 단지 병이 걸린 것이고 진단결과 암 판정이 난 것입니다. 그 사람이 행한 일은 건강관리를 못해서 병이 걸린 것입니다. 하나님이 행하신 일은 그 사람을 치유하신 것입니다. 병이 나은 후 그 사람이 간증을 했고 우리가 들었다고 합시다. 그 간증을 듣고 치유하신 하나님께 찬양을 돌린다고 합시다. 그 사람이, 옆에 있는 사람들로 하여금 하나님께 찬양을 돌릴 수 있도록 행한 일은 없습니다. 굳이 있다면 병 걸린 것뿐입니다. 은혜를 주신 분이 하나님입니다. 사람들로 하여금 하나님을 찬양할 수 있도록 역사하신 분도 하나님입니다. 병 걸렸다 나은 분도 하나님의 은혜를 입은 것이지 자기가 행한 일이 없습니다. 하나님이 찬양을 받고자 그 사람을 병들게 하신 것이 아닙니다. 하나님이 영광을 받고자 그 사람을 병들게 하고 고침을 주신 게 아닙니다. 하나님은 병든 사람을 대상으로 삼았고, 그 대상에게 은혜를 주신 것입니다.

지금 바로가 그와 같은 경우입니다. 바로는 하나님을 모르고 있는 것입니다. 그래서 하나님이 바로를 대상으로 삼으신 것입니다. 바로에게 하나님이 은혜로 계시를 주시고 있는 것입니다. 이렇게 하나님께 무지한 자에게 지속적으로 은혜를 부어주시는 하나님을 보면서 저와 여러분은 하나님을 알게 되고, 하나님이 온 천하에 알려지게 되는 것입니다. 바로가 악한 일에 악한 방법으로 쓰임 받고 있는 것이 아닙니다. 하나님이 사람을 세우셨다는 것은 하나님의 일꾼으로 삼으셨다는 것이 아니라 하나님의 대상으로 삼으셨다는 것입니다. 하나님이 세우셨다는 말이 권위자로 권세를 위임했다는 말이 아닙니다. 부름 받은 사람이 오해하지 말고 교만하지 말아야 합니다. 세움 받은 사람이 더욱 하나님을 알아가야 하는 것입니다.

## 백성들의 역할

하나님의 목적이 하나님을 알게 하는 것임을 기억하셔야 합니다. 20절 "바로의 신하 중에 여호와의 말씀을 두려워하는 자들은 그 종들과 가축을 집으로 피하여 들였으나 여호와의 말씀을 마음에 두지 아니하는 사람은 그의 종들과 가축을 들에 그대로 두었더라."입니다. 하나님이 사람들에게 기대하신 것은 모든 일이 하나님의 말씀대로 된다는 것을 알라는 것입니다. 하나님이 들판에 우박에 내린다고 말씀하면 들판에 우박이 내린다는 것입니다. 하나님의 말씀대로 된다는 것을 알면 들판에 있는 가축을 집으로 들여보내야 하는 것입니다. 이것 이외에 달리 더 이상 할 일이 없습니다. 하나님은 인간에게 하나님을 위하여 무엇을 행할 것을 요구하시는 분이 아니라는 것입니다. 하나님을 위하여 예물을 드려라, 하나님을 위하여 재산을 내 놓아라, 하나님을 위하여 신전을 지어라, 하나님을 위하여 이것 저것을 행하라는 요구는 일체 없다는 것입니다.

하나님이 인간에게 기대하시는 것은 하나님을 알고 하나님의 말씀대로 살라는 것입니다. 이 말은 하나님께 절대복종하라는 말이 아닙니다. 지금 너희가 살고 있는 방식이 죄의 방식이고 그 방식으로는 인간이 행복할 수 없다는 것입니다. 그것을 너희가 모르고 있다는 것입니다. 그래서 인간이 행복할 수 있는 하나님의 방식을 알려주시는 것입니다. 하나님께 절대 복종하는 인간자유의지의 말살이 아니라, 인간이 행복할 수 있도록 안내해 주시겠다는 말씀인 것입니다. 하나님을 믿는다는 것은 하나님을 안다는 것이요, 하나님을 안다는 것은 하나님의 말씀대로 산다는 것이요, 하나님의 말씀대로 산다는 것은 내가 행복해진다는 것입니다. 인간은 하나님을 위해 무엇인가 큰일을 하려고 할 것이 아니라 그냥 바로의 신하들처럼만 하시는 것으로 족합니다. 앞으로 살펴보겠지만 출애굽 후 광야에 들어가서 이스라엘 사람들이 하나님의 말씀대로 된다는 것을 도무지 알아듣지를 않고, 하나님의 말씀에 따라 행하지 않습니다. 그래서 출애굽기에서는 애굽을 상대로 계시가 등장하지만, 광야에서는 이스라엘을 상대로 계속해서 계시가 등장하는 것입니다. 민수기를 보시면 출애굽기와 패턴이 똑같다는 것을 확인하실 수 있을 것입니다.

### 내가 범죄하였노라

다섯 번째 이적에서 바로의 태도가 달라져서 하나님의 말씀대로 되었는가 점검을 했었습니다. 일곱 번째 이적에서 바로의 또 다른 모습이 나옵니다. 27절 "바로가 사람을 보내어 모세와 아론을 불러 그들에게 이르되 이번은 내가 범죄하였노라. 여호와는 의로우시고 나와 나의 백성은 악하도다."입니다. 바로가 느닷없이 '내가 범죄하였노라'고 말을 합니다. 바로는 지금 큰 착각을 하고 있는 것입니다. 어찌 보면 바로로서는 당연한 착각입니다. 바로가 착각하는 것은 지금 하나님이 하시는 일을 계시로 생각하는 것이 아니라 저주와 심판으로 받아들이고 있는 것입니다. 하나님이 행하시는 이적을 하나님을 알아야 하는 사건으로 알아 신에 대한 자신의 이해를 바꾸는 반응이 아니라, 기존의 신에 대한 인식으로 지금 하나님이라는 신이 자기와 애굽을 저주하고 형벌을 주는 것으로 이해하는 것입니다.

하나님이 이적을 행하시는 것은 바로의 죄와 악행에 대해 징계하신 것이 아닙니다. 만약 징계를 하고 죄 값을 치르게 하려고 하셨다면 미리 언제 어떤 일이 발생할 것을 고지하여 주시고 심지어는 피할 길도 알려 주시는 방식으로 행하시지 않으셨을 것입니다. 하나님은 징계를 하고 있는 것이 아니라 계시를 행하시고 있는 것입니다. 그런데 바로는 전혀 하나님의 의도를 알아차리지 못하는 것입니다. 단지 자기가 백성에게 힘든 노역을 시킨 것이 잘못된 행동이었다고만 생각합니다. 성도들이 하나님에 대하여 느끼는 방식이 대부분 이러한 바로의 태도와 유사할 때가 많습니다. 성도들이 죄를 지을 때 어떤 결과가 나타나면 하나님이 벌을 주신다고 생각하고 즉시로 하나님께 잘못했다고 말하면서 자신이 회개한 줄 압니다. 그러나 하나님은 인간이 잘못을 깨닫기를 원하는 것이 아니라 하나님의 말씀이 옳은 줄 아는 것을 바라십니다. 인간이 죄를 안 짓기를 바라는 것이 아니라 하나님의 말씀대로 살기를 바라시는 것입니다.

### 두려워하지 않는 바로

바로는 당한 재앙을 버거워할 뿐이지 하나님을 알아차리지 못합니다. 그래서 하나님에 대해 아무런 반응이 없습니다. 30절 "그러나 왕과 왕의 신하들이 여호와 하나님을 아직도 두려워하지 아니할 줄을 내가 아나이다."입니다. 본문이 말하는 "두려워하지 아니하다"라는 말은 아무런 반응을 보이지 않는다는 것입니다. 첫 번째부터 지금까지 다섯 번째 이적이 일어나도, 여섯 번째 이적이 일어나도, 일곱 번째 이적이 일어나도 바로는 꿈쩍도 하지 않습니다. 바로가 두려워하지 않는 이유는 이미 이런 재앙을 많이 당해보았기 때문입니다. 그때마다 애굽은 모두 견디어 내었습니다. 역경을 당해보았고 대부분 이겨내었습니다. 이 정도 당하고 백성을 내 줄 정도로 약한 나라가 아닌 것입니다.

바로의 착각이요 오해입니다. 하나님은 바로를 꺾으려는 것이 아니라, 바로를 왕위에서 내려오게 하려는 것이 아니라, 애굽이라는 나라를 멸망시키려는 것이 아니라 정반대로 행복을 주시기 위한 것입니다. 그러나 죄인들은 알아듣지를 못합니다. 출애굽기를 통해서 이전의 우리의 모습을 발견하실 수 있습니다. 하나님을 두려워하라는 것은 겁을 내라는 것이 아닙니다. 바로처럼 행동하지 말고, 백성처럼 행동하라는 것입니다. 말씀대로 이루어진다는 것을 알라는 것입니다. 오늘날도 사람들이 하나님을 믿는다는 것이 자신이 항복하는 것이라고 생각합니다. 자신의 삶을 포기하라는 것으로 생각합니다. 그러나 하나님이 원하시는 것은 인간의 행복입니다. 출애굽기를 통하여 하나님을 아시고, 행복을 누려가시기를 주님의 이름으로 축원합니다.

# 16

# 어떻게 여호와를 섬기는지

## 출애굽기 10 : 1 ~ 29

1 여호와께서 모세에게 이르시되 바로에게로 들어가라 내가 그의 마음과 그의 신하들의 마음을 완강하게 함은 나의 표징을 그들 중에 보이기 위함이며 2 네게 내가 애굽에서 행한 일들 곧 내가 그들 가운데에서 행한 표징을 네 아들과 네 자손의 귀에 전하기 위함이라 너희는 내가 여호와인 줄을 알리라 3 모세와 아론이 바로에게 들어가서 그에게 이르되 히브리 사람의 하나님 여호와께서 말씀하시기를 네가 어느 때까지 내 앞에 겸비하지 아니하겠느냐 내 백성을 보내라 그들이 나를 섬길 것이니라 4 네가 만일 내 백성 보내기를 거절하면 내일 내가 메뚜기를 네 경내에 들어가게 하리니 5 메뚜기가 지면을 덮어서 사람이 땅을 볼 수 없을 것이라 메뚜기가 네게 남은 그것 곧 우박을 면하고 나은 것을 먹으며 너희를 위하여 들에서 자라나는 모든 나무를 먹을 것이며 6 또 네 집들과 네 모든 신하의 집들과 모든 애굽 사람의 집들에 가득하리니 네 아버지와 네 조상이 이 땅에 있었던 그 날로부터 오늘까지 보지 못하였던 것이리라 하셨다 하고 돌이켜 바로에게서 나오니 7 바로의 신하들이 그에게 말하되 어느 때까지 이 사람이 우리의 함정이 되리이까 그 사람들을 보내어 그들의 하나님 여호와를 섬기게 하소서 왕은 아직도 애굽이 망한 줄을 알지 못하시나이까 하고 8 모세와 아론을 바로에게로 다시 데려오니 바로가 그들에게 이르되 가서 너희의 하나님 여호와를 섬기라 갈 자는 누구 누구냐 9 모세가 이르되 우리가 여호와 앞에 절기를 지킬 것인즉 우리가 남녀 노소와 양과 소를 데리고 가겠나이다 10 바로가 그들에게 이르되 내가 너희와 너희의 어린 아이들을 보내면 여호와가 너희와 함께 함과 같으니라 보라 그것이 너희에게는 나쁜 것이니라 11 그렇게 하지 말고 너희 장정만 가서 여호와를 섬기라 이것이 너희가 구하는 바니라 이에 그들이 바로 앞에서 쫓겨나니라 12 여호와께서 모세에게 이르시되 애굽 땅 위에 네 손을 내밀어 메뚜기를 애굽 땅에 올라오게 하여 우박에 상하지 아니한 밭의 모든 채소를 먹게 하라 13 모세가 애굽 땅 위에 그 지팡이를 들매 여호와께서 동풍을 일으켜 온 낮과 온 밤에 불게 하시니 아침이 되매 동풍이 메뚜기를 불어 들인지라 14 메뚜기가 애굽 온 땅에 이르러 그 사방에 내리매 그 피해가 심하니 이런 메뚜기는 전에도 없었고 후에도 없을 것이라 15 메뚜기가 온 땅을 덮어 땅이 어둡게 되었으며 메뚜기가 우박에 상하지 아니한 밭의 채소와 나무 열매를 다 먹었으므로

애굽 온 땅에서 나무나 밭의 채소나 푸른 것은 남지 아니하였더라 16 바로가 모세와 아론을 급히 불러 이르되 내가 너희의 하나님 여호와와 너희에게 죄를 지었으니 17 바라건대 이번만 나의 죄를 용서하고 너희의 하나님 여호와께 구하여 이 죽음만은 내게서 떠나게 하라 18 그가 바로에게서 나가서 여호와께 구하매 19 여호와께서 돌이켜 강렬한 서풍을 불게 하사 메뚜기를 홍해에 몰아 넣으시니 애굽 온 땅에 메뚜기가 하나도 남지 아니하니라 20 그러나 여호와께서 바로의 마음을 완악하게 하셨으므로 이스라엘 자손을 보내지 아니하였더라 21 여호외께서 모세에게 이르시되 하늘을 향하여 네 손을 내밀어 애굽 땅 위에 흑암이 있게 하라 곧 더듬을 만한 흑암이리라 22 모세가 하늘을 향하여 손을 내밀매 캄캄한 흑암이 삼 일 동안 애굽 온 땅에 있어서 23 그 동안은 사람들이 서로 볼 수 없으며 자기 처소에서 일어나는 자가 없으되 온 이스라엘 자손들이 거주하는 곳에는 빛이 있었더라 24 바로가 모세를 불러서 이르되 너희는 가서 여호와를 섬기되 너희의 양과 소는 머물러 두고 너희 어린 것들은 너희와 함께 갈지니라 25 모세가 이르되 왕이라도 우리 하나님 여호와께 드릴 제사와 번제물을 우리에게 주어야 하겠고 26 우리의 가축도 우리와 함께 가고 한 마리도 남길 수 없으니 이는 우리가 그 중에서 가져다가 우리 하나님 여호와를 섬길 것임이며 또 우리가 거기에 이르기까지는 어떤 것으로 여호와를 섬길는지 알지 못함이니이다 하나 27 여호와께서 바로의 마음을 완악하게 하셨으므로 그들 보내기를 기뻐하지 아니하고 26 바로가 모세에게 이르되 너는 나를 떠나가고 스스로 삼가 다시 내 얼굴을 보지 말라 네가 내 얼굴을 보는 날에는 죽으리라 29 모세가 이르되 당신이 말씀하신 대로 내가 다시는 당신의 얼굴을 보지 아니하리이다

## 시범 교육

### 조교 앞으로

인간의 오해는 언제나 엉뚱한 곳에서 엉뚱한 방식으로 생겨나게 됩니다. 예를 들면, 학교에서 체육시간에 체조 동작을 설명하는 경우 말로 설명이 잘 안되면 선생님이 한 학생을 앞으로 불러내는 경우가 있습니다. 앞에 나온 학생에게 구체적으로 동작을 하게 함으로 시범을 보여줍니다. 시범이 끝나면 앞에 나왔던 학생은 원래의 자리로 돌아가서 나머지 학생들과 동일한 위치에서 동일한 수업을 계속 진행합니다. 앞에 나왔던 학생이 나머지 학생과 다른 점이 없습니다. 이때 앞으로 나왔던 학생이 착각을 하면 안 됩니다. 선생님이 자신을 불러내신 것은 자신이 특

별하기 때문이라고 생각하면 정말 착각입니다. 선생님이 그날 9번 학생을 앞으로 나오라고 한 이유는 단지 그 날이 9일이었기 때문입니다. 만약 그 날이 10일이었다면 당연히 10번 학생이 나왔을 것입니다. 선생님의 수업을 듣는 학생은 모두 학생이라는 똑 같은 조건이요 동일한 상태입니다. 앞에 불려 나온 학생에게는 남들과 다른 자격이나 조건이 있어서 특별히 선택을 받은 것이 아니고 또한 선생님에게는 한 학생을 선택해서 다른 학생들과 차별화를 만들어 내려고 하는 의도가 있었던 것이 절대로 아니라는 것입니다.

착각과 오해는 다양하게 일어납니다. 선택받은 학생만 착각하는 것이 아니라 나머지 학생들이 착각을 하기도 합니다. 한 학생이 부름을 받자 나머지 모든 학생들이 부름 받은 학생은 특별하다고 생각해 주는 것입니다. 정작 부름 받은 학생은 하필 자신이 선택된 것에 대해 불만을 가지고 있는데 나머지 학생들은 선생님이 한 학생만 사랑한다고 생각해 버리는 것입니다. 기독교에 대해서, 특별히 구약에 대해서, 특별히 이스라엘과 애굽, 이스라엘과 가나안, 이스라엘과 이방인의 관계에 대해 너무나 오랫동안 너무나 광범위하게 착각과 오해가 유지되어 왔습니다. 이스라엘은 자신들만 특별히 선택받았다고 착각을 했고 이방사람들은 하나님은 이스라엘만 사랑한다고 오해를 했던 것입니다. 그러나 성경이 선언하는 하나님은 히브리인들의 하나님 즉 하나님을 떠난 모든 연약한 자들의 하나님이십니다.

## 모든 이들에게

하나님이 계시하시는 신앙과 애굽 왕 바로가 생각하고 있는 종교의 차이점을 살펴보겠습니다. 하나님이 모든 자들의 하나님이심을 확인할 수 있는 것이 10장 1, 2절 "여호와께서 모세에게 이르시되 바로에게로 들어가라. 내가 그의 마음과 그의 신하들의 마음을 완강하게 함은 나의 표징을 그들 중에 보이기 위함이며, 네게 내가 애굽에서 행한 일들 곧 내가 그들 가운데에서 행한 표징을 네 아들과 네 자손의 귀에 전하기 위함이라. 너희는 내가 여호와인 줄을 알리라."입니다. 이 말씀은 하나님이 모세에게 하신 말씀이지만 이 말씀의 대상은 모세만이 아닙니다. 비록 모세에게 말씀하셨지만 모든 이스라엘을 대상으로 말씀하신 것입니다. 또한 이스라엘에게 말씀하셨지만ㅍ 모든 인간을 대상으로 말씀하신 것입니다.

만약 이 말씀이 모세만 또는 이스라엘만을 위한 말씀이라고 한다면 저와 여러분은 이 말씀을 읽을 이유도 없고, 이렇게 앉아서 그 말씀이 무슨 말씀인가 상고할 이유도 없습니다. 당시의 상황으로 보면 모세를 대상으로 한 것이지만, 그 상황자체가 샘플적 상황이고 실제적으로는 모세와 이스라엘과 그 자리에 있었던 아들들과 그 자리에 없었던 자손들까지를 포함하여 결국 모든 인간을 대상으로 하신 말씀인 것입니다. 인간의 문제 중의 하나가 편 가르기입니다. 인간의 편 가르기에 하나님을 이용하면 안 됩니다. 도리어 하나님을 중심으로 인간의 편 가르기가 끝나고 하나로 연합되어져야 합니다. 하나님은 모든 인류의 하나님이시기 때문입니다.

### 알리라

10장 1, 2절에는 또 다른 기독교의 특징이 내포되어 있습니다. 기독교의 특징은 인간의 믿음이나 신앙적 열심이 아니라 하나님의 존재요 하나님의 일하심입니다. 기독교에서 말하는 하나님은 하나님의 존재, 하나님의 사역, 하나님의 책임을 의미합니다. 하나님이 주체자이시고, 인간이 대상자라는 것입니다. 하나님이 일하시는 분이시고, 인간이 누리는 자라는 것입니다. 하나님은 모세로 하여금 이스라엘에게 하나님을 알리라는 사명을 주신 것이 아닙니다. 모세는 이스라엘의 장년들과 아들들과 자손들에게 여호와를 알게 하라는 명령을 받은 것이 아닙니다. 또 모세는 애굽에게 하나님을 알리라는 사명을 받은 것도 아니고 애굽에게 하나님을 알려야 하는 책임을 짊어진 것도 아닙니다. 이스라엘에게 여호와가 여호와이심을 알게 하는 것은 하나님이 하실 일입니다. 하나님이 이스라엘에게 하나님을 알게 하시겠다고 선포하시는 것이지 모세에게 사명을 주시고 명령하시는 것이 아닙니다. 기독교에서 일하시는 분은 언제나 하나님이십니다.

출애굽 사건도 마찬가지입니다. 하나님은 한 번에 애굽을 항복시키는 것이 아니라 10장에서는 여덟 번째 이적을 통하여 하나님을 계시하고 있습니다. 만약 이스라엘이 출애굽을 하지 못하면 하나님 책임입니다. 만약 애굽이 하나님을 알지 못하면 당연히 하나님 책임입니다. 만약 이스라엘이 하나님을 알지 못하면 당연히 하나님 책임입니다. 첫 번째 이적부터 여덟 번의 이적이 진행되면서 하나님이 모세를 채근하는 장면이나 모세를 닦달하는 장면이 나오지 않습니다. 모세가 각각의 이적을 행하고 하나님께 경과를 보고하는 장면도 나오지 않습니다. 하나님이 모세와 대책을 세우거나 다음 진도를 상의하는 장면이 나오지 않습니다. 전적으로 하나님이 계획하고 하나님이 진행하고 하나님이 책임지시는 것입니다. 기독교의 핵심은 하나님이요, 기독교의 하나님은 일하시는 하나님이십니다. 애굽에게 하나님을 알게 하는 것도 하나님의 일이요 이스라엘에게 하나님을 알게 하는 것도 하나님의 일이요 이스라엘의 아들과 자손의 귀에 전하는 것도 하나님의 일입니다.

미리 결론을 말씀드리자면 출애굽의 열 가지 이적을 통해 애굽이 하나님을 몰랐고 이스라엘이 하나님을 몰랐습니다. 더 나아가 구약 전체를 통하여 인간 중에 어느 누구도 인간이 죄인임을 알지 못했고 하나님을 믿어야 하는 것도 알지 못했습니다. 당연히 하나님의 책임입니다. 그래서 하나님이 책임지셨습니다. 하나님이 책임을 지시기 위하여 예수를 보내셨고 십자가를 통해 죄에서 해방시키셨고 하나님의 성령을 주셨고 하나님을 알게 하셨고 하나님의 자녀가 되게 하셨습니다. 하나님이 기어코 하나님의 일을 완성하신 결과가 저와 여러분이 하나님의 백성, 하나님의 자녀, 성도가 되어있다는 사실입니다. 하나님의 일은 하나님이 하십니다.

## 하나님의 계시

하나님을 모르는 자들에게 하나님을 알게 하는 것이 하나님의 일이기에 하나님이 직접 계시를 행하시는 것입니다. 하나님은 모든 인간들의 하나님이시기 때문에 이스라엘을 좋게 하자고 애굽에 재앙을 내리시면 안 됩니다. 이스라엘을 도와주자고 애굽을 힘들게 하면 안 됩니다. 출애굽 사건에서 각각의 이적이 등장하는 것이 애굽을 징계하거나 형벌을 내리거나 패망시키려고 하는 것이 아니라는 것을 기억하셔야 합니다. 3절 "모세와 아론이 바로에게 들어가서 그에게 이르되 히브리 사람의 하나님 여호와께서 말씀하시기를 네가 어느 때까지 내 앞에 겸비하지 아니하겠느냐?"라고 말하는 것은 모세를 힐문하거나 책망하는 것이 아닙니다. 하나님은 바로에게 '아직도 모르겠냐?' 고 묻는 것이요 지금까지 일곱 번을 시범을 보였는데 '다른 이적이 더 필요하나?' 고 반문하시는 것입니다.

3절 후반부부터 "내 백성을 보내라. 그들이 나를 섬길 것이니라. 네가 만일 내 백성 보내기를 거절하면 내일 내가 메뚜기를 네 경내에 들어가게 하리니 메뚜기가 지면을 덮어서 사람이 땅을 볼 수 없을 것이라. 메뚜기가 네게 남은 그것 곧 우박을 면하고 남을 것을 먹으며 너희를 위하여 들에서 자라나는 모든 나무를 먹을 것이며 또 네 집들과 네 모든 신하의 집들과 모든 애굽 사람의 집들에 가득하리니 이는 네 아버지와 네 조상이 이 땅에 있었던 그 날로부터 오늘까지 보지 못하였던 것이리라 하셨다 하고 돌이켜 바로에게서 나오니"입니다. 이런 구절을 보시면 하나님이 큰 재앙을 내리신 것처럼 보입니다. 그러나 성경의 사건들을 잘 점검해 보십시오. 창세기에 보면 하나님이 재앙을 내리지 않았는데도 불구하고 애굽 온 나라에 큰 기근이 들어서 사람이 살 수 없을 정도가 되었습니다. 그때 하나님이 하신 일은 요셉을 보내서서 애굽 백성들로 하여금 기근을 극복하게 하고 살게 하신 것입니다. 하나님은 재앙의 근원이 아니라 인간 문제의 해결자요 인간을 도우시는 분이십니다.

여덟 번째 이적에 대하여도 사람들이 놓치는 것이 한 가지 있습니다. 메뚜기가 나와서 식물을 먹어 버린다고 하면 사람들은 하나님이 메뚜기를 보내서 식물을 다 먹어버리게 하니 하나님은 나쁘다고만 생각합니다. 도리어 그 동안 하나님이 계속해서 식물을 주셨으니 하나님은 정말 고마우신 분이시라는 생각은 하지 않습니다. 또 만약 하나님이 정말로 애굽에 거듭되는 재앙을 내리셔서 우박으로 식물을 모두 황폐하게 하고 메뚜기로 모든 식물을 먹어버리게 한다면 그것으로 끝이 아닙니다. 하나님이 그렇게 행하셔서 결국 애굽 백성이 모두 굶어 죽은 것이 아닙니다. 우박과 메뚜기가 식물을 황폐하게 만들기 전에도 이미 하나님은 애굽에게 식물을 제공하고 계셨고, 우박과 메뚜기가 식물을 황폐하게 만들고 난 후에도 하나님은 애굽에게 계속해서 식물을 제공하여 애굽이 먹고 살도록 도우셨습니다. 애굽 역사에 하나님의 식물 재앙으로 애굽 백성이 굶어죽고 애굽이 망했다는 기록이 없습니다. 창조 때부터 지금까지 모든 인간은 이스라엘이든 애굽이든, 하나님을 믿는 자이건 하나님이 없다고 말하는 자이든 모든 인간은 하나님이 제공하시는 식물을 먹고 살아왔고 먹고 살고 있고 먹고 살아갈 것입니다.

혹시 삶의 곤고한 형편에 처해있으십니까? 그래서 하나님이 원망스러우십니까? 마치 하나님이 안 계신 것 같고 하나님이 방치하신 것 같고 하나님이 버리신 것 같은 생각이 드십니까? 실망하고 좌절하고 낙담하기 전에 행복했던 날을 기억해 보시고 앞으로 행복할 날을 기대하십시오. 하나님은 이전부터 저와 여러분을 도와 주셨고 현재도 도와주시고 영원토록 도와주실 것입니다. 하나님 때문에 곤고함에 처하는 경우란 없습니다. 인간이 곤고함에 처하는 것은 죄 때문이고 그렇게 죄 때문에 곤고함에 처해 있을 때 인간을 도우시는 분이 언제나 하나님이십니다. 하나님 때문에 문제가 해결되고 하나님 때문에 더 큰 행복을 누려 가시기를 주님의 이름으로 축원합니다.

## 그들의 하나님

### 복종과 순종의 차이

지금까지는 하나님의 신앙교육을 살펴보았고, 이제부터는 하나님에 대한 인간의 오해를 살펴보겠습니다. 7절 "바로의 신하들이 그에게 말하되 어느 때까지 이 사람이 우리의 함정이 되리이까? 그 사람들을 보내어 그들의 하나님 여호와를 섬기게 하소서. 왕은 아직도 애굽이 망한 줄을 알지 못하시나이까?"입니다. 흔히 출애굽의 이적을 설명할 때 하나님이 약한 것부터 시작해서 강한 것으로 진행되었다고 말합니다. 그래서 처음에는 8장 19절에 나오는 대로 "요술사가 바로에게 말하되 이는 하나님의 권능이니이다 하였으나"라고 해서 술객들이 항복하였고 두 번째로 10장 7절의 본문대로 신하들이 항복하였고 마지막으로 바로 왕이 항복하였다고 합니다.

그러나 하나님이 원하시는 것은 바로의 항복이나 애굽의 항복이 아닙니다. 왜냐하면 하나님은 바로와 또는 애굽 사람들과 또는 애굽 신들과 싸움을 하고 계신 것이 아니기 때문입니다. 하나님이 원하시는 것은 항복이나 두손두발 다 드는 것이 아닙니다. 하나님은 인간이 좋은 것을 포기하기를 원하는 것이 아니요 무조건 하나님 앞에 복종하기를 원하는 것이 절대로 아닙니다. 기독교에 어울리지 않는 단어가 포기 또한 항복이라는 단어입니다. 왜냐하면 포기라는 단어는 자신이 현재 더 좋은 것을 가지고 있음에도 불구하고 그것을 버리고 더 나쁜 것을 가질 때 사용하기 때문입니다. 대체적으로 인간은 더 좋은 것을 가졌으면 바꾸지 않습니다. 만약 좋은 것을 버리고 나쁜 것을 가질 때에는 나름의 이유가 있을 것입니다. 그러나 만약 반대로 자신이 가지고 있는 나쁜 것을 버리고 더 좋은 것을 가지게 될 때에는 포기라는 표현을 쓰지 않고 대신 선택이라든가 횡재 또는 행운 등의 용어를 사용할 것입니다. 하나님이 원하시는 것은 인간이 하나님을 아는 것입니다. 하나님이 제안하는 것이 현재 인간이 가지고 있는 것보다 좋은 것임을 알라는 것입니다. 하나님이 인간을 꺾으려고 하는 것이 아니라 인간을 도우려고 한다는 것을 알라는 것입니다. 하나님이 인간에게 복종을 요구하는 것이 아니라 순종을 기대하는 것을 알라는 것입니다.

## 신하들의 논리

하나님은 애굽이 하나님을 알기를 원하는데 정작 애굽 사람들은 엉뚱한 반응을 보입니다. 인간이 하나님에 대해 가지는 오해 중의 하나가 하나님이 항복을 원한다고 생각하는 것입니다. 7절에서 애굽의 신하들은 항복의 의사를 밝힙니다. 그러나 애굽 신하들의 말속에 자신들이 하나님을 알았다는 내용이 없습니다. 자신들도 하나님을 섬기겠다는 의지가 없습니다. 그래서 저들이 할 수 있는 말이 고작 7절인 것입니다. 애굽의 신하들이 한 말의 핵심은 "그 사람들을 보내어 그들의 하나님 여호와를 섬기게 하소서"이고 이것이 저들이 할 수 있는 최상이었던 것입니다. 인간이 가지고 있는 하나님에 대한 오해 중의 또 다른 하나가 하나님은 자신들과는 아무런 상관이 없다는 것입니다. 하나님을 오직 이스라엘만의 하나님으로 생각하고 있는 것입니다. 애굽 사람들이 그렇게 생각하는 이유는 애굽의 종교관에서 신은 언제나 한쪽 편을 들게 되어 있습니다. 그래서 신은 자기편만 도와주는 것입니다. 그런데 애굽 신이 히브리인들의 신에게 졌다는 것입니다. 히브리인들의 하나님이 자신들의 하나님이 아니라고 생각하는 것입니다. 히브리인의 하나님이 자신들을 도와주고 축복한다는 생각이 없는 것입니다.

만약 히브리인의 하나님이 애굽의 신들을 이겼다면 이제 신을 바꾸어 자신들도 히브리인들의 하나님을 섬겨야겠다는 생각을 못하는 것입니다. 왜냐하면 애굽 사람들은 히브리 사람들이 아니고, 애굽의 신들은 애굽 지역을 장악하고 있다고 생각하기 때문입니다. 애굽 사람들이 보인 최고의 반응은 단지 "그 사람들을 보내어 그들의 하나님 여호와를 섬기게 하소서"일 뿐입니다. 이것은 애굽의 신하들의 생각만이 아니라 바로 왕의 생각 즉 대부분의 인간들의 종교관입니다. 8절 "모세와 아론을 바로에게로 다시 데려오니 바로가 그들에게 이르되 가서 너희의 하나님 여호와를 섬기라"입니다. 바로도 "가서 너희의 하나님 여호와를 섬기라"고 말할 뿐입니다.

### 바로의 논리

인간이 하나님의 신앙에 대해 오해하는 것 중의 하나가 바로 왕의 표현 속에 있습니다. 인간 또는 죄인의 종교관이 배어있는 것이 "갈 자는 누구 누구냐?"라는 질문입니다. 10, 11절 "바로가 그들에게 이르되 내가 너희와 너희의 어린 아이들을 보내면 여호와가 너희와 함께 함과 같으니라. 보라 그것이 너희에게는 나쁜 것이니라. 그렇게 하지 말고 너희 장정만 가서 여호와를 섬기라. 이것이 너희가 구하는 바니라."입니다. 10장 24절 "바로가 모세를 불러서 이르되 너희는 가서 여호와를 섬기되 너희의 양과 소는 머물러 두고 너희 어린 것들은 너희와 함께 갈지니라"고 합니다. 바로의 언급 속에 담긴 종교, 바로가 생각하고 있는 종교는 말 그대로 종교행위입니다. 바로는 신앙이 삶의 원리라고 생각하지 않습니다. 바로는 신앙이 하나님을 알고, 하나님의 원리와 가치와 기준을 알고 하나님의 마음과 심정으로 행동하는 것이라고 생각하지 않는 것입니다.

바로에게 신앙은 종교행위입니다. 바로는 10절에서는 아이들을 데리고 가지 말라고 합니다. 물론 인질로 잡아두려는 정치적인 의도가 있습니다. 그러나 바로가 생각하고 있는 종교적 관점에서는 아이들이 갈 필요가 없습니다. 왜냐하면 바로가 생각하는 종교는 종교행위이고 종교행위는 모든 사람이 하는 것이 아니고 대표가 하는 것이기 때문입니다. 또한 바로는 24절에서 "너희는 가서 여호와를 섬기되 너희의 양과 소는 머물러 두고 너희 어린 것들은 너희와 함께 갈지니라"고 말합니다. 물론 재산상의 손해를 보고 싶지 않기 위한 경제적 계산이 깔려 있습니다. 그러나 바로의 종교적 개념에서는 만약 제물이 없다면 그 종교행위는 아무런 의미가 없다고 생각하는 것입니다. 바로가 알고 있는 신들은 언제나 제물을 요구하고 제물이 없다면 신은 감동을 받지 않고 신이 감동받지 않으면 인간의 제사는 아무런 효과가 나타나지 않는다고 생각하는 것입니다.

## 모세의 생각

안타까운 것은 이러한 생각이 바로의 생각, 죄인들의 생각이어야 하는데 단지 죄인들만 그런 것이 아니라 대부분의 신앙인들도 이와 같이 생각한다는 것입니다. 애굽의 신하들이 생각한 것과 바로가 생각한 것과 모세가 생각한 것이 별로 다르지 않았다는 것입니다. 바로가 24절에서 양과 소를 두고 가라는 요구에 대해 모세가 대답하는 것이 25, 26절 "모세가 이르되 왕이라도 우리 하나님 여호와께 드릴 제사와 번제물을 우리에게 주어야 하겠고 우리의 가축도 우리와 함께 가고 한 마리도 남

길 수 없으니 이는 우리가 그 중에서 가져다가 우리 하나님 여호와를 섬
길 것임이며 또 우리가 거기에 이르기까지는 어떤 것으로 여호와를 섬
길는지 알지 못함이니이다 하니"입니다.

본질적으로 모세와 바로가 다르지 않다는 것이 이 구절을 통해서 확
인되는 것입니다. 모세는 하나님을 잘 알았고 신앙이 좋았기 때문에 하
나님의 일군으로 선택된 것이 아닙니다. 모세는 애굽 종교에 40년간 익
숙했고 광야 종교에 40년간 익숙했을 뿐 하나님을 알지 못했고 하나님
의 원리를 알지 못했고, 애굽 종교와 하나님 신앙의 차이점을 알지 못했
습니다. 하나님은 열 가지 이적을 통해 모세를 가르치시고 애굽을 가르
치시는 것입니다. 본질적으로 모세와 바로가 동등한 차원입니다. 양과
소를 두고 가라고 하니까 모세가 하는 말이 다 가져가야 한다는 것입니
다. 그런데 그 이유가 바로 왕과 똑같다는 것입니다. 양과 소를 가져가
야 하는 이유가 하나님께 제물을 드려야 하기 때문이라는 것입니다. 모
세도 제물 없이 신에게 나아갈 수 없고 제물 없이 신을 섬길 수 없다고
생각하고 있는 것입니다.

지금까지의 과정을 돌아보면 하나님이 모세에게 나타나셨을 때 모세
가 제물을 드린 적이 없습니다. 그냥 모세가 양을 치고 있을 때에 하나
님이 나타나셨습니다. 하나님이 나타나시자마자 제물 내놓으라고 요구
하신 적이 없습니다. 하나님의 출현에 어안이 벙벙해 하고 있는 모세에
게 하나님은 이적을 보여주셨습니다. 하나님이 모세에게 하나님의 일꾼
이 되려면 제물을 바쳐야 한다고 요구하신 적이 없습니다. 모세를 바로
에게 파송하시기 위해 하나님이 희생을 요구하신 적이 없습니다. 단지
하나님이 나타나셨고 하나님이 이적을 행하셨고 하나님이 모세를 일꾼
삼으셨고 하나님이 모세를 보내셨습니다. 하나님이 모세에게 요구하신
것이 아무 것도 없습니다.

하나님은 인간에게 무엇인가를 요구하는 분이 아니라 무엇인가를 제

공해 주시는 분이십니다. 신약의 예수님도 인간에게 아무 것도 요구하지 않으셨습니다. 예수님이 먼저 죄인의 집에 가셨고 예수님은 아무 것도 바치지 않은 채 예수를 만진 사람들의 병들도 다 고쳐주셨습니다. 하나님은 인간에게 무엇을 요구하는 분이 아니신 것입니다. 그런데 바로도 모세도 모두 하나님께 제물을 드려야 한다고 생각했던 것입니다. 하나님을 섬긴다는 것은 하나님의 말씀대로, 하나님의 원리대로 산다는 것입니다.

## 바로의 회개

마지막으로 또 하나 바로의 종교관, 인간의 종교관을 살펴보겠습니다. 10장 16절 "바로가 모세와 아론을 급히 불러 이르되 내가 너희의 하나님 여호와와 너희에게 죄를 지었으니 바라건대 이번만 나의 죄를 용서하고 너희의 하나님 여호와께 구하여 이 죽음만은 내게서 떠나게 하라"입니다. 똑같은 장면이 이미 나왔었습니다. 9장 27절 "바로가 사람을 보내어 모세와 아론을 불러 그들에게 이르되 이번은 내가 범죄하였노라. 여호와는 의로우시고 나와 나의 백성은 악하도다. 여호와께 구하여 이 우렛소리와 우박을 그만 그치게 하라. 내가 너희를 보내리니 너희가 다시는 머물지 아니하리라"입니다. 바로가 이런 말을 하는 이유는 바로가 직면하고 있는 상황이 계시라고 생각하지 않고 재앙이요 형벌이요 심판이라고 생각하기 때문입니다. 만약 하나님이 인간의 행동대로 벌주시면 아무도 지금까지 살아있지 못합니다. 눈이 범죄 해서 벌로 눈 뽑아 버리고 입이 범죄 해서 벌로 혀 뽑아버리고 발이 범죄 해서 벌로 발 잘라 버리면 인간은 살지 못합니다. 행한 대로 갚으시면 바로도 모세도 지금 이 자리의 어느 누구도 존재할 수 없습니다. 인간의 종교관으로는 인간이 행복을 누릴 수 없습니다. 인간의 종교관으로는 인간이 자유를 누릴 수 없습니다. 반대로 인간을 위해 일하시는 하나님을 아시고 형벌이 아니라 은혜를 주시는 하나님을 아시기 바랍니다. 그리고 하나님의 원리와 마음으로 사시면서 하나님의 복락을 누리시기를 주님의 이름으로 축원합니다.

# 17

# 기적을 더하리라

출애굽기 11 : 1 ~ 12 : 14

1 여호와께서 모세에게 이르시기를 내가 이제 한 가지 재앙을 바로와 애굽에 내린 후에야 그가 너희를 여기서 내보내리라 그가 너희를 내보낼 때에는 여기서 반드시 다 쫓아내리니 2 백성에게 말하여 사람들에게 각기 이웃들에게 은금 패물을 구하게 하라 하시더니 3 여호와께서 그 백성으로 애굽 사람의 은혜를 받게 하셨고 또 그 사람 모세는 애굽 땅에 있는 바로의 신하와 백성의 눈에 아주 위대하게 보였더라 4 모세가 바로에게 이르되 여호와께서 이와 같이 말씀하시기를 밤중에 내가 애굽 가운데로 들어가리니 5 애굽 땅에 있는 모든 처음 난 것은 왕위에 앉아 있는 바로의 장자로부터 맷돌 뒤에 있는 몸종의 장자와 모든 가축의 처음 난 것까지 죽으리니 6 애굽 온 땅에 전무후무한 큰 부르짖음이 있으리라 7 그러나 이스라엘 자손에게는 사람에게나 짐승에게나 개 한 마리도 그 혀를 움직이지 아니하리니 여호와께서 애굽 사람과 이스라엘 사이를 구별하는 줄을 너희가 알리라 하셨나니 8 왕의 이 모든 신하가 내게 내려와 내게 절하며 이르기를 너와 너를 따르는 온 백성은 나가라 한 후에야 내가 나가리라 하고 심히 노하여 바로에게서 나오니라 9 여호와께서 모세에게 이르시기를 바로가 너희의 말을 듣지 아니하리라 그러므로 내가 애굽 땅에서 나의 기적을 더하리라 하셨고 10 모세와 아론이 이 모든 기적을 바로 앞에서 행하였으나 여호와께서 바로의 마음을 완악하게 하셨으므로 그가 이스라엘 자손을 그 나라에서 보내지 아니하였더라 1 여호와께서 애굽 땅에서 모세와 아론에게 일러 말씀하시되 2 이 달을 너희에게 달의 시작 곧 해의 첫 달이 되게 하고 3 너희는 이스라엘 온 회중에게 말하여 이르라 이 달 열흘에 너희 각자가 어린 양을 잡을지니 각 가족대로 그 식구를 위하여 어린 양을 취하되 4 그 어린 양에 대하여 식구가 너무 적으면 그 집의 이웃과 함께 사람 수를 따라서 하나를 잡고 각 사람이 먹을 수 있는 분량에 따라서 너희 어린 양을 계산할 것이며 5 너희 어린 양은 흠 없고 일 년 된 수컷으로 하되 양이나 염소 중에서 취하고 6 이 달 열나흗날까지 간직하였다가 해 질 때에 이스라엘 회중이 그 양을 잡고 7 그 피를 양을 먹을 집 좌우 문설주와 인방에 바르고 8 그 밤에 그 고기를 불에 구워 무교병과 쓴 나물과 아울러 먹되 9 날것으로나 물에 삶아서 먹지 말고 머리와 다리와 내장을 다 불에 구워 먹고 10 아침까지 남겨두지 말며 아침까지 남은 것은 곧 불사르라 11 너희는 그것을 이렇

게 먹을지니 허리에 띠를 띠고 발에 신을 신고 손에 지팡이를 잡고 급히 먹으라 이것이 여호와의 유월절이니라 12 내가 그 밤에 애굽 땅에 두루 다니며 사람이나 짐승을 막론하고 애굽 땅에 있는 모든 처음 난 것을 다 치고 애굽의 모든 신을 내가 심판하리라 나는 여호와라 13 내가 애굽 땅을 칠 때에 그 피가 너희가 사는 집에 있어서 너희를 위하여 표적이 될지라 내가 피를 볼 때에 너희를 넘어가리니 재앙이 너희에게 내려 멸하지 아니하리라 14 너희는 이 날을 기념하여 여호와의 절기를 삼아 영원한 규례로 대대로 지킬지니라

# 기적을 더하리라

## 쫓아내리니

고대 문화유산의 절반이상은 종교에 관련된 것 또는 신에 관련된 것입니다. 동서양을 막론하고 관광을 가보면 가장 큰 건물, 가장 오랜 된 건물, 가장 화려한 건물은 주로 신전으로 사용된 것입니다. 또한 고대에는 종교와 국가, 종교와 정치는 늘 하나로 연결되어 있었습니다. 그래서 고대에는 전쟁도 단지 군대가 동원되고 무기가 동원되는 말 그대로의 전쟁이 아니었습니다. 고대의 전쟁은 왕들의 전쟁도 아니고 국가 간의 전쟁도 아니요 양국의 신들의 전쟁이라고 합니다. 전쟁의 선두에 신의 깃발과 형상이 나아가고 만약 패배하면 패한 나라의 신전이 파괴되고 패한 신은 승리한 신의 신상 밑에 두어지게 되었습니다.

성경에도 이와 관련된 기록이 등장합니다. 사무엘상 4장에 블레셋이 이스라엘에 쳐들어왔고 이스라엘이 패합니다. 이때 이스라엘이 백성들이 법궤를 들고 나가지만 또 패합니다. 승리한 블레셋이 법궤를 빼앗아 자신들의 신전에 가져다 둡니다. 또 이스라엘이 앗수르나 바벨론에 패할 때 침입한 승리자들이 첫 번째로 한 것이 예루살렘에 있는 성전을 파괴하는 것이었습니다. 고대 다른 국가들이 이스라엘에 대하여 이렇게 행한 행동은 성경에도 나옵니다. 그러나 그 반대의 상황은 단 한 번도 등장하지 않습니다. 즉 하나님이 이겼을 때 하나님은 다르게 행동하시

더라는 것입니다. 하나님이 블레셋을 이겼을 때에도 블레셋의 신전을 파괴하거나 신상을 파괴하지 않았습니다. 하나님은 아람과 암몬을 이겼을 때에도 저들의 종교를 전혀 관여하지 않았습니다. 고대 사람들의 종교관이나 전쟁관에 기초하여 볼 때에 출애굽기의 장면은 대단히 이상한 상황들입니다. 11장 1절 "여호와께서 모세에게 이르시기를 내가 이제 한 가지 재앙을 바로와 애굽에 내린 후에야 그가 너희를 여기서 내보내리라. 그가 너희를 내보낼 때에는 여기서 반드시 다 쫓아내리니"입니다. 전쟁하는 장면이 이상하고 전쟁이 끝난 후의 결과도 매우 이상하게 전개가 됩니다.

출애굽기의 상황이 이상한 것은 첫째, 대체로 고대의 전쟁에서 양국은 서로 자신의 신이 강하다고 믿고 있는데 이스라엘은 그렇지 않다는 것입니다. 애굽에는 애굽 신이 있고, 신전이 있고, 신전에서 봉사하는 술객들도 있는데 정작 이스라엘은 자신들의 하나님을 모른다는 것입니다. 이스라엘 백성이 하나님을 선봉에 내세우고 있는 것이 아닙니다. 애굽이 이스라엘의 하나님을 모르는 것은 이해가 됩니다. 그런데 정작 이스라엘도 전혀 하나님을 모르고 있다는 것입니다. 그러므로 출애굽 사건은 신들의 전쟁이 아닙니다. 둘째, 고대에서 신들의 전쟁에서 어느 한 쪽 신이 패하면 그 패한 신이 승리한 신의 신상 밑에 놓여 진다고 했습니다. 그런데 하나님은 그 동안 아홉 번 승리하셨는데 애굽 신의 신상을 한 번도 취하지 않습니다. 하나님 앞에 무릎 꿇리지도 않습니다. 왜냐하면 고대 사람들은 다른 신이 있다고 생각했고 다른 신보다 자기 신이 강하다고 생각했지만, 하나님은 다른 신은 원래 없는 것이라고 선언하시기에 다른 신에 대해 승리했다는 개념 자체가 성립되지 않는 것이고 다른 신을 야훼 신상 밑에 둘 필요조차 없는 것입니다.

셋째, 고대에서는 신들의 전쟁에서 어느 한 쪽 신이 패하면 그 나라 자체가 전쟁에서 진 것과 같다는 것입니다. 즉 애굽의 신이 지면 애굽이 항복을 하거나 애굽을 내어 놓아야 한다는 것입니다. 그런데 출애굽기에서는 애굽의 신이 지는데 그것도 한 두 번이 아니라 자그만치 열 번을 지는데 애굽은 항복을 하거나 나라를 내어놓지 않는다는 것입니다. 이스라엘이 애굽을 이겼다면 이스라엘이 애굽을 쫓아내야 합니다. 이스라엘의 신이 애굽을 이겼다면 당연히 애굽을 차지해야 하는 것입니다. 그런데 애굽 신들을 물리친 결과가 찬란한 문명국가 애굽을 차지하는 것이 아니라, 이스라엘이 애굽을 쫓아내는 것이 아니라 정반대로 애굽이 이스라엘을 쫓아내는 것이며, 이스라엘이 문명의 애굽에서 황량한 광야로 나오는 것입니다.  이런 전쟁을 뭐하러 합니까? 노예가 반란을 일으켜서 주인을 무찔렀으면 주인의 자리를 차지하는 것이지, 주인을 이기고 주인에게 쫓겨나는 경우가 있습니까?

## 애굽을 위한 하나님 사역

출애굽기는 하나님의 목적을 이해하지 못하면 전체적인 내용을 파악할 수가 없습니다. 하나님의 목적을 이해하지 못하면 출애굽 사건이 고대의 어떤 전례도 없는 독특한 상황임을 이해할 수 없습니다. 11장 5절 "애굽 땅에 있는 모든 처음 난 것은 왕위에 앉아 있는 바로의 장자로부터 맷돌 뒤에 있는 몸종의 장자와 모든 가축의 처음 난 것까지 죽으리니"입니다. 이 말씀은 이곳에 처음 등장하는 것이 아니라 이미 4장 23절에 나와 있었습니다. "내가 네게 이르기를 내 아들을 보내 주어 나를 섬기게 하라 하여도 네가 보내 주기를 거절하니 내가 네 아들 네 장자를 죽이리라 하셨다 하라 하시니라"입니다. 4장은 아직 열 가지 이적이 시작도 하기 전입니다. 그러니까 열 가지 이적은 하나를 행하고 안 되니까 두 번째를 행하고, 그래도 안 되니까 세 번째를 행한 것이 아닙니다. 처음부터 열 가지가 예정되어 있었던 것입니다. 하나님이 거듭거듭 시행착오를 하다가 최종 마지막 판에서 역전승을 한 것이 아니라는 것입니다. 장자의 죽음이 예고되는 것은 출애굽기 4장에서 하나님이 이스라엘을 내 아들이라고 선언하고 난 후에 나옵니다. 즉 하나님이 이스라엘을 하나님의 아들로 삼으시니까 하나님이 아들을 지키시겠다는 것입니다. 애굽은 태양신을 섬기고, 바로를 태양의 아들로 간주하니까 태양 신에게 자신의 아들을 지켜보라고 비아냥거리시는 것입니다. 신이 자기의 아들도 지키지 못한다면 그것은 신이 아니요, 그런 신을 신으로 섬기고 있었다면 그것은 잘못된 종교관이었다는 것을 드러내기 위한 것이었습니다.

하나님의 목적은 출애굽 하는 것도 아니고, 노예를 해방하는 일도 아니고, 애굽 땅을 차지하는 것도 아니고, 애굽의 신들을 물리치는 것도 아닙니다. 어차피 애굽의 신들은 실체가 아니라 애굽 백성들이 신으로 간주하는 것일 뿐입니다. 정작 깨어져야 하는 것은 애굽의 신들이 아니라 그것들을 신으로 섬기고 있는 애굽 백성들의 마음, 즉 죄인들의 마음, 인간들의 죄적 종교성입니다. 하나님이 애굽의 신들을 아홉 번이나 물리쳤습니다. 그래도 패배한 신상들을 이스라엘의 신전으로 가져와서 하나님의 신상 밑에 두는 일을 행하지 않습니다. 왜냐하면 그 신들은 원래부터 신들이 아니요, 실체가 아니기 때문입니다. 지금까지 아홉 가지 이적과 이제 열 번째 이적이 등장하는 이유는 하나님이 애굽 사람들에게 '과연 애굽의 신들이 신들이냐?'고 묻는 것이 아니라 애굽 사람들이 신들로 섬기고 있는 행위 즉 '애굽의 신관, 애굽의 종교관이 바른 것이냐?'고 묻는 것입니다. 하나님은 애굽의 신들이 가짜임을 지적하려는 것이 아니라 애굽 사람들의 인식이 헛된 인식이라는 것을 지적하려는 것입니다. 자신들을 보호해 줄 수 있을 것으로 기대하고 있는 신들의 무용성을 확인시킴으로 해서 자신들이 인식이 틀렸다는 것을 깨닫게 하고, 반대로 하나님의 말씀대로 모든 것이 이루어짐을 확인시킴으로 해서 하나님이 진정한 신이시라는 것을 알게 하려는 것입니다.

그런데 이러한 이적이 열 번이나 반복되어야 하는 이유가 바로 9절 "여호와께서 모세에게 이르시기를 바로가 너희의 말을 듣지 아니하리라. 그러므로 내가 애굽 땅에서 나의 기적을 더하리라 하셨고"입니다. 기적이 더해져야 하는 이유는 바로와 애굽이 알아듣지 못하기 때문입니다. 하나님이 말로 하시지 않고 이적과 기적을 사용하시는 이유는 말로는 알아듣지 못하기 때문입니다. 하나님이 이적을 여러 번 보이시는 이유는 한 번 보여주어서는 이해하지 못하기 때문입니다. 그렇다면 사실은 가능한 이적이 적게 나타나는 것이 좋은 것입니다. 빨리 이해하고 빨리 알아들으면 다른 이적이 나타나지 않아도 되는 것입니다. 불행하게도 바로는 이해하지 못했습니다. 죄의 인식, 죄의 종교관에 사로잡혀 하나님을 이해하지 못했습니다. 그래서 기적에 기적이 등장하는 것입니다.

### 이스라엘을 위한 하나님 사역

바로와 모세가 같은 인간이요, 애굽과 이스라엘이 같은 수준입니다. 그것을 확인할 수 있는 곳이 있습니다. 출애굽기에서 하나님의 계시 사역을 읽다보면 생각나는 장면이 있습니다. 하나님이 수도 없이 계시하시고 이적을 행하시고 알려주셔도 어지간히도 알아듣지 못하는 상황이 거듭되는 어떤 장면들이 생각납니다. 하나님이 모세를 만나는 장면도 생각나고 복음서도 생각납니다. 출애굽기와 복음서를 겹쳐놓고 묵상을 해 보면 똑 같은 장면이 등장합니다. 애굽의 바로 왕 대신에 유대인의 관원들이 등장하는 것이고, 열 가지 이적대신에 예수님의 이적이 등장하는 것입니다. 결과는 애굽이 하나님을 알아듣지 못했다는 것이요 이스라엘, 유대인들이 하나님을 알아듣지 못했다는 것입니다.

출애굽기에는 첫 번째부터 열 번째까지가 순서적으로 등장합니다. 그런데 복음서에는 순서적으로 나오지 않습니다. 왜냐하면 이적과 기적이 너무나 많기 때문입니다. 이적을 행하고 기적을 행하고 치유를 행하고 죽은 자를 살리고 말씀을 선포하고 비유로 가르치고 각종 방법을 다 동원해도 이스라엘이 못 알아듣는 것입니다. 구약에서 복음서에서 하나님이 이적에 이적을 기적에 기적을 더하셨습니다. 하나님의 최종적 기적의 사역이 예수님이 이 땅에 오셔서 우리를 구원하셨다는 것입니다. 이제는 왜 예수님이 오셨어야 하셨는지 이해하실 수 있을 것입니다.

## 유월절 음식

### 예물 or 식물

성경을 읽으실 때마다 인간의 관점, 지금까지의 인간 즉 죄인의 사고방식의 기준에서 성경을 읽으면 성경의 의도가 왜곡이 됩니다. 성경은 하나님의 목적이 드러나 있는 것이기에 죄적 기준이 아닌 하나님의 기준에서 이해해야 합니다. 하나님의 기준으로 성경을 읽으면 지금까지의 나의 사고방식과는 다른 의미가 된다는 것이 당연한 것입니다. 12장 3, 4절 "너희는 이스라엘 온 회중에게 말하여 이르라. 이 달 열흘에 너희 각자가 어린 양을 잡을지니 각 가족대로 그 식구를 위하여 어린 양을 취하되 그 어린 양에 대하여 식구가 너무 적으면 그 집의 이웃과 함께 사람 수를 따라서 하나를 잡고 각 사람이 먹을 수 있는 분량에 따라서 너희 어린 양을 계산할 것이며 너희 어린 양은 흠 없고 일 년 된 수컷으로 하되 양이나 염소 중에서 취하고"입니다.

이런 구절은 성경에만 있는 것이 아니라 다른 종교의 경전에도 있는 것입니다. 다른 종교에서는 이런 구절이 첫째, 신에게 예물을 드리는 것으로 해석됩니다. 이제 신이 사역을 펼치실 것이기에 먼저 인간이 신에게 예물을 드리라는 것입니다. 둘째, 예물이면 예물의 특성이 드러나야 하는데 예물은 흠이 없어야 한다는 것입니다. 왜냐하면 신에게 드리는 예물이기 때문입니다. 만약 본문을 위와 같은 방식으로 설명을 한다면 이것은 기독교가 아닙니다. 타종교와 다른 것이 하나도 없기 때문입니다. 즉 하나님과 이방신의 성품이 똑같아 지는 것입니다. 하나님의 요구조건과 이방신의 요구조건 또는 하나님의 행동양식과 이방신의 행동양식이 똑같다면 굳이 하나님이어야 할 필요가 없는 것입니다. 그래서 이렇게 해석하면 안 되는 것입니다.

### 먹을 수 있는 분량에 따라

본문에서 가장 중요한 표현은 "먹을 수 있는 분량에 따라서"입니다. 즉 유월절을 위하여 잡은 양이나 염소는 하나님께 드리는 예물이 아니라 인간을 위하는 식물이라는 것입니다. 예물은 인간이 먹는 것이 아니라 신이 드시도록 바치는 것입니다. 그러나 식물은 신이 먹는 것이 아니라 인간이 먹는 것입니다. 애시당초 하나님에게는 하나님이 예물을 드신다는 개념이 없고 하나님이 인간의 것을 받는다는 개념이 없습니다. 애시당초 기독교에는 인간이 하나님을 위한다는 개념이 없습니다. 그래서 신을 위한 예물이라는 개념이 존재할 수 없는 것입니다.

하나님이 이스라엘 백성에게 알려주기 위해 최소한의 종교적 의미를 나타낼 수 있는 행위를 하도록 합니다. 하나님이 이러한 방식을 사용하는 것은 당사자가 죄인들이기 때문에 하나님이 취하는 어쩔 수 없는 형식입니다. 그러한 형식을 취한다할지라도 내용적인 면은 전혀 다르다는 것을 드러내야 합니다. 그래서 신을 위해 제물을 드리는 것 같은 형식을 행하면서도 전혀 신을 위한 예물이 아니라 자신들이 먹을 식물을 준비하도록 하시는 것입니다. 기독교에서 인간이 행하는 것은 예물 즉 신으로 하여금 역사하도록 하는 조건물이 아닌 것입니다. 출애굽기에 나타난 아홉 가지 이적을 보아도 쉽게 이해가 됩니다. 인간이 매번 이적이 일어나게 해 달라고 예물을 드린 적이 없습니다. 단 한 번도 하나님은 이적의 대가를 요구한 적이 없다는 것입니다.

예물이 아니라 식물이기 때문에 "각 사람이 먹을 수 있는 분량을 따라서 너희 어린 양을 계산한"만큼 준비해야 합니다. 왜냐하면 신에게 드릴 것이 아니라 절기를 행하는 사람들이 먹을 것이기 때문입니다. 열왕기상 3장에서 솔로몬은 기브온 산당에 올라가 일천 마리의 양을 제물로 드렸습니다. 왜냐하면 자신이나 백성이 먹을 것이 아니고 예물이라고 생각했기 때문입니다. 솔로몬이 행한 일천 번제는 잘한 것이 절대로 아닙니다. 하나님은 다다익선의 하나님이 아니요 많고 큰 것을 좋아하시는 분이 아닙니다. 기독교의 종교행위는 언제나 하나님이 역사하신 후에 일어나는 것입니다. 기독교는 인간의 행위가 우선되고 신이 반응하는 방식이 아니라 반대로 하나님의 사역이 선행하고 인간의 반응이 나중에 나타나는 것입니다.

## 단을 쌓은 시기

창세기 8장 20절에서 노아가 여호와께 제단을 쌓았습니다. 노아는 방주에 들어가기 전에 동물을 잡아 제사를 드리면서 제발 무사한 항해가 되고 안전하게 배에서 나올 수 있게 도와달라고 빈 것이 아닙니다. 노아가 방주에 들어갈 때는 어떤 종교행위도 없이 단지 걸어 들어갔습니다. 그래도 배가 물위에 떴고 홍수 기간 동안 무사했고 홍수가 그친 후 배가 정박했고 배 안에 있던 모든 사람과 동물이 안전하게 배에서 나왔습니다. 그때서야 노아는 하나님께 제사를 드렸고 노아가 드린 제물마저도 하나님이 준비하게 하셨던 것입니다. 하나님이 먼저 역사하셨고 노아는 감사의 반응을 한 것입니다.

아브라함이 단을 쌓았습니다. 하나님이 먼저 아브라함을 부르시고 가나안 땅으로 인도하시고, 다시 한 번 이 땅을 주겠노라고 약속하신 후에야 단을 쌓았습니다. 창세기 12장 6~8절 "아브람이 그 땅을 지나 세

겜 땅 모레 상수리나무에 이르니 그 때에 가나안 사람이 그 땅에 거주하였더라. 여호와께서 아브람에게 나타나 이르시되 내가 이 땅을 네 자손에게 주리라 하신지라. 자기에게 나타나신 여호와께 그가 그 곳에서 제단을 쌓고"입니다. 야곱의 단 쌓기도 마찬가지입니다. 창세기 28장 10절 이하 "야곱이 브엘세바에서 떠나 하란으로 향하여 가더니 한 곳에 이르러는 해가 진지라. 거기서 유숙하려고 그곳의 한 돌을 가져다가 베게로 삼고 거기 누워 자더니 꿈에 본즉 사닥다리가 땅 위에 서 있는데 그 꼭대기가 하늘에 닿았고 또 본즉 하나님의 사자들이 그 위에서 오르락 내리락 하고 또 본즉 여호와께서 그 위에 서서 이르시되 나는 여호와니 너의 조부 아브라함의 하나님이요 이삭의 하나님이라. 네가 누워 있는 땅을 내가 너와 네 자손에게 주리니" 등의 말씀이 있은 후 18절에서야 "야곱이 아침에 일찍이 일어나 베게로 삼았던 돌을 가져다가 기둥으로 세우고 그 위에 기름을 붓고 그 곳 이름을 벧엘이라 하였더라"입니다. 하나님이 먼저 나타나셨고 하나님이 먼저 말씀하셨고 하나님이 먼저 약속하셨습니다. 야곱이 먼저 돌을 골라 단을 세우고 예물을 드리고 기름을 바르고 소원을 빈 것이 아닙니다. 기독교는 언제나 하나님이 먼저 역사하시고 하나님의 역사하심을 경험한 인간이 감사하여 반응하는 것입니다.

### 언제 먹는가?

다시 한 번 유월절 양의 성격에 대해서 강조하면 하나님께 드리는 예물이 아니라 인간이 먹는 식물입니다. 이스라엘 백성은 양을 잡아 절기를 지킬 준비를 갖추어 놓은 후 며칠 기다리가다 애굽에서 빠져 나온 후에 먹는 것이 아니라 양을 잡은 그날 애굽에서 장자의 죽음사건이 일어나기 전에 먹었습니다. 일단 예물로 바쳐놓고, 신의 사역이 끝난 후에 먹는 것이 아닙니다. 기독교와 타종교의 차이점을 분별하셔야 합니다.

기독교에는 신이 역사하시기를 바라는 마음으로 바치는 예물이 없습니다. 하나님과 인간 사이에 순서를 정하자면 인간이 제사를 드린 후에 하나님이 응답하는 것이 아니라 하나님이 역사하신 후에 인간이 반응하는 것입니다. 하나님과 인간의 순서를 비교할 때에는 하나님이 먼저입니다. 그러나 하나님만 대상으로 놓고 비교하면 하나님이 사역을 하고 난 후가 아니라 하나님이 사역을 하시기 전에 절기 음식을 먹는 것입니다. 하나님의 절기는 하나님의 사역을 기대하는 마음으로 예물을 드리는 것이 아닙니다. 더 나아가 하나님의 사역이 끝난 다음에 먹는 것보다 더 먼저입니다. 하나님의 역사가 끝난 다음에, 이루어진 다음에 먹는 것보다 더 먼저입니다. 비록 아직 하나님의 역사가 일어나지 않았어도, 아직 이루어지지 않았어도 먹는 것입니다. 하나님이 말씀하신 후에 먹습니다. 하나님이 장자의 죽음을 면케 하시겠다고 말씀하셨을 때 장자의 죽음을 면한 후가 아니라 장자의 죽음을 면케 하시겠다고 말씀하신 직후에 먹는 것입니다. 왜냐하면 하나님이 말씀하시면 말씀하신 대로 될 것이기 때문입니다.

여호수아서에 가면 또 유월절 양식을 먹는 장면이 나옵니다. 여호수아 5장 11절 "또 이스라엘 자손들이 길갈에 진 쳤고 그달 십사일저녁에는 여리고 평지에서 유월절을 지켰으며"입니다. 이스라엘 백성은 여리고 성 앞에서, 아직 여리고 성을 정복하기 전에, 가나안 지역에 정착하기 전에 유월절 양식을 먹습니다. 왜냐하면 하나님이 여리고 성을 주시겠다고 말씀하셨기 때문에, 하나님이 가나안 땅에 정착하며 살 수 있게 해 주시겠다고 말씀하셨기 때문에, 그렇게 말씀하시면 반드시 그렇게 이루어 질 것이기 때문에 그 말씀 직후에 먹는 것입니다.


### 음식물의 상태

열 번째 이적이 등장하기 전에 잡은 양 즉 유월절에 먹는 양이 예물이 아니라면 12장 5절도 예물의 조건이 아닙니다. 12장 5절 "너희 어린 양은 흠 없고 일 년 된 수컷으로 하되 양이나 염소 중에서 취하고"입니다. 이 표현이 대하여 혹자들은 유월절 음식은 하나님께 드릴 예물이기에 가장 좋은 것, 가장 귀한 것이어야 한다고 설명을 해 왔습니다. 그러나 유월절 음식은 예물이 아니기 때문에 그렇게 말하면 안 됩니다. 하나님께 드리는 예물도 아닌데 흠 없고 일 년 된 수컷이어야 하는 이유는 너무나 당연하게도 사람이 먹을 것이니까 가장 좋은 것이어야 한다는 것입니다. 하나님은 인간이 흠이 없고 가장 좋은 상태의 것을 먹기 원하시는 것입니다.

## 왜 먹는가?

열 번째 이적 즉 애굽의 모든 장자들이 죽임을 당하는 날 밤에 이스라엘 백성들은 유월절 음식을 먹습니다. 자신들은 지금까지 한 일도 없고 또 열 번째 이적에서도 할 일이 없음에도 불구하고 가장 좋은 것으로 먹습니다. 하나님은 왜 이스라엘 백성들에게 그날 가장 좋은 것을 먹으라고 하실까요? 이스라엘은 백성들건 그날 가만히 있었을 뿐 아무 것도 한 것이 없습니다. 그날 밤의 역사는 하나님이 하셨습니다. 그런데 그날 이스라엘 백성은 아무 것도 한 것이 없는데 그렇다고 아무 일도 없었던 것이 아닙니다. 이스라엘은 백성이 비록 행한 것은 없지만 되어 진 것은 있습니다. 사람들은 자기가 행한 일을 기억하고, 자기가 행한 일을 중요시 합니다. 그러나 더욱 중요한 것은 자기가 행한 일이 아니라 자기가 되어 진 일입니다. 이스라엘 백성이 그날 밤에 행한 일은 없지만 되어 진 일이 있는 것입니다. 이스라엘 백성은 그날 밤에 살아난 것입니다. 원래 그날 밤에 애굽 사람들뿐만 아니라 이스라엘 백성의 장자들도 죽었어야 합니다. 그러나 죽임을 당하지 않고 살아난 것입니다. 그러므로 아무 일도 없었던 것이 아니라 죽었어야 하는데 살아있다는 것입니다.

살아나기 위해서 행한 일보다 더욱 중요한 것이 죽었어야 하는데 살아 있다는 것입니다. 그래서 죽었어야 하는데 살아 있는 것이 기쁘고 즐겁고 감사한 것입니다. 하나님은 이스라엘의 살아있음이 하나님의 은혜의 결과임을 인식하도록 하기 위하여 절기를 정하시고 음식을 통하여 잔치를 벌이게 하시는 것입니다.

죽다 살아난 경험이 있는 사람은 구사일생이라는 표현이 절실하게 이해가 되지만 심각한 경험이 없는 사람은 이해가 잘 안 될 것입니다. 유월절에 이스라엘은 의미상으로 죽은 것입니다. 그리고 다시 살아난 것입니다. 그런데 정작 이스라엘은 이것을 인식하지 못합니다. 왜냐하면 실제로 죽은 적이 없고 실제로 다시 살아난 적이 없기 때문입니다. 이스라엘은 그냥 있었습니다. 저녁 먹고 자고 일어났더니 아침이 된 것입니다. 자신에게 무슨 일이 일어났었는지를 모르는 것입니다. 이스라엘은 자신들이 무슨 변화를 겪었는지도 모르기에, 감격도 하지 않고, 감격하지 않기에 잔치를 행할 이유도 없습니다. 그래서 하나님이 알게 하시는 것입니다. 자신들이 죽었어야 하는데 살아났다는 것을 알게 하시고 기쁨을 알고 잔치와 축제를 벌이도록 행하시는 것이 바로 유월절입니다.

사람은 자신의 변화를 인식해야 반응을 보입니다. 해는 매일 떴다가 지기에 평상시에는  해를 보면서 감격하지 않습니다. 그러나 탄광에 매몰되었다가 구조된 사람은 태양을 보고 감개무량해 합니다. 또 식사는 하루에 적어도 세 번은 먹습니다. 매일 규칙적으로 식사하는 사람은 식탁에 감격하지 않습니다. 그러나 운동선수 중에 체중 감량 때문에 먹지 못하다가 시합에 끝난 후에 식사를 대하는 선수는 반찬 하나도 꿀맛이라고 감탄하며 먹습니다. 인간은 이전의 상태와 지금의 상태가 어떻게 달라져있는가를 인식하느냐가 중요한 것입니다. 만약 이스라엘 백성들이 이 밤에 아무 일도 일어나지 않았다고 생각하면 유월절 음식은 아무런 의미가 없습니다. 그냥 괜히 양 한 마리가 죽은 것에 불과합니다. 그러나 이 밤에 죽었어야 했는데 목숨을 부지했다고 생각하면 더 정확하게 말해 죽었다가 다시 살아났다고 생각하면 감격 그자체입니다. 당연히 잔치를 벌이고 가장 좋은 양을 잡을 것입니다. 하나님은 인간에게 예물을 원하신 것이 아니라, 하나님의 사역을 통해 변화된 인간의 삶에 대한 감격을 누리라고 말씀하시는 것입니다.

# 18

## 아무 일도 하지 말고

### 출애굽기 12 : 15 ~ 28

15 너희는 이레 동안 무교병을 먹을지니 그 첫날에 누룩을 너희 집에서 제하라 무릇 첫날부터 일곱 째 날까지 유교병을 먹는 자는 이스라엘에서 끊어지리라 16 너희에게 첫날에도 성회요 일곱 째 날에도 성회가 되리니 너희는 이 두 날에는 아무 일도 하지 말고 각자의 먹을 것만 갖출 것이니라 17 너희는 무교절을 지키라 이 날에 내가 너희 군대를 애굽 땅에서 인도하여 내었음이니라 그러므로 너희가 영원한 규례로 삼아 대대로 이 날을 지킬지니라 18 첫째 달 그 달 열 나흗날 저녁부터 이십일일 저녁까지 너희는 무교병을 먹을 것이요 19 이레 동안은 누룩이 너희 집에서 발견되지 아니하도록 하라 무릇 유교물을 먹는 자는 타국인이든지 본국에서 난 자든지를 막론하고 이스라엘 회중에서 끊어지리니 20 너희는 아무 유교물이든지 먹지 말고 너희 모든 유하는 곳에서 무교병을 먹을지니라 21 모세가 이스라엘 모든 장로를 불러서 그들에게 이르되 너희는 나가서 너희의 가족대로 어린 양을 택하여 유월절 양으로 잡고 22 우슬초 묶음을 가져다가 그릇에 담은 피에 적셔서 그 피를 문인방과 좌우 설주에 뿌리고 아침까지 한 사람도 자기 집 문 밖에 나가지 말라 23 여호와께서 애굽 사람들에게 재앙을 내리려고 지나가실 때에 문인방과 좌우 문설주의 피를 보시면 여호와께서 그 문을 넘으시고 멸하는 자에게 너희 집에 들어가서 너희를 치지 못하게 하실 것임이니라 24 너희는 이 일을 규례로 삼아 너희와 너희 자손이 영원히 지킬 것이니 25 너희는 여호와께서 허락하신 대로 너희에게 주시는 땅에 이를 때에 이 예식을 지킬 것이라 26 이 후에 너희의 자녀가 묻기를 이 예식이 무슨 뜻이냐 하거든 27 너희는 이르기를 이는 여호와의 유월절 제사라 여호와께서 애굽 사람에게 재앙을 내리실 때에 애굽에 있는 이스라엘 자손의 집을 넘으사 우리의 집을 구원하셨느니라 하라 하매 백성이 머리 숙여 경배하니라 28 이스라엘 자손이 물러가서 그대로 행하되 여호와께서 모세와 아론에게 명령하신 대로 행하니라

# 여호와의 유월절

## 우는 사람

성경에 처음으로 등장하는 절기가 유월절입니다. 유월절은 새해가 시작되는 첫째 달 14일에 지키는 절기이고, 무교절은 유교절부터 시작하여 7일간 진행되는 기간을 통칭하는 절기입니다. 유교절과 무교절은 연결되어 있는 하나의 절기라고 생각하시면 됩니다. 열 번째 이적에 관하여 예고하시면서 하나님이 이스라엘에게 명하신 것이 유월절을 지키라는 것이었습니다. 하나님이 정하시는 절기는 일반적으로 사람들이 지키는 절기 또는 타종교에서 지키는 절기와는 전혀 다른 의미입니다. 문화인류학에서는 인간들이 행하는 대부분의 절기를 유사한 것으로 간주하려고 합니다. 일반적으로는 농사를 추수한 후에 한해의 농사를 감사하는 축제로 간주하는 것과 종교적으로는 신의 은총을 받기 위해 제사적 행위로 간주하는 것입니다. 하나님이 정하신 유월절은 의미와 성격이 전혀 다릅니다. 첫째로 하나님이 정하시는 절기는 제사적 성격이 없습니다. 인간이 신을 향하여 예물 즉 제물을 드려서 신을 감동시켜서 신의 은총 또는 신의 축복을 받아내는 성격이 유월절에는 없습니다. 유월절 양은 하나님께 받치는 제물이 아니라 백성들이 먹는 식물이었습니다. 둘째로 인간행위의 자축적 성향이 없습니다. 자기들의 수고와 애씀을 통해 얻은 결과에 대한 축하의 성격이 아니라는 것입니다.

하나님이 유월절을 지키라고 그것도 음식을 먹으면서 축제처럼 지키라고 하신 이유는 이스라엘 백성에게 이루어진 일을 인식하고 기억하도록 만들기 위해서입니다. 사람들은 자신들이 행한 일에 집중하지만 더 중요한 것은 자신들에게 이루어진 일입니다. 사람들은 자기들이 행한 일만 알지 자신에게 이루어진 일은 잘 모를 경우가 많습니다. 왜냐하면 자기가 행한 것이 아니기 때문입니다. 예를 들어 보겠습니다. 어느 여집사님이 남편이 구원받고 교회 나오기를 몇 년째 기도했지만 애원해도 도대체가 교회를 나오지 않습니다. 그러다가 남편이 어느 날 생각하니 늘 혼자 교회 나가는 아내가 안 돼 보여서 전적으로 아내를 위해서, 아내의 체면을 조금 살려주기 위해서 교회를 나가줍니다. 본인의 필요 때문이 아니라 단지 아내를 위해서 교회에 나와 준 것입니다. 아내와 나란히 앉아 주고 설교도 들어주고 예배가 끝날 때 까지 견뎌 줍니다. 그날 아내와 남편 중에서 우는 사람은 아내입니다. 왜냐하면 비록 남편이 나와 주는 것일지라도 교회에 출석해서 앉아있다는 사실자체로도 그 동안 기도하고 바라던 소원이 이루어진 것 같아서 감격해서 우는 것입니다. 남편은 전혀 울 기색이 없습니다. 왜냐하면 자기가 교회에 나오게 된 것이 엄청난 변화라는 것을 알지 못하기 때문입니다. 자기는 교회에 나오기 위하여 힘을 들이지 않았고 그냥 한번 나와 준거라고 생각할 뿐입니다. 엄밀하게 말하면 은혜를 받은 사람은 남편입니다. 드디어 하나님의 은혜를 받아서 교회를 나온 것이지만 정작 남편은 자기가 은혜를 받았다는 사실을 모르기에 울 이유가 없고 감사할 이유가 없습니다. 아내는 남편이 은혜를 받았다는 사실에 감격해 하면서 예배 끝나고 집에 돌아가면서 남편을 데리고 멋진 음식점에 가서 맛있는 음식을 대접합니다. 일종의 축하잔치요 기념식을 행하는 것입니다. 이 아내의 심정이 하나님의 심정을 조금이나마 보여주는 것입니다.

### 달의 시작을 삼고

이스라엘은 자신들에게 무슨 일이 일어날 것인지를 모르고 있습니다. 하나님이 이스라엘 각 집에 가족 수에 따라 먹을 수 있는 분량만큼 양을 잡으라고 했습니다. 이스라엘은 왜 양을 잡아야 하는지를 모릅니다. 그 날 밤에 죽음이 온다는 것도 모릅니다. 괜히 멀쩡한 양을 잡으라고 한다고 투덜댈 것입니다. 그래서 하나님이 그들에게 이루어질 일, 그리고 결과적으로 이루어진 일을 알려주시는 것입니다. 12장 1절 "여호와께서 애굽 땅에서 모세와 아론에게 일러 말씀하시되 이 달을 너희에게 달의 시작 곧 해의 첫 달이 되게 하고"입니다. 이 날을 해의 첫 달 즉 시작으로 삼는 이유는 이스라엘 백성이 그 날에 죽었다가 새로 살았다는 것을 의미하기 때문입니다. 그날 밤 이스라엘 백성들은 아무 일도 안 했지만 아무 일도 없었던 것이 아니라 죽었다 살아난 것입니다. 물론 육체적으로도 죽어야 하는 상황에서 살아난 것입니다. 그러나 더욱 엄밀한 의미에서 하나님에 대하여 모르는 존재가 죽었고 하나님에 대하여 아는 존재가 살았다는 것입니다.

하나님께서 이적을 계속해서 행하시는 것은 하나님의 능력을 자랑하는 것이 아니라 애굽과 이스라엘 즉 모든 인간에게 하나님을 알게 하려는 것입니다. 하나님을 모른 채 애굽적 종교인식으로 대표되는 죄의 인식구조를 깨우치고 하나님을 알게 하려는 것입니다. 열 번째 이적을 경험하고 애굽에서 나온다는 것은 하나님을 모르는 상태 즉 죄의 인식구조의 상태에서 죽고 하나님을 아는 상태로 새롭게 태어난다는 것입니다. 그래서 유월절을 하나님을 아는 사람 또는 하나님을 아는 백성으로서의 새로운 삶의 첫 달로 삼으라고 하는 것입니다. 성경에서 말하는 인간의 변화의 기준점은 하나님을 모르느냐 아느냐는 것입니다.

유월절 절기는 이스라엘 백성이 애굽에서 나왔다는 것을 기념하는 것이 아닙니다. 이미 허다한 사람들은 애굽이 아닌 곳에서 살고 있습니다. 애굽에서 사는 것과 애굽 이외의 곳에서 사는 것에 별 차이가 없습니다. 또 유월절은 이스라엘 백성이 노예에서 자유인이 되었다는 것을 기념하는 것이 아닙니다. 이미 허다한 사람들이 자유인으로 살고 있었습니다. 자유인으로 사는 것과 노예로 사는 것에 실질적으로 큰 차이가 없습니다. 유월절은 하나님을 모르던 사람에서 하나님을 아는 사람으로의 변화를 기념하는 것입니다. 유월절은 이제 하나님을 아는 백성으로의 새로운 출발을 기념하는 것입니다.

## 아무 일도 하지 말고

유월절을 지키는 절기 방식에 담긴 몇 가지 특성을 통해 기독교 절기, 여호와의 절기가 세상의 절기와 어떻게 다른 가를 확인해 보도록 하겠습니다. 12장 16절 "너희에게 첫날에도 성회요 일곱째 날에도 성회가 되리니 너희는 이 두 날에는 아무 일도 하지 말고 각자의 먹을 것만 갖출 것이니라. 너희는 무교절을 지키라. 이 날에 내가 너희 군대를 애굽 땅에서 인도하여 내었음이니라. 그러므로 너희가 영원한 규례로 삼아 대대로 이 날을 지킬지니라"입니다. 유월절 절기의 특징이 "아무 일도 하지 말고"입니다. 유월절과 연이어 무교절을 지키는데 가장 대표적인 특성이 아무 일도 하지 말라는 것입니다. 17절이 근거요 대답입니다. "너희는 무교절을 지키라. 이 날에 내가 너희 군대를 애굽 땅에서 인도하여 내었음이니라"입니다. 아무 일도 하지 말라고 하시는 이유는 외형적으로 출애굽 사건이요 내용적으로 하나님을 모르던 상태에서 하나님을 아는 자로의 변화되는 사건은 인간의 수고로 이루어진 것이 아니라 전적으로 하나님이 이루어내신 것임을 알라는 것입니다.

유월절은 외형적으로는 애굽에서 나오는 것을 기념하는 것입니다. 하나님은 이스라엘 백성에게 어떻게 애굽에서 나올 수 있었는가를 기억하라는 것입니다. 너희가 전략을 짜고 너희가 준비를 하고 너희가 거사를 행하고 너희가 수고를 한 결과로 이루어진 일이 아니라는 것입니다. 너희는 아무 일도 하지 않았다는 것입니다. 조상들과의 약속을 기억한 것도 하나님이시고 모세에게 찾아오신 것도 하나님이시고 모세와 아론을 세우신 것도 하나님이시고 모세와 아론을 통해 바로에게 열 가지 이적을 행하신 것도 하나님이시고 결국 바로의 입에서 나가라는 말을 듣고 나오게 된 것도 전적으로 하나님이 행하셨다는 것입니다. 전적으로 하나님이 행하셨다는 것을 알고 기억하라는 것입니다. 그래서 이스라엘 백성은 유월절에 아무 일도 하지 않는 것으로 하나님의 일하심을 인정하라는 것입니다.

### 기독교의 특징

유월절 절기를 넘어서 기독교의 대표적인 특징은 인간의 구원받음과 복 받음이 인간의 일이나 인간의 믿음이나 인간의 수고 등 인간행위의 결과가 아니라는 것입니다. 인간들이 말하는 일이나 수고는 결과를 만들어 내는 수단이요 방법을 의미합니다. 그런 의미에서의 일은 기독교에 없다는 것입니다. 기독교는 하나님이 일하시는 것입니다. 인간이 일해서 결과를 만들어 내는 것이 아니라 하나님이 일해서 인간은 공짜로, 은혜로 그 결과를 받는다는 것입니다. 그래서 기독교에는 수단과 방법을 의미하는 일이 없습니다. 인간이 공덕을 쌓고 선행을 많이 행하여서 복을 받는다는 개념이 없습니다. 즉 은혜와 복을 받는 조건으로서의 일이란 존재하지 않는다는 것입니다. 이렇게 행하면 은혜 받고 저렇게 행하면 축복받는다는 개념자체가 기독교에는 없는 것입니다. 유월절을 기념하는 가장 중요한 내용이 "아무 일도 하지 말고" 즉 내 수고의 소산이 아니라 하나님이 주신 은혜라는 것을 알라는 것입니다.

14장에 가면 이스라엘 백성이 홍해를 건너는 장면이 나옵니다. 그때에도 이스라엘 백성이 해야 하는 일은 아무 것도 안하는 것입니다. 홍해를 건너기 위해서 물을 퍼내는 것도 아니고 힘을 모아 다리를 놓는 것도 아니고 하나님께 제물을 드리는 것도 아니고 아무 것도 안 하는 것입니다. 그것을 성경에는 14장 13절에 "모세가 백성에게 이르되 너희는 두려워하지 말고 가만히 서서 여호와께서 오늘 너희를 위하여 행하시는 구원을 보라"고 표현하였습니다. 이스라엘 백성들이 할 일이란 그냥 하나님이 일하시는 것을 보는 것입니다. 또 16장에 가면 만나와 메추라기를 주시면서 안식일을 제정하시는 장면이 나옵니다. 안식일에 행할 일은 동일하게 아무 것도 하지 않는 것입니다. 유월절에 "아무 일도 하지 말라"는 것의 초점은 너에게 이루어진 사건, 현상, 변화, 네가 얻은 결과를 인간인 네가 했느냐 하나님이 하셨느냐를 분별하라는 것입니다. 출애굽은 여호와께서 일하신 결과입니다. 그래서 유월절을 부를 때 여호와의 절기라고 부르는 것입니다.

## 유월절에 먹는 음식

### 무교병을 먹을 지니라

유월절과 무교절에 먹는 음식과 먹는 방식 등 모든 것이 '하나님이 행하셨다.'는 것을 강조합니다. 모든 조항 하나하나에 인간의 수고로 된 것이 아니라 하나님이 하셨다는 것을 담아놓았습니다. 유월절과 무교절에 먹는 음식에 관한 기록이 12장 18~20절 "첫째 달 그 달 열 나흘날 저녁부터 이십일일 저녁까지 너희는 무교병을 먹을 것이요 이레 동안은 누룩이 너희 집에서 발견되지 아니하도록 하라. 무릇 유교물을 먹는 자는 타국인이든지 본국에서 난 자든지를 막론하고 이스라엘 회중에서 끊어지리니 너희는 아무 유교물이든지 먹지 말고 너희 모든 유하는 곳에서 무교병을 먹을지니라"입니다. 유교 병은 누룩이 담긴 것이고 무교 병은 누룩이 담기지 않은 것을 말합니다. 유교병은 먹으면 안 되고 무교병만 먹어야 되는 근거가 13장 3절 "모세가 백성에게 이르되 너희는 애굽 곧 종 되었던 집에서 나온 그 날을 기념하여 유교병을 먹지 말라. 여호와께서 그 손의 권능으로 너희를 그 곳에서 인도해 내셨음이니라"입니다. 유교병은 안 되고 무교병은 되는 이유가 여호와가 인도해 내었다는 것과 연결되어 있는 것입니다.

유교병과 무교병의 차이는 둘 다 밀가루를 원 재료로 사용하는데 누룩이 첨가되어 발효를 하였느냐 아니면 발효를 하지 않았느냐는 것입니다. 밀가루에 누룩을 넣은 것을 유교병이라고 합니다. 밀가루 반죽을 하면서 누룩을 넣으면 밀가루 속에서 누룩이 활동을 합니다. 밀가루와 누룩은 가만히 있는데 옆에 있는 사람이 밀가루를 부풀리게 하는 것이 아니라 밀가루 속에 담긴 누룩 자체가 활동해서 밀가루를 부풀리는 것입니다. 밀가루가 부풀어 오른 것이 누룩이 일하고 수고하고 활동한 결과입니다. 이렇게 밀가루 속의 누룩이 활동을 한 것이 유교병입니다. 그래서 하나님은 유교병을 먹지 말라는 것입니다. 즉 네가 어떤 역할을 하였다, 네가 어떤 수고를 행했다, 네가 이루어진 결과에 어떤 영향을 끼쳤다는 생각을 하지 말라는 것입니다. 무교병은 누룩을 첨가하지 않은 것입니다. 밀가루를 반죽하는데 누룩을 첨가하지 않으면 밀가루 반죽은 그대로 있습니다. 밀가루 자체가 아무런 일을 하지 않는 것입니다. 그래서 무교병을 먹으라고 하십니다. 밀가루 자체가 아무런 작용을 하지 않은 것을 먹으라는 것입니다. 네 수고와 활동이 전혀 첨가 되지 않았다는 것을 무교병을 통해 고백하고 인정하라는 것입니다.

### 쓴 나물

유월절에 먹는 음식물 셋트가 있습니다. 12장 8절 "그 밤에 그 고기를 불에 구워 무교병과 쓴 나물과 아울러 먹되"입니다. 혹자들은 유월절에 나물을 먹는데 쓴 나물을 먹으라는 이유에 대해 그 동안 애굽에서 고생했던 쓴 기억을 잊지 말라는 의미라고 주장하기도 합니다. 그러나 유월절의 강조점은 하나님이 행하셨다는 것을 알라는 것이지 네가 얼마나 고생했느냐는 중요하지 않습니다. 이스라엘 백성이 애굽에서 나올 수 있었던 것은 너의 고생 때문이 아니라 전적으로 하나님이 행하셨다는 것을 쓴 나물로 고백하며 인정하는 것입니다.

사람이 산에서 들에서 나물을 캐왔는데 쓴 경우가 있습니다. 나물이 쓰면 사람들은 쓴 채로 먹지 않고 그 나물에 자신들의 수고를 들입니다. 나물을 다듬기도 하고 쓴 부분은 잘라 내기도 하고 조미료를 첨가하기도 하고 내가 수고하고 요리하고 일을 해서 쓴 나물을 쓰지 않은 나물로 맛있는 나물로 만들어서 먹습니다. 쓴 나물이 쓰지 않고 맛있는 나물이 된 것은 내가 일하고 수고한 결과입니다. 그래서 하나님은 유월절에 그냥 쓴 나물을 먹으라는 것입니다. 네가 일하고 수고하지 말라는 것입니다. 쓴 나물 자체는 자신이 만든 것이 아니라 하나님이 주신 것입니다. 인간의 수고가 들어가지 않음으로 쓴 나물 자체는 네 식물은 네가 일해서 만들어낸 결과물이 아니라 하나님이 일해서 주신 은혜의 선물이라는 것을 인정하라는 것입니다. 쓴 나물을 먹음으로 출애굽이 하나님의 수고의 결과임을 인정하자는 것입니다.

## 양 고기를 구워먹고

유월절에 양 고기를 구워 먹는 것도 마찬가지입니다. 12장 8절 "그 밤에 그 고기를 불에 구워 무교병과 쓴 나물과 아물러 먹되 날것으로나 물에 삶아서 먹지 말고 머리와 다리와 내장을 다 불에 구워 먹고"입니다. 밀가루에는 누룩을 넣지 않은 유교병을 먹고 나물은 조리를 하지 않은 쓴 나물을 먹는데 양고기는 조리 즉 인간의 수고를 행해도 된다는 의미가 아닙니다. 중동지역의 식습관을 아시면 이해에 도움이 되십니다. 애굽과 이스라엘 지역에서 양고기를 먹는 전통적인 방식은 삶아 먹는 것이라고 합니다. 양고기를 삶아 먹는 것이 그들이 알고 있는 가장 맛있는 방식, 가장 안전한 방식, 가장 영양가 있는 방식입니다. 하나님은 너희의 방식, 너희의 원리대로 하지 말라는 것입니다. 너희가 너희의 수단을 통해 맛있게 만들어낸 양식으로 먹는 것이 아니라는 것입니다. 너희의 수고가 담기지 않은 상태로 먹음으로 하나님이 행하셨다는 것을 인정하라는 것입니다.

## 급히 먹으라

12장 11절 "너희는 그것을 이렇게 먹을지니 허리에 띠를 띠고 발에 신을 신고 손에 지팡이를 잡고 급히 먹으라. 이것이 여호와의 유월절이니라"입니다. 유월절 음식 규정의 특징은 출애굽이라는 사건이 네가 수고한 결과가 아니라 하나님이 은혜를 주신 결과라는 것을 알라는 것입니다. 급히 먹으라는 것과 하나님이 일하심은 긴밀하게 연관이 되어 있습니다. 급히 먹으라는 것이 이스라엘 백성으로 하여금 애굽에서 긴박하게 빨리 나가는 것을 상징하는 것이 아닙니다.

관점의 포인트는 누구의 수고의 결과로 나가느냐는 것을 구분하는 것입니다. 출애굽은 이스라엘 사람들이 생각하고 계획하고 추진해서 이루어진 결과가 아니라는 것입니다. 만약 이스라엘 사람들의 수고의 결과라고 생각해 봅시다. 이스라엘 백성들이 계획하고 진행한다면 급히 나가지 않습니다. 여러분이 삼일 동안 여행을 가기로 집을 떠나기로 계획을 세우면 급히 가지 않습니다. 계획한 대로 미리 장을 봐두고 정해진 시간에 짐을 싸고 교통이 가장 원활한 시간에 맞추어 출발을 합니다. 그런데 지금 이스라엘은 급히 먹으라고 합니다. 이것이 유월절에서 의미하는 것은 출애굽 사건은 네가 계획하지 않았다는 것입니다. 이스라엘은 출애굽이라는 사건이 일어날 줄 꿈도 꾸지 못했고 만약 출애굽이 가능해도 이렇게 빨리 이러한 방식으로 될 줄은 상상도 못했다는 것입니다. 즉 네 계획과 네 수고의 결과로 되어 진 것이 아니라 하나님이 이루어 주신 일이라는 것입니다. 하나님이 정하신 절기와 하나님이 정하신 절기의 각종 조항들이 정말로 기가 막히게 하나님의 행하심을 설명하고 있는 것입니다.

## 하나님의 말씀대로

12장 21~23절 "모세가 이스라엘 모든 장로를 불러서 그들에게 이르되 너희는 나가서 너희의 가족대로 어린 양을 택하여 유월절 양으로 잡고 우슬초 묶음을 가져다가 그릇에 담은 피에 적셔서 그 피를 문인방과 좌우 설주에 뿌리고 아침까지 한 사람도 자기 집 문 밖에 나가지 말라. 여호와께서 애굽 사람들에게 재앙을 내리려고 지나가실 때에 문인방과 좌우 문설주의 피를 보시면 여호와께서 그 문을 넘으시고 멸하는 자에게 너희 집에 들어가서 너희를 치지 못하게 하실 것임이라”입니다. 이런 구절에서 중요한 것을 살피셔야 합니다. 장자의 죽음이 임하는 날에 살아날 수 있는 방법은 본문에 있는 대로 행하는 것입니다. 왜 우슬초로 해야 하고 왜 문인방과 설주에 발라야 하느냐고 질문한다면 대답은 하나님이 그렇게 하라고 하셔서입니다. 어떻게 하면 사느냐고 묻는다면 하나님 말씀대로 하면 산다고 대답하는 것입니다. 즉 그 날 잡아야 하는 것이 양이냐 소냐가 중요한 게 아니고, 묶음이 우슬초냐 미나리냐가 중요한 게 아니고, 발라야 하는 곳이 문지방이냐 천장이냐가 중요한 것이 아니라 하나님의 말씀대로 하는 것이 핵심입니다.

혹시 백성 중에 ‘양보다 더 좋은 것이 있습니다. 더 값지고 귀한 것이 있습니다. 그래서 하나님께 더 좋은 것으로 잡겠습니다’ 고 할지라도 안 됩니다. 중요한 것은 하나님이 말씀하신 대로입니다. 또 백성 중에 ‘문인방과 좌우 설주보다 더 잘 보이는 곳에, 더 눈에 확 보이라고 아예 벽에 온통 칠을 해 놓겠습니다’ 라고 할지라도 안 됩니다. 중요한 것은 하나님이 말씀하신 대로입니다. 또 백성 중에 ‘피는 혹시 비가 오면 흘러내려 지워질 수도 있으니까, 아예 절대로 지워지지 않도록 빨간색 유성 페인트로 하겠습니다’ 라고 할지라도 안 됩니다. 중요한 것은 하나님이 말씀하신 대로입니다.

유월절 음식도 마찬가지입니다. 혹시 백성 중에 ‘무교병과 쓴 나물 즉 맛없는 것을 먹으라고 하셨는데 그렇다면 저는 더욱 고통을 기억한다는 의미에서 아예 금식을 하겠습니다’ 라고 할지라도 안 됩니다. 인간이 하나님이 정하신 것 이외의 어떤 의미를 부여하려고 하지 말라는 것입니다. 중요한 것은 하나님이 말씀하시는 대로 하라는 것입니다. 나중에 초막절 절기도 마찬가지입니다. 하나님이 초막을 짓고 초막에 머물라고 말씀하십니다. 그때 혹시 백성 중에 '초막을 지으면 더위를 피할수 있잖아요. 저는 광야의 체험을 생생하게 하기 위해서 초막조차도 짓지 않고 그냥 태양빛 아래에 적나라하게 리얼하게 생활하면서 결코 잊지 않겠습니다' 라고 할지라도 안 됩니다. 중요한 것은 하나님이 말씀하시는 대로 하라는 것입니다. 유월절 절기가 만들어지고 음식 규정이 생기는 등 이런 일이 왜 시행되어야 하는지를 기억하셔야 합니다. 이유는 하나 하나님을 알게 하기 위해서입니다. 무교병을 먹는다고, 쓴 나물을 먹는다고, 급히 먹는 다고 이러한 행동이 하나님의 행하시는 일에 동참한다거나 조금이라도 하나님의 일을 거든다는 생각을 하시면 안 됩니다. 내가 맛있는 음식을 먹는 대신 맛없는 음식을 먹는 수고를 한다는 생각을 하시면 안 된다는 것입니다.

## 너희의 자녀가 묻기를

### 신앙교육

이제는 이러한 구약의 절기와 오늘날 성도의 삶과의 연관성을 살펴보도록 하겠습니다. 12장 24~27절 "너희는 이 일을 규례로 삼아 너희와 너희 자손이 영원히 지킬 것이니 너희는 여호와께서 허락하신 대로 너희에게 주시는 땅에 이를 때에 이 예식을 지킬 것이라. 이 후에 너희의 자녀가 묻기를 이 예식이 무슨 뜻이냐 하거든 너희는 이르기를 이는 여호와의 유월절 제사라. 여호와께서 애굽 사람에게 재앙을 내리실 때에 애굽에 있는 이스라엘 자손의 집을 넘으사 우리의 집을 구원하셨느니라 하라 하매 백성이 머리 숙여 경배하니라"입니다. 본문에 의하면 분명히 이 절기를 지키라고 하셨습니다. 그것도 당사자들만이 아니라 자손들도 지키도록 하셨습니다. 그것도 한번이 아니라 영원토록 지키라고 하셨습니다. 그러나 현재 저와 여러분은 유월절을 지키지 않습니다. 이제부터 구약의 의미, 특별히 구약에 나타난 절기들의 역할을 잘 이해하시기 바랍니다.

절기의 특징은 평소와 다르다는 것이요 일상과 다르다는 것입니다. 만약 일상과 같고 평상시와 같다면 절기가 아니요 사람들이 그 날을 특별하게 생각하지 않을 것입니다. 평상시엔 유교병과 맛있는 나물을 삶은 양고기와 더불어 여유롭게 먹지만, 유월절에는 무교병과 쓴 나물을 구운 양고기와 함께 급히 먹는 것으로 차별화가 됩니다. 평상시와 다르게 구별될 경우 아이들이 물을 것입니다. 왜 이런 음식 특별히 맛도 없는 음식을 먹느냐고 묻습니다. 이때 대답을 잘해야 하고 하나님이 가르쳐 주신 대로 대답해야 합니다. 만약 이때 부모가 대답하기를 '우리가 애굽에서 고생하던 시절을 기억해야 하는 것이다' 라고 하면 절기를 지키는 것이 아니라 절기를 망치는 것입니다. 그렇게 말하면 하나님을 말하는 것이 아니라 자기들 이야기를 하는 것입니다. 그렇게 말하면 아무리 무교병과 쓴나물을 먹을지라도 유월절과는 아무런 상관이 없습니다. 그것은 유월절이 아니라 기아체험입니다. 후손들이 물을 때 어른들이 대답하는 말에는 자신들이 얼마나 고생했는가의 고생담이 아니라 하나님이 증거 되어야 합니다. 정확하게 "여호와께서 애굽 사람에게 재앙을 내리실 때에 애굽에 있는 이스라엘 자손의 집을 넘으사 우리의 집을 구원하셨느니라"고 대답해야 합니다.

똑같은 말씀이 13장 8~10절에도 나옵니다. "너는 그 날에 네 아들에게 보여 이르기를 이 예식은 내가 애굽에서 나올 때에 여호와께서 나를 위하여 행하신 일로 말미암음이라 하고 이것으로 네 손의 기호와 네 미간의 표를 삼고 여호와의 율법이 네 입에 있게 하라. 이는 여호와께서 강하신 손으로 너를 애굽에서 인도하여 내셨음이니 해마다 절기가 되면 이 규례를 지킬지니라"입니다. 강조되는 것이 여호와께서 나를 위하여 행하신 일, 여호와께서 강하신 손으로 나를 애굽에도 인도하여 내신 것입니다.

여호외의 절기에서 부각되어야 하는 것은 여호와의 행하심입니다. 결단코 나의 고난, 나의 쓰라린 아픔, 내가 격은 고생담이 드러나서는 안 됩니다. 유월절은 맛없는 빵과 쓴 나물을 먹음으로 그 당시 내가 얼마나 힘들었는가를 회상하는 장면이 절대로 아닙니다. 무교병과 쓴 나물의 의미는 내가 먹은 맛없는 음식이 아니라 내 수고가 들어가지 않은 것, 전적으로 하나님이 역사하신 것을 의미하는 것입니다. 자녀들에게 교육을 잘 시켜야 합니다. 하나님이 은혜를 주셨다는 것을 강조해야합니다. 내가 은혜 받기 위해서 얼마나 기도하고, 얼마나 수고했는지 아느냐고 자신의 수고를 강조하면 신앙을 망치는 것입니다. 이스라엘이 절기를 통해서, 삶을 통해서 증거 해야 하는 것이 하나님이 하셨다는 것이었습니다. 하나님이 일하셨습니다. 그래서 저와 여러분이 구원을 받아 이 자리에 앉아 있습니다. 하나님이 일하셨습니다. 그래서 저와 여러분이 자유와 평안과 안식과 행복을 모두 가진 완성자가 되었습니다.

## 구약의 의미

출애굽기에서 열 가지 이적이 등장하는 이유는 하나님을 알리기 위해서 즉 하나님을 계시하시는 것입니다. 열 가지 이적 자체가 계시적 사건이고 특별히 열 번째 이적을 행한 후에 출애굽이라는 사건을 통해서 유월절 절기를 제정하는 이유 또한 하나님을 알게 하기 위해서입니다. 죄인이어서 하나님을 모르는 자들에게 하나님을 알게 하기 위해서 계시라는 사건과 계시된 내용을 기억하고 간직할 수 있는 방편으로 절기라는 것을 만들어 주시는 것입니다. 그런데 구약은 인간의 죄 문제를 해결하지 않은 상태입니다. 인간이 죄에 사로잡혀 있는 상태를 그대로 둔채 죄인에게 계시와 절기를 제공하신 것입니다. 과연 인간이 죄인인 상태에서 하나님의 계시를 받으면 그것도 열 번이나 받으면 하나님을 알 수 있을까요? 그렇게 알려준 것을 잊지 말라고 절기로서 반복 학습 하도록 정해주시면 계시를 이해하고, 받은 계시를 계속 유지할 수 있을까요? 정답은 안 된다는 것입니다. 안되는 이유는 계시가 부족해서가 아니라 절기의 양식이 세밀하지 못해서가 아니라 인간이 죄인인 상태로는 어떤 계시도 어떤 절기도 어떤 교육방법으로도 하나님을 알 수 없다는 것입니다. 이것이 구약이 보여주려는 핵심입니다.

실제로 구약을 통해 확인할 수 있는 내용입니다. 이스라엘과 애굽이 열 번의 이적을 보았지만 하나님을 알지 못했습니다. 이스라엘의 경우는 열 번 이적 정도가 아니라 홍해 사건, 불기둥과 구름기둥 사건, 만나와 메추라기 사건, 마라와 르비딤의 우물 사건, 광야에서 40년에 걸친 수십 번, 수백 번, 수천 번의 이적과 계시들을 직접 보고 듣고 체험하였습니다. 그런데 이스라엘이 하나님을 알지 못했습니다. 일주일마다 안식일을 통해 반복하고, 매년 3번씩 절기를 통해 반복하고, 7년에 한 번씩 안식년을 통해 또 반복하고, 49년에 한 번씩 희년을 통해 또 반복하도록 반복학습 제도를 만들어 놓았는데도 이스라엘은 하나님을 알지 못했습니다. 구약은 우리에게 좋은 신앙 교육의 방법과 제도를 시범적으로 보여주는 장면이 아닙니다. 정반대로 구약은 죄인이 얼마나 못 알아듣는가 또는 어떠한 방법으로도 도무지 안되는 것을 보여주는 것입니다. 그래서 왜 예수님이 오셔야 하는가를 보여주는 것입니다. 신약의 성도들은 유월절을 지키지 않습니다. 구약이기 때문이나 유대인이 아니기 때문이 아닙니다. 하나님이 유월절의 방식으로는 되지 않는 다는 것을 알게 하시고 우리를 죄에서 구원하시고 우리 안에 성령을 주셔서 하나님의 성령으로 하나님을 알게 하시고, 하나님의 성령으로 신앙을 간직

하고, 하나님의 성령으로 성도의 삶을 살수있게 해 주셨기 때문입니다.

# 19

## 여호와의 군대

### 출애굽기 12 : 29 ~ 51

29 밤중에 여호와께서 애굽 땅에서 처음 난 것 곧 왕위에 앉은 바로의 장자로부터 옥에 갇힌 사람의 장자까지와 가축의 처음 난 것을 다 치시매 30 그 밤에 바로와 그 모든 신하와 모든 애굽 사람이 일어나고 애굽에 큰 부르짖음이 있었으니 이는 그 나라에 죽임을 당하지 아니한 집이 하나도 없었음이었더라 31 밤에 바로가 모세와 아론을 불러서 이르되 너희와 이스라엘 자손은 일어나 내 백성 가운데에서 떠나 너희의 말대로 가서 여호와를 섬기며 32 너희가 말한 대로 너희 양과 너희 소도 몰아가고 나를 위하여 축복하라 하며 33 애굽 사람들은 말하기를 우리가 다 죽은 자가 되도다 하고 그 백성을 재촉하여 그 땅에서 속히 내보내려 하므로 34 그 백성이 발교되지 못한 반죽 담은 그릇을 옷에 싸서 어깨에 메니라 35 이스라엘 자손이 모세의 말대로 하여 애굽 사람에게 은금 패물과 의복을 구하매 36 여호와께서 애굽 사람들에게 이스라엘 사람에게 은혜를 입히게 하사 그들이 구하는 대로 주게 하시므로 그들이 애굽 사람의 물품을 취하였더라 37 이스라엘 자손이 라암셋을 떠나서 숙곳에 이르니 유아 외에 보행하는 장정이 육십만 가량이요 38 수많은 잡족과 양과 소와 심히 많은 가축이 그들과 함께 하였으며 39 그들이 애굽으로부터 가지고 나온 발교되지 못한 반죽으로 무교병을 구웠으니 이는 그들이 애굽에서 쫓겨나므로 지체할 수 없었음이며 아무 양식도 준비하지 못하였음이었더라 40 이스라엘 자손이 애굽에 거주한 지 사백삼십 년이라 41 사백삼십 년이 끝나는 그 날에 여호와의 군대가 다 애굽 땅에서 나왔은즉 42 이 밤은 그들을 애굽 땅에서 인도하여 내심으로 말미암아 여호와 앞에 지킬 것이니 이는 여호와의 밤이라 이스라엘 자손이 다 대대로 지킬 것이니라 43 여호와께서 모세와 아론에게 이르시되 유월절 규례는 이러하니라 이방 사람은 먹지 못할 것이나 44 각 사람이 돈으로 산 종은 할례를 받은 후에 먹을 것이며 45 거류인과 타국 품꾼은 먹지 못하리라 46 한 집에서 먹되 그 고기를 조금도 집 밖으로 내지 말고 뼈도 꺾지 말지며 47 이스라엘 회중이 다 이것을 지키리니라 48 너희와 함께 거류하는 타국인이 여호와의 유월절을 지키고자 하거든 모든 남자는 할례를 받은 후에야 가까이 하여 지킬지니 곧 그는 본토인과 같이 될 것이나 할례 받지 못한 자는 먹지 못할 것이니라 49 본토인에게나 너희 중에 거류하는 이방인에게 이 법이 동일하니라 하셨으므로 50 온 이스라엘 자손이

이와 같이 행하되 여호와께서 모세와 아론에게 명령하신 대로 행하였으며 51 바로 그 날에 여호와께서 이스라엘 자손을 그 무리대로 애굽 땅에서 인도하여 내셨더라

# 성경의 개념들

## 개념의 차이

남자와 여자의 차이점을 묘사하는 재미있는 표현이 '화성에서 온 남자, 금성에서 온 여자' 입니다. 남자와 여자는 사는 별이 다르다고 할 만큼 사고방식, 가치체계, 행동양식에서 너무나도 다르다는 것을 강조하는 정말 딱 어울리는 표현인 것 같습니다. 남자가 여자에 대하여 모르고 여자가 남자에 대하여 모르고 대화를 시작하면 분명히 대화를 했지만 후에 보면 오해가 발생합니다. 왜냐하면 상대방의 관점에서 대화를 한 것이 아니라 자기 방식으로만 대화를 하였기 때문입니다. 그런데 남녀 관계보다 더욱 심한 오해가 발생하는 관계가 바로 성도와 죄인의 관계입니다. 성도와 죄인의 차이점은 '화성에서 온 성도, 금성에서 온 죄인'을 넘어서는 것이며 굳이 말을 만들자면 '천국에서 온 성도, 지옥에서 온 죄인' 이라고 할 수 있을까 싶습니다.

오해는 상호간에 모르는 사람과 대화를 하는 경우에는 거의 발생하지 않습니다. 서로를 모르고 있기 때문입니다. 내가 상대에 대하여 모른다고 생각하는 사람은 오해를 하지 않습니다. 궁금하면 물어보고 이해가 안 되면 설명을 부탁하기에 오해가 생기지 않습니다. 그런데 부부끼리, 동료끼리, 가까운 관계, 아는 사람끼리인 경우에 오해가 많이 생깁니다. 왜냐하면 자신이 상대방을 안다고 생각하기 때문입니다. 동일한 언어를 사용하고 그 용어의 개념이 동일하다고 생각 하고 상대방도 자신과 같다고 생각하는 것입니다. 비슷하면 혼동이 되어도 묻지 않고 흔히 하는 말로 자기가 알아서 이해하여 오해를 합니다. 심한 경우에는 상

대가 말을 해도 듣지 않고 이미 무슨 말을 할지 안다고 생각하고 결국 오해를 합니다.

세상에서 사용하는 용어와 성경에 등장하는 용어가 같습니다. 그러나 세상에서 사용하는 용어의 개념과 성경에서 사용하는 용어의 개념이 다른 경우가 많습니다. 일종의 동음이의어입니다. 차라리 세상과 성경이 서로 다른 용어를 사용하면 아예 못 알아들을 뿐 오해는 발생하지 않습니다. 그런데 개념이 다른 동일한 용어를 사용하기에 성경의 의미에 대해 사람들이 새로운 개념이나 성경의 개념으로 이해하지 않고 기존의 자기가 알고 있는 개념으로 이해하려다가 오해에 빠져들게 되는 것입니다. 성경의 개념을 바로 이해하여 성경의 표현을 바로 이해하시기 바랍니다.

## 심판하리라

하나님이 미리 열 번째 이적에 대하여 예고하셨고, 이 기적을 통해 하나님이 역사하셨다는 것을 기억할 수 있도록 유월절 절기를 지키라고 말씀하셨습니다. 유월절에 대하여 말씀하시는 장면 중에서 12장 12절 "내가 그 밤에 애굽 땅에 두루 다니며 사람이나 짐승을 막론하고 애굽 땅에 있는 모든 처음 난 것을 치고 애굽의 모든 신을 내가 심판하리라. 나는 여호와라"입니다. 열 가지 이적은 재앙이 아니라 계시입니다. 그래서 이적이 등장할 때에 초점이 이번에는 어떤 기적이 일어났는가에 맞추어진 것이 아니라 이적이 어떻게 다른가에 맞추어져 있습니다. 열 번째 이적에서 중요한 것은 장자의 죽임이 아니라 애굽 신의 심판입니다. 애굽에 있는 처음 난 것들을 치는 것과 애굽의 모든 신을 심판하는 것이 서로 연관 되어 있습니다. 각각의 이적들은 모두 신의 역할과 연계되어 있고 열 번째 장자의 죽음은 특별히 장자의 죽음이 아니라 장자로 대표되는 인간의 죽음과 신의 역할이 연계되어 있는 것입니다.

신의 존재와 신의 역할이 연계되어 있습니다. 장자의 죽음과 애굽 신의 심판이 연관되어 있는 것은 만약 신이라면 자신을 신으로 경배하고 섬기는 자들을 지키고 보호해야 한다는 것입니다. 만약 애굽의 처음 난 것들이 죽는 것을 막지 못한다면 애굽의 신들은 신의 자격이 없고 능력이 없다는 것입니다. 그러므로 본문의 '애굽의 모든 신을 심판하리라' 라는 표현에서 심판한다는 것은 징계나 형벌 또는 저주를 의미하지 않습니다. 심판의 가장 기본적인 사항은 올바른 판단입니다. 운동 경기를 할 때 심판의 역할은 아웃인가 아닌가 또는 정당한가 부정한가를 판단하는 것입니다. 하나님이 애굽 신을 심판하신다는 표현은 애굽 신을 이긴다, 애굽 신을 죽인다, 애굽 신을 물리친다는 의미가 아닙니다. 하나님이 '애굽의 모든 신을 심판하리라' 는 말씀은 애굽 신의 실체를 밝히리라, 애굽 신의 실상을 적나라하게 드러내리라는 의미입니다. 다른 말로 애굽 신의 무존재를 드러내고 존재하지 않는 것이기에 애굽 종교의 무가치, 무의미, 무능력을 드러낸다는 것입니다.

하나님은 애굽 신과 싸우지 않습니다. 존재하지 않는 것과 싸울 수 없기 때문입니다. 하나님은 애굽 신을 물리치거나 벌을 내리지 않습니다. 존재하지 않는 것을 물리치거나 없는 것에게 벌을 내릴 수 없기 때문입니다. 애굽 사람들이 신이라 섬기고 있는 것들은 실상은 존재 하지 않는 것들입니다. 장자의 죽음이라는 사건을 통해서 자기 백성이 죽어도 아무 것도 행하지 않는 무존재의 신, 무능력의 신, 무가치의 신의 실체를 드러낼 뿐입니다. 동일하게 '하나님이 우리를 심판하신다' 고 말씀하시는 것도 벌을 준다는 것이 아니라 바르게 인식하도록 알게 하신다는 것입니다. 우리는 죄를 범하여도 죄라고 인정하지 않습니다. 그때 하나님이 개입하셔서 심판을 하십니다. 하나님이 행하시는 심판이 너의 행동이 범죄라고 알게 하시는 것입니다. 하나님의 심판으로 인간이 범죄했다는 것이 밝혀지면 다음 단계로 하나님이 은혜를 주심으로 치유하시고 회복하시는 것입니다.

## 심판의 대상

'애굽의 모든 신을 내가 심판하리라'는 표현은 애굽 신들의 허상을 드러낸다는 말이기에 하나님은 헛것인 애굽 신들, 존재하지 않는 애굽의 신을 사역의 대상으로 삼지 않습니다. 하나님의 사역의 대상은 인간들 즉 죄인들입니다. 존재하지도 않는 것에 대하여 존재한다고 생각하고, 신적인 가치가 없는 것들에게 신의 가치를 부여하고, 신의 능력이 없는 헛것들에게 의지하고 있는 사람들의 죄적 인식구조를 깨뜨리는 것입니다. 애굽의 신들을 심판하여 즉 애굽 신의 헛된 것을 밝히 드러내어, 애굽 사람들의 무익한 종교관을 바로 잡으시는 것입니다. 결국 하나님이 애굽 신을 심판한다는 것은 죄인들에게 하나님을 알게 하신다는 것입니다.

이적을 통하여 애굽의 신들이 하나 둘 씩 무너져 갔습니다. 큰 이적이 나타나서 애굽 백성이 고통을 당해도 전혀 반응이 없고 자신의 백성을 보호하거나 구하지 못하기에 애굽 신은 존재하지 않는다는 실체가 드러났습니다. 그런데도 하나님의 이적은 계속됩니다. 하나님의 이적이 계속되는 이유는 아직도 애굽에 많은 신들이 남았기 때문이 아니라 아직도 바로가 마음을 바꾸지 않기 때문입니다. 하나님의 이적은 애굽의 신들을 대상으로 한 것이 아니라 바로 왕 즉 인간의 마음을 대상으로 하는 것입니다. 애굽의 신들은 신이 아니라는 것이 판정이 났습니다. 애굽의 신들이 신이 아닌 것은 반응이 없고 무능력하기 때문이 아니라 원래부터 신이 아니었는데 이제사 애굽 백성들에게 알려진 것뿐입니다. 원래부터 신이 아니었음에도 불구하고 신으로 대접을 받은 것은 어리석게도 인간이 그것들을 신으로 섬겼기 때문입니다. 하나님은 애굽 신들을 질투하시거나 경쟁하시어서 그 신들을 무력화하기 위해서가 아니라 바로의 마음, 인간의 마음에 신이 아닌 것들이 신이 아닌 것임을 알게 하기 위한 것입니다. 바로의 입에서 자신이 어리석었다는 말이 나와야 이적이 열매가 맺는 것입니다. 하나님이 애굽의 신들을 물리치는 것은 전혀 중요하지 않습니다. 죄인이 하나님을 아는 것이 중요한 것입니다.

## 모든 집에

12장 29절 "밤중에 여호와께서 애굽 땅에서 모든 처음 난 것 곧 왕위에 앉은 바로의 장자로부터 옥에 갇힌 사람의 장자까지와 가축의 처음 난 것을 다 치시매 그 밤에 바로와 그 모든 신하와 모든 애굽 사람이 일어나고 애굽에 큰 부르짖음이 있었으니 이는 그 나라에 죽임을 당하지 아니한 집이 하나도 없었음이었더라"입니다. 열 번째 이적이 일어나는 곳은 애굽 사람의 집만이 아닙니다. 애굽에 있는 모든 집에 일어난 사건이기에 애굽에 있는 이스라엘 백성의 집에도 일어났습니다. 12장 27절 "너희는 이르기를 이는 여호와의 유월절 제사라. 여호와께서 애굽 사람에게 재앙을 내리실 때에 애굽에 있는 이스라엘 자손의 집을 넘으사 우리의 집을 구원하셨느니라."입니다. 애굽에 있는 모든 집 즉 애굽에 있는 애굽 사람의 집과 애굽에 있는 이스라엘 사람의 집에 일어났습니다. 차이가 나는 것은 애굽 사람의 집에는 죽임이 발생하였고, 이스라엘 사람의 집에는 죽임이 발행하지 않은 것입니다. 애굽 사람들이 죽은 것은 애굽 사람들이 섬기는 신이 죽임을 막아주지 못했기 때문이요 이스라엘 사람들이 죽지 않은 것은 이스라엘의 하나님이 이스라엘 백성들에게 죽임이 임하지 않도록 막아주셨기 때문입니다. 이 사건을 통해 누가 참 신인가 또는 누가 진정한 신인가가 확연하게 드러나는 것입니다.

열 번째 이적의 대상이 애굽에 있는 모든 사람입니다. 대표로 바로의 아들에게만 나타나지 않고, 대표로 애굽에 있는 애굽 사람들에게만 나타나는 것이 아닙니다. 반드시 애굽에 있는 이스라엘 집까지 나타나야 합니다. 애굽에 있는 모든 집에 이적이 나타나는 이유는 하나님의 계시의 대상이 모든 사람이기 때문입니다. 애굽이나 이스라엘이나 하나님을 모르기는 마찬가지입니다. 그래서 양쪽 모두에게 하나님의 계시가 임하는 것입니다. 양쪽 모두에게 계시가 나타나면서 애굽 신을 의지하는 자는 죽고 하나님의 말씀대로 하는 자는 사는 것을 통해 하나님을 믿고 하나님을 의지해야 하는 것을 바르게 알도록 가르치시는 것입니다.

## 죄인의 반응

### 일반적 반응

하나님의 계시에 대한 사람들의 반응이 12장 31~33절 "밤에 바로가 모세와 아론을 불러서 이르되 너희와 이스라엘 자손은 일어나 내 백성 가운데에서 떠나 너희의 말대로 가서 여호와를 섬기며 너희가 말한 대로 너희 양과 너희 소도 몰아가고 나를 위하여 축복하라 하며 애굽 사람들은 말하기를 우리가 다 죽은 자가 되도다 하고 그 백성을 재촉하여 그 땅에서 속히 내보내려고 하므로"입니다. 애굽의 이런 반응에 대해 여러분은 어떻게 생각하십니까? 만약 이러한 사건이 여러분 앞에서 등장했다면 여러분은 어떻게 하시겠습니까? 지금 여러분은 어떤 신을 믿고 있습니다. 그런데 다른 신이 등장해서 여러분이 믿는 신의 무존재를 증명하고, 무가치, 무능력을 드러낸다면 여러분은 어떻게 하시겠습니까?

신앙의 문제이전에 다른 예를 들어보겠습니다. 여러분이 인재를 발견하였으면 어떻게 해야 합니까? 내 쫓아야 합니까 아니면 등용해야 합니까? 당연히 인재를 발굴하면 등용해야 합니다. 내가 채용한 직원보다 더 유능한 직원이나 인재를 발견하면 삼고초려를 해서라도 등용을 해야 합니다. 인재 등용을 위해 삼고초려를 한 것은 삼국지에만 등장하는 이야기가 아니라 성경에도 등장합니다. 창세기에 보면 애굽이 큰 어려움을 당한 사건이 등장합니다. 애굽 왕이 꿈을 꾸었는데 단순한 꿈이 아니라 무엇인가 환상이요 계시인 것 같은데 풀지를 못하는 것입니다. 여차여차해서 꿈 해몽을 잘 하는 요셉이라는 젊은이 하나가 노예로 팔려 와서 감옥에 갇혀있다는 것을 알게 되고 불러내서 물어보니 꿈을 잘 풀어냅니다. 그 후에 대 문명제국 애굽이라는 나라가 노예출신의 젊은이를 애굽의 총리로 삼습니다. 역경을 뚫고 나가기위해서는 국적이나 출신을 불문하고 인재를 등용하는 것입니다. 다니엘서에 보면 신흥대국 바벨론이 유다를 침략하여 정복을 합니다. 정복한 국가의 젊은 인재를 뽑아서 자국에서 교육을 시킵니다. 이때에도 바벨론의 느브갓네살 왕이 꿈을 꾸었고 다니엘이 해석을 해 줍니다. 그 후에는 강대국 바벨론이 패배한 나라의 젊은이 다니엘을 총리로 세웁니다. 인재를 발견하면, 자국에 이익이 된다면, 자신에게 꼭 필요하다면 등용해서 써야 합니다. 이것이 일반적인 상식입니다.

### 상식적 신앙

인재를 만나도 적극적으로 등용해야 한다면 하물며 좋은 신이나 능력있는 신을 만나면 당연히 내 신으로 삼아야 합니다. 삼고초려가 아니라 십고초려를 해서라도 나의 신으로 만들어야 하는 것이 정상이요 상식입니다. 그런데 애굽은 아주 이상하게 행동합니다. 자신들의 신이 자신들을 전혀 지켜주지 못하였고, 반면에 히브리인들의 하나님은 말씀한 대로 행하시고 죽음이라는 절체절명의 순간에 자기 백성을 온전하게 보호하였습니다. 애굽의 입장에서 보면 정말 신실한 신이요 대단한 능력을 가진 신을 만난 것이기에 당연히 자신들의 신으로 섬기기 위해 초청해야 합니다. 그런데 애굽 왕 바로는 히브리인의 하나님을 초청하지 않고 도리어 양보하고 심지어는 그렇게 좋은 신이요 위대한 신을 이스라엘 사람들이나 섬기라고 내 쫓습니다. 자기네 신으로 섬길 생각을 못하는 것입니다. 이것이 죄인 된 인간의 어리석음입니다. 내가 믿는 신이 내가 처한 신앙적 어려움에서 열 번씩이나 아무런 도움도 주지 않고 무기력하게 있으면 그 신을 계속 믿을 것이 아니라 그 신을 이긴 더 강한 신을 믿어야 합니다.

패배한 신을 버리고 더 강한 신을 섬기는 것은 배교가 아니라 지혜로운 것입니다. 바로 왕이 하나님을 내쫓고 이스라엘을 내 쫓는 것이 신앙 좋은 것이 아닙니다. 하나님은 바로 왕에게 밑도 끝도 없이 나타나서 무턱대고 하나님을 믿으라고 협박하고 있는 것이 아닙니다. 애굽 신의 허상을 열 번이나 보여주고, 하나님의 하나님 되심을 열 번이나 증거하셨습니다. 바르고 알고 바르게 믿으려고 하나님을 섬기기로 하는 것이 배교가 아닙니다. 무지한 가운데 맹종적으로 신을 섬기는 것이 신실한 것이 아닙니다. 신앙은 내가 믿는 것을 굳게 지킨다는 신념이 아니라 내가 바르게 알고 믿는다는 것이 강조되는 것입니다. 믿음이 있다고 하시는 분들이나 신앙이 좋다고 하시는 분들을 보면 진짜로 믿음이 좋은 게 아니라 고집이 강할 뿐인 경우가 많습니다. 신앙이 좋다는 것은 '내가 얼마나 굳게 믿느냐'의 문제가 아니라 '내가 하나님에 대하여 얼마나 정확하게 풍성하게 알고 있느냐'의 문제입니다. 그러나 죄인들은 하나님에 대하여는 아는 것이 너무 적으면서도 그냥 자기가 아는 것에 대한 집착이 강한 경우가 많고 그것을 신앙 좋은 것으로 착각합니다. 만약 내가 알고 있는 것이 틀리고, 더욱 정확한 것, 더욱 바른 것, 더욱 옳은 것이 밝혀지면 당연히 옳은 것을 따라가야 합니다. 그냥 내가 해 오던 대로 계속하는 것이 좋은 게 아닙니다. 지금 애굽 사람들처럼 하는 것은 신앙이 좋은 것이 아니라 어리석은 것이요 바보 같은 것입니다.

### 그렇게 하지 아니하실지라도

미련하게 행동하는 것은 애굽만이 아니라 죄인만이 아니라 불행하게도 성도임에도 불구하고 신앙을 잘못 이해하는 경우가 종종 있습니다. 기독교에 정말 이상한 신앙적 모습, 애굽 사람들보다 몇 백배는 더 미련한 신앙의 모습이 있습니다. 만약 여러분이 곤경에 처하고 그것도 하나님 때문에 역경에 처했을지라도 하나님이 아무 일도 하지 않으시면 어떻게 하시겠습니까? 과감히 신앙을 바꾸시겠습니까 아니면 그래도 지금까지 돌봐준 은공이 있으니 비록 나를 역경에서 구해주지 않을지라도 배반할 수 없어서 계속 믿겠다고 하실 것입니까? 물론 하나님보다 더 나은 신은 존재하지 않기에 성도가 하나님을 떠나야 하는 일은 발생하지 않습니다. 다만 성도들이 자신이 하나님을 섬기고 있는 개념을 바로 잡아야 한다는 것입니다.

하나님을 아는 신앙을 자신이 하나님을 믿는 신념으로 오해를 많이 합니다. 이런 오해가 발생하는 이유는 성경의 본문을 잘못 이해하기 때문입니다. 대표적으로 다니엘서에 나오는 본문을 오해하는 것입니다. 다니엘서 3장에 바벨론의 느부갓네살 왕이 금 신상을 만들고 신상에게 절을 하라고 금령을 내리고 만약 절하지 않으면 풀무 불에 넣겠다고 경고를 합니다. 이때 다니엘의 세 친구인 원래 이름으로는 하나냐, 미사엘, 아사랴이고 바벨론식 이름으로는 사드락, 메삭, 아벳느고가 신상에 절하기를 거부해서 풀무에 던져질 위기에 빠집니다. 이때 느부갓네살 왕이 세 사람을 회유합니다. 왕이 회유하는 말과 세 명이 답변하는 말을 잘 들어보시기 바랍니다. 다니엘 3장 14~18절 "느부갓네살이 그들에게 물어 이르되 사드락, 메삭, 아벳느고야 너희가 내 신을 섬기지 아니하며 내가 세운 금 신상에게 절하지 아니한다 하니 사실이냐? 이제라도 너희가 준비하였다가 나팔과 피리와 수금과 삼현금과 양금과 생황과 및 모든 악기 소리를 들을 때 내가 만든 신상 앞에 엎드려 절하면 좋거니와 너희가 만일 절하지 아니하면 즉시 너희를 맹렬히 타는 풀무불 가운데에 던져 넣을 것이니 능히 너희를 내 손에서 건져낼 신이 누구이겠느냐하니 사드락과 메삭과 아벳느고가 왕에게 대답하여 이르되 느부갓네살이여 우리가 이 일에 대하여 왕에게 대답할 필요가 없나이다. 왕이여 우리가 섬기는 하나님이 계시다면 우리를 맹렬히 타는 풀무불 가운데에서 능히 건져내시겠고 왕의 손에서도 건져내시리이다. 그렇게 하지 아니하실지라도 왕이여 우리가 왕의 신들을 섬기지도 아니하고 왕이 세우신 금 신상에 절하지도 아니할 줄을 아옵소서"입니다.

사드락과 메삭과 아벳느고의 대답은 느부갓네살 왕의 신보다, 세 사람을 죽이려고 하는 왕의 신보다 자신들이 믿는 하나님이 더 크고 더 능력이 있다는 것을 아는 것입니다. 단지 그동안 믿어오던 신이라 믿는 것이 아니라, 단지 가족과 집안이 믿는 신이라 나도 믿는 것이 아니라, 단지 국가나 왕이 믿으라고 하니까 믿는 신이 아니라 자신이 믿는 하나님이 가장 크고, 가장 세고, 가장 능력이 있고, 가장 나에게 유익이 된다는 것을 바르게 정확하게 분명하게 확실하게 알기 때문에 믿는다는 것입니다. 세 사람이 한 말 중에 18절 '그렇게 하지 아니하실지라도'의 의미를 바르게 이해해야 합니다. 이 말은 '어쩌면 하나님이 자신들을 풀무 불에서 구해주지 아니하실 수도 있다. 만약 그럴지라도 자신들은 하나님을 믿겠다는 신앙의 절개를 지키겠다'는 의미가 아닙니다. '그렇게 하지 아니하실지라도'의 뜻은 하나님이 자신들을 풀무 불에서 구해주지 않을 일이란 절대로 생기지 않을 것이라는 것을 알기 때문에, 다른 말로 하나님은 분명히 자신들을 구원해 주실 것이라는 하나님에 대해 아는 것을 반어법으로 표현하는 것입니다. 세 사람이 이 말을 하는 것은 하나님이 자기들을 구해주지 않을 수도 있다는 가정을 하는 것이 아니라 하나님은 절대적으로 자기들을 구해주실 것이기 때문에 이 말을 할 수 있는 것입니다.

## 죄인의 한계

애굽은 자신들의 나라에서, 자신들의 눈 앞에서 펼쳐지는 열 가지 이적을 보았습니다. 자신들이 신으로 섬기던 것들의 무기력함을 보았습니다. 그 동안 자신들은 신을 섬기느라 온갖 예물을 다 바치고 지극정성을 다했시만 그 신은 징작 자신들이 역경에 처해있을 때 아무 것도 해주지 못하고 있음이 증명되었습니다. 반대로 히브리인들의 하나님은, 이스라엘을 자기 백성이라고 선언한 그 히브리인들의 하나님은 이스라엘 사람들을 모두 지켜내었습니다. 그렇다면 누가 진짜 신이고 누구를 믿어야 합니까? 하나님을 쫓아내고, 그 좋은 하나님을 이스라엘 백성이나 믿으라고 쫓아낼 것이 아니라 자신들도 하나님을 믿겠다고, 자신들도 자신들을 도와줄 수 있고 자신들을 지켜줄 수 있는 하나님을 자신들의 하나님으로 믿겠다고 나서야 하지 않겠습니까? 그런데 죄인들은 그렇게 하지를 않더라는 것입니다. 인간적인 측면에서 인간들은 모든 것을 정말 지혜롭게 잘 합니다. 그런데 신앙의 문제에는 그 지혜가 다 어디로 가는지 그 현명함과 명석함이 다 어디로 가는지 어리석기 짝이 없고 무지하기 짝이 없습니다. 이런 일이 발생하는 이유는 이것이 신앙에 관련된 것이기 때문입니다. 하나님을 아는 신앙에는 인간의 지혜와 명철이 작용되지 않는 것입니다.

신앙은 인간의 선택도 아니요 인간의 결단도 아니요 인간의 공로도 아닙니다. 신앙적인 측면에서 인간은 죄인 즉 하나님에 대하여 죽은 자라고 말합니다. 하나님에 대하여 반응할 수 없고 이해할 수 없고 결단할 수 없는 것입니다. 그래서 기독교에는 은혜라는 것이 있습니다. 인간이 할 수 없다는 것을 하나님이 아시기에 하나님이 계획하시고 하나님이 추진하시고 하나님이 십자가 사역을 감당하셔서 인간을 구원하시는 것입니다. 저와 여러분 모두가 하나님의 은혜를 받아 이 자리에 있는 것입니다.

# 이스라엘과 이방인

## 수많은 잡 족

열 번째 이적이 끝난 후에 출애굽이 진행됩니다. 12장 37절 "이스라엘 자손이 라암셋을 떠나 숙곳에 이르니 유아 외에 보행하는 장정이 육십만 가량이요 수많은 잡족과 양과 소와 심히 많은 가축이 그들과 함께 하였으며"입니다. 애굽에서 나온 사람들을 표현할 때 이스라엘 자손 그리고 수많은 잡족이라고 했습니다. 잡족이라는 표현은 섞인 무리, 함께 하는 자들이라는 의미입니다. 출애굽시 이스라엘과 동행한 사람들을 잡족이라고 표현한 것은 적절하지 못한 번역이라고 생각합니다. 출애굽은 이스라엘의 독립을 의미하지 않습니다. 출애굽은 외형적으로는 애굽에 노예로 있던 백성들이 나오는 것이지만 성경적 의미로는 하나님을 모르는 사람들이 하나님을 아는 사람으로의 새로운 출발을 의미합니다. 이렇게 하나님을 아는 자로의 출발은 민족과 관계가 없고 국가와 관계가 없습니다. 하나님의 계시가 이스라엘에게도 주어졌고 애굽에게도 주어졌습니다. 동시에 모든 인간들에게 주어진 것입니다. 그 계시를 보고 듣고 체험하고 하나님을 아는 자들은 모두 하나님의 백성이 되는 것이며 모두 출애굽을 할 수 있는 것이며 모두 하나님 품으로 들어올 수 있는 것입니다.

하나님께서 출애굽하기 전에 출애굽의 조건이나 자격이나 제한 규정을 두신 적이 없습니다. 이스라엘만 나와야 된다고 말씀하신 적이 없습니다. 율법을 지킨 사람만 나올 수 있다고 말씀하신 적이 없습니다. 아무나 나올 수 있고 누구나 나올 수 있습니다. 이스라엘과 애굽의 차이가 없듯이 이스라엘과 잡족의 차이는 없습니다. 이스라엘 사람일지라도 하나님보다 애굽 신을 좋아하는 사람은 나오지 않아도 됩니다. 애굽 사람일지라도 애굽 신보다 하나님을 더 좋아하는 사람은 나올 수 있습니다.

출애굽한 사람들의 특징은 이스라엘이라는 국가적 통일성도 아니요 히브리인이라는 민족적 통일성이 아니라 하나님을 아는 자들이라는 신앙적 통일성을 가지는 것입니다. 성경에서 말하는 이스라엘, 히브리인의 특징은 오직 하나 하나님을 아는 것입니다. 여호와를 아는 자들의 모임, 여호와를 아는 자들의 무리, 여호와를 아는 자들의 집단이기 때문에 그것을 성경에서는 '여호와의 군대' 라고 합니다. 성경에 나오는 용어들의 특징을 잘 살피셔야 합니다. 여호와를 아는 자들의 모임이기 때문에 여호와의 군대라고 말하고, 여호와가 애굽에서 이스라엘 백성을 구해내신 것을 기억하는 날이기에 여호와의 절기라고 표현하는 것입니다.

### 이방 사람은 먹지 못할 것이나

유월절 절기를 먹는 규정 중에 담겨있는 특징이 또 하나있습니다. 43절 "여호와께서 모세와 아론에게 이르시되 유월절 규례는 이러하니라. 이방 사람은 먹지 못할 것이나"입니다. 세상에서 가장 째째한 것 중의 하나가 먹는 것 가지고 사람을 차별하는 것입니다. 그 중에 더 치사한 것이 맛도 없는 음식가지고 차별하는 것입니다. 기껏해야 무교병, 쓴나물인데 이방 사람은 먹지 못하게 합니다. 원천적으로 그리고 앞으로도 못 먹게 하는 것도 아닙니다. 실상은 다 먹을 수 있는 길을 열어줍니다. 이방인은 먹지 말라는 유월절 규례의 의미를 파악하려면 먼저는 이방인이 누구냐를 이해하셔야 합니다. 이스라엘 사람과 이방인을 구별짓는 기준은 하나님을 아는 여부입니다. 이스라엘 사람이라도 하나님을 인정하지 않는 자, 하나님이 출애굽을 이루어주셨다는 것을 인정하지 않는 자는 유월절 음식이 아무 소용이 없습니다. 반대로 이방인 즉 애굽 사람이나 수많은 잡족일지라도 하나님을 인정하는 자는 하나님이 정하신 할례를 행한 후에 유월절 음식을 먹을 수 있습니다. 이방인은 유월절 음식을 먹지 말라는 의미는 유월절 음식은 단지 식사를 위한 음식이 아니라는 것입니다. 배가 고파서 먹는 식사용 음식, 끼니를 때우는 음식이 아니라는 것입니다. 하나님을 알고 하나님을 인정하는 사람들이 먹으라는 것입니다. 식사로가 아니라 배부름을 위해서가 아니라 하나님이 일하셨다는 것을 인정하는 사람들이 하나님의 일하심을 기억하며 먹으라는 것입니다.

성경이 말하는 이스라엘은 하나님을 아는 자들, 하나님의 백성, 여호와의 군대를 의미합니다. 그래서 이스라엘에 들어오는 것은 하나님을 아는 자가 되는 것이요, 이스라엘에서 나가는 자는 하나님을 거부하는 자들인 것입니다. 하나님을 알고 인정하는 자는 하나님의 말씀대로 할 것입니다. 하나님을 모르고 하나님을 거부하는 자는 하나님의 말씀대로 행하지 않을 것입니다. 그래서 12장 15절 "너희는 이레 동안 무교병을 먹을지니 그 첫날에 누룩을 너희 집에서 제하라. 무릇 첫날부터 일곱째 날까지 유교병을 먹는 자는 이스라엘에서 끊어지리라", 12장 19절 "무릇 유교물을 먹는 자는 타국인이든지 본국에서 난 자든지를 막론하고 이스라엘 회중에서 끊어지리니"는 표현이 나오는 것입니다. 이스라엘에서 끊어진다는 말은 죽인다는 말이 아니라 하나님의 백성이 아니라는 의미인 것입니다. 유월절 규례에서 이스라엘과 이방인의 차별은 없습니다. 49절 "본토인에게나 너희 중에 거류하는 이방인에게 이 법이 동일하니라"입니다. 하나님은 인간이 죄인임을 심판하시고 즉 죄인임을 알게 하시고 죄인에게 필요한 것이 은혜임을 아시고 은혜를 주셨습니다. 우리 모두가 다 이방인이었는데 하나님의 은혜로 이스라엘 즉 여호와의 군대가 되었습니다. 인간은 인간을 나눌 수 없습니다. 다 똑같은 죄인입니다. 하나님을 아시고, 하나님의 사람들과 더불어 하나님의 복락들을 누려 가시기를 주님의 이름으로 축원합니다.

# 이르게 하시거든

## 출애굽기 13 : 1 ~ 22

1 여호와께서 모세에게 일러 이르시되 2 이스라엘 자손 중에서 사람이나 짐승을 막론하고 태에서 처음 난 모든 것은 다 거룩히 구별하여 내게 도리라 이는 내 것이니라 하시니라 3 모세가 백성에게 이르되 너희는 애굽 곧 종되었던 집에서 나온 그 날을 기념하여 유교병을 먹지 말라 여호와께서 그 손의 권능으로 너희를 그 곳에서 인도해 내셨음이니라 4 아빕월 이 날에 너희가 나왔으니 5 여호와께서 너를 인도하여 가나안 사람과 헷 사람과 아모리 사람과 히위 사람과 여부스 사람의 땅 곧 네게 주시려고 네 조상들에게 맹세하신 바 젖과 꿀이 흐르는 땅에 이르게 하시거든 너는 이 달에 이 예식을 지켜 6 이레 동안 무교병을 먹고 일곱째 날에는 여호와께 절기를 지키라 7 이레 동안에는 무교병을 먹고 유교병을 네게 보이지 아니하게 하며 네 땅에서 누룩을 네게 보이지 아니하게 하라 8 너는 그날에 네 아들에게 보여 이르기를 이 예식은 내가 애굽에서 나올 때에 여호와께서 나를 위하여 행하신 일로 말미암음이라 하고 9 이것으로 네 손의 기호와 네 미간의 표를 삼고 여호와의 율법이 네 입에 있게 하라 이는 여호와께서 강하신 손으로 너를 애굽에서 인도하여 내셨음이니 10 해마다 절기가 되면 이 규례를 지킬지니라 11 여호와께서 너와 네 조상에게 맹세하신 대로 너를 가나안 사람의 땅에 인도하시고 그 땅을 네게 주시거든 12 너는 태에서 처음 난 모든 것과 네게 있는 가축의 태에서 처음 난 것을 다 구별하여 여호와께 돌리라 수컷은 여호와의 것이니라 13 나귀의 첫 새끼는 다 어린 양으로 대속할 것이요 그렇게 하지 아니하려면 그 목을 꺾을 거싱며 네 아들 중 처음 난 모든 자는 대속할지니라 14 후일에 네 자손이 네게 묻기를 이것이 어찌 됨이냐 하거든 너는 그에게 이르기를 여호와께서 그 손의 권능으로 우리를 애굽에서 곧 종이 되었던 집에서 인도하여 내실새 15 그 때에 바로가 완악하여 우리를 보내지 아니하매 여호와께서 애굽 나라 가운데 처음 난 모든 것은 사람의 장자로부터 가축의 처음 난 것까지 다 죽이셨으므로 태에서 처음 난 모든 수컷들은 내가 여호와께 제사를 드려서 내 아들 중에 모든 처음 난 자를 다 대속하리니 16 이것이 네 손의 기호와 네 미간의 표가 되리라 이는 여호와께서 그 손의 권능으로 우리를 애굽에서 인도하여 내셨음이니라 할지니라 17 바로가 백성을 보낸 후에 블레셋 사람의 땅의 길은 가까울지라도 하나님이 그들을 인도하지 아니하셨으니 이는 하나님이 말씀

하시기를 이 백성이 전쟁을 하게 되면 마음을 돌이켜 애굽으로 돌아갈까 하셨음이라 18 그러므로 하나님이 홍해의 광야 길로 돌려 백성을 인도하시매 이스라엘 자손이 애굽 땅에서 대열을 지어 나올 때에 19 모세가 요셉의 유골을 가졌으니 이는 요셉이 이스라엘 자손으로 단단히 맹세하게 하여 이르기를 하나님이 반드시 너희를 찾아오시리니 너희는 내 유골을 여기서 가지고 나가라 하였음이더라 20그들이 숙곳을 떠나서 광야 끝 에담에 장막을 치니 21 여호와께서 그들 앞에서 가시며 낮에는 구름 기둥으로 그들의 길을 인도하시고 밤에는 불 기둥을 그들에게 비추사 낮이나 밤이나 진행하게 하시니 22 낮에는 구름 기둥, 밤에는 불 기둥이 백성 앞에서 떠나지 아니하니라

# 기독교와 비기독교

## 비교

사람들이 기독교와 비기독교간의 동일한 것과 차이점을 혼동하는 것 같습니다. 정작 동일한 것을 인정해야 하는 곳에서는 차이점을 드러내고, 반대로 차이점을 드러내야 하는 곳에서는 동일하다고 강조하니까 기독교가 오해와 왜곡을 당하는 것입니다. 먼저 동일한 것을 살펴보겠습니다. 기독교의 최종 목적이 인간의 행복입니다. 하나님이 가장 기뻐하시는 것이 인간의 행복입니다. 하나님이 창조하시고 구원하시고 성령으로 내주하셔서서 동행하시며 시시때때로 보호하시고 섭리하시는 모든 활동의 최종 목적이 바로 인간의 행복에 맞추어져 있습니다. 성경어디에도 인간은 불행을 감수하면서까지 하나님을 섬기고 인간은 희생을 하면서까지 하나님께 영광을 돌리라는 말씀이 없습니다. 정반대로 하나님이 모욕을 당하면서까지 하나님이 희생을 당하면서까지 인간을 축복하시는 장면만 나오는 것입니다. 비기독교 또는 일반적으로 신앙을 가지지 않은 사람들의 최종 목적도 인간의 행복입니다. 매년 새해 첫날이 되면 해돋이를 보러 사람들이 갑니다. 그때 기자가 등장해서 인터뷰를 하면 대부분 가족이 아무 탈 없이 건강하게 행복하게 살았으면 좋겠다는 가장 소박하지만 절실한 소망을 말합니다.

결국 기독교인과 비기독교인의 목적이 인간의 행복으로 같습니다. 인간의 목적에서 기독교와 비기독교의 차이점을 강조하여 비기독교인은 인간의 행복이 목적이지만 기독교인은 하나님의 영광이 목적이라고 차별화를 해서는 안 됩니다. 간혹 우리 기독교인은 '비록 나는 불행할지라도, 비록 나는 평화와 안식이 없을지라도, 비록 나는 내 의지가 아닐지라도, 비록 나는 나의 삶을 포기할지라도 오직 나의 목적은 하나님의 영광이요, 내가 사나 죽으나 하나님의 영광만을 추구하겠다.' 고 고백하듯 말하기도 합니다. 물론 성경에 이런 표현이 나옵니다. 로마서 14장 8절에 "우리가 살아도 주를 위하여 살고 죽어도 주를 위하여 죽나니 그러므로 사나 죽으나 우리가 주의 것이로다"라는 말이 나오고, 고전 10장 31절에 "그런즉 너희가 먹든지 마시든지 무엇을 하든지 다 하나님의 영광을 위하여 하라"고 나옵니다. 성경에 나오는 이런 표현은 하나님과 인간을 대조하는 의미가 아닙니다.

본문의 의미를 정확하게 이해하려면 반대되는 의미를 파악하는 방법이 있습니다. 고린도 전서 10장 31절 "무엇을 하든지 다 하나님의 영광을 위하여 하라"의 반대말은 '무엇을 하든지 다 인간의 영광을 위하여 하라' 가 아닙니다. 도리어 '무엇을 하든지 하나님이 모욕을 당하도록 하라' 입니다. "무엇을 하든지 다 하나님의 영광을 위하여 하라"는 표현에서 하나님의 영광과 대조되는 것이 사람의 영광이 아닙니다. 하나님의 영광과 사람의 영광이 앞에 있을 때 사람의 영광 대신 하나님의 영광을 취하라는 의미가 아닌 것입니다. 대신에 하나님의 영광을 위하여 하라 즉 하나님이 욕먹지 않도록 하라는 말입니다. 하나님의 영광의 대조는 하나님의 모욕입니다. 그러므로 이 구절을 근거로 해서 '나는 사나 죽으나, 무엇을 하든지 나의 영광을 구하지 않고, 나는 어떻게 되든지 간에 오직 하나님의 영광을 위해서 삽니다.' 라고 말하는 것은 성경의 본문을 왜곡하는 것입니다. 신앙 좋은 것이 아니라 미련한 것이요 어리석은 것이요 비성경적인 것입니다. 성도이건 비성도이건 인간의 목적은 인간의 행복으로 동일한 것입니다. 인간의 목적을 하나님의 영광이라고 대답하면 믿음 좋은 것이고 인간의 목적을 나의 행복이라고 대답하면 휴머니즘 또는 인본주의가 되는 것이 아닙니다.

## 차이점

기독교나 비기독교나 인간의 목적이 인간의 행복이라는 것이 동일하다면 기독교와 비기독교의 차이점은 목적에서 나는 것이 아니라 방법에서 나는 것입니다. 어떻게 하면 행복할 수 있느냐는 질문에 비기독교인의 대답은 돈 많고 아이들 공부 잘하고 먹고 입고 자는 것 걱정 안하고 가족들 모두 건강하면 된다고 합니다. 즉 행복할 수 있는 조건과 환경이 마련되면 저절로 행복을 누릴 수 있다고 대답을 하는 것입니다. 만약 성도인 여러분도 그 대답이 맞다고 생각하면 여러분은 성도의 대답을 한 것이 아니라 비기독교인의 대답을 한 것입니다. 어떻게 하면 행복을 누릴 수 있느냐는 질문에 기독교인은 하나님의 마음으로 살면 된다고 대답을 해야 합니다. 주어진 상황을, 조건을, 환경을 하나님의 마음과 하나님의 기준과 하나님의 가치와 하나님의 개념으로 바라보면 매순간, 어떠한 상황 속에서도 행복을 누릴 수 있다고 대답하는 것입니다.

기독교는 삶의 목적이 다른 것이 아니라 삶의 방법이 다른 것입니다. 그런데 안타깝게도 오늘날 교회는 이것이 바뀌었습니다. 목적은 같을지라도 방법이 달라야 하는데 반대로 목적이 다르다고 말은 하는데 방법은 똑 같습니다. 방법이 똑 같으니까 교회도 돈이 있어야 하고, 교회도 인재가 있어야 하고, 건물이 있어야 하고, 목사가 능력이 있어야 하고, 카리스마가 있어야 하고, 교회 위치가 목이 좋아야 한다고 하는 것입니다. 교회가 하는 방법과 내용에 있어서 세상과 아무런 차이점이 없습니다. 말로는 목적이 다르다고 하는데 방법이 똑같습니다. 그런데 똑 같은 방법으로는 다른 목적을 이룰 수 없습니다. 방법이 같다면 결과도 같아지는 것입니다. 그래서 동일한 방법을 사용하는 기독교가 세상과 다른 것이 하나도 없어 보이는 것입니다.

### 기독교의 복음

오늘날 더 심각한 문제는 이 방법의 차이점을 강조하는 것이 교회가 아니라 비기독교인이라는 것입니다. 어떻게 하면 행복을 누릴 수 있을까라는 질문에 대해 비기독교인들 중에서 다른 방법을 강조하는 사람들이 있습니다. 근래에 가장 대표적인 것이 무소유입니다. 가지려고 하지 마라, 욕심내지 마라, 조건이 이루어지면, 상황이 갖추어지면 행복할 수 있다고 생각하지 마라, 마음을 비우라고 말하면서 세상의 일반적인 방식과 다른 방식, 다른 방법을 제안하는 것입니다. 기독교가 어리석게도 차별화하지 않아야할 목적을 차별화할 뿐 정작 차별화해야 할 방법을 차별화하지 못했다는 것입니다. 기독교는 이제부터 새로운 방법을 제안해서 방법적으로 차별화를 시도해야하는 것이 아니라 이미 차별화 되어 있습니다. 이제라도 기독교가 새로운 차별화된 방법을 제안해야 하는 것이 아니라 이미 구약에서부터 하나님은 차별화된 방법, 세상이 알지 못하는 방법, 세상이 이루어낼 수 없는 방법을 주셨다는 것을 알아야 합니다. 이 말은 세상과 다른 방법을 주셨다는 '차별화'에 강조점이 있는 것이 아니라, 세상에는 없고 세상은 할 수 없기에 하나님이 방법을 '주셨다'에 강조점이 있는 것입니다. 그래서 단지 차별화가 아니라 유일한 방법이 되는 것입니다. 그런데 기독교가 이것을 알지 못하고, 이것을 강조하지 못하고 있습니다.

간혹 세상에서 제안하는 새로운 방식과 하나님의 방식은 완벽하게 차이가 있습니다. 세상에서 사용하는 일반적인 방식과는 다르게 무소유 또는 마음의 변화를 강조하는 세상의 가르침은 맞는 것이 아니라 틀린 것입니다. 물이 반 정도 담겨진 컵에 대해 물이 반밖에 없다고 생각하지 말고 물이 반씩이나 있다고 긍정적으로 생각하라고 권면하는 경우가 있습니다. 이것은 권고의 말은 될 수 있지만 실제로는 되지 않는 생각입니다. 왜냐하면 인간의 마음은 인간이 소유한 것이 아니고 죄에 잡혀 있기 때문입니다. 세상에서 간혹 차별화된 방법을 제안하는 것들은 모두 말로는 가능하지만 실제로는 안 되는 방법입니다. 만약 인간이 의도하는 대로 마음을 먹을 수 있다면 하나님이 육신을 입고 강림하지도 않으셨고 하나님이 십자가를 지지도 않았습니다.

기독교의 강조점은 목적이 아니라 방법의 차이입니다. 방법의 차이보다 훨씬 더 나아가야 합니다. 기독교는 이렇게 하면 된다는 방법을 제안하는 것이 절대로 아닙니다. 기독교가 실제로 강조하여 선포하는 것은 목적을 이룰 수 있는 새로운, 독특한, 유일한 방법이 아니라 결과입니다. 이렇게 하면 된다가 아니라 이미 이렇게 되어있다는 것입니다. 이렇게 하면 행복해 질 수 있다가 아니라 당신은 이미 행복자라고 선포하는 것입니다. 하나님이 다 해 놓았다, 하나님이 다 이루어 놓았다, 하나님이 다 완성해 놓았다는 것이 기독교의 선포입니다. 이미 다 이루어진 결과를 선포하는 것 그래서 그것을 기독교에서는 복된 소식 즉 복음이라고 합니다. 세상은 이루어질 수 없는 것을 목적으로 가지고 있는 것이고 기독교는 이미 목적이 이루어진 완성의 삶을 가지고 있는 것입니다. 세상은 목적을 달성하려고 노력하지만 기독교는 이루어진 삶을 누리는 것입니다.


## 이르게 하시거든

### 하나님의 출애굽

지금까지 말씀드린 하나님이 다 이루셨다는 복음의 특성, 기독교의 독특성, 동시에 유일성을 성경 본문 또는 사건을 통해서 확인해 보겠습니다. 이런 것을 통해 오늘날 우리의 신앙의 모습이 어떻게 달라져야 하는지를 점검해 볼 수 있는 것입니다. 유월절은 하나님이 이스라엘을 애굽에서 건져내신 것을 기념하도록 하는 절기입니다. 하나님이 구원하셨다는 섯을 강조하기 위해 유월절을 지키는 가장 중요한 내용은 "너희는 아무 일도 하지 말고"입니다. 출애굽을 위해 너희들은 아무 것도 하지 않았다는 것을 상징하는 것이 무교병이요 쓴 나물이었습니다. 유월절은 매년 첫째 달 14일에 지키도록 정해졌습니다. 하나님이 유월절을 매년 지키라고 말씀을 하시는데 당장 내년부터 시행하라고 말씀하시는 것이 아닙니다. 한번 관련구절들을 살펴보겠습니다. 지금부터는 '때' 또는 '시기'에 초점을 맞추어 보시기 바랍니다. 출애굽기 12장 25절 "너희는 여호와께서 허락하신 대로 너희에게 주시는 땅에 이를 때에 이 예식을 지킬 것이라", 13장 5절 "여호와께서 너를 인도하여 가나안 사람과 헷 사람과 아모리 사람의 땅 곧 네게 주시려고 네 조상들에게 맹세하신바 젖과 꿀이 흐르는 땅에 이르게 하시거든 너는 이 달에 이 예식을 지켜", 13장 11절 "여호와께서 너와 네 조상에게 맹세하신 대로 너를 가나안 사람의 땅에 인도하시고 그 땅을 네게 주시거든"입니다. 유월절을 지키는 때는 가나안 땅에 들어간 후입니다. 이 말씀이 무엇을 의미하는지, 이 말씀이 강조하는 것이 어떻게 우리의 신앙을 달라지게 할 수 있는지 분별하셔야 합니다.

이스라엘이 애굽에서 종살이를 하고 있었습니다. 이때 이스라엘은 하나님께 어떻게 하면 애굽에서 나갈 수 있는지에 대해 질문을 할 필요가 없는 것입니다. 실제로 이스라엘은 그런 질문을 하지 않았고 하나님도 아무런 요구를 하지 않았습니다. 이스라엘이 애굽에서 나올 수 있는 것은 오직 하나 하나님이 일하시는 것입니다. 출애굽의 계획도 하나님이 세우셨고 이적도 하나님이 진행하십니다. 이스라엘에게는 어떻게라는 방법론이 없습니다. 무엇을 해야하는 조건과 자격도 없습니다. 그냥 하나님의 일하심으로 족합니다. 누가 애굽에서 나가는지에 대해서도 질문할 필요 없습니다. 아무나 누구나 출애굽 할 수 있습니다. 출애굽은 전적으로 하나님이 하시는 일입니다. 이스라엘은 그냥 나가면 됩니다. 만약 이스라엘이 출애굽을 하지 못하면 전적으로 하나님의 책임입니다. 기독교에는 인간의 방법론이 없고 오직 하나님이 이루신 결과가 있는 것입니다.

출애굽을 거쳐 광야에 들어가도 동일합니다. 광야에서 이스라엘 백성은 하나님께 어떻게 하면 광야를 통과할 수 있고 어떻게 하면 살아남을 수 있는지에 대해 질문할 필요가 없습니다. 또 어떻게 하면 만나를 내리게 할 수 있고 어떻게 하면 물을 구할 수 있는지에 대해서도 질문할 필요도 없습니다. 또 더 나아가서 어떻게 하면 가나안에 들어갈 수 있는지에 대해서도 질문할 필요도 없는 것입니다. 왜냐하면 애굽에서 나오는 것, 광야에서 먹고 살아 남는 것, 가나안에 들어가는 것은 모두 하나님이 하실 일이기 때문입니다. 만약 이스라엘 백성이 가나안에 들어가지 못하면 하나님 책임입니다. 이스라엘은 출애굽이 되어지고 이스라엘은 광야에서 생존되어지고 이스라엘은 가나안에 입성되어지는 것입니다. 모든 것을 하나님이 책임지고 하시는 것입니다. 기독교에는 인간의 방법론이 없고 오직 하나님이 이루신 결과가 있는 것입니다.

### 여호와의 절기, 율법

유월절 절기를 지키라고 말씀하실 때 절기를 지키는 시점이 아주 의미있는 것입니다. 12장 25절에 "너희에게 주시는 땅에 이를 때에", 13:5절에 "젖과 꿀이 흐르는 땅에 이르게 하시거든", 13장 11절에 "그 땅을 네게 주시거든"입니다. 만약 그 땅에 이르게 못하시면, 만약 그 땅에 내가 들어가지 못하게 하시면, 만약 그 땅을 주시지 않으면 하나님의 모든 말씀은 모두 헛것이 됩니다. 하나님이 이스라엘 백성을 가나안으로 인도하지 못하시면 하나님의 절기를 지킬 필요가 없습니다. 하나님은 이스라엘에게 가나안 땅에 들어가느냐 못 들어가느냐를 운운하지 않고 아예 처음부터 "그 땅에 들어갔을 때"를 전제로 삼고 말씀하시는 것입니다. 출애굽 당연히 하고, 광야도 당연히 생존하고, 가나안 땅에도 당연히 들어간다는 것입니다. 이 모든 과정은 하나님이 계획하시고 하나님이 진행하시고 하나님이 완성하실 것입니다. 출애굽 할 때에 조건과 자격이 없었듯이, 가나안 입성하는 데에도 자격과 조건이 없습니다. 기독교에는 인간의 방법론이 없고 오직 하나님이 이루신 결과가 있는 것입니다.

유월절 절기뿐만 아니라 율법도 마찬가지입니다. 광야생활 중에 하나님이 율법을 주셨습니다. 율법을 주셨다고 해서 이 율법을 지켜야 가나안에 들어갈 수 있다는 의미가 절대로 아닙니다. 신명기 4장 5절 "내가 나의 하나님 여호와께서 명령하신 대로 규례와 법도를 너희에게 가르쳤나니 이는 너희가 들어가서 기업으로 차지할 땅에서 그대로 행하게 하려 함인즉 너희는 그것을 지켜 행하라"입니다. 율법을 지키라고 말씀하신 장소가 "너희가 들어가서 차지할 땅에서"입니다. 신명기 12장 29절 "네 하나님 여호와께서 네가 들어가서 쫓아낼 그 민족들을 네 앞에서 멸절하시고 네가 그 땅을 차지하여 거기에 거주하게 하실 때에 너는 스스로 삼가서"입니다. 정작 율법을 지켜야할 시기는 "그 땅을 차지하여 거기에 거주하게 하실 때"입니다. 신명기 19장 1절 "네 하나님 여호와께서 이 여러 민족을 멸절하시고 네 하나님 여호와께서 그 땅을 네게 주시므로 네가 그것을 받고 그들의 성읍과 가옥에 거주할 때에" 즉 가나안 땅을 "받고, 거주할 때"입니다.

애굽에서 나오는 것을 하나님이 해결하셔야 하고 가나안에 들어가는 것을 하나님이 해결하셔야 합니다. 이스라엘은 애굽에서 나오는 것과 광야를 지나는 것과 가나안에 들어가는 것에 대하여 전혀 걱정할 이유가, 필요가 없는 것입니다. 율법은 애굽에서 나오는 조건으로 주어진 적이 없고 가나안에 들어가는 조건으로 주어진 적이 없습니다. 애굽에서 나오는 것과 가나안에 들어가는 것은 무조건 전적으로 하나님이 행하실 일입니다. 기독교에는 인간의 방법론이 없고 오직 하나님이 이루신 결과가 있는 것입니다.

## 하나님의 구원

지금까지 살펴본 것을 통해 오늘날 우리의 신앙생활을 모습을 점검해 보도록 하겠습니다. 구약의 사건들을 오늘날 우리 신앙과 연결해 보는 것입니다. 애굽에서 종살이하던 이스라엘 사람들은 어떻게 하면 애굽에서 벗어날 수 있는지 물을 필요가 없었습니다. 마찬가지로 죄에 사로잡혀 종살이하는 죄인들은 어떻게 하면 죄에게서 벗어날 수 있는지 물을 필요가 없습니다. 구원받을 수 있는 인간의 방법은 없습니다. 죄인을 죄에게서 벗어나게 하는 것은 전적으로 하나님이 하시는 일입니다. 저와 여러분은 하나님의 은혜로 다른 말로 표현하면 하나님이 구원하셔서 구원받았습니다. 광야에 살던 이스라엘은 어떻게 하면 가나안에 들어갈 수 있는지 물을 이유도 필요도 없었습니다. 그런 방법론, 자격론, 조건론은 없습니다. 이 땅에 사는 하나님의 백성들, 성도들도 어떻게 하면 천국에 들어갈 수 있는지 질문을 할 이유도 필요도 없는 것입니다. 왜냐하면 우리를 죄에서 구원하고 하나님의 나라에 들어가게 하는 것은 하나님이 하실 일이기 때문입니다. 그렇다면 성도는 어떻게 천국갈 수 있는지, 어떻게 하면 예수님 재림하실 때 들림 받을 수 있는지를 걱정 또는 염려를 할 필요가 없습니다. 왜냐하면 그것은 전적으로 하나님이 책임지시고 하나님이 완성하실 것이기 때문입니다.

# 하나님의 맹세

## 하나님의 언약

하나님이 하실 일에 대하여 하나님은 언약 또는 맹세로 보장하셨습니다. 이미 창세기 12장에서 하나님이 아브람을 부르시고 계획을 선언하시고 15장에서 맹세를 하셨습니다. 만약 약속을 지키지 않으면 하나님이 절단날 것이라고 확증하셨단 말입니다. 그렇다면 400년이 지난 후에 출애굽이 일어난 것은 이스라엘 백성이 하나님께 부르짖었기 때문이 아니라  하나님이 언약하신 일 또는 맹세하신 일을 지키셔서 일어난 것입니다. 이스라엘 백성들이 계속하여 하나님 말씀을 듣지 않고 불순종해도 광야에서 살아남을 수 있었던 것도 이스라엘이 그때마다 회개해서가 아니라 하나님이 언약하신 일, 맹세하신 일을 지키셔서 이루어진 일입니다. 이스라엘이 하나님이 지시하신 작전과는 반대로 행하여도 가나안을 정복하고 입성할 수 있었던 것도 이스라엘이 특공대를 통해 기습을 해서가 아니라 하나님이 언약하신 일, 맹세하신 일을 지키셔서 되어진 것입니다. 이스라엘의 문제가 아니라 하나님의 책임이었고 하나님이 다 이루신 것입니다. 하나님이 이스라엘게 행하신 일에 비추어 다시 우리의 신앙을 점검합니다. 우리의 구원도 우리의 수고 때문이 아니라 하나님이 언약하신 일, 맹세하신 일을 지키셔서 일어난 것입니다. 예수님 다시 오실 때 우리의 천국입성도 우리가 신실하게 살고 말씀에 순종하며 살 때 가능한 것이 아니라 하나님이 언약하신 일, 맹세하신 일을 지키셔서 이루어질 것입니다. 우리 신앙의 모든 기초와 근거는 우리의 열심과 방법 아니라 오직 하나님이십니다.

성경에서 더 많은 사례를 확인할 수 있습니다. 다윗이 왕이 될 수 있었던 것은 다윗이 하나님께 왕이 되게 해 달라고 간절하게 기도했거나 왕이 되어야 겠다는 꿈을 가지고 포기하지 않고 부르짖었기 때문이 아닙니다. 하나님이 다윗에게 네가 이렇게 저렇게 하면 왕을 만들어주겠다고 조건을 제시하고 다윗이 그 조건을 충족시키니까 하나님이 왕을 만들어 주신 것이 아닙니다. 다윗이 왕이 된 것은 오직 하나 하나님이 다윗을 왕으로 삼아 주신 것입니다. 또 복음서에 보면 예수님의 제자들이 참으로 예수님의 말씀을 듣지 않습니다. 결국에는 모두 예수님을 부인하고 다 도망갑니다. 유다만 배신자가 아니고 베드로만 부인한 것이 아니고 모두가 배신자요 모두가 부인한 것입니다. 그런데 제자들이 사도행전에서 계속하여 제자의 역할을 감당하는 것은 제자들이 하나님께 어떻게 하면 배반을 용서하시겠는지 묻거나 반대로 하나님이 너희가 이렇게 저렇게 반성하면 계속 제자로 받아주겠다고 조건을 제시하셨던 것이 아닙니다. 단지 하나님이 그들을 사람낚는 어부가 되게 하시겠다는 약속을 지키신 것이고, 제자들을 사랑하시되 끝까지 사랑하신다는 약속을 지키신 것이고, 하나님이 부르신 자 중에 하나도 잃어버리지 않겠다는 약속을 지키셨기 때문입니다. 이렇게 약속을 지키신 하나님이 저와 여러분에게도 약속을 지키실 것을 믿습니다.

## 하나님의 말씀

출애굽도 하나님이 하실 일이기에 하나님이 하셨고, 가나안 입성도 하나님이 하실 일이기에 하나님이 하실 것이라면 인간의 할 일이 무엇인지 하나님이 인간에게 기대하는 것 혹은 요구하는 것이 무엇인지 궁금하실 것입니다. 광야에서 하나님이 말씀하신 율법의 핵심이 무엇인지 분별하면 알 수 있습니다. 하나님이 하나님의 백성인 이스라엘에게 십계명을 주셨습니다. 하나님의 말씀을 지켜야 출애굽을 시켜 주는 것이 아닙니다. 하나님의 말씀을 지켜야 만나를 주는 것이 아닙니다. 하나님의 말씀을 지켜야 메추라기를 주는 것이 아닙니다. 하나님의 말씀을 지켜야 쓴물을 단물로 고쳐주는 것이 아닙니다. 하나님의 말씀을 지켜야 가나안에 입성시켜 주는 것이 아닙니다. 하나님이 말씀, 율법을 주신 이유는 하나님의 말씀을 지키며 살아야 인간이 행복하기 때문입니다. 하나님 말씀 안 지켜도 출애굽 할 수 있고 하나님 말씀 안 지켜도 만나 먹을 수 있고 하나님 말씀 안 지켜도 가나안에 들어갈 수 있습니다. 그러나 하나님 말씀을 지키지 않으면 인간이 행복하지 않습니다.

복음서에 나오는 예수님의 말씀도 마찬가지입니다. 예수님의 말씀의 핵심이 서로 사랑하라는 것입니다. 너희가 서로 사랑하면 죄에서 구원시켜 주겠다는 것이 아닙니다. 너희가 서로 사랑하면, 네 이웃을 네 몸과 같이 사랑하면 천국에 들여보내 주겠다는 것이 아닙니다. 예수님께서 서로 사랑하라고 말씀하시는 이유는 인간이 서로 사랑하면 행복을 누릴 수 있기 때문입니다. 하나님의 모든 말씀은 자격이 아니고 조건이 아니고 방법이 아닙니다. 모든 것을 하나님이 이루어 주시고, 그것을 누리라고 알려 주시는 것입니다.

계속해서 성경이 강조하는 것은 하나님이 하셨다는 것입니다. 13장 8절 "너는 그 날에 네 아들에게 보여 이르기를 이 예식은 내가 애굽에서 나올 때에 여호와께서 나를 위하여 행하신 일로 말미암음이라 하고", 14절 "후일에 네 아들이 네게 묻기를 이것이 어찌 됨이냐 하거든 너는 그에게 이르기를 여호와께서 그 손의 권능으로 우리를 애굽에서 곧 종이 되었던 집에서 인도하여 내실새", 16절 "이것이 네 손의 기호와 네 미간의 표가 되리라. 이는 여호와께서 그 손의 권능으로 우리를 애굽에서 인도하여 내셨음이니라 할지니라"입니다. 하나님이 일 하셨습니다. 그리고 또 하나님이 일 하실 것입니다.

# 구름기둥, 불기둥

## 그들 앞에서 가시며

13장 20절 "그들이 숙곳을 떠나서 광야 끝 에담에 장막을 치니 여호와께서 그들 앞에 가시며"입니다. 여호와가 "그들 앞에 가시는 것"입니다. 하나님이 앞에 가시는 것은 하나님이 책임지고 인도하시는 것입니다. 하나님의 일이니까 하나님이 하시는 것입니다. 신명기 1장 29, 30절 "내가 너희에게 말하기를 그들을 무서워하지 말라. 두려워하지 말라. 너희보다 먼저 가시는 너희의 하나님 여호와께서 애굽에서 너희를 위하여 너희 목전에서 모든 일을 행하신 것 같이 이제도 너희를 위하여 싸우실 것이며"입니다. 하나님이 단지 앞에만 가시는 것이 아니라 앞에 가시는 자의 역할을 하시는 것입니다. 출애굽기 13장 21, 22절 "여호와께서 그들 앞에서 가시며 낮에는 구름기둥으로 그들의 길을 인도하시고 밤에는 불 기둥을 그들에게 비추사 낮이나 밤이나 진행하게 하시니 낮에는 구름기둥 밤에는 불기둥이 백성 앞에서 떠나지 아니하니라"입니다. 구름기둥과 불기둥이 나온 것은 이스라엘이 하나님께 간절히 기도했기 때문이 아닙니다. 이스라엘이 하나님께 제발 구름기둥과 불기둥을 세워달라고 요청했기 때문이 아닙니다. 이스라엘이 비젼을 가지고 꿈을 가지고 포기하지 않고 간절하게 하나님이 응답해 해 주실 때까지 매달리니까 하나님이 응답하신 것이 아닙니다. 이스라엘은 구름 기둥이 무엇인지도 몰랐고 불기둥이 어떻게 서는 지도 몰랐습니다. 당연히 알지 못했기에 구하지도 않았습니다. 그런데도 구름기둥과 불기둥이 나온 것은 하나님이 백성을 보호하시기 위해서, 하나님이 백성을 인도하겠다는 약속을 지키기 위해서 하나님이 구름기둥도 동원하시고 불기둥도 동원하시는 것입니다. 단순히 기둥만 세우는 것이 아니라 질서 있고 적절하게 행하십니다. 낮에 불기둥을 세우면 뜨거움에 견딜 수 없고 밤에 구름기둥 세우면 추움에 견딜 수 없습니다. 이스라엘의 필요에 가장 적절하게 낮에는 구름기둥으로 밤에는 불기둥으로 역사하시는 것입니다. 구름기둥과 불기둥은 단 한 번만 보여주는 것이 아니라 이스라엘을 떠나지 아니합니다. 신명기 1장 33절에 이 사건을 "그는 너희보다 먼저 그 길을 가시며 장막 칠 곳을 찾으시고 밤에는 불로 낮에는 구름으로 너희가 갈 길을 지시하신 자이시니라"고 기록하고 있습니다.

기독교의 차별성 더 나아가 기독교의 유일성을 분별하셔야 합니다. 하나님을 알면 신앙이 자유롭습니다. 하나님을 알면 신앙이 즐겁습니다. 하나님을 알면 신앙의 삶이 행복합니다. 하나님을 아시고 하나님이 이루어주신 복락들을 아시고 하나님이 늘 지키시는 약속을 아시고 하나님이 주신 평화와 자유와 행복을 풍성히 누리시기를 주님의 이름으로 축원합니다.

# 21

## 가만히 서서

**출애굽기 14 : 1 ~ 20**

1 여호와께서 모세에게 말씀하여 이르시되 2 이스라엘 자손에게 명령하여 돌이켜 바다와 믹돌 사이의 비하히롯 앞 바알스본 맞은편 바닷가에 장막을 치게 하라 3 바로가 이스라엘 자손에 대하여 말하기를 그들이 그 땅에서 멀리 떠나 광야에 갇힌 바 되었다 하리라 4 내가 바로의 마음을 완악하게 한 즉 바로가 그들의 뒤를 따르리니 내가 그와 그의 온 군대로 말미암아 영광을 얻어 애굽 사람들이 나를 여호와인 줄 알게 하리라 하시매 무리가 그대로 행하니라 5 그 백성이 도망한 사실이 애굽 왕에게 알려지매 바로와 그의 신하들이 그 백성에 대하여 마음이 변하여 이르되 우리가 어찌 이같이 하여 이스라엘을 우리를 섬김에서 놓아 보내었는가 하고 6 바로가 곧 그의 병거를 갖추고 그의 백성을 데리고 갈새 7 선발된 병거 육백 대와 애굽의 모든 병거를 동원하니 지휘관들이 다 거느렸더라 8 여호와께서 애굽 왕 바로의 마음을 완악하게 하셨으므로 그가 이스라엘 자손의 뒤를 따르니 이스라엘 자손이 담대히 나갔음이라 9 애굽 사람들과 바로의 말들, 병거들과 그 마병과 그 군대가 그들의 뒤를 따라 바알스본 맞은편 비하히롯 곁 해변 그들이 장막 친 데에 미치니라 10 바로가 가까이 올 때에 이스라엘 자손이 눈을 들어 본즉 애굽 사람들이 자기들 뒤에 이른지라 이스라엘 자손이 심히 두려워하여 여호와께 부르짖고 11 그들이 또 모세에게 이르되 애굽에 매장지가 없어서 당신이 우리를 이끌어 내어 이 광야에서 죽게 하느냐 어찌하여 당신이 우리를 애굽에서 이끌어 내어 우리에게 이같이 하느냐 12 우리가 애굽에서 당신에게 이른 말이 이것이 아니냐 이르기를 우리를 내버려 두라 우리가 애굽 사람을 섬길 것이라 하지 아니하더냐 애굽 사람을 섬기는 것이 광야에서 죽는 것보다 낫겠노라 13 모세가 백성에게 이르되 너희는 두려워하지 말고 가만히 서서 여호와께서 오늘 너희를 위하여 행하시는 구원을 보라 너희가 오늘 본 애굽 사람을 영원히 다시 보지 아니하리라 14 여호와께서 너희를 위하여 싸우시리니 너희는 가만히 있을지니라 15 여호와께서 모세에게 이르시되 너는 어찌하여 내게 부르짖느냐 이스라엘 자손에게 명령하여 앞으로 나아가게 하고 16 지팡이를 들고 손을 바다 위로 내밀어 그것이 갈라지게 하라 이스라엘 자손이 바다 가운데서 마른 땅으로 행하리라 17 내가 애굽 사람들의 마음을 완악하게 할 것인즉 그들이 그 뒤를 따라 들어갈 것이라 내가 바로와 그의 모든 군대와 그의 병거와 마병

으로 말미암아 영광을 얻으리니 18 내가 바로와 그의 병거와 마병으로 말미암아 영광을 얻을 때에야 애굽 사람들이 나를 여호와인줄 알리라 하시더니 19 이스라엘 진 앞에 가던 하나님의 사자가 그들의 뒤로 옮겨 가매 구름 기둥도 앞에서 그 뒤로 옮겨 20 애굽 진과 이스라엘 진 사이에 이르러 서니 저쪽에는 구름과 흑암이 있고 이쪽에는 밤이 밝으므로 밤새도록 저쪽이 이쪽에 가까이 못하였더라

# 성경 바로보기

## 전체적 안목

운동 경기를 시청하는 방법에는 생방송을 보는 것과 녹화방송을 보는 것이 있습니다. 생방송은 아직 결과가 나온 것이 아니기에 경기 내내 긴장을 하고 마음을 졸이게 됩니다. 상대방 공격수의 행동 하나하나에 가슴이 철렁하다가 중계가 끝나야 결과를 알 수 있고 마음이 놓일 것입니다. 녹화방송의 경우에는 이미 결과를 알고 있는 상태에서 경기를 보기에  마음 졸일 이유가 없습니다. 상대가 아무리 멋있는 돌파를 하고 결정적인 찬스를 맞이한다고 해도 놀랄 이유가 없습니다. 상대가 절대로 골을 넣지 못할 것을 다 알고 있기 때문입니다. 결과를 아는 것과 모르는 것은 상황을 대하는 자세에 엄청난 차이를 만들어 냅니다.

성경을 이해하실 때 반드시 필요한 것이 바로 이러한 측면 즉 전체적인 안목이고 결과에 대해 아는 것입니다. 출애굽이라는 사건은 사건의 진행과정을 하나하나 살펴보고 결국에 가서야 어떻게 결말이 나는 지가 결정되는 것이 아니라는 것입니다. 출애굽은 갑자기 우연히 충동적으로 진행된 사건이 아니라 하나님의 계획에 의해 진행된 것입니다. 이미 하나님이 아브라함과 언약을 통해서 출애굽 사건을 이루시기로 맹세하셨습니다. 단지 애굽에서 나오는 정도가 아니라 가나안에 입성하는 것 까지 모두 결정되어 있습니다. 이스라엘 백성이 애굽에서 나오는 것은 가나안에 들어가기 위해서입니다. 가나안에 들어가는 것까지 다 결정되어

있다는 것을 알고 있다면 출애굽이 과연 가능할 것인가를 염려할 이유가 전혀 없고 광야에서 살아남을 수 있을까를 궁금해 할 이유가 전혀 없고 과연 가나안의 여리고성을 함락할 수 있을까 의구심을 가질 이유가 도무지 없는 것입니다. 하나님의 언약, 하나님의 약속, 하나님의 맹세는 가나안 입성까지를 보장하고 있는 것입니다.

이러한 하나님의 언약, 하나님의 맹세를 알고 있다면 출애굽의 모든 과정을 좀더 흥미진진하게 즐기면서 관찰하실 수 있습니다. 단순하게 성공이냐 실패냐에 대한 관심이 아니라 과연 어떠한 방법으로, 어떠한 과정으로, 어떠한 내용으로 성취할 것이냐에 대한 관심을 가질 수 있는 것입니다. 그렇다면 하나님은 어떤 이적을 행하실까? 왜 그 이적을 행하셨을까? 다른 방법도 있는데 왜 이런 방법, 왜 이런 과정, 왜 이런 내용으로 이루시는 것일까? 그것을 궁금해 하셔야 합니다. 출애굽은 당연히 이루어지는 것이라면 하나님은 출애굽이라는 것을 통해서 과연 백성들에게 무엇을 알게 하고, 무엇을 행동하게 하려는 것일까? 이런 것에 관심을 가지셔야 합니다.

### 출애굽 회상

출애굽기를 처음 시작할 때에는 1장, 2장, 3장 계속 이어서 11장, 12장, 13장에 무슨 일이 어떻게 전개될지를 모르고 시작하는 것입니다. 그러나 지금 14장에서 와서 보면, 이미 13장에서 출애굽이 이루어졌다는 것을 알고 있는 상태에서 다시 출애굽기를 1장부터 살펴본다면 결과를 알기 이전에 읽을 때와는 다른 느낌을 가질 수가 있을 것입니다. 출애굽기 3장에 모세가 하나님과 대면하는 장면이 나옵니다. 하나님이 말씀하시는 것마다 모세는 토를 답니다. 무조건 안 된다고만 합니다. 이제는 말씀하신 하나님과 거부한 모세 중 누구의 말이 옳았는지 확인이 됩니다. 하나님이 모세를 보내신다고 하시자 모세는 3장 11절에서 자신은 갈

만한 자격이 있는 사람이 아니라고 거부합니다. 그런데 결국 모세는 갔고 모든 일을 다 해내었습니다. 하나님이 옳았습니다. 백성들에게 가서 하나님이 보내셨다고 말을 하라고 하니까 4장 1절 "백성들이 여호와께서 모세에게 나타나지 아니하셨다"고 할 것이라고 생각합니다. 말씀하신 하나님과 거부한 모세 중 하나님의 말씀이 옳았습니다. 하나님께서 모세에게 가서 말을 전하라고 말씀하실 때에도 4장 10절에 "나는 본래 말을 잘 하지 못하는 자니이다"라고 대답하면서 말로 될 문제가 아니라고 입을 삐죽거립니다. 말씀하신 하나님과 거부한 모세 중 하나님이 옳았습니다.

하나님이 모세에게 바로에게로 가서 이스라엘을 보내라는 말을 전하라고 했습니다. 그때 바로가 백성을 보내지 않고 노역을 더 힘들게 했습니다. 그랬더니 4장 22절에 모세가 큰 소리를 칩니다. "모세가 여호와께 돌아와서 아뢰되 주여 어찌하여 이 백성이 학대를 당하게 하셨나이까? 어찌하여 나를 보내셨나이까?"입니다. 마치 모세가 예상한 대로 다 된 것처럼 하나님께 따집니다. 그런데 결과적으로 보면 말씀하신 하나님과 거부한 모세 중 하나님이 옳았습니다. 처음부터 지금까지 다 하나님이 옳았습니다. 모세는 계속 틀린 말만 했고, 엉뚱한 말만 했고, 괜한 걱정만 했고, 쓸데없는 염려만 했습니다. 모세가 하나님을 몰랐기 때문에 그랬습니다. 만약 모세가 하나님을 알았다면 얼마나 편했을까요? 만약 모세가 하나님을 알았다면 얼마나 재미있었을까요? 만약 모세가 하나님을 알았다면 얼마나 신이 났을까요? 만약 모세가 하나님을 알았다면 계속 하나님께 졸랐을 겁니다. 아마도 모세는 '하나님, 내가 갈께요? 딴 사람 보내시면 안 되요! 내가 갈께요!' 또는 '하나님, 내가 말 하겠습니다. 제가 말을 잘 못해도 내가 말 할 거예요. 제가 입이 뻣뻣하고 혀가 둔해도 제가 말할 것입니다', 또는 '하나님, 나일 강 앞에서 제가 할께요. 하나님, 하나님이 먼지를 날려서 이가 되게 하는 것 저를 시켜 주세요' 라고 했을 것입니다.

## 바로의 태도

바로의 태도도 확인해 보겠습니다. 출애굽기 5장에서 모세가 바로 앞에 왔습니다. 5장 1절 "그 후에 모세와 아론이 바로에게 가서 이르되 이스라엘의 하나님 여호와께서 이렇게 말씀하시기를 내 백성을 보내라. 그러면 그들이 광야에서 내 앞에 절기를 지킬 것이니라 하셨나이다"입니다. 그때 바로가 한 말은 5장 2절 "바로가 이르되 여호와가 누구이기에 내가 그의 목소리를 듣고 이스라엘을 보내겠느냐? 나는 여호와를 알지 못하니 이스라엘을 보내지 아니하리라"입니다. 바로가 아주 정직하게 말을 합니다. "나는 여호와를 알지 못하니"라고 말한 그대로 몰라서 그랬습니다. 만약 바로가 하나님을 알았다면 아마도 곧바로 이스라엘을 보내주었을 겁니다. 하나님은 첫 번째 이적부터 열 번째 이적까지 매번 하나님이 말씀하신 대로 이적이 일어날 것이라고 알려주었습니다. 그때마다 바로는 말을 듣지 않았습니다. 하나님의 말씀대로 되지 않을 것이라고 생각했습니다. 그런데 하나님이 말씀하신 대로 다 되었습니다. 그래서 바로는 열 번 당할 것 다 당했습니다. 게다가 마침내 이스라엘을 보내고야 말았습니다. 하나님을 몰랐기에 그렇게 행동할 수밖에 없었습니다.

영화를 보면 대체로 남자 주인공과 여자 주인공이 있습니다. 남자 주인공이 작전을 수행하러 가려고 출발할 때 여자에게 꼼짝 말고 그곳에 있으라 말합니다. 그러면 여자는 꼭 몰래 남자를 따라가고 잠시 후에 적에게 잡혀서 인질이 됩니다. 그 장면에서 관객들의 공통된 마음은 여자를 향해 가만 있으라고 속삭이는 것입니다. 관객이 그렇게 말할 수 있는 이유는 영화 속의 상황을 알고 있기 때문입니다. 바로가 계속 백성을 보내지 않을 때 성도들도 꼭 한 마디씩 해야 하는 것입니다. 비록 바로에게 들리지는 않지만 그냥 빨리 보내라고 전해주고 싶은 것입니다. 그런데 바로는 보내지 않고 고집을 핍니다. 성도가 빨리 보내라고 말할 수 있는 것은 하나님을 알기 때문이요, 바로가 백성을 보내지 않는 이유는 하나님을 모르기 때문입니다.

모세의 경우나 비로의 경우나 모두 마찬가지입니다. 하나님을 모르니까 자꾸 자기 기준으로 생각하고 자기 방식으로 생각하고 자기 차원으로 생각하는 것입니다. 결과는 안 해도 되는 염려를 하고 안 해도 되는 불평을 하고 안 해도 되는 고생을 하는 것입니다. 왜냐하면 하나님을 몰랐기 때문입니다. 만약 하나님을 알았다면 너무나 쉬웠을 것이요, 너무나 간단했을 것이요, 너무나 평안했을 것입니다. 하나님은 몰래 일을 행하신 것이 아니고, 감추고 행하신 적이 없습니다. 알리셨고 말씀하셨고 통지하셨고 반복해서 선포하셨습니다. 저와 여러분도 마찬가지입니다. 하나님을 모르면 안 해도 되는 일을 하게 되고, 하나님을 알게 되면 불필요한 일을 안 하게 되고, 즐겁고 신나게 재미있고 자유롭고 평안한 삶을 누릴 수 있는 것입니다.

## 하나님의 전략

### 어이없는 상황

애굽에서 나온 백성들의 이동과정을 살펴보겠습니다. 14장부터 시작되는 광야의 삶도 앞으로 진행될 이야기이지만, 아직 그 결과를 보지 않은 미래형의 이야기이지만 하나님의 계획을 알고 하나님을 일하심을 알고 있는 관점에서 본문을 살펴보시기 바랍니다. 13장 21, 22절을 보면 "하나님이 이스라엘 앞에서 가시며 낮에는 구름 기둥으로 그들의 길을 인도하시고 밤에는 불기둥으로 그들에게 비추사 낮이나 밤이나 진행하게 하셨다"고 합니다. 하나님은 이스라엘을 애굽에서 내 보내시면서 애굽에 남아서 떠나는 이스라엘을 보면서 손을 흔들며 말씀하시길 '이제 나의 할 일은 다 했다. 부디 목적지까지 잘 도착하길 바란다' 고 이별하신 것이 아닙니다. 출애굽도 하나님이 책임지고 진행을 하셨고 애굽에서 나오는 순간부터 하나님이 앞서 가시며 친히 인도하셨습니다. 하나님이 인도하시는 장면이 14장 1~3절 "여호와께서 모세에게 말씀하여 이르시되 이스라엘 자손에게 명령하여 돌이켜 바다와 믹돌 사이의 비하히롯 앞 곧 바알스본 맞은 편 바닷가에 장막을 치게 하라. 바로가 이스라엘 자손에 대하여 말하기를 그들이 그 땅에서 멀리 떠나 광야에 갇힌 바 되었다 하리라"입니다.

애굽에서 나온 이스라엘 백성들에게 장막을 치라고 하는데 그 장소가 바닷가입니다. 앞에 바다를 두고 그 바다 앞에 장막을 치라는 것입니다. 하나님이 장소를 잘못 선택한 것이 아닙니다. 사람들의 생각에는 이것이 실수입니다. 전쟁을 치를 때에 단 한 사람도 이렇게 장막을 치는 사람이 없습니다. 일반적인 경우에는 일단 바다를 건너가서 안전을 확보하는 것이 사람의 생각입니다. 그러나 지금 이 일을 진행하시는 분이 하나님이십니다. 하나님이 상식을 몰라서 이렇게 하시는 것이 아닙니다. 하나님은 일부러 이렇게 하고 계시는 것입니다. 왜냐하면 하나님은 바로와 경쟁을 하고 있는 것이 아니고, 바로와 게임을 하고 있는 것이 아니기 때문입니다. 만약 하나님이 전략을 잘못 짜면 실패할 수 있다거나, 변수가 생기면 하나님도 어찌할 수 없는 상황이 생길 것이라는 가능성은 없기 때문입니다. 하나님은 일부러 이렇게 하십니다. 이렇게 이런 곳에 장막을 치면 바로 왕이 무슨 생각을 할 것이며 어떻게 반응을 할 것 인지까지 다 알고 하시는 것입니다.

### 바로의 행동

이스라엘이 처한 상황에 대해 바로는 3절 "이스라엘이 광야에 갇힌 바 되리라"고 생각할 것입니다. 애굽에서 나갔는데 바다를 건너가서 안전을 확보한 것이 아니라 바다 앞에 진을 쳤다니 저들이 오도가도 못할 것이라고 생각할 것입니다. 그렇다면 다음에 바로 무엇을 할지 뻔히 상상이 됩니다. 즉 지금 쳐들어가면 되겠다는 것입니다. 어차피 이스라엘은 군대가 아니요 훈련받은 자들이 아니요 앞으로 나갈 수 있는 상태가 아닙니다. 이런 것을 한국 속담으로 하면 '독안에 든 쥐다' 라고 하고 애굽 속담으로 하면 '광야에 갇힌바 되리라' 고 말합니다. 바로만이 아니라 바로를 비롯하여 누구나 다 그렇게 생각을 하고, 그렇게 행동을 할 것입니다. 그것까지 하나님은 아시는 것입니다. 하나님은 그것까지 미리 다 말씀해 주시는 것입니다.

과연 하나님의 예상대로 바로가 행했는지 바로의 행동을 5~7절과 9절에서 확인할 수 있습니다. "그 백성이 도망한 사실이 애굽 왕에게 알려지매 바로와 그의 신하들이 그 백성에 대하여 마음이 변하여 이르되 우리가 어찌 이같이 하여 이스라엘을 우리를 섬김에서 놓아 보내었는가 하고 바로가 곧 그의 병거를 갖추고 그의 백성을 데리고 갈새 선발된 병거 육백 대와 애굽의 모든 병거를 동원하니 지휘관들이 다 거느렸더라", 9절 "애굽 사람들과 바로의 말들, 병거들과 그 마병과 그 군대가 그들의 뒤를 따라 바알스본 맞은 편 비하히롯 곁 해변 그들이 장막 친 데에 미치니라"입니다. 바로는 하나님이 예상한 대로 행동합니다. 바로가 이렇게 행동하는 것이 맞는 것입니까 틀린 것입니까? 바로는 한 나라의 지도자로서 적절하고 지혜롭게 행동하고 있는 것입니까 아니면 미련하고 어리석게 행동하고 있는 것입니까? 바로는 상황 판단을 정확하게 하고 있는 것입니까? 바로는 아주 정상적인 행동을 하고 있는 것입니다. 바로의 판단이 틀린 것이 아니고 바로의 조치가 잘못된 것이 아닙니다. 바로의 대책도 맞는 것이었고 바로의 전략도 아주 지혜로운 것이었습니다. 만약 이렇게 행동하지 않는다면 그것이 이상한 행동일 것입니다. 그런데 결과적으로는 잘못된 행동입니다. 다만 이 일을 진행하시는 분이 하나님이시라는 것을 몰랐다는 것이 문제입니다.

## 두려워하여

다음은 이스라엘의 행동을 살펴보겠습니다. 14장 10~12절에 나오는데 먼저 10절 "바로가 가까이 올 때에 이스라엘 자손이 눈을 들어 본즉 애굽 사람들이 자기들 뒤에 이른지라. 이스라엘 자손이 심히 두려워하여"입니다. 이스라엘 백성이 나타낸 반응이 "두려워하여" 즉 두려움입니다. 이스라엘 백성의 심정이 충분히 이해가 갑니다. 그 상황이라면 누구라도 두려움을 느꼈을 것입니다. 애굽에서 환송을 받으며 출발한 것이 아니라 탈출하는 모양새로 나왔는데 앞에는 바다가 있고 어쩔 수 없이 보내주었던 애굽이 병거와 마병을 거느리고 추적해오니 두려움이 생기는 것이 일반적이라고 생각할 수 있습니다. 그런데 지금은 일반적인 상황이 아니라는 것입니다. 왜냐하면 하나님이 이미 이런 일이 일어날 것이라고 말씀하셨기 때문입니다. 하나님이 미리 작전에 의해서 이스라엘을 바다 맞은편에 장막을 치라고 말씀하셨고 미리 예상하시기를 바로가 저들은 독안에 든 쥐다 즉 광야에 갇힌 바 되리라고 생각할 것이라고 하셨고 그래서 바로가 쫓아 나올 것이라고 예상까지 다 해주셨습니다. 장차 일어날 모든 일을 상세히 알려주셨으니 두려워할 것이 아니라 작전대로 되었다고 좋아해야 하고, 정말로 하나님이 말씀하신 대로 다 이루어진다고 기뻐해야 하고, 모든 일이 순조롭게 진행되어 만사가 형통하다고 즐거워해야 하는 것입니다. 하나님은 여기까지만 말씀하신 것이 아니라 그 다음 또는 최종적 결과가 어떻게 될 것까지도 말씀하셨습니다. 하나님은 시작과 중간과 결말까지 다 말씀하셨습니다. 그리고 실제로 하나님이 말씀하신 대로 시작이 되고 있습니다. 너무 신나고 너무 재미있는 상황 앞에서 이스라엘은 두려워하고 있습니다. 일사천리로 진행되는 상황 앞에서 이스라엘은 하나님께 부르짖고 있습니다.

하나님을 알면, 하나님의 말씀대로 된다는 것을 알면 너무 재미있는 것입니다. 하나님을 모르면, 하나님의 말씀대로 된다는 것을 모르면 너무 두려운 것입니다. 하나님이 그 동안 아무 말씀도 안 하시다가 갑자기 이상한 작전을 행하시면서 무조건 하나님만 믿으라고 강요 하지 않으셨습니다. 모세에게 나타나시는 사건부터, 모세를 부르시는 장면부터, 열 가지 이적을 나타내시는 사건까지, 출애굽 하시는 사건까지 수십 번의 증거를 보여주고 또 보여주고 경험하게 해주고 체험하게 해주고 알게 해주고 확증하여 주고 믿을 만하게 해 주고 다 해주셨습니다. 도대체 두려워해야 할 이유가 없고 하나님께 부르짖을 일이 없는 것입니다. 이런 사건을 통해서 죄인이 하나님을 안다는 것이 얼마나 불가능한 일인지 알게 되는 것입니다. 왜 예수가 오셔서 우리를 죄에서 구원해야 하시는지 이해가 되는 것입니다. 저와 여러분이 하나님을 알고 있다는 것이 얼마나 기적 같은 은혜인지 감사하게 되는 것입니다. 이스라엘은 아직 죄에서 구원받지 않은 상태이기에 아무리 많은 가르침을 받아도 도무지 하나님을 알지 못하고 하나님을 모르니까 하지 않아도 되는 두려움에 사로잡히는 것입니다.

## 불평

모든 행동에는 연쇄반응이라는 것이 있습니다. 엄밀하게 말하면 단발적 행동, 우발적 행동이란 없습니다. 흔히들 충동적이라고 말들을 하지만 범죄학이나 심리학에서는 충동적이라는 말을 잘 안 합니다. 원인이 있고 그 행동의 뿌리가 있다는 것입니다. 앞의 사건과 뒤의 사건이 연결되어 있습니다. 그래서 다음 행동을 예측할 수 있습니다. 출애굽기에서 이스라엘이 어떻게 행동할지도 충분이 예측이 가능합니다. 이스라엘은 하나님을 모르고 있기에 갖지 않아도 되는 두려움을 가지고 있습니다. 다음엔 자신들의 처지를 전부 남의 탓으로 돌리는 것 즉 불평이 쏟아져 나오는 것입니다. 불평이란 정당한 주장이나 합당한 이야기가 아니라 억지소리라는 것입니다. 이스라엘이 행하는 불평 또는 억지소리가 11절 "여호와께 부르짖고 그들이 또 모세에게 이르되 애굽에 매장지가 없어서 당신이 우리를 이끌어 내어 이 광야에서 죽게 하느냐? 어찌하여 당신이 우리를 애굽에서 이끌어 내어 우리에게 이같이 하느냐? 우리가 애굽에서 당신에게 이른 말이 이것이 아니냐? 이르기를 우리는 내버려 두라. 우리가 애굽 사람을 섬길 것이라 하지 아니하더냐? 애굽 사람을 섬기는 것이 광야에서 죽는 것보다 낫겠노라"입니다.

만약 닥친 일이 예상치 못한 일이고 난감함 상황이라면 어떡해야하나 고민 하고, 그 다음엔 애굽과 화친을 청해볼 구상 등 대책을 강구해야 합니다. 그런데 사람이 두려움에 사로잡히면 이런 정상적인 활동이 안 되고 기상천외한 발상이 나오고 억지소리가 나와서 "매장지가 없어서 광야에서 죽게하느냐"고 하는 것입니다. 만약 하나님이 백성들의 말처럼 매장지가 없어서 광야에서 죽게 하려고 했다면 모세에게 죽음을 무릅 쓰고 바로 왕 앞에 가서 이 백성을 보내달라고 말하게 했을 리가 없습니다. 매장지가 없어서 광야에서 죽게하는 것이 아님을 이스라엘 백성도 다 알고 있습니다. 그런데도 두려움에 사로잡혀 있으니 별별소리가 다 나오는 것입니다. 정말 어이가 없어서 아무 소리도 안 나올 때는 그냥 웃어야 합니다.

## 모세의 행동

지금까지 하나님을 모르는 자의 행동을 살펴보았습니다. 이제는 하나님을 아는 자의 행동을 살펴보겠습니다. 바로와 다르고 백성과 다르게 하나님을 아는 자로 등장하는 사람이 모세입니다. 물론 모세도 처음에는 하나님을 모르던 자였습니다. 하나님의 부르심과 하나님의 사역에 대하여 가장 많은 반대를 하였고 가장 거부하였던 당사자였습니다. 그러나 모세가 제시하는 모든 불신과 부정적인 의견에 대답을 해 주시면서 확신과 증거를 제공하시면서 기어코 하나님은 하나님의 계획을 이루어 오고 계셨습니다. 모세는 그것을 직접 겪은 사람으로서 일말의 하나님에 대한 이해가 생긴 것입니다. 물론 아직 죄에서 구원받지 못한 상태이기에 신약의 성도들에 비하면 감히 견줄 수 없는 정도지만 나름 하나님에 대한 작은 이해가 생긴 것입니다. 하나님에 대하여 그 정도만 알아도 달라질 수 있습니다.

백성들이 억지소리를 하고, 생떼를 쓰고 있을 때 모세의 심정은 어떠하고, 모세는 어떻게 대처를 하는 확인할 수 있는 것이 14장 13절 "모세가 백성에게 이르되 너희는 두려워하지 말고 가만히 서서 여호와께서 오늘 너희를 위하여 행하시는 구원을 보라. 너희가 오늘 본 애굽 사람을 영원히 다시 보지 아니하리라. 여호와께서 너희를 위하여 싸우시리니 너희는 가만히 있을지니라"입니다. 모세는 감정이 없는 것이 아니고, 모세는 원래 강심장인 것이 아니고, 모세는 화도 안 나는 것이 아니고, 모세는 무모하거나 광기가 있는 것이 아니라 지극히 정상입니다.

엄밀하게 말하면 본문에 등장하는 모든 사람이 정상입니다. 바로의 행동도 지극히 정상적인 것입니다. 바로가 이스라엘이 장막을 친 곳도 알았고 전략도 알았고 다 알았는데 한 가지 하나님을 몰랐다는 것이 문제였을 뿐입니다. 이 모든 일의 계획자가 하나님이시고, 이 모든 일의 진행자가 하나님이시라는 것을 몰랐던 것입니다. 이스라엘 백성들도 정상입니다. 앞에는 바다가 가로막고 뒤에는 애굽 군대가 쳐들어오는데 평상심을 찾을 수 없습니다. 그때 모세에게 '이만큼 한 것도 잘 한 것입니다. 애굽에서 나와 하루라도 자유를 누려본 것만으로도 족합니다' 라고 말할 사람이 없습니다. 이스라엘도 정보도 옳았고 그들의 행동도 이해가 됩니다. 다만 한 가지 이스라엘이 하나님을 몰랐다는 것이 문제인 것입닏다. 모세도 정상입니다. 얼핏 보면 모세가 가장 비정상같지만 모세도 당연합니다. 모세가 당연할 수 있었던 것은 모세가 하나님을 알았다는 것입니다. 모세는 하나님이 바닷가 맞은편에 장막을 치라는 말을 들었습니다. 애굽 왕 바로가 이스라엘이 독안에 든 쥐라고 생각을 할 것이라는 말도 들었습니다. 단지 그 말만 들은 것이 아니라 그 다음 말도 들은 것입니다. 14장 4절 "바로의 마음을 완악하게 한 즉 바로가 그들의 뒤를 따르리니 내가 그와 그의 온 군대로 말미암아 영광을 얻어 애굽 사람들이 나를 여호와인 줄 알게 하리라"입니다. 모세는 이 말씀도 들은 것입니다.

모세가 이 말씀을 처음 들은 것이 아니라 여러 번 최소한 열 번 정도 들었습니다. 이적에 대하여 말씀하실 때마다 모세도 이스라엘 백성들이 나타내는 반응을 보였었습니다. 그런데 그때마다 하나님 말씀대로 되었습니다. 그러면서 모세는 하나님을 알아갔던 것입니다. 이번에도 똑같은 말씀을 하신 것입니다. 이제 모세는 하나님 말씀대로 된다는 것을 알고 있었던 것입니다. 두려워할 이유가 없고 걱정할 이유가 없고 불평할 이유가 없고 이스라엘에 대하여 화낼 이유도 없습니다. 자기의 과거를 돌아보면 이스라엘 백성들이 하는 말이 이해가 됩니다. 그래서 담담하게 "너희는 두려워하지 말고 가만히 서서 여호와께서 오늘 너희를 위하여 행하시는 구원을 보라. 여호와께서 너희를 위하여 싸우시리니 너희는 가만히 있을지니라"고 말할 수 있는 것입니다.

## 하나님의 사역

### 하나님의 수순

14장 15~18절 "여호와께서 모세에게 이르시되 너는 어찌하여 내게 부르짖느냐? 이스라엘 자손에게 명령하여 앞으로 나아가게 하고 지팡이를 들고 손을 바다 위로 내밀어 그것이 갈라지게 하라. 이스라엘 자손이 바다 가운데서 마른 땅으로 행하리라. 내가 애굽 사라들의 마음을 완악하게 할 것인즉 그들이 그 뒤를 따라 들어갈 것이라. 내가 바로와 그의 모든 군대와 그의 병거와 마병으로 말미암아 영광을 얻으리니 내가 바로와 그의 병거와 마병으로 말미암아 영광을 얻을 때에야 애굽 사람들이 나를 여호와인줄 알리라 하시더니"입니다. 하나님은 언제나 정확하고 자세하게 말씀하십니다. 하나님은 사실을 알려주지 않은 채 일단 믿어보거나 우선 해보라고 제안하시는 분이 아닙니다. 예전 어느 대기업 회장님의 유명한 어록 중의 하나가 '해보기나 했어?' 즉 일단 시도해보라는 것이었습니다. 기독교는 일단 해보는 것이 아니요 우선 믿음을 가지고 도전하는 것이 아닙니다. 창세기부터 한번 되짚어 보시면 하나님이 말씀하여 주지 않으시고 일단 시작하라고 하신 적이 한 번도 없다는 것을 확인 하실 수 있습니다. 하나님이 결과를 미리 다 알려주지 아니하고 믿고 시작하라고 말씀하신 적이 결코 없다는 것을 알 수 있습니다.

성경을 자꾸 읽으시면 하나님의 일하시는 패턴, 반복되는 양식을 발견할 수 있습니다. 출애굽기 14장에서도 하나님은 바다를 건너서 장막을 치면 적군과는 바다를 사이에 두니까 비교적 안전할 수 있는데 그런 방식을 사용하지 않으시고 꼭 적군 앞에 장막을 치라고 하십니다. 이와 비슷한 장면을 여호수아서에서 확인할 수 있습니다. 가나안 지역에 진입할 때 우선 요단강을 건너기 전에 장막을 치고 진군을 위한 작전을 세우는 것이 일반적 방식입니다. 그런데 하나님은 요단강을 건넌 후 여리고성 앞 즉 적군 앞에서, 눈앞에 적을 두고 뒤에는 강을 두어서 오도 가도 못하는 곳에 장막을 치라고 하십니다. 인간적인 기준에 의하면 하나님은 누가 봐도 안 될 만한 일만 골라서 하시는 것입니다. 왜냐하면 일이 목적이 아니요 사건이 목적이 아니라 그 일을 통해서 하나님을 알게 하는 것이 목적이기 때문에 그렇습니다. 하나님이 고르시고 세우시는 사람도 마찬가지입니다. 인간적인 기준에 의하면 하나님은 누가 봐도 선택할 만한 인재를 고르는 것이 아니라 도무지 안 될 것 같은 사람만 고르시는 것입니다. 또 하나님은 일을 하실 때마다 매번 알려주시고 행하십니다. 성경 전체에서 하나님의 일하시는 원리를 알면 성경을 더욱 바르게 풍성하게 이해할 수 있습니다.

**말씀대로**

홍해 앞에서도 하나님은 이스라엘 백성의 예상을 뒤엎고, 애굽 왕 바로의 바램대로 행동하십니다. 하나님이 이러한 방식으로 일하시는 것은 실수가 아니라 의도된 것이요 하나님의 목적은 이스라엘과 애굽에게 하나님을 알게 하기 위한 기회를 만드시는 것입니다. 만약 하나님의 계획대로 바닷가에 진을 치지 않고, 하나님이 미리 바다를 열어 놓아서 이스라엘이 애굽에서 나오면서 자연스럽게 홍해 바다를 건넜다고 합시다. 그러면 이스라엘이 홍해를 건너가는 것으로 끝입니다. 홍해 사건에 아무런 의미가 없고 단지 이스라엘 백성이 애굽의 추적을 피한 것에 불과합니다. 이스라엘이 바다는 건넜는데 하나님에 대하여는 아무 것도 배운 것이 없고, 애굽도 하나님에 대하여 아무 것도 배운 것이 없습니다. 만약 바다를 건너는 것이 목적이라면 하나님은 홍해를 열어 길을 만들 것이 아니라 수심이 얕은 곳으로 돌아가든가 배를 준비해서 타고가게 하는 것으로도 충분합니다. 홍해사건에 담긴 하나님의 목적은 바다를 건너는 것이 아니라 하나님을 알게 하는 것입니다. 이 목적을 위해 하나님이 백성들의 원망을 듣고 욕을 먹고 멸시를 당해도 다 감수하십니다. 하나님의 목적을 전혀 모르는 이스라엘 백성들이 하나님에 대해 불평하고 모세에게 온갖 험한 소리를 해대는 것을 하나님은 온전히 받아 주십니다. 이스라엘 백성이 전혀 예상하지 못한 방식으로 하나님이 일하셔서 이스라엘의 생각이 틀렸고 하나님이 옳다는 것을 알게 하기 위한 과정이기 때문입니다. 죄인들이, 하나님을 모르는 사람들이 행하는 것을 당연하게 받아들이면서 어떻게든 하나님을 알게 하시려고 하는 것입니다.

이러한 하나님의 목적 때문에 이스라엘이 손해 본 것은 전혀 없습니다. 19, 20절 "이스라엘 진 앞에 가던 하나님의 사자가 그들의 뒤로 옮겨가매 구름 기둥도 앞에서 그 뒤로 옮겨 애굽 진과 이스라엘 진 사이에 이르러 서니 저쪽에는 구름과 흑암이 있고 이쪽에는 밤이 밝으므로 밤새도록 저쪽이 이쪽에 가까이 못하였더라"입니다. 이스라엘에게는 아무런 문제가 없습니다. 이스라엘이 원망하고 불평할 이유가 없습니다. 하나님이 하자는 대로 해서 이스라엘에 손해날 것이 없고, 이스라엘에게 어려운 것이 없고, 이스라엘에게 힘든 것이 없고, 이스라엘이 포기해야 하는 것이 전혀 없습니다. 하나님이 인도하시는 신앙은 힘든 것이 아니고 어려운 것이 아니고 가시밭길이 아닙니다. 하나님과 동행하는 신앙의 길은 좁고 협착한 것이 아닙니다. 하나님을 모르면 신앙이 어렵고 하나님을 알면 신앙이 쉽습니다. 하나님을 알아 가시기 바랍니다.

기독교와 타종교의 차이점을 비교하면 기독교에는 하나님이 계시다는 것입니다. 그리고 기독교의 하나님은 일하시는 분이라는 것입니다. 그래서 기독교에는 하나님이 행하신 일, 하나님이 역사하신 일이 있는 것입니다. 세상에는 하나님이 없습니다. 그래서 세상에는 신이 행한 일이 없습니다. 모든 것을 인간이 해야 하고 인간이 행하지 않으면 아무것도 없습니다. 세상에는 인간이 목적을 세우고 자신이 그 목적을 달성하려고 합니다. 기독교인도 자신이 세운 목적을 위해서는 자신이 달성을 하려고 노력을 해야 합니다. 그러나 구원에 관해서는 인간이 목적을 세운 적도 없고 목적을 달성할 수도 없습니다. 그래서 구원에 관해서는 하나님이 이루어주시는 것이고 성도는 하나님이 이루어주신 결과를 누리는 것입니다.

# 22

# 큰 능력을 보았으므로

출애굽기 14 : 21 ~ 31

21 모세가 바다 위로 손을 내밀매 여호와께서 큰 동풍이 밤새도록 바닷물을 물러가게 하시니 물이 갈라져 바다가 마른 땅이 된지라 22 이스라엘 자손이 바다 가운데를 육지로 걸어가고 물은 그들의 좌우에 벽이 되니 23 애굽 사람들과 바로의 말들, 병거들과 그 마병들이 다 그들의 뒤를 추격하여 바다 가운데로 들어오는지라 24 새벽에 여호와께서 불과 구름 기둥 가운데서 애굽 군대를 보시고 애굽 군대를 어지럽게 하시며 25 그들의 병거 바퀴를 벗겨서 달리기가 어렵게 하시니 애굽 사람들이 이르되 이스라엘 앞에서 우리가 도망하자 여호와가 그들을 위하여 싸워 애굽 사람들을 치는도다 26 여호와께서 모세에게 이르시되 네 손을 바다 위로 내밀어 물이 애굽 사람들과 그들의 병거들과 마병들 위에 다시 흐르게 하라 하시니 27 모세가 곧 손을 바다 위로 내밀매 새벽이 되어 바다의 힘이 회복된지라 애굽 사람들이 물을 거슬러 도망하나 여호와께서 애굽 사람들을 바다 가운데 엎으시니 28 물이 다시 흘러 병거들과 기병들을 덮되 그들의 뒤를 따라 바다에 들어간 바로의 군대를 다 덮으니 하나도 남지 아니하였더라 29 그러나 이스라엘 자손은 바다 가운데를 육지로 행하였고 물이 좌우에 벽이 되었더라 30 그 날에 여호와께서 이같이 이스라엘을 애굽 사람의 손에서 구원하시매 이스라엘이 바닷가에서 애굽 사람들이 죽어 있는 것을 보았더라 31 이스라엘이 여호와께서 애굽 사람들에게 행하신 그 큰 능력을 보았으므로 백성이 여호와를 경외하며 여호와와 그의 종 모세를 믿었더라

## 하나님의 주권

### 하나님의 계시

어떤 사람이 있었습니다. 평상시 아주 교양 있고 덕망 있는 사람으로 주변으로부터 존경 받던 사람이었습니다. 그런데 그가 죽고 난후 그동

안 알려지지 않았던 그의 부도덕한 사생활이 노출되었습니다. 은밀히 자주 다니던 곳에서 찍힌 사진이 나왔고, 그의 내면을 기록해 놓은 일기도 발견되어서 그의 심정이 적나라하게 밝혀지게 되었습니다. 그의 실체를 알고 난 후 모든 사람은 경악을 금치 못했습니다. 평상시 알려졌던 모습은 철저히 위장된 모습이었기 때문입니다. 그 사람에게는 차라리 사생활이 전혀 노출되지 않았더라면 좋았을 뻔 했습니다. 물론 정반대의 경우도 있습니다. 아주 구두쇠로 소문나고 인심 박하기로 평판이 안 좋았던 어느 분이 나중에 알고 보니 자신은 힘들게 살면서도 주변에 많은 도움을 주고 살았고 생을 마감할 때 전 재산을 사회단체에 기부했다는 말입니다. 이 경우는 후에라도 그의 삶이 알려져서 그에 대한 평가를 바로 할 수 있어서 다행이었을 것입니다. 이와 같이 인간에게는 실체가 알려지는 것이 다행인 경우도 있고 불행인 경우도 있습니다.

성경은 하나님이 자신을 계시하신 책입니다. 하나님이 하나님 자신을 인간에게 알리신 것입니다. 하나님의 속성, 하나님의 성품, 하나님의 마음, 인간을 향한 하나님의 심정, 세상에 대한 하나님의 입장 등 모든 것을 다 알리셨습니다. 세상의 어느 신도 하나님처럼 자신을 세상에 알리신 신은 없습니다. 오직 하나님만이 자신을 세상에 계시하셨습니다. 그리고 하나님이 행하신 사역을 성경에 기록하여 사람에게 알게 하셨습니다. 세상에서는 타종교에 대하여 기독교에 가하는 비판 같은 비판이 존재하지 않습니다. 우리나라에도 기독교를 조롱하는 개독교라는 표현은 있지만 불교를 조롱하는 개불교라는 표현은 없습니다. 기독교에 대하여는 심한 비판이 있지만 타종교에 대하여는 기독교가 받는 유형의 비판이 없는 이유는 타종교에는 신의 뜻이 계시되어 있지 않고 신의 사역이 기록되어 있지 않기 때문입니다. 타 종교에는 신의 독단이나 배려나 또는 신의 뜻이 합당하냐는 의견이 없습니다. 왜냐하면 애시 당초 알려진 것이 없기 때문입니다. 타 종교에서는 신의 사역이 기록되어 있지 않습니다. 그래서 어떻게 신이 그렇게 행할 수 있느냐 또는 신이 이런 일을 할 수 있는가 등의 논쟁 자체가 성립되지가 않습니다. 계시가 없으니까 아무도 신의 뜻을 모르기 때문에 비판받을 일이 없고 논쟁이 될 일이 없는 것입니다.

하나님은 계시를 하셨고 성경이라는 기록으로 남겨두셨습니다. 그래서 허구한 날 논쟁의 대상 특별히 비판의 대상이 됩니다. 성경이 계시의 책이 맞느냐부터 시작해서, 하나님이 독재다, 하나님이 편파적이다, 하나님이 잔인하다, 하나님이 이랬다 저랬다 한다는 등의 별별 트집을 다 잡힙니다. 사람들이 하나님에 대하여 비판적 주장을 하는 근거가 성경입니다. 성경을 보니까 하나님이 이랬다, 성경을 보니까 하나님이 저랬다, 성경을 보니까 하나님이 여기서는 이랬고 저기서는 저랬으니까 하나님이 앞뒤가 안 맞는다, 하나님이 자기 스스로 모순에 걸렸다고들 말합니다. 차라리 성경이 없었으면 하나님은 아무런 시비도 당하지 않을 것입니다. 성경이 없다면 하나님에 대하여 아무 것도 알려진 것이 없기에 누구도 하나님에 대해서 시비를 걸 수 없을 것입니다. 그렇다고 차라리 계시를 하지 않았으면 좋았을 것이라고 말해서는 안 됩니다.

하나님은 인간을 위해 하나님 자신을 계시하셨고 인간을 위해 성경을 주셨습니다. 성경의 내용 중에 트집잡힐 내용은 하나도 없습니다. 성경의 내용 중에 하나님이 비판받을 내용은 단 하나도 없습니다. 단지 사람들이 성경을 잘못 이해하기 때문에 이런 저런 말들이 나오는 것입니다. 물론 사람들이 말하는 것처럼 성경에 앞뒤가 안 맞는 듯한 이야기들이 나옵니다. 하지만 사람도 말을 할 때는 앞뒤를 맞게 하려고 애를 쓰는데 명색이 신이나 되시는 하나님이 앞뒤도 못 맞추실 리가 없습니다. 하나님이 앞뒤가 안 맞고 하나님의 말씀이 모순이 있는 것이 아니라 성경에 나타난 본문들이 무엇을 말하려고 하는지를 바르게 이해할 줄 알아야 합니다. 저와 여러분이 성경을 연구하는 이유도 하나님을 바로 알기 위해서입니다. 특별히 성도들이 성경을 바르게 이해하고 하나님을 바르게 알아서 하나님을 바르게 알려야 합니다. 성경이 잘못되거나 하나님이 잘못된 것이 아닙니다. 성경에 대한 인간의 이해가 잘 못된 것입니다. 성도는 성경을 읽고 묵상하고 바르게 이해해서 우선 성도가 신나고 즐거운 신앙생활을 누리고 사람들에게도 하나님에 대해 바로 알려야 하겠습니다.

### 하나님의 주권

14장 21절 "모세가 바다 위로 손을 내밀매 여호와께서 큰 동풍이 밤새도록 바닷물을 물러가게 하시니 물이 갈라져 바다가 마른 땅이 된지라"입니다. 하나님은 이적을 행하신 것이 아니고, 신비한 능력을 행하신 것이 아니라 바닷물을 물러가게 하셨습니다. 또 14장 26절 "여호와께서 모세에게 이르시되 네 손을 바다 위로 내밀어 물이 애굽 사람들과 그들의 병거들과 마병들 위에 다시 흐르게 하라 하시니"입니다. 하나님이 "물이 다시 흐르게 하라" 즉 물러가게 했던 물이 다시 흐르게 하셨습니다. 하나님의 관점에서는 이것은 이적도 아니고 기적도 아니고 놀랄 일도 아니고 그냥 하나님의 일하심입니다. 신비한 일도 아니고 기상천외한 일도 아니고 창조자이신 하나님께서 자신의 피조세계를 향하여 행하신 일에 불과합니다. 하나님이 주권자로서 하나님의 영역 안에 있는 피조물인 바람을 불게 하셨고 바닷물을 물러가게 하셨고 바다가 갈라지게 하셨고 다시 흐르게 하셨습니다. 하나님의 창조자 되심, 하나님의 주인 되심이 드러나는 것입니다. 하나님이 창조자이시기에 하나님의 피조물인 모든 것을 향하여 '저더러 가라하면 가고 저더러 오라하면 오는 것'으로 당연한 것입니다.

하나님이 창조세계에 대하여 하나님의 주권을 펼치신 것이 홍해 바다가 처음이 아닙니다. 애굽에서 행하셨던 열 가지 이적도 마찬가지였습니다. 애굽은 열 가지 이적에 해당하는 것들을 신들처럼 섬겼습니다. 개구리나 이 또는 파리 등으로 인하여 피해를 보았지만 전혀 대책이 없었고 다룰 수가 없었고 통제할 수가 없었기 때문에 도리어 신으로 섬겨서 사전에 피해를 예방하고 싶은 의도였습니다. 애굽이 자신들이 신으로 섬기는 것들에 대해 다룰 수 없고 통제할 수 없었던 이유는 애굽의 바로 왕이 그것들의 창조자가 아니요 주관자가 아니기 때문입니다. 그런데 하나님은 열 가지 이적을 단지 말씀으로 다 실행하셨습니다. 이것이 가능했던 것은 하나님은 창조자이시오 주관자이시기 때문입니다. 하나님은 피조물 중 어느 것도 신이나 우상으로 섬기지 말라고 말씀하십니다. 왜냐하면 그것들은 피조물이지 신으로 섬김을 받아야 하는 대상이 아니기 때문입니다. 하나님은 인간이 엉뚱하게 피조물을 섬기는 토테미즘이나 애니미즘 등 어느 것도 하지 말라는 것입니다. 하나님은 열 가지 이적을 통해 누가 창조자인가 누가 세상의 주관자인가를 알리시는 것이었습니다. 그것을 알려야 인간들이 어리석은 짓, 미련한 짓을 하지 않을 수 있기 때문입니다.

### 왜 말씀으로 하실까?

하나님이 홍해 앞에서 바닷물을 물러가게 하실 때 무슨 수단을 쓰시거나 장치를 사용하시거나 도구를 사용하신 것이 아닙니다. 그냥 동풍이 밤새도록 불게 하셨고 바닷물을 물러가게 하셨습니다. 하나님의 사역방법으로 성경에 가장 많이 등장하는 것이 말씀입니다. 천지를 창조하실 때에도 '있으라'고 말씀하시니 그대로 되었습니다. 대부분의 사역에서 하나님은 말씀으로 사역을 이루셨습니다. 왜 하나님은 말씀으로 행하셨을까요? 하나님이 말씀으로 행하셨다는 말은 '하나님의 사역방법이 말씀이다'라는 의미가 아닙니다. 만약 누군가가 저에게 왜 하나님이 말씀으로 하셨냐고 물으신다면 저는 '그럼 무엇으로 할까요?'라고 반문하겠습니다.

예수님의 사역을 통해서 '말씀으로'의 표현의 의미를 상고해 보겠습니다. 예수님이 병든 자를 고치셨습니다. 예수님은 최신 의료기술을 사용하시지 않았고 귀한 약재를 사용하시지도 않았습니다. 예수님은 단지 말씀으로 치유하셨습니다. 예수님께서 '병 고침을 받으라'고 말씀하시니 그 병이 나았습니다. 그렇다고 예수님이 병을 고치는 수단 또는 방법이 말씀이라고 이해하시면 안 됩니다. 예수님은 말씀으로만 병을 고치신 것이 아니라 다른 방법도 사용하셨습니다. 다른 방법이 나온다고 예수님은 말씀이라는 방법과 또 다른 방법 즉 두 가지 방법으로 병을 고치신 것이라고 말할 수 없습니다.

예수님께서 한 번은 앞 못 보는 자에게 침으로 흙을 이겨서 눈에 발라 주셨습니다. 그 흙을 분석하거나 침을 분석하면 치유의 정보가 나오는 것이 아닙니다. 예수님께서 이번에는 이 방법을 사용하신 하신 이유는 하나님을 하나의 방법 안에 가두지 말라는 것입니다. 하나님이 말씀으로 하셨다고 하면 말씀으로만 하실 줄 알고 말씀이 아니면 못하신다는 뜻이 아닙니다. 하나님이 말씀으로 행하신다는 말이 강조하는 의미는 사람들처럼 치유의 다른 조치나 다른 수단이 필요 없다는 것을 강조하는 것입니다. 왜 말씀으로 하시냐면 다른 행동이나 다른 조치를 행하실 이유나 필요가 없기 때문인 것입니다. 예수님이 귀신을 쫓아내신 적이 있습니다. 귀신에게 명하여 나가라고 하심으로 사역을 이루셨습니다. 예수님은 말씀으로 귀신을 쫓으신 것입니다. 왜냐하면 다른 필요한 조치가 없기 때문입니다. 예수님이 부적을 쓰실 이유도 없고 굿이라도 벌여야할 어떤 필요도 없기 때문입니다. 말씀으로 행하신다는 표현은 절대로 말씀만으로 행하신다는 의미가 아닙니다. 말씀을 하시지 않으면 아무 일도 못하신다는 의미도 아닙니다.

## 존재 or 수단

성경은 하나님이 사용하신 수단과 방법을 비법으로 알려주는 것이 아니라 하나님을 알리는 것입니다. 안타깝게도 사람들은 하나님을 알려고 하지 않고 하나님의 수단과 방법만 알려고 합니다. 하나님은 말씀으로도 행하시고 손으로도 행하시고 다른 방법을 쓰기도 하십니다. 하나님이 다양한 방법을 사용하시거나 이랬다저랬다 하는 것이 아닙니다. 하나님이 특정 방법에 제한되지 않는다는 것을 보여주시는 것입니다. 하나님의 수단을 배우지 마시고 하나님을 아셔야 합니다. 사람들은 성경에 등장하는 방법을 찾고 방법을 배우고 방법을 활용하려고 합니다. 열왕기하 17장에서 엘리사를 도와주던 여인의 아이가 병이 들자 엘리사가 치유를 합니다. 17장 33~35절 "엘리사가 여호와께 기도하고 아이 위에 올라 엎드려 자기 입을 그의 입에, 자기 눈을 그의 눈에, 자기 손을 그에 손에 대고 그의 몸에 엎드리니 아이의 살이 차차 따뜻해지더라. 엘리사가 내려서 집 안에서 한 번 이리 저리 다니고 다시 아이 위에 올라 엎드리니 아이가 일곱 번 재채기 하고 눈을 뜨는지라"입니다. 이 구절을 따라 어느 부흥사가 병든 여 성도 위에 올라가서 큰 구설이 생긴 적이 있습니다. 본인은 성경에 나오는 방식대로 한 것뿐이라고 주장했지만 하나님을 배우지 않고 성경의 의도를 도외시 한 채 단지 특수 비법을 배웠을 뿐입니다.

사도행전에 보면 바울과 실라가 감옥에 갇혔습니다. 사도행전 16장 24~26 "바울과 실라를 깊은 옥에 가두고 그 발을 차꼬에 든든히 채웠더니 한밤중에 바울과 실라가 기도하고 하나님을 찬송하매 죄수들이 듣더라. 이에 갑자기 큰 지진이 나서 옥터가 움직이고 문이 곧 다 열리며 모든 사람의 매인 것이 다 벗어진지라"입니다. 이 구절을 읽고 설교자들이 찬송은 감옥문도 열리게 하는 능력이 있다고 강조하며 찬송하면 세상의 감옥문도 열리고 죄의 문도 열린다고 말하기도 합니다. 그렇다면 사도

행전 12장 6, 7절 "헤롯이 잡아내려고 하는 그 전날 밤에 베드로가 두 군인 틈에서 두 쇠사슬에 매여 누워 자는데 파수꾼들이 문 밖에서 옥을 지키더니 홀연히 주의 사자가 나타나매 옥중에 광채가 빛나며 또 베드로의 옆구리를 쳐 깨워 이르되 급이 일어나라 하니 쇠사들이 그 손에서 벗어진지라"를 어떻게 이해할지 궁금해집니다. 옥에 갇히 베드로는 찬양을 한 것이 아니라 군인 틈에서 누워 잤을 뿐인데도 쇠사슬이 풀어졌습니다. 누워 자는 것은 능력이 있고 누워 자면 천사도 나타나고 쇠사슬도 풀린다고 설교할 수는 없을 것입니다. 하나님은 말씀으로만 사역을 행하시는 것이 아니라 모든 것으로 다 행하실 수 있습니다. 하나님이 말씀으로 행하셨다는 의미는 하나님은 인간처럼 어떤 수단과 방법을 쓰는 것이 아니라는 것을 강조하는 것입니다.

### 무엇이 달라져야 하는가?

성경에 하나님이 사역을 행하신 기록들이 많이 나옵니다. 이런 구절을 보면 사람들의 첫 반응이 말도 안 되는 소리라는 것입니다. 이런 구절뿐만 아니라 성경의 대부분의 내용에 대해서 대부분 말도 안 되는 소리라고 합니다. 그래서 말도 안 되는 소리를 말이 되는 소리로 바꾸려고 많은 노력들을 합니다. 하나님이 이스라엘 백성을 위해 구름기둥과 불기둥을 두시고 인도하셨습니다. 그랬더니 그것은 진짜 구름기둥과 불기둥이 아니라 당시 주변 산악에 화산이 있어서 불기둥은 화산현상이고 구름기둥은 화산으로 인한 연기라고 말이 되는 소리를 합니다. 예수님이 바다 위를 걸으셨다고 성경에 기록되어 있습니다. 그랬더니 그것은 예수님이 바다 위를 걸으신 것이 아니라 제자들이 밤새 고기를 잡다가 지쳐서 졸고 있었는데 배가 해변 가에 있었고 예수님이 해변 가를 걷는 것을 보고 잠결에 바다 위를 걸었다고 생각을 했다고 말이 되는 소리를 합니다. 오병이어 사건도 마찬가지입니다. 예수님이 빵을 많이 만드신 것이 아니라 각 사람이 빵을 준비해왔지만 감추어 두었다가 어린 아이가 겸손하게 자신의 빵을 내놓은 것을 보고 미안한 마음에 모두가 감추었던 빵을 내어놓아 많아졌다는 말이 되는 소리를 합니다.

기독교를 설명하고 싶어서 성도도 말이 안 되는 소리를 어떻게든 말이 되는 소리로 만들려고 하면 안 됩니다. 성경은 말이 안 되는 소리가 아니라 말이 되는 소리입니다. 성경은 원래부터 말이 되는 소리요 옳은 소리요 맞는 소리입니다. 핵심 포인트는 성경이 말이 안 되는 소리를 하는 것이 아니라 사람들이 하나님의 말 귀를 못 알아 듣는 죄인들이라는 것입니다. 기독교는 성경에 기록된 내용이 말이 되느냐 안 되느냐를 논하는 것이 아니라 하나님의 말씀을 읽고 듣는 인간이 하나님의 말씀을 알아들을 수 있는 성도인지 하나님의 말씀을 못 알아듣는 죄인인지를 논하는 것입니다. 인간이 기준이 되어 성경이 말이 되나 안 되나를 논하는 것이 아니라 하나님을 기준으로 인간이 알아듣나 못 알아듣는지를 논하는 것입니다. 성경은 어떻게든 말을 말이 되게 하려고 애쓰는 것이 아니라 원래부터 말이 되는 말씀을 하시는 것이며, 인간들을 행하여 '들을 귀 있는 자는 들을지어다' 라고 선포하는 것입니다. 성경을 이해하기 위해서는 성경의 내용을 바꾸어 보려고 노력하는 것이 아니라 성경을 읽는 사람이 죄인에서 성도가 바뀌어야 하는 것입니다. 하나님을 모를 때는 인간의 기준과 관점으로만 성경을 읽으니 이해가 안 되지만 구원받고 성령을 받아서 하나님의 마음, 하나님의 심정, 하나님의 관점으로 성경을 보면 너무 쉽고 정확하게 이해가 되는 것입니다.

다시 한 번 강조합니다. 하나님이 말씀으로 사역하신다는 표현은 하나님이 말씀을 수단과 방법으로 사용하신다는 말이 아니고 하나님은 말씀으로만 사역하신다는 말도 아닙니다. '말씀으로' 가 의미하는 바는 인간처럼 수단과 조치와 수고와 애씀으로 하지 않는다는 의미입니다. 유사한 내용을 하나 더 소개시켜 드리면 로마서 10장 13절 "누구든지 주의 이름을 부르는 자는 구원을 받으리라"는 말씀도 주의 이름을 불러야 구원을 받는다는 의미가 아닙니다. 주의 이름을 부른다는 것이 의미하는 것은 가장 쉬운 방법이라는 것입니다. 사람들은 어떤 것을 성취하려면 노력을 하고 수고를 해야 합니다. 타종교에서도 복을 받으려면 선행을 하고 공덕을 쌓고 수행을 하고 온갖 애를 써야 합니다. 그러나 기독교는 그렇지 않다는 것입니다. 가장 단순하고 간단하고 쉽게 단지 부르기만 하라는 것입니다. 부르는 행위가 구원받는 방법이나 조건이 아니라 얼마나 쉬우냐는 것을 강조하는 표현입니다.

## 큰 능력을 보았으므로

### 여호와의 절기

본문에서는 하나님이 세상의 창조자요 주관자이심을 강조하고 있습니다. 하나님이 창조자요 주관자이시기에 하나님이 만드신 모든 피조물들은 하나님의 말씀을 듣습니다. 그런데 하나님이 지으신 피조물 중에 하나님의 말씀을 듣지 않는 종자가 오직 하나 인간입니다. 모든 피조물 중에 하나님의 가장 많은 축복을 받고 하나님의 특별 대접을 받은 인간이 하나님의 말을 가장 안 듣습니다. 그래서 하나님이 또 은혜를 주시고 또 계시를 행하시는 것입니다. 하나님이 동풍을 불게 하셨고, 바닷물을 물러가게 하셨고, 바다가 마른 땅이 되게 하셔서 14장 29절 표현대로 "이스라엘 자손은 바다 가운데 육지로 행하였고 물이 좌우에 벽이 되게" 하셨습니다. 그래서 30절 "그 날에 여호와께서 이같이 이스라엘을 애굽 사람의 손에서 구원하시매" 즉 하나님이 이스라엘을 구원하셨습니다. 하나님이 이스라엘을 애굽에서 구원하신 것이 이번이 처음이 아닙니다. 이미 하나님은 이스라엘을 애굽에서 구원하셨습니다. 그렇다고 하나님은 매번 애굽의 손에서 이스라엘을 구원하시는 것도 아닙니다. 한번 구원하시는 것으로 이미 구원이 완성이 되어 있는 것입니다.

하나님은 열 번째 이적을 행하시면서 이스라엘로 하여금 기념하여 유월절 절기로 삼으라고 말씀하셨습니다. 그때에도 출애굽기 12장 27절 "너희는 이르기를 이는 여호와의 유월절 제사라. 여호와께서 애굽 사람에게 재앙을 내리실 때에 애굽에 있는 이스라엘 자손의 집을 넘으사 우리의 집을 구원 하셨느니라 하라"고 말씀하셨습니다. 유월절에 이스라엘 백성도 원래는 죽었어야 했는데 하나님이 이스라엘을 죽음에서 건져 살려내셨습니다. 죽었어야 하는 이스라엘이 살았다는 것을 기념하는 것이 유월절 절기입니다. 유월절 절기는 그 날 밤에만 목숨을 유지하고 있다는 것을 기념하는 것이며 다음 날에는 또 어떻게 목숨을 유지해야 하나 걱정을 해야 하고 하나님은 또 이스라엘을 죽음의 위험에서 구원해야 하는 것이 아니라는 것입니다. 열 번째 이적에서 구원해야 하고, 홍해에서 구원해야 하고, 광야에서 구원해야 하고, 아멜렉과의 전쟁에서 구원해야 하고, 요단강에서 구원해야 하고, 여리고 전투에서 구원해야 하는 것이 아니라는 것입니다.

유월절에서 죽지 않고 살았다는 것은 이제는 죽지 않는다는 것을 의미하는 것입니다. 엄밀한 의미에서 이스라엘은 애굽에서 죽은 것이고 이제 하나님 안에서 다시 태어난 것입니다. 즉 죽음의 장소 애굽에서 죽지 않고 살았다는 것은 하나님의 약속이 성취될 때까지 죽지 않고 여전히 살아있을 것이라는 말입니다. 단지 하룻밤 목숨을 연장하는 것을 기념하여 절기로 지키라고 말씀하신 것이 아니라, 그렇게 죽어야 하던 목숨이 살아난 것처럼 이제는 너희가 살아남을 것이요 계속 살아있을 것이라는 말입니다. 이제 죽음과는 너희가 관계없다는 것입니다. 죽을지도 모르는 많은 상황 중의 하나의 상황에서 구원을 해 준 것이 아니라 죽음이라는 것 자체에서 구원을 해 주셨다는 것입니다. 이스라엘은 광야에서 죽지 않고 살아남습니다. 왜냐하면 그들은 죽음에서 구원받은 자들, 살은 자들이기 때문입니다. 유월절 절기를 지킬 때에 무교병과 쓴 나물을 먹으라고 하신 시기와 장소가 가나안 땅에 들어가서 거주 할 때 입니다. 당연히 이스라엘 백성이 광야를 거쳐서 가나안 땅에 들어갈 때 까지 살아 있다는 것입니다. 계속하여 가나안 땅에 들어가서 하나님의 말씀을 지키면서 살라는 것입니다. 하나님이 이스라엘을 구원하셨다는 말씀은 단지 그 날, 그 상황에서 건졌다는 것이 아니라 하나님은 이스라 엘을 죽음에서 구원하셨다는 것입니다.

## 홍해 사건

열 번째 이적에서 구원받은 이스라엘에게 그 날을 기념하여 유월절 절기로 지키라고 말씀하신 하나님은 홍해를 건넌 것을 기념하여 절기로 지키라고 말씀하지 않았습니다. 왜냐하면 그것은 당연한 일이지 놀랄 일이 아니기 때문입니다. 홍해는 죽음과는 아무런 상관이 없습니다. 애 굽의 군대와 마병은 이스라엘에게 아무런 위협을 할 수가 없습니다. 아 니 아무리 위협을 해도 이스라엘에게 해를 끼치거나 죽일 수 없습니다. 왜냐하면 이스라엘은 이제 애굽에서 구원받은 자들이요 죽음에서 살아 난 자들이기 때문입니다. 아무리 죽음에 임박한 듯한 사건이 와도 그들 은 결코 죽지 않습니다. 죽음에서 구원받은 자들이기 때문입니다. 아무 리 죽을 뻔하다가 살아났어도 그것은 당황하거나 놀랄 일이 아닙니다. 원래 살아있는 자이고, 계속 살아있을 것이기 때문입니다. 이스라엘은 홍해뿐만 아니라 앞으로도 광야에서 수십 번 죽을 뻔 한 위기를 벗어납 니다. 그러나 단 한 번도 절기로 지키라고 새롭게 말씀하시지 않습니다. 왜냐하면 그들은 죽음에서 구원받은 자들이고 이제는 살아있는 것이기 때문입니다.

이스라엘은 유월절에 애굽에서 구원받은 것이요 죽음에서 구원받은 것입니다. 더 이상 큰 일은 없습니다. 그런데 사람들은 실감을 하지 못하고 무엇이 중요한 일인지를 깨닫지 못하는 것입니다. 14장 31절 "이스라엘이 여호와께서 애굽 사람들에게 행하신 그 큰 능력을 보았으므로 백성이 여호와를 경외하며 여호와와 그의 종 모세를 믿었더라"입니다. 이스라엘 백성들은 열 가지 이적을 체험하면서도, 특별히 열 번째 이적을 체험하면서 감격을 안 했습니다. 죽음에서 살아나면서도 감격을 안 했습니다. 왜냐하면 자신들은 원래부터 살아있었고 계속 살아있었다고 생각했기 때문입니다. 그런데 홍해를 건너면서는 호들갑을 떱니다. 자기들이 직접, 실제적으로 앞에는 홍해 바다와 뒤에는 애굽의 군사들로 인하여 죽음에 직면하는 상황을 체감하고, 바다가 갈라지는 현장을 통과하는 상황을 체감하고, 자기들이 건너온 바다에 애굽 사람들이 빠져 죽는 것을 목도하고 나니까 자기들이 구원받았다는 것이 실감이 났기 때문에 그때서야 호들갑을 떱니다. 그리고는 31절처럼 큰 능력을 보았다고 하며 여호와를 경외하고 여호와를 믿었다고 하며 15장에서 노래를 하고 찬양을 하고 난리를 핍니다.

그러나 실제적으로는 유월절 사건과 홍해 건넌 사건 중에 더욱 크고 중요하고 결정적인 사건은 유월절입니다. 이스라엘 백성이 죽음과 생존에 대해 실감을 못하기에 무엇이 중요한 지를 그 사건의 중요성을 가지고 판단하는 것이 아니라 자기가 실감하는 것을 기준으로 생각합니다. 하나님이 얼마나 큰 이적을 보여주셨는가가 중요한 것이 아니라 내가 얼마나 큰 이적으로 실감했는가를 기준으로 삼는 것입니다. 이것이 미련하고 어리석은 인간의 반응입니다. 하나님은 홍해 사건은 기념하라는 말씀도 안 하십니다. 홍해 사건은 자자손손 아이들에게 가르치라는 말씀조차도 안하십니다. 왜냐하면 중요한 일은 이미 이루어졌고 현재의 이스라엘은 이미 구원받은 존재이기 때문입니다.

## 예수 사건

신약에서 예수님께서 열두 해를 혈루증으로 앓아 오던 여인을 고쳐 주셨습니다. 그리고 그 여인에게 너는 새로운 인생이라고 말씀하신 적이 없습니다. 예수님이 귀신들린 자를 치유하셨습니다. 그리고 그에게 너는 새 생명이라고 말씀하신 적이 없습니다. 예수님이 죽은 사람을 살리신 적이 있습니다. 그때 그를 향해 이제부터 너는 두 번째 인생을 사는 것이라고 말씀하신 적이 없습니다. 이적과 기적과 치유를 체험한 사람들에게 '너는 새로운 피조물이다' 라고 말씀하신 적이 없습니다. 왜냐하면 새로워진 것이 아니기 때문입니다. 그런데 성경은 구원받은 성도들을 향해서는 '새로운 피조물' 이라고 선언하십니다. 고린도후서 5장 17절 "그런즉 누구든지 그리스도 안에 있으면 새로운 피조물이라 이전 것은 지나갔으니 보라 새 것이 되었도다"입니다. 왜냐하면 죄에서 구원받는 사건은 병에서 치유보다 중요한 사건이기 때문입니다. 죄인에서 성도가 되는 변화는 귀신들렸다 온전해지는 것보다 의미있는 사건이기 때문입니다. 하나님의 자녀가 되는 것은 마약중독에 빠졌다가 회복되는 것보다 중요한 사건이기 때문입니다. 교회에 나온다는 것은 가난한 자가 부자가 되었다는 것보다 훨씬 중요한 사건이기 때문입니다.

만약 말이 안 되는 소리를 말이 되는 소리로 바꾸면 그것은 사기입니다. 말이 안 되는 소리는 끝까지 말이 안 되는 소리이고 말이 되는 소리는 원래부터 말이 되는 소리입니다. 말이 되는 소리를 들을 귀 있는 성도는 들을 수 있고, 말이 되는 소리 일지라도 들을 귀 없는 자는 들을 수 없는 것입니다. 저와 여러분이 하나님의 말씀을 들을 수 있는 것이 이미 복과 은혜를 받은 증거인 것입니다. 인생의 작은 것에 연연하면서 정작 하나님께 받은 큰 은혜를 모른다면 그것이 진짜 불행한 인생일 것입니다. 하나님을 아시고, 하나님이 저와 여러분에게 부어주신 은혜와 복락들을 아셔서 날마다 은혜와 복을 누리는 멋지고 신나고 즐겁고 행복한 신앙되시기를 주님의 이름으로 축원합니다.

## 23

# 내가 찬송하리니



1 이 때에 모세와 이스라엘 자손이 이 노래로 여호와께 노래하니 일렀으되 내가 여호와를 찬송하리니 그는 높고 영화로우심이요 말과 그 탄 자를 바다에 던지셨음이로다 2 여호와는 나의 힘이요 노래시며 나의 구원이시로다 그는 나의 하나님이시니 내가 그를 찬송할 것이요 내 아버지의 하나님이시니 내가 그를 높이리로다 3 여호와는 용사시니 여호와는 그의 이름이시로다 4 그가 바로의 병거와 그의 군대를 바다에 던지시니 최고의 지휘관들이 홍해에 잠겼고 5 깊은 물이 그들을 덮으니 그들이 돌처럼 깊음 속에 가라앉았도다 6 여호와여 주의 오른손이 권능으로 영광을 나타내시니이다 여호와여 주의 오른손이 원수를 부수시나이다 7 주께서 주의 큰 위엄으로 주를 거스르는 자를 엎으시니이다 주께서 진노를 발하시니 그 진노가 그들을 지푸라기 같이 사르나이다 8 주의 콧김에 물이 쌓이되 파도가 언덕 같이 일어서고 큰 물이 바다 가운데 엉기니이다 9 원수가 말하기를 내가 뒤쫓아 따라잡아 탈취물을 나누리라 내가 그들로 말미암아 내 욕망을 채우리라, 내가 내 칼을 빼리니 내 손이 그들을 멸하리라 하였으나 10 주께서 바람을 일으키시매 바다가 그들을 덮으니 그들이 거센 물에 납 같이 잠겼나이다 11 여호와여 신 중에 주와 같은 자가 누구니이까 주와 같이 거룩함으로 영광스러우며 찬송할 만한 위엄이 있으며 기이한 일을 행하는 자가 누구니이까 12 주께서 오른손을 드신즉 땅이 그들을 삼켰나이다 13 주의 인자하심으로 주께서 구속하신 백성을 인도하시되 주의 힘으로 그들을 주의 거룩한 처소에 들어가게 하시나이다 14 여러 나라가 듣고 떨며 블레셋 주민이 두려움에 잡히며 15 에돔 두령들이 놀라고 모압 영웅이 떨림에 잡히며 가나안 주민이 다 낙담하나이다 16 놀람과 두려움이 그들에게 임하매 주의 팔이 크므로 그들이 돌 같이 침묵하였사오니 여호와여 주의 백성이 통과하기까지 곧 주께서 사신 백성이 통과하기까지였나이다 17 주께서 백성을 인도하사 그들을 주의 기업의 산에 심으리이다 여호와여 이는 주의 처소를 삼으시려고 예비하신 것이라 주여 이것이 주의 손으로 세우신 성소로소이다 18 여호와께서 영원무궁 하도록 다스리시로다 하였더라 19 바로의 말과 병거와 마병이 함께 바다에 들어가매 여호와께서 바닷물을 그들 위에 되돌려 흐르게 하셨으나 이스라엘 자손은 바다 가운데서 마른 땅으로 지나간지라 20 아론의 누이 선지자 미리암이 손에 소고를 잡으매 모든 여인도 그를 따라 나

오며 소고를 잡고 춤추니 21 미리암이 그들에게 화답하여 이르되 너희는 여호와를 찬송하라 그는 높고 영화로우심이요 말과 그 탄 자를 바다에 던지셨음이로다 하였더라

# 내가 찬송하리니

## 백성들의 반응

14장 31절부터 15장 1절을 보겠습니다. "이스라엘이 여호와께서 애굽 사람들에게 행하신 그 큰 능력을 보았으므로 백성이 여호와를 경외하며 여호와와 그의 종 모세를 믿었더라. 이때에 모세와 이스라엘 자손이 이 노래로 여호와께 노래하니 일렀으되"입니다. 그리고 이어지는 1절 중반부터 18절까지는 모세와 이스라엘 백성이 부른 노래입니다. 이러한 노래를 종교적 용어로 찬송 또는 찬양이라고 합니다. 찬송의 첫마디가 "내가 여호와를 찬송하리니"입니다. 가장 중요한 것이 바로 '내가' 찬송하리니 입니다. 모세와 이스라엘은 누가 시켜서 찬송을 하는 것이 아닙니다. 하나님이 모세를 부르시는 순간부터 하나님은 단 한 번도 모세에게 하나님을 찬양하라고 명령하신 적도 없고, 지나가는 말로도 하신 적이 없습니다. 모세에게 뿐만이 아니라 하나님이 아브라함을 부르신 순간부터 지금까지 이스라엘 민족을 향하여 단 한 번도 하나님을 찬양하라고 명령하신 적도 없고 부탁하신 적도 없습니다. 상대방을 높이는 것, 상대방을 높여 노래하는 것 즉 찬양은 명령을 해서도 안 되는 것이며 부탁을 해서도 되는 것이 아닙니다.

노래 또는 찬양은 저절로 나오는 것입니다. 이런 것을 반응이라고 합니다. 반응은 말 그대로 어떤 행동에 대해 자연스럽게 발생하는 행동입니다. 반응을 하라고 명령할 수도 없고 반응을 보여 달라고 부탁할 수도 없습니다. 코믹영화를 볼 때 감독이 관객에게 특정 장면에서는 웃으라고 말할 수 없습니다. 웃기는 장면이 나오면 그냥 웃는 것입니다. 슬픈

영화를 볼 때 주연 배우가 관객에서 자신이 울 때에는 꼭 함께 울어야 한다고 말할 수 없습니다. 슬픔이 느껴지면 눈물이 흐르는 것입니다. 공포영화를 볼 때 악당이 지금은 큰 소리를 질러야 한다고 말할 수 없습니다. 무서우면 저절로 소리를 지릅니다. 반응은 상황에 대하여 저절로 일어나는 행동입니다.

이러한 자연스러운 행동 즉 반응은 하나님과 인간사이의 관계에서 더욱이나 자연스러운 것이요 종교와 신앙에서 더 더욱이나 자연스러운 것입니다. 하나님은 인간에게 반응을 명령하지 않으시고 반응을 요청하지 않으십니다. 하나님은 인간에게 저절로 자연스럽게 반응이 나올 수 있도록 행동하시며 사역하시는 것입니다. 하나님의 사역이 있으면 인간은 저절로 반응이 나오게 되어 있는 것입니다. 하나님은 인간에게 반응을 명령하지 않으시는 것이 아니라 아예 반응에 대한 명령이나 부탁이 있어야 하는 필요자체가 없는 것입니다. 왜냐하면 당연한 것이기 때문입니다. 하나님은 찬양에 대하여 단 한마디도 하지 않으셨는데 이스라엘과 모세는 노래하며 찬양합니다. 그러면서 말하기를 "내가 여호와를 찬송하리니"입니다. 자신들이 노래하고 싶어서 노래한다는 것이요, 자신들에게서 찬양이라는 반응이 나온다는 것입니다. 가장 반 기독교적인 표현이 '우리는 여호와를 찬양해야 합니다. 왜냐하면 찬양은 여호와께서 우리에게 명령하신 것이기 때문입니다' 라고 말하는 것입니다. 찬양의 의미를 원천적으로 왜곡하고, 신앙의 의미를 뿌리부터 변질시키고, 하나님과의 관계를 본질적으로 파괴하는 표현입니다. 이스라엘과 모세는 하나님의 명령이 없음에도 불구하고 "내가 여호와를 찬송하리니"라고 말했던 것입니다. 이것이 찬양의 본질입니다.

### 내가 찬송하리니

이스라엘과 모세가 하나님이 찬양하라는 명령도 없었는데도 여호와를 찬송하는 이유는 여호와 때문에 자기들이 살아났기 때문입니다. 홍해 앞에서 죽을 것만 같은 상황에서 하나님의 도우심으로 자신들이 살아나는 은혜를 입었기 때문입니다. 하나님의 일하심, 하나님의 사역하심, 하나님의 활동하심으로 자신들에게 이루어진 결과가 있기 때문입니다. 찬송은 시켜서 되는 것이 아닙니다. 찬송은 찬송을 하라고 시키는 것이 아니라 찬송할 내용을 주시면 저절로 하게 되어있는 것입니다. 노래는 반응이요, 반응은 상황에 대하여 저절로 나오는 것입니다. 찬송은 저절로 나오는 것입니다.

찬송은 찬송할 내용을 가진 사람이 합니다. 누가 명령하지 않아도 감동할 만한 행동을 경험 하면 감동을 합니다. 부탁하지 않아도 노래가 나올 만하게 만들어주면 저절로 노래가 나오게 되어 있습니다. 말하지 않아도 상황을 겪으면 반응이 나오게 되어 있는 것입니다. 그러므로 찬양을 하라고 명령할 것도 없고 찬양을 해 달라고 부탁할 것도 없고 그냥 찬양이 나올만하게 행동하면 저절로 찬양이 나오게 되어 있습니다. 하나님은 그렇게 하십니다. 하나님이 인간을 향하여 그렇게 행하시니까 인간은 저절로 그렇게 반응을 나타내는 것입니다. 신앙은 자연스러운 것입니다. 반응하는 사람들은 자기들이 본 것을, 자기들이 경험한 것을, 자기들이 아는 것을 말하기 때문에 전혀 어렵지 않습니다. 홍해에서 살아난 이스라엘과 모세가 찬양을 합니다. 이스라엘과 모세가 노래하는 내용이 무엇이고 찬양하는 내용이 무엇인지는 읽어보지 않아도 다 알 수 있습니다. 이스라엘과 모세는 노래하고 찬양하는데 어려워하지 않습니다. 새로이 내용을 창작해야 하는 것이 아닙니다. 좋은 문구를 만들어 내야하는 것이 아닙니다. 없는 것을 꾸미는 것이 아닙니다. 만약 창작하거나 만들어 내거나 꾸민다면 그것은 반응이 아닙니다. 힘들어 하거나 어려워하거나 부담스러워한다면 그것은 반응이 아닙니다. 반응은 자연스럽고 편안하고 익히 알고 있는 것입니다.

이스라엘과 모세는 홍해에서 건져냄을 받았습니다. 자기들은 홍해를 건너고 애굽 병거와 마병들이 물에 빠져 죽는 것을 보았습니다. 그렇다면 이스라엘과 모세가 어떤 반응을 보였는지, 무슨 내용으로 노래를 했는지 충분이 예상할 수 있습니다. 예상한 것이 맞는지 15장 4절 이하에서 확인할 수 있습니다. "그가 바로의 병기와 그의 군대를 바다에 던지시니 최고의 지휘관들이 홍해에 잠겼고 깊은 물이 그들을 덮으니 그들이 돌처럼 깊음 속에 가라앉았도다"입니다. 저와 여러분은 이스라엘의 노래 중에 이런 내용이 나올 줄 알았습니다. 또 9절 "원수가 말하기를 내가 뒤쫓아 따라잡아 탈취물을 나누리라. 내가 그들로 말미암아 내 욕망을 채우리라, 내가 내 칼을 빼리니 내 손이 그들을 멸하리라 하였으나 주께서 바람을 일으키시매 바다가 그들을 덮으니 그들이 거센 물에 납 같이 잠겼나이다"입니다. 이 말이 창작이거나 허풍이거나 지어낸 것이 아니라 있는 그대로 사실 그대로 하나님이 행하신 그대로 이스라엘 백성들이 본 그대로입니다. 이스라엘과 모세가 이와 같이 말하는 것은 전혀 어려운 일이 아니라 매우 쉬운 일이었습니다. 자신들이 본대로 자신들이 겪은대로 말하면 되는 것이기 때문입니다. 신앙은 반응입니다. 하나님이 행하신 일에 대하여, 하나님의 사역의 결과로 내가 받은 것에 대하여 반응하는 것입니다. 그래서 신앙은 매우 자연스러운 것이며, 신앙은 매우 편한 것이며, 신앙은 매우 쉬운 것입니다. 제발 억지로 하려고 하지 마시고 안 되는 것을 하려고 하지 마십시오.

### 언제 찬양하는가?

기독교에는 하나님이 계십니다. 하나님이 모든 천하 만물보다 인간보다 먼저 계신 분이십니다. 그래서 존재하는 모든 것은 하나님의 일하심의 결과입니다. 하나님이 먼저 존재하시고 하나님이 먼저 활동하시고 행동하시면 그때서야 모든 만물이 반응하는 것입니다. 이것이 기독교 신앙의 본질입니다. 하나님이 사역하시고 인간이 반응한다는 것이 기독교의 핵심입니다. 이것의 순서가 바뀌면 즉 인간이 먼저 행동하고 그 행동에 대하여 하나님이 반응하신다면 그것은 기독교가 아니라 일반 종교에 불과한 것입니다. 본문에서 이스라엘과 모세가 하나님께 찬양을 했습니다. 자발적으로 하나님을 높이는 노래를 불렀습니다. 하나님이 자신들을 홍해에서 구원하여 내신 후에 노래하고 찬양했습니다. 만약 하나님이 아무 것도 행하지 않으셨다면 노래가 나오지 않을 것입니다. 만약 하나님이 아무 것도 행하지 않으셨음에도 불구하고 모세가 노래를 했다면 그것은 반응이 아니라 창작일 뿐입니다. 만약 하나님이 아무 것도 행하지 않으셨음에도 불구하고 모세가 노래를 했다면 그 내용은 진실이 아니라 허구일 뿐입니다. 그렇기 때문에 인간의 반응이나 인간의 찬양은 하나님의 행위보다 앞서 등장할 수 없는 것입니다. 당연히 하나님의 사역이 먼저 등장한 후에 인간이 반응하게 되어 있는 것입니다. 이스라엘과 모세는 하나님이 자신들을 구원하여 주신 후에 반응한 것입니다.

조금 더 엄밀하게 말하면 하나님이 행하신 후가 아니라 하나님이 행하신 것을 내가 알아차린 후라고 말해야 합니다. 이스라엘에게 정작 하나님이 행하신 더욱 큰 일, 더욱 중요한 일, 더욱 엄청난 일, 더욱 놀라운 일은 열 번째 이적이었습니다. 이스라엘을 죽음에서 생명으로 옮긴 것이 열 번째 이적이었습니다. 그래서 하나님은 이스라엘에게 열 번째 이적 사건을 유월절로 기념하여 지키면서 기억하라고 말씀하셨습니다. 하나님이 그렇게 말씀하셨지만 열 번째 이적 후에 이스라엘은 별 반응이 없었습니다. 노래도 부르지 않았고 찬양도 없었고 춤도 추지 않았습니다. 왜냐하면 유월절이 그렇게 중요한 사건인지 몰랐기 때문입니다. 자신들이 죽었다가 살아난 것인 줄 몰랐기 때문입니다. 죽음의 사자들이 자기 집 문 앞에 왔다가 여호와께서 명하신 대로 문설주에 양의 피가 발라져 있는 이스라엘의 집을 건너갔습니다. 문 밖에서 죽음의 사자가 건너간 사실을 집안에 있던 이스라엘은 몰랐습니다. 그래서 죽음에 대하여 겁에 질리지도 않았고 죽음의 천사가 왔다고 놀라지도 않았고 죽음에서 살아났다고 환호하지도 않았습니다. 하나님이 자신들을 위하여 엄청난 일을 행하고 계심에도 자신들은 아무 것도 몰랐기에 아무런 반응도 보이지 않았습니다.

이미 죽음에서 건져냄을 받은 이스라엘에게는 홍해는 아무 것도 아닙니다. 홍해는 이스라엘을 위협할 수도 없고 이스라엘은 홍해에서 죽을 수도 없습니다. 그런데 이스라엘은 홍해를 건넌 후 난리법석을 떱니다. 왜냐하면 자기들의 눈앞에서 하나님의 사역이 펼쳐졌고, 자기들이 직접 눈으로 보며 자신들에게 이루어진 일을 알아차리고 있기 때문입니다. 죄인 된 인간은 더 중요한 일은 모른다고 아무런 반응이 없다가 사소한 일이라도 자기가 알고 있는 일에는 호들갑을 떠는 것입니다. 그래도 하나님은 인간을 다 이해하십니다. 정작 중요한 유월절 사건에 아무런 반응을 보이지 않아도 하나님은 아무 말씀하지 않으시고, 사소한 홍해 앞에서 호들갑을 떨어도 하나님은 아무 말씀을 하지 않으십니다. 하나님은 인간의 행위에 따라 반응하시는 분이 아니라 인간의 필요를 아시고 채워주시는 분이시기 때문입니다. 인간이 하나님을 찬양하는 것은 자신이 은혜 받았다는 것을 알았을 때입니다. 하나님이 자신을 위해 행하신 일을 깨달았을 때입니다. 노아도 하나님의 은혜로 구원받고 배에서 나왔을 때 제사를 드렸고, 아브라함도 하나님께 은혜를 받았을 때 단을 쌓았고, 모세도 홍해를 건넌 후에 노래를 하는 것입니다. 이렇게 자기가 하나님으로부터 은혜를 받았다는 것을 알았을 때 찬양을 드리고 있기에 노래와 찬양이 당연히 쉬운 것이요 내용이 당연히 모두 사실인 것입니다.

## 찬양에서 강조되는 것

하나님이 행하신 일에 대하여 인간이 반응하는 것으로의 찬양에서 강조하는 것은 지금 자신이 찬양하고 있다는 자신의 행위가 아니라 당연히 찬양받으실 일을 행하신 하나님입니다. 자신에게 은혜를 주신 하나님, 자신에게 반응을 만들어내신 하나님, 자신에게 복을 주신 하나님, 자신을 위해 역사를 행하신 하나님에 대하여 노래하며 하나님을 높이는 것이 당연한 것입니다. 이스라엘과 모세가 노래한 본문의 내용도 하나님을 높이는 내용이 등장합니다. 15장 2절 "여호와는 나의 힘이요 노래시며 나의 구원이시로다. 그는 나의 하나님이시니 내가 그를 찬송할 것이요 내 아버지의 하나님이시니 내가 그를 높이리로다", 19절 "여호와께서 영원무궁 하도록 다스리시로다"입니다.

내가 하는 찬양에서 중요한 것은 지금 내가 찬양한다는 나의 행위가 아닙니다. 내가 하나님께 받은 은혜와 축복에 대하여 감동하는 것입니다. 하나님이 너무 고마운 것입니다. 그래서 하나님을 높이는 것입니다. 찬양에는 '하나님, 내가 지금 찬양합니다. 지금 찬양하는 것이 바로 나입니다. 내가 찬양하는 것 기억하셔야 합니다. 내가 하는 찬양 받으시고 그냥 넘어가시면 안 됩니다. 지금 내가 찬양하느라고 매우 힘든 것 아시죠. 내가 지금 소리를 크게 지르고 있습니다. 이것 보셔야 합니다' 라는 의미가 전혀 없습니다. 도리어 찬양하는 나는 이미 기쁜 것이요 이미 행복한 것이요 이미 결과를 얻은 것입니다. 그래서 힘이 들지 않고 어렵지 않은 것입니다. 나의 행위를 강조할 이유가 없는 것입니다.

찬양은 하나님의 일하심에 대한 인간의 반응입니다. 그래서 내가 찬양했다고 해서, 내가 찬양을 했다는 것을 근거로 해서 하나님께 요구하는 것이 없다는 것입니다. 찬송은 이미 하나님이 나를 위하여 행동하셔서 내가 찬송할만한 내용 즉 결과물을 가진 다음에 하는 것입니다. 당연히 이미 결과물을 가지고 있기에 찬송을 한 후 내가 찬송을 했다는 행위를 대가로 요구하는 것이 없습니다. 왜냐하면 이미 결과를 가지고 있기 때문입니다. 이스라엘이 죽음에서 살아났다는 결과를 가졌습니다. 이스라엘이 홍해에서 구원받았다는 결과를 가졌습니다. 그래서 찬송 후에 이제 이 찬송을 받으시고 무엇을 해달라는 요청이 없습니다. 찬양을 빌미로 요구하는 것이 없습니다. 찬양이 은혜받기 위한 조건이 아니라 은혜 받은 자의 반응인 것입니다. 기독교에는 조건이 없습니다. 기독교에는 인간의 행위에 근거하여 하나님께 요청할 방법이 아예 원천적으로 존재하지 않는 것입니다. 왜냐하면 인간이 필요로 하고, 인간에게 요청되어야 하는 것을 하나님이 먼저 다 베풀어주고, 이루어주셨기 때문입니다.

## 조건이냐? 반응이냐?

### 성경이 결과로 제시하는 것

기독교의 특징은 세상 어디에도 없는 유일한 것이며 가장 분명한 것이며 가장 좋은 것입니다. 그런데 정작 기독교가 기독교의 특징을 알지 못하고 강조하지 못하고 누리지 못하고 있습니다. 기독교가 타종교와 별다른 차이가 없는 것처럼 여겨지게 하고 있는 것이 안타깝습니다. 기독교에는 조건이 없고 방법이 없습니다. 단지 없다는 것이 아니라 아예 필요하지 조차 않다는 것입니다. 왜냐하면 하나님이 먼저 해결해 주시기 때문입니다. 사람들은 하나님이 선포하신 복음을 인간들이 말하는 수단과 동일시하는 실수를 범합니다. 기독교의 복음이 얼마나 다른지, 기독교의 복음이 얼마나 멋있는지를 사람들이 말하는 조건론과 하나님이 말씀하시는 선포 즉 결과론으로 비교하면서 한 가지만 더 살펴보겠습니다.

하나님이 결과를 선포하는 본문에 대하여 마치 조건을 제시하는 것으로 잘못 오해하는 대표적인 본문이 마태복음 5장의 팔복입니다. 흔히들 마태복음 5장을 여덟 가지 복 받는 비결이라고 생각을 합니다. 마태복음 5장 3~10절 "심령이 가난한 자는 복이 있나니 천국이 그들의 것임이요, 애통하는 자는 복이 있나니 그들이 위로를 받을 것임이요, 온유한 자는 복이 있나니 그들이 땅을 기업으로 받을 것임이요, 의에 주리고 목마른 자는 복이 있나니 그들이 배부를 것임이요, 긍휼히 여기는 자는 복이 있나니 그들이 하나님을 볼 것임이요, 화평하게 하는 자는 복이 있나니 그들이 하나님의 아들이라 일컬음을 받을 것임이요, 의를 위하여 박해를 받은 자를 복이 있나니 천국이 그들의 것임이라"입니다. 이 말씀은 복을 받는 비결, 복을 받을 수 있는 조건을 제시하는 것이 아닙니다. 도리어 예수 그리스도가 자신의 사역을 통하여 죄인 된 우리들을 이런 삶이 가능한 성도가 되도록 하시겠다는 선포입니다.

만약 이 본문이 복을 받는 조건이나 은혜를 받을 수 있는 수단과 방법으로 제안하는 것이라면 성경에는 모순되고 상충되는 정 반대의 구절이 있습니다. 갈라디아서 5장 22절입니다. "오직 성령의 열매는 사랑과 희락과 화평과 오래 참음과 자비와 양선과 온유와 절제니 이 같은 것을 금지할 법이 없느니라"입니다. 마태복음 5장과 갈라디아서 5장에는 온유, 화평, 인내 등 동일한 단어들이 등장합니다. 그렇다면 하나님께서 동일한 성품에 대하여 마태복음에서는 복을 받는 조건으로 제시하고 갈라디아서에서는 성령의 열매 즉 결과로서 제시하는 것이 되어버립니다. 하나님은 자신이 한쪽에서는 조건으로 제시하신 줄을 모르고 다른 한쪽에서는 결과로 정반대의 말씀을 하시는 것이 아닙니다. 마태복음 5장도 갈라디아서 5장도 모두 열매, 결과, 결실로 선포하고 있는 것입니다. 심령이 가난 한 것, 애통하는 것, 온유, 긍휼, 청결, 화평, 사랑, 인내, 자비, 양선, 충성 등은 모두 성령의 열매 즉 결과입니다. 이러한 성품이 성령의 열매라는 것은 타종교의 인식, 일반적인 사람들의 인식과는 전혀 다른 오직 기독교만의 독특한 선포입니다.

### 성령의 열매

성령의 열매로 등장한 충성을 생각해 보겠습니다. 성령의 열매가 충성이라는 것은 인간들의 일반적인 생각과는 전혀 다른 생각입니다. 왜냐하면 사람들은 충성이 할 수 있는 것인 줄로 압니다. 그래서 충성하면 상을 받을 것이라고 말합니다. 충성 할 수 있다고 생각하니까 충성을 하라고 권고하고 충성을 하면 상을 받을 수 있다고 말하는 것입니다. 그런데 하나님은 전혀 다른 차원으로 말씀하신다는 것입니다. 하나님은 충성을 사람이 수고해서 되는 것, 사람이 노력해서 되는 것으로 소개를 하는 것이 아니라 성령의 열매 즉 사람이 할 수 없는 것이기에 하나님이 도우셔서, 성령이 도우셔서 사람에게 나타나는 결과물로서 말씀하십니다. 온유도 양선도 인내도 마찬가지입니다. 사람이 조금만 참으면 인내할 수 있는 것이 아니고, 사람이 조금만 성질 죽이면 온유 할 수 있는 것이 아닙니다. 온유한 것, 인내하는 것, 충성하는 것은 전적으로 하나님이 도우신 결과입니다. 하나님은 성도에게 온유, 양선, 인내, 충성을 가능하도록 하기 위해서 예수를 성육신 하게 하셨고, 하나님은 성도에게 온유, 양선, 인내, 충성을 가능하도록 하기 위해서 예수가 십자가 사역을 감당하게 하셨고, 하나님은 성도에게 온유, 양선, 인내, 충성을 가능하도록 하기 위해서 성령이 내주하게 하셨습니다. 하나님이 그렇게 행하신 결과로 성도에게 나타날 수 있는 모습이 바로 온유, 인내, 양선, 충성입니다.

세상 사람들이 얼마나 오해하느냐의 정도가 아니라 교회들조차도 얼마나 오해하느냐면 온유, 양선, 인내, 충성을 사람이 할 수 있을 줄로 안다는 것입니다. 그래서 교회도 인내하면, 온유하면, 충성하면 하나님이 복을 주신다고 말합니다. 성경이 강조하는 의미와 얼마나 뒤집어져 있는지 구분하셔야 합니다. 정작 하나님은 하나님이 도우셔야 온유, 양선, 인내, 사랑, 화평, 충성이 될 수 있다고 선언하시는데 실제 교회들은 충성하면 하나님이 도우실 것이라고 합니다. 교회들이 하나님과 얼마나 다르게 말하고 있는지 분별이 되셔야 합니다. 하나님은 하나님이 도우신 결과가 충성이라고 말씀하십니다. 하나님이 인간으로 하여금 충성할 수 있도록 인내할 수 있도록 양선할 수 있도록 화평할 수 있도록 사랑할 수 있도록 도우시겠다고 말씀하십니다. 사람이 인내할 수 있고 온유할 수 있고 사랑할 수 있고 충성할 수 있으면 이미 그것이 행복이요 즐거움입니다.

그런데 교회들은 하나님이 단 한 번도 하시지 않으신 말씀들을 거침없이 합니다. 온유하면 인내하면 충성하면 하나님이 복 주신다고 합니다. 하나님은 그런 말씀을 하신 적이 없습니다. 기독교에는 조건이 없습니다. 기독교에는 인간의 방법론이 없습니다. 대신 기독교에는 세상에 없는 것 바로 하나님의 일하심이 있습니다. 하나님이 존재하시고 하나님이 일하시고 하나님의 은혜가 있고 하나님의 일하심의 결과 즉 열매가 있습니다. 하나님이 인간에게 주시는 것입니다. 이렇게 하나님이 주실 때 인간은 반응하는 것이요 인간에게 결실로 드러나고 나타나게 되는 것입니다.

## 성품들의 의미

인내, 온유, 양선, 화평, 충성 등은 절대로 복 받는 비결, 은혜 받는 조건이 아닙니다. 조건이 아니라 결과요, 수단이 아니라 열매요 결실입니다. 내가 충성해서 복을 받을 수 있는 것이 아니라 하나님이 성령으로 도우셔서 나에게 맺게 하신 하나님의 일하심의 결과입니다. 온유, 양선, 화평, 인내, 희락, 충성 등의 성품들이 복 받는 조건이 아니라 복 받은 결과라는 것은 그 자체로서 귀중하다는 것입니다. 충성은 성실함 그 자체요 성품 그 자체라는 것입니다. 성도는 이러한 성품을 가진 존재, 이러한 성품을 그 자체로서 삶 가운데 실천하는 존재인 것입니다. 충성해서 복을 받으려고 충성을 하면 그것은 충성이 아니라 교활한 것입니다. 온유해서 은혜를 받으려고 하면 그것은 온유가 아니라 사기입니다. 인내해서 상을 받으려고 하면 그것은 인내가 아니라 속임수입니다. 화평해서 다른 목적을 얻어내려고 한다면 그것은 화평이 아니라 기만입니다. 하나님이 사역을 통해 성령의 열매로서 성도들의 삶에 구현시키는 성품들은 그 자체로서 이미 온전한 것입니다. 사랑, 희락, 화평, 온유, 인내, 충성, 찬양 등 이런 성품들, 이러한 행동들에 조건이 달라 붙으면 그것은 이미 왜곡된 개념이 된다는 것입니다.

죄인들은 이것 자체들이 좋은 성품이기 때문에 그 자체로 행동하는 것이 아니라 복 받는, 상 받는 수단으로만 활용하려고 합니다. 만약 어떤 사람이 사랑, 화평, 인내, 온유, 화평, 양성 등을 행할 수 있다면 이미 그 사람은 엄청난 은혜를 받은 자요, 축복을 받은 자인 것입니다. 아무나 온유할 수 있는 것이 아니고, 아무나 충성할 수 있는 것이 아닙니다. 성도는 자신이 온유할 수 있다는 사실, 자신이 충성할 수 있다는 사실에 감격스러워하는 것입니다. 바울은 고린도전서 9장 18절에서 "그런즉 내 상이 무엇이냐? 내가 복음을 전할 때에 값없이 전하고 복음으로 말미암아 내게 있는 권리를 다 쓰지 아니하는 이것이로다"라고 말합니다. 바울에게는 자신이 사용할 권리가 있고 권리를 쓴다고 아무도 흉보거나 욕하지 않을 것입니다. 아니 복음을 위해 쓴다고 하면 조금 더 써도, 남의 것까지 가져다가 써도 그리 욕먹을 일이 아닐 것입니다. 그런데 자기는 정당한 자기의 권리마저도 사용하지 않는다는 것입니다. 그렇게 행하는 자기의 모습에 자기가 놀라는 것입니다. 예전에는 자기가 그런 존재가 아니었던 것입니다. 자기가 정당하면 당연히 정당성을 주장했었고 자기에게 권리가 있으면 당연히 썼어야 합니다.

　그런데 지금 바울이 변해있다는 것입니다. 하나님이 도우셔서 자기가 새로운 성품을 가진 자가 되었다는 것입니다. 하나님이 자기에게 역사하셔서, 성령이 자기를 도우셔서 자기가 새사람, 새 성품이 되었다는 것입니다. 자기의 권리를 쓰지 않으면서도 억울하지 않고 분하지 않고 성질나지 않고 그럼에도 자기는 성실할 수 있고 충성할 수 있더라는 것입니다. 자신이 이렇게 행할 수 있는 새로운 존재가 되었다는 것이 이미 자신이 상을 받은 것이라는 의미입니다. 자신이 이미 하나님께 복을 받고 상을 받고 은혜를 받아서 이렇게 행동할 수 있다는 것입니다. 자신이 충성한다는 것이 이미 복을 받은 결과라는 것이요 자신이 인내한다는 것이 이미 상 받은 결과라는 것입니다. 너무나 멋진 성도의 삶이요 성도의 고백입니다. 찬양도 이미 자신이 은혜를 받았다는 것 그래서 은혜를 주신 하나님을 찬양한다는 것입니다.

　신앙은 정말 자연스럽고 즐거운 것입니다. 신앙은 내가 조건을 충족시켜서 받아내는 행위가 아니라 하나님이 나에게 이루어주신 일에 대하여 반응하는 것입니다. 자신의 신앙이 부족하다고 생각하는 것은 하나님께 받은 것이 적어서가 아니라 얼마나 받았고 무엇을 받았는지를 아직 잘 모르고 있기 때문입니다. 혹시 신앙에 열정이 없고 감동이 없다면 성경을 읽고 배워서 하나님께서 나에게 이루어주신 축복들을 알아 가시기 바랍니다. 하나님을 알고 하나님이 내 안에 이루어 놓으신 성품들을 알아서 삶 가운데 풍성히 신나게 누리시는 즐겁고 행복한 신앙생활 되시기를 주님의 이름으로 축원합니다.

**24**

# 치료하는 여호와

**출애굽기 15 : 22 ~ 27**

22 모세가 홍해에서 이스라엘을 인도하매 그들이 나와서 수르 광야로 들어가서 거기서 사흘길을 걸었으나 물을 얻지 못하고 23 마라에 이르렀더니 그 곳 물이 써서 마시지 못하겠으므로 그 이름을 마라라 하였더라 24 백성이 모세에게 원망하여 이르되 우리가 무엇을 마실까 하매 25 모세가 여호와께 부르짖었더니 여호와께서 그에게 한 나무를 가리키시니 그가 물에 던지니 물이 달게 되었더라 거기서 여호와께서 그들을 위하여 법도와 율례를 정하시고 그들을 시험하실새 26 이르시되 너희가 너희 하나님 나 여호와의 말을 들어 순종하고 내가 보기에 의를 행하며 내 계명에 귀를 기울이며 내 모든 규례를 지키면 내가 애굽 사람에게 내린 모든 질병 중 하나도 너희에게 내리지 아니하리니 나는 너희를 치료하는 여호와임이라 27 그들이 엘림에 이르니 거기에 물 샘 열둘과 종려나무 일흔 그루가 있는지라 거기서 그들이 그 물곁에 장막을 치니라

## 인격적인 관계

### 열심을 강조하는 것

운동 경기는 여러 가지로 구분할 수 있습니다. 개인 종목과 단체종목으로 나눌 수도 있고, 도구를 사용하는 종목과 사용하지 않는 종목으로 나눌 수도 있고, 상대방을 두고 하는 종목과 혼자 하는 종목으로 나눌 수도 있습니다. 예를 들면 사격, 수영, 달리기 등은 상배방과 하는 경기가 아니라 혼자 하는 종목으로 나만 잘하면 되는 것이요 내가 경기할 때 상대가 무엇을 하는지는 신경 쓸 이유가 없습니다. 그래서 상대를 분석

하기 보다는 자신이 열심을 내면 됩니다. 하지만 개인종목이든 단체종목이든 파트너가 있는 경기는 다릅니다. 테니스도 상대가 있고 축구도 상대가 있는 것입니다. 이런 종목은 내가 잘해야 하는 것뿐만 아니라 상대가 어떤 반응을 보일지 알아야 하고, 상대의 반응에 내가 어떻게 대처해야 하는 가를 알아야 합니다. 반드시 상대에 대한 전력탐구, 분석이 있어야만 합니다. 왜냐하면 상대방이 있기 때문입니다.

인간의 관계도 마찬가지입니다. 인간은 상호관계를 가지고 살아갑니다. 인격적인 교통이 필수적입니다. 이때 가장 중요한 것이 바로 상대에 대한 이해입니다. 내가 교제하는 대상을 알아야 한다는 것입니다. 교제가 깨어지는 남녀 커플이 하는 마지막 말이 대체로 남자가 하는 말은 '내가 너한테 얼마나 잘했는데!' 입니다. 이 말을 들은 여자가 꼭 하는 말은 '너는 내 의견과 상관없이 오직 네가 하고 싶은 대로만 했어!' 입니다. 한쪽은 자신이 얼마나 애를 썼는지, 얼마나 수고를 했는지, 얼마나 정성을 다했는지를 들고 나옵니다. 그럼 다른 한쪽은 열심히 한 것은 인정하지만 자신이 좋아하는 것이 아니었다는 것이 문제입니다. 소통과 교제의 기본이 바로서지 못한 것입니다. 상대방을 바로 알아야 한다는 것은 경쟁이 펼쳐지는 스포츠에서도, 교제를 목적으로 하는 인간의 관계에서도 기본이지만 더욱이나 종교와 신앙에서는 필수적인 요소입니다. 내가 믿는 신앙의 대상에 대하여 알아야 한다는 것은 모든 종교가 아니라 기독교만의 유일한 강조점이며 기독교만의 유일한 특징이요 본질입니다. 타 종교에는 신의 뜻이 없기에 당연히 계시도 없고 신의 사역도 없고 신과의 교통도 없습니다. 그래서 타 종교들에서 강조가 되는 것은 신의 섭리가 아니라 인간의 열심입니다. 대체적으로 타 종교인들은 신의 뜻을 알고 싶어 하지도 않고 신의 원리, 신의 마음, 신과의 교통이 없습니다. 오직 자기 열심만을 강조합니다.

기독교는 하나님이 강조되고 당연히 하나님의 말씀, 하나님의 뜻, 하나님의 마음, 하나님의 원리가 강조됩니다. 내가 얼마나 열심히 했는가를 강조하기 이전에 이것이 하나님의 뜻에 맞는가를 분별하는 것이 우선되어야 합니다. 사도 바울이 유대교를 책망할 때 가장 신랄하게 지적했던 것이 바로 이것입니다. 로마서 10장 2, 3절에 "내가 증언하노니 그들이 하나님께 열심이 있으나 올바른 지식을 따른 것이 아니니라. 하나님의 의를 모르고 자기 의를 세우려고 힘써 하나님의 의에 복종하지 아니하였느니라"입니다. 기독교 신앙은 하나님과 인간이 상호 관계를 갖는 다는 것이며 교통한다는 것이며 인격적이라는 의미인 것입니다. 기독교에서는 충성과 열심을 강조하기 이전에 하나님을 아는 것이 먼저 선행되어야만 합니다.

## 하나님과의 관계

하나님은 인격적인 분이십니다. 하나님은 하나님과 인간의 관계를 신과 인간의 관계로 인식하지 않으십니다. 창조자와 피조물의 관계로 인식하지 않으십니다. 하나님은 하나님과 인간을 교제의 관계, 상호 동등의 관계로 설정하시고 친히 인간과 교통하여 주시는 것입니다. 그래서 하나님은 인간을 창조하실 때에 하나님의 형상을 따라 창조하셨습니다. 하나님과 구별이 있게끔, 하나님과 차별성이 강조되게끔 만드신 것이 아니라 하나님의 성품을 주고 하나님의 속성을 주고 하나님의 마음을 주고 하나님의 원리를 주셨습니다. 하나님의 종으로 삼은 것이 아니고 신의 도구로 삼은 것이 아니라는 것입니다. 그래서 인간에게 신에 대한 충성을 요구하거나 무조건적 헌신을 요구하지 않으시는 것입니다. 하나님은 인간에게 지배자와 통치자로서 군림하지 않으시기에 단 한 번도 하나님의 권세를 무기로 항복을 요구하거나 하나님의 힘을 근거로 배신은 용서하지 않겠다고 으름장을 놓으신 적이 없는 것입니다. 하나님과 인간은 주종관계가 아니며 하나님과 인간은 종속관계가 아니며 하나님과 인간은 상하관계가 아닙니다. 하나님에 대하여 두려움이 있거나 하나님의 힘과 권세에 대해 무서움이 있거나 혹시 불복종에 대한 보복의 공포가 있다면 그것은 바른 신앙이 아닙니다.

### 관계의 선포

인간을 창조하셨을 때 하나님의 형상을 주셨던 하나님은 인간이 타락한 후에도 계속하여 인간과 인격적인 관계를 맺기원하십니다. 하나님이 모세를 부르시고 애굽에 있는 이스라엘 백성을 출애굽 시키기 위하여 보내실 때에도 하나님은 이스라엘과 하나님의 관계를 가장 먼저 언급하셨습니다. 출애굽기 3장 7절 "여호와께서 이르시되 내가 애굽에 있는 내 백성의 고통을 분명히 보고", 또 10절 "이제 내가 너를 바로에게 보내어 너에게 내 백성 이스라엘 자손을 애굽에서 인도하여 내게 하리라"입니다. 하나님이 이스라엘을 기억하시고 출애굽 시키려는 이유는 하나님이 이스라엘을 하나님의 백성으로 여기기 때문입니다. 하나님은 이스라엘을 하나님의 백성이라고 선언하는 정도 그 이상입니다. 출애굽기 4장 22절 "너는 바로에게 이르기를 여호와의 말씀에 이스라엘은 내 아들 내 장자라. 내가 네게 이르기를 내 아들을 보내 주어 나를 섬기게 하라 하여도 네가 보내 주기를 거절하니"입니다. 하나님이 이스라엘을 '내 아들 내 장자' 라고 선언하는 것은 정말 엄청난 선언으로 오직 하나님만이 인간에 대해 하시는 선언, 오직 기독교만이 인간에 대해 하는 선언입니다. 다른 종교는 정반대로 인간이 자기 스스로 신의 아들이라고 주장할 뿐입니다. 타종교의 신이 인간에 대해 자신의 아들이요 장자로고 선언하는 신은 없습니다. 다만 인간이 자기를 높이려고 자기를 신의 아들이라고 사기치는 것입니다. 기독교는 인간이 선언하는 것이 아니라 하나님이 선언하시는 것입니다. 하나님은 나는 너의 하나님이요 너는 나의 아들이요 장자라고 강력하게 선포하십니다.

　　하나님은 이 관계의 설정을 단지 한 번만 말씀하시는 것이 아니라 계속하여 말씀하십니다. 출애굽기 6장 6~8절 "그러므로 이스라엘 자손에게 말하기를 나는 여호와라. 내가 애굽 사람의 무거운 짐 밑에서 너희를 빼내며 그들의 노역에서 너희를 건지며 편 팔과 여러 큰 심판들로써 너희를 속량하여 니희를 내 백성으로 삼고 나는 너희의 하나님이 되리니 나는 애굽 사람의 무거운 짐 밑에서 너희를 빼낸 너희의 하나님 여호와인줄 너희가 알지라. 내가 아브라함과 이삭과 야곱에게 주기로 맹세한 땅으로 너희를 인도하고 그 땅을 너희에게 주어 기업을 삼게 하리라. 나는 여호와라"입니다. 하나님은 하나님의 지혜와 능력과 권세를 강조하는 것이 아니라 이스라엘과의 관계성을 강조합니다. 하나님은 이스라엘에게, 인간에게 하나님을 알리시는 것입니다. 하나님과 인간의 관계를 알리시는 것입니다. 왜냐하면 하나님은 인간에게 맹종이나 복종이 아니라 인격적인 교제를 원하시기 때문입니다. 궁극적으로는 인간이 행복하기를 원하시는데, 그 행복은 하나님의 원리로 살아야 하는 것이며, 그 하나님의 원리를 인간이 따르려면 하나님이 얼마나 인간을 위하시는지를 알아야 하기 때문입니다.

　　열 가지 이적이 펼쳐지는 동안 대부분의 사람들의 관심은 하나님의 능력, 하나님의 권세에 쏠립니다. 하지만 하나님의 능력보다 더욱 중요한 것은 하나님이 그 능력을 누구에게 사용하고 계시는가, 하나님이 그 능력을 왜 사용하고 계시는 가를 이해하셔야 한다는 것입니다. 하나님은 열 가지 이적을 통해 능력시범을 보여주시는 것이 아니라 하나님을 알라고, 하나님 자신을 알라고, 하나님이 얼마나 인간을 위하시는가를 알라고 계속 강조하시는 것입니다. 하나님은 열 가지의 능력을 강조하면서 하나님께 복종하기를 원하시는 것이 아닙니다. 반대로 하나님은 열 번, 아니 백 번을 일하셔서라도 이스라엘을 구원하시고 이스라엘을 위한 하나님이 되시기를 원하신다는 것을 강조하시는 것입니다.

# 치료하는 여호와

## 존재와 행동

상대를 이해하는 방식에는 두 가지가 있습니다. 하나는 그가 하는 행동을 보고 그가 누구라는 것을 이해하는 것입니다. 즉 행동으로 존재를 이해하는 것입니다. 그가 설교를 하는 것을 보니 목사이다, 그가 학교에서 학생들을 가르치는 것을 보니 선생이라고 인식하는 것입니다. 그러나 이것은 정확한 것이 아닙니다. 목사가 아니어도 설교할 수 있고 선생이 아니어도 아이들을 가르칠 수 있습니다. 다른 하나는 존재로서 그의 행동을 이해하는 것입니다. 그는 목사이기에 설교를 하고, 기사이기에 운전을 한다고 인식하는 것입니다. 이것은 정확한 것입니다. 다만 그가 목사인지, 기사인지를 어떻게 아느냐가 문제입니다. 존재를 알면 행동을 이해할 수 있는데, 존재를 알려면 행동을 보아야 한다는 것이 인간의 난점입니다.

세상 사람들은 신약에서 예수님을 이해할 때 자주 사람의 방식 즉 행동으로 존재를 이해하는 방식을 적용하려고 하기에 왜곡이 생기는 것입니다. 예수의 행동으로 예수가 누구인지를 결정하려고 하기에 예수는 혁명가이다, 예수는 교육자이다, 예수는 자선 사업가이다, 예수는 목수라는 말만 나오지 결코 예수는 하나님의 아들이다, 예수는 구세주라는 고백이 나오지 않는 것입니다. 그러나 기독교는 하나님의 방식 즉 존재로서 행동을 이해하는 방식을 적용합니다. 그래서 먼저 인간을 성도로 변화시켜 주어 예수의 존재를 하나님의 아들, 구세주로 알게 하게 난 후에 예수의 행동을 하나하나씩 이해하게 하는 것입니다. 그러니까 엄밀하게 말하면 성도는 이미 예수를 구세주로 아는 자이고, 성도가 아니면 예수의 행동을 이해할 수 있는 사람이 없는 것입니다.

그래서 기독교에는 방법론이나 수단론이 존재하지 않는 것입니다.

기독교에 방법론이 존재하지 않는 이유는 그런 방법을 사용하지 않아서가 아니라 사용해도 소용이 없다는 것이 이미 구약을 통해서 증명이 되었기 때문입니다. 구약에서 하나님이 수도 없이 하나님을 알리고, 하나님을 알아차릴 수 있는 수많은 방법을 사용하셨지만 결국 인간은 하나님을 알지 못했고, 하나님을 인정하지 않았고, 하나님을 믿지 않았던 것을 아실 것입니다. 하나님 일하시는 방식과 인간이 이해하지 못하는 실상을 본문을 통해 확인해 보도록 하겠습니다.

## 하나님

16장 22절 "모세가 홍해에서 이스라엘을 인도하매 그들이 나와서 수르 광야로 들어가서 거기서 사흘 길을 걸었으나 물을 얻지 못하고 마라에 이르렀더니 그 곳 물이 서서 마시지 못하겠으므로 그 이름을 마라라 하였더라. 백성이 모세에게 원망하여 이르되 우리가 무엇을 마실까 하매"입니다. 신앙 경력이 조금 있으신 분들은 성경을 읽다가 이런 장면을 보면서 혀를 차고 안타까워합니다. 불과 사흘 전에 이적을 목도하였고, 불과 사흘 전에 "여호와는 나의 힘이요 노래시며 나의 구원이시로다. 그는 나의 하나님이시니 내가 그를 찬송할 것이요 내 아버지의 하나님이시니 내가 그를 높이리로다"라고 말하더니 불과 사흘 만에 이렇게 돌변하는 것을 이해하지 못합니다. 동서고금을 막론하고 사흘은 인간의 한계를 드러내는데 충분한 것 같습니다. 우리나라에도 '사흘 굶어서 도둑질 안할 사람 없다' 라는 말이 있고 '작심삼일' 이라는 말이 있는데 성경에도 인간이 돌변하는데 사흘이 자주 등장합니다.

이스라엘의 이러한 태도는 충분히 이해가 됩니다. 아무리 사흘 전에 홍해를 건넜어도 홍해를 건넜다는 사실이 지금 당장의 목마름을 해결할 수는 없는 것입니다. 추억은 회상할 때 아름다운 것이지만 현실에는 힘이 없습니다. 사흘 전에 홍해를 건넜고 그 이전에 제 아무리 열 번의 이적과 기적을 체험하였어도 지금 목이 마르면 가장 중요한 것은 지금 목이 마르다는 것입니다. 그들이 마실 물이 없어서 원망한다는 것은 이해가 되고 인간이 절박할 때 어떻게 행동하는지 백 번 천 번 이해가 됩니다. 본문에서는 마실 물이 없어서 생명이 위급할 때 인간이 얼마나 절박할 수 있는가 또는 인간이 얼마나 기억을 빨리 잊을 수 있는가 등만 이해가 되는 것이 아니라 인간이 특별히 죄인이 얼마나 하나님의 일하심의 내용을 인식하지 못하는가도 이해하셔야 합니다. 하나님이 열 가지 이적과 홍해를 건너게 하신 것은 하나님의 능력을 보여주기 위한 것이 아니라 하나님과 이스라엘의 관계를 확인시켜 주기 위한 것이었습니다. 즉 능력을 통하여 하나님 되심을 인정받기 위한 것임이 아니라, 하나님이시기 때문에 너희를 돕고 있다는 것을 이해시키려고 하신 것입니다.

그래서 이스라엘은 하나님이 열 가지 이적을 행하실 수 있는 능력자라는 것을 알아야 했던 것이 아니라 하나님이 자신들의 하나님이시라는 것을 이해했어야 하는 것입니다. 하나님이 자신들의 하나님이시기 때문에 조상들과의 약속을 기억하셨고, 하나님이 자신들의 하나님이시기 때문에 출애굽을 이루시기 원하셨고, 하나님이 자신들의 하나님이시기 때문에 열 가지 이적을 행하셨고, 하나님이 자신들의 하나님이시기 때문에 홍해에서 구원하셨고, 하나님이 자신들의 하나님이시기 때문에 자신들을 가나안으로 인도하실 것이라는 것을 알았어야 합니다. 만약 하나님이 자신들의 하나님이심을 알았다면, 하나님은 자신들의 하나님이시기 때문에 물이 짜서 마실 수 없을 상황에서 자신들이 목마름으로 죽을 지경일 때 하나님이 자신들을 구원하실 것을 알 수 있었을 것입니다.

### 죄인의 신 인식

이스라엘은 하나님이 자신들의 하나님이시라는 사실보다 하나님이 열 가지 이적을 행하실 수 있는 것에만 관심이 있었습니다. 이것이 죄인들의 신 인식이요 죄인들의 종교인식이었기 때문입니다. 이것이 약 400년간 애굽에서 살면서 그들이 배우고 익히고 체험하고 늘 행하던 종교 방식이요, 신 인식이었기 때문입니다. 애굽에는 단지 열 개의 신만이 있었던 것이 아니라 수십 가지, 수백 가지의 신이 존재하였습니다. 애굽 사람들이 생각하는 신은 창조자이신 신이 아니요 천히 만물의 신이 아니었기 때문입니다. 죄인들이 알고 있는 신들은 종합적인 신이 아니라 부분적인 신입니다. 각각의 영역이 있고 각각의 능력이 있는 분과별 신입니다. 그래서 각 신들 자신의 영역에서만 통치를 하고 자신의 분야에서만 능력을 발휘하는 것입니다. 그래서 하늘의 신이 따로 있고 땅의 신이 따로 있고 물의 신이 따로 있고 농사의 신이 따로 있고 물고기 신이 따로 있는 것입니다. 그 동안 이스라엘도 애굽에서 그렇게 배우고 그렇게 알아 왔습니다.

하나님이 행하신 열 가지 이적을 체험하고, 하나님이 갈라놓으신 홍해를 건넌 이스라엘이 마실 물 앞에서 이렇게 원망하는 이유, 그들이 하나님을 체험하였다는 사실이 이렇게 허무하게 무너지는 이유는 이스라엘 백성이 자기들을 아들 삼으신 하나님을 안 것이 아니라 열 가지 이적을 행한 신만을 알기 때문입니다. 이스라엘이 열 가지 이적을 통해 배운 것은 여호와라는 신은 열 가지를 행할 수 있다는 것뿐입니다. 애굽적 종교인식, 죄적 종교인식을 가진 저들에게는 전능하신 하나님이 단지 열 가지를 보여주신 것으로 생각하는 것이 아니라 달랑 열 가지만을 행할 줄 아는 하나님으로 아는 것입니다. 이스라엘이 체험한 열 가지 이적에는 '쓴 물을 단 물로 고쳐주는 신의 능력'이 포함되어 있지 않은 것입니다. 물을 피로 만들 수 있다는 것, 개구리가 올라오게 할 수 있다는 것, 먼지를 이로 만들 수 있다는 것, 우박을 내리게 할 수 있다는 것, 흑암이 오게 할 수 있다는 것은 알지만 써서 마실 수 없는 물을 마실 수 있는 물로 바꾸어 줄 수 있는 능력이 있는지는 모른다는 것입니다. 그러니 저들은 아무리 기적을 보았어도 쓴 물 앞에서 원망할 수밖에 없는 것입니다. 이스라엘 백성들은 하나님이 왜 자신들을 구원하시는지, 하실 수 있으면서 왜 한 번에 안하고 열 번씩이나 하시는지 그 이유를 아직까지도 알지 못하는 것입니다. 더 나아가 신이 인간과 교통하고 싶어 한다는 것, 신이 인간을 향하여 너는 내 아들이요 내 장자라고 선언하신 다는 것, 그래서 신이 자기 아들이자 자기 백성을 위하여 친히 일하신다는 것, 신이 자기 아들이자 자기 백성에게 하나님 자신을 알리시고 함께 인격적 교통을 누리고 싶어 하신다는 것을 전혀 인식하지 못하는 것입니다.

이스라엘이 고난에 처할 때마다 역경에 처할 때마다 불평불만을 드러내고 원망을 합니다. 그런데 이스라엘이 원망을 쏟아 내는 대상은 하나님이 아니라 모세입니다. 15장 24절 "모세에게 원망하여 이르되 우리가 무엇을 마실까 하매"이고 홍해 앞에서도 마찬가지로 14장 11절 "그들이 또 모세에게 이르되 애굽에 매장지가 없어서 당신이 우리를 이끌어 내어 이 광야에서 죽게 하느냐? 어찌하여 당신이 우리를 애굽에서 이끌어 내어 우리에게 이같이 하느냐?"라고 말했었습니다. 또 16장 2절에도 "이스라엘 자손 온 회중이 그 광야에서 모세와 아론을 원망하여", 17장 3절에도 "거기서 백성이 목이 말라 물을 찾으매 그들이 모세에게 원망하여 이르되"입니다. 이스라엘 백성은 하나님께 원망하지 않고 매번 모세에게 원망합니다. 이스라엘 백성들의 신 인식 속에 신은 인간과 교통하는 존재가 아니며, 인간과 동행하는 존재가 아니며, 인간을 생각하는 존재가 아니며, 인간을 돕는 존재가 아니라는 것입니다. 그래서 아예 신에게는 말을 붙이지도 않으며, 원망을 꺼낼 생각조차 하지 않는 것입니다. 이스라엘의 사람들의 생각에 자신들의 상대는 그냥 자신들과 같은 인간입니다. 그래서 모세에게 원망을 하는 것입니다. 신에게 원망하면 신에게 벌을 받을 지도 모른다는 생각 이전에, 아예 신과는 대화가 된다는 생각 자체가 없는 것입니다. 이것이 인간들 즉 죄인들의 신인식입니다.

## 하나님의 반응

하나님은 인간을 아십니다. 하나님은 인간이 죄의 인식구조를 가지고 있다는 것을 아십니다. 하나님은 이스라엘이 왜 원망을 하는 지도 아시고, 그 원망을 하나님에게가 아니라 모세에게 하고 있는 것도 알고 계십니다. 그래서 이러한 백성들의 원망하는 태도에 대하여 하나님은 당연히 다 받아주시는 것입니다. 하나님이 백성들의 원망과 불평불만을 받아주는 이유는 백성들이 하나님을 모르기 때문에 행하는 것임을 알고 계시기 때문입니다. 하나님을 모르는 백성은 그렇게 밖에 행동할 수 없다는 것을 알고 계시는 것입니다.

신앙에 대해, 하나님에 대해 오해하는 설교를 예를 들어보겠습니다. '하나님은 순종하는 사람을 좋아합니다. 비록 말이 안 되고 이해가 되지 않아도 내 상식으로는 도무지 용납할 수 없어도 믿음으로 순종하는 사람, 무조건 순종하는 사람 그 사람에게 축복을 주십니다. 원망하는 사람, 불평하는 사람, 하나님께 복종하지 않는 사람에게는 하나님은 아무런 은혜를 주시지 않습니다. 하나님께 불평하며 대적하는 사람에게는 하나님이 심판과 형벌을 내리십니다. 우리 의심하지 말고 믿읍시다. 우리 원망하지 말고 순종합니다.' 이런 유형의 설교를 들어보셨을 텐데 과연 옳은 말일까요? 본문에서 이스라엘 백성들은 원망하였습니다. 그러나 이스라엘 백성이 심판을 받거나 저주를 받거나 형벌을 받은 것이 아닙니다. 15장 25절 "모세가 여호와께 부르짖으니 여호와께서 그에게 한 나무를 가리키시니 그가 물에 던지니 물이 달게 되었더라"입니다. 성경에 기록된 사실에 근거하여 설교를 해 보면 '이스라엘 백성들은 원망하였습니다. 그랬더니 하나님께서 그 원망을 풀어주셨습니다. 원망할 일이 있으면 하나님께 원망하십시오. 하나님이 풀어주실 것입니다' 입니다. 이스라엘 백성들의 원망에 대해 어디에도 하나님의 책망이 없고 꾸짖음이 없고 형벌이 없습니다. 도리어 하나님이 백성들의 원망을 들어주셨고 백성들의 원망을 풀어주셨습니다. 하나님은 백성들의 하나님이 되시기를 작정하신 분이십니다. 그래서 무조건 백성들 편을 들어주시는 것입니다.

하나님은 단지 원망과 불평을 받아 주시기만 하는 것이 아니라 동시에 교육도 병행하시는 것입니다. 지금은 백성들이 그렇게 밖에 할 수 없는 수준이라는 것을 알고 계시기에 우선은 저들의 불평을 들어주고 풀어주시면서 앞으로는 그렇게 하지 않을 수 있도록 교육을 병행하시는 것입니다. 하나님은 할 수 없는 자에게 할 수 없는 일을 하라고 하지 않습니다. 도리어 할 수 없다는 자들의 원망을 풀어 주시면서 백성들에게 하나님을 알리시는 것입니다. 하나님의 사역은 하나님을 알리시는 목적 즉 교육이 동반되는 것입니다. 그 장면이 25절 후반부입니다. "거기서 여호와께서 그들을 위하여 법도와 율례를 정하시고 그들을 시험하실 새 이르시되 너희가 너희 하나님 나 여호와의 말을 들어 순종하고 내가 보기에 의를 행하며 내 모든 규례를 지키면 내가 애굽 사람에게 내린 모든 질병 중 하나도 너희에게 내리지 아니하리니"입니다.

## 하나님의 교육

25절에서 중요한 표현은 '시험하실새' 입니다. 시험이라는 단어가 등장하지만 시험 본다, 테스트한다, 점검한다는 의미가 아닙니다. 시험성적에 따라 상을 내리든 벌을 내리든 한다는 의미가 절대로 아닙니다. 시험한다는 것은 교육현장에서 사용하는 용어입니다. 원래 교육현장에서는 학생들에게 시험을 보는 행위 자체가 교육행위의 하나입니다. 시험은 교육현장에서만 행하는 교육행위입니다. 엄밀한 의미에서 다른 곳에서 행하는 것은 시험이 아닙니다. 왜냐하면 목적 자체가 다르기 때문입니다. 예를 들어 비교를 해 보겠습니다. 학교에서 시험을 하는 이유는 교육을 하고 점검을 하는 것입니다. 교육의 목적은 목표치에 도달하는 것이지 탈락자를 뽑는 것이 아닙니다. 교육현장에서 시험을 통해 당락을 결정하고 탈락자를 만들어내면 그것은 교육이 아닙니다. 시험의 엄밀한 의미는 신발이 아니고 당락의 결정이 아니고 교육한 내용을 점검하는 것이요, 만일 시험에서 적절한 성적을 내지 못하면 추가 교육이 주어지는 것입니다. 다른 경우, 운전면허 시험을 예를 들어 보겠습니다. 운전 면허시험은 교육이 아닙니다. 운전면허시험은 기준 점수에 도달하지 못하면 그냥 탈락입니다. 그러므로 운전면허시험은 교육적 목적을 가진 교육 행위가 아니라는 것입니다. 회사 입사시험도 마찬가지입니다. 회사에서 시험을 보아서 우수한 성적을 거둔 자는 선발하고 미진한 자는 탈락하는 것을 가리는 과정일 뿐 교육과는 상관이 없습니다.

하나님이 말씀하시는 시험은 선발이나 탈락을 결정하는 것이 아니고, 상급이나 징계를 정하는 것이 아니라 철저하게 교육입니다. 교육의 바른 의미가 가장 정확하게 드러나는 곳이 바로 하나님의 일하심입니다. 본문에서 하나님은 이스라엘에게 법도와 율례를 정하십니다. 하나님의 법도와 하나님의 율례를 가르치시는 것입니다. 그리고 시험 하신다 즉 교육하시는 것입니다. 정하였으니 가르치고, 정하였으니 그 목표에 도달하도록 성장시키기 위하여 행하는 것이 시험이요 교육입니다. 이 의미를 정확하게 다시 한 번 확인해 주는 하나님의 표현이 마지막에 등장하는 하나님의 선언 "나는 너희를 치료하는 여호와임이라" 입니다.

### 치료하는 여호와

의사라는 존재는 이미 인간이 환자가 된다는 전제 하에 존재하는 것입니다. 만약 인간이 아플 가능성도 있지만 안 아플 가능성도 있다면 섣불리 의사를 하려고 하지 않을 것입니다. 그러나 인간은 연약한 존재로서 자주 다양하게 아프다는 엄연한 사실이 있기에 의사가 되기로 투자할 수 있는 것입니다. 하나님이 치료하는 여호와로 자기를 소개하시는 것은 이미 하나님의 전제가 있다는 의미입니다. 하나님이 가지고 계시는 전제는 이스라엘 백성들은 연약하고 하나님에 대하여 잘 모른다는 것입니다. 그래서 하나님에게는 '내가 너희를 치료해 줄것이요, 내가 너희의 생각을 고쳐줄 것이요, 내가 너희의 신 인식을 새롭게 해 줄 것이다.' 라는 당연한 목적이 존재하는 것입니다. 병원에 가면 의사가 환자를 시험해 봅니다. 환자는 의사가 묻는 말에 정답을 말하지 못하면 치료는 고사하고 벌을 받을지도 모른다는 두려움에 사로잡히지 않습니다. 의사 앞에서 어떻게든 시험을 통과하려고 발버둥 치지 않습니다. 안과에 가서 시력검사를 할 때 의사가 지적하는 숫자를 모두 맞추기 위해 미리 시력 검진표를 외우는 사람이 없습니다. 안 보이면 안 보인다고 자신의 상태를 있는대로 적나라하게 드러낼 뿐입니다. 안 보인다는 것을 안 보인다고 말하고 아픈 것을 아프다고 말해야 의사가 고쳐줄 것입니다.

하나님이 백성을 향해 선언하십니다. '나는 치료하는 여호와이니라. 너희가 원망하는 이유를 알고 있고 너희가 불평하는 이유를 알고 있다. 내가 다 치료해 줄 것이요 다 고쳐줄 것이다. 우선 어디가 아픈가 보자' 입니다. 이것이 하나님의 시험이요 하나님의 교육이요 하나님의 치유입니다. 나를 하나님의 백성 삼으시고 나를 하나님의 자녀요 아들로 삼으신 하나님이, 하나님을 알라고 계시하십니다. 하나님이 이적을 행하시고 규례를 정하시고 말씀을 하시면서 하나님을 알리시고 계십니다. 하나님이 어떤 능력을 가지고 있는가를 알기 이전에 그분이 나의 하나님이시라는 것을 알아야 합니다. 하나님을 아시고 하나님의 나를 향하신 사랑을 아시고 하나님이 나의 행복을 위해 가르쳐주신 삶의 원리를 알고 행하셔서 하나님의 주신 복락들을 풍성히 누리시는 즐겁고 신나고 자유롭고 행복한 신앙되시기를 주님의 이름으로 축원합니다.

**25**

# 이것이 무엇이냐

**출애굽기 16 : 1 ~ 20**

1 이스라엘 자손의 온 회중이 엘림에서 떠나 엘림과 시내 산 사이에 있는 신 광야에 이르니 애굽에서 나온 후 둘째 달 십오일이라 2 이스라엘 자손 온 회중이 그 광야에서 모세와 아론을 원망하여 3 이스라엘 자손이 그들에게 이르되 우리가 애굽 땅에서 고기 가마 곁에 앉아 있던 때와 떡을 배불리 먹던 때에 여호와의 손에 죽었더라면 좋았을 것을 너희가 이 광야로 우리를 인도해 내어 이 온 회중이 주려 죽게 하는도다 4 그 때에 여호와께서 모세에게 이르시되 보라 내가 너희를 위하여 하늘에서 양식을 비 같이 내리리니 백성이 나가서 일용할 것을 날마다 거둘 것이라 이같이 하여 그들이 내 율법을 준행하나 아니하나 내가 시험하리라 5 여섯째 날에는 그들이 그 거둔 것을 준비할지니 날마다 거두던 것의 갑절이 되리라 6 모세와 아론이 온 이스라엘 자손에게 이르되 저녁이 되면 너희가 여호와께서 너희를 애굽 땅에서 인도하여 내셨음을 알 것이요 7 아침에는 너희가 여호와의 영광을 보리니 이는 여호와께서 너희가 자기를 향하여 원망함을 들으셨음이라 우리가 누구이기에 너희가 우리에게 대하여 원망하느냐 8 모세가 또 이르되 여호와께서 저녁에는 너희에게 고기를 주어 먹이시고 아침에는 떡으로 배불리시리니 이는 여호와께서 자기를 향하여 너희가 원망하는 그 말을 들으셨음이라 우리가 누구냐 너희의 원망은 우리를 향하여 함이 아니요 여호와를 향하여 함이로다 9 모세가 또 아론에게 이르되 이스라엘 자손의 온 회중에게 말하기를 여호와께 가까이 나아오라 여호와께서 너희의 원망함을 들으셨느니라 하라 10 아론이 이스라엘 자손의 온 회중에게 말하매 그들이 광야를 바라보니 여호와의 영광이 구름 속에 나타나더라 11 여호와께서 모세에게 말씀하여 이르시되 12 내가 이스라엘 자손의 원망함을 들었노라 그들에게 말하여 이르기를 너희가 해 질 때에는 고기를 먹고 아침에는 떡으로 배부르리니 내가 여호와 너희의 하나님인 줄 알리라 하시니라 13 저녁에는 메추라기가 와서 진에 덮이고 아침에는 이슬이 진 주위에 있더니 14 그 이슬이 마른 후에 광야 지면에 작고 둥글며 서리 같이 가는 것이 있는지라 15 이스라엘 자손이 보고 그것이 무엇인지 알지 못하여 서로 이르되 이것이 무엇이냐 하니 모세가 그들에게 이르되 이는 여호와께서 너희에게 주어 먹게 하신 양식이라 16 여호와께서 이같이 명령하시기를 너희 각 사람은 먹을 만큼만 이것을 거둘지니 곧 너희 사람 수효대로 한 사람에 한 오멜씩 가

두되 각 사람이 그의 장막에 있는 자들을 위하여 거둘지니라 17 이스라엘 자손이 그같이 하였더니 그 거둔 것이 많기도 하고 적기도 하나 18 오멜로 되어 본즉 많이 거둔 자도 남음이 없고 적게 거둔 자도 부족함이 없이 각 사람은 먹을 만큼만 거두었더라 19 모세가 그들에게 이르기를 아무든지 아침까지 그것을 남겨두지 말라 하였으나 20 그들이 모세에게 순종하지 아니하고 더러는 아침까지 두었더니 벌레가 생기고 냄새가 난지라 모세가 그들에게 노하니라

# 선순환, 악순환

## 인간 이해

사람들이 종종 하는 말 중에 '어떻게 그럴 수가 있느냐?' 또는 '사람이라면 그래서는 안 된다.' 또는 '있어서는 안 되는 일이다' 라는 식의 표현이 있습니다. 이런 말이 있다는 것은 이미 그런 행동이나 일이 일어났다는 것입니다. 이미 그런 일이 일어났는데 그 일을 보면서도 어떻게 그럴 수가 있느냐 또는 있어서는 안 되는 일이라고 말하는 것은 정말로 어이없는 일입니다. 물론 믿고 싶지 않고 인정하고 싶지 않아서 그런 표현을 한다는 것을 압니다. 이런 표현이 생기는 이유는 인간을 바르게 이해하지 못하기 때문입니다. 사람들의 본성을 알지 못하면 사람들의 태도를 이해하기가 정말 어렵습니다. 반대로 사람의 본성을 알면 사람들의 태도가 저절로 다 이해가 가는 것입니다. 출애굽기의 이스라엘은 인간 본성의 실체를 적나라하게 보여줍니다. 우리는 이스라엘이라는 특정한 민족이나 중동이라는 특정한 지역사람들의 특색을 보는 것이 아니라 모든 인간의 보편적인 모습을 보는 것입니다.

이스라엘이 애굽에서 살다가 종으로 노예로 전락되었습니다. 그들에게 주어진 노역이 너무 힘들어서 부르짖었다고 했습니다. 하나님께 부르짖은 것도 아니고 그냥 너무 힘이 드니까 달리 하소연할 곳이 없으니까 부르짖은 것입니다. 고함을 질러보는 것이고 누구든 도와줄 수 있으

면 도와 달라고 매어 달려 보는 것이었습니다. 대부분의 성도님들은 그들이 하나님께 부르짖었다고 하나님께 구해달라고 기도했다고 생각하지만 그렇지 않습니다. 왜냐하면 만약 이스라엘이 하나님을 믿고 있었고 하나님께서 조상들에게 행하신 약속을 기억하고 있었다면 그들은 곱게 점잖게 부탁하지 않았을 것입니다. 만약 그들이 하나님의 약속을 알고 있었다면 당당하게, 아주 큰 소리로, 고압적인 자세로 하나님께 대들면서 따졌을 것입니다. 아마도 '하나님 약속을 하셨으면 지키셔야죠', 또는 '하나님, 지금 뭐하시는 것입니까? 당신이 하나님 맞습니까?' 라고 나왔을 것입니다.

애굽에서 노역을 행할 때 이스라엘은 하나님을 모르고 하나님의 약속도 모르니까 하나님에게 아무 말도 하지 않는 것입니다. 부르짖었다고만 나오지 하나님께 부르짖었다고는 나오지 않습니다. 또한 그때에는 모세도 아직 태어나지 않았을 때니까 모세에게도 아무 말도 하지 않는 것입니다. 그런 이스라엘을 하나님이 기억하시고 하나님이 이스라엘을 도우십니다. 지금까지 살펴 본대로 열 번의 이적을 동원하셔서 이스라엘을 출애굽 시켜 주십니다. 이스라엘로서는 감격스러운 일이요 너무나 놀랍고 고마운 일입니다. 자기들이 찾지도 않았고 자기들이 부르짖지도 않았고 자기들이 기억조차 하지 못했던 하나님이 자기들을 고된 노역에서 건져주시고 노예의 신분에서 해방시켜 주었으니 너무나 감동적인 일입니다. 하지만 이스라엘이 감동을 받고 하나님께 무한 감사를 드리는 것이 아닙니다. 혹시 이스라엘이 하나님의 도움을 받았으니 감사를 했을 것으로 생각하시는 분은 아직 인간을 모르시는 것입니다.

## 악순환

큰 은혜를 받은 이스라엘은 감사하기보다 자기들에게 직면한 어려움 앞에서 과감하게 변신을 합니다. 열 번의 이적이 행해지는 가운데 자신들이 어떻게 보호를 받았으며, 열 번째 이적에서 자신들이 어떻게 생명을 유지할 수 있었는가에 대한 기억은 전혀 생각하지 않습니다. 애굽에서 나올 때 자신들이 요구하는 대로 애굽 사람들이 금은보석을 주어서 가지고 나올 수 있었던 일도 전혀 생각하지 않습니다. 홍해 앞에서 자신들의 목숨이 위험에 처해있다고 생각할 때 인간은 너무나 빨리, 너무나 확실하게, 너무나 철저하게 너무나 혁신적으로 변신을 합니다. 그리고는 온갖 말을 다 만들어 냅니다. 14장 11절에서 보셨던 장면입니다. "그들이 또 모세에게 이르되 애굽에 매장지가 없어서 당신이 우리를 이끌어 내어 이 광야에서 죽게 하느냐? 어찌하여 당신이 우리를 애굽에서 이끌어 내어 우리에게 이같이 하느냐? 우리가 애굽에서 당신에게 이른 말이 이것이 아니냐? 이르기를 우리를 내버려 두라. 우리가 애굽 사람을 섬길 것이라 하지 아니하더냐? 애굽 사람을 섬기는 것이 광에서 죽는 것보다 낫겠노라"입니다. 너무나 창의성이 뛰어난 것이요 전혀 근거없는 말들을 쏟아냅니다. 정말 임기응변과 독창성과 연기력이 탁월합니다. 이렇게 할 수 있는 것이 인간입니다.

하나님은 이스라엘의 행동이 어쩔 수 없는 죄인의 모습이라는 것을 아십니다. 그래서 이스라엘에게 어떻게 이럴 수가 있느냐고 묻지 않고 배은망덕하다고 꾸짖지도 않고 도리어 이스라엘의 말을 그냥 들어주십니다. 홍해를 마르게 하시고 이스라엘이 건너가서 살게 해 주십니다. 홍해를 건넌 후 인간은 다시 한 번 변신을 합니다. 조금 전에 자기들이 했던 원망의 말에 대한 일말의 수치심과 민망함도 없고 사과도 없습니다. 과감하게 변신하여 원망하던 그 입술로 소고를 잡고 노래를 합니다. 그 노래가 15장에 나왔던 것입니다. 입에 침도 안 바르고 순간적으로 변신을 합니다. 홍해 앞에서 행한 자기의 행동이 부끄러울 것이라 생각하시면 아직 죄인을 모르시는 것입니다. 이번만으로 이스라엘의 변신이 끝이 날 것이라고 생각하시면 아직 죄인을 모르시는 것입니다.

그렇게 춤추며 찬양한지 불과 며칠 만에 마라라는 지역에 도착하였는데 그곳의 물이 써서 마실 수 없는 지경에 처했습니다. 저들이 행한 것은 또 변신입니다. 15장 24절 "백성이 모세에게 원망하여 이르되 우리가 무엇을 마실까 하매"입니다. 불평하던 그 입으로 찬양을 하고, 찬양하던 그 입으로 원망을 하고 인간은 정말로 다재다능한 존재인 것입니다. 두 번씩이나 자신들의 행동이 과했다는 것을 알았으면 이제는 좀 지조가 있고 소신이 있고 의리가 있고 신뢰성이 있고 신실함이 있어야 할 것입니다. 만약 그런 것을 기대하신다면 아직 인간을 잘 모르시는 것입니다. 이스라엘 백성은 또 변신을 하여 죄인의 속성에 딱 맞게 행동하는 것입니다. 어떻게 저럴 수가 있느냐고 놀라시면 안 되고, 어쩔 수 없었겠다고 이해를 하셔야 합니다. 한 가지 더 아셔야 할 것은 변신은 할 때마다 좀 더 치밀해지고 정교해진다는 것입니다. 악한 쪽으로 변신할 때는 악이 더욱 깊어진다는 것입니다.

### 깊어지는 악

본문 16장 2절 "이스라엘 자손 온 회중이 그 광야에서 모세와 아론을 원망하여 이스라엘 자손이 그들에게 이르되 우리가 애굽 땅에서 고기 가마 곁에 앉아 있던 때와 떡을 배불리 먹던 때에 여호와의 손에 죽었더라면 좋았을 것을 너희가 이 광야로 우리를 인도해 내어 이 온 회중이 주려 죽게 하는도다"입니다. 본문이 말하는 것은 이스라엘 중에 몇 사람이 그랬다는 것이 아닙니다. 온 회중이 그랬다고 선언합니다. 이런 본문을 보고 긍정적인 마음을 가진 사람들은 '대부분의 사람은 안 그런데 꼭 몇몇 그런 사람이 있다'고 말하곤 합니다. 그러나 실상은 정반대입니다. '대부분의 사람이 다 그런데 간혹 안 그런 사람도 있을 수 있다'고 말하는 것이 인간을 제대로 아는 것입니다. 여리고성을 정복할 때 전리품을 숨긴 사람이 있었습니다. 제비뽑기를 하였는데 아간이 뽑혔습니다. 아간이 뽑혔다고 기록되어 있기에 대부분의 사람들은 아간 한 사람만 전리품을 숨긴 것으로 생각합니다. 그러나 실제로는 모든 사람이 다 숨긴 것입니다. 제비뽑기에는 누가 뽑혀도 전부다 되는 것입니다.

인간이 원망을 하고 불평을 할 때는 단지 사실을 말하는 정도에서 그치는 것이 아니라 과장을 하고 왜곡을 하게 되어 있습니다. 옛말에 '입은 삐뚤어졌어도 말은 바르게 하라'는 속담이 있지만 그 말은 소용없습니다. 입은 바르게 되어있어도 말을 삐뚤어지게 하는 것이 인간이라는 사실을 기억하셔야 합니다. 이스라엘 백성들은 앞뒤도 맞지 않는, 설득력도 없는, 상황적으로 근거없는 참으로 엉뚱한 말을 합니다. 16장 3절 "우리가 애굽 땅에서 고기 가마 곁에 앉아 있던 때와 떡을 배불리 먹던 때에"입니다. 노예라고 매일 굶기만 했을 리는 없고 혹시 바로 왕의 생일날은 이렇게 잘 먹었을 수도 있었을 테니 이 말이 사실일 수도 있습니다. 그러나 이스라엘은 왜곡도 주저하지 않습니다. "애굽 땅에서 고기 가마 곁에 앉아 있던 때와 떡을 배불리 먹던 때에 여호와의 손에 죽었더라면 좋았을 것을"입니다. 정말 느닷없는 소리요 뜬금없는 소리입니다. 이 말은 단지 불평 정도가 아니고 과장 정도가 아니고 거짓말 정도가 아니고 엄청난 왜곡입니다. 왜냐하면 여호와가 단 한번이라도 이스라엘을 죽이겠다는 말을 하신 적이 없기 때문입니다. 여호와는 사람을 죽이겠다고 말씀하시는 분이 아니십니다. 그것도 잘 먹고 잘 사는 사람을 죽이는 분이 절대로 아니십니다. 도리어 하나님은 인간을 죽이는 분이 아니라 살리시는 분이십니다. 그런 하나님을 언급할 때 "여호와의 손에 죽었더라면 좋았을 것을"라고 말하는 것은 언어도단입니다. 자신들이 조금 힘들다고 말도 안 되는 소리를 해대는 것이 인간입니다.

## 하나님의 반응

성경을 읽는 사람들도 느낄 수 있는 이스라엘의 어이없는 행동에 대해 하나님은 어이없어 하시거나 해도 해도 너무한다고 속상해 하시지 않고 언제나처럼 이스라엘의 행동을 받아주십니다. 하나님은 저들이 죄인임을 아시고, 저들이 어떻게 행동할지를 알고 계시는 것입니다. 백성들의 원망에 대해 모세와 아론이 강조하는 것이 있습니다. 여호와께서 들으셨다는 것입니다. 16장 7절 "아침에는 너희가 여호와의 영광을 보리니 이는 여호와께서 너희가 자기를 향하여 원망함을 들으셨음이라", 8절 "모세가 또 이르되 여호와께서 저녁에는 너희에게 고기를 주어 먹이시고 아침에는 떡으로 배불리시리니 이는 여호와께서 자기를 향하여 너희가 원망하는 그 말을 들으셨음이라", 9절 "모세가 또 아론에게 이르되 이스라엘 자손의 온 회중에게 말하기를 여호와께 가까이 나아오라. 여호와께서 너희의 원망함을 들으셨느니라"입니다. 여호와께서도 동일한 말씀을 하십니다. 12절 "내가 이스라엘 자손의 원망함을 들었노라"입니다. 이스라엘이 하나님께 원망했습니다. 하나님은 실망도 안하시고 어이없이 하지도 않으시고 낙심도 하지 않으시고 화도 내지 않으십니다. 하나님은 죄인의 속성, 죄인의 원리, 죄인의 행동을 너무나도 잘 아시는 것입니다.

이스라엘이 원망을 하는 것은 충분히 상상이 됩니다. 하나님을 모르기에, 자신들의 운명이 어떻게 될지를 모르기에 두려움에 사로잡히고 두려움을 떨치기 위해 엉뚱한 소리가 나오고 괜한 원망을 쏟아내는 것입니다. 그러한 이스라엘 자손의 원망함을 하나님이 들으셨습니다. 하나님이 이스라엘의 원망을 들으셨다면 해결해 주셔야 합니다. 그래서 하나님은 이스라엘이 원망할 수 밖에 없는 상황을 해결해 주십니다. 4절 "그 때에 여호와께서 모세에게 이르시되 보라 내가 너희를 위하여 하늘에서 양식을 비 같이 내리리니 백성이 나가서 일용할 것을 날마다 거둘 것이라"입니다. 사람들이 어떤 상황에 절망하여 원망을 하고 어떤 문제에 낙담하여 불평을 할 때 원망이나 불평을 하지 않게 하는 가장 좋은 방법은 원망하는 일이나 불평하는 문제를 풀어주는 것입니다. 그래서 하나님은 저들이 불평하는 일, 저들이 원망하는 일을 풀어주시는 것입니다. 원망을 풀어주어 원망이 저절로 없어지게 하시는 것입니다. 홍해 앞에서 원망을 하니까 홍해를 건너게 해 주시는 것입니다. 홍해를 건너게 하니까 원망이 없어지는 것입니다. 마라에서 물이 쓰다고 원망하니까 물을 달게 해 주시는 것입니다. 물을 마실 수 있게 되니까 원망이 없어지는 것입니다. 신 광야에 이르러 먹을 것이 없다고 원망을 합니다. 하나님이 먹을 것을 주시는 것입니다. 그러면 원망이 없어지는 것입니다. 4절에 양식을 주시겠다고 말씀하시고, 8절 "저녁에는 너희에게 고기를 주어 먹이시고 아침에는 떡으로 배불리시리니", 12절 "너희가 해질 때에는 고기를 먹고 아침에는 떡으로 배부르리니" 즉 고기와 떡을 주시겠다고 말씀하시는 것입니다. 이것이 하나님의 지극히 정상적인 방식입니다.

## 하나님의 은혜

하나님의 마음과 심정을 도외시 한 채 사람들의 생각에 근거하여 신앙을 왜곡하지 말자고 부탁드리고 싶습니다. 하나님께 원망하는 사람에게 하나님이 벌주신다는 표현이나 내용이 성경에 나오지 않습니다. 하나님께 불평하는 사람은 은혜 못 받는다는 표현이나 내용이 성경 어디에도 나오지 않습니다. 아무리 힘들고 어려운 상황이라도, 불평과 원망이 나올 만한 상황이라도 참고 인내하고 감사함으로 기다리면 복 주신다는 것은 일반적 교훈일 뿐이지 성경적 가르침이 아닙니다. 이스라엘이 하나님께 불평한 후 책망을 받고 회개해서 홍해를 건넌 것이 아닙니다. 이스라엘이 원망한 것을 잘못했다고 하나님께 빌어서 용서함을 받은 것이 아닙니다. 이스라엘이 먹을 것이 없다고 원망한 것에 대한 대가를 치르고 나서야 하나님께서 먹을 것을 주신 것이 아닙니다. 어려운 상황에서 불평이 나오면 불평을 하는 것이 당연하고, 곤고한 처지에서 원망이 나오는 원망하는 것이 자연스러운 것입니다. 불평이 나오면 불평하고 원망이 나오면 원망하면 됩니다. 하나님이 원망과 불평을 들어주시고 하나님이 상황과 문제를 해결해 주십니다. 하나님이 이미 들어주시고 하나님이 이미 해결해 주신 것이 이스라엘이 홍해를 건넌 것이요 쓴 물이 마실 물로 바뀐 것이요 만나를 공급 받은 것이요 저와 여러분이 구원받은 것입니다. 신앙은 억지가 아닙니다. 신앙은 말도 안 되게 행동하는 것이 아닙니다. 신앙은 할 수 없는 것을 힘에 겹도록 해내는 것이 아닙니다.

세상에는 없는 오직 기독교에만 있는 것이 바로 하나님의 은혜라는 개념입니다. 하나님의 은혜는 절대로 조건이 아닙니다. 이스라엘이 아무리 원망해도 만나는 계속해서 내리고, 이스라엘이 아무리 불순종해도 물은 나옵니다. 은혜에는 절대로 조건이 없습니다. 은혜는 하나님이 인간을 시험해보고 시험에 통과하는 자에게만 조건적으로 주시는 것이 아닙니다. 4절 후반부 "백성이 나가서 일용할 것을 날마다 거둘 것이라. 이같이 하여 그들이 내 율법을 준행하나 아니하나 내가 시험하리라"입니다. 본문에 시험이라는 표현이 등장한다고 해서 실제로 시험, 테스트, 자격 검사라고 생각하시면 안 됩니다. 절대로 시험이 아닙니다. 처음부터 조건 없이 주기로 작정된 것이었습니다. 앞으로 살펴보겠지만 이스라엘 백성들이 하나님이 시키는 대로 안 합니다. 그런다고 만나가 멈추는 것이 아닙니다. 시험에 통과한 사람만 만나를 거두고 먹을 수 있었던 것이 아닙니다.

이렇게 전혀 예상도 못하고 기대도 못하고 자격도 없는 사람에게 무엇이 주어지면 그것을 받은 사람의 반응, 자기 앞에 무엇이 있을 때에 하는 말이 '이게 무엇입니까?' 입니다. 당연한 반응으로, 이스라엘이 보인 반응입니다. 16장 13~15절 "저녁에는 메추라기가 와서 진에 덮이고 아침에는 이슬이 진 주위에 있더니 그 이슬이 마른 후에 광야 지면에 작고 둥글며 서리 같이 가는 것이 있는지라. 이스라엘 자손이 보고 그것이 무엇인지 알지 못하여 서로 이르되 이것이 무엇이냐 하니 모세가 그들에게 이르되 이는 여호와께서 너희에게 주어 먹게 하신 양식이라"입니다. 은혜라는 말을 다른 말로 하면 '이것이 무엇이냐?' 입니다.

## 이것이 무엇이냐?

### 하나님의 목적

그 동안 하나님이 만나를 주시지 않았어도 인간들은 이미 하나님이 창조 때부터 주신 것들을 먹고 살아 왔습니다. 하나님이 만나를 주신 것이 광야에서 농사를 지을 수 없고 채취할 식물이 부족하니까 특수 식물을 공급하시는 것이 아닙니다. 하나님이 만나를 주시는 이유는 단지 먹을 것을 공급하시는 것이 아닙니다. 만나뿐만이 아니라 하나님이 행하시는 모든 사역의 근본적인 목적은 언제나 하나님을 알게 하는 것입니다. 하나님이 돕기 이전에도 아브라함은 아들을 낳아서 살았습니다. 출애굽 하기 이전에도 이스라엘은 애굽에서 살고 있었습니다. 그런 그들을 출애굽 시키신 이유도 하나님을 알게 하는 것입니다. 만나를 주시는 것도 마찬가지입니다. 그 목적이 12절에 나와 있습니다. "내가 이스라엘 자손의 원망함을 들었노라. 그들에게 말하여 이르기를 너희가 해 질 때에는 고기를 먹고 아침에는 떡으로 배부르리니 내가 여호와 너희의 하나님인줄 알리라 하라 하시니라"입니다.

만나는 처음부터 주어진 것도 아니었고 영원토록 주어질 것도 아니었습니다. 일종의 일시적인 하나님의 특별한 사역입니다. 만나가 등장하는 이유는 하나님을 알게 하기 위한 것입니다. 광야에서 사람들은 먹을 것이 없어서 불평하였습니다. 사람들은 먹을 것이 없어도 당장에 불평하지는 않습니다. 일단은 잠시 참아보며 대책을 강구해 봅니다. 불평과 원망이 시작되는 시점은 자신들의 생각에 더 이상 대책이 없다고 생각할 때입니다. 사람은 탈출구가 있다고 생각하는 한 모든 수단을 다 강구해 보는 것입니다. 그런데 더 이상 아무런 대안이 없을 때 남는 것은 불평과 원망뿐입니다. 그거라도 하지 않으면 죽는 것 밖에 남는 것이 없으니까 불평이든 원망이든 해보는 것입니다.

하나님의 은혜는 그때 즉 인간인 대책이 더 이상 존재하지 않을 때 그래서 원망과 불평이 쏟아져 나올 때 등장합니다. 하나님이 이렇게 행동하시는 것에 대하여 혹자들은 하나님이 치사하다고 생각을 합니다. 만나를 기왕 줄 것이면 진작 주지 꼭 그렇게 사람으로 하여금 바닥을 드러내게 하고 난 후에 주냐고 하나님을 비난 합니다. 사람들이 이런 말을 하는 이유는 하나님이 하시는 사역의 이유를 모르기 때문입니다. 하나님은 지금 먹을 것을 주는 것이 목적이 아닙니다. 만약 먹을 것을 주어서 저들을 배부르게 먹이는 것이 목적이었다면 출애굽을 시킬 이유도 없었고 홍해를 건널 이유도 없었고 광야로 올 이유도 없었습니다. 만약 배부르게 먹이는 것이 목적이었다면 그냥 있는 곳에서 농사가 잘 되게 하면 그만입니다. 그러나 지금 하나님의 목적은 먹을 것을 주는 것이 아니라 하나님을 알게 하는 것입니다. 하나님이 만나를 주시는 때는 가장 배고플 때가 아니라 인간의 인내심이 한계에 도달할 때가 아니라 사람들의 생각이 바닥 날 때입니다. 자신들이 어찌해 볼 수 있는 것이 더 이상 없다고 할 때입니다. 사람들이 더 이상 아무런 대책이 없다고 두손두발 다 들 때입니다. 만약 만나를 진작 주셨다면 음식 문제는 해결되었지만 백성들은 절대로 하나님을 배우지 않습니다.

### 먹을 만큼만 거두라

단지 음식물 제공이 아니라 하나님을 알게 하는 것, 하나님을 인정하게 하는 것, 하나님을 믿고 신뢰하게 하는 것이 목적이기 때문에 하나님의 가르침, 하나님의 교육이 등장합니다. 이러한 하나님의 가르침과 교육을 본문에서는 시험이라는 단어를 사용한 것입니다. 하나님의 말씀이 첫째는 16절 "여호와께서 이같이 명령하시기를 너희 각 사람은 먹을 만큼만 이것을 거둘지니 곧 너희 사람 수효대로 한 사람에 한 오멜씩 거두되 각 사람이 그의 장막에 있는 자들을 위하여 거들지니라 하셨느니라"입니다. 첫 번째 하나님의 권고사항이 먹을 만큼만 거두라는 것입니다. 이런 말씀을 하시는 하나님의 목적을 이해하셔야 합니다. 지금 하나님은 사람들에게 먹을 것을 주는 것 자체가 목적이 아니라 그 이상의 것 하나님을 알게 하시는 것이 목적입니다. 만약 먹을 것을 주시는 것이 목적이었다면 거둘 수 있는 만큼 거두어서 두고두고 먹으라고 하시면 됩니다. 그렇게 되면 먹는 문제는 해결이 되지만 하나님을 배우지 못합니다. 하나님의 사역의 목적이 하나님을 알게 하는 것, 하나님이 저들의 하나님이 되시고자 하신다는 것, 하나님이 저들의 삶을 책임지실 것이라는 것을 알게 하는 것입니다. 그래서 먹을 만큼만 거두라고 하십니다. 왜냐하면 내일 또 내일 먹을 양식을 하나님이 주시겠다는 것입니다. 내일 또 주실 것인데 오늘 많이 거두어서 지고 다닐 이유가 없다는 것입니다. 그 동안 하나님은 말씀하신 대로 행하셨고 약속하신 모든 것을 지키셨습니다. 그러한 하나님이 또 말씀하십니다. 먹을 만큼만 거두라고.

## 남음이 없고 부족함이 없이

16장 17, 18절 "이스라엘 자손이 그같이 하였더니 그 거둔 것이 많기도 하고 적기도 하나 오멜로 되어 본즉 많이 거둔 자도 남음이 없고 적게 거둔 자도 부족함이 없이 각 사람은 먹을 만큼만 거두었더라"입니다. 하나님은 분명하게 먹을 만큼만 거두라고 말씀하셨지만 이스라엘 백성들은 먹을 만큼만 거둔 것이 아니라 당연히 많이 거두었습니다. 내일 또 만나가 내릴지 안 내릴지를 모르는 사람들이, 하나님이 내일도 만나를 내리실 수 있는 능력이 있는지 없는지를 모르는 사람들이 오늘 절제를 하며 하나님의 말씀에 순종할 수 없기 때문입니다. 이스라엘 사람들은 먹을 만큼만 거둔 것이 아니라 먹고도 남을 만큼 많이 거두었습니다. 그런데 신기한 현상이 벌어졌습니다. "많이 거둔 자도 남음이 없고 적게 거둔 자도 부족함이 없다"고 기록되어 있습니다. 많이 거둔 자도 남음이 없고 적게 거둔 자도 부족함이 없다는 표현을 설명하는 두 가지 방식이 있습니다. 하나는 하나님의 신비한 능력이라는 것입니다. 많이 거둔 자나 적게 거둔 자나 하나님이 동일하게 만들었기에 하나님의 능력이요 하나님의 신비라는 것입니다. 하나님의 능력을 강조하려는 노력은 가상하지만 납득할 수 없는 설명입니다. 만약 거둔 것에 대해 하나님의 능력이 동원되었다면 다음 날 부터는 사람들이 한줌만 거두고 말 것입니다. 한 줌만 거두어도 하나님의 신비한 능력이 나타나서 모자람이 없게 만들어 줄 것이기에 아무도 더운데 나가서 하나님이 말씀하신 대로 먹을 만큼 거둘 사람이 없습니다. 다른 하나는 이스라엘 사람들이 하나님의 마음으로 서로 거둔 것을 십시일반 나누었다는 것입니다. 참으로 인정이 넘치고 사랑이 넘치는 상황을 기대한 것이지만 죄인에 대해 몰라도 너무나도 모르는 꿈과 망상에 불과한 설명입니다. 먹을 것 앞에 그렇게 인자하고 온유한 죄인은 없습니다.

"많이 거둔 자도 남음이 없고 적게 거둔 자도 부족함이 없이 각 사람은 먹을 만큼만 거두었더라"는 것은 그냥 써 놓은 말이 아니라 실제로 일어난 일입니다. 정말로 저들이 딱 먹을 만큼만 거두었다는 의미가 아니라 결과적으로 그렇게 되었다는 것입니다. 이스라엘 백성들은 먹을 만큼만 거둔 것이 아니라 많이 거두었습니다. 실제로는 자신이 먹을 만큼에서 적게 거둔 사람은 없습니다. 많이 거두었다는 말은 자신이 먹을 양보다 더 많이 거두었다는 것이고 적게 거두었다는 것은 자기가 먹을 양보다 많이 거두었지만 더 많이 거둔 사람에 비하면 적게 거두었다는 것입니다. 그러므로 모든 사람이 전부 자신이 먹을 양보다 많이 거둔 것입니다. 그런데 결과적으로는 남음이 없고 부족함이 없고 각 사람은 먹을 만큼만 거둔 것이 되었습니다. 이것이 가능했음을 설명하는 것이 19, 20절 "모세가 그들에게 이르기를 아무든지 아침까지 그것을 남겨두지 말라 하였으나 그들이 모세에게 순종하지 아니하고 더러는 아침까지 두었더니 벌레가 생기고 냄새가 난지라"입니다. 많이 거둔 자나 적게 거둔 자나 각 사람이 자신이 거둔 것으로 음식을 해서 먹을 만큼 충분히 먹었습니다. 그리고 남은 것은 모두 벌레가 생기고 냄새가 나서 모두 버리게 되었습니다. 다 배불리 먹었으니 부족함이 없고, 남겨 둔 것은 모두 벌레가 나서 버리게 되었으니 남은 것이 없고, 결국 각 사람은 먹을 만큼만 거두게 된 것입니다.

## 남기지 말라

만나를 주시면서 첫 번째 가르침이 "먹을 만큼만 거두라"는 것이었습니다. 이것과 연결하여 두 번째 가르침이 "아침까지 그것을 남겨두지 말라"는 것입니다. 하나님께서 먹을 만큼만 거두라고 하신 이유는 하나님이 매일 매일 식사량에 부족하지 않도록 공급하실 것이기 때문이었습니다. 하나님께서 남기지 말라고 하시는 이유도 하나님이 오늘은 오늘의 양식을, 내일은 내일의 양식을 주실 것이기 때문입니다. 만나를 통한 하나님의 가르침은 먹을 것을 공급함이 핵심이 아니라 자기 백성을 돌보시고 책임지시는 하나님을 알라는 것입니다. 비록 4절에는 "그들이 내 율법을 준행하나 아니하나 내가 시험하리라"고 시험이라는 표현이 등장하지만 실제로는 시험이나 테스트가 아닌 교육이요 가르침이라고 강조하는 이유는 말 그대로 시험이 아니기 때문입니다. 하나님의 말씀을 이스라엘이 순종하지 않았습니다. 하나님은 분명히 먹을 만큼만 거두라고 했는데 많이 거둔 자가 있었습니다. 그렇다고 해서 다음날 하나님께서 그 사람에게는 만나를 제공하지 않은 것이 아닙니다. 전날 먹을 만큼 이상을 거둔 그 사람도 다음 날 또 만나를 거둘 수가 있었습니다. 하나님의 말씀에 불순종하였다고, 하나님의 율법을 어겼다고, 하나님의 시험에 통과하지 못했다고 하나님의 만나가 중단 된 것이 아니라는 것입니다. 그러므로 하나님은 만나를 통해 믿음을 시험에 보고 은혜를 줄 사람과 안 줄 사람을 골라낸 것이 아니라는 것입니다.

또 하나님은 "아침까지 남기지 말라"고 말씀하셨는데 이스라엘이 순종하지 않았습니다. 하나님의 말씀에 순종하지 않고 아침까지 남겨둔 그 사람에게는 그 날 만나가 주어지지 않은 것이 아닙니다. 그 사람은 새로운 만나를 거두지 못해 자신이 남겨 놓은 벌레가 생기고 냄새난 만나를 먹은 것이 아닙니다. 아침까지 남겨 둔 그 사람도 그 썩은 만나를 버리고 그날 아침에 새로 내린 만나를 거두어서 먹었단 말입니다. 그들은 계속해서 하나님의 말씀을 순종하지 않았습니다. 그런데도 만나는 계속해서 내렸습니다. 하나님은 이스라엘을 시험하신 것이 아니라 교육하시고 가르치신 것입니다. 하나님은 이스라엘 백성들이 하나님을 알고 하나님의 말씀을 알아들을 때까지 계속하여 은혜를 주시는 것입니다. 하나님의 말씀에 순종할 수 있는 것은 하나님을 아는 사람뿐입니다. 하나님의 말씀에 순종하면 하나님이 은혜를 주시는 것이 아니라 하나님의 은혜를 받은 자만이 하나님께 순종할 수 있는 것입니다.

### 일곱째 날에는 거두지 말라

하나님께서 만나를 주시면서 말씀하신 세 번째 가르침이 안식일에는 거두러 나가지 말라는 것입니다. 16장 25, 26절 "모세가 이르되 오늘은 그것을 먹으라. 오늘은 여호와의 안식일인즉 오늘은 너희가 들에서 그것을 얻지 못하리라. 엿새 동안은 너희가 그것을 거두되 일곱 째 날은 안식일인즉 그 날에는 없으리라"입니다. 성경에서 안식일이라는 단어가 처음 등장하는 곳입니다. 하나님의 모든 말씀은 들을 만하고 순종할 만합니다. 하나님을 알면 하나님의 말씀은 정말 쉽고 간단한 것입니다. 그러나 하나님을 모르면 하나님의 말씀은 말도 안 되는 것입니다. 그래서 핵심은 하나님을 아느냐 모르느냐이고 하나님의 사역은 하나님을 알게 하는 것입니다. 먹을 만큼 거두고 남기지 말라고 말씀하실 때에도 그렇게 말씀하시는 이유는 하나님께서 매일 신실하게 먹을 것을 공급할 것이라는 내용이 전제되어 있는 것입니다. 이러한 하나님의 약속을 안다면 순종할 수 있습니다. 하나님의 공급하심을 신뢰한다면 더 거둘 사람, 남겨둘 사람이 하나도 없습니다. 세 번째 가르침도 마찬가지입니다. 일곱째 날에는 거두러 가지 말라고 말씀하실 때에는 16장 5절 "여섯째 날에는 그 거둔 것을 준비할지니 날마다 거두던 것의 갑절이 되리라"로 백성들은 두 배로 거둘 수 있고 또한 남겨둔 것이 벌레가 나거나 냄새가 나지 않게 하겠다는 내용이 전제되어 있는 것입니다. 29절 "볼지어다. 여호와가 너희에게 안식을 줌으로 여섯째 날에는 이틀 양식을 너희에게 주는 것이니 너희는 각기 처소에 있고 일곱째 날에는 아무도 그의 처소에서 나오지 말지니라"입니다.

하나님의 말씀은 인간이 순종할 수 있는 기반을 충분히 제공하여 주신 후에 하시는 말씀입니다. 하나님의 말씀은 어려운 것이 아니고 힘든 것이 아니고 모험을 요구하지도 않고 맹종을 기대하는 것도 아닙니다. 그냥 아는 대로, 말이 되는 대로 하는 것입니다. 하나님을 알면 너무나 쉽지만 하나님을 모르면 너무나 힘이 든 것입니다. 그런데 이스라엘이 일곱째 날에 거두러 가지 말라는 하나님을 말씀을 듣지 않았습니다. 일곱째 날에도 거두러 나갔습니다. 분명히 여섯째 날 저녁에 자신의 만나를 남겨 놓았습니다. 그런데도 일곱째 날에도 또 나갑니다. 왜냐하면 자기가 남겨놓은 만나에 벌레가 생겼을 것이요 냄새가 날 것이라고 생각하는 것입니다. 자기의 경험상 6일 동안 그랬기 때문입니다. 자연현상은 철썩 같이 믿으면서 정작 자연을 주관하시는 하나님은 도무지 못 믿는 것입니다. 하나님 말씀을 안 들으면 힘은 힘대로 들고 생기는 것은 없습니다. 일곱째 날에 나가지 말라고 했는데 나갔으니 참으로 힘들었을 것입니다. 더군다나 아무 것도 못 얻었으니 몹시 성질이 났을 것입니다. 하나님을 알지 못했기에 행한 미련하고 어리석은 행동이요 어이없고 안타가운 현상입니다.

하나님의 최종 목적은 인간의 행복입니다. 인간이 행복하게 살 수 있는 길은 하나님의 마음과 하나님의 원리로 사는 것입니다. 당연히 하나님을 알아야 하는 것입니다. 저와 여러분은 구원받은 성도로서 하나님을 알고 있는 자들이요 하나님의 원리대로 살 수 있는 자들입니다. 더욱 하나님을 알아 가시고 더욱 하나님의 은혜를 누리시면서 즐겁고 신나고 자유롭고 평화롭고 행복하시기를 주님의 이름으로 축원합니다.

# 26

## 여호와의 안식일

출애굽기 16 : 21 ~ 36

21 무리가 아침마다 각 사람은 먹을 만큼만 거두었고 햇볕이 뜨겁게 쬐면 그것이 스러졌더라 22 여섯째 날에는 각 사람이 갑절의 식물 곧 하나에 두 오멜씩 거둔지라 회중의 모든 지도자가 와서 모세에게 알리매 23 모세가 그들에게 이르되 여호와께서 이같이 말씀하셨느니라 내일은 휴일이니 여호와께 거룩한 안식일이라 너희가 구울 것은 굽고 삶을 것은 삶고 그 나머지는 다 너희를 위하여 아침까지 간수하라 24 그들이 모세의 명령대로 아침까지 간수하였으나 냄새도 나지 아니하고 벌레도 생기지 아니한지라 25 모세가 이르되 오늘은 그것을 먹으라 오늘은 여호와의 안식일인즉 오늘은 너희가 들에서 그것을 얻지 못하리라 26 엿새 동안은 너희가 그것을 거두되 일곱째 날은 안식일인즉 그 날에는 없으리라 하였으나 27 일곱째 날에 백성 중 어떤 사람들이 거두러 나갔다가 얻지 못하니라 28 여호와께서 모세에게 이르시되 어느 때까지 너희가 내 계명과 내 율법을 지키지 아니하려느냐 29 볼지어다 여호와가 너희에게 안식일을 줌으로 여섯째 날에는 이틀 양식을 너희에게 주는 것이니 너희는 각기 처소에 있고 일곱째 날에는 아무도 그의 처소에서 나오지 말지니라 30 그러므로 백성이 일곱째 날에 안식하니라 31 이스라엘 족속이 그 이름을 만나라 하였으며 깟씨 같이 희고 맛은 꿀 섞은 과자 같았더라 32 모세가 이르되 여호와께서 이같이 명령하시기를 이것을 오멜에 채워서 너희의 대대 후손을 위하여 간수하라 이는 내가 너희를 애굽 땅에서 인도하여 낼 때에 광야에서 너희에게 먹인 양식을 그들에게 보이기 위함이니라 하셨다 하고 33 또 모세가 아론에게 이르되 항아리를 가져다가 그 속에 만나 한 오멜을 담아 여호와 앞에 두어 너희 대대로 간수하라 34 아론이 여호와께서 모세에게 명령하신 대로 그것을 증거판 앞에 두어 간수하게 하였고 35 사람이 사는 땅에 이르기까지 이스라엘 자손이 사십 년 동안 만나를 먹었으니 곧 가나안 땅 접경에 이르기까지 그들이 만나를 먹었더라 36 오멜은 십분의 일 에바이더라

# 왜 만나가 내릴까?

## 문제인식

세상에 많이 알려진 착각이라는 것이 있습니다. 학생들에게 자주 있는 착각은 자기가 마음만 먹으면 당장이라도 일등 할 수 있을 줄로 안다는 것입니다. 아가씨들의 착각은 곧 백마를 탄 왕자가 나타날 줄로 안다, 엄마들의 착각은 자기 아들은 착한데 친구를 잘못만나서 삐뚤어진 줄 안다, 군인의 착각은 공익도 자기가 가장 힘들게 군인생활 하는 줄 안다, 어르신들의 착각은 십년만 젊었으면 뭐든지 다 해낼 수 있을 줄로 안다는 것 등입니다. 연령대 별로 나누어 보면 자신들의 처지에 적합한 착각을 하고 있습니다. 하지만 모든 연령대, 모든 인간이 공통적으로 가지는 착각은 사람이 변할 줄로 안다는 것입니다. 출애굽기를 보면서 인간의 실상, 변하지 않는 인간의 실체를 이해하셔야 합니다. 인간을 알지 못하면 인간의 행동, 인간의 태도를 이해할 수 없습니다. 그러나 인간 특별히 죄인을 알면 인간의 행동, 인간의 태도, 이 세상 자체를 모두 이해할 수 있습니다. 이스라엘 백성들이 순간순간 상황 상황에 따라 너무나 뻔뻔하고 너무나 황당하게 변신하는 모습을 보면서 인간의 한계를 이해하셔야 합니다.

하나님이 만나를 내려주시는 장면에서 기독교의 특징, 하나님의 특징을 발견할 수 있습니다. 기독교에는 인간적인 측면에서 방법이 없다는 것입니다. 하나님에게 인간의 어떤 조건을 제시할 수 없습니다. 하나님께 충성하면 은혜를 주신다거나 하나님의 말씀에 순종하면 복을 주신다는 방법론을 말하는 것은 가장 반 기독교적입니다. 만약 은혜 받는 조건이나 복 받는 조건을 말하려면 기독교에서 은혜라는 개념을 없애버려야 합니다. 기독교가 조건적이 아니라 은혜적이라는 대표적 상징 중의 하나가 바로 만나입니다. 백성들이 하나님께 불평과 원망을 하였습니다. 그럼에도 불구하고 만나가 내렸습니다. 만나가 순종이나 충성의 보상이 아니라는 것입니다. 오직 찬양하고 경배한 사람에게만 만나가 내린 것이 아니었습니다. 하나님이 그날 거둔 만나를 남겨두지 말라고 말씀하셨습니다. 그런데 대부분의 사람이 만나를 남겨두어 하나님의 말씀에 불순종하였습니다. 그럼에도 불구하고 다음날 만나가 중단된 것이 아니라 모든 사람에게 만나가 동일하게 내렸습니다. 백성들의 순종과 불순종과는 아무런 상관없이 만나는 펑펑 내렸습니다. 하나님이 주시는 만나는 상급도 아니요 면류관도 아니요 대가도 아니요 오직 하나님의 은혜입니다.

하나님의 은혜를 마치 인간이 잘해서 얻어낸 것처럼 말해서는 안 됩니다. 출애굽이 이스라엘이 율법을 순종해서 이루어졌거나 홍해가 이스라엘이 찬양하고 경배해서 갈라진 것이 아닙니다. 만나가 백성이 하나님의 말씀대로 행한 결과 내린 것이 아닙니다. 신약도 마찬가지입니다. 사도행전에 보면 성령이 강림하는 사건이 나옵니다. 성령이 강림하신 것에 대해 제자들이 사모해서 오셨다거나 제자들이 기도해서 오셨다고 말하는 것은 적절하지 않습니다. 원래 복음서에서 예수님이 승천하시면 성령이 오실 것이라고 약속을 하셨습니다. 성령은 제자들의 행동 때문이 아니라 예수님의 약속이었기 때문에 오신 것입니다. 만나나 내린 것은 하나님이 백성을 출애굽시키고 가나안으로 인도하시겠다고 약속하셨기 때문입니다.

기독교에서 말하는 은혜는 인간의 행동에 근거하지 않는 것입니다. 기독교에서 말하는 은혜는 오직 하나님이 긍휼로 사랑으로 주시는 선물입니다. 만약 인간의 행동을 언급하면 그것은 은혜를 모독하는 것입니다. 이것은 이미 2000년 전에 바울이 말했던 것입니다. 로마서 11장 6절에 "만일 은혜로 된 것이면 행위로 말미암지 않음이니 그렇지 않으면 은혜가 은혜 되지 못하느니라"입니다. 갈라디아서 2장 21절 "내가 하나님의 은혜를 폐하지 아니하노니 만일 의롭게 되는 것이 율법으로 말미암으면 그리스께서 헛되이 죽으셨느니라"입니다.

## 백성들의 인식

이스라엘 백성들이 원망해도 만나가 내립니다. 이스라엘 백성들이 불순종해도 만나가 내립니다. 성경이 너무 재미있고 하나님이 정말 은혜로움을 확인할 수 있습니다. 백성들이 원망을 하고 불평을 해도 하나님이 만나를 주시는 이유는 일단 먹여놓고 보아야 하기 때문이 아닙니다. 아무리 원망해도 계속해서 원망해도 만나는 계속해서 내립니다. 백성들이 원망하는 이유와 하나님이 만나를 주시는 이유 사이에는 전혀 다른 문제인식이 담겨있습니다. 16장 2절에서 이스라엘 백성들이 원망할 때에 하나님의 대답이 4절이었습니다. 출애굽기 16장의 이 장면이 신명기 8장 1~6절에도 나옵니다. 출애굽기 16장에서는 모세도 하나님의 이유를 모르고 이스라엘 백성들은 더욱이나 모르고 있습니다. 그러나 신명기 즉 광야생활이 지나고 가나안에 입성하기 전에 모세가 백성들에게 지나온 시절을 회상하는 신명기에서 모세는 하나님의 일하심을 이해했습니다. 그때 모세가 하는 말을 잘 들어보시기 바랍니다. "내가 오늘 명하는 모든 명령을 너희는 지켜 행하라. 그리하면 너희가 살고 번성하고 여호와께서 너희의 조상들에게 맹세하신 땅에 들어가서 그것을 차지하리라. 네 하나님 여호와께서 이 사십년 동안에 네게 광야 길을 걷게 하신 것을 기억하라. 이는 너를 낮추시며 너를 시험하사 네 마음이 어떠한지 그 명령을 지키는지 지키지 않는지 알려 하심이라. 너를 낮추시며 너를 주리게 하시며 또 너도 알지 못하며 네 조상들도 알지 못하던 만나를 네게 먹이신 것은 사람이 떡으로만 사는 것이 아니요 여호와의 입으로 나오는 모든 말씀으로 사는 줄을 네가 알게 하려 하심이니라. 이 사십 년 동안에 네 의복이 해어지지 아니하였고 네 발이 부르트지 아니하였느니라. 너는 사람이 그 아들을 징계함 같이 네 하나님 여호와께서 너를 징계하시는 줄 마음에 생각하고 네 하나님 여호와의 명령을 지켜 그의 길을 따라가며 그를 경외할지니라"입니다.

하나님이 만나를 주시면서 시험하신 것 즉 교육하시고 가르치신 것이 "사람이 떡으로만 사는 것이 아니요 여호와의 입으로 나오는 모든 말씀으로 사는 줄을 네가 알게 하려 하심이라"는 것입니다. 하나님은 만나를 주시는 사건을 통해서 인간들이 생각하고 있는 것 즉 인간에게 먹을 것이 있으면, 좋은 조건과 상황이 있으면 모든 것을 잘할 수 있을 것 같다는 착각을 깨뜨리려고 하는 것입니다. 하나님의 말씀을 듣느냐 안 듣느냐는 것은 배가 고프면 지키기 힘들고 배가 부르면 지킬 수 있는 것이 아니라 인간들의 죄성에 관계된 것이고 이것을 고치기 위하여 하나님의 말씀, 하나님을 아는 것이 주어져야 한다는 것입니다.

백성들은 배가 고파서 하나님의 말씀에 순종하지 못하겠다는 것입니다. 애굽에서는 힘이 들어서 하나님의 말씀에 순종하지 못하겠다는 것이었습니다. 마라에서는 목이 말라서 하나님의 말씀에 순종하지 못하겠다는 것이었습니다. 인간들은 자신들이 하나님의 말씀에 순종하지 못하는 이유를 전혀 엉뚱하게 알고 있는 것입니다. 힘이 들어서 순종하지 못하겠다고 하자 노역에서 구출해 주었습니다. 노역에서 풀려난 후에 이스라엘 백성들이 순종하지 않았습니다. 목이 말라서 순종하지 못하겠다고 하자 물을 달게 해 주었습니다. 목마름을 해갈한 후에 이스라엘 백성들이 순종하지 않았습니다. 배가 고파서 순종하지 못하겠다고 하자 만나를 주셨습니다. 배불리 먹고 난 후에도 이스라엘 백성들이 순종하지 않았습니다. 사람들은  왜 자신들이 하나님의 말씀에 순종하지 못하는지를 모르고 있는 것입니다.

## 하나님의 교육

이스라엘이 하나님께 순종하지 못하는 이유는 하나님에 대하여 모르기 때문입니다. 하나님은 노역을 풀어주면 순종할 것 같아서 풀어주는 것이 아닙니다. 물을 마시면 순종할 것 같아서 물을 주시는 것이 아닙니다. 배부르면 순종할 것 같아시 만나를 주시는 것이 아닙니다. 하나님이 출애굽을 시켜주는 이유, 홍해에서 구원해주는 이유, 마라에서 물을 고쳐주는 이유, 만나를 내려주는 이유를 이해하셔야 합니다. 저들의 순종에 대한 상급이 아니고, 저들의 충성에 대한 대가가 아니라 도무지 자기들 문제의 원인조차 인식하지 못하는 자들에게 하나님은 교육을 하고 계시는 것입니다. 그래서 하나님은 출애굽을 시킬 때에도 노예에서 해방됨을 강조하지 않고 하나님을 알라고 강조하십니다. 마라에서 물을 주실 때에도 갈증이 풀어짐을 강조하지 않고 하나님을 알라고 강조하십니다. 만나를 주실 때에도 배고픔이 해결됨을 강조하지 않고 하나님을 알라고 강조하십니다. 노예라는 문제가 해방되면, 물이라는 문제가 해결되면, 배고픔이라는 문제가 해결되면 하나님의 말씀을 순종할 수 있는 것이 아닙니다. 정반대로 하나님을 알면 노예생활이 문제가 되지 않고, 하나님을 알면 물이 쓴 것이 문제가 되지 않고, 하나님을 알면 배고픔이 문제가 되지 않는다는 것입니다. 하나님을 안다는 것은 하나님이 공급하신다는 것을 아는 것이요 하나님이 책임지신다는 것을 안다는 것입니다.

광야 생활이 40년간 지속됩니다. 만나가 40년 내립니다. 이스라엘 백성은 40년간 먹을 것 걱정 없이 살 수 있었습니다. 광야 생활에 하나님이 동행하셨습니다. 이스라엘 백성은 40년간 어떠한 외적에 대해서도 아무 걱정 없이 살 수 있었습니다. 40년간 의복이 닳지 않았습니다. 흔히 말하는 모든 사람이 꿈꾸는 먹고 입고 사는 것 걱정 없이 살았으면 좋겠다는 소망이 40년간 보장되었습니다. 그렇다고 이스라엘이 40년간 하나님의 말씀에 순종하며 살았던 것이 아닙니다. 도리어 민수기에서 확인할 수 있듯이 40년간 지긋지긋하게 말도 안 들었습니다. 세상에 그 어떠한 파렴치한도 이보다 더한 파렴치한이 없을 것이요 배은망덕도 이보다 더 할 수는 없을 것입니다. 아무 일도 안하고 먹고 산 세월이 자그만치 40년입니다. 하나님이 40년간 만나를 주시면서 교육하신 것이 "사람이 떡으로만 사는 것이 아니요 여호와의 입에서 나오는 모든 말씀으로 사는 줄을 알게 하는 것"입니다. 만나가 내리는 것은 하나님이 내려 주시기 때문입니다. 광야에서 이스라엘 백성이 살아가는 것은 자신들의 수고의 결과가 아니라 하나님의 은혜의 결과입니다. 사람들이 살고 있는 공간이 하나님이 말씀으로 있으라고 명하셔서 창조된 세상입니다. 사람들이 먹고 사는 것이 하나님이 말씀으로 있으라고 명하셔서 존재하는 모든 식물입니다. 지구상의 모든 존재는 하나님의 은혜로 사는 것입니다. 그런데 죄인들은 이것을 모르는 것입니다.

신앙은 조건의 문제가 아니라 존재의 문제입니다. 죄인은 하나님을 알 수 없고 하나님께 순종할 수 없습니다. 그래서 하나님이 무조건 은혜로 이스라엘 백성들을 출애굽 시켜 주셨고 저와 여러분을 구원하여 주셨습니다. 하나님의 은혜로 구원받은 성도는 하나님을 알게 된 자입니다. 하나님을 더 많이 알면 하나님께 더 순종할 수 있고 이미 하나님이 주신 분복들을 누리며 살 수 있습니다. 하나님의 일하심의 순서가 바뀌면 안 됩니다. 내가 사는 형편이 나아지면 그때는 정말 열심히 신앙생활 할 수 있을 것 같다 생각하면 오산입니다. 내가 안 해서 그렇지 하기로 마음만 먹으면 하나님을 기쁘시게 할 수 있다고 생각하면 여전히 인간을 도무지 모르고 계시는 것입니다.

# 여호와의 안식일

## 만나가 내린지 일곱째 날

사람이 떡으로만 사는 것이 아니라 하나님의 입으로 나오는 모든 말씀으로 사는 것을 가르치는 교육이 만나가 내리는 사건인데, 만나를 통해서 또 하나님을 가르치는 교육이 안식일입니다. 안식일을 통해 하나님이 무엇을 교육하려고 하시는지 살펴보겠습니다. 16장 23~25절 "모세가 그들에게 이르되 여호와께서 이같이 말씀하셨느니라. 내일은 휴일이니 여호와께 거룩한 안식일이라. 너희가 구울 것은 굽고 삶을 것은 삶고 그 나머지는 다 너희를 위하여 아침까지 간수하라. 그들이 모세의 명령대로 아침까지 간수하였으나 냄새도 나지 아니하고 벌레도 생기지 아니한지라. 모세가 이르되 오늘은 그것을 먹으라. 오늘은 여호와의 안식일인즉 오늘은 너희가 들에서 그것을 얻지 못하리라"입니다. 성경에 안식일이라는 용어가 처음 등장하는 곳이 바로 여기 16장 23절 "내일은 휴일이니 여호와께 거룩한 안식일이라", 25절 "오늘은 여호와의 안식일인즉"입니다. 안식일은 만나가 내리기 시작하여 6일 동안 매일 매일 내리고, 만나가 내리기 시작한지 육일이 지나고 일곱째 날이 되는 날입니다.

흔히들 창세기 2장에 안식일이 등장하는 것으로 생각합니다. 그러나 창세기 2장 2절 후반부 "일곱째 날에 안식하시니라", 3절 "하나님이 그 일곱째 날을 복되게 하사 거룩하게 하셨으니 이는 하나님이 그 창조하시며 만드시던 모든 일을 마치시고 그 날에 안식하셨음이니라"고 기록되었을 뿐 안식일에 대한 언급이 나오지 않습니다. 또한 창세기의 안식과 출애굽기의 안식일이 자동적으로 연결되어 있는 줄로 생각합니다. 심지어는 칠일간의 일주일 단위가 시작되어서 매번 돌아오는 일곱째 날이 안식일이 된 것이 창세기부터 시작된 줄로 알고 있습니다. 그러나 창세기부터 출애굽기 16장까지에는 칠일에 한 번씩 돌아오는 안식일이라는 개념이 없습니다. 창세기의 안식일은 일곱째 날이고 다시 첫째 날이 있거나 여덟째 날이 있는 것이 아니라 계속해서 일곱째 날 즉 계속해서 안식일입니다. 대부분의 사람들이 생각하고 있는 육일이 지나고 칠일이 안식일이 되는 개념은 지금 출애굽기 16장에서 처음으로 생기는 것입니다. 그리고 그 기준점은 만나가 내리는 날 부터입니다.

## 여호와의 안식일

만나가 내린지 일곱째 되는 날을 안식일이라고 합니다. 흔히 안식일을 쉬는 날이라고 합니다. 본문의 표현대로 하면 23절에 나오는 대로 "휴일"입니다. 일곱째 날이 휴일이라고 해서 인간들이 육일 동안 열심히 일하고 하루는 쉬라고 하나님이 정하신 휴일 또는 쉬는 날이라고 생각하시면 큰 착각입니다. 사람들이, 성도들이, 목회자들이 정말 성경을 안 읽습니다. 성경을 읽어보면 성경에 다 기록되어 있는데 성경을 안 읽습니다. 그리고는 모두 자기 방식대로 자기 생각대로 말을 해 버립니다. 그래서 기독교가 왜곡되고 변질되는 것입니다. 일곱째 날이 안식일이 맞고 휴일이 맞습니다. 이때 중요한 것은 누가 안식하는 것이며 누가 쉬느냐 즉 인간이 안식하고 인간이 쉬느냐 아니면 하나님이 안식하고 하나님이 쉬느냐는 것입니다. 정답은 여호와가 쉬는 것이요 여호와가 안식하는 날입니다. 출애굽기 16장 25절 "오늘은 여호와의 안식일인즉" 또 안식일에 관한 십계명이 등장하는 20장 10절 "일곱째 날은 네 하나님 여호와의 안식일인즉"이라고 나옵니다. 안식일은 사람이 안식하는 날이 아니라 여호와가 안식하는 날입니다.

성경에는 처음부터 여호와가 안식하셨다고 말하고 있습니다. 창세기 2장 2절 "하나님이 그가 하시던 일을 일곱 째 날에 마치시니 그가 하시던 모든 일을 그치고 일곱째 날에 안식하시니라"입니다. 일하신 분이 하나님이요 일을 마치신 분이 하나님이요 일곱째 날에 안식하신 분이 하나님입니다. 창조 때의 안식에 관하여 출애굽기에서 하나님이 직접 말씀하시는 것이 20장 11절 "이는 엿새 동안에 나 여호와가 하늘과 땅과 바다와 그 가운데 모든 것을 만들고 일곱째 날에 쉬었음이라. 그러므로 나 여호와가 안식일을 복되게 하여 그 날을 거룩하게 하였느니라"입니다. 안식일은 모두 하나님께 맞추어져 있는 것입니다. 여호와의 안식일이요 여호와가 안식하는 것입니다.

하나님이 안식하신다는 표현에 대해 혹자들은 하나님도 피곤하시고 하나님도 지치시고 탈진하시고 그래서 하나님도 휴식이 필요하고 하나님도 재충전이 필요하냐고 질문하실 것입니다. 그래서 여호와의 안식이 무슨 의미인지를 이해하셔야 합니다. 기독교에서 사용하는 용어들의 의미를 일반적으로 알고 있는 의미로 이해하기에 오해가 생기고 왜곡이 생기는 것입니다. 비록 동일한 용어를 사용할 지라도 성경적 의미로 바르게 이해하셔야 합니다. 창세기에 보면 하나님이 안식하셨는데 그 이유를 창세기 2장 2절에는 "그가 하시던 일을 일곱째 날에 마치시니 그가 하시던 모든 일을 그치고", 출애굽기 20장 11절에는 "모든 것을 만들고"라고 되어 있습니다. 즉 여호와의 안식은 일하시는 중간에 잠깐 휴식하는 것이나 잠깐 쉬는 것을 의미하는 것이 아니라 모든 것이 완성되었다는 것을 의미합니다. 이제 모든 것이 끝나고 모든 일을 마치고 모든 계획이 완성되어서 더 이상의 새로운 일을 시작하고 진행해야 할 것이 남아 있지 않은 것 그래서 완성의 상태를 누리고 있는 것을 안식이라고 합니다.

### 백성이 안식하니라

16장 29절 "볼지어다. 여호와가 너희에게 안식일을 줌으로 여섯째 날에는 이틀 양식을 너희에게 주는 것이니 너희는 각기 처소에 있고 일곱째 날에는 아무도 그의 처소에서 나오지 말지니라. 그러므로 백성이 일곱째 날에 안식 하니라"입니다. 성경은 먼저 안식일은 여호와의 안식일이라고 선포하고, 그 다음에 중요한 말씀, 매우 중요한 개념이 등장합니다. "여호와가 너희에게 안식일을 주셨다"라는 선포가 등장하고 그래서 "인간이 일곱째 날에 안식하였다"는 설명이 등장하는 것입니다. 인간이 일하다가 쉬는 것이 아니라는 것입니다. 인간이 안식하기로 마음먹고 그냥 일을 안 하면 쉬는 것이나 안식하는 것이라는 의미가 절대로 아니라는 것입니다. 안식은 하나님의 안식이요 안식의 의미는 쉼이 아니라 완성의 상태에 거하는 것이요 완성의 상태를 누리며 사는 것이요 그러한 안식은 하나님이 인간에게 주시는 것이라고 말씀하는 것입니다.

## 일과 안식

### 일하지 말라

안식의 의미에 대하여 만나를 주시면서 일곱째 날 만나를 거두러 나가지 않는 것으로, 일을 하지 않는 것으로 설명을 해 주신 것입니다. 안식이 무엇인지, 왜 여호와의 안식일인지, 왜 여호와가 안식을 인간에게 주셔야 인간이 안식할 수 있는지, 그 사건이 어떻게 만나를 통해서 설명될 수 있는지를 정확하게 이해하기 위해서는 안식일 규정에 담긴 일의 의미를 바르게 정립해야 합니다. 하나님이 안식일을 지키라고 하시는데 안식일을 지키는 가장 중요한 규정이 "아무 일도 하지 말라"는 것입니다. 16장에서는 25절 "오늘은 여호와의 안식일인즉 오늘은 너희가 들에서 그것을 얻지 못하리라" 즉 처소에서 나와서 만나를 구하러 다니지 말라고 합니다. 이것이 확장되어서 출애굽기 20장 십계명에서는 8~10절에 "안식일을 기억하여 거룩하게 지키라. 엿새 동안은 힘써 네 모든 일을 행할 것이나 일곱째 날은 네 하나님 여호와의 안식일인즉 너나 네 아들이나 네 딸이나 네 남종이나 네 여종이나 네 가축이나 네 문안에 머무는 객이라도 아무 일도 하지 말라"고 하십니다. 21장 10절에 등장하는 사람들 즉 "너나 네 아들이나 네 딸이나 네 남종이나 네 여종이나 네 가축이나 네 문안에 머무는 객"이 누구를 의미하는지 알아야 합니다. 이곳에 거론된 사람들 말고 전혀 언급되지 않은 사람 예를 들어 부모나 아내는 일을 해도 된다는 의미가 아닙니다. 여기에 등장하는 사람들은 가족 구성원 중의 일부를 의미하는 것이 아니고, 그 날 그 집에 거주하는 자를 의미하는 것이 아니고 노동력이 있는 모든 존재를 의미하는 것입니다. 즉 일할 수 있는 모든 존재를 의미하는 것으로 일할 수 있는 어떠한 존재도 절대로 일을 하지 말라는 것입니다.

## 일의 의미

인간의 사고방식에서 일은 결과를 만들어 내는 행위를 의미합니다. 살아있는 사람은 무엇인가를 합니다. 계속해서 움직이며 무슨 행동이든 하고 있습니다. 아무 것도 하지 않는 사람은 없습니다. 움직임이 없고 활동이 없다면 그것은 죽은 사람입니다. 모든 살아있는 사람은 움직임과 활동이 있습니다. 그때에 인간의 모든 움직임과 활동을 일이라고 하지 않습니다. 일은 그 움직임과 활동을 통해서 어떤 결과물을 만들어 내는 행위를 의미하는 것입니다. 일을 이해하기 위해서는 노는 것과 비교를 해 보면 됩니다. 노는 것은 아무 것도 안하는 것이 아닙니다. 놀 때에 사람들이 열정적으로 움직이고 매우 많은 활동을 합니다. 땀이 흥건하도록 움직이지만 일한다고 말하지 않고 논다고 합니다. 왜냐하면 결과를 생산하기 위한 활동이 아니기 때문입니다. 일은 결과를 만들어 내는 행위로서 일하지 않는 자는 살 수 없다는 것이 인간의 생각, 죄인의 생각입니다. 왜냐하면 일하지 않으면 생산이 되지 않기 때문입니다. 일을 해야 무엇인가가 생산이 되고, 무엇인가가 생산이 되어야 인간이 먹고 살 수 있다는 것이 인간에게 깔려있는 기본 전제입니다. 그리고 그렇게 땀 흘려 일한 사람, 열심히 일한 사람만이 쉬고 안식을 누릴 수 있는 자격이 있다고 생각합니다. 매우 정상적인 것처럼 들립니다. 당연한 이야기, 상식적인 이야기처럼 들립니다. 그러나 그렇지 않습니다.

기독교에서는 일의 의미와 개념이 세상의 의미와 개념과는 전혀 다릅니다. 세상에서 가장 먼저 일하신 분이 하나님이십니다. 하나님이 일하셨습니다. 하나님이 일하셔서 결과물을 만들어 내셨습니다. 창조라는 일, 활동, 행위를 행하셔서 세상이라는 결과물을 만들어 내셨고 모든 먹을 식물들을 만들어 내셨고 인간을 만들어 내셨고 가치와 의미와 개념을 만들어 내셨습니다. 창세기 2장 1~3절의 표현대로 하나님이 모든 일을 마치셨습니다. 하나님께서 일을 마쳤다는 표현은 다 이루어졌다는 의미입니다. 하나님이 모든 필요한 것을 존재하게 하셨고 모든 있어야 하는 것들을 만들어 내셨습니다. 모든 것이 이루어졌기에 하나님이 안식하셨습니다. 이제 더 이상 만들어 내는 행위로서의 일이란 존재하지 않고 하나님도 인간도 완성된 상태에, 이루어진 상태에 거하면서 그 완전하고 온전하고 충분한 상태를 누리는 것입니다. 기독교에서는 가장 먼저 일하신 분이 하나님이시오 유일하게 일하신 존재도 하나님이십니다. 하나님만이 일하셨고 단지 일하신 정도가 아니라 다 이루셨고 마치셨습니다. 그래서 다른 일이 필요하지 않고 다른 일이 존재하지 않습니다. 그래서 하나님이 안식하셨습니다. 하나님의 일과 하나님의 안식이 이렇게 설명이 되는 것입니다.

하나님이 창조의 일을 다 이루셔서 안식하신 날이 일곱째 날입니다. 인간은 여섯째 날에 창조되어 저녁이 되고 아침이 되어 새 날을 맞이하게 되었는데 그 날이 일곱째 날 즉 안식일입니다. 인간이 행한 최초의 활동은 안식입니다. 즉 완성의 상태에 거하며 완성의 상태를 누리는 것입니다. 인간은 일을 위해 지어진 존재가 아닙니다. 인간은 무엇인가 목적을 달성하기 위해 일을 해야 하는 존재가 아닙니다. 인간은 자신이 일한 대가로 안식을 누리거나, 일을 한 후에 휴식을 하는 것이 아닙니다. 인간은 하나님이 일하셔서 완성하신 것을 누리는 것이 안식하는 것입니다. 인간은 일을 말할 수 없고 일의 대가로서의 안식을 말할 수 없습니다. 오직 하나님이 일하셨고 하나님이 인간에게 안식을 주셔서 안식할 수 있는 것입니다. 이러한 창조 때의 모습을 다시 한 번 재현함으로 안식의 진정한 의미를 교육하는 것이 안식일입니다.

### 만나와 안식일

창조 때에 설정된 이러한 하나님과 일의 관계, 하나님과 안식의 관계, 하나님과 인간의 관계, 인간과 일의 관계, 인간과 안식의 관계가 인간의 타락으로 인하여 모두 바뀌어져버렸습니다. 인간이 하나님을 떠나 죄인이 되었고 하나님에 대하여 무지하게 되었습니다. 죄의 결과로 하나님이 존재하시는 것도 알지 못하고 하나님이 일하신 것도 알지 못하고 하나님이 완성하신 것도 알지 못하고 하나님이 인간에게 안식을 주신 것도 모르게 된 것입니다. 하나님이 모든 일을 이루셨다는 것을 모르고, 하나님이 안식을 주셨다는 것을 모르기에 인간들은 자신들이 일을 해야 한다고 생각하는 것입니다. 인간들이 일을 해서 결과를 만들어 내야 한다고 생각하고, 인간이 일을 하지 않으면 아무런 결과가 없고, 아무런 결과가 없으면 인간은 안식할 수 있는 상태가 없다고 생각하는 것입니다. 죄인 된 인간들은 하나님과 하나님의 일하심을 인정하지 않으니까 모든 것은 자신들의 일에 달려있다고 생각하는 것입니다. 자신들이 일해야 먹고 살 수 있고 자신들이 일해야 거주할 수 있고 자신들이 일해야 소득이 생기고 자신들이 일해야 안식할 상황이나 근거를 마련할 수 있다고 생각하는 것입니다.

이러한 인간들의 생각이 절대로 옳은 것이 아닙니다. 그러나 하나님을 알지 못하는 사람들은 이렇게 밖에 생각할 수 없습니다. 하나님을 알지 못하고 하나님이 존재하신다고 생각하지 않는 사람들은 당연히 하나님이 아무 일도 하지 않는다고 생각합니다. 존재하는 것은 오직 인간이라고 생각하는 것입니다. 그렇다면 인간이 일하지 않으면 아무 것도 존재할 수 없고 유지할 수 없다고 생각할 수밖에 없는 것입니다. 이 생각이 옳은 생각이 아니지만 인간들은 이렇게 밖에 생각할 수밖에 없는 것이 인간의 한계, 죄인의 한계입니다. 하나님은 지금 이러한 인간의 생각, 인간의 인식을 바꾸려는 것입니다.

출애굽기에서 하나님이 가장 자주, 가장 많이 반복하시는 말씀이 "나를 여호와인줄 알라"는 것입니다. 여호와의 존재를 인식하고 여호와가 일하신다는 것을 알라는 것입니다. 하나님이 존재하시고 하나님이 일하신다는 것을 가장 극명하게 증거하고 입증하고 설명하는 방법이 인간에게 아무 일도 하지 않게 하는 것입니다. 인간이 일해야만 결과가 만들어지고 인간이 일해야만 존속할 수 있다고 생각하는 인간들에게 아무 일도 하지 말라는 것은 죽으라는 말처럼 들리는 것입니다. 인간이 아무 일도 않으면 아무 일도 되지 않는다고 생각하는 것입니다. 그런데 인간이 아무 일도 하지 않았는데 일이 이루어지고 결과가 만들어지면 그때 인간은 인간 말고 다른 분이 존재하는 것, 인간이 일하는 것 말고 다른 분이 일하시는 것을 알게 되는 것입니다.

출애굽 때에 이스라엘이 탈출 작전을 짜고 탈출 전쟁을 한 것이 아니라 아무 것도 아무 일도 안했습니다. 그런데도 출애굽이 된 것은 하나님이 일하신 결과입니다. 홍해 앞에서 이스라엘이 홍해 물을 퍼내거나 댐을 쌓거나 뗏목을 만든 것이 아니라 아무 것도 아무 일도 안했습니다. 그런데도 홍해를 건넌 것은 하나님이 일하신 결과입니다. 마라에서 이스라엘이 쓴물을 단물로 만들기 위해 정수기를 사용하거나 유전자 조작을 한 것이 아니라 아무 것도 아무 일도 안했습니다. 그런데도 물이 달아져서 마실 수 있었던 것은 하나님이 일하신 결과입니다. 광야에서 이스라엘이 먹을 것이 없을 때에 씨앗을 뿌리고 거름을 매고 농사를 지은 것이 아니라 아무 것도 아무 일도 안했습니다. 그런데도 늘 배불리 먹고 살게 된 것은 하나님이 일하신 결과입니다.

만나를 만들어 내시는 하나님이 일하는 것이지 만나를 거두러 다니는 인산들이 일한다고 말할 수 없는 것입니다. 그런데 인간들은 언제나 자신이 만나를 거두는 수고를 했다고 자신이 일 했음을 강조합니다. 그래서 하나님이 말씀하시기를 '안식일에 아무 일도 하지 말라', '거두러 나가지 말라'고 하시는 것입니다. 사람이 거두러 나가지 않으면 먹을 것이 없어야 하는데 하나님이 전날에 이틀 분 양식을 주셔서 인간이 일하지 않고도 먹을 것이 있다는 것을 인정하면서 인간의 삶이 인간의 일이나 인간의 수고의 결과로 사는 것이 아니라 하나님의 일하심으로 하나님의 은혜로 사는 것임을 알라는 것입니다.

### 만나를 간수하라

16장 32~34절 "모세가 이르되 여호와께서 이같이 명령하시기를 이것을 오멜에 채워서 너희의 대대 후손을 위하여 간수하라. 이는 내가 너희를 애굽 땅에서 인도하여 낼 때에 광야에서 너희에게 먹인 양식을 그들에게 보이기 위함이니라 하셨다 하고 또 모세가 아론에게 이르되 항아리를 가져다가 그 속에 만나 한 오멜을 담아 여호와 앞에 두어 너희 대대로 간수하라. 아론이 여호와께서 모세에게 명령하신 대로 그것을 증거판 앞에 두어 간수하게 하였고"입니다. 하나님은 만나를 간수하라고 하십니다. 이스라엘이 건넜던 홍해 물을 담아 간수하라고 하시지 않고 썼다가 달아진 마라의 물을 담아 간수하라고 하지 않고 만나를 간수하라고 하십니다. 왜냐하면 인간이 일하지 않은 결과가 가장 효과적으로 즉각적으로 나타나는 것이 식량, 음식이기 때문입니다. 일하지 않으면 당장 먹을 것이 없고, 먹을 것이 없으면 죽습니다. 그래서 하나님은 만나를 보존하라고 하십니다. 만나를 볼 때 마다 자신들이 소유하고 있는 만나가 자신들의 수고로 얻는 것이 아니라 하나님이 은혜로 주신 것임을 기억하게 하는 것입니다.

안식일은 일 안하는 날이나 쉬는 날이 아니라 인간의 일의 결과로 사는 것이 아니라 하나님의 은혜로 사는 것임을 인정하고 고백하는 날입니다. 저와 여러분은 이미 하나님이 주신 안식에 들어와 있기에 일주일에 하루가 아니라 모든 날이 안식일인 것입니다. 하나님이 일하셔서 주신 안식, 하나님이 완성하셔서 주신 안식, 하나님이 다 이루셔서 주신 안식을 풍성히 누리시며 사시기를 주님의 이름으로 축원합니다.

# 27

# 여호와를 시험하여

## 출애굽기 17 : 1 ~ 7

1 이스라엘 자손의 온 회중이 여호와의 명령대로 신 광야에서 떠나 그 노정대로 행하여 르비딤에 장막을 쳤으나 백성이 마실 물이 없는지라 2 백성이 모세와 다투어 이르되 우리에게 물을 주어 마시게 하라 모세가 그들에게 이르되 너희가 어찌하여 나와 다투느냐 너희가 어찌하여 여호와를 시험하느냐 3 거기서 백성이 목이 말라 물을 찾으매 그들이 모세에게 대하여 원망하여 이르되 당신이 어찌하여 우리를 애굽에서 인도해 내어서 우리와 우리 자녀와 우리 가축이 목말라 죽게 하느냐 4 모세가 여호와께 부르짖어 이르되 내가 이 백성에게 어떻게 하리이까 그들이 조금 있으면 내게 돌을 던지겠나이다 5 여호와께서 모세에게 이르시되 백성 앞을 지나서 이스라엘 장로들을 데리고 나일 강을 치던 네 지팡이를 손에 잡고 가라 6 내가 호렙 산에 있는 그 반석 위 거기서 네 앞에 서리니 너는 그 반석을 치라 그것에서 물이 나오리니 백성이 마시리라 모세가 이스라엘 장로들의 목전에서 그대로 행하니라 7 그가 그 곳 이름을 맛사 또는 므리바라 불렀으니 이는 이스라엘 자손이 다투었음이요 또는 그들이 여호와를 시험하여 이르기를 여호와께서 우리 중에 계신가 안 계신가 하였음이더라

## 백성들의 상황

### 구름기둥, 불기둥의 인도를 받고 있는 자들

출애굽기는 크게 세 부분으로 나눌 수 있습니다. 첫 번째는 애굽에 머물던 시기에서 애굽을 벗어나는 장면까지로 1장부터 14장까지입니다. 두 번째는 홍해를 건넌 직후부터 시작된 광야생활을 기록한 장면들로 15장부터 시내산에 도착하는 19장까지입니다. 그리고 세 번째는 시내산

에서 율법을 받는 장면과 그 율법의 내용이 기록되어 있는 20장부터 40
장까지입니다. 그 중에 17장은 광야생활의 한 장면입니다. 17장 1절 "이
스라엘 자손의 온 회중이 여호와의 명령대로 신 광야에서 떠나 그 노정
대로 행하여 르비딤에 장막을 쳤으나 백성이 마실 물이 없는지라"입니
다. 말은 아 다르고 어 다릅니다. 본문을 읽으실 때 문맥의 앞 뒤 정황을
알아야 하고, 말의 뉘앙스를 알아야 오해를 줄입니다. 1절에 "여호와의
명령대로"라는 표현이 나오지만 표현그대로 명령이 아닙니다. 정황상으
로 보면 여호와의 안내대로 또는 여호와의 인도대로 또는 여호와의 말
씀대로라고 이해해야 옳습니다.

　이스라엘 백성들은 애굽에서 400년을 살았습니다. 노예 생활을 오래
했기 때문에 광야를 나와 보지 않았고 여행을 다녀보지 않았고 자유롭
게 돌아다녀 본적이 없습니다. 당연히 광야의 지리와 지형을 알지 못하
는 것입니다. 그래서 하나님이 저들의 갈 길을 안내 또는 인도하셨습니
다. 13장 20~22절에 보면 하나님의 안내가 나옵니다. "그들이 숙곳을
떠나 광야 끝 에담에 장막을 치니 여호와께서 그들 앞에서 가시며 낮에
는 구름 기둥으로 그들의 길을 인도하시고 밤에는 불 기둥을 그들에게
비추사 낮이나 밤이나 진행하게 하시니 낮에는 구름 기둥, 밤에는 불 기
둥이 백성 앞에서 떠나지 아니하니라"입니다. 하나님은 불쑥 오늘 떠나
라, 느닷없이 내일 저리로 가라고 명령하신 것이 아니라 하나님의 의도
와 목적에 따라서 백성들의 길을 안내하셨던 것입니다.

　7절에 재미있는 기록이 나옵니다. "그가 그곳 이름을 맛사 또는 므리
바라 불렀으니 이는 이스라엘 자손이 다투었음이요 또는 그들이 여호와
를 시험하여 이르기를 여호와께서 우리 중에 계신가 안 계신가 하였음
이더라"입니다. 백성들이 여호와가 자기들 중에 계신가 안 계신가를 시
험하였다고 하는데 이것은 참으로 말도 안 되는 소리입니다. 만약 이스
라엘 백성들이 "여호와께서 우리 중에 계신가 안 계신가" 여호와를 시험

하려면 여호와가 계시다는 증거가 아무 것도 없을 때, 정말 여호와가 계신 지 안 계신지를 확인할 방법이 없을 때 하면 이해가 됩니다. 그러나 17장에서 이스라엘은 자기들 중에 구름 기둥과 불기둥이 서 있는 상황입니다. 만약 구름 기둥과 불기둥이 없어졌다면 저들이 여호와를 시험해 볼 수 있습니다. 있던 것이 없어졌으니 하나님이 떠났는지 의심할 수 있고 시험할 수 있습니다. 하지만 구름 기둥과 불기둥이 처음 나타난 순간부터 지금까지 계속 이스라엘과 함께 있습니다. 이스라엘은 스스로 이동을 결정한 것이 아니라 구름기둥이나 불기둥이 움직일 때 자기들도 움직였습니다. 지금까지 계속 구름 기둥과 불기둥의 안내를 받아서 이동해 온 것입니다. 하나님이 자기들 중에 계신지 안 계신지를 이제사 시험을 해 봐서 확인을 한다는 것은 아주 웃기는 이야기입니다.

### 만나를 먹고 있는 자들

본문의 문맥을 다양하고 세밀하게 관찰하지 않으면 본문을 오해할 소지가 많습니다. 이스라엘 백성은 지금 광야에서 생활을 하고 있습니다. 광야에서 매일 만나를 먹고 있는 사람들입니다. 자신들은 소산을 위하여 손 하나 까딱 안하고 하나님의 공급하심으로 거저먹고 살고 있는 중입니다. 자신들의 입으로 "이것이 무엇이냐?"라고 말하던 만나를 매일 매일 먹고 있는 사람들입니다. 자기들이 씨를 뿌리지도 아니하고 기르지도 아니한 것을, 다른 표현으로 하나님이 주신 것을 먹고 있습니다. 매일 같이 하나님이 자신들과 함께 하고 계시며, 자기들에게 먹을 것을 공급하고 계시다는 것을 하루에도 세 번씩 확인하며 체험하며 살고 있는 사람들입니다. 그런 사람들이 한다는 말이 "여호와께서 우리 중에 계신가 안 계신가"를 시험하여 본다는 것입니다. 구름기둥과 불기둥이 이미 여호와가 자기들과 함께 계심을 증거하고 매일 내리는 만나가 이미 여호와가 자기들과 함께 계심을 증거하고 있습니다. 본문에서 이스라엘이 하나님을 시험하였다는 내용이 무엇인가를 확인해 보겠습니다.

출애굽기를 읽으시면서 항상 기억하고 있어야 하는 주제는 출애굽이 목적이 아니고 가나안에 들어가는 것이 목적이 아니라는 것입니다. 만약 출애굽이 목적이었다면 이적은 열 번이 필요한 것이 아니라 한 번으로 족합니다. 그냥 단번에 출애굽하면 됩니다. 그러나 출애굽이 목적이 아니었기 때문에 단 한 번의 강력한 이적으로 출애굽을 완성하신 것이 아니라 자그마치 열 번에 걸친 계시를 행하신 것입니다. 열 번의 계시를 통하여 하나님을 알게 하시는 것이었습니다. 만약 가나안 지역에 들어가는 목적이었다면 광야에서 오랜 세월을 보낼 이유가 없습니다. 지름길로 가면 약 일주일이면 도착할 수 있는 거리를 하나님은 더 빠른 새로운 지름길을 만들어 내면서 삼일 만에 통과하신 것이 아닙니다. 하나님의 목적은 가나안이라고 하는 지역이 아니기에 하나님은 가능한 빨리 가려고 노력한 것이 아닙니다. 하나님의 목적은 백성들에게 인간들에게 하나님을 알게 하시는 것이었습니다.

## 이스라엘의 여정

### 하나님의 안내

하나님의 목적이 백성들로 하여금 하나님을 알게 하는 것이라는 사실을 기억하시고 이스라엘의 광야 여정을 살펴보아야 합니다. 이스라엘이 광야를 거쳐 오는 여정은 이스라엘이 선택한 경로가 아닙니다. 광야에 들어오는 순간부터 구름기둥과 불기둥이 안내를 하였으니 이스라엘이 이길 저길 골라가면서 온 것이 아니라 하나님이 인도하신 코스라는 것을 이해하셔야 합니다. 이스라엘이 광야 지형을 잘 모르고 있었기 때문에 스스로 선택한 코스가 하필이면 난 코스였던 것이 아닙니다. 애굽에서 나온 14장부터 17장까지 지나오는데 많은 사건이 있습니다. 홍해를 건너는데 가능하면 폭이 좁은 곳이나 물이 얕은 곳으로 온 것이 아니라 애굽의 말들이 빠져죽을 정도의 폭이 넓고 물이 깊은 곳으로 왔습니다. 아주 잘못 골라 온 것입니다. 홍해를 건너고 도착한 다음 지역이 마라입니다. 쉬어가는 지역을 골라도 지지리도 잘못 고릅니다. 물이라고 있는데 써서 먹지도 못하는 지역으로 온 것입니다. 15장 27절에 보면 마라에서 떠나 다음 지역에 도착한 곳이 엘림인데 "그들이 엘림에 이르니 거기에 물 샘 열둘과 종려나무 일흔 그루가 있는지라. 거기서 그들이 그 물 곁에 장막을 치니라"입니다. 이런 구절을 보고 염장 지른다고 하는 것입니다. 길을 잘못 들어도 정도껏 잘못 들어야지 물 샘 열둘과 종려나무 일흔 그루가 있는 오아시스를 옆에 두고 겨우 겨우 찾아간 곳이 마라입니다. 시원한 먹을 물 옆에 두고 쓴 물을 마시고 있는 형색입니다.

그런데 지금 이스라엘이 가는 여정이 이스라엘이 선택하는 여정이 아니라는 것입니다. 이 모든 여정은 친절하신 하나님이, 자상하신 하나님이, 안내자 하나님이, 가이드 하나님이, 광야 전문가 하나님이, 구름기둥과 불기둥의 주인 되시는 하나님이 인도하고 계시는 여정입니다. 하나님이 인도하신 코스가 아주 엉망이라는 것입니다. 엘림을 지나서 향한 곳이 16장 1절 "이스라엘 자손의 온 회중이 엘림에서 떠나 엘림과 시내 산 사이에 있는 신 광야에 이르니"입니다. 하나님이 백성을 인도하셨는데 먹을 곳도 없는 곳으로 굶어죽기 딱 좋은 곳으로 아주 환상의 코스입니다. 넓은 바다 빠져죽기 딱 좋은 곳으로 인도하시고, 물이 짜서 갈증나서 죽기 딱 좋은 곳으로 인도하시고, 이번에는 굶어죽기 딱 좋은 곳으로 인도하신 것입니다. 그 다음 코스가 17장 1절 "이스라엘 자손의 온 회중이 여호와의 명령대로 신 광야에서 떠나 그 노정대로 행하여 르비딤에 장막을 쳤으나 백성이 마실 물이 없는지라"입니다. 16장까지를 환상의 코스라고 한다면 17장은 환타스틱 코스라고 하는 것입니다. 고난과 역경 풀옵션입니다.

## 백성들의 행동

이스라엘의 여정은 이스라엘이 골라가는 여정이 아니라 하나님이 인도하는 여정이라는 것이 매우 중요합니다. 홍해 앞에서, 마라에서, 신 광야에서 그리고 르비딤에서 백성들이 행한 공통된 행동이 원망과 불평이었습니다. 홍해 앞에서도 불평과 원망, 마라에서도 원망과 불평, 신 광야에서도 원망과 불평 그리고 르비딤에서는 원망과 불평의 단계를 넘어서서 "백성이 모세와 다투었다"고 말하고 있습니다. 가는 곳마다, 도착하는 족족 원망하는 이유는 자신들이 원하는 대로 간 것이 아니기 때문입니다. 그렇게 원망을 하는데도 하나님은 전혀 화를 내지 않으십니다. 하나님은 징계를 내리지 않습니다. 그 불평과 원망을 다 들어주십니다. 저들이 요구하는 것을 다 응답해 주십니다. 왜냐하면 하나님이 그런 반응이 나올 만한 곳으로 인도해 왔고 그런 반응에 대해 하나님이 응답해 주시기로 애초부터 계획되어 있었기 때문입니다. 지금 이 여정은 단순히 광야를 지나가는 과정이 아니라 하나님이 이스라엘을 교육하시는 과정이라는 것입니다.

가는 곳을 결정한 분이 하나님입니다. 하나님이 인도하시는 곳에 백성들이 온 것입니다. 하나님이 인도하시는 곳에 왔다면 모든 것이 다 해결되어있는 곳이요 아무런 문제가 없어서 원망과 불평이 전혀 없는 곳으로만 인도하셨을 것으로 기대하시면 큰 실망을 합니다. 하나님은 문제투성이의 장소로 인도하셨다는 것입니다. 정확하게 말하면 문제투성이의 장소가 아니라 그냥 어느 곳에 온 것입니다. 하나님이 인도하신 곳, 백성들이 도착한 장소 자체가 문제가 있는 곳이 아니라는 것입니다. 하나님을 알고 있다면 그곳은 이적의 현장이요 축복의 현장이 될 것이고 하나님을 모른다면 그곳은 고난과 역경의 현장이 될 것입니다. 여하튼 백성들, 죄인들의 생각에 문제투성이 지역에 도착하니까 백성들이 원망과 불평하는 것이 당연한 것입니다. 그들이 죄인이기 때문에 원망과 불평하는 것이기도 하지만 사실 하나님이 데리고 가는 곳마다 노래가 나오고 감사가 나오는 곳이라기보다는 원망과 불평이 나올만한 곳이었습니다. 그래서 그들은 원망을 했습니다. 하나님은 이 모든 것을 몰랐던 것이 아니라 이미 다 알고 계셨습니다. 더 정확하게 말하면 하나님은 일이 이렇게 되도록 진행하신 것입니다.

### 하나님의 계시

다시 한 번 강조하면 출애굽기를 읽으면서 언제나 잊지 말아야 하는 주제는 하나님의 목적은 출애굽이 아니고 가나안 입성이 아니라 인간이 하나님을 알아야 한다는 것입니다. 출애굽을 할 때에 열 번의 계시를 통해 하나님을 알리셨던 것 같이 가는 곳마다 하나님을 알리는 계시가 수반되고 있다는 것을 발견하셔야 합니다. 출애굽기는 열 가지 계시가 나오는 정도가 아니라 수십 가지의 계시가 등장하는 것입니다. 출애굽을 위해서 애굽에서 펼쳤던 열 가지 이적만이 계시가 아니라 광야 생활 내내 계속하여 계시가 진행 중이라는 것입니다. 홍해에서는 이스라엘을 애굽 사람의 손에서 구원하시는 하나님으로, 마라에서는 15장 26절에 나오는 대로 "나는 너희를 치료하는 여호와"로, 신 광야에서는 만나를 주시면서 단지 먹거리를 주시는 정도가 아니라 안식일을 줌으로 백성을 안식하게 하시는 하나님으로 자신을 계시하시는 것입니다. 그러므로 광야 여정은 하나님이 이스라엘을 교육하신 과정입니다.

## 여호와를 시험하여

### 이스라엘이 알고 싶어 하는 것

광야에서의 상황은 표면적으로는 이스라엘이 주도하고 있습니다. 이스라엘이 원망하고 불평하니까 하나님이 들어주시고 응답하시는 것입니다. 이스라엘이 하나님을 시험하여 보고 있습니다. 그러나 실제적으로는 하나님이 상황을 주도하고 있는 것입니다. 하나님이 이스라엘 백성이 원망과 불평이 나올만한 곳으로만 골라서 인도하시고, 실제로 이스라엘의 원망과 불평이 나오는 것을 계기로 하나님을 알리고 계시는 것입니다. 표면상으로는 이스라엘이 하나님을 시험하는 것이지만 실제적으로는 하나님이 일부러 이스라엘에게 시험을 받으시며 검증을 받으시는 모양새로 교육을 하고 계시는 것입니다. 하나님이 저들이 알고 싶어하는 것, 저들이 확인하고 싶어하는 것을 미리 알아서 시험받으시고, 알려주시는 것입니다. 17장 7절 "그들이 여호와를 시험하여 이르기를 여호와께서 우리 중에 계신가 안 계신가 하였음이더라"입니다. 이스라엘이 하나님을 시험한다지만 "여호와가 우리 중에 계신 가 안 계신가?"를 시험하는 것은 아닙니다. 성경의 기록이 거짓말이라는 의미가 아니라 매우 단순하게 표현되어있지만 표현 그대로 단순한 질문, 단순한 시험이 아니라는 것입니다. 하나님이 자기들 중에 계신 지 안 계신지는 이미 알고 있다고 했습니다. 구름 기둥과 불기둥을 통해서도 알고 있고 만나를 통해서도 알고 있습니다. 그러므로 이스라엘 백성들이 하나님을 시험해보고자 하는 것은 단순하게 "하나님이 우리와 함께 계시는지 안 계시는지" 정도가 아니라 보다 심오하고 보다 차원이 높은 것입니다. 이스라엘 백성들이 하나님에 대하여 무엇을 시험하고 이스라엘 백성들이 정작 알고 싶은 것이 무엇인지는 사실 간단하게 알 수 있습니다.

## 물을 주어 마시게 하라

17장 2절 "백성이 모세와 다투어 이르되 우리에게 물을 주어 마시게 하라", 3절 "거기서 백성이 목이 말라 물을 찾으매 그들이 모세에게 대하여 원망하여 이르되 당신이 어찌하여 우리를 애굽에서 인도해 내어서 우리와 우리 자녀와 우리 가축이 목말라 죽게 하느냐?"입니다. 백성이 원망을 넘어서 모세와 다투고 있습니다. 참으로 많은 은혜를 입어놓고도 이스라엘이 감사하기 보다는 계속하여 원망하는 것이 죄인의 한계라고 말씀드렸습니다. 그런데 너무 뻔한 대답으로 '죄인이니까 그렇다!' 라고 말할 것이 아니라 한번 인간의 처지에서 생각을 해 보겠습니다. 이스라엘 백성 중 이느 누구도 자신들이 은혜를 받았다는 사실을 부인하지 않습니다. 은혜 받은 적이 없다고 잡아떼는 사람이 없습니다. 하나님 덕분에 애굽에서 나온 것 맞고, 하나님이 세워주신 구름 기둥 덕을 보고 있고 불기둥의 혜택을 보고 있는 사실도 인정하고, 만나도 하루 이틀이 아니고 매일 같이 먹고 있으니 정말 감사하고 그 어떤 것도 부인하지 않습니다. 그런데 르비딤에 왔는데 마실 물이 없습니다.

애굽의 노역에서 벗어나서 자유로운 것 맞습니다. 그러나 노역을 안 한다고 해서 물을 안 먹어도 살 수 있는 것은 아니라는 것입니다. 구름 기둥과 불기둥의 덕을 보고 있는 것 맞습니다. 그러나 구름 기둥 때문에 덥지 않고 불기둥 때문에 춥지 않다고 해서 물 없이 살 수 있는 게 아닙니다. 만나를 주시는 것이 정말로 감사합니다. 하지만 만나를 먹고 있다고 해서 물 없이 살 수 있는 것이 아닙니다. 노역은 노역이고 만나는 만나고 물은 물입니다. 그래서 이스라엘 백성들이 요구하는 것이 "우리에게 물을 주어 마시게 하라"입니다. 이스라엘 백성들의 요구가 전적으로 말이 됩니다. 물 달라고 하는 사람들에게 아까 준 만나를 먹으라고 할 수는 없습니다. 목마르다는 사람들에게 구름 기둥 밑 시원한데서 쉬라고 할 수는 없습니다.

이스라엘 백성들이 하나님을 시험한다고 했습니다. "하나님이 우리 중에 계신가 안 계신가"라는 말에는 정말 많은 내용이 담겨있습니다. 이스라엘이 시험하는 것, 이스라엘이 알고 싶은 것은 하나님이 우리 하나님이 되신다고 말씀하시는데 우리 하나님이 도대체 무엇을 도대체 얼마나 해 줄 수 있는 것인지 알고 싶은 것입니다. 이스라엘이 알고 싶은 것은 인생에 얼마나 일이 다양하고 인생이 얼마나 복잡하고 인생이 얼마나 영역이 넓은데 과연 하나님이 무엇을 얼마나 할 수 있느냐는 것입니다. 인생의 많은 문제 중의 하나가 해결된다고 만사가 해결되는 것이 아니고 하나님이 어느 하나의 문제를 해결했다고 자신들의 하나님이 될 수는 없다는 것입니다. 하나님이 이스라엘 백성들의 삶의 어디까지 해줄 수 있느냐를 시험하는 것입니다. 다른 말로 자신들이 어느 정도까지 어느 영역까지 어느 일까지 하나님을 믿을 수 있느냐를 시험하는 것입니다.

세상의 신화는 사람들이 만들어낸 이야기입니다. 그렇다고 허무맹랑한 이야기는 아닙니다. 사람들은 자기들이 가지고 있는 생각을 신화라는 장르를 통해서 표현해 내는 것입니다. 세상의 종교 또한 마찬가지로 사람들이 만들어낸 제도입니다. 그렇게 인간이 만들어낸 세상의 종교의 체제와 종교양식은 적어도 이렇게 되어야 하지 않는가라는 인간의 사고방식을 종교를 통해 드러낸 것입니다. 사람들, 죄인들의 사고방식이 같기 때문에 대부분의 세상 종교의 방식은 비슷한 것입니다. 기독교는 사람들이 만들어낸 종교가 아니라 하나님이 계시하신 것이기 때문에 기독교는 다른 종교와 근본부터, 기원이 다르고 방식이 다르고 제도가 다르고 원리가 다르고 가치가 다른 것입니다.


## 저들의 시험

이스라엘 사람들이 여호와를 시험하는 내용은 다분히 그럴만한 것으로 인생이 얼마나 복잡한데 여호와는 그 중에 무엇을 할 수 있으며 얼마나 할 수 있느냐는 궁금증을 풀어보고 싶은 것입니다. 이것은 이스라엘 사람들이 400년간 살던 애굽의 종교관의 영향입니다. 단지 애굽의 종교관이라는 것이 아니라 대부분의 사람들의 종교에 담겨있는 뿌리 깊은 종교인식의 한 단면입니다. 애굽에서는 많은 신들을 섬겼습니다. 애굽에 신이 많은 이유는 사람들이 살아가는 영역이 많기 때문입니다. 하늘에는 하늘 신, 바다에는 바다 신, 땅에는 땅 신이 있습니다. 각 지역마다 해당 지역을 다스리는 신이 있다고 생각하는 것입니다. 사람들이 살아가는 모습을 신들에게 적용한 것입니다. 애굽에서는 많은 신들을 섬겼습니다. 왜냐하면 세상에는 일이 많기 때문입니다. 농사는 농사의 신 바알이 주관하고 고기잡이는 고기의 신 다곤이 주관하고 사랑은 사랑 신이 주관하고 전쟁은 전쟁 신이 주관하고 인간의 목숨은 저승사자가 주관한다고 생각한 것입니다. 신들이 각자의 일이 있다고 생각한 이유는 사람들이 각자의 일이 있기 때문입니다. 사람들의 생각을 반영한 것이 종교이고, 애굽의 종교에서 그렇게 종교인식을 배웠고 종교생활을 해 왔으니까 이스라엘은 아직도 애굽적 종교관을 벗어나지 못한 것입니다.

이런 이스라엘 백성들에게 하나님이 오셨습니다. 그리고 하나님이 선언하셨습니다. 3장 14절 "나는 스스로 있는 자이니라", 또 6장 7절 "너희를 내 백성으로 삼고 나는 너희의 하나님이 되리라"입니다. 하나님의 선언을 들은 이스라엘의 반응이 '좋습니다. 우리 하나님이 되시는 것은 좋습니다. 그런데 하나님은 어디를 다스리시는 분이시고 어떤 일을 하시는 분이십니까? 라고 묻는 것입니다. 하나님이 선언하신 나는 스스로 있는 자다 즉 나 외에는 다른 신이 없고 내가 창조자요 내가 주관자라는 말씀을 이스라엘을 이해하지 못하는 것입니다. 도리어 '다른 신이 없다니, 혼자 모든 영역을 다 주관한다니, 혼자 모든 일을 다 한다는 것인가? 의아해하고 궁금해 하는 것입니다. 이스라엘 백성이 애굽에서 나올 때 열 가지 이적을 보고 여호와를 따라 나왔습니다. 이스라엘이 애굽에서 나올 생각을 한 것은 애굽을 지배하는 신보다 여호와가 강하다고 생각한 것입니다. 그런데 홍해 앞에서 여호와에게 원망을 하였습니다. 이스라엘 백성이 홍해 앞에서 여호와를 원망한 것은 여호와가 애굽에서는 강했을지 몰라도 홍해 즉 바다에서는 약할 수도 있다고 생각했기 때문입니다. 왜냐하면 신마다 각자 다스리는 영역이 따로 있다고 알고 있었기 때문입니다. 홍해를 무사히 건너서 정말 다행이었습니다. 그런데 마라에 도착해서 또 하나님께 원망을 했습니다. 왜냐하면 애굽도 이기고 홍해도 건넜을지 모르지만 우물을 주관하는 것은 우물 신이 하는 줄 알았기 때문입니다. 신 광야에서 먹을 것이 없자 또 원망을 했습니다. 왜냐하면 먹을 것을 주관하는 일은 다른 신이 하는 줄 알았지 여호와가 이것도 할 것이라고는 생각하지 않았기 때문입니다.

## 죄인의 기준

하나님이 뭐라고 말씀하시든 인간은 절대로 그냥 믿지 않습니다. 죄인이 얼마나 섬세하고 죄인이 얼마나 치밀하고 죄인이 얼마나 깐깐한줄 경험해보신 분들을 알 것입니다. 죄인들은 까닭 없이 믿지 않고 무턱대고 믿지 않고 믿을 만 해야 믿습니다. 이것이 지극히 정상이기에 이스라엘은 여호와를 시험하고 있는 것입니다. 자신들이 믿을 만한가, 내가 따라갈 만한가, 나의 하나님이 되시겠다는 여호와를 내가 받아들일 만한가를 점검하는 것입니다. 엄밀하게 말하면 하나님은 이미 이러한 죄인들의 원리와 심보를 다 알고 계신 것입니다. 그래서 하나님은 일부러 이러한 여정을 통해서 하나님 스스로 검증을 받으시는 것입니다. 백성들이 하나님을 이리저리 끌고 다니면서 테스트를 해 보는 것이 아니라 도리어 하나님이 여기저기로 백성을 인도해 가시면서 저들 속에 담겨있는 꿍꿍이를 하나씩 하나씩 풀어내시는 것입니다. 저들 마음 속 깊이 뿌리 박혀있는 의심덩어리를 하나씩 하나씩 대답해 주시는 것입니다. 이스라엘이 하나님의 백성이 될 수 있는지 시험의 관문을 통과하는 것이 아니라 반대로 하나님이 이스라엘의 하나님이 되실 수 있는지 죄인의 관문을 통과하고 계시는 것입니다. 이것이 하나님의 배려입니다.

만약 하나님이 강제적으로 나는 너희 하나님이니 믿으라고 말하면 신의 권세 때문에 인간이 믿는 척을 할 수 있습니다. 그러나 속으로는 원망이 쌓이고 불평이 쌓이고 온갖 의심이 떠날 날이 없을 것이요 기회만 생기면 벗어나려고 안달할 것입니다. 그렇다고 인간이 하나님과 맞장을 떠 볼 수도 없고 믿으라고 강요하는 분에게 의심이 든다고 솔직하게 말할 수도 없고 참으로 속앓이를 할 것입니다. 이러한 인간의 속사정을 하나님은 이미 알고 계시기에 다 풀어주시는 것입니다.

### 하나님의 배려

하나님은 인간의 마음을 아십니다. 그래서 이스라엘이 말하기 전에 요구하기 전에 미리 하나님이 먼저 말하고 먼저 행동하시는 것입니다. 하나님이 이스라엘 백성에게 하나님을 알리시는 것입니다. 하나님의 자기소개 과정을 설명해보면 다음과 같을 것입니다. '이스라엘 백성 여러분 안녕하십니까? 여러분을 출애굽시켜 가나안 입성까지 책임질 여호와라고 합니다. 제가 애굽의 신들보다 강하다는 것을 보여드리겠습니다. 열 가지 이적을 차례로 보시면 되겠습니다. 다음 코스는 홍해입니다. 제가 바다도 다스리고 있다는 것을 보여드리겠습니다. 밤새도록 동풍이 불어 바다가 갈라지고 여러분들이 직접 마른 땅을 밟고 건너보시는 것입니다. 다음 코스는 우물입니다. 쓴 물을 달게 하는 것도 제가 주관하고 있습니다. 한 나무를 물에 던져서 물이 달게 되었으니 드셔보시죠. 다음 코스는 신 광야 먹거리 코스입니다. 혹시 어떤 신이 자기가 농사를 주관하고 있다는 소리를 들으신 적이 있다면 그것은 헛소문입니다. 먹거리도 제 소관입니다. 만나를 준비했으니 드셔보시기 바랍니다. 다음 코스는 물입니다. 아까는 이미 있는 물이 썼는데 달게 만든 경우입니다. 이번에는 아예 물이 없는 경우입니다. 있는 물을 변화시키는 정도가 아니라 저는 보이지 않는 물을 여러분 앞에 제공할 수 있습니다. 모세를 통해 반석에서 물을 내어 보이겠습니다.' 하나님이 어떻게 전 과정을 주관하고 계시는지를 분별하셔야 합니다.

하나님은 이어서 아마도 '이 정도가 끝이 아닙니다. 죄인들이 이렇게 쉽게 믿지 않죠. 세상은 넓고 할 일은 많다는 말처럼 아직도 많은 영역과 많은 일이 남아있습니다. 그 모든 영역과 그 모든 일을 나 여호와가 주관하고 있다는 것을 제가 계속해서 보여드리겠습니다. 다음 코스는 8절부터 나오는 아말렉과의 전쟁코스입니다. 여기에서 미리 전체 일정을 안내해 드리겠습니다. 본 여호와의 계시코스, 여호와를 배우는 과정은 약 40년이 걸리고, 그 내용은 무궁무진하다고 요정도로만 간략하게 안내해드리겠습니다' 일 것입니다. 성경의 내용을 이야기식으로 풀어 설명한 것으로 재미있다고 여기셨을 것입니다.

## 하나님의 방식

성경을 통해서 하나님을 알아야 하고 하나님의 일하시는 방식도 알아야 합니다. 구체적이고 실제적인 내용 없이 그냥 '하나님이 위대하시다. 하나님은 전능하시다. 하나님은 유일하시다.' 고 외쳐 대는 것이 신앙 좋은 것이 아닙니다. 하나님을 위한 다며 인간을 책망하고 꾸짖고 협박 하는 것이 믿음 좋은 것이 아닙니다. 하나님은 죄인의 상태를 아시고 죄인의 심리를 아십니다. 그래서 인간들 즉 죄인들의 모든 궁금증을 풀어주시면서 동시에 절대로 인간들의 속내가 들키지 않게, 인간들을 부끄럽게 만들지 않으십니다. 인간들이 원망하고 불평해도 화내지 않으시고 다 받아주시고 해결해 주시면서 저들의 의구심을 다 풀어주십니다. 이러한 하나님의 일하시는 방식을 배우시고 실생활에 적용하실 줄 알아야 합니다. 우리의 신앙생활은 하나님의 가르침에 기초해야 합니다. 하나님은 인간의 일 중에 어느 하나가 중요하다고 강조하지 않고, 하나님은 인간의 영역 중에 어느 영역에 특별히 치중하지 않습니다. 대신 하나님은 모든 것을 하나님의 원리, 하나님의 마음, 하나님의 가치, 하나님의 기준, 하나님의 방식으로 해 보라고 권면하십니다. 하나님이 세상의 주관자요, 하나님의 원리가 모든 것에 통용된다는 것을 증거하시면서 말입니다. 신앙은 삶의 일부가 아닙니다. 신앙은 삶의 뿌리요, 삶의 원리요, 삶의 기준입니다. 하나님을 안다는 것은 삶을 사는 방식을 안다는 말도 됩니다. 하나님의 일하시는 방식을 아셔서 하나님이 만드신 세상에서 하나님이 주신 축복들을 풍성히 누리시는 멋진 인생, 행복한 생활, 즐거운 신앙되시기를 주님의 이름으로 축원합니다.

# 여호와 닛시



## 출애굽기 17 : 8 ~ 16

8 그 때에 아말렉이 와서 이스라엘과 르비딤에서 싸우니라 9 모세가 여호수아에게 이르되 우리를 위하여 사람들을 택하여 나가서 아말렉과 사우라 내일 내가 하나님의 지팡이를 손에 잡고 산 꼭대기에 서리라 10 여호수아가 모세의 말대로 행하여 아말렉과 싸우고 모세와 아론과 훌은 산 꼭대기에 올라가서 11 모세가 손을 들면 이스라엘이 이기고 손을 내리면 아말렉이 이기더니 12 모세의 팔이 피곤하매 그들이 돌을 가져다가 모세의 아래에 놓아 그가 그 위에 앉게 하고 아론과 훌이 한 사람은 이쪽에서, 한 사람은 저쪽에서 모세의 손을 붙들어 올렸더니 그 손이 해가 지도록 내려오지 아니한지라 13 여호수아가 칼날로 아말렉과 그 백성을 쳐서 무찌르니라 14 여호와께서 모세에게 이르시되 이것을 책에 기록하여 기념하게 하고 여호수아의 귀에 외워 들리라 내가 아말렉을 없이하여 천하에서 기억도 하지 못 하게 하리라 15 모세가 제단을 쌓고 그 이름을 여호와 닛시라 하고 16 이르되 여호와께서 맹세하시기를 여호와가 아말렉과 더불어 대대로 싸우리라 하셨다 하였더라

## 성 경 연 구

### 문학적 표현

교회를 몇 년 다녀보신 분 그래도 성경을 조금 알고 있다고 생각하시는 분들은 아마도 본문을 읽는 순간 내용이 무엇이겠다고 어느 정도 예상이 되실 것입니다. 그러나 성경이 정말로 재미있는 책입니다. 재미있다는 것은 성경이 참으로 다양한 문학적 표현 양식을 사용하고 있다는

의미입니다. 종종 사람들은 하나님이 오직 직설적 화법으로만 말씀하는 줄로 착각합니다. 언제나 단도직입적으로, 있는 그대로, 사실만을 나열하듯 말씀하는 줄로 압니다. 그래서 성경을 읽으면서 생각을 하려고 하지 않습니다. 읽으면서 그냥 읽는대로 다 이해한 줄로 압니다. 간혹 읽었는데 이해가 안 되면 그냥 믿어버립니다. 하나님은 정말 정말 다양한 방식으로 말씀하십니다. 왜냐하면 인간이, 죄인이 한 번에 알아듣지 못하니까 어떻게든 알아듣게 하시려고 이렇게도 하시고 저렇게도 하시고, 요렇게도 하시고 그렇게도 하십니다. 그래서 성경이 읽어도 읽어도 지치지 않는 것입니다. 또 성경은 매우 예리하고 정교하고 신랄하고 적나라한 책입니다. 하나님의 일하심이 종종 다르게 나타나고 심지어는 반대로 나타나기도 합니다. 그러면 사람들은 하나님이 변했다고 생각합니다. 변덕이 심한 것은 하나님이 아니라 인간입니다. 인간이 어떻게 나올지를 미리 아시고 하나님이 인간의 심리를 정확하게 꽤 뚫어 가시면서 일하시기 때문에 하나님의 일하심이 변화무쌍한 것처럼 보여 지는 것입니다.

## 특별한 명칭

17장 1~7절은 사실 정반대의 내용을 정반대의 표현으로 기록해 놓았습니다. 표면적으로는 17장 7절에 나오는 대로 "그들이 시험하여 이르기를 여호와께서 우리 중에 계신가 안계신가 하였음이더라"고 기록되어 있습니다. 그러나 정작 내용은 계신가 안 계신가의 차원이 아니라 훨씬 심오한 것이었습니다. 또 표면적으로는 이스라엘이 하나님을 시험하는 것처럼 기록되어 있습니다. 그러나 실제적으로는 하나님이 먼저 이스라엘에게 자신을 계시하는 것이었습니다. 8절이하의 본문도 표면적으로는 여호수아가 전쟁에 나가 직접 싸움을 하고, 모세는 산꼭대기에 서서 손을 들고 있습니다. 성경에는 모세가 손을 들고 있었다고 나와 있지 손을 들고 기도하고 있었다고 나오지 않습니다. 또 전쟁이 진행 되는 중에 즉 8~13절까지에는 여호와에 대하여는 아무런 언급이 없습니다. 여하튼 이스라엘이 광야에서 치른 첫 번째 전쟁이고 그것도 승리한 전쟁이기에 그곳을 기념하기 위하여 그 곳에 제단을 쌓고 특별한 명칭을 붙이는데 그 명칭이 '여호와 닛시' 입니다. 여호와 닛시라는 지명에 대해 의아해 하셔야 합니다. 전쟁을 할 때에 여호와에 대하여는 아무런 언급이 없는데 그곳 이름을 '여호와 닛시' 라고 지었다는 것이 앞뒤가 맞지 않는 것 같다는 생각을 하셔야 합니다.

예를 들어 도로 이름 중에 대전에는 한밭대로가 있고 서울에는 테헤란로가 있고 수원에는 박지성로가 있습니다. 서울의 테헤란로는 그 도로를 만들 때에 이란과 국가적 관계를 맺은 것을 기념하기 위하여 제정한 명칭이고, 수원의 박지성로는 축구선수 박지성이 수원출신임을 강조하기 위해서 제정한 것입니다. 건물이나 도로나 특정 지역에 이름 같다 붙이기로 유명한 미국도 도로를 건설한 후 느닷없이 곽면근로라고 붙이지는 않을 것입니다. 왜냐하면 미국의 어느 도로와 곽면근이 아무런 연관성이 없기 때문입니다. 그렇다면 반대로 만약 어느 곳에 특별한 명칭이 붙어있다면 그 곳과 그 이름에는 연관성이 있는 것이 분명한 것입니다. 출애굽기 17장 8절이하의 본문에는 여호수아의 전투와 모세의 행동부터 등장합니다. 그래서 사람들은 본문이 여호수아나 모세의 이야기라고 생각합니다. 본문이 강조하려는 것이 전쟁에서 이긴 것은 여호수아의 전투 때문이 아니라 모세의 기도 덕분이라고 생각합니다. 만약 본문이 모세의 영성이나 기도의 능력을 강조하는 것이라면 지명이 달라졌을 것입니다. 그런데 전쟁이 끝난 후 모세가 제단을 쌓고 그곳의 이름을 '여호와 닛시' 라는 정하는 것을 통하여 이 전쟁과 하나님과의 연계성을 이해하셔야 한다는 것입니다.

# 치열한 심리전

## 아말렉 전투

17장 8절 "그 때에 아말렉이 와서 이스라엘과 르비딤에서 싸우니라" 입니다. 이 전쟁에 관한 이야기가 신명기에 조금 더 자세하게 소개되어 있습니다. 신명기 25장 17, 18절에 "너희는 애굽에서 나오는 길에 아말렉이 네게 행한 일을 기억하라. 곧 그들이 너를 길에서 만나 네가 피곤할 때에 네 뒤에 떨어진 약한 자들을 쳤고 하나님을 두려워하지 아니하였느니라"고 나옵니다. 기억하셔야 하는 것은 이스라엘의 여정은 하나님이 친히 인도하시는 과정이라는 것입니다. 이스라엘이 예정 없이 닥치는 대로 이곳저곳을 가는 도중에 엉뚱하게 아말렉 지역에 들어오게 되어서 아말렉 경비군의 제지를 받는 장면이 아닙니다. 하나님이 백성을 인도하다가 길을 잘못 들어서 졸지에 아말렉과의 싸움에 휘말려 든 것이 아닙니다. 하나님은 계속하여 이스라엘에게 하나님을 알리기 위해서 이스라엘이 생각하기에 역경이라고 고난이라고 생각할 만한 상황으로 이끌고 가십니다. 이스라엘 백성이 불평을 하고 원망을 할 만한 처지를 비켜 가시는 것이 아니라 일부러 그곳으로 가는 것입니다. 그리고는 하나님이 동행하시면 이 상황은 역경이나 고난이 아니고, 이 상황은 원망과 불평을 할 처지가 아니라는 것을 알리시는 것입니다. 하나님은 모든 곳을 주관하시며 모든 일을 행하실 수 있는 분으로서 하나님을 믿고 하나님을 의지하고 하나님의 말씀대로 행하면 아무런 염려거리가 없다는 것을 알리시는 것입니다. 그 과정 중의 하나가 아말렉과의 전투입니다.

## 출애굽과 다른 점

결론부터 말하자면 이 이야기도 하나님을 알리시는 것입니다. 아말렉이 이스라엘의 뒤편을 공격해 왔습니다. 이번에는 하나님의 일하심이 다른 때와는 조금 다릅니다. 9절 "모세가 여호수아에게 이르되 우리를 위하여 사람들을 택하여 나가서 아말렉과 싸우라. 내일 내가 하나님의 지팡이를 손에 잡고 산꼭대기에 서리라. 여호수아가 모세의 말대로 행하여 아말렉과 싸우고 모세와 아론과 훌은 산꼭대기에 올라가서"입니다. 성경을 자주 읽으며 하나님의 사역이 이전의 방법과 본문의 방법이 무엇이 어떻게 다른지를 분별하시면 성경읽기가 재미있고 더욱 은혜롭습니다. 그 동안의 방식을 복습해 보면 다음과 같습니다. 열 번째 이적 즉 죽음의 사자가 애굽과 이스라엘에 임할 때 이스라엘이 한 일은 아무 것도 하지 않는 것이었습니다. 홍해에서 앞에는 바다요 뒤에는 애굽이 쫓아올 때에 이스라엘이 한 일도 아무 것도 하지 않는 것이었습니다. 단지 14장 13절 "너희는 두려워하지 말고 가만히 서서 여호와께서 오늘 너희를 위하여 행하시는 구원을 보라"는 것뿐이었습니다. 르비딤에서 마실 물이 없어 죽게 되었을 때 이스라엘이 한 일도 우물을 파는 것이나 어디 가서 물을 길어오는 것이 아니라 아무 것도 행한 일이 없습니다. 이스라엘에게 위험이나 곤고한 상황이 직면할지라도 하나님이 아무 것도 하지 말라고 강조하셨습니다.

그렇다면 아말렉이 쳐들어왔을 때에 이스라엘이 할 일은 그 동안 해온 방식대로라면 아무 것도 하지 않는 것이어야 합니다. 하나님은 백성들에게 가만히 있으라고 말씀하셔야 합니다. 이스라엘 백성은 아무 것도 하지 않고 가만히 있으면서 여호와가 싸우시는 것을 구경하는 것이어야 스토리가 맞는 것입니다. 그런데 이번에는 전혀 다른 양상이 전개됩니다. 9절 "모세가 여호수아에게 이르되 우리를 위하여 사람들을 택하여 나가서 아말렉과 싸우라"고 했고 그래서 10절 "여호수아가 모세의 말대로 행하여 아말렉과 싸우고" 즉 백성들이 직접 전투에 나가서 아말렉과 싸웠다는 것입니다. 백성들이 하나님을 신뢰하지 않아서 하나님께 물어볼 것도 없이 스스로 나가서 전투에 임한 것이 아닙니다. 백성들이 가만히 있으라는 하나님의 말씀에 불순종하면서까지 불굴의 투지로 전쟁에 나간 것이 아닙니다. 하나님이 직접 백성들에게 군사를 선발하여 전투에 나가라고 말씀하셨습니다. 하나님이 이번에는 왜 이렇게 말씀하시는 지, 혹시 다른 것은 다 하나님이 주관해도 전쟁만큼은 하나님도 어쩔 수 없어서 그랬는지 이유를 알아내야 합니다.

## 복음이 아닌 교훈

출애굽기를 설교하는 여러 책들에서 이 부분을 설명하는 내용들이 비슷합니다. 크게 두 가지 유형으로 설명하고 있었습니다. 하나는 전쟁의 승리는 여호수아의 전투력 덕분이 아니라 모세의 기도덕분이라고 기도를 강조하는 것입니다. 그러나 본문에는 모세가 기도했다는 표현과 의미가 전혀 나오지 않기 때문에 설득력이 없습니다. 다른 하나는 여호수아와 모세와 아론과 훌의 협력을 강조하는 것입니다. 여호수아가 싸울지라도 모세의 기도가 없으면 이길 수 없고, 모세가 기도할지라도 여호수아가 나가서 싸우지 않으면 이길 수 없고, 모세가 기도하고 여호수아가 싸울 지라도 모세 옆에서 아론과 훌이 협력하지 않으면 전쟁에서 이길 수 없다고 말하는 것입니다. 그러면서 하나님은 사람들이 한마음 한 뜻으로 협력하여 일할 때에 승리를 선물로 주신다고 말하기도 합니다. 인간 상호간의 협력을 강조한 좋은 교훈이기는 하지만 기독교의 복음은 아닙니다. 서로가 각자의 역할을 충실히 해야 한다는 교양있는 가르침이기는 하지만 기독교의 복음이나 설교는 아닙니다.

본문이 위와 같은 방식으로 오해되고 왜곡되게 설명되는 이유는 성경의 흐름을 놓치기 때문입니다. 하나님이 무슨 일을 진행해오고 계시는가, 하나님이 어떤 일을 어떻게 전개하고 펼치시는가를 생각하지 않고 단지 단락 단락을 떼어내서 교훈을 찾고 좋은 덕담을 나누려고 하기 때문에 그렇습니다. 하나님의 일하심과 성경의 흐름을 전혀 생각하지 않는 것입니다. 출애굽부터 계속하여 하나님은 하나님을 알리시고 계십니다. 하나님을 알리시는 작업이 계속하여 19장까지 진행될 것입니다. 그렇게 하나님을 알리시고 난 후에 드디어 20장에서 십계명이 등장할 것입니다. 십계명을 이해하려면 십계명이 등장하기 전까지 즉 19장까지의 하나님을 알리신 작업을 충분히 숙지해야만 합니다. 만약 19장까지 드러난 하나님에 대하여 알지 못하면 십계명과 율법은 아무 소용이 없어지는 것입니다. 이와 같은 일련의 과정 중에 나타난 아말렉과의 싸움의 의미를 이해해야 합니다.

## 죄인의 심리

하나님께서 이전과는 달리 이번에는 왜 백성들에게 전쟁에 나가서 싸우라고 하는지를 분별해야 합니다. 하나님은 죄인된 인간들에게 하나님을 알리는 사역을 전개하고 계십니다. 죄인들의 원리, 죄인들의 심리, 죄인들의 방식을 통찰하고 죄인들의 사고와 인식을 깨우칠 수 있는 하나님의 원리를 펼치시는 것입니다. 그러므로 하나님의 사역을 이해하기 위해서는 우선 죄인들의 심리를 생각해 보아야 합니다. 홍해 앞에서 하나님이 물을 퍼내라고 하셨다고 할지라도 사람들이 물을 퍼내려고 시도하지 않았을 것입니다. 말도 안 되는 소리라고 아우성치며 아예 들으려고 하지 않았을 것입니다. 대신 14장 12절 "우리를 내버려 두라 우리가 애굽 사람을 섬길 것이라 하지 아니하더냐 애굽 사람을 섬기는 것이 광야에서 죽는 것보다 낫겠노라"고 애굽으로 돌아가려고 한 것입니다. 또 르비딤에서 물이 없을 때 하나님이 샘을 파라고 하셨을 지라도 사람들이 샘을 파려고 노력하지 않았을 것입니다. 광야에서는 아무 데나 샘을 판다고 물이 나오는 것이 아니라는 것을 알고 있습니다. 괜히 헛수고를 시킨다고 돌아섰을 것입니다.

홍해 앞에서나 신 광야에서 먹을 것이 없을 때나 르비딤에서 물이 없을 때에 사람들은 어차피 대책이 없었고 어차피 할 일이 없었고 아무런 대안이 없었습니다. 어찌해볼 도리가 없으니까 하나님께 원망하고 불평하는 것입니다. 만약 원망하다가도 어떤 대안이 생각나면 시도를 해 보았을 텐데 어떤 대안도 없었습니다. 그런 사람들에게 즉 어차피 대책도 없는 사람들에게 하나님이 아무 일도 하지 말라고 말씀하시는 것입니다. 하나님은 백성들이 무엇을 할 수 있는 데 막으시거나, 대안이 있는 데 시도도 못해보게 금지하시는 것이 아닙니다. 대안이 없는 것을 확증시키는 것입니다. 즉 확인하면서 강조하는 것입니다. 너희들은 대안이 없고 너희들로서는 아무런 대책이 없는 것이 분명하기 때문에 이제부터 사건이 해결되고 문제가 풀어지고 상황이 극복되면 모든 일은 전적으로 여호와가 행한 것이 확실한 것이라고 말씀하시는 것입니다. 그것을 완곡어법으로 '아무 일도 하지 말라' 고 하시는 것입니다.

이스라엘이 또 다른 상황에 직면한 것 즉 아말렉이 쳐들어 왔습니다. 아말렉이 대규모 군사를 이끌고 전면적으로 쳐들어 온 것이 아니라 이스라엘이 피곤할 때에 이스라엘 진영 뒤 쪽에 와서 약한 자 일부를 쳤습니다. 이때 이스라엘의 반응은 전쟁은 전혀 예상하지 못했고 대응을 준비하지 못했으니 다 죽어야겠다는 것이 아닙니다. 적군이 대군이 몰려온 것이 아니니 우리 중에 군사를 뽑아서 나가서 맞서 싸우자는 것입니다. 평상시의 이스라엘과는 달리 본문에는 이스라엘이 원망했다, 모세에게 불평했다, 왜 우리를 이끌어 내어서 죽이려고 하느냐, 차라리 애굽으로 돌아가자 등의 말이 하나도 없습니다. 왜냐하면 이 상황을 절망으로 인식한 것이 아니기 때문입니다. 이 처지를 자신들이 어찌할 수 없는 상황으로 판단한 것이 아닙니다. 자신들이 할 수 있다고 생각하는 것입니다. 숫자를 생각해도 자신들이 그렇게 밀리지 않을 것 같고, 힘을 생각해도 자신들이 노동으로 다져져서 파워만큼은 자신도 있고 어느 면으로 보나 한번 해 볼만 하다는 것입니다. 그러니까 원망하지도 않고 특별히 하나님께 도와 달라고 할 것도 없는 것입니다. 이런 인간의 심리를 하나님이 아시는 것이요 이런 인간의 상황판단을 하나님이 아시는 것입니다.

## 하나님의 심리

그 동안 이스라엘이 직면한 상황들에 대처하는 이스라엘 백성의 심정과 아말렉을 대면한 이스라엘 백성의 심정은 전혀 다릅니다. 상황에 대한 백성의 심정, 백성의 반응, 백성의 태도, 백성의 대안이 다르기에 하나님도 다르게 역사하셔야 하는 것입니다. 만약 이때에 하나님이 그 동안 해오셨던 것과 동일하게 '너희는 아무 일도 하지 마라. 너희는 가만히 있어 여호와가 너희를 위해 싸우시는 것을 보라'고 말씀하시고 전쟁에서 승리하게 하시면 안 됩니다. 만약 하나님이 이전과 같이 행하시면 백성들은 하나님이 대단하시고 하나님이 자신들을 구원하셨다고 절대로 말하지 않을 것입니다. 도리어 자신들도 전쟁에 나갔으면 승리할 수 있었다고, 이번에는 도와주지 않았어도 자신들 스스로 해결할 수 있었다고, 겨우 소수의 군대를 물리치고 마치 하나님이 전쟁을 주관하는 신이라는 말은 아예 꺼내지도 말라고 도리어 비아냥 거릴 것입니다. 왜냐하면 이번에는 이스라엘 백성들이 절망을 느낀 것이 아니라 해 볼만하다는 나름의 자신감을 가지고 있었기 때문입니다. 하나님 때문에 이겼다는 감동과 감사의 반응이 일어나지 않는다는 것입니다. 그러므로 하나님은 아말렉과의 싸움이 일어났을 때 예전과 같이 아무 일도 하지 말라고 말씀하시는 것이 아닙니다. 백성들이 대책이 있다고 생각하기 때문에 하나님은 자신들의 대책대로 행동 해 보라고 말씀하시는 것 입니다. '너희가 군사를 선택해 보아라. 너희가 전쟁에 나가 보아라. 너희가 할 수 있다고 생각하는 대로 다 해보라'고 저들의 심정을 받아 주시는 것입니다.

# 여호와 닛시

## 손을 들면 손을 내리면

여호수아가 전쟁에 나가서 전투를 시작했습니다. 분명히 할 수 있을 것 같았는데 이기지를 못하는 것입니다. 모세가 손을 들어야 그제서야 이깁니다. 대부분의 사람들은 모세가 손을 들었다는 것을 강조하고 손을 들었다는 것을 기도한 것으로 생각하지만 그렇지 않습니다. 본문은 모세를 강조하거나 모세의 행동을 강조하는 것이 아니라 하나님을 강조하는 것입니다. 이 본문만 읽으면서 모세가 손을 들었다는 것이 무엇일까를 고민하지 말고 출애굽기에서 지금까지 하나님이 모세를 통해서 일해오신 방식을 살펴보면 쉽게 해결이 됩니다. 모세가 손을 드는 장면이 이번이 처음이 아니고 허다하게 많이 나온 장면들입니다. 첫 번째 이적을 행할 때 모세가 지팡이를 손에 잡고 나일 강에 나가서 지팡이로 나일 강을 쳤습니다. 이것이 모세가 기도한 것이 아닙니다. 두 번째 이적을 행할 때, 아론이 애굽 물들 위에 그의 손을 내밀매 개구리들이 애굽 땅에 올라왔습니다. 이것이 아론이 기도한 것이 아닙니다. 세 번째 이적을 행할 때, 아론이 지팡이를 들어 땅의 티끌을 치니까 티끌이 이가 되었습니다. 이것이 아론이 기도로 역사한 것이 아닙니다. 여섯 번째 이적을 행할 때, 모세와 아론이 화덕의 재를 가지고 바로 앞에 서서 모세가 하늘을 향하여 날리니 사람과 짐승에게 붙어 악성 종기가 생겼습니다. 이것이 모세와 아론이 협력해서 이루어낸 이적이 아닙니다. 일곱 번째 이적을 행할 때, 모세가 하늘을 향하여 지팡이를 들매 우렛소리가 나고 우박이 내렸습니다. 이것이 모세의 기도가 아니요 지팡이의 신통력이 아닙니다. 여덟 번째 이적을 행할 때, 모세가 애굽 땅 위에 지팡이를 들매 동풍이 일어나고 메뚜기가 애굽 온 땅에 이르렀습니다. 이것이 모세의 기도의 능력이 아닙니다. 아홉 번째 이적을 행할 때, 모세가 하늘을 향하여 손을 내밀매 캄캄한 흑암이 삼 일 동안 애굽에 있어서 그 동안은 사람들이 서로 볼 수 없었습니다. 이것이 모세의 손의 능력이 아니요 기도의 능력이 아니요 모세가 흑암을 주관하는 증거가 아닙니다.

홍해에서 모세가 바다 위로 손을 내밀매 바닷물이 물러가고 물이 갈라져 바다가 마른 땅이 되었습니다. 이것이 바다가 모세의 말을 듣는 것이 아닙니다. 마라에서 모세가 한 나무 가지를 물에 던지니 물이 달게 되었습니다. 이 나무 가지가 모세의 비밀 병기가 아닙니다. 르비딤에서 모세가 이스라엘 앞에서 지팡이로 반석을 쳤더니 물이 나왔습니다. 이것이 모세가 물을 낸 것이 아닙니다. 그리고 아말렉과의 전투에서 모세가 산꼭대기에서 손을 들으니 이스라엘이 이겼습니다. 이것이 모세의 능력이 아니요 모세의 기도가 아니요 모세가 싸움을 이기게 한 것이 아닙니다. 지금까지 나열한 모든 경우에 하나님은 반복하여 말씀하시길 "이로써 너희가 내가 여호와인줄 알리라"고 하셨습니다. 단 한번도 '너희 중에 모세가 있는 게 천만 다행이다' 라고 말씀하신 적이 없습니다. 본문의 모세는 모세를 말하는 것이 아니라 하나님을 의미하고, 모세가 손을 들었다는 것은 모세의 행동이 아니라 하나님이 역사하신다는 의미인 것입니다.

### 여호와의 전투

이스라엘은 자신들이 할 수 있을 것 같아서 사람들을 골라 전쟁에 나갔습니다. 그런데 이기지를 못하는 것입니다. 전쟁 하는 중에 이스라엘 사람들의 생각에 말도 안 되는 현상이 벌어지는 것입니다. 모세의 손이 올라가면 이기고 모세의 손이 내려오면 지는 것입니다. 도무지 설명이 되지 않는 현상입니다. 말이 안 된다고 생각하고 전쟁에는 전세가 유리

할 때가 있고 불리할 때가 있다고 생각합니다. 전세가 불리했을 때 공교롭게 모세의 손이 내려온 것이고, 전세가 유리했을 때 우연의 일치로 모세의 손이 올라간 것이라고 생각합니다. 그런데 가만히 보니까 마침 그때 모세의 손도 내려와 있습니다. 전쟁은 모세의 손이나 하나님께 달린 것이 아니라 우리가 얼마나 열심히 싸우느냐에 달렸다고 생각하는 이스라엘 사람들이 모세의 손이 내려왔을 때에 더욱 열심히 싸우는 것입니다. 싸움은 자신들이 하고 있는데 하나님 때문에 이겼다는 말을 듣고 싶지 않아서, 손이 내려왔을 때 더욱 열심히 싸웠는데 도무지 이기지 못하는 것입니다. 분명히 자신들이 유리하고 이길 것 같은데 이기지 못하는 것입니다.

이길 수 있는 싸움을 이기지 못하면 더 빨리 지치게 되어 있습니다. 이번에는 이스라엘이 지쳤습니다. 반대로 아말렉이 분발을 합니다. 이스라엘이 심리적으로 쫓깁니다. 이러다가 패하겠다고 탄식하는 순간에 모세의 손이 올라갑니다. 자기들 생각에 질 것 같다고 포기하는데 상황이 유리하게 전개되고 싸움에서 이기고 있습니다. 이런 상황을 옛말로는 '귀신이 곡할 지경이다.' 라고 합니다. 이스라엘로서는 도무지 할 말이 없는 것입니다. 17장 13절에 나오는 대로 "여호수아가 칼날로 아말렉과 그 백성을 무찌르니라"입니다. 결국 이스라엘이 전쟁에서 이겼습니다. 분명히 자신들이 전투에 임했고 자신들이 싸웠습니다. 그럼에도 불구하고 우리가 싸워서 이겼다는 말을 못하는 것입니다.

만약 하나님이 다른 경우와 같이 이스라엘에게 아무 것도 하지 말라고 말씀하셨다면 이스라엘이 하나님이 전쟁에서 승리하게 하셨다고 말하지 않을 것이며 하나님이 전쟁을 주관하신다고 생각하지 않을 것입니다. 또 이스라엘이 전쟁에 나가서 자기들 스스로 싸워서 이겼다면 이스라엘이 하나님이 전쟁에서 승리하게 하셨다고 말하지 않을 것이며 하나님이 전쟁을 주관하신다고 생각하지도 않을 것입니다. 이스라엘 백성들이 원하는 대로, 이스라엘 백성들이 생각하는 대로 군사를 뽑아서 전쟁에 나가서 전투를 했고 승리했습니다. 그런데 자신들이 전쟁을 했음에도 불구하고 자신들이 싸워서 이겼다고 말할 수가 없고, 도리어 하나님이 승리를 주셨다고 말할 수밖에 없게 되었습니다. 하나님의 전략이 이해가 되고 하나님이 왜 이런 방법이 사용되었는지 이해가 되실 것입니다. 이럴 때 감탄이 절로 나옵니다. '깊도다, 하나님의 지혜와 지식의 풍성함이여!'

## 여호와 닛시

14절 "여호와께서 모세에게 이르시되 이것을 책에 기록하여 기념하게 하고 여호수아의 귀에 외워 들리라. 내가 아말렉을 없이하고 천하에서 기억도 못하게 하리라"입니다. 만약 모세가 기도해서 이긴 것이지 하나님이 전쟁을 이기게 하신 것이 아니라면 하나님은 얌체입니다. 모세 때문에 이긴 것이라면 하나님이 아무 것도 안하시다가 다 이기고 나니 그 때사 "내가 아말렉을 없이 하고 천하에서 기억도 못하게 하리라"는 말씀이 뒷북치는 것에 해당됩니다. 그러나 실상 이 전쟁은 처음부터 하나님이 주관하고 계셨습니다. 하나님이 싸움도 주관하고 계시다는 것을 이런 방식으로 저들로 하여금 인정하게 하고 고백하게 한 것입니다. 사람들은 전쟁은 전쟁의 신이 주관한다고 생각하고 있었습니다. 또한 평야의 전쟁을 주관하는 신과 골짜기의 전쟁을 주관하는 신이 각각 다르다고 생각하고 있었습니다. 하나님은 이러한 인간들의 생각을 모두 바꾸시는 것입니다.

15절 "모세가 제단을 쌓고 그 이름을 여호와 닛시라 하고 이르되 여호와께서 맹세하시기를 여호와가 아말렉과 더불어 대대로 싸우리라 하셨다 하였더라"입니다. 아말렉과의 전투에서 승리한 곳의 이름을 '여호와 닛시' 라고 붙이는 당사자가 바로 모세입니다. 모세는 '내가 기도한 곳'이라고 말하거나, '내가 기도로 승리한 곳'이라고 말하는 것이 아니라는 것입니다. 본문은 절대로 모세의 기도를 강조하거나, 여호수아와 모세와 아론과 훌의 협력을 강조하는 것이 아닙니다. 본문은 하나님을 알리는 것입니다. 하나님을 계시하는 것입니다. 성경의 다른 예들도 확인해 보겠습니다.

## 다른 예들

### 아브라함

창세기 22장에 가면 아브라함에 관한 유명한 일화가 있습니다. 아브라함이 백세에 낳은 아들 이삭을 하나님께 바치는 이야기입니다. 이 사건의 주인공도 절대로 아브라함이나 이삭이 아닙니다. 아브라함이 무엇을 바쳤는가, 아브라함이 얼마나 귀중한 것을 바쳤는가, 아브라함이 정말로 신속하게 전혀 망설이지 않고 바쳤다는 것이 강조점이 아닙니다. 그 사건의 진정한 포인트가 무엇인지는 아브라함 자신의 고백에 의해 명백히 드러나 있습니다. 그 사건을 마친 후 아브라함의 고백이 창세기 22장 14절 "아브라함이 그 땅 이름을 여호와 이레라 하였으므로 오늘날까지 사람들이 이르기를 여호와의 산에서 준비되리라 하더라"입니다. 단지 14절에 한번 나오는 것이 아니라 이미 그 전에도 아브라함은 동일하게 말했습니다. 22장 8절 "아브라함이 이르되 내 아들아 번제 할 어린 양은 하나님이 자기를 위하여 친히 준비하시리라 하고 두 사람이 함께 나아가서"입니다.

아브라함은 처음부터 하나님이 준비하신다고 생각했었고 끝에도 하나님이 준비하셨다고 고백했습니다. 그래서 그 곳 이름을 여호와 이레 즉 여호와께서 준비하심이라고 지었습니다. 그 사건의 핵심인물인 아브라함이 그 땅 이름을 '내가 큰 희생을 드린 곳'이라고 부르지 않았고,

'내가 믿음을 고백한 곳'이라고 부르지 않았다는 것입니다. '내가 헌신한 곳'이라고 부르지도 않았고, '내가 아들을 과감히 버린 곳'이라고 부르지도 않았습니다. 아브라함은 그 곳 이름을 '여호와 이레', '여호와께서 준비하심'이라고 불렀습니다. 당연히 그 사건의 주인공은 하나님이요, 그 사건의 포인트는 하나님께서 준비하신다는 것입니다. 그 사건에서 아브라함을 강조하면 안 됩니다.

## 하나님을 말하는 종교

기독교는 인간의 공로를 말하는 것이 아닙니다. 기독교는 인간의 능력을 말하는 것이 아닙니다. 기독교는 사람을 말하는 것이 아닙니다. 말해서는 안 되는 것이 아니라 할 말이 없는 것입니다. 기독교는 하나님이 일하신 것을 선포하는 종교이고, 인간은 하나님의 은혜를 받았다고 말하는 것입니다. 그 어떠한 인간적 수고나 공로가 드러나서도 안 되고, 안 되는 것이 아니라 할 말이 없는 것이고, 그 어떠한 수단과 방법이 제시되어서는 안 되고, 안 되는 것이 아니라 아예 그 어떠한 수단과 방법이 없는 것입니다. 그냥 하나님이 하셨다고 말하는 것입니다. 또 기독교는 하나님이 일하시는 것에 인간이 간섭하거나 따지는 것이 아니라는 것을 의미합니다. 성경을 통해 사람을 배우는 것이 아니라 사람을 도우시는 하나님을 배우셔야 합니다. 또 성경을 통해 하나님을 위해 무엇을 할까를 배우는 것이 아니라 하나님이 사역하셔서 베풀어 놓으신 은혜와 복을 알아 가시고 누리시기를 축원합니다.

# 29

# 장인의 말을 듣고

## 출애굽기 18 : 1 ~ 27

1 모세의 장인이며 미디안 제사장인 이드로가 하나님이 모세에게와 자기 백성 이스라엘에게 하신 일 곧 여호와께서 이스라엘을 애굽에서 인도하여 내신 모든 일을 들으니라 2 모세의 장인 이드로가 모세가 돌려보냈던 그의 아내 십보라와 3 그의 두 아들을 데리고 왔으니 그 하나의 이름은 게르솜이라 이는 모세가 이르기를 내가 이방에서 나그네가 되었다 함이요 4 하나의 이름을 엘리에셀이라 이는 내 아버지의 하나님이 나를 도우사 바로의 칼에서 구원하셨다 함이더라 5 모세의 장인 이드로가 모세의 아들들과 그의 아내와 더불어 광야에 들어와 모세에게 이르니 곧 모세가 하나님의 산에 진 친 곳이라 6 그가 모세에게 말을 전하되 네 장인 나 이드로가 네 아내와 그와 함께 한 그의 두 아들과 더불어 네게 왔노라 7 모세가 나가서 그의 장인을 맞아 절하고 그에게 입 맞추고 그들이 서로 문안하고 함께 장막에 들어가서 8 모세가 여호와께서 이스라엘을 위하여 바로와 애굽 사라에게 행하신 모든 일과 길에서 그들이 당한 모든 고난과 여호와께서 그들을 구원하신 일을 다 장인에게 말하매 9 이드로가 여호와께서 이스라엘에게 큰 은혜를 베푸사 애굽 사람의 손에서 구원하심을 기뻐하여 10 이드로가 이르되 여호와를 찬송하리로다 너희를 애굽 사람의 손에서와 바로의 손에서 건져내시고 백성을 애굽 사람의 손 아래에서 건지셨도다 11 이제 내가 알았도다 여호와는 모든 신보다 크시므로 이스라엘에게 교만하게 행하는 그들을 이기셨도다 하구 12 모세의 장인 이드로가 번제물과 희생제물을 하나님께 가져오매 아론과 이스라엘 모든 장로가 와서 모세의 장인과 함께 하나님 앞에서 떡을 먹으니라 13 이튿날 모세가 백성을 재판하느라고 앉아 있고 백성은 아침부터 저녁까지 모세 곁에 서 있는지라 14 모세의 장인이 모세가 백성에게 행하는 모든 일을 보고 이르되 네가 이 백성에게 행하는 이 일이 어찌됨이냐 어찌하여 네가 홀로 앉아 있고 백성은 아침부터 저녁까지 네 곁에 서 있느냐 15 모세가 그의 장인에게 대답하되 백성이 하나님께 물으려고 내게로 옴이라 16 그들이 일이 있으면 내게로 오나니 내가 그 양쪽을 재판하여 하나님의 율례와 법도를 알게 하나이다 17 모세의 장인이 그에게 이르되 네가 하는 것이 옳지 못하도다 18 너와 또 너와 함께 한 이 백성이 필경 기력이 쇠하리니 이 일이 네게 너무 중함이라 네가 혼자 할 수 없으리라 19 이제 내 말을 들으라 내가 네게 방침을 가르치리니 하나님이 너와 함께

계실지로다 너는 하나님 앞에서 그 백성을 위하여 그 사건들을 하나님께 가져오며 20 그들에게 율례와 법도를 가르쳐서 마땅히 갈 길과 하 일을 그들에게 보이고 21 너는 또 온 백성 가운데서 능력 있는 사람들 곧 하나님을 두려워하며 진실하며 불의한 이익을 미워하는 자를 살펴서 백성 위에 세워 천부장과 백부장과 오십부장과 십부장을 삼아 22 그들이 때를 따라 백성을 재판하게 하라 큰 일은 모두 네게 가져갈 것이요 작은 일은 모두 그들이 스스로 재판할 것이니 그리하면 그들이 너와 함께 담당할 것인즉 일이 네게 쉬우리라 23 네가 만일 이 일을 하고 하나님께서도 네게 허락하시면 네가 이 일을 감당하고 이 모든 백성도 자기 곳으로 평안히 가리라 24 이에 모세가 자기 장인의 말을 듣고 그 모든 말대로 하여 25 모세가 이스라엘 무리 중에서 능력 있는 사람들을 택하여 그들을 백성의 우두머리 곧 천부장과 백부장과 오십부장과 십부장을 삼으매 26 그들이 때를 따라 백성을 재판하되 어려운 일은 모세에게 가져오고 모든 작은 일은 스스로 재판하더라 27 모세가 그의 장인을 보내니 그가 자기 땅으로 가니라

## 모세의 말, 이드로의 말

### 자기 중심적인 표현들

시험 성적이 안 좋았던 학생이 다음 시험에서 좋은 성적을 받으면 감격해 하면서 성적표를 들고 뛰어옵니다. 그 학생에게 가장 중요한 것은 자신이 백점 맞았다는 사실입니다. 그러나 그 소식을 들은 옆집 학생에게는 친구가 백점 맞았다는 것은 전혀 중요한 말이 아닙니다. 옆집 학생이 알고 싶어 하는 것은 어떻게 해서 백점을 맞을 수 있었냐는 것입니다. 병들었다가 고침 받은 사람에게 가장 중요한 것은 자신의 병이 나았다는 것입니다. 하지만 다른 환자들이 질병에서 고침 받은 사람에게 묻고 싶어 하는 것은 누가 치료했느냐는 것입니다. 사람들은 자기중심적으로 생각하고 자기중심적으로 말을 하고 자기중심적으로 행동합니다. 자기의 일을 남의 관점에서, 자기의 생각을 상대방의 입장에서 말하는 것은 정말로 쉽지 않은 것입니다. 더 나아가 동일한 사건을 누구의 관점으로 보느냐보다 중요한 것은 현재의 나의 모습이 내가 이룬 일인지 나에게 이루어진 일인지를 분별하는 것입니다. 내가 행한 것은 내가 행했

다고 말할 수 있습니다. 그리고 타인이 나에게 베풀어 준 일은 타인이 행했다고 말해야 합니다. 그런데 내가 행한 것인지, 내게 이루어진 것인지 이것을 분별하기가 쉽지 않습니다.

출애굽기 18장에서 모세는 장인 이드로를 만나게 됩니다. 모세와 장인 이드로가 정확하게 언제 헤어졌는지는 알지 못합니다. 정황상으로 볼 때에 모세가 광야의 떨기나무 아래에서 여호와를 만났고, 수차례 여호와의 요청을 거절하다가 마침내 아론과 함께 애굽으로 돌아오던 시기라고 할 수 있을 것입니다. 출애굽기 4장에 모세가 애굽으로 돌아오던 중 여호와가 모세에게 나타났고 모세의 아내 십보라가 돌칼을 가져다가 아들의 포피를 베었다는 사건이 나오고 이후에 모세의 아내와 아들을 포함한 가족이 이야기에서 사라집니다. 그리고 18장 본문에 다시 등장하는 것입니다. 출애굽기 4장부터 17장까지는 정말 많은 사건사고가 있었습니다.

오래 간만에 장인을 만났을 때 모세의 입장에서는 자신이 겪은 이야기는 정말로 할 말이 많을 것입니다. 자신이 태어나고 성장했던 곳 그러나 애굽인을 쳐 죽인후 바로의 낯을 피하여 도망쳤고 다시 돌아갈 수 없을 것 같았던 애굽의 왕궁으로 돌아온 것, 왕자로서의 복귀가 아니라 바로 왕에게 항명하는 자의 신분으로 바로 왕 앞에 서야 했던 것, 보잘 것 없는 지팡이 하나 들고 나일 강에 서야 했던 것, 말하는 자기 자신 조차도 설마 이루어질까 노심초사해야만 했던 하나님의 계시를 전달하고 시행해야 했던 것들, 계속되는 이적으로 인해 바로의 살해 협박을 받아야 했던 것, 정작 출애굽을 한 후에 홍해 앞에서 도리어 백성들에게 원망과 불평을 받아야 했던 것, 바로의 군대보다 더 무서운 목마름과 배고픔의 현실에 직면해야 했던 것, 싸우러 나오는 아말렉 군사들을 향해 손을 드는 것 외에는 아무런 대비책이 없었음에도 불구하고 전쟁에서 승리하고 살아남은 것 등등 하고 싶은 이야기가 많이 있었을 것입니다.

## 모세의 말

모세는 장인을 만나서 이러한 자신의 이야기를 하지 않고 다른 이야기를 합니다. 18장 8절 "모세가 여호와께서 이스라엘을 위하여 바로와 애굽 사람에게 행하신 모든 일과 길에서 그들이 당한 모든 고난과 여호와께서 그들을 구원하신 일을 다 그 장인에게 말하매"입니다. 모세는 자기를 말 한 것이 아니라 여호와를 말한 것입니다. 모세는 자기가 겪은 이야기를 말 한 것이 아니라 자기를 도우시고 이스라엘을 구원하신 여호와를 말한 것입니다. 모세가 무슨 말을 했는지는 모세의 말들은 장인 이드로에 의해서 다시 확인이 됩니다. 9, 10절 "이드로가 여호와께서 이스라엘에게 큰 은혜를 베푸사 애굽 사람의 손에서 구원하심을 기뻐하여 이드로가 이르되 여호와를 찬송하리로다. 너희를 애굽 사람의 손에서와 바로의 손에서 건져내시고 백성을 애굽 사람의 손 아래에서 건지셨도다"입니다. 모세의 이야기를 듣고 나니 이드로는 들어서 알게 되었다고 말을 합니다. 11절 "이제 내가 알았도다. 여호와는 모든 신보다 크시므로 이스라엘에게 교만하게 행하는 그들을 이기셨도다"입니다. 이드로가 여호와에 대하여 알게 된 것은 모세가 말하여 주었기 때문입니다. 만약 모세가 여호와가 행한 일을 말하는 대신 자기가 행한 일을 말했다면 이드로는 아마도 '이제 내가 알았도다. 내 사위가 과연 위대하고, 내 딸이 정말 좋은 신랑감을 만났구나.' 라고 했을 것입니다. 그런데 모세는 자기가 행한 일이 아니라 하나님이 행하신 일을 말했습니다. 모세를 칭찬하려고 하는 것이 아닙니다. 모세는 자기의 영광보다 하나님의 영광을 우선적으로 높일 줄 아는 신실한 사람이었다고 말하려는 것이 아닙니다. 모세가 원래부터 신앙이 좋은 사람이었기에 하나님께 부름을 받을 수 있었고 크게 쓰임을 받을 수 있었던 것이라고 모세를 높이고 모세를 본받자고 말하려고 하는 것이 아닙니다. 정반대로 모세가 말하는 태도는 겸손하고 자기를 낮추는 태도가 아니라 지극히 당연한 것일 뿐이라는 것입니다.

사실 기독교 신앙에는 겸손이 있을 수 없습니다. 동시에 기독교 신앙에는 교만이 있을 수 없습니다. 교만은 자신이 안한 것을 자신이 했다고 말을 하거나 자신이 겨우 해 낸 것을 마치 자신이 전적으로 이루어 낸 것처럼 과장되게 말을 하는 것입니다. 만약 모세가 교만했다가 백성들이 유사한 행동을 또 해달라고 하면 곤란에 처하게 되기에 절대로 교만할 수 없습니다. 겸손은 자신이 행한 일을 자신이 한 것이 아니라고 말하거나, 자신이 위대한 일을 행한 후에도 그것은 위대한 일이 아니라 작은 일이요 언제라도 누구라도 가능한 일이라고 축소되게 말하는 태도입니다. 모세는 절대로 겸손할 수 없습니다. 자기가 행한 일들이 자기가 행한 것이 아니라는 것을 모세 자신이 가장 잘 알기 때문입니다. 인간은 원칙적인 면에서 교만할 수도 없고 겸손할 수도 없습니다. 다만 그냥 있는 그대로를 말 할 수 있을 뿐입니다.

모세가 장인에게 자기가 행한 일이 아니라 여호와가 행한 일을 말한 것은 여호와가 일을 하셨기 때문입니다. 모세는 겸손하게 말한 것이 아니라 사실대로 하나님이 하신 것을 하나님이 하셨다고 말한 것입니다. 물론 세상 사람들의 눈에는 모세의 태도가 겸손처럼 보입니다. 왜냐하면 세상 사람들은 하나님을 인정하지 않고 하나님의 일하심을 알지 못하기에 보이는 것은 모세뿐이요 모세가 행한 것이 분명한데 자기가 행했다고 자랑하지 않으니까 겸손하다고 말할 수 있을 것입니다. 그러나 기독교의 입장에서, 성도의 관점에서는 전혀 겸손한 것이 아니라 당연한 것입니다. 조금이라도 다른 말을 하면 그것이 거짓말이요 교만인 것입니다. 성도는 성경에 등장하는 사람의 성품에 대해, 어떤 인물의 영웅적 업적에 대해서 배우는 것이 아닙니다. 성경에 등장하는 인물이나 저나 여러분이나 별 차이가 없습니다. 성도는 성경에서 사람을 배우는 것이 아니라 하나님을 배워야 하는 것입니다. 모세를 존경할 이유가 없고 모세는 정말 대단하다고 생각할 근거가 전혀 없습니다.

### 이드로의 고백

모세가 하나님이 행하신 일을 말하였기에 당연히 이드로는 여호와 하나님이 행하신 일에 대하여 들은 것이요 들었기에 알게 된 것입니다. 모세의 말을 들은 이드로가 한 말이 10절과 11절로 흔히들 이드로의 신앙고백이라고 말하는 구절입니다. 그런데 이런 구절을 읽으실 때에 꼭 기어하셔야 하는 것은 이드로가 이러한 신앙고백을 하였다고 해서 이드로가 신앙으로 충만한 사람이 되었다는 것은 아니라는 것입니다. 이런 고백을 하는 것을 보니까 이드로는 하나님을 잘 알고 믿음이 견고히 서고 신앙이 흔들림 없이 굳건한 사람이라고 너무 순진하게 생각하시면 안 됩니다. 이드로는 분명히 신앙적인 고백을 했습니다. 이드로가 멋진 신앙고백을 한 적이 없다는 것이 아니라 이드로가 고백한 말이 그렇게 대단한 것이 아니라는 것입니다. 왜냐하면 사람들은 처음에 놀라운 일이나 엄청난 소식을 들으면 다 그렇게 멋있는 말을 합니다. 이드로는 말을 멋있게 한 것뿐입니다. 물론 이드로가 한 말이 거짓말이거나 속임수라는 의미가 아닙니다. 이드로가 한 말은 그의 고백이고 그의 생각이고 그의 진실입니다. 그러나 이드로가 한 말이 별로 대수로운 것이 아닙니다. 왜냐하면 사람들은 말로는 다 그렇게 말하기 때문입니다. 말을 그렇게 했다고 해서 이드로의 신앙수준이 정말로 그렇게 대단한 수준이 되었다는 것을 의미하는 것이 아니라는 것을 강조하는 것입니다. 성경에서 말은 정말 멋있게 하지만 정작 행동은 전혀 다르게 하는 사람들을 수십 명, 수백 명, 수백만 명을 수십 번 수백 번 보았습니다. 이스라엘이 그 주인공들이었습니다.

이드로가 했던 말보다 더 멋있고 더 우아하고 더 품위 있고 더 리얼하고 더 열정적이고 더 감동적이게 말한 사람들이 이스라엘입니다. 이스라엘은 단지 들은 정도가 아니라 실제로 체험하고 경험한 당사자들이니까 그 고백이 구구절절이 절실했었습니다. 그 표현이 달랑 한 줄 달랑 한 문장 정도가 아니라 자그만치 15장 한 장 전체에 걸쳐서, 말로만이 아니라 온 몸과 온 맘으로 표현해 냈었습니다. 감히 이드로는 명함도 내밀지 못할 정도였습니다. 그때의 고백과 모습대로라면 앞으로 백퍼센트 순종에 죽도록 충성할 것 같았습니다. 그랬던 그들이 동일한 15장 후반부에서 물이 쓴 것을 알고는 언제 그랬느냐는 듯이 돌변하여 하나님께 원망하고 불평하며 대들었습니다. 도무지 15장 앞 구절의 사람들과 뒷구절의 사람들이 동일한 사람이라고는 믿어지기 힘들 정도입니다. 하지만 사람들은 이렇게 행동합니다. 이스라엘만 이런 것이 아니라 모든 사람이 이렇게 합니다. 구약 시대만 이런 것이 아니라 모든 시대 사람이 이렇게 합니다.

다니엘서에 보면 바벨론의 느부갓네살 왕도 다니엘이 자기의 꿈을 해석하고 하나님이 꿈 해석을 알게 해 주었다고 말을 하자 정말 멋있는 말을 쏟아냅니다. 다니엘서 2장 47절에 말하기를 "왕이 대답하여 다니엘에게 이르되 너희 하나님은 참으로 모든 신들의 신이시오 모든 왕의 주재시로다. 네가 능히 이 은밀한 것을 나타내었으니 네 하나님은 또 은밀한 것을 나타내시는 이시로다."입니다. 이랬던 느부갓네살이 3장에서 금신상을 만들어 놓고 오직 이 금신상이 참 신이니까 금 신상에게만 절하라고 합니다. 2장의 왕과 3장의 왕이 동일한 인물인데 행동은 전혀 다릅니다. 느부갓네살이 이렇고 저와 여러분도 마찬가지이고 출애굽기 18장의 이드로도 마찬가지입니다. 말은 멋있게 했고 그 말이 신앙고백인 것은 맞지만 별것 아닙니다.

### 왜 그랬을까?

여기서 한 가지를 확인하고 넘어가야 합니다. 이스라엘은 왜 그랬을까 하는 것입니다. 그렇게 멋진 말을 하고 왜 그렇게 엉뚱한 행동을 하였는지를 알아야 합니다. 그와 같이 행동하는 이스라엘에 대하여 하나님은 배신감을 나타내지 않았고 속았다고 말씀하지 않았고 백성들에게 어떻게 그럴 수가 있느냐고 따지지 않았습니다. 왜냐하면 하나님은 죄인의 속성과 죄인의 정체를 알고 계셨고 이스라엘이 왜 그렇게 행동할 수밖에 없었는지를 알고 계셨고  이스라엘에게 필요한 것이 무엇인지도 알고 계셨고 그들에게 하나님이 무엇을 어떻게 행하여야 하는지도 알고 계셨다는 것입니다. 하나님이 알고 계셨던 것을 우리가 알아야 하고, 하나님이 행하셨던 방식대로 우리도 행하여야 한다는 것입니다.

사람이 어떤 이적과 기적을 체험하면 그 현상에 사로잡히게 됩니다. 그러나 정작 중요한 것은 체험한 이적과 사건이 아니라 그런 이적을 행하신 하나님을 알아야 하는 것입니다. 단지 그 사건을 하나님이 하셨다는 사실을 아는 것이 아니라 그 동안 자신이 가지고 있던 자신의 원리, 기준, 가치, 개념 대신에 하나님의 가치, 기준, 개념으로 사고방식, 인식체계가 바뀌어야 됩니다. 단지 이적을 경험하는 것이 아니라 그 하나님의 이적을 경험하는 사건을 통해서 죄의 원리가 하나님의 원리로, 죄의 가치가 하나님의 가치로, 죄의 개념이 하나님의 개념으로, 죄의 마음이 하나님의 마음으로 새롭게 전환되어야 한다는 것입니다.

그러기 위해서는 하나님을 알아가는 과정, 생각이 전환되는 과정이 있어야 한다는 것입니다. 하나님은 지금 이스라엘을 그 과정으로 인도하고 계시다는 것입니다. 이스라엘은 이적을 체험한 것, 기적을 체험한 것을 간증으로 붙들고 있을 것이 아니라 이적을 체험한 것을 시작으로 하여 이제 더욱 하나님을 아는 과정으로 나아가야 하는 것입니다. 그러므로 본문의 이드로가 모세의 말을 듣고 고백하는 10, 11절은 사실이고 진실 된 것이 분명하지만 아직 이드로의 사고체계와 인식구조는 바뀐 것이 아니라는 것을 아셔야 합니다. 그렇게 멋진 고백을 말해놓고도 여전히 죄적 가치와 개념과 원리와 인식구조로 말하고 행동한다는 것입니다. 이것을 계속 강조하는 이유는 13절부터 27절까지에서 보게 되는 장면 때문입니다. 모세가 재판을 하고 있을 때에 장인 이드로가 모세에게 천부장, 백부장, 오십부장, 십부장 제도를 제안합니다. 이것이 과연 어떤 의미가 있는가를 정확히 이해하기 위해서 지금 이드로의 상태, 이드로의 정체를 점검하는 것입니다.

# 그런 사람은 없다

### 모세의 재판

18장 13절 "이튿날 모세가 백성을 재판하느라고 앉아 있고 백성은 아침부터 저녁까지 모세 곁에 서 있는지라"입니다. 조금 더 자세히 살펴보면 15, 16절 "모세가 그의 장인에게 대답하되 백성이 하나님께 물으려고 내게로 옴이라. 그들이 일이 있으면 내게로 오나니 내가 그 양쪽을 재판하여 하나님의 율례와 법도를 알게 하나이다"입니다. 성경을 스토리가 전개되는 상황을 고려하면서 본문을 이해해야 한다고 강조하는 것이 바로 이런 장면 때문입니다. 먼저 지금까지의 장면을 회상해 보아야 합니다. 이스라엘 백성이 출애굽을 하면서 지금까지 오는 동안에 하나님을 잘 몰랐습니다. 이스라엘이 하나님의 말씀을 귀담아 듣지 않았습니다. 이스라엘 백성이 하나님의 뜻에 순종하지 않았습니다. 이스라엘 백성과 달리 모세는 다른 사람이 뭐라 하든지 하나님을 잘 믿었던 것이 아닙니다. 모세도 다른 사람들과 별반 다를 것이 없었습니다.

17장까지는 그렇게 하나님을 잘 모르고 하나님의 말씀을 귀담아 듣지 않고 하나님의 뜻에 순종 안하다가 갑자기 18장 13절부터 자신들의 일이 있으면 하나님께 물으려고 모세에게 나아오고 모세는 자기가 언제부터 얼마나 알고 있다고 하나님의 율례와 법도를 백성에게 알게 하려고 노력을 하고 있다는 것이 설명이 되지 않습니다. 백성들이 모세 앞에 나오고 모세가 그들에게 가르치려고 한다는 이 상황이 어떤 상황인지를 우선 파악해야 합니다. 만약 본문의 상황이 표현 그대로 백성이 하나님께 물으려고 나아오고 모세는 하나님의 율례와 법도를 알게 하려고 애쓰는 장면이라면 출애굽기의 스토리 전개가 연결이 되지 않는 것입니다. 조금 전까지 하나님을 그토록 안 믿다가 갑자기 하나님께 배우러 나온다는 것이 사건의 전개와 문맥의 흐름상 어울리지 않는 것입니다.

본문의 장면은 그 당시 백성들 사이에서 있었던 지극히 일반적인 상황입니다. 여호와 하나님과 관계있는 장면이 아니라 백성들의 일반적인 삶의 모습인 것입니다. 사람 사는 세상에 문제가 발생합니다. 사람 사이에 문제가 발생하면 당연히 지도자에게 나아갑니다. 당시 사람들의 사고방식에는 지도자는 그냥 지도자가 아닙니다. 지도자는 신의 부름을 받은 신의 사람이요 신의 사신입니다. 당연히 지도자의 대답은 단지 그 사람 개인의 의견이 아니라 신의 판단, 신의 말씀, 신의 가르침으로 여겨지는 것입니다. 백성들이 바로 앞에 나아갈 때도 신에게 물어보러 나간 것이라고 말하며, 바로의 결정을 받을 때도 신의 가르침을 받았다고 말하는 것입니다. 18장 13~27절에 나오는 하나님이라는 표현은 여호와 하나님을 의미하는 것이 아니라 일반적인 신을 의미하는 표현입니다.

이스라엘은 애굽에서 나온 지 불과 두달밖에 되지 않았습니다. 아직도 이스라엘은 여전히 애굽적 사고방식이요 인간적 사고방식이요 죄적 사고방식에 머물러 있습니다. 본문의 상황도 그들이 여태껏 행해왔던 죄적 사고방식에 입각한 행동방식을 그대로 여전히 행하고 있는 모습입니다. 백성들이 자신들의 일상적인 문제거리를 해결하고자 모세에게 나아온 것이고 모두가 모세에게 판단을 받고 싶어 하니 대기자 행렬이 길어질 수밖에 없고, 이 상황을 본 이드로가 한 마디 하는 것이 17, 18절 "모세의 장인이 그에게 이르되 네가 하는 것이 옳지 못하도다. 너와 또 너와 함께 한 이 백성이 필경 기력이 쇠하리니 이 일이 네게 너무 중함이라. 네가 혼자 할 수 없으리라"입니다.

### 이드로의 방식

모세가 처해있는 난감한 상황을 해결하기 위해 이드로가 제안을 합니다. 본문의 핵심이 바로 이드로의 이 제안이 과연 누구의 방식이냐는 것입니다. 18장 1절로 12절까지의 내용에서 이드로의 상태를 어떻게 이해하느냐에 따라 13절로 27절까지의 제안이 누구의 방식이냐가 결정되는 것입니다. 이드로에 대한 두 가지 이해가 있습니다. 첫 번째, 이드로는 모세의 말을 듣고 18장 11절에서 신앙고백을 했던 신실한 믿음의 사람이라고 이해하는 것입니다. 그러기에 13절 이하에 이드로가 제안하는 방식은 하나님의 마음을 가진 하나님의 원리를 담은 하나님의 방식을 제안하는 것으로 이해하는 것입니다. 대체적으로 전통적인 이해방식입니다. 두 번째, 18장 11절에서 이드로가 신앙 고백을 했다고 해서 이드로가 이미 가치와 개념과 의미와 원리와 방식에 있어서 하나님의 기준으로 충분히 전환된 사람이 아니라고 이해하는 것입니다. 비록 신앙고백을 했을지라도 아직 죄적 수준을 벗어나지 못했다는 것입니다. 그래서 13절 이하에 제안하는 방식은 하나님의 방식이 아니라 그 동안 이드로가 알고 있었고 행해 왔던 지극히 일반적인 지극히 상식적인 지극히 인간적인 방식에 불과하다는 것입니다.

### 마땅히 갈 길과 할 일

이미 앞에서 11절에 대하여 이드로의 신앙고백인 것은 맞지만 이드로가 하나님을 충분히 알거나 하나님의 인식구조로 변화된 것은 아니라고 설명드렸습니다. 비록 신앙고백은 했지만 현직 이방인 제사장으로서 아직 죄의 수준을 벗어난 것이 아닙니다. 그러므로 당연히 13절 이하의 제안도 하나님의 방식이 아니라 인간의 방식에 불과한 것입니다. 그 이유를 세 가지로 설명을 드리겠습니다. 첫 번째, 19, 20절 "이제 내 말을 들으라. 내가 네게 방침을 가르치리니 하나님이 너와 함께 계실지로다. 너는 하나님 앞에서 그 백성을 위하여 그 사건들을 하나님께 가져오며 그들에게 율례와 법도를 가르쳐서 마땅히 갈 길과 할 일을 그들에게 보이고"입니다. 이드로가 이런 방침을 제안하는 것은 이렇게 하면 당연히 효과가 있을 것이라고 생각하는 것입니다. 그렇다면 출애굽기를 1장부터 17장까지 공부하신 여러분에게 제가 여쭈어 보겠습니다. 조금 더 강조해서, 출애굽기에서 이스라엘이 수십 번 하나님의 이적을 체험하고 수백 번 하나님의 가르침을 받았음에도 불구하고 도무지 하나님의 말씀을 듣지 않았다는 것을 확인하여 알고 계시는 여러분에게 제가 질문을 드리겠습니다. 이드로가 제안한 것처럼 율법과 법도를 가르쳐서 마땅히 갈 길과 할 일을 보이면 백성들이 마땅히 갈 길로 가고 할 일을 할까요 안 할까요? 정답은 안 한다는 것입니다. 이것이 정답임을 출애굽기를 통해서 계속해서 확인해 왔기에 동의하실 것입니다. 이렇게 뻔한 정답을 아시는 하나님이 이것을 방침이라고 이스라엘에게 제안하지 않습니다. 그래서 이드로의 제안은 하나님의 방식을 제안하는 것이 아닙니다.

## 그런 사람은 없다

두 번째, 21, 22절 "너는 또 온 백성 가운데서 능력 있는 사람들 곧 하나님을 두려워하며 진실하며 불의한 이익을 미워하는 자를 살펴서 백성 위에 세워 천부장과 백부장과 오십부장을 삼아 그들이 때를 따라 백성을 재판하게 하라. 큰 일은 모두 네게 가져갈 것이요 작은 일은 모두 그들이 스스로 재판할 것이니 그리하면 그들이 너와 함께 담당할 것인즉 일이 쉬우리라"입니다. 이드로가 백성 중에서 사람을 뽑으라고 말합니다. 이드로가 이 말을 하는 것은 백성 중에 이런 사람 즉 "온 백성 가운데서 능력 있는 사람들 곧 하나님을 두려워하며 진실하며 불의한 이익을 미워하는 자"가 있다고 생각하는 것입니다. 그러면 출애굽기를 통하여 인간의 실체, 죄인의 속성을 너무나 적나라하게 파헤쳐 보아서 인간 속셈의 바닥을 훤히 알고 계시는 여러분에게 또 질문을 드리겠습니다. 이드로가 선빌하라고 제안하는 사람 즉 "온 백성 가운데서 능력 있는 사람들 곧 하나님을 두려워하며 진실하며 불의한 이익을 미워하는 자"가 있을까요 없을까요? 정답은 단 한 사람도 없다는 것입니다. 저와 여러분도 이렇게 정답을 뻔히 알고 있는데 우리 보다 죄인의 실체를 더욱 명백히 알고 계시는 하나님이 이걸 방책이라고 제안하실 리가 없습니다. 그래서 이드로의 제안은 하나님의 방식을 제안하는 것이 아닙니다.

### 하나님의 교육

세 번째, 중요한 것은 그 동안 하나님은 무엇을 해 오고 계셨느냐를 이해하는 것입니다. 하나님은 이스라엘 백성들의 문제를 무엇이라고 인식하고 계셨으며, 이스라엘의 삶의 문제를 해결하기 위하여 어떤 조치를 취해오고 계셨냐는 것입니다. 그 동안 하나님이 해 오신 일들과 지금 이드로가 제안하는 일이 동일선상에 있느냐 아니면 다르냐는 것입니다. 만약 이드로의 제안을 하나님의 제안이라고 이해한다면 하나님은 지금까지 일해오신 것과는 다르게 일하셨어야 합니다. 먼저 하나님은 진작부터 특별한 사람을 고르셨어야 합니다. 하나님은 진작부터 엘리트 선발작업과 영재수업을 시작했어야 합니다. 또 굳이 하나님은 출애굽을 하실 이유도 없었습니다. 잘 교육받은 인재들을 활용해서 애굽의 왕권을 차지함과 동시에 애굽 자체를 차지했으면 모든 것이 지금보다 더 잘 이루어졌을 것입니다. 그랬다면 하나님이 애굽의 술객들에게 조롱받으실 이유도 전혀 없었고 하나님이 백성들에게 원망을 들을 이유도 전혀 없었고 하나님이 굳이 이런 저런 불필요한 이적과 기적을 남발하실 이유도 전혀 없었을 것입니다. 하나님은 그 동안은 아무 조치도 취하지 아니하시다가 갑자기 삶의 경험이 풍부한 이방인의 제사장인 이드로를 통하여 너무나 뻔한, 대부분의 사람들이 당연하게 생각하는, 오늘 날도 모든 사람들이 안 되는 줄 알면서도 그것 밖에는 달리 대안이 없는 그런 방식을 제안하고 계시는 것이 아닙니다.

이드로가 제안하는 것은 하나님이 없는 세상에서는 가장 대표적인 방식입니다. 이드로도 이 방식을 제안하고 있고 실제로 이 방식을 사용한 다른 경우가 다니엘서에 등장합니다. 바벨론이라는 나라가 남 왕국 유대를 점령하였을 때에 사용했었습니다. 다니엘서 1장 3, 4절 "왕이 환관장 아스부나스에게 말하여 이스라엘 자손 중에서 왕족과 귀족 몇 사람 곧 흠이 없고 용모가 아름다우며 모든 지혜를 통찰하며 지식에 통달하며 학문에 익숙하여 왕궁에 설 만한 소년을 데려오게 하였고 그들에게 갈대아 사람의 학문과 언어를 가르치게 하였고"입니다. 이드로가 제안한 방식은 인류가 동서고금을 막론하고 사용하는 일반적인 정책입니다. 인간이 사용하는 가장 대표적인 방법을 통해 인간의 문제, 인류의 문제가 해결되지 않았습니다. 만약 이 방식으로 인간의 문제가 해결될 것이라면 굳이 하나님이 나서지 않으셔도 되고 굳이 예수가 오셔서 십자가에 죽으시는 험한 꼴을 당하시지 않으셔도 됩니다.

## 하나님의 방식

하나님은 사람들과는 전혀 다르게 행동하십니다. 만약 하나님이 이 방식을 제안하시는 것이라면 하나님은 다윗을 왕으로 세웠을 때에도 다르게 일하셨어야 합니다. 사무엘상 22장 1절에 보면 다윗이 왕으로 기름부음을 받은 후에 다윗에게로 나아온 사람들이 소개 되어있습니다. "환난 당한 모든 자와 빚진 모든 자와 마음이 원통한 자가 다 그에게로 모였고 그는 그들의 우두머리가 되었는데 그와 함께 한 자가 사백 명 가

량이었더라."입니다. 이드로의 방식이 하나님의 방식이었다면 하나님은
다윗에게 환난 당한 모든 자와 빚진 모든 자와 마음이 원통한 자를 보내
주실 것이 아니라 도리어 이드로가 제안한대로 "능력 있는 사람들 곧 하
나님을 두려워하며 진실하며 불의한 이익을 미워하는 자"들을 보내 주
셨어야 하는 것입니다.

본문에 이드로의 제안이 등장하는 이유는 그 동안 하나님이 전개해
오신 사역들이 얼마나 인간들의 방식과 다른 가를 인식시키기 위해서입
니다. 사람들은 하나님을 모르고, 자신들이 죄인인 것을 모르기 때문에
하나님의 말씀이 정답인 것을 알지 못하고, 자신들의 방식이 현실가능
성이 없는 것이라는 사실을 모르고 있습니다. 그래서 하나님은 극명하
게 대조를 해 주시는 것입니다. 하나님이 이드로가 제안하는 방식을 몰
라서가 아니라 그런 사람은 아예 없고, 그런 방식으로는 아무 것도 이루
어 질 수 없다는 것을 알려주기 위해서, 반대로 왜 하나님이 이렇게 일
하시고, 기어코 하나님을 알리려고 하시는 가를 이해시키려고 하는 것
임을 분별하셔야 합니다.

### 인간의 어리석음

인간들은 자신이 죄인임을 모릅니다. 그래서 자기들의 지혜가 결국
은 지혜가 아니라 자충수라는 것도 알지 못합니다. 이스라엘이 나중에
하나님을 향하여 왕을 구합니다. 그때 백성들이 하는 말이 사무엘상 8장
19, 20절 "백성이 사무엘의 말 듣기를 거절하여 이르되 아니로소이다.
우리도 우리 왕이 있어야 하리니 우리도 다른 나라들 같이 되어 우리의
왕이 우리를 다스리며 우리 앞에 나가서 우리의 싸움을 싸워야 할 것이
니이다"입니다. 왕이 자신들 앞에 나가서 자신들의 싸움을 해달라고 합
니다. 내가 왕에게 나를 위하여 싸워줄 것을 요청한다면 왕도 바라는 것
이 없이 그냥 백성들을 위해서 나가서 싸울 리가 없고 내가 원하는 것이

있는 만큼 상대도 원하는 것이 있다는 것을 알아야 합니다. 절대로 인간은 나를 위해주지 않고 대신 희생해 주지 않습니다. 상대에게 희생과 손해와 양보를 바란다는 것이 참으로 어리석은 것입니다.

모세는 장인의 말을 듣고 이드로의 교훈을 따릅니다. 오늘날 교회들도 똑같은 실수를 너무나 많이, 너무나 자주 행합니다. 사회에서 공직생활을 하던 분이나 높은 곳에 계시던 분이나 많은 일을 하시던 분이 예수 믿고 교회에 들어오시는 경우가 많습니다. 그런 분들이 처음에 교회를 보면 교회의 일처리가 너무 답답하다는 생각이 듭니다. 세상에서 행하던 방식에 근거하면 당장이라도 부흥할 계책이 있고 당장이라도 성공할 수단이 눈에 뻔히 보이는 것입니다. 풍부한 경험이 있고 다양한 방법을 사용해 보았기에 교회에 제안을 하는 경우가 많습니다. 그때 세상적 방식을 제안하는 것을 받아들이면 교회가 망하는 것입니다. 왜냐하면 세상에서 통용되던 방식은 하나님의 방식이 아니기 때문입니다. 세상의 방식을 따를 경우 외형적으로 부흥은 되는데 내용적으로 하나님을 모르고, 재정적으로 풍성해 지는데 원리적으로 하나님을 떠나게 됩니다. 하나님은 이미 하나님의 방식을 가르치고 계셨습니다. 또 출애굽기에서 앞으로도 계속 가르치실 것입니다. 하나님의 정답은 모든 인간이 하나님을 알아야 하고, 모든 인간이 하나님의 원리와 마음과 가치와 기준으로 살아야 한다는 것입니다.

# 제사장 나라



## 출애굽기 19 : 1 ~ 6

1 이스라엘 자손이 애굽 땅을 떠난 지 삼 개월이 되던 날 그들이 시내 광야에 이르니라 2 그들이 르비딤을 떠나 시내 광야에 이르러 그 광야에 장막을 치되 이스라엘이 거기 산 앞에 장막을 치니라 3 모세가 하나님 앞에 올라가니 여호와께서 산에서 그를 불러 말씀하시되 너는 이같이 야곱의 집에 말하고 이스라엘 자손들에게 말하라 4 내가 애굽 사람에게 어떻게 행하였음과 내가 어떻게 독수리 날개로 너희를 업어 내게로 인도하였음을 너희가 보았느니라 5 세계가 다 내게 속하였나니 너희가 내 말을 잘 듣고 내 언약을 지키면 너희는 모든 민족 중에서 내 소유가 되겠고 6 너희가 내게 대하여 제사장 나라가 되며 거룩한 백성이 되리라 너는 이 말을 이스라엘 자손에게 전할지니라

## 하나님의 인도

### 모세에게 주신 증거

성경을 자주 읽으면 목사의 설교가 더 자세하게 들리고 목사와 함께 성경공부를 하고 나서 성경을 읽으면 성경이 더 많이 보이고 들립니다. 성경읽기의 선순환입니다. 반대로 성경읽기의 악순환도 있습니다. 성경을 모르기에 당연히 성경을 읽지 않습니다. 그러니 주일 설교는 전혀 들리지가 않는 것입니다. 이 말씀을 드리는 이유는 19장 1, 2절에 대한 남다른 의미를 설명 드리기 위해서입니다. "이스라엘 자손이 애굽 땅을 떠난 지 삼 개월이 되던 날 그들이 시내 광야에 이르니라. 그들이 르비딤

을 떠나 시내 광야에 이르러 그 광야에 장막을 치되 이스라엘이 거기 산 앞에 장막을 치니라"입니다. 성경을 읽으시는 대부분의 사람은 아무런 감동이 없습니다. 그냥 출애굽한 지 두 달이 지나서 시내산에 왔다고 생각할 것입니다. 정작 시내산에 도착한 이스라엘 백성들도 별다른 감동이 없습니다. 광야 유랑 생활이 세 달째로 접어들었고 시내 산 앞에서 장막을 치고 또 만나 구워먹어야겠다고 생각할 것입니다.

이 순간 감동에 벅차하고 눈물이 글썽글썽하고 기쁨을 만끽하고 있는 한 사람이 있는데 바로 모세입니다. 왜냐하면 모세에게는 자신과 이스라엘이 시내산에 장막을 쳤다는 이 사건은 단순한 또 하루 밤을 위한 잠자리가 아니라 하나님의 약속이 실현되었다는 의미가 있기 때문입니다. 출애굽기 3장에서 모세가 처음 여호와를 만났을 때, 여호와가 모세에게 애굽에서 백성들을 데리고 나올 수 있게 하시겠다는 말씀을 들었을 때 모세는 하나님의 말씀을 듣지 않았고 순종할 수 없었습니다. 도무지 가능해 보이지 않은 일이었기 때문입니다. 그때 하나님이 모세에게 하신 말씀이 3장 12절 "하나님이 이르시되 내가 반드시 너와 함께 있으리라. 네가 그 백성을 애굽에서 인도하여 낸 후에 너희가 이 산에서 하나님을 섬기리니 이것이 내가 너를 보낸 증거니라"입니다. 그때에는 모세의 생각에 하나님의 말씀은 전혀 증거가 되지 못했습니다. 아직 애굽을 향해 출발도 하지 않는 사람에게 다 이루어진 결과를 말하는 것이 김칫국부터 마시는 행위와 같은 것이었습니다. 모세는 결과를 요구한 것이 아니라 결과를 이룰 수 있는 보증 물을 요구한 것이었는데 하나님은 결과가 증거라는 희한한 방식으로 말씀하셨던 것입니다. 모세가 이해할 수 없는 말이었기에 여호와의 말씀에 모세는 아무런 신뢰를 할 수 없었고 여전히 가지 않겠다고 버텼었습니다.

그런데 지금 모세는 바로 그 자리, 자기가 하나님의 말씀을 거부하던 그 자리, 자기에게 말씀하시는 하나님의 증거가 모두 헛된 것이라고 생각하던 그 자리, 자기로서는 도무지 이루어 질 수 없을 것이라고 여겨지던 그 자리에서 그 일이 이루어져 있는 것을 인식하는 것입니다. 자기가 지금 허다한 이스라엘 백성들과 함께 그 자리에 서 있는 것입니다. 만약 영화로 본다면 이 장면에서 카메라가 모세를 중심으로 파노라마형식으로 360도 회전을 하고 있을 것입니다. 양을 치다가 애굽으로 돌아가는 순간부터 사건 하나하나가 전개 될 때마다 모세가 매우 조마조마 했을 것입니다. 열 번의 이적과 홍해에서 애굽 사람에 대한 두려움, 그 다음에 광야에 들어서서는 모든 원망과 불평을 자신에게 쏟아놓는 이스라엘 사람에 대한 두려움에 마음 편할 날이 없었을 것입니다. 그런데 지금 하나님이 자신을 보낸 증거가 될 것이라고 말씀하신 그 자리에 하나님이 말씀하신 그대로 자신과 백성이 서 있습니다. 하나님의 말씀은 이루어 집니다. 하나님은 약속을 지키십니다.

또한 모세는 이후의 광야의 삶이 달라지게 됩니다. 왜냐하면 하나님의 약속은 시내산까지만 인도하겠다는 것이 아니라 가나안 땅에 들어가서 살게 하시겠다는 것도 포함되어 있기 때문입니다. 광야에서 순간순간 이스라엘이 불순종할 때마다 모세는 도리어 백성들을 달래고, 하나님께 백성들을 중보하는 역할을 하게 됩니다. 왜냐하면 백성들은 하나님의 약속이 지켜질지 안 지켜질지를 모르지만 모세는 알고 있기 때문입니다.

### 하나님의 확증

19장은 단순히 이스라엘이 머물렀던 한 장소에 대한 언급이 아니라 이곳에서 전개되는 다음 이야기들의 중요한 근거가 됩니다. 이제 20장부터 하나님의 율법이 주어지는데 이 율법의 의미를 파악하기 위해서는 19장의 의미를 잘 이해하여야 합니다. 3, 4절을 보겠습니다. "모세가 하나님 앞에 올라가니 여호와께서 산에서 그를 불러 말씀하시되 너는 이

같이 야곱의 집에 말하고 이스라엘 자손들에게 말하라. 내가 애굽 사람에게 어떻게 행하였음과 내가 어떻게 독수리 날개로 너희를 업어 내게로 인도하였음을 너희가 보았느니라"입니다. 똑같이 시내 산에 서있지만 모세의 감동과 이스라엘 백성의 감동이 다릅니다. 모세는 앞 뒤 사연이 있지만 이스라엘은 없기 때문입니다. 모세와 백성의 심정이 전혀 다르듯, 하나님과 모세 또한 전혀 심정이 다릅니다. 백성은 자기만 알고 있고, 모세는 백성들이 모르는 다른 것을 알고 있고, 하나님은 모세가 모르는 또 다른 것을 알고 계시기 때문입니다. 다른 말로 설명하면 이스라엘은 자신들이 장막을 친 곳이 편안한가 불편한가만 생각합니다. 모세는 자기가 처음 하나님을 만날 때부터 지금까지를 생각합니다. 하나님은 훨씬 더 나아가서 아브라함을 부르시던 장면부터 생각하시는 것입니다. 하나님은 아브람을 불렀고 민족을 주겠다고 땅을 주겠다고 약속했었는데 그 약속이 성취되어 가고 있다는 것을 생각하시는 것입니다. 그래서 지금 시내 산 앞에 있는 사람들이 그냥 한 무리, 한 공동체, 애굽에서 탈출하여 나온 유랑민으로 보이는 것이 아니라 자신이 약속한 백성으로 보이는 것입니다. 그래서 난민들을 대하는 자세가 아니라 야곱의 집, 이스라엘 자손들로 대하시는 것입니다.

이스라엘을 향한 하나님의 심정을 표현하는 것이 4절입니다. 출생의 예를 들어보겠습니다. 아이가 태어나면 신생아가 웁니다. 신생아는 자기가 어떻게 태어나게 되었는지를 모른 채 할 줄 아는 것이 우는 것뿐이라 우는 것입니다. 그때 신생아 옆에서 부모도 웁니다. 부모가 우는 이유는 그 아이가 태어나기까지의 모든 과정을 알기 때문입니다. 결혼하고 몇 년이 지나도록 아이가 생기지 않아서 이런 방법 저런 방법 다 하다가 천신만고 끝에 아이가 임신이 되었고, 중간에 유산될 뻔한 수많은 위기를 기적적으로 넘기고 드디어 아이가 태어났기에 이 아이가 정말 귀합니다. 정작 신생아는 자기가 그런 과정을 겪은 줄을 모릅니다. 후에 엄마가 아이에게 그 이야기를 해 줍니다. 그 이야기를 해 주는 이유는 엄마가 얼마나 수고했는지를 알아 달라는 의미가 아닙니다. 도리어 부모에게 아이가 얼마나 소중한 존재인가 그래서 부모가 아이를 위해 앞으로도 얼마나 정성을 쏟을 것인가를 알리는 것입니다. 부모의 이 심정이 하나님에게는 3절과 4절로 나타난 것입니다.

4절 "내가 애굽 사람에게 어떻게 행하였음과 내가 어떻게 독수리 날개로 너희를 업어 내게로 인도하였음을 너희가 보았느니라"입니다. 이 말씀은 하나님의 자기 자랑이 아닙니다. 하나님의 자화자찬이 아닙니다. 반대로 이스라엘이 얼마나 하나님에게 존귀한 존재인가를 알라는 것입니다. 하나님이 이스라엘을 구원하기 위해 애굽 사람에게 어떻게 행하였는가, 하나님이 이스라엘을 안전하게 이곳으로 옮기기 위해 어떻게 독수리 날개로 너희를 업어 인도하였는가를 설명하는 것입니다. 하나님이 애굽에게 이적을 행하셨고 하나님이 광야에서 반석을 쳐서 물을 내고 만나와 메추라기를 주신 이유가 모두 이스라엘을 위하여라는 것입니다. 하나님이 이스라엘을 위하여 이적을 펼치고, 하나님이 이스라엘을 위하여 역사를 베풀고, 하나님이 이스라엘을 위하여 날마다 수고를 하신다는 것입니다. 이스라엘은 하나님에게 그 만큼 중요한 존재라는 것입니다.

성경 구절구절을 읽으면서 감동을 받고 눈물이 주렁주렁 달려야 합니다. 그런데 감동은 고사하고 하나님 잘난 척 좀 그만 하시라고 말하면 성경을 몰라도 너무 모르는 것입니다. 예언서에 가면 하나님이 4절과 같은 말씀을 자주 하십니다. 왜냐하면 이스라엘이 너무나 귀한 백성인데 너무나 귀한 존재인데 하나님의 백성답게 살지 못하는 것이 속상하기 때문입니다. 하나님의 수고를 강조하는 것이 아니라 하나님이 그만한 수고와 고생을 감수할 만큼 이스라엘이 하나님께 존귀하다는 의미입니다. 하나님은 인간을 위해주시는 분이십니다. 하나님의 말씀은 모두 인간을 높여주시는 말씀입니다. 성경을 읽으실 때마다 하나님의 인간 사랑을 느끼시고, 하나님이 인간을 존귀히 여겨주심을 체험하시기를 주님의 이름으로 부탁드립니다.

## 하나님의 초청

### 세계가 다 내게 속하였나니

4절 말씀이 하나님이 이스라엘을 얼마나 소중히 여기고 계시는가를 고백하시는 장면입니다. 4절을 말씀하신 이유는 하나님이 이스라엘을 얼마나 소중히 여기는 줄 아느냐고 묻는 정도에 머무르는 것이 아니라 그렇게 소중한 존재이기에 앞으로도 이스라엘을 얼마나 더 소중히 여기려는 줄도 알라고 말씀하시려는 것입니다. 이스라엘은 정말 소중한 존재이기에, 앞으로 이스라엘은 정말 귀중한 존재, 엄청난 역할을 해 주기를 바란다는 기대와 소망이 듬뿍 담겨있는 표현으로 5절이 등장하는 것입니다. "세계가 다 내게 속하였나니 너희가 내 말을 잘 듣고 내 언약을 지키면 너희는 모든 민족 중에서 내 소유가 되겠고 너희가 내게 대하여 거룩한 백성이 되리라. 너는 이 말을 이스라엘 자손에게 전할지니라"입니다. 하나님은 "세계가 다 내게 속하였나니"라고 선언하십니다. 하나님이 천지를 창조하셨고 하나님이 인간을 창조하셨습니다. 당연히 모든 세상, 모든 인간이 하나님의 것이요 하나님이 모든 세상, 모든 인간, 모든 나라, 모든 백성을 다 사랑하시는 것입니다. 하나님이 사랑하시는 인간이 있고 미워하시는 인간이 있는 것이 아닙니다. 하나님이 택하시는 백성이 있고 하나님이 유기하시는 백성이 있는 것이 아닙니다. 하나님이 복 주시는 민족이 있고 하나님이 저주하시는 민족이 있는 것이 아닙니다. 하나님이 은혜 주시는 나라가 있고 하나님이 심판하시는 나라가 있는 것이 아닙니다.

하나님은 모든 인간의 하나님이시오 모든 인간에게 복을 주시는 분이십니다. 하나님을 나만의 하나님으로 제한시키려는 방식으로 생각하지 마시고, 내가 하나님의 사람이 되었다는 방식으로 생각하셔야 합니다. 내가 하나님을 떠나 죄의 자녀이었는데 내가 하나님의 은혜를 받는 자가 되었구나, 내가 하나님을 띠니 죄의 압제를 받는 자 이었었는데 내가 하나님의 보호하심을 받는 자가 되었구나, 내가 죄의 종노릇하던 자 이었는데 내가 하나님의 나라를 사는 자가 되었구나, 하나님은 세계의 모든 사람에게 복 주시는 하나님이신데 내가 그 복을 받지 못하고 누리지 못하는 자 이었었는데 이제는 복 주시는 하나님께 속하게 되었다고 생각하셔야 합니다.

### 하나님의 초청

세계가 모두 하나님께 속하였다고 말씀하시는 5절과 이스라엘을 제사장 나라, 거룩한 백성 되게 하시겠다는 6절은 대립되는 구절이 아니라 연결되는 구절입니다. 세계가 모두 하나님께 속하였습니다. 그래서 6절 "너희가 내게 대하여 제사장 나라가 되며 거룩한 백성이 되리라"는 말씀이 나오는 것입니다. 사람들은 이 구절을 오해하여 이스라엘을 다른 나라들과 구별하여 다른 민족보다 우월하게 대접하여 특별한 존재로 더 뛰어나고 더 나은 존재로 만들어 주겠다는 의미로 생각했습니다. 절대로 그렇지 않다는 증거가 '세계가 다 내게 속하였나니' 입니다. 세계가 모두 하나님께 속했다는 말은 모든 것이 하나님의 것이기에 하나님이 맘대로 할 수 있다거나 하나님이 하고 싶은 대로 다 할 수 있다는 것을 의미하는 것이 아닙니다. 모든 것이 다 하나님께 속해 있기에 그 중에 우열이 없고 차별이 없고 높고 낮음이 없고 좋고 나쁨이 없게 하시겠다는 것입니다. 세계가 다 하나님께 속하였으니 세계가 모두 하나님의 사랑을 받고 세계가 모두 하나님의 존귀함을 받게 하시겠다는 것입니다.

세계가 모두 하나님께 속하였는데 하나님이 차별을 만들어 내시면 하나님이 공평하지 않은 것이요, 하나님이 의롭지 않은 것입니다.

사람들은 이스라엘이 제사장 나라가 되고 거룩한 백성이 된다는 사실만 생각합니다. 다른 사람에게는 그런 말씀을 하지 않으셨는데 이스라엘에게만 그런 말씀을 하셨으니까 마치 이스라엘을 특별 대접하여 모든 사람들과는 다르게 만들어 줄 것으로 생각하지만 그렇지 않습니다. 이스라엘을 향하여 제사장 나라를 되게 하며 거룩한 백성이 되게 하는 이유가 무엇인지 알아야 합니다. 왜 제사장 나라를 삼는지 왜 거룩한 백성이 되게 하는지 그 목적이 무엇이냐는 것입니다.

## 제사장 삼는 이유

출애굽기 19장의 이스라엘은 이미 하나님의 백성이요 이미 하나님의 은혜를 입은 자요 이미 하나님의 복을 받은 자입니다. 인간이 범죄하여 하나님을 떠나고 하나님을 모르는 상태에 머물러 있을 때에 하나님이 아브람에게 오셔서 하나님의 자녀 하나님의 백성 삼으셨습니다. 하나님이 아브람에게 약속하셨던 것을 지켜서 그 약속에 의하여 이루어진 민족인 이스라엘은 이미 하나님의 자녀요 하나님의 백성입니다. 이스라엘과 하나님의 관계에서 더 나아질 것, 더 개선 될 것, 더 업그레이드 될 것은 존재하지 않습니다. 왜냐하면 이미 최상의 관계에 이르렀기 때문입니다. 정작 이스라엘에게 남은 것은 이스라엘 자신을 위한 것이 아닙니다. 하나님과 이스라엘의 관계에는 남은 것이 없습니다. 더 받을 복, 더 받을 은혜, 더 높아질 신분, 더 존귀해질 가치가 없습니다. 이미 최상 최고의 관계를 맺고 있고 최상 최고의 상태에 도착해 있기 때문입니다.

이제 유일하게 남은 것은 이스라엘에게 이루어질 일이 아니라 이스라엘로 말미암아 이루어질 일입니다. 하나님이 아브람에게 약속하신 것은 두 가지 차원이 있습니다. 하나는 창세기 12장 2절에 나오는 대로

"내가 네게 복을 주어"입니다. 하나님이 아브람에게 복을 주시겠다고 말씀하신 것입니다. 그리고 또 12장 3절 "땅의 모든 족속이 너로 말미암아 복을 얻을 것이라"입니다. 아브람이 하나님께 복을 받고 모든 족속이 하나님께 복을 받을 것입니다. 결국 아브람과 모든 족속이 똑같이 복을 것입니다. 결국에는 같아지는 것입니다. 하나님은 아브람만 복을 주시는 것이 아니라 세계가 다 하나님께 속하였으니 세계에 복을 주시는 것입니다. 세계에 복을 주시는데 아브람과 이스라엘이 그 중간 매개체 즉 '너로 말미암아'의 역할을 하는 것입니다. 이 '너로 말미암아'의 역할을 제사장 나라, 거룩한 백성이라고 부르는 것입니다.

이스라엘을 제사장 나라 삼는 이유, 거룩한 백성이 되게 하는 이유는 세계가 모두 이스라엘처럼 되게 하기 위한 것입니다. 이스라엘을 제사장 삼는 사건이 이스라엘을 세계와 차별화를 만들어 내는 작업이 아니라 세계를 이스라엘과 동일화 만드는 작업이라는 것입니다. 이스라엘은 이미 복을 받은 자요 은혜를 받은 자입니다. 이제서야 제사장 나라와 거룩한 백성이 됨으로 특혜를 받고 차별화나 우열화가 이루어지는 것이 아니라 이미 벌써 먼저 은혜를 받아 구별되었고 복을 받아 차별화 되어 있습니다. 이제 이미 은혜를 받고 복을 받은 이스라엘이 제사장 나라와 거룩한 백성의 역할을 함으로 하나님께 속한 모든 세계가 다 이스라엘처럼 은혜를 받은 나라가 되게 하고 복을 받은 나라가 되게 하는 것입니다. 이스라엘이 제사장 나라와 거룩한 백성이 되어서 달라지는 것, 더 받는 것, 다른 나라나 민족보다 위대해 지는 것이란 없습니다.


## 선발대

단체로 등산을 가면 선발대가 있습니다. 등산에 참석한 모든 사람이 결국에는 동일한 목적지에 도달할 것입니다. 결국에는 똑같은 결과에 도달할 것입니다. 다만 선발대가 있어서 먼저 가는 것입니다. 선발대의 특혜는 멋진 광경을 먼저 보고 먼저 감탄하는 것입니다. 가면서 계속 감탄하여 뒤에 오는 사람들에게 자신들이 나아가는 길이 멋있고 정말 볼 만하다는 것을 알려주는 것입니다. 또 선발대의 역할은 뒤에 오는 본진도 할 수 있다는 것을 보여주는 것입니다. 선발대로 나간 사람도 동료 중의 하나이니 선발대가 갈 수 있다면 본진에 속한 사람들도 충분히 동일한 목적지에 도달할 수 있다는 것을 보여주는 것입니다. 선발대와 후발대의 최종적인 결과는 동일한 것입니다. 등산으로 하면 선발대요, 조금 속된 표현으로 하면 바람잡이나 앞잡이요, 종교적 표현으로 하면 제사장 나라와 거룩한 백성이라고 하는 것입니다.

식사할 때 시식이라는 것이 있습니다. 주방에서 요리하는 사람이 먼저 음식의 맛을 보는 것입니다. 음식을 준비한 주부와 식사에 초청받은 손님이 결국은 동일한 식탁에서 동일한 식사를 하고 식사를 한 결과 모든 사람이 동일하게 배가 부를 것입니다. 시식을 하는 사람이 특별한 존재가 아니요 시식을 하는 사람은 다른 식사대접을 받는 것이 아니요 시식을 하는 사람은 안 먹어도 배가 부른 것이 아닙니다. 시식하는 사람의 존재나 식사의 결과는 다른 사람과 전혀 다르지 않습니다. 유일하게 다른 점은 먼저 먹어본다는 것입니다. 분명히 다른 것 같지만 전혀 다르지 않습니다. 결국 모두가 다 똑같은 것을 먹을 것이고 결국 모두가 다 배부를 것이기 때문입니다.

### 특별한 책임 or 특별한 은혜

제사장 역할의 의미를 잘 설명한 것이 로마서에 이미 나옵니다. 로마서 3장 1, 2절 "그런즉 유대인의 나음이 무엇이며 할례의 유익이 무엇이냐? 범사에 많으니 우선은 그들이 하나님의 말씀을 맡았음이니라"입니다. 유대인만 하나님의 말씀을 받은 것이 아닙니다. 유대인의 관점에서 이방인인 저와 여러분도 하나님의 말씀을 받았습니다. 유대인도 받았고 이방인도 받았고 결국 하나님께 속한 모든 사람이 다 하나님의 말씀을 받았습니다. 유대인들은 자신들만 받아야 한다고 생각했습니다. 모든 사람이 다 받을 바에야 자신들이 하나님의 말씀을 받았다는 사실이 별 의미가 없다고 생각한 것입니다. 그러나 바울이 강조하는 것은 "유대인의 유익이 범사에 많으니 우선은 그들이 하나님의 말씀을 맡았음이니라"고 하는 것입니다. 결국에는 다 받았지만 먼저 받은 유대인의 유익이 있다는 것입니다. 유대인은 먼저 받는 특혜를 누렸고 결국 다 하나님을 알게 되었지만 유대인은 열 가지 이적을 직접 보았고 체험했다는 것입니다.

하나님의 일하심을 하나님의 관점에서 이해하실 줄 알아야 합니다. 이스라엘이 하나님의 제사장 나라요 거룩한 백성이 되는 것은 특별한 권리를 받는 것이 아니라 특별한 책임을 지는 것입니다. 왜냐하면 그 역할을 함으로 해서 받을 수 있는 또 다른 복과 은혜가 없기 때문입니다. 그러면 사람들은 아마 그 역할을 하고 싶어 하지 않을 것입니다. 그 일을 해 보았자 더 받을 것이 없다면 굳이 더할 이유가 무엇이냐고 생각할 것입니다. 그리고 하나님에게 그 일을 더 했다면 더 한만큼 상을 주어야 정당하고 공평하지 않느냐고 말할 것입니다. 일을 더 한자에게 더 수고한 자에게는 더 많은 상을 주어야 공평하다는 주장이 옳습니다. 하나님은 공평하게 행하는 분이기에 제사장 역할을 한 사람이 얻을 수 있는 더 큰 은혜 더 받을 상이 무엇인지 궁금하실 것입니다. 여기에서 사람들이 하나 놓치고 있는 것이 있습니다. 이미 이스라엘이 제사장 역할을 할 수 있는 존재가 되어있다는 사실입니다. 이미 이스라엘이 제사장 역할을 할 수 있는 존재가 되어 있다는 것이 더 받은 상이요 더 받은 복입니다. 이스라엘이 제사장 나라와 거룩한 백성이 되는 것은 특별한 권리를 받는 것이 아니라 책임을 지는 것은 이미 특별한 권리를 받았고 특별한 권리를 누리는 것입니다.

하나님의 일하심의 오묘함을 깨달으시기 바랍니다. 사람들은 자꾸 죄적 사고방식에 젖어 있어서 하나님의 일하심을 분별하지 못합니다. 자기가 이미 받은 은혜는 전혀 생각하지 않고 더 받을 은혜만 생각합니다. 또 자기는 아무 것도 하지 않은 채 은혜 받았다는 생각은 하지 않고 왜 다른 사람에게는 은혜를 주었느냐고 따집니다. 도리어 내가 받은 은혜를 잘 생각해보면 불평은 나오지 않고 오직 감사만 나오게 되어 있습니다. 하나님의 일하심은 차별과 우열을 나누는 것이 아니라 모든 사람이 같게 하려는 것입니다. 깊도다, 하나님의 지혜와 지식의 풍성함이여!!

## 내게로, 내게 대하여

모든 사람이 같아지게 하는 것이 목적이라고 하지만 특별한 역할을 갖는 사람이 다른 사람과 같다고 생각하기 보다는 다르다고 우월하다고 생각하기가 참 쉽습니다. 그런데 하나님의 일하심에는 다른 사람과 차별의식이나 우월의식을 갖는 것이 원천적으로 불가능하게 되어 있습니다. 4절 "내가 애굽 사람에게 어떻게 행하였음과 내가 어떻게 독수리 날개로 너희를 업어 내게로 인도하였음을 너희가 보았느니라"입니다. 출애굽을 말하면 사람들은 애굽에서 나왔다는 것과 가나안으로 들어가는 것을 생각합니다. 물론 외형적으로는 맞지만 내용적으로는 애굽에서 나온 것과 가나안에 들어가는 것은 전혀 중요하지 않습니다. 4절에서 가장 중요한 단어, 핵심 단어는 '내게로' 입니다. 하나님이 실제로 강조하고 싶은 내용은 '내가 너희를 내게로 인도하였다' 는 것입니다. 이스라엘의 특징은 애굽의 노예에서 자유인이 되었다는 것이 아닙니다. 땅도 없는 유랑민이었다가 가나안에서 지주가 되었다는 것이 아닙니다. 이스라엘의 특징은 하나님을 모르던 자, 하나님을 떠났던 자, 죄에 속하였던 자가 하나님께로 인도함 받은 사람들이라는 것입니다. 하나님을 아는 자로, 하나님의 백성으로, 하나님의 자녀가 되었다는 사실입니다. 그래서 하나님은 이스라엘에게 '내가 너희를 애굽으로, 가나안으로 인도했다'고 말씀하시는 것이 아니라 '내게로' 인도하셨다고 말씀하시는 것입니다.

이스라엘이 제사장 나라가 되거나 거룩한 백성이 되어도, 오늘날 목사가 되어도 사역자가 되어도 다른 사람과 차별의식이나 우월의식을 갖는 것이 원천적으로 불가능하게 되어 있습니다. 하나님께 쓰임 받는다고 할 때 차별과 우열이 생기는 이유는 사람을 향하여 일하기 때문 즉 사람을 대상으로 삼아 일한다고 생각하기 때문입니다. 목회자들이 교만한 이유는 자기가 교인들을 위하여 기도하고 교인들을 위하여 연구하고 교인들을 위하여 수고한다고 생각하기 때문입니다. 기독교의 선교가 세상에서 비판을 받는 이유가 기독교가 교만하고 기독교가 공격적이고 배타적이고 독단적이고 자기중심적으로 일하기 때문입니다. 그러나 실제적으로 하나님의 일을 감당함에는 절대로 교만과 우월의식이 존재할 수 없습니다. 제사장 나라의 역할을 한다면 누구를 대상으로 하는 지, 누구에게 보여주는 것인지를 잘 분별해야 합니다. 19장 6절 "너희가 내게 대하여 제사장 나라가 되며 거룩한 백성이 되리라"입니다. 종종 성도들은 자신들이 하나님의 제사장으로 부름 받았으니 이제 세상을 대상으로 사역하고 세상에게 자신들의 모습을 보여야 하는 것으로 오해하곤 합니다. 그러나 본문대로 하면 '내게 대하여' 즉 하나님을 향하여 제사장 역할을 감당하는 것입니다.

예를 들어보겠습니다. 요리사가 요리를 하고 어떤 사람이 시식을 합니다. 시식을 한 결과 너무나 맛이 있습니다. 시식을 한 사람은 음식의 맛을 전달할 방법이 없습니다. 식사를 기다리는 사람은 시식한 사람이 맛있어하는 표정과 맛있어하는 장면만 볼 뿐이지 그 맛을 알 수 있는 것은 아닙니다. 시식한 사람이 느끼는 맛을 알아보는 사람은 딱 한 사람

요리사입니다. 시식한 사람이 정작 반응을 보이는 것은 다른 사람에게
가 아니라 요리사에게 행하는 것입니다. 요리사와 시식자가 맛있어 하
는 모습을 보고 다른 사람이 먹고 싶어서 먹어 보면 그때는 셋이서 이야
기가 가능합니다. 그때에도 세 번째 사람이 음식의 맛을 맛있다고 말하
는 대상은 또 요리사입니다. 그래서 제사장 역할은 '내게 대하여' 즉 하
나님에게 행하는 것입니다.

저와 여러분은 이미 은혜 받은 자요, 복을 받은 자입니다. 하나님은
저와 여러분에게 먼저 은혜를 주시고 먼저 은혜 받은 저와 여러분이 제
사장 역할을 하도록 초청하시는 것입니다. 여러분의 제사장 역할과 거
룩한 백성은 하나님 앞에 사는 것이요 하나님과 교통하는 것이요 하나
님과 사귀는 것이요 하나님의 은혜를 누리는 것입니다. 받은 은혜를 아
시고 받은 역할을 아셔서 하나님의 복락들을 풍성히 누려 가시기를 주
님의 이름으로 축원합니다.

# 31

# 다 행하리이다

## 출애굽기 19 : 7 ~ 25

7 모세가 내려와서 백성의 장로들을 불러 여호와께서 자기에게 명령하신 그 모든 말씀을 그들 앞에 진술하니 8 백성이 일제히 응답하여 이르되 여호와께서 명령하신 대로 우리가 다 행하리이다 모세가 백성의 말을 여호와께 전하매 9 여호와께서 모세에게 이르시되 내가 빽빽한 구름 가운데서 네게 임함은 내가 너와 말하는 것을 백성들이 듣게 하며 또한 너를 영영히 믿게 하려 함이니라 모세가 백성의 말을 여호와께 아뢰었으므로 10 여호와께서 모세에게 이르시되 너는 백성들에게로 가서 오늘과 내일 그들을 성결하게 하며 그들에게 옷을 빨게 하고 11 준비하게 하여 셋째 날을 기다리게 하라 이는 셋째 날에 나 여호와가 온 백성의 목전에서 시내 산에 강림할 것임이니 12 너는 백성을 위하여 주위에 경계를 정하고 이를기를 너희는 삼가 산에 오르거나 그 경계를 침범하지 말지니 산을 침범하는 자는 반드시 죽임을 당할 것이라 13 그런 자에게는 손을 대지 말고 돌로 쳐죽이거나 화살로 쏘아 죽여야 하리니 짐승이나 사람을 막론하고 살아남지 못하리라 하고 나팔을 길게 불거든 산 앞에 이를 것이니라 하라 14 모세가 산에서 내려와 백성에게 이르러 백성을 성결하게 하니 그들이 자기 옷을 빨더라 15 모세가 백성에게 이르되 준비하여 셋째 날을 기다리고 여인을 가까지 하지 말라 하니라 16 셋째 날 아침에 우레와 번개와 빽빽한 구름이 산 위에 있고 나팔 소리가 매우 크게 들리니 진중에 있는 모든 백성이 다 떨더라 17 모세가 하나님을 맞으려고 백성을 거느리고 진에서 나오매 그들이 산 기슭에 서 있는데 18 시내 산에 연기가 자욱하니 여호와께서 불 가운데서 거기 강림하심이라 그 연기가 옹기 가마 연기같이 떠오르고 온 산이 크게 진동하며 19 나팔 소리가 점점 커질 때에 모세가 말한즉 하나님이 음성으로 대답하시더라 20 여호와께서 시내 산 곧 그 산 꼭대기에 강림하시고 모세를 그리로 부르시니 모세가 올라가매 21 여호와께서 모세에게 이르시되 내려가서 백성을 경고하라 백성이 밀고 들어와 나 여호와에게로 와서 보려고 하다가 많이 죽을까 하노라 22 또 여호와에게 가까이 하는 제사장들에게 그 몸을 성결히 하게 하라 나 여호와가 그들을 칠까 하노라 23 모세가 여호와께 아뢰되 주께서 우리에게 명령하여 이르시기를 산 주위에 경계를 세워 산을 거룩하게 하라 하셨사온즉 백성이 시내 산에 오르지 못하리이다 24 여호와께서 그에게 이르시되 가라 너는 내려가서 아론과 함께 올라오고 제사

장들과 백성에게는 경계를 넘어 나 여호와에게로 올라오지 못하게 하라 내가 그들을 칠까
하노라 25 모세가 백성에게 내려가서 그들에게 알리니라

# 하나님의 무조건적 계약

## 하나님의 일

하나님과 인간의 관계에서 언제나 일하시는 분은 하나님이십니다.
강자와 약자 사이에는 강자가 일해야 하고, 아는 자와 모르는 자 사이에
는 아는 자가 일해야 하고, 가진 자와 없는 자 사이에는 가진 자가 일해
야 합니다. 하나님이 인간보다 강하시고 하나님이 인간보다 많이 아시
고 하나님이 인간보다 가지신 것이 많기 때문에 하나님이 일하시는 것
입니다. 당연히 하나님은 은혜를 베푸시는 것이고, 인간은 은혜를 받는
것입니다. 간혹 사람들은 하나님은 계속 은혜를 베푸시고 인간은 계속
은혜를 받는다는 사실을 싫어합니다. 왜냐하면 인간이 너무 무기력하다
거나, 하나님이 주도권을 쥐고, 인간이 하나님에게 약해질 수밖에 없고
결국엔 하나님의 종으로 전락될 것이 뻔하다고 생각합니다. 충분히 그
렇게 생각할 수 있습니다. 왜냐하면 사람들은 그렇게 행동하는 경우가
많이 있기 때문입니다. 만약 은혜를 베푸시는 하나님이 강퍅한 태도를
보이거나 인간을 비하하는 행위를 하시면 인간이 열등감을 느끼거나 굴
욕감을 느낄 수 있습니다. 그러나 하나님은 인격적인 분으로서 은혜를
베푸신다는 명분으로 인간의 약점을 노출시키고 모욕을 당하게 하시는
분이 아닙니다.

성경에 나타난 하나님의 일하심을 보면 하나님은 절대로 은혜를 주
는 것으로 인간을 지배하신 적이 없습니다. 이스라엘이 하나님께 부르
심을 받은 이후로 이스라엘은 하나님을 위하여 단 한 가지도 행한 것이
없습니다. 모든 것을 하나님이 행하셨습니다. 하나님이 아브람을 부르

셨고 약속을 하셨습니다. 하나님이 아브람과 이삭과 야곱에게 아들을 주셨습니다. 하나님이 기근에 찬 이스라엘을 살려주셨습니다. 하나님이 애굽에서 울부짖는 이스라엘의 소리를 들으셨습니다. 하나님이 열 번의 이적과 계시를 행하셨습니다. 하나님이 출애굽을 시켜주셨고, 하나님이 홍해를 건너게 하셨고, 하나님이 먹을 물을 주셨고, 하나님이 만나와 메추라기를 주셨고, 하나님이 전쟁에서 승리하게 해 주셨습니다. 모두 하나님이 하셨습니다. 기독교는 하나님이 계신 종교요 기독교의 하나님은 살아계신 하나님이시오, 살아계신 하나님은 일하시는 분이십니다. 그래서 기독교의 하나님은 언제나 먼저 열심히 인간을 위해 일하시는 것입니다. 하나님이 은혜를 주시는 것입니다.

## 이미 은혜를 받았다

출애굽기 19장부터 24장까지를 하나님의 언약 또는 계약이라고 합니다. 19장에서 계약 조건이 제시되고 20장부터 23장까지 조건적 내용이 제시되고 24장에서 다시 하나님이 계약을 맺는 장면이 이어지고 있습니다. 물론 형식은 계약적으로 되어있지만 내용은 전혀 그렇지 않습니다. 5절을 보면 하나님이 이스라엘과 계약을 맺으시는 장면이 나옵니다. "세계가 다 내게 속하였나니 너희가 내 말을 잘 듣고 내 언약을 지키면 너희는 모든 민족 중에서 내 소유가 되겠고 너희가 내게 대하여 제사장 나라가 되며 거룩한 백성이 되리라"입니다. 사람들은 이런 구절을 읽으면 열에 아홉은 오해를 합니다. 하나님이 인간에게 조건을 제시했다고 생각하는 것입니다. 하나님이 인간과 거래를 했는데 하나님이 제시한 것은 제사장 나라와 거룩한 백성이 되는 것이고 이것을 위해 요구한 조건이 "내 말을 잘 듣고 내 언약을 지키는 것"이었다고 오해를 하는 것입니다. 성경에는 문자적으로 볼 때에 조건적으로 표현된 구절이 매우 많습니다. 이런 표현을 전부 조건이라고 생각하는 것은 성경을 너무 수박

겉핥기식으로 대하는 것입니다. 신약에서도 요한복음 13장 35절에 "너희가 서로 사랑하면 이로써 모든 사람이 너희가 내 제자인 줄 알리라"는 표현이 나옵니다. 많은 성도들이 이 말씀을 제자가 되는 조건이라고 생각합니다. 그렇게 조건이라고 생각하기에 하나님과 인간이 상호 준수해야할 사항이 있는 동등한 계약을 맺었다고 생각할 뿐 하나님이 인간에게 은혜를 주셨다고 생각하지 않습니다. 이런 오해에 자꾸 빠져드는 이유는 성경을 순서적으로 이해하지 않고 앞뒤를 단절시키기 때문입니다.

출애굽기 19장은 독립된 장면이 아니라 출애굽기 1장부터 18장을 거쳐 온 19장입니다. 앞 뒤 없이 분리해서 19장만 보면 당연히 하나님이 인간과 거래를 하는 것처럼 보입니다. 그러나 전혀 거래가 아니고 전혀 조건이 아닙니다. 계약이 되려면 서로 아무 거래가 없는 상태에서 이제 계약을 맺고 계약조건의 성사여부에 따라 결과가 진행되어야 하는 것입니다. 만약 하나님이 인간과 거래적으로 계약을 하시려면 아브람을 부르실 때 하든지, 아니면 모세를 애굽에 보낼 때 바로에게가 아니라 먼저 이스라엘에게 보내서 이 조건부터 제시하셨어야 합니다. 그리고 이스라엘이 이 조건을 수락하고 합당한 일을 하면 그때사 출애굽을 시켰어야 합니다.

그런데 이스라엘은 창세기 12장부터 출애굽기 18장까지 계속하여 하나님의 은혜를 받았다는 것을 기억하셔야 합니다. 이스라엘은 하나님을 향하여 단 한 가지도 행한 것이 없고, 오직 하나님만이 계속하여 이스라엘에게 은혜를 주셨다는 것입니다. 이미 하나님과 이스라엘은 거래니 계약이니 조건이니 자격을 운운할 수 없습니다. 왜냐하면 이스라엘이 이미 엄청난, 수많은, 헤아릴 수 없는 은혜를 받은 상태이기 때문입니다. 하나님이 모세를 애굽에 보낼 때 이미 모든 결과는 다 예견되어 있었습니다. 이스라엘을 향하여 내 백성이다, 내 아들이다, 내 자녀라고 선언하셨습니다. 더 이상이 필요한 것이 없습니다. 하나님의 백성이 된 것과 제사장 나라가 되는 것 중에 더 중요한 것은 당연히 하나님의 백성이 되는 것입니다. 그런데 이미 하나님께서 이스라엘은 하나님의 백성이라고 선언하셨습니다. 또 하나님의 아들이 된 것과 제사장 나라가 되는 것 중에 더 중요한 것은 당연히 하나님의 아들이 되는 것입니다. 그런데 하나님은 이미 이스라엘은 하나님의 자녀요 아들이라고 선언하셨습니다. 이미 하나님의 백성과 하나님의 자녀라는 가장 중요한 존재가 되어있는 이스라엘에게 제사장 나라라는 역할은 비교가 되지 않는 것입니다. 더욱 귀한 것을 이미 소유한 존재에게 적절할 역할을 맡기는 것은 조건이 아니고 거래가 아닙니다.

### 조건이 없다

하나님의 계약에서 사람들이 조건이라고 생각하는 것을 살펴보겠습니다. 19장 5절 "너희가 내 말을 잘 듣고 내 언약을 지키면"입니다. 이것을 하나님이 조건으로 제시하고 특정 명령을 내리는 것처럼 생각하시면 안 됩니다. 만약 조건이라면 첫째는 "내 말을 잘 듣고"를 준수해야 하는데 지금까지의 경우를 확인해보면 이스라엘이 하나님의 말씀을 잘 들어야 하는데 하나님이 하신 말씀이 유월절에는 양을 잡아서 죽음을 면하라는 것이었고, 홍해 앞에서는 14장 13절 "너희는 두려워하지 말고 가만히 서서 여호와께서 오늘 너희를 위하여 행하시는 구원을 보라"는 것이었고, 만나를 주실 때에는 16장 16절 "너희 각 사람은 먹을 만큼만 이것을 거둘지니 곧 너희 사람 수효대로 한 사람에 한 오멜 씩 거두되 각 사람이 그의 장막에 있는 자들을 위하여 거둘지니라"이었습니다. 이런 말씀을 조건이라고 하지 않습니다. 이렇게 말씀하시고 이런 말씀을 순종하는 것을 계약이라고 하지 않습니다. 또 20장부터 나오는 말씀도 잘 분별해야 합니다. 20장부터 주어지는 하나님의 계명도 매우 간단한 것들입니다. 첫째, 다른 신을 섬기지 말라. 둘째, 형상을 말라. 셋째, 여호와의 이름을 망령되이 부르지 말라. 넷째, 안식일을 지키라. 이런 것은 조건이 아닙니다.

19장 5절이 만약 조건이라면 "내 언약을 지키면"을 준수해야 합니다. 언약을 맺으면 당연히 지켜야 합니다. 하나님과 인간 사이에 맺은 언약을 지켜야 하는 당사자는 인간이 아니라 하나님입니다. 창세기 9장에서 하나님이 노아와 언약을 맺으셨습니다. 9장 9절 "내가 내 언약을"이고 16절 "무지개가 구름 사이에 있으리니 내가 보고 나 하나님과 모든 육체를 가진 땅의 모든 생물 사이의 영원한 언약을 기억하리라"입니다. 하나님의 언약이요 하나님이 보시고 하나님이 기억하리라고 말씀하셨습니다. 창세기 15장에서 하나님이 아브람과 언약을 맺으셨을 때에도 15장 17절 "해가 져서 어두울 때에 연기 나는 화로가 보이며 타는 횃불이 쪼갠 고기 사이로 지나더라"로 하나님만 제물을 건너가 언약을 지켜야할 책임을 지십니다. 하나님과 인간, 하나님과 이스라엘이 맺은 언약에서 언제나 언약을 지키셔야 하는 분은 오직 한 분 하나님뿐이십니다. 이스라엘이 할 일은 하나님의 일하시는 결과를 누리는 것뿐입니다. 어느 측면에서 보더라고 이것은 하나님과 인간의 거래가 아니고 조건이 아니고 계약이 아닙니다.

하나님의 말씀을 이해하시려면 하나님을 알아야 합니다. 하나님이라는 분의 성품, 하나님이라는 분의 속성, 하나님이라는 분의 마음, 하나님이라는 분의 일하시는 원리를 알아야 하나님의 말씀이 무엇을 의도하는지를 알 수 있는 것입니다. 하나님의 말씀은 그냥 말이 아니고, 표현양식에 나타나는 대로 조건이나 계약이 아니고 주로 선포인 것입니다. 선포란 하나님이 하시겠다는 선언, 하나님이 하실 일의 선언인 것입니다.

### 성경적 표현

계약의 결과를 가지고 조건여부를 역으로 확인해 보겠습니다. 결과적으로 이스라엘 백성이 제사장 나라와 거룩한 백성이 됩니다. 그런데 이스라엘은 출애굽부터 가나안에 입성하는 순간까지 하나님의 말씀을 지독시리 안 들었습니다. 만약 19장 5, 6절이 조건이었다면 이스라엘은 제사장 나라나 거룩한 백성이 당연히 못 되었어야 하는데 실제로는 제사장 나라와 거룩한 백성이 되었습니다. 또 제사장 나라와 거룩한 백성이 된 후에도 그 역할을 무지무지 못했습니다. 그럼에도 불구하고 제사장 나라와 거룩한 백성 된 것이 취소된 적이 없습니다. 하나님이 이스라엘을 포기하거나 버리신 적이 없습니다. 아브람이 부름 받은 순간부터 지금까지도 이스라엘은 하나님의 말씀을 잘 들은 적이 거의 없습니다. 그런데도 그들은 여전히 제사장 나라요 거룩한 백성이고, 로마서 9장부터 11장에 나오는 바울의 설명에 의하면 결코 이스라엘은 버림받지 아니하고 기어코 이스라엘은 하나님의 자녀로 회복된다고 선언하고 있습니다. 어떤 근거로도 하나님이 인간에게 조건을 제시하시고 인간의 조건 성취여부에 따라 계약이 성립된다고 말할 수 없으며, 인간의 행동에 따라 하나님의 일하심이 달라지지 않습니다.

하나님의 말씀을 기록한 성경적 표현의 의미를 이해하기 위해서 부모와 자녀의 대화를 예로 들어보겠습니다. 부모가 아침에 자고 있는 자녀들을 향해 일어나라고 말합니다. 아침이 되어서 당연히 일어나야 할 시간이기에 자녀가 일어납니다. 그때 부모가 하는 말이 '아이고 착한 우리 아들 일어났구나!' 입니다. 아침에 학교가기 위해서 일어난 것은 착한 일이 아니라 당연한 일인데도 부모는 착하다고 말을 하는 것입니다. 침대 끝에 앉아 눈을 비비고 있는 자녀를 향해 얼른 씻으라고 합니다. 자녀가 겨우 겨우 세면장에 가서 세수를 합니다. 이때에도 부모가 하는 말이 '아이고 착한 우리 아들 아주 미남이네!' 입니다. 자고 일어나 비몽사몽일 때 정신 차리기 위해 세수 하는 것은 착한 일이 아니라 당연한 일인에도 부모는 착하다고 말을 하는 것입니다. 자녀가 세면을 끝내고 나와 보면 식탁에 이미 밥상이 차려 있습니다. 식탁에 앉은 자녀에게 밥 먹으라고 합니다. 자녀는 배가 고파서 밥을 먹습니다. 이때에도 부모가 하는 말이 '아이고, 착한 우리 딸 밥도 잘 먹네!' 입니다. 배고파서 밥 먹는 것은 착한 일이 아니라 당연한 일인에도 부모는 착하다고 말을 하는 것입니다. 마지막에 부모가 한마디 더 합니다. '우리 애들은 어쩜 이리 부모 말을 잘 들을까! 효자야 효자' 입니다. 부모가 아이에게 힘든 것을 시킨 적이 없고 도리어 부모가 다 해 준 것입니다. 부모가 잠자리 제공했고 세면장 제공했고 아침 식사 대령했습니다. 자식은 그냥 은혜를 입은 것이고 은혜를 누리고 있을 뿐입니다. 그런데 모든 칭찬은 자녀가 다 받는 것입니다. 이것이 부모의 심정이요 부모의 표현입니다. 그런데 이러한 부모의 원조, 이러한 모습의 기원, 이러한 모습보다 열배는 더 간절한 마음을 가지신 분이 하나님이십니다. 부모와 자녀의 대화에서 부모의 마음을 이해하시듯 하나님과 인간의 대화를 기록한 성경의 표현들에서 하나님의 마음을 이해하셔야 합니다.

## 이스라엘의 반응

19장 5절과 6절에서 하나님이 말씀을 하시자 이스라엘의 반응이 나오는 것이 8절 "백성이 일제히 응답하여 이르되 여호와께서 명령하신 대로 우리가 다 행하리이다"입니다. 이스라엘의 반응의 의미를 이해하기 위해 구약의 다른 장면들 중에 세 장면만 비교해 보겠습니다. 첫째는 하나님과 아브람이 대화하는 장면입니다. 창세기 12장에서 하나님이 아브람을 부르시고 약속을 해 주실 때 아브람은 아무 말도 안 합니다. 아브람이 하나님의 위엄에 눌리거나 하나님이 두렵기 때문이거나 하나님 앞에 말대꾸 했다가는 혼날까봐 가만히 있는 것이 아닙니다. 아브람이 가만히 있는 이유, 아무 말도 하지 않는 이유는 하나님이 약속하시는 말씀을 들어보니 자신이 손해 볼 것이 하나도 없기 때문입니다. 하나님이 복을 주시겠다고 말씀 하시니 고맙고 또 하나님이 아들을 주시고 민족을 주시고 후손을 하늘의 별과 같이 바다의 모래같이 많게 하시겠다고 하니 이것 또한 고맙고, 게다가 그 민족들이 편안히 먹고 살 수 있는 땅을 주시겠다고 하니 이 또한 너무나 고마운 일입니다. 아브람이 달리 할 말이 없고 이럴 때는 아무 말 하지 않는 것이 최고입니다. 괜히 이것저것 따져 묻다가 하나라도 취소되거나 변경되면 아브람만 손해나니까 가만히 있는 것이 상책입니다. 하나님과 아브람과의 약속에서 일하셔야 하는 분은 하나님입니다. 이때 아브람이 왜 하나님이 다 주신다고만 하고 자기에게는 아무 것도 요구하지 않을까 의심하거나 혹시 이것을 통해 하나님이 자신을 하나님 마음대로 지배하고 통치하려는 수작이 아닐까 걱정하지 않습니다.

두 번째가 하나님과 모세가 만나는 장면입니다. 하나님이 모세에게 말씀하실 때 모세는 순종하지 않고 하나님의 말씀을 들으려 하지 않습니다. 모세는 하나님의 말씀을 오해하여 하나님이 하시는 말씀을 하나님이 일하시겠다고 들은 것이 아니라 자기에게 일 하라는 것으로 착각한 것입니다. 이렇게 오해하였으니 당연히 안하겠다고 아니 못하겠다고 버틴 것입니다. 하나님이 하시겠다는 것을 자기가 하려고 생각하니 너무 벅차고 어렵고 힘든 일이라고 생각한 것입니다. 결국 하나님이 모세에게 하나님이 하실 것이라고, 하나님이 이루실 것이라고 설명을 하십니다. 그제서야 모세가 갑니다. 안 가겠다고 버티던 모세가 가는 이유는 하나님의 설명을 들어보니 자기가 손해 볼 것이 하나도 없기 때문입니다.

세 번째가 바로 출 19장입니다. 하나님과 이스라엘이 약속을 맺을 때 이스라엘은 쉽게 응답하여 "여호와께서 명령하신 대로 우리가 다 행하리이다"라고 말합니다. 이스라엘이 즉각적으로 이렇게 대답하는 이유는 하나님의 말씀에 자신들이 손해 볼 것이 없다는 것입니다. 이제 이스라엘은 경험을 해서 아는 것입니다. 하나님이 하시는 말씀 중에 자신들이 해야 하는 일은 없고 하나님이 하시는 말씀 중에 자신들이 못할 일은 없다는 것입니다. 그 동안 하나님이 자신들에게 시키신 일들이 기껏해야 가만히 있으라, 마른 땅으로 지나가라, 맛있게 먹으라 등이었습니다. 출애굽기 20장 이하에서 율법을 들은 다음에도 동일한 반응이었습니다. 24장 3절 "모세가 와서 여호와의 모든 말씀과 그의 모든 율례를 백성에게 전하매 그들이 한 소리로 응답하여 이르되 여호와께서 말씀하신 모든 것을 우리가 준행하리이다"입니다. 이스라엘이 자신있게 대답한 이유는 자신들에게 손해나는 일이 없고 힘들고 어려운 일이 없었기 때문입니다. 기독교는 하나님이 일하시는 종교입니다. 하나님의 일하심은 전적으로 인간을 위해 주시는 것입니다. 그리고 인간을 위해 일해주시는 것은 전적으로 은혜입니다. 은혜 받은 자가 할 일은 그냥 은혜를 누리고 사는 것입니다. 이렇게 은혜를 누리고 사는 모습 자체가 사역이 되는 것입니다. 하나님을 아시고, 하나님의 말씀이 인간을 위한 것임을 아셔서 하나님의 은혜를 풍성히 누리시기 바랍니다.

## 왜 정결을 요청하는가?

### 하나님의 요구

하나님이 이스라엘과 계약을 맺으시면서 세 가지 요구하시는 것이 있습니다. 10절 "여호와께서 모세에게 이르시되 너는 백성에게로 가서 오늘과 내일 그들을 성결하게 하며 그들에게 옷을 빨게 하고 준비하게 하여 셋째 날을 기다리게 하라" 즉 백성이 성결할 것을 요구하십니다. 또 12절 "너는 백성을 위하여 주위에 경계를 정하고 이르기를 너희는 삼가 산에 오르거나 그 경계를 침범하지 말지니" 즉 산에 오르지 말라고 하십니다. 또 15절 "모세가 백성에게 이르되 준비하여 셋째 날을 기다리고 여인을 가까이 하지 말라 하니라"입니다.

하나님이 백성에게 성결하라고 옷을 빨라고 하십니다. 하나님도 냄새나는 인간을 싫어하십니까? 하나님이 이방신들과 같습니까? 그래서 하나님 앞에 나아갈 때에는 목욕재계를 해야 합니까? 옷은 그냥 빨아 입으면 됩니까? 더러운 옷만 아니면 빨기만 하면 아무 옷이나 다 괜찮다는 것입니까? 그 동안은 이런 것 없었잖습니까? 아브람에게 이삭에게 야곱에게 요셉에게 모세에게 이런 것 요구하신 적 없으셨잖아요? 여자를 가까지 하지 말라고요? 하나님도 여자 알레르기가 있으십니까? 하나님도 남성 우월주의자이십니까? 하나님도 암탉이 울면 재수가 없다고 생각하시는 것입니까? 여자가 엮이면 부정 탑니까? 산에 올라오지 말라고요? 12, 13절 "산을 침범하는 자는 반드시 죽임을 당할 것이라. 그런 자에게는 손을 대지 말고 돌로 쳐 죽이거나 화살로 쏘아 죽여야 하리니 짐승이나 사람을 막론하고 살아남지 못하리라"니 너무 잔인한 것 아닌가요? 21절 "여호와께서 모세에게 이르시되 내려가서 백성을 경고하라. 백성이 밀고 들어와 나 여호와에게로 와서 보려고 하다가 많이 죽을까 하노라"고 하시니 왜 이런 말씀이 나올까요? 하나님은 왜 그 동안 행하시는 모습과 다르게 말씀하실까요?

### 백성의 상태

하나님의 일하심이 성경 여기저기에서 서로 다르게 등장하는 경우들이 많이 있습니다. 이런 모습에 근거해서 하나님이 이랬다저랬다 하신다고 생각하시면 안 됩니다. 하나님이 다르게 일하시는 이유는 하나님이 다중 인격자이시거나 하나님이 변화무쌍하시기 때문이 아니라 전적으로 인간에게 맞추어 일하시기 때문입니다. 세상에서 가장 답답한 사람이 원칙주의자입니다. 원칙주의자는 타협이 없고 융통성이 없고 아주 빡빡합니다. 원칙주의자는 원칙을 강조하는 사람이기에 융통성이 없다고 핀잔을 주면 안 됩니다. 그런데 중요한 핵심은 원칙을 지키자는 게 아니라 그가 지키려는 원칙이 무엇이냐는 것입니다. 하나님은 최고의 원칙주의자이십니다. 하나님은 고지식하고 꽉 막히고 융통성을 부리시면 안 되고 도무지 타협이 안 되어야 한다고 생각을 합니다. 하나님은 지독한 골수 원칙주의자이신데 하나님이 철저히 간직하는 원칙이 인간을 행복하게 해야 한다는 것입니다. 죄인 된 인간에게 하나님을 알게 해서 인간이 하나님의 은혜와 복을 누리면서 행복하게 살게 해야 한다는 것입니다.

출애굽기 19장에서 하나님이 이스라엘에게 요구하신 내용이 하나님적인 것이 아니라 지극히 이방적인 방식이라는 것입니다. 백성이 성결하고 옷을 빠는 것, 산에 올라오지 못하게 하는 것, 여인을 가까이 하지 말 것 등은 하나님과는 아무 상관이 없는 것인데 지금 백성에게 요구하시고 계시다는 것입니다. 우리나라에서 예전에 심메마니들이 산삼캐러 가기 전에 하는 방식도 똑같습니다. 동서양의 무속신앙이 행하는 방식과 유사합니다. 하나님이 이렇게 행하시는 것은 하나님도 이런 것이 필요하기 때문이 아닙니다. 본문에 나타나는 상황은 하나님에게 필요한 것이 아니라 백성의 상태가 그것이 요구되는 상태이기 때문이라는 것입니다. 하나님이 원칙도 없이 이랬다저랬다 하는 것이 아니라 하나님이 인간을 행복하게 하고 인간에게 하나님을 알게 하신다는 원칙을 위해서 인간의 상태에 맞추어 일하시는 모습이라는 것입니다. 출애굽기 19장에 나타난 이스라엘은 애굽적 종교인식에 젖어있습니다. 출애굽부터 하나님에 대한 계시가 나타나고 있지만 아직도 애굽적 종교인식의 틀을 벗어나지 못하고 있습니다. 그렇다면 이스라엘 백성의 수준에 맞추어 주면서 내용을 점차적으로 교정해 나가야 합니다. 인식할 수 있는 능력이 없는 자에게 인식할 수 없는 내용을 줄 수 없습니다. 그 사람이 가지고 있는 인식능력에 맞추어 그 내용이 주어지는 것입니다.

## 인식을 위한 요구

하나님께서 백성에게 정결하라, 옷을 빨아라, 여자를 가까이 하지 말라고 요구하셨습니다. 만약 이런 준비를 시켜주지 않으면 이스라엘은 자기들에게 무슨 변화가 일어나고 있는지를 인식하지 못합니다. 그냥 늘상하던대로 하고, 입던 대로 입고 있는데 하나님이 너는 하나님의 제사장 나라요 거룩한 백성이 되었다고 하면 그 가치를 알지 못합니다. 자기들이 몸을 깨끗이 하면서 준비하는 태도를 보이고, 옷을 빨면서 정성을 들이고, 여자를 멀리하면서 뭔가 금욕을 하고 절제 하는듯한 모습을 보여야 자기들에게 무슨 일이 일어나는 지를 실감하기 때문입니다. 이렇지 않고도 알아야 훨씬 좋은 것인데 못 알아들으니까 이렇게라도 하는 것입니다.

하나님은 이스라엘에게 산에 오르지 말라고 요구하십니다. 백성들이 산에 오르면 하나님의 모습이 백일하게 드러나게 될까 걱정이 되기 때문이 아닙니다. 16절 "셋째 날 아침에 우레와 번개와 **빽빽한** 구름이 산 위에 있고 나팔 소리가 매우 크게 드리니 진중에 있는 모든 백성이 다 떨더라"입니다. 이 표현이 아주 재미있는 것입니다. 그 동안은 하나님이 백성과 떨어져 있던 것이 아닙니다. 그 동안은 하나님이 백성들에게 나타나지 않았던 것이 아닙니다. 그런데 그 동안은 백성들이 떨었다는 말이 없었습니다. 왜냐하면 하나님이 이미 벌써 자신들과 동행하고 있다는 사실을 모르고 있는 것입니다. 하나님이 동행하고 있다는 사실을 모르기에 전혀 놀래거나 두려워하지 않다가 갑자기 우레와 번개와 구름이 나타나니까 그제사 놀래고 실감하는 것입니다. 놀랜 백성이 행할 다음 행동은 산에 올라가는 것입니다. 21절 "여호와께서 모세에게 이르시되 내려가서 백성을 경고하라. 백성이 밀고 들어와 나 여호와에게로 와서 보려고 하다가 많이 죽을까 하노라"입니다. 백성들이 산에 올라가는 이유는 여호와를 보려는 것입니다. 백성들이 여호와를 보려는 이유는 저들의 인식에는 신이 형상이 있는 것이기 때문입니다. 그 동안도 하나님이 함께 계셨지만 알지 못하다가 신의 임재 현상 즉 우레, 번개, 구름이 나타나니까 신이 임재 했다고 느끼는 것이고, 신이 임재 했다고 생각하니까 산에 올라 신의 형상을 보고 싶은 것입니다. 이때 하나님은 그 백성을 막아야 합니다. 왜냐하면 백성들에게 하나님을 알게 하기 위해서입니다.

물론 백성들이 산에 올라가도 하나님을 보지 못합니다. 어차피 하나님은 형상이 없기 때문입니다. 그런데 백성들이 산에 올라와서 구름 속에 들어가 보면 정작 산꼭대기에는 구름만 있지 아무 것도 없습니다. 그때 이스라엘 백성들이 하나님은 애굽신과 달리 형상이 없으신 존재요 진정한 신이라고 생각하는 것이 아니라 산에 아무 형상도 없는 것을 보고 하나님이 존재하지 않는다고 생각하고 하나님의 약속도 아무 의미가 없다고 생각하고 자신들이 속았다고 생각할 것입니다. 이스라엘 백성들은 아직 애굽의 종교인식을 벗어나지 못하였고 하나님적 신앙인식을 충분하게 배우지 못한 상태이기 때문입니다. 그래서 하나님은 하나님과 아무런 상관이 없는 것을 행하시는 것입니다. 정결하게 하라, 여자를 가까이 하지 마라, 산에 오르지 마라 등은 하나님의 원래 의도와는 아무런 상관이 없습니다. 이런 구절을 근거로 해서 주님께 나올 때에는 정결해야 한다, 강단에 함부로 올라가면 죽는다고 말을 하면 성경을 오해하는 것이며 신앙을 코메디로 만드는 것이 되어버립니다. 하나님이 아브라함의 시대의 문화를 사용하십니다. 모세 시대의 종교 양식을 사용하십니다. 그러나 분명하게 차별화를 만들어 냅니다. 어느 부분은 차별화 시키고 어느 부분은 상황화를 시키는가를 이해하셔야 합니다. 하나님의 원칙은 차별화냐 상황화냐가 아니라 인간을 행복하게 만드는 것, 인간에게 하나님을 알리시는 것입니다. 하나님의 인간 사랑을 아시고, 하나님이 베풀어주신 은혜를 아셔서 삶 속에 하나님의 복락을 풍성히 누리시기를 주님의 이름으로 축원합니다.

# 열 마디 말씀

## 출애굽기 20 : 1 ~ 17

1 하나님이 이 모든 말씀으로 말씀하여 이르시되 2 나는 너를 애굽 땅, 종 되었던 집에서 인도하여 낸 네 하나님 여호와니라 3 너는 나 외에는 다른 신들을 네게 두지 말라 4 너를 위하여 새긴 우상을 만들지 말고 또 위로 하늘에 있는 것이나 아래로 땅에 있는 것이나 땅 아래 물 속에 있는 것의 어떤 형상도 만들지 말며 5 그것들에게 절하지 말며 그것들을 섬기지 말라 나 네 하나님 여호와는 질투하는 하나님인즉 나를 미워하는 자의 죄를 갚되 아버지로부터 아들에게로 삼사 대까지 이르게 하거니와 6 나를 사랑하고 내 계명을 지키는 자에게는 천 대까지 은혜를 베푸느니라 7 너는 네 하나님 여호와의 이름을 망령되게 부르지 말라 여호와는 그의 이름을 망령되게 부르는 자를 죄 없다 하지 아니하리라 8 안식일을 기억하여 거룩하게 지키라 9 엿새 동안은 힘써 네 모든 일을 행할 것이나 10 일곱째 날은 네 하나님 여호와의 안식일인즉 너나 네 아들이나 네 딸이나 네 남종이나 네 여종이나 네 가축이나 네 문안에 머무는 객이라도 아무 일도 하지 말라 11 이는 엿새 동안에 나 여호와가 하늘과 땅과 바다와 그 가운데 모든 것을 만들고 일곱째 날에 쉬었음이라 그러므로 나 여호와가 안식일을 복되게 하여 그 날을 거룩하게 하였느니라 12 네 부모를 공경하라 그리하면 네 하나님 여호와가 네게 준 땅에서 네 생명이 길리라 13 살인하지 말라 14 간음하지 말라 15 도둑질하지 말라 16 네 이웃에 대하여 거짓 증거하지 말라 17 네 이웃의 집을 탐내지 말라 네 이웃의 아내나 그의 남종이나 그의 여종이나 그의 소나 그의 나귀나 무릇 네 이웃의 소유를 탐내지 말라

## 나는 여호와니라

### 순서를 생각하라

사람이 말을 잘한다는 것은 얼마나 빨리 말하느냐 또는 얼마나 유창

하게 말하느냐를 의미하지 않습니다. 빨리, 많이 말하는 것을 칭찬하는 것은 이제 막 말을 배우기 시작하는 어린이에게나 행하는 것으로 말을 더 배우도록 독려하기 위해서 하는 것입니다. 이미 말을 할 줄 아는 성인에게 빨리 말하는 것이나 많이 말하는 것을 말 잘한다고 하지 않습니다. 간혹 성인에게 말을 잘한다고 하는 것은 칭찬이기보다는 조롱일 경우가 많습니다. 비 그리스도인들이 그리스도인들을 향해 예수쟁이들은 말은 잘한다고 하는 경우와 같습니다. 정말로 성인들에게 참 말을 잘한다고 칭찬을 하는 경우는 대부분 말하는 시점이 적절했을 경우와 말하는 핵심을 잘 강조했을 경우입니다. 아무리 좋은 말도 때와 장소에 맞지 않으면 안 됩니다. 맞는 말이지만 때와 장소가 맞지 않으면 아주 엉뚱한 말이 되어버리고 말하는 사람이 어리석은 사람이 되어버립니다. 정작 당사자는 자신이 행한 말만 생각하여 틀린 말을 하지 않았다고 항변하는 경우 그렇게 말하는 것 자체가 이미 적절하지 못한 말을 한 것입니다. 또 말을 잘하는 것은 말의 강조점을 정확하게 표현하는 것입니다. 기껏 말해야하는 소중한 순간까지 기다렸는데 정작 말하는 자가 횡설수설하거나 장황하여 핵심을 놓치면 이 또한 쓸데없는 말이나 무익한 말이 되어버리는 것입니다. 내가 말을 할 때에 말하는 시점과 말의 핵심을 정확하게 전달하여야 하는 것처럼 반대로 내가 말을 들을 때에도 상대가 말하는 시점과 상대가 하는 말의 핵심을 정확히 파악해야 합니다. 또한 글을 읽을 때에도 내가 읽는 부분이 전체에서 어느 시점에 해당하는 글인지, 내가 읽는 글의 핵심 요지는 무엇인지를 잘 분별해 내야 합니다.

본문은 출애굽기 20장으로 아마도 구약에서 가장 유명한 내용이 담긴 부분입니다. 이렇게 유명한 구절을 이해하는데 최대 약점은 유명한 내용에 집중한다는 것입니다. 즉 유명한 구절 자체에 집중하다보니 그 구절이 등장하게 된 이유와 목적 또는 그 구절이 등장하는 시점의 중요성을 놓친다는 것입니다. 만약 십계명을 따로 떼어내면 십계명은 전혀 다른 의미가 되어 버립니다. 성경은 출애굽기 20장을 말하려고 자그만치 출애굽기 1장부터 19장까지의 공을 들였습니다. 출애굽기 1장부터 19장까지가 20장을 말하려고 준비해온 사전작업이요 서문이라고 할 수 있습니다. 그러므로 1장부터 19장을 잘 이해하며 읽어왔다면 20장은 편안하게 그리고 정확하게 이해할 수 있는 것입니다.

## 각 종교의 계명들

20장 1, 2절 "하나님이 이 모든 말씀으로 말씀하여 이르시되 나는 너를 애굽 땅, 종 되었던 집에서 인도하여 낸 네 하나님 여호와니라"입니다. 이 두 구절이 바로 출애굽기 1장부터 19장까지를 요약하는 표현입니다. 3절 이하의 말씀은 1, 2절이 없으면 그 의미가 정확하게 표현될 수 없으며 강조될 수 없습니다. 십계명을 출애굽기에서 20장에 위치하였다는 사실을 기반으로 하지 않고 떼어내서 십계명의 조항들이나 내용들만을 강조하면 십계명은 기독교의 말씀 또는 하나님의 말씀으로의 존엄성과 유일성을 상실하게 됩니다. 왜냐하면 십계명의 내용은 기독교에만 있는 유일한 내용이 아니기 때문입니다.

1계명과 2계명은 기독교의 배타성, 기독교의 유일성, 독단성을 강조하는 구절로 오해되어 인식되고 있습니다. 그런데 이것은 기독교만의 특징이 아닙니다. 대부분의 종교에서 신이 자신 말고 제발 다른 신들도 섬겨달라고 부탁하는 신은 없습니다. 간혹 힌두교나 동양의 종교들에는 신이 많다고 알려져 있습니다. 그 종교들의 신이 인간으로 하여금 각양의 신들을 섬길 수 있도록 한다고 하여 아주 배려심이 많고 도량이 넓은 신이라고 생각하신다면 큰 오해입니다. 물론 자기만을 섬기라고 하지 않고 여러 신을 섬겨도 간섭을 하지 않습니다. 그렇지만 여러 신을 섬기라고 한다고 해서 자신의 영역까지 내어주는 신은 없습니다. 즉 그 신이 다른 신을 섬기라고 허용하는 이유는 다른 신이 있는 곳은 자신의 영역이 아니라는 것을 인정하는 것일 뿐입니다. 다른 신을 섬기라고 허용한다고 해서 자신이 다스리고 있는 영역에 대하여 다른 신을 용납한다는 의미가 절대로 아닌 것입니다. 내 지역은 내가 신이라는 것입니다. 다른 지역은 누구를 섬기든, 얼마나 많은 신을 섬기든, 얼마나 다양하게 섬기든 상관하지 않지만 내 지역에서 만큼은 내가 신이기 때문에 내 영역에 대하여는 다른 신을 용납하지 않습니다.

즉 어떤 사람이 열 가지 신을 섬길 수 있습니다. 열 가지 신들이 자기만 섬기라고 충돌하지 않습니다. 하지만 열 가지 신은 집안에서 각자의 다른 위치에 있는 것입니다. 안방에 열 명의 신이 동시에 자리를 차지하고 있는 것이 아니라는 것입니다. 하나는 부엌 신, 하나님는 마당 신, 하나는 창고 신, 하나님는 안방 신의 양상입니다. 결코 다신교 세계의 신들이 마음이 넓거나 도량이 깊은 것이 아닙니다. 결국 대부분의 종교에 1, 2 계명이 다 있습니다. 그러니 계명 조항만 가지고는 이것을 기독교의 유일성이라고 설명하기 힘듭니다. 이 조항 때문에 기독교가 배타적이라고 욕을 먹는 것은 억울한 일이고 기독교 스스로가 이 조항을 근거로 기독교가 유일신을 주장한다고 하는 것도 우스운 것입니다. 내용자체로는 세상 다른 종교와 다를 것이 없습니다.

또한 5~10계명은 종교의 영역보다 훨씬 넘어서서 인간이 존재하는 모든 곳에 있는 일반적인 가르침입니다. 어느 종교든 어느 사상이든 어느 교훈이든 흔히 말하는 대로 동서고금을 막론하고 공통된 가르침입니다. 어느 종교에도 부모를 멸시하라고 가르치거나 어느 학교에서도 서로 살인하라고 권면하거나 어느 사회에서도 간음하라고 부추기거나 어느 집단에서도 이웃에 대하여 거짓 증거 하라고 제안하거나 어느 공동체에서도 이웃의 것을 탐내라고 권고하지 않습니다. 십계명의 내용만 가지고는 기독교의 독특성을 설명할 수 없고 하나님의 유일성을 강조할 수 없습니다. 그렇다고 하나님은 누구나 다 할 수 있는 이야기, 누구나 다 주는 그런 가르침을 주신 것은 아닙니다. 동서고금의 모든 사람이 뻔히 알고 있는 내용을 말씀하시려고 출애굽기 1장 아니 창세기부터 그렇게 요란법석을 벌이신 것이 아닙니다. 십계명은 내용적으로는 다른 종교 또는 인간들의 가르침과 동일하지만 실제적 차원은 전혀 다릅니다. 그 차이점을 분별해 보도록 하겠습니다.

### 말하는 자, 듣는 자

십계명의 핵심은 3절 이하의 내용이 아니라 1, 2절에 등장하는 여호와 하나님입니다. 즉 하나님이 이 말씀을 하셨다는 것입니다. 똑 같은 말일지라도 말하는 사람에 따라 또는 말을 듣는 사람에 따라 전혀 뉘앙스가 달라집니다. 단지 뉘앙스가 다르다는 정도가 아니라 그 차원이 어떻게 얼마나 달라지는 가를 하나 예를 들어보겠습니다. 먼저 말하는 자에 따른 차이입니다. 돌잔치에서 부모가 자기 자녀에게 부자 되라고 말하는 것은 자녀에게 부자가 될 수 있도록 자본금을 대주겠다는 의미를 내포하고 혹시라도 부도가 나면 감당해 주겠다는 의지가 담겨있고 어떻게든 자녀가 부자가 될 수 있도록 부모로서 최선의 도움을 베풀어주겠다는 다짐의 표현입니다. 그러나 돌잔치에서 축하하러온 이웃집 사람이 아이에게 부자 되라고 말하는 것은 부자 되어서 혹시 내가 돈이 필요할 때 돈 좀 빌려달라는 의미가 담겨있는 것입니다. 이웃집 사람은 도와주겠다는 의미가 도움을 받고 싶은 마음을 표현한 것입니다. 똑 같은 말일지라도 말하는 사람에 따라 전혀 의미가 달라지는 것입니다.

두 번째는 듣는 사람에 따른 차이입니다. 돌잔치에서 부모들이나 하객들이 아이에게 권면 하는 내용은 실제로 그 아이가 그 말을 듣고 실행하기를 요청하는 내용이 아닙니다. 비록 부모와 친지가 아이에게 말을 하고 있지만 아이가 듣고 당장 실천하라고 하는 말이 아니라는 것입니다. 도리어 부모가 아이에게 하는 말은 아이에게 요청하는 말이 아니라 부모나 친지가 다짐하는 말입니다. 가장 대표적인 말이 건강하고 씩씩하게 자라라는 말입니다. 아이가 스스로 건강하고 씩씩하게 자랄 수가 없습니다. 다음날부터 아이는 엄마가 주는 우유의 제조 날짜를 확인할 수 도 없고 이유식의 길로리를 계산할 수도 없습니다. 아이가 건강하고 씩씩하게 자라는 것은 아이의 역할이 아니라 부모의 역할입니다. 또 어떤 분은 아이에게 세상 구경 많이 하고 넓고 큰마음을 가진 사람이 되라고 말을 합니다. 다음날부터 아이가 세상 구경을 많이 하기 위해 기어나갈 수 없고 넓고 큰마음을 가지려고 가슴을 넓힐 수도 없습니다. 도리어 부모가 세상 구경을 많이 시켜 줘야 하고 부모가 넓고 큰마음을 가질 수 있는 기회를 자주 제공해 주어야 합니다. 정작 아이에게 말을 하지만 듣는 사람의 의지가 중요한 것이 아니라 말하는 사람의 의지가 중요한 것입니다. 왜냐하면 아이는 아직 어린 아이이기 때문입니다.

다른 예를 들어보겠습니다. 아이가 장성하여 성인이 되었고 어느 덧 결혼 적령기가 되어 결혼을 하게 되었습니다. 결혼식 전날에 부모가 자녀를 앞에 두고 말을 합니다. 결혼하면 얼른 아이 낳고 건강하고 행복하게 살라고 권면합니다. 부모의 입장에서는 돌잔치 때 하는 권면이나 결혼식 때 하는 권면의 내용이 유사합니다. 그런데 결혼식 때에는 누구의 역할이 중요하냐면 결혼 당사자들입니다. 건강하려면 음식물 제조일자를 보아야 하는 사람이 신랑과 신부입니다. 또 결혼하면 세상 구경 많이 하고 넓고 큰마음을 가지고 살라고 권면을 합니다. 세상 구경을 많이 하려면 당사자들이 열심히 저축해서 경비를 마련하고 당사자들이 여유를 가지고 이곳저곳을 다녀보아야 합니다. 신랑신부가 권면을 해주신 분에게 달려가서 여행하게 돈을 달라고 하면 경비를 보태주는 것이 아니라 욕을 보태줍니다. 이제는 성인이 되었기에 권면하는 자의 의지가 아니라 듣는 자의 의지가 중요합니다. 똑 같은 부모가 똑 같은 자녀에게 똑

같은 말을 하는데 말하는 시점이 다르고 말을 듣는 자의 상태가 다르기 때문에 전혀 다른 의미와 차원을 가지게 되는 것입니다. 사람들은 아이와 성인이 다르다는 것을 인식하고 있습니다. 그래서 아이에게 성인의 행동을 기대하면 안 되고 성인에게 아이의 행동을 요구해서도 안 됩니다. 인간의 상태에 맞추어 적절할 행동을 기대하고 요구해야 합니다.

## 십계명을 듣는 사람들

그렇다면 십계명의 내용이 내용 자체로는 다른 종교의 가르침과 유사하고 인간의 도덕과 교훈과 유사하지만 그것을 말씀하신 분이 하나님이시기 때문에 전혀 다른 차원이 될 수 있고, 그 내용을 구약에서 말씀하실 때와 신약에서 말씀하실 때에 즉 인간이 죄인의 상태에 머물러 있을 때와 죄에서 해방되어 성도가 된 자에게 하실 때에는 전혀 다른 차원이 될 수 있다는 것을 분별하셔야 한다는 것입니다. 말하는 자의 차이와 듣는 자의 차이를 분별하지 않기에 사람들은 본문이 의도한 것과 다른 말을 합니다. 십계명을 예로 들면, 성경에 나오는 하나님의 말씀과 다른 종교 또는 인간의 가르침이 같다고 주장합니다. 그러면서 또 구약의 하나님의 말씀과 신약의 하나님의 말씀이 다르다고 주장합니다. 만약 주장을 하려면 구약의 하나님의 말씀과 신약의 하나님의 말씀은 어차피 동일한 하나님의 말씀이니까 같다고 주장을 하고, 기독교 하나님의 말씀과 타종교의 신의 말씀은 다르다고 주장하면 그래도 일리가 있다고 할 수 있습니다. 그런데 전혀 이상한 주장 즉 똑같은 하나님인데 구약과 신약의 말씀이 다르다고 말을 하고, 전혀 다른 신인데 기독교와 타종교의 가르침이 같다고 말을 한단 말입니다. 더 이상한 것은 이런 이상한 말을 타종교인이나 세상의 교육자가 말을 하면 몰라서 그런다고 이해할 텐데 기독교 내부에서도 이런 소리를 하는 경우가 종종 있다는 것이 기가막힐 일입니다. 이런 일이 발생하는 이유는 세상 사람이건 성도이건 말하는 자의 차이와 듣는 자의 차이점을 분별하지 못하기 때문입니다.

성경은 구약의 하나님과 신약의 하나님이 동일하십니다. 그런데 구약의 하나님과 신약의 하나님이 전혀 다르게 말씀을 하십니다. 구약의 십계명에서는 사람들이 인식하듯이 하지 말라는 금지적 조항으로 나타나고 신약에서는 하라는 실천적 조항으로 나타납니다. 내용은 동일한데 방식이 다른 것입니다. 구약의 "나 외에는 다른 신들을 네게 두지 말라, 우상을 만들지 말고 형상을 만들지 말라"는 말씀과 신약의 "몸과 마음과 뜻을 다하여 주 너희 하나님을 사랑하라"는 말씀의 내용은 똑같은데 전혀 다르게 표현합니다. 또 구약에서 "살인하지 말라, 간음하지 말라, 도둑질 하지 말라, 거짓증거하지 말라, 이웃의 것을 탐내지 말라"는 말씀과 신약에서 "네 이웃을 네 몸과 사랑하라"는 말씀의 내용은 똑같은데 전혀 다르게 표현합니다. 동일한 내용을 전혀 다르게 표현하는 것은 듣는 사람이 다르기 때문입니다.

만약 부모가 자녀에게 건강에 대하여 말하려면, 돌잔치에서는 부모가 아이에게 건강하게 자라라고 말할 것이 아니라 엄마가 맛있고 영양있는 것을 균형 있게 먹여주겠다고 말해야 하고, 결혼식 때는 간단하게 건강하라고 말만해도 됩니다. 동일한 내용을 듣는 사람에 따라 말을 다르게 말한 것입니다. 성경도 당연히 동일한 내용을 다르게 표현합니다. 왜냐하면 구약의 인간과 신약의 인간이 다르기 때문입니다. 그런데 구약의 인간과 신약의 인간이 다르다는 것을 알지 못하는 사람은 성경이 다르다고 시비를 걸고 구약의 하나님과 신약의 하나님이 다르다고 트집을 잡습니다. 이런 사람들은 성경에 대해 또는 하나님에 대해 시비를 걸기 전에 구약의 인간과 신약의 인간의 차이점을 먼저 분별해야 합니다. 세상 사람들은 구약의 인간이 아직 죄인이고 신약의 인간이 성도가 된 자라는 차이점을 알지 못합니다.

# 하나님의 말씀의 특징

## 하나님의 말씀

본문은 이 말씀이 하나님의 말씀이라고 강조하고 있습니다. 하나님의 말씀이면 그분이 하나님이시라는 것을 강조하고 있는 것이기에 하나님이 누구이신가를 알아야만 이 말씀의 차원을 정확히 이해할 수 있는 것입니다. 그래서 하나님은 말씀을 하시기 전에 하나님이 누구이신가를 알리는 일을 선행하셨습니다. 하나님은 이 말씀을 진작부터 말씀하시고 싶었습니다. 좋은 말씀인데 아껴둘 이유가 없기에 아마도 노아를 부르실 때부터, 아브람을 부르실 때부터, 모세를 부르실 때부터 진작부터 이 말씀을 하시고 싶었습니다. 그런데 그 동안은 말씀하지 않으시다가 출애굽기 20장에 와서야 이 말씀을 하십니다. 왜냐하면 이 말씀을 듣는 사람이 하나님이 누구이신지를 알아야 이 말씀이 하나님의 말씀이라는 차별성, 유일성, 독특성이 부각되기 때문입니다.

물론 이러한 가르침은 하나님이 말씀하시기 전에도 있었고 그 이후에도 있었고 지금도 계속되고 있습니다. 하나님은 없는 내용을 전혀 새롭게 만들어 내신 것이 아니라 이미 있는 내용이 전혀 작용되지 않고 있는 것을 이제 작용할 수 있도록 만드시는 것입니다. 새로운 가르침을 주는 것이 중요한 것이 아니라 이미 있는 내용일지라도 작용될 수 있고 실천될 수 있도록 하는 것이 중요합니다. 예전에 인기 있었던 책 제목이 '내가 알아야 할 것들은 유치원에서 다 배웠다' 였습니다. 어른이 되었다고 새로운 내용이 필요한 것이 아니라 이미 알고 있는 것을 실천 하는 것이 필요한 것입니다. 21세기에도 21세기의 새로운 지식이나 새로운 사상이 필요한 것이 아니라 가장 기본적인 것을 행할 수 있느냐가 중요한 것입니다.

하나님이 하나님을 알리신 작업이 출애굽 과정이었습니다. 출애굽은 단순하게 지역적으로 애굽에서 광야로 나왔다는 것이 아니요, 사회적 신분이 종이나 노예에서 자유인이 되었다는 것이 아닙니다. 출애굽의 핵심은 출애굽 과정을 통해 하나님을 모르던 사람을 하나님을 아는 사람으로 변화시켜 주셨다는 것입니다. 그래서 출애굽의 사건들은 단지 이적이니 기적이 아니라 계시라고 강조했었습니다. 이제 이스라엘은 하나님에 대하여 계시를 받은 자, 하나님을 만나본 자가 되었습니다. 그렇게 하나님을 아는 자들에게 하나님의 말씀이 주어지는 것입니다. 이 말씀을 들을 때에 하나님을 아는 자들의 반응과 하나님을 모르는 자들의 반응은 전혀 다를 수밖에 없는 것입니다.

### 하나님의 일

십계명을 살펴볼 때 십계명의 각 조항을 살펴보기 전에 하나님의 말씀이기에 하나님의 특성을 알아야 하나님의 말씀의 특성을 알 수 있습니다. 하나님을 말하지 않고 그냥 조항만 살펴보면 십계명은 다른 종교 다른 사람의 가르침과 다를 것이 없어집니다. 하나님의 말씀의 독특성을 아는 것은 하나님의 독특성을 아는 것입니다. 기독교의 특징은 하나님이요, 하나님은 살아계신 분이요, 살아계신 하나님은 일하시는 분이라는 것입니다. 그래서 당연히 하나님의 말씀에 하나님의 특성들이 담겨있는데 첫째로, 하나님의 말씀은 하나님의 일이라는 것입니다. 하나님은 인간에게 일을 시키는 분이 아니라 본인이 인간을 위해 일하시는 분이라는 것입니다. 그래서 하나님의 말씀은 크게 두 가지, 하나는 하나님이 하실 일을 말씀하시거나, 다른 하나는 하나님이 하신 일을 말씀하신다는 것입니다. 하나님이 행하실 일은 약속이라는 형태로 말씀하십니다. 하나님이 반드시 이루시겠다고 하나님 스스로 인간에게 맹세하시는 모습이 약속입니다. 또 하나님의 말씀은 이미 하나님이 행하신 일, 이미 이루신 일, 이미 성취하신 일 즉 결과를 알려주시는 것입니다. 이렇게 이미 이루어진 결과를 알려주실 때에는 선포의 형태로 나타나는 것입니다.

둘째로, 하나님의 말씀이 하나님의 일이기에 하나님의 말씀에는 인간이 달성해야 하는 어떤 과업이나 일이 등장하지 않는다는 것입니다. 인간에게 이것을 이루어내라, 저것을 만들어내라는 과제가 없습니다. 인간이 행하여야하는 하나님의 일은 없습니다. 하나님은 인간에게 일을 시키시는 분이 아니십니다. 십계명은 얼핏 보면 하나님이 행하실 일도 등장하지 않고 하나님이 행하신 일도 등장하지 않습니다. 모든 내용들이 인간에게 요청하시는 말씀으로 마치 인간들이 행해야 하는 일처럼 등장합니다. 그러나 이 말씀에는 이미 하나님이 행하신 일이 전제되어 있습니다. 하나님이 행하신 일이 없다면 이 말씀들은 아무런 의미가 없습니다.

셋째로, 하나님의 말씀의 특징은 상벌 조항이 없다는 것입니다. 다른 표현으로 하면 조건이 아니라는 것입니다. 이것을 행하면 이러한 상을 주겠다, 이것을 행하지 않으면 저러한 벌을 주겠다는 조건이 없다는 것입니다. 조건이 없는 이유는 인간의 일이 아니라 하나님의 일이기 때문입니다. 인간의 행위 여부에 따라 달라지는 것이 아니라 하나님의 행위 여부에 따라 달라지는 것이기에 인간에게 조건을 달 이유가 없습니다. 만약 조건을 달려면 하나님께 달아야 합니다. 그런데 하나님께도 조건을 달지 않습니다. 왜냐하면 하나님의 행동은 이미 결정나있기 때문입니다. 하나님은 이미 이스라엘을 구원하셨고 광야의 여정을 책임지시기로 약속하셨고 가나안 입성까지 완료해 주시겠다고 맹세하셨기 때문에 그리고 하나님은 스스로 자신이 약속한 것을 기어코 지켜내시기에 달리 조건을 달 필요가 없습니다. 십계명의 말씀에는 상을 주겠다는 언급이 없습니다. 왜냐하면 이미 결과에 도달하였기 때문입니다. 이미 최상 최고의 상태이기에 더 필요한 것이 없습니다. 또한 십계명의 말씀에는 벌을 주겠다는 언급이 없습니다. 왜냐하면 하나님이 행하신 일을 취소하거나 바꾸시지 않을 것이기 때문입니다.

## 십계명의 의미들

### 필요 없는 행위들

사람들이 어떤 행동을 하는 이유는 그것이 필요하기 때문입니다. 그 사람의 생각에는 그것이 꼭 필요하고 그 행동을 통하여 무엇인가를 얻을 수 있다고 생각하기 때문에 행동하는 것입니다. 십계명은 하나님이 하시는 말씀입니다. 하나님이시기 때문에 말씀하시는 것이요 하나님의 말씀이기에 독특성을 갖는 이유들을 확인해 보겠습니다. 20장 3절 "너는 나 외에는 다른 신들을 네게 두지 말라"입니다. 하나님이 이 말씀을 하시는 이유는 다른 신을 섬겨야 할 이유, 다른 신을 두어야 할 필요가 없기 때문입니다. 이 말씀을 하시기 위해서 하나님이 하신 일을 생각해 보겠습니다. 하나님은 애굽에서 열 가지 이적을 행하시면서 하나님을 알리셨습니다. 나일 강을 물 주관하시는 분이 하나님이십니다. 개구리, 이, 파리 등을 다스리시는 분이 하나님이십니다. 가축과 농사를 섭리하시는 분이 하나님이십니다. 흑암을 통치하시는 분이 하나님이십니다. 생명의 주인이 하나님이십니다. 강물과 육지와 바다를 주관하시는 분이 하나님이십니다. 인간이 마시는 식수를 제공하시는 분이 하나님이십니다. 인간의 먹거리를 공급하시는 분이 하나님이십니다. 전쟁을 이기게 하시는 분이 하나님이십니다. 그렇다면 여호와 외에 다른 신을 두어야 할 이유가 없는 것입니다. 하나님은 인간에게 하고 싶은 일을 금지시키거나 필요한 일을 막으시는 것이 아니라 필요 없는 일을 하지 말라고 말씀하시는 것입니다. 필요 없는 일을 하는 것을 쓸데없는 일 또는 헛짓이라고 합니다. 하나님은 인간이 쓸데없는 일을 하는 것을 예방하여 주시는 것입니다.

하나님의 말씀의 의미를 생각할 때마다 근본적인 하나님의 의도를 생각하셔야 합니다. 하나님의 가장 근본적인 의도는 하나님이 하나님다운 대접을 받는 것이 아니라 인간이 인간답게 사는 것입니다. 하나님은 하나님이시기에 하나님에게는 필요한 것이 아무 것도 없습니다. 도리어 하나님의 관점에서 인간을 높여주시고 인간을 도와주시는 것입니다. 마치 인간의 관점에서 인간이 하나님을 높여주고 하나님을 영광스럽게 하고 하나님을 존귀하게 만들어 드리는 것처럼 생각하는 것은 어이없는 오해에 불과합니다. 또한 하나님의 말씀대로 살 때에도 마치 자기가 순종하는 것처럼, 자기가 하나님을 따라주는 것처럼 생각하는 것도 오해입니다. 자기가 손해 보는 것처럼, 자기가 희생과 헌신과 수고를 하는 것처럼 생각하는 것도 오해입니다. 하나님은 하나님을 섬기라고, 하나님을 경배하라고, 하나님께 희생하라고 요구하시는 것이 아니라 인간으로 하여금 헛된 일을 하지 말라고, 무익한 일을 하지 말라고, 쓸데없는 일을 하지 말라고 권면하시는 것입니다. 하나님을 알아야만 가능한 일입니다.

# 33
## 형상을 만들지 마라

출애굽기 20 : 1 ~ 6

1 하나님이 이 모든 말씀으로 말씀하여 이르시되 2 나는 너를 애굽 땅, 종 되었던 집에서 인도하여 낸 네 하나님 여호와니라 3 너는 나 외에는 다른 신들을 네게 두지 말라 4 너를 위하여 새긴 우상을 만들지 말고 또 위로 하늘에 있는 것이나 아래로 땅에 있는 것이나 땅 아래 물 속에 있는 것의 어떤 형상도 만들지 말며 5 그것들에게 절하지 말며 그것들을 섬기지 말라 나 네 하나님 여호와는 질투하는 하나님인즉 나를 미워하는 자의 죄를 갚되 아버지로부터 아들에게로 삼사 대까지 이르게 하거니와 6 나를 사랑하고 내 계명을 지키는 자에게는 천 대까지 은혜를 베푸느니라

## 하나님의 말씀

### 인식론

그 사람이 누구인지, 그 말씀이 무슨 말씀인지를 분별하는 인식의 방법에는 두 가지가 있습니다. 하나는 그 사람의 행동을 보고 아는 것입니다. 어디에 살며 누구랑 살며 무엇을 하는지를 살펴보아서 그 사람을 알아가는 것입니다. 또 하나는 그 사람이 누구인지를 알고  그 사람의 행동을 인식하는 것입니다. 그 사람이기에 그렇게 행동하고 말하는 것을 이해하는 것입니다. 예수를 분별할 때는 후자이어야 합니다. 즉 그분이 예수라는 것을 알고 예수의 행동과 말씀을 이해해야 합니다. 그렇다면 당연히 나오는 문제가 그가 예수라는 것을 내가 어떻게 아느냐고 그때

대답은 하나님이 알게 하신다는 것입니다. 기독교와 세상 인식론의 차이는 결국 인식 방법론의 차이가 아니라 하나님의 차이입니다. 세상 사람들의 인식에는 하나님이 없습니다. 그래서 내가 어떻게 알고 내가 어떻게 이해하고 내가 어떻게 인식할 수 있는가 등 모든 것이 내가에 달려 있고 내가 아니면 방법이 없는 것입니다. 기독교에는 하나님이 계십니다. 그래서 하나님이 일하시고 하나님이 역사하십니다. 예수가 하나님이신 것을 어떻게 알 수 있는가라는 질문에 하나님이 알게 하신다고 대답하고, 예수 말씀의 의도가 무엇인지를 어떻게 알 수 있는가라는 질문에도 하나님이 알게 하신다고 대답하고, 하나님이 알게 하신다는 것을 어떻게 알수 있는가라는 질문에도 대답은 하나님이 알게 하신다는 것입니다.

예수를 인식하는 것만 아니라 기독교 자체를 인식하는 것이 다 똑같습니다. 구약의 말씀을 이해하는 것도 마찬가지입니다. 하나님의 말씀을 어떻게 인식하느냐에 대해서도 기독교는 내가 본문을 자세히 읽어서, 내가 그 내용을 깊이 묵상하고 분석해서가 아닙니다. 즉 그 내용을 통해서 내용을 아는 것이 아니라 하나님을 알아야 하나님의 말씀을 알 수 있게 되는 것입니다. 표면적으로 하나님의 가르침과 타 종교의 가르침이 유사합니다. 겉으로 보기에는 하나님의 말씀과 세상의 교훈적 말씀이 유사합니다. 그렇다고 동일한 차원이나 유사한 교훈은 절대로 아닙니다. 하나님이 고작 사람들도 알고 있는 것을 말씀하시고, 하나님이 겨우 사람들이 이미 가르치고 있는 것을 반복하고, 하나님이 기껏해야 누구나 말하는 것을 말씀하시는 것이 아니라는 것입니다. 명색이 그분이 하나님이시기에 하나님의 말씀은 타종교나 사람들의 가르침과는 전혀 차원이 다르다는 것입니다.

## 세상 교훈

하나님의 가르침과 세상의 가르침의 기본적인 차이점은 하나님입니다. 하나님이 말씀하신 내용과 세상 성인의 가르침의 내용을 분석하면 차이점이 없는 것처럼 보입니다. 내용의 차이점을 분석하기 이전에 그 말씀을 하신 분이 누구이신지를 분석해야 그 다음에 내용의 치이점이 분석이 되는 것입니다. 먼저 사람들 말 즉 세상 교훈의 특징을 살펴보겠습니다. 사람들 말의 특징은 말이 된다는 것입니다. 일단 말이 되고 더 나아가 그 말이 좋은 말이면 더욱 좋아합니다. 그런데 중요한 것은 말이 된다고 해서 말이 되는 것이 아니라는 말입니다. 예를 들어보겠습니다. 시험에 백점 맞는 방법이 있습니다. 첫째, 정답만 쓴다. 둘째, 틀린 답은 피한다. 셋째, 무엇이 정답인지 확실하지 않을 때에는 정답에 가까운 것을 고른다. 넷째, 정답이 생각이 나지 않을 때에는 수업시간에 선생님이 가르치시던 내용을 떠올려본다. 모두 옳은 말입니다. 어느 분야에도 동일한 말이 있습니다. 주식투자에 성공하는 법이 있습니다. 첫째, 일단 안정적인 종목을 골라라. 둘째, 위험한 투자를 하지 마라. 셋째, 하락의 조짐이 있으면 바로 철수하라. 넷째, 상승기류를 계속 타라. 인간관계 성공법도 있습니다. 첫째, 좋은 사람을 사귀어라. 둘째, 절대로 적을 만들지 마라. 셋째, 오해가 생겼으면 빨리 풀어라. 또 복 받는 비결도 있습니다. 첫째, 복 받을 일을 많이 해라. 둘째, 벌 받을 일은 절대 하지 마라. 셋째, 복 받은 사람들의 행동을 배우라. 건강하게 사는 법도 있습니다. 첫째, 아프지 마라. 둘째, 아프면 가능한 빨리 고쳐라. 셋째, 위험한 행동을 하지 마라. 교회 성장하는 법도 있습니다. 첫째, 사람들을 많이 모아라. 둘째, 들어온 사람은 절대 나가지 못하게 하라. 셋째, 사람들이 좋아하는 교회가 되게 하라. 넷째, 사람들이 싫어하는 교회가 되지 않게 조심하라. 사람들의 말은 다 말이 되고 틀린 말이 하나도 없습니다. 그러나 과연 실현 가능성이 있느냐는 전혀 별개의 문제입니다. 좋은 말이라고 다 좋은 말이 아닌 것입니다.

사람들 말의 또 다른 특징은 그것이 도리라고 강조하는 것입니다. 어떤 행동에 대하여 인간이 행해야할 도리 즉 규범, 상식, 원칙, 법이라고 합니다. 당연히 그렇게 해야 한다는 것입니다. 인간이라면 누구라도 어떤 상황이라도 지키고 행해야할 최소한의 가장 기초적인 삶의 근본이라는 것입니다. 상식이요 기본이라는 것을 인정하고 원칙이요 도리인 것도 인정합니다. 그런데 문제는 그것이 실천이 안 된다는 것입니다. 사람을 미워하지 말아야 하는 것이 기본이지만 종종 사람이 미워집니다. 원수를 용서하는 것이 인간관계의 도리이지만 잘 안 됩니다. 아무리 상식이라고 도리라고 규범이라고 강조해도 안 되는 것은 아무 소용이 없는 것입니다.

사람들에게 하라고 해도 실행되지 않고 하지 말라고 해도 안 해지는 것이 아니라는 것을 알고 있습니다. 그래서 당연하게 나오는 조건이 있습니다. 만약 그것이 도리요 규범이기에 당연히 실천 되어지는 것이라면 조건이 등장할 이유가 없습니다. 그런데 규범임에도 불구하고 실행되지 않기 때문에 조건이 나옵니다. 인간으로 하여금 행동을 유발하기 위해 등장하는 조건이 상벌입니다. 결국 사람들은 그것이 규범이기 때문에 행하고 규범이기 때문에 행하지 않는 것이 아닙니다. 상을 받을 것을 기대하기 때문에 행하고 벌을 받을 것을 두려워하기 때문에 행하지 않는 것입니다. 규범의 의미는 상실되고 상벌이 더욱 큰 영향력을 발휘하게 되어 있습니다. 이것이 세상 가르침의 한계입니다. 규범이고 원칙인데 되지 않는다는 것이요, 맞는 말이요 옳은 말인데 되지 않는다는 것입니다. 되지 않는다고 그 말 자체를 철회할 수는 없습니다. 비록 되지 않는 경우가 있을지라도 원칙을 정해놓고 규범을 정해놓고 실천해 보려고 노력하는 수밖에 없는 것입니다.

## 하나님의 말씀

하나님의 말씀은 그 말씀을 하신 분이 하나님이시라는 것에서부터 시작합니다. 그 문장을 통해서 하나님의 의도를 알아내는 것이 아니라 하나님의 성품을 통해서 그 문장의 의미를 이해해야 합니다. 하나님이 말씀하시는 것과 사람들이 말하는 것에는 근본적인 차이점이 하나 있습니다. 하나님은 그 말씀을 하시기 위해서, 그 말씀을 하시기 전에 하나님을 풍성하게, 하나님을 충만하게, 하나님을 구체적으로, 하나님을 정확하게 나타내고 드러내고 알려주신다는 것입니다. 한 송이 국화꽃을 피우기 위해 밤마다 소쩍새는 그렇게 울었나보다가 아니라 그 한마디 말씀을 하시려고 하나님은 수십 수백 번 하나님을 알리셨나보다가 되는 것입니다.

사람들은 자신이 하는 말이 옳은 말인가, 자신이 하는 말이 합당한 말인가에 집중하고 말이 옳으면 말을 합니다. 좋은 말이니까 말을 던지는 것입니다. 하나님은 인간들의 방식보다 한발 더 나아가시는 것입니다. 하나님이 하시는 말씀은 당연히 옳은 말씀이요 맞는 말씀입니다. 그리고 더 넘어서 실제적으로 구체적으로 직접적으로 행동 가능, 실천 가능한 말씀입니다. 실천 가능한 말만 골라서 하는 것이 아니라 하나님이 하신 말씀이 실천되도록 하나님이 책임지시고 보장하시고, 단지 옳은 말이 아니라 실천 가능한 말이라는 것을 하나님이 직접 보여주시기 때문입니다. 출애굽기 20장에서 가장 중요한 것은 열 마디 말씀이 아니요 십계명의 각각의 조항이 아닙니다. 이 말씀을 하나님이 말씀하셨다는 것이요, 하나님은 이 말씀을 하시기 위해서 출애굽기 1장부터 19장까지의 역사를 펼치셨다는 것입니다. 하나님을 알지 못하면 십계명의 내용을 바르게 이해할 방법이 없습니다.

# 첫 번째 말씀

## 하나님의 관심

십계명을 이해하기 위해서는 하나님을 알아야 합니다. 하나님이 하나님이심을 알아야 합니다. 하나님의 최대의 관심사는 하나님 자신이 아니라 인간입니다. 하나님은 누구와 비교하거나 경쟁하지 않으십니다. 하나님은 하나님이시기 때문에 하나님의 모습으로 하나님의 역할을 하시는 것입니다. 하나님의 말씀을 이해할 때 이 말씀이 하나님을 과시하고 하나님을 높이고 하나님을 위해서 하시는 말씀은 하나도 없다는 것입니다. 하나님의 말씀은 하나님을 위해서가 아니라 전적으로 인간을 위해서 하시는 말씀입니다. 3절 "너는 나 외에는 다른 신들을 네게 두지 말라"입니다. 하나님이 말씀하시는 이유 또는 목적을 알아야 합니다. 이 말씀의 목적이 하나님께 있지 않다는 것입니다. 종종 사람들은 하나님이 다른 신들을 두지 말라고 하신 이유는 하나님만이 진짜 신이시기 때문에, 하나님이 하나님의 영광과 찬양을 다른 자에게 돌리는 것을 허락하시지 않기 때문이라고들 합니다. 물론 맞는 말입니다만 그것은 하나님을 중심으로 표현한 말입니다. 다른 신을 두지 말아야 하는 이유에 인간이 제외되어 있습니다. 인간에게는 그냥 다른 신을 두어서는 안 된다고만 설명하는 것은 하나님의 의도가 아니라는 것입니다. 왜냐하면 하나님의 말씀은 하나님을 위한 것이 아니기 때문입니다. 하나님의 말씀은 인간을 위한 것이기에 하나님의 말씀이 인간적인 측면에서 설명이 되어야 합니다. 다른 신들을 두지 말라고 하시는 이유는 인간이 다른 신을 섬겨야 할 필요가 없기 때문입니다. 하나님은 인간을 위하여 말씀하십니다. 규범을 말하는 것이 아니라 도리를 말하는 것이 아니라 상식을 말하는 것이 아니라 이유를 말씀하시는 것입니다. 설명을 하시고 설득을 하시고 납득시키려는 것입니다. 이렇게 해야 한다, 저렇게 해야 한다는 것이 아니라 왜 그런지를 인간에게 설명하시는 것입니다. 이렇게 해야 한다고 명령하시는 것이 아니라 이렇게 되는 것임을 알리시는 것입니다. 하나님은 인간의 관점에서 말씀을 시작하십니다.

## 불필요한 행동

3절 "너는 나 외에는 다른 신들을 네게 두지 말라"고 하나님이 말씀하시는 이유를 알아야 합니다. 여호수아서 1장에 하나님이 여호수아에게 수차례에 걸쳐 "두려워하지 말라"고 말씀하셨습니다. 여호수아에게 두려워하지 말라고 말씀하신 이유는 여호수아가 두려워하고 있었기 때문입니다. 여호수아가 두려워하지 않았다면 두려워하지 말라는 말씀을 하시지 않았습니다. 인간 여호수아의 상황과 심정과는 아무런 상관이 없이 무조건 두려워하면 안 된다는 규정이나 명령을 주시는 것이 아니라는 것입니다. 사람이, 인간이, 여호수아가 두려워하고 있기에 두려워하지 말라는 하나님의 말씀이 시작되는 것입니다. 그런데 두려워하는 사람에게 두려워하지 말라고 말한다고 두려움이 사라지는 것이 아닙니다. 두려워하는 사람에게는 두려워하지 말라고 말할 것이 아니라 두려워할 필요가 없게 만들어주면 됩니다. 그렇게 두려워하지 않을 수 있게끔 만들어 준 후에 두려워하지 말라고 말할 수 있는 것입니다.

하나님께서 "다른 신들을 네게 신들을 네게 두지 말라"고 말씀하시는 이유는 사람들이 다른 신들을 두려고 하기 때문입니다. 사람들이 다른 신들을 두려고 하는 이유는 신이 각각 다스리는 지역이 있고 각각 다스리는 분야가 있다고 생각하니까 당연히 많은 다른 신들을 두려고 하는 것입니다. 이때 하나님은 하나님만 신이기 때문에 다른 신들을 주지 말라는 법이나 명령을 내리시는 것이 아닙니다. 20장 3절은 독립된 3절이 아니라 출애굽기 1장부터 19장이 설명된 다음에 나오는 3절입니다. 하나님은 첫 번째 계명을 말씀하시기 위해서 출애굽 과정을 통해 하나님이 하늘과 땅과 바다와 육지를 주관하신다는 것을 보여주셨습니다. 또 하나님이 물과 채소와 동물과 음식과 전쟁과 생명을 주관하신다는 것을 보여주셨습니다. 다른 신을 두어야 하는 이유가 없음을 알려주셨습니다. 이렇게 다 보여주시고 알려 주신 후에 하시는 말씀이 다른 것은 헛 것이니 다른 것을 섬기는 것 또한 헛된 일이라고 말씀하시는 것입니다. 첫 번째 말씀은 하나님의 유일성을 강조하는 것이 아니라 정 반대로 하나님이 너의 아버지가 되시겠다고, 너의 주가 되시겠다고, 너의 보호자요 책임자가 되시겠다고 선언하시기에 다른 신들을 둘 필요와 이유가 없다고 설득하시는 것입니다.

## 두 번째 말씀

### 누구의 형상

4절 "너를 위하여 새긴 우상을 만들지 말고 또 위로 하늘에 있는 것이나 아래로 땅에 있는 것이나 땅 아래 물속에 있는 것의 어떤 형상도 만들지 말며"입니다. 이 구절을 종종 질문하시는 분들이 있습니다. 하나님이 다른 신들, 다른 우상들을 만들지 말고 다른 신들의 형상들을 만들지 말라고 하시는 것인지 아니면 하나님의 우상 즉 하나님에 대하여 어떤 형상을 만들지 말라는 것인지 궁금해 하시는 것입니다. 이미 3절에서 "너는 나 외에는 다른 신들을 네가 두지 말라"는 가르침이 나왔습니다. 이미 다른 신들을 두지 말라는 말씀이 등장했기 때문에 4절에서 다른 신들에 대하여 형상을 만들지 말라는 내용이 나올 이유가 없습니다. 그래서 4절의 말씀은 다른 신들의 형상을 만들지 말라는 말씀이 아니라, 하나님에 대하여 하시는 말씀입니다. 즉 하나님을 형상화하지 말라는 것입니다. 출애굽기 20장 23절을 보시면 정확히 이해가 되실 것입니다. "너희는 나를 비겨서 은으로나 금으로나 너희를 위하여 신상을 만들지 말고"입니다. 하나님을 비겨서 즉 이것이 하나님이라고 하나님의 형상을 만들지 말라는 것입니다.

## 형상을 만들지 말라

하나님이 하나님의 형상을 만들지 말라고 말씀하시는 이유에 대해서도 근거를 하나님을 중심으로 찾으시면 안 됩니다. 하나님을 중심으로 이유를 찾으면 근거가 매우 철학적이 되어 버리고, 인간적이 되지 않고 신적이 되어버립니다. 하나님이 하나님의 형상을 만들지 말라고 하신 이유를 설명할 때 등장하는 하나님 중심적 설명들은 이런 것입니다. 첫째, 어떤 것으로도 여호와의 격에 맞는 형상이 될 수 없기 때문이라는 것입니다. 하나님이 너무 크고 광대하고 존귀하고 넓으시기 때문에 어떤 것으로도 하나님을 다 담을 수 없다는 것입니다. 하늘의 것으로 형상을 만들면 땅이 제외되고, 땅의 것으로 만들면 바다가 제외되고, 바다의 것으로 만들면 하늘이 제외되고 그렇다고 하늘과 땅과 바다의 것으로 혼합해서 만들 수도 없고 결국 하나님을 다 설명할 수 없기 때문에 형상을 만들지 말라고 했다는 것입니다. 이 설명이 틀린 것은 아니지만 하나님의 의도는 이것이 아닙니다. 또 다른 설명이 형상을 만드는 것은 하나님의 자유를 제한하는 것이기 때문에 만들지 말라고 했다는 것입니다. 철학적 설명이기는 하지만 참으로 어이없는 설명입니다. 왜냐하면 사람들이 형상을 만든다고 하나님의 자유가 제한되는 것이 아니기 때문입니다. 물론 인간이 하나님의 형상을 만들어서 하나님을 자기의 영역 내에 가두어 두려고 시도할 수 있습니다. 그러나 그것은 인간의 어리석은 생각일뿐이지 실제로 하나님은 제한 될 수가 없습니다.

하나님의 말씀은 인간을 위한 말씀이기에 인간 중심으로 풀어야 합니다. 하나님이 하나님의 형상을 만들지 말라고 하시는 이유는 인간이 하나님의 형상을 만들려고 하기 때문입니다. 인간이 하나님의 형상을 만들려고 할 때 하나님이 만들지 말라고 말씀을 하시려면, 왜 만들지 말아야 되는지를 설명해 주셔야 하고, 왜 만들지 않아도 되는지를 설득시켜 주셔야만 합니다. 만들지 않는 것이 법이라거나 원칙이라는 말이 필요한 것이 아니라 만들지 않아도 되는 이유를 설명하고 만들지 말라고 하시는 근거를 제시해야 하는 것입니다. 4절 "너를 위하여 새긴 우상을 만들지 말고 또 위로 하늘에 있는 것이나 아래로 땅에 있는 것이나 땅 아래 물속에 있는 것의 어떤 형상도 만들지 말며"를 인간 중심적으로 이해하기 시작해야 합니다. 흔히 신의 형상을 만들 때 사람들은 신의 형상을 만들고 있는 것이기에 신을 위한다고 신을 높여준다고 신을 경배한다고 생각합니다. 그런데 실제적으로는 신을 위하는 것이 아니라 자신을 위하는 것입니다.

하나님은 그것을 정확하게 알고 계시기에 하시는 말씀이 4절 맨 처음 "너를 위하여"입니다. 너는 우상을 만들고 있고 특별히 하나님의 형상을 만들고 있는데 그 이유가 "너를 위하여" 만들고 있다는 것입니다. 하나님의 지적은 정확한 것입니다. 인간은 신을 위하지 않고 인간은 남을 위하지 않고 인간은 오직 자신을 위할 뿐입니다. 인간이 자신을 위하는 것은 이기심이 아니라 당연한 것입니다. 자신을 위한 것이라면 실제로 자신을 위한 것이어야 합니다. 자신을 위하여 수고하고 애쓰고 시간을 사용하고 물질을 사용하는데 정작 자신을 위한 것이 되지 못한다면 그것은 정말 어리석은 짓입니다. 인간이 자신을 위하여 신의 형상을 만듭니다. 신의 형상을 만들어주는 것은 신을 위해주는 것이요 신을 기쁘게 해주는 것이라고 생각하는 것이요 그렇게 신을 기쁘게 해드리면 신이 감동해서 자신에게 축복을 내려주실 것을 기대하고 바라는 것입니다. 돈이 많아서 신의 형상을 만드는 것이 아니고, 시간이 남아서 신의 형상을 만드는 것이 아니고, 힘이 넘쳐서 신의 형상을 만드는 것이 아니고, 신을 위해서 신의 형상을 만드는 것이 아닙니다. 철저하게 자기를 위해서, 자기가 복 받기 위한 수단으로, 자기가 잘 되기 위한 방법으로 신의 형상을 만드는 갖은 수고를 감수하는 것입니다.

사람들이 알고 있는 신들은 인간의 행동에 따라 반응하는 신들이기 때문입니다. 신들은 언제나 인간들이 신을 어떻게 대하는가를 관찰하고 점검합니다. 그래서 신들에게 잘하는 사람에게 복을 주는 것으로 알고 있습니다. 그래서 일단 신에게 잘해야 합니다. 사람들이 신에 대하여 이렇게 알고 있는 것을 하나님께도 적용하려고 하는 것입니다. 하나님도 그런 신들과 같은 것으로 생각하는 것입니다. 하나님은 하나님으로 인간들이 만들어낸 신적개념과는 전적으로 다릅니다. 하나님은 사람들에게 사람들이 생각하는 신적 개념에 근거해서 하나님을 향하여 행동하지 말라는 것입니다. 단순하게 하나님의 형상을 만들지 말라고 명령하시는 것이 아니라 그 이유와 근거를 대시는 것입니다.

## 하나님 말씀의 근거

3절이 독립된 3절이 아니라 출애굽기 1장부터 19장까지의 배경을 가진 3절이라고 말씀드렸습니다. 마찬가지로 4절 또한 독립된 4절이 아니라 출애굽기 1장부터 19장까지의 배경을 가진 4절입니다. 하나님은 4절을 규범으로, 도리로, 원칙으로 말씀하시는 것이 아니라 4절을 말씀하시기 위해서 1장부터 19장까지 나타나시고 보여주시고 알려주시고 설명하여 주신 것입니다. 잠시 돌아보겠습니다. 과연 인간이 신을 위하고 신을 기쁘게 해서 보상으로 신의 축복을 받을까요? 하나님이 인간에 대하여 그렇게 역사하실까요? 이스라엘이 어떻게 하나님께 복과 은혜를 받았습니까? 이스라엘이 하나님을 기쁘게 한 적이 있습니까? 이스라엘이 하나님을 높여 준적이 있습니까? 이스라엘이 하나님을 경배한 적이 있습니까? 이스라엘이 하나님을 감동시킨 적이 있습니까? 이스라엘이 하나님을 위한 적이 있습니까? 이스라엘이 하나님께 무엇을 바친 적이 있습니까? 이스라엘이 하나님께 긍정적 반응을 보인 적이 있습니까? 이스라엘이 하나님께 예쁜 짓을 한 적이 있습니까? 단 한 번도 없습니다. 만약 자기들 방식대로라면 이스라엘은 하나님께 복을 받는 것이 아니라 저주를 받았어야 마땅합니다.

이스라엘이 애굽에 머물러 있었을 때에 애굽 종교생활을 따라 했습니다. 하나님을 기억하지 않았고 하나님을 찾지도 않았습니다. 그런데 하나님이 이스라엘을 기억하고 하나님이 이스라엘을 찾아오셨습니다. 하나님이 모세를 이스라엘에게 보냈을 때 이스라엘 사람들조차도 모세를 통해 전달된 하나님의 말씀을 듣지 않았습니다. 그런데 하나님이 모세를 바로에게 보내어서 이스라엘을 내 보내게 하셨습니다. 홍해에서 이스라엘은 하나님을 향하여 모세에게 원망과 불평을 하였습니다. 조금도 기다리지 않았고 조금도 하나님의 역사를 기대하지 않았습니다. 그런데 하나님이 이스라엘을 위하여 은혜를 베푸사 홍해를 가르시고 바다를 마른 땅이 되게 하시어 건너게 하셨습니다. 마라에서 이스라엘은 하나님을 경배하지 않았고  하나님을 높이지 않았습니다. 물이 쓰다고 금방 하나님을 원망했습니다. 그런데 하나님은 물을 달게 하시고 이스라엘에게 마실 물을 제공하셨습니다. 신 광야에서 먹을 것이 없자 이스라엘은 하나님께 되지도 않는 억지를 부렸습니다. 애굽에 매장지가 없어서 자신들을 데리고 나왔다고 생떼를 부렸습니다. 그런데 하나님은 이스라엘을 위하여 만나와 메추라기를 공급하셨습니다. 언제 이스라엘이 하나님을 높였습니까? 언제 이스라엘이 하나님을 위해주어서 하나님의 은총을 받았습니까? 하나님이 언제 이스라엘이 하는 행동을 보시고 예쁜 짓을 한다고 하나님을 위한다고 복주고 하나님께 원망한다고 벌을 주었습니까?

결단코 이스라엘은 단 한 번도 하나님을 기쁘시게 한 적이 없습니다. 그럼에도 불구하고 하나님은 이스라엘에게 은혜를 주셨습니다. 즉 이스라엘이 하는 행동에 따라 하나님이 반응하신 것이 아닙니다. 실상은 정반대로 하나님이 이스라엘에게 은혜가 필요하다는 것을 아시고 은혜를 주셨습니다. 하나님이 이스라엘에게 복이 필요하다는 것을 아시고 복을 주셨습니다. 하나님은 인간의 행동에 따라 반응하시는 분이 아니라 인간의 필요를 아시고 인간의 필요를 먼저 채워주시는 분이십니다. 그래서 하나님께 은혜 받으려고 하나님께 복 받으려고 하나님을 위하고 신을 위하는 행동이란 필요하지 않는 것입니다. 하나님이 4절을 말씀하시는 이유는 그 행동이 필요 없기 때문입니다. 사람들은 하나님을 모르기에 자기들 방식대로 신을 생각하고 자기들 방식대로 행동하는 것입니다. 그러기에 하나님은 하나님을 알리시고 인간의 생각에 의한 행동이 필요 없다는 것을 강조하시는 것입니다. 하나님은 행여 인간이 찾지도 구하지도 않을지라도, 하나님을 전혀 높이지도 존귀하게 여기지 않을지라도, 하나님을 기쁘게 하거나 감동시키지 않을 지라도 인간에게 필요한 것을 먼저 충분히 풍성히 계속하여 제공하시는 분이십니다. 그래서 신을 위한 행동, 신을 감동시키기 위한 예물, 신을 높이기 위한 형상 등이 전혀 필요하지 않는 것입니다. 필요하지 않는 행동이기에 하나님은 하지 말라고 하시는 것입니다.

### 하나님을 섬기는 것

하나님은 인간이 만들어낸 어떤 신과도 전적으로 다르신 분이기 때문에 하나님과 관계된 신앙생활도 다른 종교 활동과 전혀 차원이 다릅니다. 인간들은 신을 위한다는 명분으로 신의 형상을 만들고 신의 집을 짓고 신을 위해 인간이 고생하는 어리석은 행동을 합니다. 신 때문에 인간에게 수고와 고난이 생긴다면 그 신은 정말 제거되어야 하는 신입니다. 하나님은 무엇인가 필요하신 분이 아니라 반대로 인간에게 필요한 것이 있습니다. 그래서 하나님이 인간의 필요를 채워주시는 분이십니다. 모든 종교에서는 인간이 신을 섬긴다는 표현을 사용합니다. 기독교에서도 하나님을 섬긴다는 말을 사용하고 성경에도 하나님을 섬기라는 표현이 나옵니다. 타 종교에서 신을 섬긴 다는 것과 기독교에서 하나님을 섬긴다는 것이 어떻게 다른지 구체적으로 비교해 보겠습니다. 이미 하나님이 아주 구체적으로 비교해 놓으셨습니다. 출애굽기 20장 5, 6절 "그것들에게 절하지 말며 그것들을 섬기지 말라. 나 네 하나님 여호와는 질투하는 하나님인즉 나를 미워하는 자의 죄를 갚되 아버지로부터 아들에게로 삼사 대까지 이르게 하거니와 나를 사랑하고 내 계명을 지키는 자에게는 천 대까지 은혜를 베푸느니라"입니다.

타 종교의 종교생활은 신을 위하는 것이며 신을 위하여 형상을 만들고 신의 형상에게 절하며 신과 신의 형상을 섬기는 것입니다. 매일 씻고 닦고 예물을 드리는 것입니다. 신에게 잘 보여야 하고 신을 감동시켜야 합니다. 그런데 기독교는 그렇게 할 수가 없습니다. 일단 하나님의 형상이 필요하지 않습니다. 당연히 하나님의 형상을 만들지 않고 형상이 없으니 절하고 예물 드리고 섬길 일이 없습니다. 하나님은 하나님의 형상을 만들고 신상에게 절하며 씻고 닦고 예물 드리는 양식의 섬기는 일을 '하나님을 미워하는 자의 죄' 라고 표현하셨습니다. 그러면 기독교에서 하나님을 섬기는 것은, 하나님을 사랑하는 것은 6절에 나오는 대로 하나님의 계명을 지키는 것입니다. 하나님의 말씀을 듣고 필요 없는 행동, 하지 말라는 것을 안 하는 것입니다. 너무나 쉽고 간단하기에 하나님이 좋은 것입니다. 다른 신들은 필요 없으니까 두지 말라고 하시니 하나님이 너무 감사한 것입니다. 대신 하나님께 죽도록 충성하라는 것이 아니라 하나님께 은혜 받고 복 받아보자고 형상을 만들고 절하고 섬기는 짓을 하지 말라고 합니다. 그래서 하나님이 고마운 것입니다. 하나님은 단 한 번도 하나님을 높여 달라고 한 적이 없습니다. 그리고 인간에게 어렵고 힘든 일을 요구하신 적도 없습니다.

성경 전체를 통하여 하나님이 행하신 역사를 통하여 분명하게 확인할 수 있는 사실은 하나님은 인간을 위한 분이시오 하나님의 모든 말씀은 인간을 위한 것이라는 사실입니다. 하나님의 말씀을 명령과 규례로 들을 것이 아니라 나의 행복과 자유와 안식을 위한 권고로 이해하신다면 신앙이 정말 즐겁고 신날 것입니다. 하나님을 바로 아시고 하나님의 말씀의 뜻을 바로 아셔서 날마다 은혜를 누리는 신앙되시기를 주님의 이름으로 축원합니다.

# 34

## 하나님이기 때문에



7 너는 네 하나님 여호와의 이름을 망령되게 부르지 말라 여호와는 그의 이름을 망령되게 부르는 자를 죄 없다 하지 아니하리라 8 안식일을 기억하여 거룩하게 지키라 9 엿새 동안은 힘써 네 모든 일을 행할 것이나 10 일곱째 날은 네 하나님 여호와의 안식일인즉 너나 네 아들이나 네 딸이나 네 남종이나 네 여종이나 네 가축이나 네 문안에 무무는 객이라도 아무 일도 하지 말라 11 이는 엿새 동안에 나 여호와가 하늘과 땅과 바다와 그 가운데 모든 것을 만들고 일곱째 날에 쉬었음이라 그러므로 나 여호와가 안식일을 복되게 하여 그 날을 거룩하게 하였느니라 12 네 부모를 공경하라 그리하면 네 하나님 여호와가 네게 준 땅에서 네 생명이 길리라 13 살인하지 말라 14 간음하지 말라 15 도둑질하지 말라 16 네 이웃에 대하여 거짓 증거하지 말라 17 네 이웃의 집을 탐내지 말라 네 이웃의 아내나 그의 남종이나 그의 여종이나 그의 소나 그의 나귀나 무릇 네 이웃의 소유를 탐내지 말라

## 하나님을 강조

### 표현과 의미

찬송가 중 일부 가사에 의아해 한 적이 있습니다. '나의 사랑하는 책'이라는 곡입니다. 가사는 '나의 사랑하는 책 비록 해어졌으나 어머님의 무릎 위에 앉아서' 로 이어집니다. 가사에 나오는 해어졌다는 표현은 닳았다는 의미인데 저는 헤어졌다로 불렀습니다. 당연히 가사의 의미가 연결이 안 되고 이상했습니다. 책이 어디로 갔는지 잃어버렸는지 혼자 고민하다가 후에서야 헤어진 것이 아니라 해어진 것을 알았습니다. 또

하나는 성탄절에 가장 많이 불리는 찬송가로 '고요한 밤 거룩한 밤' 입니다. 이번에는 저의 오해가 아니라 번역의 실수입니다. 찬송가 가사가 '고요한 밤 거룩한 밤 어둠에 묻힌 밤' 이라고 되어 있습니다. 원래의 의미는 '고요한 밤 거룩한 밤 어둠이 묻힌 밤' 입니다. 그날에 모든 것이 어둠에 묻혀버린 것이 아니라 도리어 빛 되신 하나님이 강림하심으로 말미암아 어둠이 묻혀버려서 온통 밝다는 것입니다. 그런데 가사가 어둠에 묻힌 밤이라고 되어 있어 의미가 빛이 도리어 어둠에 묻힌 밤이 되어버렸습니다. 제목이나 가사를 잘못 인식하고 있으면 그것의 바른 의미가 전달되도록 바로 잡는데 참으로 오랜 시간이 걸립니다.

성경에도 번역이 문맥의 흐름을 오해하게 만들 수 있는 경우가 등장합니다. 구약 성경에 등장하는 다윗은 소년의 이미지와 왕의 이미지가 있습니다. 다윗의 가장 대표적인 장면이 소년 다윗이 거구의 골리앗과 싸우는 것입니다. 소년으로 번역된 히브리어 단어는 소년, 아이, 종, 청년, 젊은이, 신참, 부하, 초보자 등의 의미가 있습니다. 이 단어를 가정에서 사용하면 어른과 비교하여 어린이라는 의미가 있고, 군대에서 사용하면 고참과 비교하여 신병 또는 장교와 비교하여 사병이라는 의미가 있고, 회사에서 사용하면 임원과 비교하여 신입사원이라는 의미가 있습니다. 그런데 이 용어를 다윗에게 적용할 때는 모두 소년이라고만 번역을 했습니다. 그래서 다윗하면 언제나 소년이라는 이미지가 있습니다.

물론 사무엘상 16장에 다윗이 처음 등장하는 할 때는 그 집의 여덟 아들 중에 막내 아이였습니다. 그러나 그가 군대에 갔을 때는 소년이 아니라 군대 갈 나이가 된 것입니다. 이제 다윗은 소년 다윗이 아니라 갓 입대한 부하, 막 전쟁터에 나온 신병이라는 의미가 있는 것입니다. 전쟁터에서는 소년 다윗이 아니라 신병 다윗입니다. 다윗이 골리앗과 싸울 때에는 어린이 다윗이 아니라 신병 다윗, 전쟁에 능숙하지 못한 햇 병아리 병사 다윗인 것입니다. 다윗과 골리앗의 싸움은 이제 갓 군대에 입대한 훈련병과 특수부대 공작원이 싸운 것과 같은 것입니다. 다윗이 이 싸움에서 하나님의 도움으로 극적인 승리를 하였습니다. 그것이 극적인 이유는 신병과 특수부대 공작원의 전투이었기 때문이지 특수부대 공작원과 어린이의 싸움이기 때문이 아니었던 것입니다. 또 사무엘상 21장에 다윗이 사울에게 쫓겨서 놉에 있는 제사장에게 나아가서 떡을 달라고 요청하는 장면이 나옵니다. 그때 제사장이 말하기를 21장 4절 "그 소년들이 여자를 가까이만 하지 아니하였으면 주리라 하는 지라"입니다. 제사장이 소년들에게 여자를 가까이 했느냐 안했느냐를 묻는 것이 적절하지 않고 이상합니다. 다윗의 대답이 5절 "소년들의 그릇이 성결하겠거든 하물며 오늘 그들의 그릇이 성결하지 아니하겠나이까"입니다. 다윗의 대답 또한 적절하지 않습니다. 질문과 대답이 적절하지 않은 것은 다윗과 함께 한 사람들을 모두 소년이라고 번역했기 때문입니다. 다윗과 동행한 사람들은 소년이 아닙니다. 사무엘상 21장은 이미 다윗이 전쟁에 나가 승리를 해서 사울은 천천이요 다윗은 만만이라는 칭송을 듣던 장군이 되었을 때입니다. 유능한 장군이 되어서 왕의 시기를 받게 되었고, 그래서 사울에게 피난을 다니는데 사람들을 데리고 도망 갈 때에는 소년들을 데리고 간 것이 아니라 부하들을 데리고 간 것입니다. 동일한 단어지만 군대의 상황에 맞추어 부하 또는 신병들이라고 번역했어야 하는데 언제나 소년이라고 번역하여 다윗이 소년과 동행했다고 생각하고 심지어는 이 본문에 근거하여 중세 십자군 전쟁 때 소년 십자군부대가 생겼습니다. 참 어이없는 오해들이요 이런 오해된 이미지들이 성경을 이해하는데 큰 장애가 됩니다.

## 하나님을 강조

구약에서 하나님이 인간에게 삶의 원리를 말씀하여 주셨습니다. 하나님이 말씀하여 주셨는데 사람들은 그것을 하나님이 명령하셨다고 표현합니다. 하나님은 삶의 원리를 말씀하셨는데 사람들은 그것을 율법이라고 표현합니다. 하나님은 열 마디를 말씀하셨는데 사람들은 십계명이라고 표현합니다. 성경어디에도 십계명이라는 표현은 없고 단지 열 마디 말씀이 있을 뿐입니다. 마치 남편이라 쓰고 원수라 읽는 것과 같습니다. 하나님의 말씀을 하나님의 의도대로 이해하지 않고 자신의 죄적 의도대로 오해를 해버립니다. 그러므로 하나님이 인간을 위해 귀한 가르침을 주시고 안내를 해 주시고 지도를 해 주신다는 하나님의 자상한 모습과 인자한 성품과 친절한 이미지는 전혀 나타나지 않고 하나님의 권세와 하나님의 위엄만이 강조됩니다. 더 나아가 그 말씀을 하신 하나님이 강조되지 않고 하나님이 말씀하신 열 가지 조항만이 강조되는 어리석음이 나타나고 있습니다.

기독교에서 가장 중요한 것은 가르침의 내용이 아닙니다. 하나님이 무슨 말씀을 하셨는가 하나님이 어떤 교훈을 주셨는가가 중요한 것이 아닙니다. 물론 하나님이 주신 말씀이 당연히 중요합니다. 그러나 더욱 중요한 것은 그 말씀을 하신 하나님이 누구이신가를 아는 것입니다. 기독교의 특징은 하나님입니다. 하나님의 말씀이기 때문에 그 말씀이 전혀 다른 차원을 갖는 것입니다. 만약 하나님이 아니라면 그 말씀은 세상에 널려있는 여러 유사한 가르침과 전혀 다를 것이 없어지는 것입니다. 그 말씀을 하나님이 하셨다면 그 말씀과 하나님을 연결 지어서 이해해야 합니다. 그 말 자체의 옳고 그름, 그 문장 자체의 논리성, 그 표현의 당위성을 강조할 것이 아니라 아무리 말이 안 되는 것 같아도 하나님의 말씀이라면 말이 되는 것이며, 아무리 논리가 없어 보여도 하나님의 말씀이라면 가장 옳은 말이 되는 것이며, 아무리 엉터리같아 보일지라도 하나님의 말씀이라면 가장 분명한 말씀이 되는 것입니다. 왜냐하면 하나님은 하나님이 말씀하신 대로 다 이루실 분이기 때문입니다.

# 열 마디 말씀

## 기독교의 특징

기독교의 특징은 하나님입니다. 하나님은 다른 종교의 어떤 신들과는 다르신 분입니다. 하나님이 다른 신들과 다르기에 하나님의 말씀 또한 다른 어떤 종교의 가르침과 다른 것입니다. 타 종교의 특징은 신이 대접을 받는다는 것입니다. 신이 크고 강하고 중요하다는 것입니다. 신과 인간 중 신이 먼저 대접을 받습니다. 신의 집과 개인의 집 중에 신전을 먼저 지어야 하고, 신의 예물과 자신의 식사 중 신에게 먼저 예물을 드려야 하고, 신을 향한 경배와 자신의 휴식 중 먼저 신을 위해 수고를 해야 합니다. 신은 인간에게 명령하고, 신은 인간의 삶을 통제하고 지배합니다. 이런 것은 모두 타 종교의 신, 이방 신들의 특징입니다. 이런 신 개념을 하나님에게 적용하면 안 됩니다.

종종 이방적 신 개념을 기독교와 하나님에게 동일하게 적용하는 표현들이 사용됩니다. 예를 들면 하나님과 인간 중 하나님을 먼저 높여야 한다, 하나님의 집과 인간의 집 중에 하나님의 집을 먼저 지어드려야 한다, 하나님께 드리는 예물과 내가 먹어야 하는 식물 중에 나는 못 먹어도 하나님께 드려야 한다, 하나님을 경배하는 것과 내가 쉬어야 하는 것 중에 나는 힘들어도 하나님께 경배를 우선해야 한다, 어렵고 힘든 일이라도 하나님의 명령은 무조건 지켜야 한다는 등의 표현입니다. 이렇게 말하고 권고하는 것은 하나님을 이방신 취급하는 것에 불과합니다. 하나님은 이러한 이방적 사고방식으로 생각하는 인간들의 종교관과 인식 구조를 깨고 계시는 것입니다. 하나님의 말씀을 바로 이해하여 이러한 타 종교의 신 개념, 이방의 신개념들이 바로 잡혀야 합니다. 하나님이 어떻게 얼마나 다른 분인가를 이해하여야 합니다. 만약 다르지 않다면 굳이 하나님이어야 하는 이유가 전혀 없습니다.

## 신을 위한 행위는 없다

하나님이 다른 신들과 다르기 때문에 하나님의 말씀 중 가장 우선적인 특징, 다른 종교와 구별되는 가장 대표되는 특징은 하나님은 명령하지 않았다는 것입니다. 하나님이 인간에게 명령하지 않았다는 것은 하나님의 권세와 위엄을 들먹이지 않았다는 것입니다. 하나님의 말씀이 명령이 아니기에 당연히 형벌의 규정이 없습니다. 또 하나님 말씀의 특징은 하나님을 위한 행위를 요구하는 것이 없다는 것입니다. 십계명 즉 열 마디 말씀 중에 첫 번째 말씀은 다른 신을 두지 말라는 것입니다. 두 번째 말씀은 하나님의 형상을 만들지 말고 하나님에게 절하지 말라는 것입니다. 세 번째 말씀은 하나님의 이름을 망령되지 사용하지 말라는 것입니다. 네 번째 말씀은 아예 아무 일도 하지 말라는 것입니다. 첫 번째부터 네 번째 말씀까지 인간이 하나님을 향하여 행하여야 하는 일은 아무 것도 없습니다. 하나님을 향하여 아무 것도 하지 않는 것이 하나님의 말씀을 가장 잘 순종하는 것입니다. 하나님을 위하여 무엇인가를 행하려고 한다면 그것이 바로 하나님의 계명을 범하는 것이 됩니다. 우스갯소리를 해 본다면 성도와 불신자중 하나님의 말씀을 잘 순종하는 사람들이 불신자들입니다. 불신자들은 하나님이 없다고 생각하기에 하나님을 향하여 아무 것도 안 합니다. 하나님의 형상을 만들 생각이 아예 없고 하나님을 향하여 절할 생각이 아예 없고 하나님의 이름을 망령되이 부르기는커녕 아예 하나님의 이름조차도 모르고 하나님에 대한 그어떤 두려움도 없습니다. 역설적으로 그들이 하나님의 말씀을 날마다 매순간 순종하고 있는 것입니다. 어설프게 하나님을 위한다고 하나님을 섬긴다고 하는 말과 행동들이 얼마나 기독교와 하나님의 의도와 다른지를 구분하셔야 합니다.

## 질투하시는 하나님

5절에 또 하나 재미있는 표현이 있습니다. "네 하나님 여호와는 질투하는 하나님인즉"입니다. 하나님이 무엇을 질투하실까요? 하나님이 애굽의 신들에게 질투하셨습니까? 하나님의 형상에 대한 질투입니까? 하나님은 더 크신데 이렇게 작게 만들었느냐고 화가 나시는 것입니까? 질투라는 히브리어 단어의 사전적 의미는 열정, 열심을 의미합니다. 하나님은 수동적이거나 피동적이 아니라는 것입니다. 하나님은 상대방의 행동에 따라 반응하시는 분이 아니라는 것입니다. 하나님은 인간의 행동에 따라 반응하시는 정도가 아니라, 인간의 하나님에 대한 생각이 바뀌도록, 하나님을 바로 알도록 일하시며 행동하시며 수고하시며 역사하시는 분이라는 것입니다. 하나님을 엉뚱하게 대접하면 시기하고 질투하고 삐지시는 분이 아니라 하나님이 열정을 가시고 직접 일하시고 행동하셔서 어리석은 행동을 하지 않는 존재가 되도록, 무익한 일을 반복하는 미련한 존재가 되지 않도록, 헛된 수고를 하는 대신 하나님의 은혜를 누리는 존재가 되도록 일하시겠다는 의지를 표명하시는 것입니다. 하나님이 열심과 열정을 가지고 역사하셔서 아예 천대까지 은혜를 주셔서 길이길이 복을 누릴 수 있도록 하시겠다는 의지인 것입니다. 하나님은 시기나 하시고 질투나 하시는 저급한 하나님이 아니십니다.

# 세 번째 말씀

## 신의 이름

7절 "너는 네 하나님 여호와의 이름을 망령되게 부르지 말라. 여호와는 그의 이름을 망령되게 부르는 자를 죄 없다 하지 아니하리라"입니다. 여호와의 이름을 망령되게 부르지 말라고 말씀하시는 이유는 사람들이 망령되이 부르기 때문입니다. '망령되이 부르다'는 다른 번역에서는

'함부로 부르지 말라' 고 윤리 도덕적 의미로 번역했고, 영어 성경은 조금 더 의미에 가깝게 'in vain' '헛되이' 또는 'evil purpose' '그릇된 의도, 나쁜 목적' 으로 번역하였습니다. 본문에서 말하는 '망령되이 부르다' 는 매우 종교적 의미입니다. 하나님의 말씀은 인간의 왜곡된 인식을 바로잡으려는 의도가 있기 때문에 먼저는 사람들의 생각을 알고 사람들의 생각과 대조를 해야 합니다. 사람들은 신의 이름을 종교적으로 사용하였습니다. 고대 동양 종교에서 신은 높은 존재요 권세 있는 존재입니다. 신의 형상이 만들어지고 사람들에게 위대한 모습으로 보여 지지만 정작 신의 속성과 성품에 대해서는 베일에 감추어져 있었습니다. 신은 이름이 있지만 이름보다는 신의 별호가 훨씬 알려져 있습니다. 사람들이 신의 이름을 부르는 것이 건방지게 느껴지기 때문입니다. 당연히 신의 이름은 감추어져 있고 신의 이름을 아는 자가 매우 적었습니다. 그리고 타 종교에서는 신의 이름을 아는 것은 신의 권세를 이용할 수 있다는 것을 의미했습니다. 신의 이름으로 말을 하면 이루어진다고 생각하는 것입니다. 신의 이름이 일종의 주술적 의미 즉 주문이 되는 것입니다.

하나님은 사람들의 그런 생각을 고치시는 것입니다. 사람들의 생각과 인식은 그냥 놔둔 채로 저들의 행동과 태도를 고치는 것이 아닙니다. 사람들이 그렇게 생각하고 있는 개념에 맞추어서, 너희들은 여호와의 이름을 망령되지 부르지 말라, 대신 여호와의 이름을 거룩하고 존귀하고 품위 있고 위엄 있고 조심성 있게 부르라고 말씀하는 것이 아니라는 것입니다. 하나님은 하나님의 이름에 걸 맞는 행동을 요구하는 것이 아니라 저들의 생각 자체를 고치시는 것입니다. 너희들의 생각이 틀렸다, 신 이름에 대한 너희들의 인식이 틀렸다, 너희들이 생각하는 신의 이름의 효용은 없다는 것입니다. 그래서 만약 신의 이름을 부름으로 주술적 효과를 얻을 수 있다는 생각을 품고 신의 이름을 부른다면 그것은 헛된 짓이라는 것입니다. 여호와의 이름을 망령되이 부르는 것은 건방진 행동이거나 경거망동한 짓이거나 무례한 행동이라는 것이 아닙니다. 도리어 헛된 짓, 쓸모없는 짓, 무용한 짓이라는 것입니다.

하나님과 타종교의 신과의 차이점을 구별하셔야 합니다. 타 종교의 신은 가능한 베일에 감추어져 있습니다. 그러나 기독교의 하나님은 계시하시는 분 즉 드러내고 나타내고 알리시는 분입니다. 그래서 비밀이 없고 감추어진 것이 없고 마술이 없고 비술이 없고 코드가 없고 암호가 없습니다. 당연히 여호와의 이름을 망령되이 부를 일이 없는 것입니다. 첫 번째 말씀, 두 번째 말씀, 세 번째 말씀의 공통점은 하지 말라가 아니라 할 이유, 할 필요가 없다는 것입니다. 그 어느 말씀도 하나님 때문에 인간에게 금지 조항으로, 제한 조항으로 주어진 것이 없습니다. 모든 말씀은 인간에게 필요 없는 짓이기에, 무익한 짓이기에 하지 말라는 것입니다.

## 하나님의 계시

하나님이 출애굽이라는 사건을 일으키는 목적이 애굽이라는 지역에서 가나안이라는 지역으로 옮기는 것이 아니요 종의 신분에서 자유인의 신분으로 바꾸어주는 것이 아닙니다. 출애굽의 목적은 사람들이 가지고 있는 죄적 사고방식, 이방적 신개념을 하나님의 사고방식, 하나님의 신개념으로 바꾸어 주는 것입니다. 그래서 하나님을 모르던 자들이 하나님을 알게 하는 것입니다. 하나님은 계시를 위하여 다양한 방법을 사용하셨습니다. 그러나 하나님이 사용하신 방법은 다양한 것이 아니라 사실은 한 가지 방법입니다. 하나님이 사용하신 방법은 사람들의 생각과는 다른 방법입니다. 어떤 때는 이적을 행하시고 어떤 때는 도구를 가지고 행하시고 어떤 때는 사람을 통해서 일하시고 다양한 것 같지만 결국은 오직 하나 사람들의 생각과 다른 방법 한가지입니다. 왜냐하면 사람들의 생각을 고치고 바로잡기 위해서입니다.

　모세가 하나님의 이름을 물어볼 때 하나님은 그냥 이름을 말해준 것이 아니었습니다. 그들의 신 관념 자체를 바꾸는 것이었습니다. 그래서 애굽의 신들과 같은 족보와 계보가 없다는 의미에서 출애굽기 3장 14절 "나는 스스로 있는 자다"라고 선언하셨고, 애굽의 신들은 전혀 하지 않는 말씀으로　출애굽기 4상 22절 "이스라엘은 내 아들 장자라"고 신인하셨고, 이방의 신들은 전혀 할 수 없는 행동으로 하나님의 아들들을 죽음에서 건져내시는 것을 행하셨습니다. 또 이방의 신들이 사용하는 방식으로 주술이나 어떤 굿판을 행하는 것이 아니라 말씀선포로 모든 것을 행하셨습니다. 계속하여 하나님은 저들의 죄적 사고방식을 깨고 어떤 이방신과도 다른 하나님을 알게 하시는 것이었습니다.

### 계명의 연결

　사람은 어떤 말을 할 때에든 말의 논리를 생각합니다. 이 말 다음에는 저 말을 하고, 저 말을 하였으니까 이번에는 요 말을 해야 한다는 연결점이 있다는 것입니다. 사람도 그렇게 논리적으로 말을 하는데 하물며 하나님이 아무 말이나 아무렇게나 하실 리가 없습니다. 그러므로 하나님의 말씀을 읽으실 때에는 차분히 앞뒤를 연결시켜 보시면 이 말 다음에는 저 말이 나올 것이며, 저 말 다음에는 요 말이 나올 것을 충분히 예상하실 수 있습니다. 다음에 무슨 말이 나올지를 다 알 수 있기 때문에 성경이 매우 쉽습니다.

　첫 번째 말씀이 "나 외에는 다른 신들을 네게 두지 말라"는 것이었습니다. 사람들은 많은 신들이 나를 도와주면 좋으니까 가능한 신이 많으면 좋다고 생각했습니다. 각 지역을 다스리는 신들이 있고, 각 기능을 운영하는 신들이 있으니까 많은 신들이 있으면 좋겠다는 것입니다. 그러나 하나님은 "나 외에는 다른 신들을 네게 두지 말라"고 합니다. 하나님만을 두라고 하십니다. 하나님의 말씀대로 하면 이스라엘에게는 신이 하나 뿐입니다. 그러면 사람들에게는 집중현상이 생깁니다. 신이 하나이니까 이 신에게 잘 보여야 한다는 것입니다. 그래서 두 번째 말씀의 양상 즉 신에게 잘 보이기 위한 행동으로 나타나는 것이 신의 형상을 만들고 신에게 절하고 신을 섬기는 것입니다. 그런데 하나님은 그것도 하지 말라고 하십니다. 하나님이 먼저 알아서 필요를 다 공급해 주시겠다는 것입니다.

하나님이 먼저 알아서 필요를 다 공급해 주시겠다고 하면 사람들은 일단 감사한 마음을 같습니다. 그러나 그 다음엔 신이 과연 내가 원하는 것을 줄 것인지를 궁금해 합니다. 신이 인간에게 제공해 준다는 것은 신의 생각입니다. 신의 기준과 신의 입장에서 줄 것이라고 생각하는 것입니다. 사람들은 신이 주는 것보다 내가 원하는 것이나 내가 바라는 것을 얻을 수 있으면 좋겠다는 것입니다. 그래서 세 번째 말씀의 양상 즉 사람들은 주술 또는 신의 이름을 부르기 원하는 것입니다. 그런데 하나님은 그것도 필요 없다는 것입니다. 왜냐하면 하나님은 하나님의 필요에 의해서, 하나님의 관점에서 일을 하시는 분이 아니요 하나님은 철저하게 인간 중심적인 분이시기 때문입니다.

### 죄의 개념

두 번째 말씀과 세 번째 말씀에는 다른 곳에 없는 것이 있습니다. 5절에 한번 나오고 7절에 또 한 번 나오는 것이 있습니다. 나머지 다른 말씀과 구별된 특징이 이 두 곳에는 있는데 그것이 죄에 대하여 언급하고 있다는 것입니다. 5절 "나를 미워하는 자의 죄를 갚되", 7절 "여호와는 그의 이름을 망령되게 부르는 자를 죄 없다 하지 아니하리라"입니다. 죄라는 용어의 기본적인 의미는 기준에서 벗어남입니다. 죄를 범하였다는 것은 기준이 아니라는 것, 정상이 아니라는 것, 기본이 아니라는 것입니다. 잘못했다거나 나쁜 짓을 의미하기 이전에 원래의 모습, 바른 행동이 아니라는 것입니다. 하나님은 인간을 책망하기 위하여 계명을 주시는 것이 아니라 바른 모습, 바른 행동, 바른 삶을 가르치시는 것입니다.

## 네 번째 말씀

### 너의 일

8~11절 "안식일을 기억하여 거룩하게 지키라. 엿새 동안은 네 모든 일을 행할 것이나 일곱째 날은 네 하나님 여호와의 안식일인즉 너나 네 아들이나 네 딸이나 네 남종이나 네 여종이나 네 가축이나 네 문안에 머무는 객이라도 아무 일도 하지 말라. 이는 엿새 동안에 나 여호와가 하늘과 땅과 바다와 그 가운데 모든 것을 만들고 일곱째 날에 쉬었음이라. 그러므로 나 여호와가 안식일을 복되게 하여 그 날을 거룩하게 하였느니라"입니다. 하나님이 안식일을 기억하라고 하시는 이유는 사람들이 자꾸 잊기 때문입니다. 사람들은 하나님이 계시다는 사실, 하나님이 일하신다는 사실을 잊습니다. 마치 하나님이 없는 것처럼 그래서 자기가 모든 것을 다 해야만 하는 것처럼 삽니다. 하나님은 하나님이 계시다는 것을, 하나님이 너를 위해 일하신다는 것을 기억하라는 것입니다. 안식일을 지키기 위해서 해야 하는 것은 아무 것도 안하는 것입니다. 하나님이 정말 재미있으신 분이요 말씀을 너무 유머 있게 하시고 쉽게 하십니다.

성경을 자꾸 읽으면 다음에 무슨 말이 나올지 알 수 있고 또한 성경이 논리적이기에 예측이 가능합니다. 대신 하나님의 관점으로 예측을 해야지 사람의 관점으로 예측을 하면 틀린 답이 나옵니다. 본문에 "엿새 동안은 힘써 네 모든 일을 행할 것이나" 즉 엿새 동안은 너의 일을 하라는 것입니다. 종종 사람들은 엿새 동안은 너의 일을 하고 일곱째 날은 하나님의 안식일인즉 하나님의 일을 하라고 말합니다. 이렇게 말하는 것이 인간적 관점이요 죄의 관점이요 타종교의 관점입니다. 하나님은 인간과 다르고 죄와 다르고 타종교와 다르기 때문에 다르게 말씀하십니다. 엿새 동안은 힘써 네 모든 일을 행하고 일곱째 날에는 하나님 일을 하는 것이 아니라 도리어 아무 일도 하지 말고 쉬라는 것입니다. 왜냐하면 하나님이 계시기 때문입니다. 다른 표현으로 인간의 수고로 사는 것이 아니라는 것입니다. 그래서 본문에는 너, 네 아들, 네 딸, 네 남종, 네 여종, 네 가축, 네 문안에 머무는 객 등 그 누구라도 절대로 일 즉 결과를 만들어내는 수단을 사용하지 말라는 것입니다. 그렇게 네가 일하지 않고도 하나님이 일하셔서 네가 살아간다는 것을 알라는 것입니다. 그것을 알아야 네가 쉴 수 있고 그것을 알아야 네가 안식할 수 있다는 것입니다. 인간이 쉴 수 있는 것은 인간을 쉬도록 하기 위해서 하나님이 일하시기 때문입니다. 인간이 하나님 일을 하고, 하나님이 인간 일을 하나님이 하면 하나님만 쉽고 인간은 힘이 듭니다. 하나님은 하나님 일도 하고 인간 일도 하고 그래서 인간은 아무 것도 안해야 인간이 살만한 것입니다.

# 35

# 범죄하지 않게 하려

출애굽기 20 : 12 ~ 26

12 네 부모를 공경하라 그리하면 네 하나님 여호와가 네게 준 땅에서 네 생명이 길리라 13 살인하지 말라 14 간음하지 말라 15 도둑질하지 말라 16 네 이웃에 대하여 거짓 증거하지 말라 17 네 이웃의 집을 탐내지 말라 네 이웃의 아내나 그의 남종이나 그의 여종이나 그의 소나 그의 나귀나 무릇 네 이웃의 소유를 탐내지 말라 18 뭇 백성이 우레와 번개와 나팔 소리와 산의 연기를 본지라 그들이 볼 때에 떨며 멀리 서서 19 모세에게 이르되 당신이 우리에게 말씀하소서 우리가 들으리이다 하나님이 우리에게 말씀하시지 말게 하소서 우리가 죽을까 하나이다 20 모세가 백성에게 이르되 두려워하지 말라 하나님이 임하심은 너희를 시험하고 너희로 경외하여 범죄하지 않게 하려 하심이니라 21 백성은 멀리 서 있고 모세는 하나님이 계신 흑암으로 가까이 가니라 22 여호와께서 모세에게 이르시되 너는 이스라엘 자손에게 이같이 이르라 내가 하늘로부터 너희에게 말하는 것을 너희 스스로 보았으니 23 너희는 나를 비겨서 은으로나 금으로나 너희를 위하여 신상을 만들지 말고 24 내게 토단을 쌓고 그 위에 네 양과 소로 네 번제와 화목제를 드리라 내가 내 이음을 기념하게 하는 모든 곳에서 네게 임하여 복을 주리라 25 네가 내게 돌로 제단을 쌓거든 다듬은 돌로 쌓지 말라 네가 정으로 그것을 쪼면 부정하게 함이니라 26 너는 층계로 내 제단에 오르지 말라 네 하체가 그 위에서 드러날까 함이니라

## 하나님의 유무

### 달과 손가락

옛날 공부는 얼마나 많은 정보를 섭렵하는가를 중요시 한 것이 아니라 깨달음을 중요 과제로 삼았습니다. 그래서 혼자 명상하는 시간이 많

았고 가끔씩 스승님과 때로는 심오한 때로는 황당한 대화를 주고받는 것이 교육의 모습이었습니다. 가끔은 질문이 황당하고 가끔은 대답이 황당하기도 합니다. 정답 또는 모범답안이라는 말 대신에 우문현답 또는 현문우답이라는 말이 있었습니다. 어느 날 스승님이 손가락을 들었습니다. 제자가 손가락을 쳐다보자 달을 봐야지 손가락을 보면 되느냐고 호통을 쳤다는 이야기도 들립니다. 어느 목사님이 열왕기하 4장에 나오는 엘리사와 한 여인에 관한 본문으로 설교를 하셨습니다. 엘리사가 가난한 여인에게 이웃에게서 그릇을 빌리라고 말했고 빌려온 그릇에 기름이 채워졌다는 내용입니다. 목사님의 결론은 큰 그릇을 많이 준비하라는 것이었습니다. 하나님이 아무리 기름을 부어주시고자 하여도 네가 준비한 그릇이 작거나 적으면 조금 밖에 받을 수 없으니 큰 그릇을 많이 준비하라는 것이었습니다. 과연 하나님은 큰 그릇을 많이 준비하라는 교훈을 주시고 싶었을까요? 기름 한 그릇 밖에는 아무 것도 없는 여인에게 하나님이 준비한 모든 그릇에 기름이 가득차게 하셨다면 하나님의 일하심의 목적은 가능한 큰 그릇을 많이 준비하게 하는 것일까요? 성경은 집안에 기름 한 그릇 밖에 없을 지라도 하나님이 함께 하시면 모든 그릇에 기름이 있게 할 수 있다는 것을 가르치며, 그릇을 걱정하거나 기름을 걱정하는 대신 하나님을 알고 평안과 여유와 자유한 가운데 하나님의 말씀대로 살 것을 권면하는 것입니다. 성경에 대한 이해가 세상의 교훈에 불과하면 안 됩니다.

기독교는 하나님이 계시고, 하나님이 역사하십니다. 그래서 기독교는 하나님을 알리고, 하나님의 행하신 일을 선포하는 것입니다. 기독교의 메시지가 사람을 강조하거나 사람의 역할을 결정적 변수로 간주하면 안 됩니다. 하나님이 아브람을 부르신 사건의 강조점은 하나님이 부르시고 하나님이 약속하셨다는 것 즉 하나님이 강조되어야 합니다. 하나님이 약속하셨을지라도 만약 아브라함이 믿지 않고 아브라함이 순종하지 않았더라면 그 약속은 헛것이 되었을 것이라고 말해서는 안 됩니다. 하나님이 다윗에게 기름을 부어 왕으로 세워주신 사건의 강조점도 하나 님입니다. 하나님이 아무리 다윗을 왕으로 세우려 해도 만약 다윗이 골 리앗이 무서워 도망가거나 사울 때문에 왕이 되기를 거부하려고 했다면 다윗은 왕이 될 수 없었을 것이라고 말해서는 안 됩니다. 사람의 역할이 하나님의 일하심에 변수로 작용할 수 없습니다. 사람의 역할이 하나님 의 일하심을 넘어설 수 없습니다. 사람의 역할이 하나님의 사역을 무용 화시킬 수 없습니다. 기독교는 하나님을 알리고 하나님의 행하신 일을 선포하는 것입니다. 하나님 때문에 기독교의 가르침이 기독교다울 수 있는 것입니다.

### 기독교의 메시지

본문은 하나님의 열 마디 말씀 중에서 다섯 번째부터 열 번째까지입 니다. 첫 번째 말씀부터 네 번째 말씀이 가능하기 위해서는 하나님이 하 나님이셔야 하고 그 하나님이 나의 주님, 나의 하나님이어야 합니다. 하 나님의 말씀은 법도 아니고 규례도 아니고 명령도 아닙니다. 하지 말라 는 하나님의 말씀은 인간의 자유를 제한하거나 인간의 욕구를 금지하는 규정이 아니라 인간들이 해야 한다고 생각하는 일들을 필요 없게 만들 어 주겠다는 것입니다. 하나님이 인간에게 하지 말라고 명령하시는 것 이 아니라 도리어 하나님이 하시겠다는 약속이요 선언인 것입니다.

비슷한 예를 들어보겠습니다. 가정이 조금 경제적으로 어려워질 때 철이든 아이는 집안 걱정을 합니다. 그래서 용돈 달라는 소리도 하지 않 고 놀러가자는 요구도 하지 않고 외식하자는 요청도 하지 않습니다. 어 느 날부터 집에 늦게 들어오고 집에 들어오면 바로 잠이 들어버립니다. 아들이 피곤해 하는 모습을 보고 의아해 하던 아버지가 어느 날 편의점 에서 일하는 아들을 보게 됩니다. 철이든 아들은 어떻게든 집안에 보탬을 주고 싶었던 것입니다. 그때 아버지가 아들을 불러놓고 하는 말이 '너는 아무 것도 하지 마라. 집안 걱정도 하지 말고 돈 걱정도 하지 말고 아르바이트 하지 말라' 입니다. 아버지는 아들의 자유의지를 꺾는 것이 아니고 아들의 인격을 무시하는 것이 아니고 아들을 제한하거나 속박하는 것이 아니고 아들의 소원을 금지하는 것도 아닙니다. 아버지의 말은 아버지가 일하겠다, 아버지가 돈 벌어 오겠다는 의미입니다. 물론 아버지의 말을 아들은 전혀 믿지 않습니다. 아버지가 돈을 벌어 올 수 있으면 진작 벌어오지 정작 벌어오지도 못하면서 자존심은 있어서 큰 소리만 친다고 맞받아칩니다.

하나님과 아버지의 차이점은 아버지는 아직 하지도 않은 일에 대하여 큰소리칠 뿐이요 하나님은 이미 실제로 행하셨다는 것입니다. 하나님은 자존심 때문에 큰 소리 친 것이 아니고 앞으로 그렇게 해보겠다는 희망이나 다짐을 말하는 것이 아니라는 것입니다. 하나님은 이미 증명하셨고 실제로 그렇게 행하셨다는 것입니다. 하나님이 말씀을 하시기 전에 인간들이 하나님의 말씀을 순종할 수 있는 근거를 이미, 충분히, 넉넉히 보여주셨다는 것입니다. 기독교의 메세지를 표현하는 말이 '복음' 입니다. 복음은 하나님이 이미 이루신 일의 결과를 알려 주는 것입니다. 오늘날 성도들이 하나님의 말씀을 들을 때 하나님이 행하신 일을 듣기 보다는 우리가 행할 일을 많이 듣는 것은 매우 불행한 일입니다. 하나님이 행하셨다는 사실 때문에 인간의 마음이 가벼워지고 편안해 져야 하는데, 인간이 해야 하는 일 때문에 인간의 마음이 부담스러워지는 것은 매우 안타까운 일입니다.

# 하나님의 완성

## 사람간의 일

흔히들 열 마디 말씀을 두 그룹으로 분류하곤 합니다. 첫 번째 말씀부터 네 번째 말씀까지는 하나님에 대한 말씀이고, 다섯 번째부터 열 번째까지는 사람들에 관한 말씀이라고 말들을 합니다. 그러나 이것은 옳은 구분이 아닙니다. 첫 번째부터 네 번째까지 말씀에서 하나님을 향해 이렇게 하라 저렇게 하라는 내용이 없습니다. 도리어 인간에게 이런 불필요한 일은 하지 말라, 저런 무익한 일은 하지 말라고 인간의 일, 인간의 수고, 인간의 노력, 인간의 열심에 대하여 말씀하시는 것이기에 전적으로 인간에 대한 일이지 절대로 하나님에 대한 일이 아닌 것입니다. 하나님은 인간에게 일을 시키거나 하나님을 위하라거나 하나님을 대접하라는 어떠한 요구도 없으십니다. 하나님은 언제나 인간을 위해 인간의 일에 대해 말씀하시는 것입니다.

하나님은 살인하지 말라, 간음하지 말라, 도둑질 하지 말라, 네 이웃에 대하여 거짓 증거 하지 말라, 네 이웃의 집을 탐내지 말라고 말씀하십니다. 이것 또한 인간에 관한 일들입니다. 하나님의 모든 말씀은 인간 상호간에 관한 것이지 신을 향한 태도와 신을 향한 임무에 대하여 말씀하시는 것이 아닙니다. 살인하지 말라, 간음하지 말라, 도둑질 하지 말라, 네 이웃에 대하여 거짓 증거 하지 말라, 네 이웃의 집을 탐내지 말라는 내용은 법으로, 규례로, 명령으로 될 수 없는 일입니다. 죽이고 싶은 원수가 있는데 살인하지 말라고 해서 참아지는 것이 아니며 욕망이 있는데 간음하지 말라고 해서 절제가 되는 것이 아니며 배가 고픈데 도둑질 하지 말라고 해서 견뎌지는 것이 아니며 내가 곤경에 처하게 되었는데 거짓 증거 하지 말라고 해서 바른 말을 할 수 있는 것이 아니며 갖고 싶은 것이 이웃집에 있는데 이웃의 집을 탐내지 말라고 해서 아무 일 없는 듯 살아갈 수 있는 것이 아닙니다.

법은 해야 할 행동과 하지 말아야 하는 행동을 정해 놓은 것입니다. 평상시에는 법이 매우 좋은 것입니다. 당연히 법이 정해 놓은 대로 행동해야 한다고 생각합니다. 그런데 내 사정이 절박해지면 법은 영향력이 없어집니다. 법보다 내가 중요하기 때문입니다. 교통법규는 신호등을 지켜야 한다고 정해져 있습니다. 평상시에는 잘 지키지만 내가 급한 사정이 있으면 신호를 무시하고 달려갑니다. 도둑질을 해서는 안 되는 것이 맞지만 내가 배가 고프면 도둑질을 해서는 안 된다는 말이 맞는 말이냐 틀린 말이냐는 중요하지 않습니다. 그 순간 중요한 것은 내가 배가 고프다는 것입니다. 배고픈 사람에게 도둑질을 하지 말라는 가르침은 아무런 소용이 없습니다. 사람들은 좋은 말을 하려고 하고 좋은 법을 만들려고 하고 좋은 제도를 만들려고 합니다. 하지만 가장 좋은 것은 좋은 말이 필요 없고 좋은 법이 필요 없고 좋은 제도도 필요 없는 상황을 만드는 것입니다. 사람들이 꿈꾸는 세상은 정말로 꿈꾸는 세상에 불과합니다. 사람들이 꿈꾸는 세상과 하나님이 이미 이루신 세상은 전혀 차원이 다릅니다. 당연히 꿈꾸는 세상에서 말하는 살인하지 말라, 도둑질하지 말라는 법과 하나님의 세상에서 살인하지 말라, 도둑질하지 말라는 말씀도 다릅니다. 그 차이점을 확인하도록 하겠습니다.

## 하나님의 완성

하나님은 이 열 마디 말씀을 하시기 위해서 이미 하신 일들이 있습니다. 하나님이 무엇을 행하셨는가를 알고 있어야만 우리는 이 말씀을 순종할 근거를 마련할 수 있습니다. 살인을 하는 것, 간음을 하는 것, 도둑질을 하는 것, 이웃에 대하여 거짓 증거 하는 것, 이웃의 집을 탐내는 것은 모두 나에게 무엇인가 유익을 구하기 위해서 행하는 일들입니다. 실제적으로 내가 유익을 얻지 못한다 하더라고 최소한 남이 유익을 얻지 못하도록 하여 결과적으로 내가 유익을 얻은 것과 같은 효과를 갖고자 하는 목적이라도 있습니다. 살인, 간음, 도둑질 등이 나쁜 것이라는 것은 누구나 다 알고 그것을 하고 싶어 하는 사람은 없습니다. 다만 할 수밖에 없는 절박한 상황이기 때문에 그것에 엄청난 결과가 따를 것이라는 것을 알면서도 하는 것입니다.

이렇게 절박한 상황에 처한 사람에게 그 행동의 옳고 그름을 따지는 것은 아무 소용이 없다는 것입니다. 그 사람에게 그 행동을 하지 않게 하는 방법은 그 사람의 절박한 상황을 풀어주는 것입니다. 그 행동을 해야 할 이유를 제거해 주면 됩니다. 하나님이 이러한 일들을 행하지 말라고 하시는 이유는 이러한 행동을 통하여 유익을 얻을 수 없다는 것입니다. 가장 간단하게 이런 행동을 해야 할 필요가 없다는 것입니다. 하나님이 살인하지 말라고 하십니다. 살인은 나쁜 짓이기 때문이 아닙니다. 하나님이 간음하지 말라고 하십니다. 간음은 불의한 일이기 때문이 아닙니다. 하나님이 도둑질 하지 말라고 하십니다. 도둑질은 남에게 피해를 주기 때문이 아닙니다. 하나님의 말씀을 도덕적으로 윤리적으로 철학적으로 법적으로 접근하면 안 됩니다. 하나님의 말씀은 하나님과 연관하여 상고하여야 합니다.

15절 "도둑질하지 말라"입니다. 도둑질하지 말라는 말씀을 이해하기 위해서는 하나님이 만나를 공급하신 일을 알아야만 합니다. 하나님이 만나를 주셨을 때 사람들이 나가서 거두었습니다. 어떤 사람은 많이 거두었고 어떤 사람은 적게 거두었다고 했습니다. 그런데 많이 거둔 사람도 남음이 없고 적게 거둔 사람도 부족함이 없다고 했습니다. 하루만 이렇게 된 것이 아니고 매일 이렇게 된 것입니다. 먹는 것만 이렇게 된 것이 아니고 저들의 전체 삶의 영역이 이렇게 된 것입니다. 하나님이 이렇게 이루어 주셨습니다. 하나님은 이러한 사역을 펼치시고 나서야 이 말씀을 하시는 것입니다. 만약 하나님의 말씀을 거부하고 도둑질을 하여도 남은 것이 없고 유익이 없고 얻을 것이 없습니다. 하나님이 많이 거둔 자도 남음이 없고 적게 거둔 자도 부족함이 없게 만들어 주셨기 때문에 도둑질을 통한 이점이 하나도 없기에 도둑질을 할 이유가 없습니다. 하나님은 도둑질이 좋다 나쁘다를 말씀하지 않습니다. 하나님은 도둑질이 나쁜 짓이니 하지 말라는 것이 아니라 도둑질을 할 필요가 없기 때문에 하지 말라는 것입니다.

## 거짓 증거 하지 말라

16절 "네 이웃에 대하여 거짓 증거 하지 말라"입니다. 사람들은 거짓말 자체를 나쁜 것이라고 합니다. 사실을 말하지 않고 거짓말을 하는 것은 나쁜 것이기에 하나님이 거짓말을 하지 말라고 하시는 것이 아닙니다. 거짓말이 좋은 것이냐 나쁜 것이냐를 논하는 것이 아닙니다. 하나님이 거짓 증언을 하지 말라고 하시는 이유는 거짓 증언은 옳지 않은 일이거나 나쁜 일이거나 범죄이기 때문이 아닙니다. 이스라엘이 가나안을 정복할 때 여리고 성에 살던 기생 라합은 정탐꾼을 숨겨주었습니다. 여호수아 2장 4~6절 "그 여인이 그 두 사람을 이미 숨긴지라. 이르되 과연 그 사람들이 내게 왔었으나 그들이 어디에서 왔는지 나는 알지 못하였고 그 사람들이 어두워 성문을 닫을 때쯤 되어 나갔으니 어디로 갔는지 내가 알지 못하나 급히 따라가라 그리하면 그들을 따라잡으리라 하였으나 그가 이미 그들을 이끌고 지붕에 올라가서 그 지붕에 벌여 놓은 삼대에 숨겼더라"입니다. 라합은 거짓 증언을 한 것입니다. 일반적으로 평가하면 나쁜 일을 한 것이요 거짓 증거하지 말라는 하나님의 말씀을 어긴 것입니다. 그런데 여리고 성에서 구원받은 사람은 오직 라합과 그녀의 가족뿐이었습니다.

하나님의 말씀과 사람의 말의 차이점을 알아야 하고, 하나님의 말씀의 기준과 사람의 말의 기준이 다르다는 것을 인식하셔야 합니다. 사람들의 말이나 법은 그 사람의 처한 상황과 관계가 없습니다. 그 행동 자체의 정당성만을 따집니다. 물론 정상참작이라는 것이 있고, 정당방위라는 것이 있어 나름 고민을 하지만 근본은 그 행동자체에 집중하게 되어 있습니다. 하지만 하나님은 사람에게 집중합니다. 어느 것도사람의 생명보나 우선할 수 없습니다. 히나님은 행동의 옳고 그름을 말씀하시는 것이 아니라 행동이 필요 없게 만들어 주시는 분이십니다. 하나님이 하지 말라고 하신 이유는 할 필요나 할 이유가 없다는 것입니다. 틀린 행동이나 나쁜 행동이기에 해서는 안 되는 것이 아니라 할 이유가 없기 때문에 하지 말라는 것입니다.

하나님의 열 마디 말씀을 이해할 때 중요한 것은 하나님이 이 말씀을 하시기 위해서 이미 많은 역사를 이루어주셨다는 것입니다. 그래서 이 말씀을 순종할 만한 근거를 제공해 주셨다는 것입니다. 하지 말라는 금지의 법이나 금지의 명령을 내리신 것이 아니라 이미 그 행동을 할 필요가 없도록 만들어주셨다는 것입니다. 하나님이 아무 것도 만들어 주시지 않은 채 이 말씀을 하셨다면 이 말씀은 세상의 가르침과 똑 같은 것에 불과합니다. 그러나 하나님이 이미 이 말씀을 순종할 만한 근거로 하나님 자신을 계시하시고 하나님이 계속하여 이스라엘과 동행하시며 역사하실 것을 보증하셨기 때문에 이 말씀이 가능한 것입니다. 하나님이 이스라엘을 위하여 역사하셨습니다. 이스라엘의 필요를 채우시고 모든 것을 공급하셨습니다. 하나님이 완성하셨습니다. 하나님이 역사를 이루시고 하나님이 완성하셨다면 더 이상 보완해야 하는 것이나 개선해야 하는 것이나 첨부해야 할 내용이 없습니다. 만약 하나님이 완성하지 않았다면 하나님의 말씀은 이것을 해라, 저것을 행하라고 나와야 합니다. 그런데 하나님이 완성하셨기 때문에 행하라는 과업이 없습니다. 대신 하지 말라는 말씀은 하나님이 완성하셨다는 말씀이요, 그 말씀은 다른 표현으로 하나님의 완성을 깨지 말라는 것입니다. 사람들이 무엇을 행하든지 하나님이 이미 이루어 놓으신 것보다 더 좋게 할 수 없습니다.

### 하나 됨을 지키라

똑 같은 내용을 신약에서는 다른 표현으로 설명합니다. 에베소서 4장 1~3절 "그러므로 주 안에서 갇힌 내가 너희를 권하노니 너희가 부르심을 받은 일에 합당하게 행하여 모든 겸손과 온유로 하고 오래 참음으로 사랑 가운데서 서로 용납하고 평안의 매는 줄로 성령이 하나 되게 하신 것을 힘써 지키라"입니다. 이 말씀의 요점은 "성령이 하나 되게 하신 것을 힘써 지키라"입니다. 바울은 우리에게 너희가 하나가 되라고 말하지 않고 이미 하나님이 하나로 만들어 주셨으니 하나님이 만들어 주신 하나 됨을 지키라는 것입니다. 하나님은 우리 모두를 하나로 이루어주시고 이미 연합과 일치를 이루어 주셨습니다. 더 이상 할 일이 없고 더 이상 새롭게 개선할 일이 없고 변화를 주어야 할 내용이 없습니다. 하나님의 권고는 '하나 됨을 지키라' 다른 표현으로 '하나님이 하나 되게 하신 상태를 유지하라' 또는 '하나님이 이루어 놓으신 상황을 깨지 말라' 는 것입니다. 하나님이 이루셨고 하나님이 완성하셨습니다. 하나님이 이루신 것이 가장 좋습니다. 인간이 더 좋게 더 낫게 더 훌륭하게 더 가치있게 만들어 낼 수 없습니다. 하나님의 일하심에 인간의 수고와 노력이 들어가는 순간 인간의 하나 됨, 인간의 평화가 깨집니다. 하나님은 그것을 하지 말라는 것입니다.

### 하나님이 하신 일보다 더한 일이 있을까?

하나님이 행하신 것보다 더 나아질 것이 없다는 것을 설명하는 것이 23절 이하입니다. 23절 "너희는 나를 비겨서 은으로나 금으로나 너희를 위하여 신상을 만들지 말고"입니다. 사람들이 은으로나 금으로나 신상을 만들려는 이유는 은이나 금을 입히면 더 좋다고 생각하는 것입니다.

그냥 나무로 형상을 만든 사람이 있고 은을 입힌 사람이 있습니다. 차별이 생기고 우열이 생기고 하나 됨이 깨집니다. 25절 "네가 내게 돌로 제단을 쌓거든 다듬은 돌로 쌓지 말라. 네가 정으로 그것을 쪼면 부정하게 함이니라"입니다. 사람들이 돌을 다듬으려고 하는 이유는 돌을 다듬어서 더 멋있게 더 품위 있게 할 수 있다고 생각하기 때문입니다. 정으로 쪼는 것이 부정하게 만드는 일이라는 의미가 아니라 인간의 사고방식에 입각한 행동이 하나님을 왜곡한다는 것입니다. 하나님이 저와 여러분을 은혜로 구원하셨습니다. 은혜로 구원하신 이유는 첫째는 아무도 자격을 갖춘 사람이 없기 때문이요 둘째는 하나님이 은혜로 구원을 하셨기에 구원받은 자가 아무도 자신을 자랑할 수 없게 만드신 것입니다. 그래야 하나가 될 수 있기 때문입니다. 교회 안에는 자랑과 갈등과 나뉨과 분열이 있을 수 없습니다. 오직 하나님이 행하셨기 때문입니다.

## 하나님의 임하심

### 죽을까 하나이다

시내산에서 하나님이 열 마디 말씀을 하셨습니다. 이 말씀을 직접 들은 백성들의 반응을 보겠습니다. 20장 18, 19절 "뭇 백성이 우레와 번개와 나팔 소리와 산의 연기를 본지라. 그들이 볼 때에 떨며 멀리 서서 모세에게 이르되 당신이 우리에게 말씀하소서. 우리가 들으리이다. 하나님이 우리에게 말씀하시지 말게 하소서. 우리가 죽을까 하나이다"입니다. 하나님의 음성을 듣고 백성들은 죽을까 두려워했습니다. 하나님이 그 동안 단 한번이라도 인간에게 협박하신 적이 없고, 하나님이 그 동안 단 한번이라도 인간에게 무시무시하게 등장한 적이 없고, 하나님이 그 동안 단 한번이라도 인간에게 살벌하게 나타나신 적이 없기에 백성의 반응은 매우 이상한 태도입니다. 본문에 나타난 장면들의 아이러니를 보셔야 합니다. 18절 "뭇 백성이 우레와 번개와 나팔 소리와 산의 연기를 본지라"입니다.  하나님은 말씀하셨고 저들은 우레와 번개와 나팔 소리를 들었습니다. 우레와 번개와 나팔 소리를 듣고 놀래서 무서워 떠는 것입니다. 하나님은 왜 자상하고 부드러운 목소리로 말씀하지 않고 우레와 번개 소리를 내셨는지 그 이유를 알아야 합니다. 하나님은 원래 권위 있게 폼 나게 큰 목소리로 나타나시는 분이 아니십니다. 그런데 우레와 번개로 말씀하시는 이유는 이렇게 나타나지 않으면 사람들이 믿지를 않기 때문입니다. 하나님이 사람처럼 말씀하시면 하나님의 출현을 인식하지 못하고, 하나님을 하나님이 아닌 사람 중의 하나로 생각해 버립니다. 그래서 저들에게 하나님처럼 보이기 위해서 우레와 번개소리를 내시는 것입니다. 비록 하나님 자신의 속성과 맞지 않더라고 백성들의 눈높이에 맞추어 주시는 것입니다.

하나님이 이렇게 자상하게 백성들의 수준으로 임재하시니 백성들은 이번에는 과연 하나님이라고 감탄하는 것이 아니라 도리어 두려워하며 자신들이 죽을까 염려합니다. 인간들이 하나님에 대해 아는 것이 없고, 인간들의 마음이 이랬다저랬다 하는 것입니다. 이스라엘 백성들의 요청에 의해 하나님은 직접 우레와 번개로 말씀하지 아니하시고 모세로 하여금 하나님의 말씀을 전달하게 합니다. 모세가 하나님의 말씀을 전달하면 사람들은 모세를 통한 하나님의 말씀을 경청하는 것이 아니라 모세의 말은 모세의 말일 뿐이라고 업수이 여깁니다. 하나님이 이랬더저랬다 하시는 것이 절대로 아니라 인간이 이랬다저랬다 하는 것입니다. 이랬다저랬다 하는 인간을 상대해 주기가 매우 어렵습니다. 대체적으로 사람들의 경우에는 상대방에게 맞추어 주기보다는 자신의 방식대로 말한 후에 들을 사람은 듣고 안듣는 사람은 어쩔 수 없다고 합니다. 그러나 하나님은 한 사람도 포기하지 않으시기 위하여 인간들이 이렇게 요구하면 이렇게 응답하시고 저렇게 요구하면 저렇게 응답해 주십니다.

그러면서 하나님의 일을 진행시켜 나가시는 것입니다.

## 하나님의 임하심은

백성들의 요청에 대해 모세가 하는 대답이 20절 "두려워하지 말라"입니다. 참 중요한 말입니다. 사람들은 자신들이 요청한 상태에 대해 자신들이 두려워하는 것입니다. 어리석음의 극치입니다. 더 나아가 20절 후반부 "하나님이 임하심은 너희를 시험하고 너희로 경외하여 범죄 하지 않게 하려 하심이니라"입니다. 하나님이 이스라엘에게 임하심은 우선 "너희를 시험하고"입니다. 본문의 시험은 테스트가 아닙니다. 만약 테스트라면 다음 문장과 말이 맞지를 않습니다. 테스트 하여 합격하면 상을 주고 불합격하면 벌을 주려고 한다면 "너희로 경외하여 범죄하지 않게 하려 하심"이 되지 않는 것입니다. 말 그대로 "너희를 여호와를 경외하여 범죄하지 않게 하려"고 하면 하나님을 가르쳐야 합니다. 범죄 하지 않을 수 있도록 만들어 주시는 것이 중요하지 시험하는 것이 중요한 것이 아닙니다. 시험은 교육, 가르침, 훈육, 양육을 의미하는 것입니다. 하나님이 임하심은 너희를 가르쳐서 너희가 하나님을 존경하게 만들고 너희로 범죄 하지 않게 하려 하심으로 연결되는 것입니다.

하나님의 임하심의 근본목적은 "너희로 하여금 범죄 하지 않게 하려"입니다. 하나님은 인간을 부려먹으려는 분이 아니시고, 하나님은 인간이 범죄 하였을 때 심판하시는 분이 아니십니다. 하나님의 일하심은 인간으로 하여금 범죄하지 않게 하려는 것입니다. 인간을 범죄 하지 않도록 협박하는 것이 아니라, 형벌을 강하게 제시하는 것이 아니라, 아예 범죄가 발생할 일이 없도록 만들어 주시는 것입니다. 하나님은 저와 여러분을 도와주시는 것입니다. 하나님을 아시기 바랍니다. 하나님이 전능하시다는 것을 아시고, 그 전능하신 하나님이 나의 하나님이시라는 것도 아시고, 그 나의 하나님이 이미 나의 삶을 행복으로 완성해 놓으셨

다는 것도 아시고, 그래서 하나님의 말씀대로 순종하여 그 행복을 날마
다 누리며 사시기를 주님의 이름으로 축원합니다.

# 36
## 하나님의 법규

출애굽기 21 : 1 ~ 11

1 네가 백성 앞에 세울 법규는 이러하니라 2 네가 히브리 종을 사면 그는 여섯 해 동안 섬길 것이요 일곱째 해에는 몸값을 물지 않고 나가 자유인이 될 것이며 3 만일 그가 단신으로 왔으면 단신으로 나갈 것이요 장가 들었으면 그의 아내도 그와 함께 나가려니와 4 만일 상전이 그에게 아내를 주어 그의 아내가 아들이나 딸을 낳았으면 그의 아내와 그의 자식들은 상전에게 속할 것이요 그는 단신으로 나갈 것이로되 5 만일 종이 분명히 말하기를 내가 상전과 내 처자를 사랑하니 나가서 자유인이 되지 않겠노라 하면 6 상전이 그를 데리고 재판장에게로 갈 것이요 또 그를 문이나 문설주 앞으로 데리고 가서 그것에다가 송곳으로 그의 귀를 뚫을 것이라 그는 종신토록 그 상전을 섬기리라 7 사람이 자기의 딸을 여종으로 팔았으면 그는 남종 같이 나오지 못할지며 8 만일 상전이 그를 기뻐하지 아니하여 상관하지 아니하면 그를 속량하게 할 것이나 상전이 그 여자를 속인 것이 되었으니 외국인에게는 팔지 못할 것이요 9 만일 그를 자기 아들에게 주기로 하였으면 그를 딸 같이 대우할 것이요 10 만일 상전이 다른 여자에게 장가들지라도 그 여자의 음식과 의복과 동침하는 것은 끊지 말 것이요 11 그가 이 세 가지를 시행하지 아니하면, 여자는 속전을 내지 않고 거저 나가게 할 것이니라

## 세상의 변화

### 하나님의 나라

동서고금을 막론하고 좋은 세상, 살기 좋은 세상에 대한 기대는 언제나 어디에나 있습니다. 어느 곳에서는 넬라 환타지아라고 하고 어느 지역에서는 파라다이스라고 하고 어느 시대에는 무릉도원이라고 하고 어

떤 사람들은 유토피아라고도 합니다. 모두가 바라는 이런 세상은 사람들이 단지 바라는 모습일 뿐 실제로 그런 세상은 없는 것입니다. 기독교에서 천국 또는 하나님 나라를 생각할 때 이러한 파라다이스, 무릉도원, 유토피아와 유사한 것으로 생각해서는 안 됩니다. 이상향을 설명할 때 넬라 환타지아의 가사처럼 자유로운 영혼들이 있고 박애와 정의가 있는 곳으로 소개 됩니다. 기독교의 천국도 흔히 저 하늘에는 눈물이 없고 거기는 슬픔도 없다는 복음성가 가사식으로 소개가 됩니다. 소개되는 모습이 유사하다고 해서 그 실상을 유사한 것으로 이해하시면 안 됩니다. 어딘가에 파라다이스가 있듯이 하나님의 나라도 따로이 있는 어떤 장소로 인식하셔도 안 되고, 무릉도원이라는 상황과 모습이 있듯이 하나님 나라를 별도로 존재하는 어떤 상태로 인식하셔도 안 됩니다.

기독교는 세상을 변화시키는 종교가 아니고, 이상향을 건설하는 종교도 아닙니다. 기독교는 지상낙원을 만들고 세상을 변화시켜 천국으로 바꾸는 노력을 하는 것이 아닙니다. 성경에서 말하는 하나님의 나라의 핵심은 '나라'가 아니라 '하나님'입니다. 하나님 나라는 하나님이 사시는 나라가 아니고 하나님이 왕 노릇 하는 나라가 아니고 하나님이 만들어 놓은 어떤 장소나 상태를 말하는 것이 아니고 하나님의 마음, 하나님의 심정, 하나님의 원리, 하나님의 기준, 하나님의 가치가 적용되는 것을 말합니다. 하나님 나라는 하나님의 마음이 있는 곳, 하나님의 심정이 있는 곳인데 하나님은 하나님 마음이 충만하십니다. 하나님 나라에서 하나님은 아무런 문제가 없으십니다. 하나님의 마음이 없는 것이 바로 인간입니다. 하나님 나라가 없어서 하나님 나라를 못 사는 것이 아니고, 하나님 나라를 가지 못해서 하나님 나라를 살지 못하는 것이 아니라 하나님의 마음과 심정이 없어서 하나님 나라를 살지 못하는 것입니다. 하나님은 인간들에게 하나님 나라에서 살라고 초청하시는데 별도의 하나님 나라로 끌고 가시거나 별도의 하나님 나라의 상황으로 데리고 가는 것이 아니라 그 하나님 나라는 하나님의 마음을 가지고 사는 것입니다. 사람들에게 하나님의 마음이 없기에 하나님은 하나님의 마음을 주시는 것입니다. 기독교는 세상을 변화시키는 종교가 아니고 이상향을 꿈꾸는 종교가 아닙니다. 기독교는 하나님의 마음으로 하나님의 나라를 살아가는 종교입니다.

### 문제 해결

인간의 삶에는 언제나 문제 현상이 있습니다. 다만 각 시대마다 문제의 이슈가 조금씩 다를 뿐입니다. 우리나라에서도 1960~70년대의 문제 이슈는 잘 먹고 잘 사는 것이었습니다. 1980~90년대에는 범죄와의 전쟁이 이슈였고 2010년의 이슈는 공정한 사회입니다. 잘 먹고 잘 사는 세상을 만들자, 범죄 없는 세상을 만들자, 공정한 사회를 만들자고 합니다. 잘 먹고 잘 사는 세상을 만들기 위해서 경제를 개발해서 어느 정도 잘 먹고 잘 사는 세상을 만들었더니 평안해진 것이 아니라 먹을 것 뺏어 가려고 범죄가 많아 진 것입니다. 범죄 없는 세상을 만들기 위해서 폭력배 다 잡아들여서 아주 힘들게 고생을 시켜서 힘쓰는 사람들의 힘을 약화시키자 사람들이 머리를 쓰기 시작해서 불공정한 사회가 된 것입니다. 공정한 사회를 만들기 위해서 법을 공정하고 강력하게 집행하면 문제가 해결되는 것이 아니라 다른 문제가 발생할 것입니다.

인간이 살아가는 어느 상황에서 문제가 발생하면 해결을 위한 시도가 대체적으로 두 가지 유형으로 등장합니다. 첫 번째가 사람을 바꾸는 것입니다. 여기서 말하는 사람을 바꾼다는 말은 현재의 담당자를 다른 사람으로 교체한다는 것입니다. 그 동안 진행되어오던 상황에서 별 탈 없이 지내오다가 어떤 문제가 발생하였다면 사람이 잘못을 한 경우가 가장 일반적일 것입니다. 그래서 제일 먼저 문제를 야기한 담당자를 교체하는 것입니다. 문책성 인사가 바로 그것이고 선거가 바로 그것입니다. 우리나라 초창기 선거 때에 '못 살겠다 갈아보자' 라는 표어가 있었는데 그럴듯한 표어였다고 생각합니다. 그런데 사람들은 다른 사람이 와도 별 차이가 없다는 것을 이미 알고 있습니다. 실제로 새 사람이 와도 얼마 지나지 않으면 곧 유사한 문제를 야기하는 것을 경험하게 됩니다. 그래서 나온 표어가 '갈아봤자 소용없다' 는 것이었습니다. 사람을 교체하는 것에 대하여 새 술은 새 부대에 라는 말이 있는가하면 구관이 명관이라는 말도 있습니다.

문제를 해결하는 두 번째 방식은 사람은 어차피 그 사람이 그 사람이기 때문에 사람을 바꾸어서 되는 것이 아니라 본질적으로 제도를 바꾸어야 한다고 주장하는 것입니다. 그래서 어떤 사람이 와도 사람에 의하여 달라지지 않도록 아예 제도적으로 보장을 해 두어야 한다고 말을 합니다. 그래서 틈만 있으면 헌법이 바뀌고, 문제가 발생하면 법이 바뀌고, 상황만 달라지만 제도가 바뀝니다. 그런데 이렇게 법과 제도를 바꾸는 사람도 그것이 해결책이 아니라는 것을 이미 알고 있습니다. 그래서 법과 제도를 바꾸면서도 공통적으로 하는 말이 온전한 법은 없다, 완벽한 제도는 없다고 합니다. 결국 답이 없다는 것이요 사람의 해결책은 늘 원점으로 돌아옵니다. 한 번은 사람 즉 담당자를 교체하는 것이요 다른 한 번은 제도를 바꾸는 것으로 반복됩니다.

### 기독교의 방법

기독교 단체들이 사회 현상들에 참여하는 경우가 많이 있습니다. 어떤 문제들에 대하여 기독교적 대안을 제시하려고 노력들을 합니다. 그런데 아쉬운 것은 기독교 단체들이 내세우는 대안들이 세상과 전혀 다를 바가 없다는 것입니다. 기독교 단체들이 내 놓는 대안도 언제나 둘 중의 하나입니다. 사람을 바꾸거나 제도를 바꾸는 것입니다. 성경에서 하나님이 무엇을 행하셨는가 어떻게 행하셨는가를 이해해야 합니다. 인간의 문제에 대하여 사람을 교체하셨는가 제도를 바꾸셨는가 아니면 전혀 다른 방식으로, 전혀 다른 일을 행하셨는가를 구별하실 줄 알아야 합니다.

하나님은 처음에 아담을 세우시고 범죄 하자 노아를 세우시고 노아도 술 먹고 실수하자 아브라함을 세우시고 니중에 백성의 숫자가 많아지자 모세를 세우시고 다음엔 다윗을 세우시고 계속적으로 시대와 상황에 맞는 적절한 인물로 교체를 해 오신 것일까요? 아니면 하나님은 처음엔 족장제도를 사용하시고 출애굽과 광야에서는 일인 대표와 열 두 최고위원 제도를 사용하시고 가나안 정복시대엔 장군을 내세워 군정을 펼치시고 나라가 정착한 뒤에는 왕정으로 시대와 상황에 맞는 적절한 제도로 바꾸어 오신 것일까요? 그렇다면 예수님은 무엇을 하신 것일까요? 왕 다음으로 제자들을 세우시고 왕정 제도 다음으로 교회제도를 세우신 것일까요? 이런 말씀을 살펴보는 이유는 출애굽기 21장에 나오는 하나님의 법규 때문입니다. 하나님의 법규가 과연 무엇이냐를 정확하게 이해하자는 취지로, 세상의 법과 비교해서 하나님의 법규에 대하여 바르게 이해하자는 취지로 한 것입니다.

## 제도와 마음

### 하나님의 법

21장 1절 "네가 백성 앞에 세울 법규는 이러하니라"입니다. 출애굽기 21장부터 23장까지를 언약법전이라고 부릅니다. 하나님의 법이 소개되고 있기 때문입니다. 사람들은 하나님의 말씀을 법이라고 생각했습니다. 사람들이 모였고 이제 광야에서 함께 생활을 하게 되었으니 당연히 일들이 발생할 것이고, 질서를 유지하고 모든 사람들의 자유와 평안을 보장하기 위해서는 당연히 법이 필요하다고 생각하는 것입니다. 그래서 하나님은 법규를 정하게 주시는 것이고, 사람들은 법규를 알아야 하고 법규를 지켜야 하고 또 법을 정했으니 집행을 해야 한다고 생각하는 것입니다. 이렇게 생각하는 것은 사람들의 생각에는 너무나 당연한 것입니다. 그런데 그것은 사람들의 생각일 뿐입니다. 21장 이하의 말씀을 하시는 분은 사람이 아니라 하나님이십니다. 만약 하나님도 사람들과 똑같이 생각하시고, 하나님도 사람들과 똑같은 방법을 제시하고 있다고 생각하시면 그것은 하나님에 대한 큰 오해입니다. 하나님이 사람과 똑같이 생각하고 사람과 똑같은 방식을 제안하시면 사람끼리 문제를 해결하지 굳이 하나님을 믿을 이유가 없습니다.

분명 21장 1절에 법규가 등장합니다. 그래서 사람들은 하나님이 법을 정하셨다고 생각합니다. 다만 이 법은 구약시대에 구약의 상황에 맞는 법이었고, 지금은 신약시대요 신약의 상황이기에 구약의 법이 적용되지 않는다고 생각하는 것이 엄청난 오해입니다. 비록 법규라는 표현으로 나타나지만 하나님은 법을 만드신 적이 없고 하나님은 제도를 만드신 적이 없습니다. 하나님은 법으로 인간들이 살만한 세상을 만들 수 있고 유지할 수 있다고 생각하지 않으시고, 하나님은 좋은 제도로 인간들이 평안과 자유와 행복을 누릴 수 있게 할 수 있다고 생각하지 않으십니다. 그래서 하나님은 법이나 제도에 의존하지 않으십니다. 그래서 하나님은 법이나 제도를 만들지 않으십니다. 그래서 성경에 나오는 법규들처럼 보이는 것은 전혀 법이 아니요 제도가 아닙니다.

### 과연 법, 제도인가?

성경을 연구하는 일반인들 중에 성경에 나오는 구절을 근거로 해서 하나님에 대하여 기독교에 대하여 시비를 걸어오는 경우가 종종 있습니다. 대표적인 것들이 하나님의 법규에 대한 오해에서 비롯되는 것입니다. 2절을 보시면 "네가 히브리 종을 사면 그는 여섯 해 동안 섬길 것이요 일곱째 해에는 몸값을 물지 않고 나가 자유인이 될 것이며"라고 나옵니다. 분명 종을 사고파는 내용을 언급하고 있습니다. 그렇다면 하나님은 종의 제도, 노예 제도를 찬성하시는 것입니까? 더 심한 내용도 나옵니다. 7절 "사람이 자기의 딸을 여종으로 팔았으면 그는 남종 같이 나오지 못 할지며"입니다. 본문에서 딸을 판다는 것은 인신매매나 노예로 판매하는 것을 말하는 것이 아니라 남의 집의 부인으로 딸을 보내는 것 즉 일종의 결혼거래를 의미합니다. 창조주로서 모든 인간을 평등하게 창조하셨다면 당연히 사람을 사고파는 제도를 없애셔야 하는데 하나님의 법규 안에 사람을 사고파는 조항을 넣을 수 있느냐고 물을 것입니다. 하나님은 노예제도나 인신매매 또는 결혼지참금 제도에 대해서 찬성 또는 묵인 하는 것으로 여겨집니다. 아주 살벌한 것도 있습니다. 12절 "사람을 쳐 죽인 자는 반드시 죽일 것이나", 15절 "자기 아버지나 어머니를 치는 자는 반드시 죽일지니라", 16절 "사람을 납치한 자가 그 사람을 팔았든지 자기 수하에 두었든지 그를 반드시 죽일지니라", 17절 "자기의 아버지나 어머니를 저주하는 자는 반드시 죽일지니라"등입니다. 12절 이하의 말씀을 보면 하나님은 사형 제도를 찬성하는 정도가 아니라 아예 적극지지 또는 적극 추천하는 것처럼 보입니다. 일반인들이 이런 구절들을 오해하여 기독교와 하나님에 대해 어이없는 시비를 거는 것입니다.

다른 곳을 살펴보면 아브람은 부인이 여럿이었습니다. 하나님은 일부다처에 대해서 금지하신 적이 없습니다. 다윗이 여러 아내를 가졌다고 혼내신 적이 없습니다. 솔로몬의 축첩을 징계하시지 않았습니다. 그렇다면 하나님은 일부다처주의이신가요? 결혼 제도에 대하여도 논란이 일어날 수 있습니다. 21장 8절 "만일 상전이 그를 기뻐하지 아니하여 상관하지 아니하면 그를 속량하게 할 것이나 상전이 그 여자를 속인 것이 되었으니 외국인에게는 팔지 못 할 것이요"입니다. 남자가 남의 집 딸을 부인으로 맞이하였는데 기뻐하지 아니하면 다시 보낼 수 있다는 것입니다. 게다가 9절 "만일 그를 자기 아들에게 주기로 하였으면 그를 딸 같이 대우할 것이요"입니다. 자기가 부인 삼으려고 했다가 맘에 안 들면 아들에게 줄 수도 있답니다. 부부관계에 대해서도 얼핏 생각하면 아주 잔인한 내용이 있습니다. 10절 "만일 상전이 다른 여자에게 장가들지라도 그 여자의 음식과 의복과 동침하는 것은 끊지 말 것이요"입니다. 아예 첩이나 후처 제도를 공공화하고 있습니다. 다른데 장가들어도 여자의 음식과 의복을 끊지 말라는 것은 좋습니다. 그런데 이미 나 싫다고 떠난 남자에게 동침하는 것을 끊지 말라는 조항을 만들어 주고 있습니다. 여성 운동하는 분들이 보면 피를 토할 내용들이 많이 있습니다. 이것이 과연 인간을 사랑하고 인권을 존중하는 하나님의 법이냐고 따질 수 있습니다. 제도의 경우에도 하나님이 이스라엘에 왕을 세워주신 적이 있습니다. 처음에는 하나님이 선발해서 기름을 부어 세우셨고, 나중에는 자기들이 알아서 세습으로 왕이 되기도 하였고, 쿠데타를 일으켜 왕이 되기도 하였고, 심지어는 하나님이 쿠데타를 사주하기도 하였습니다. 이런 기록에 근거하여 하나님은 왕정주의자라고 오해할 수도 있습니다.

성경에서 하나님의 법규라고 알려진 내용들을 읽어보고 실제로 적용을 하려고 하면 도무지 적용하기에 무리가 따르는 것이 있습니다. 2절 "네가 히브리 종을 사면 그는 여섯 해 동안 섬길 것이요 일곱째 해에는 몸값을 물지 않고 나가 자유인이 될 것이며"입니다. 사람들이 이 규정을 순적하게 지킬까요? 더 나아가 3절 "만일 그가 단신으로 왔으면 단신으로 나갈 것이요 장가들었으면 그의 아내도 그와 함께 나가려니와"입니다. 여러분 같으면 순순히 보내주시겠습니까? 더 심한 것이 있습니다. 4~6절 "만일 상전이 그에게 아내를 주어 그의 아내가 아들이나 딸을 낳았으면 그의 아내와 그의 자식들은 상전에게 속할 것이요 그는 단신으로 나갈 것이로되 만일 종이 분명히 말하기를 내가 상전과 내 처자를 사랑하니 나가서 자유인이 되지 않겠노라 하면 상전이 그를 데리고 재판장에게로 갈 것이요 또 그를 문이나 문설주 앞으로 데리고 가서 그것에다가 송곳으로 그의 귀를 뚫을 것이라 그는 종신토록 그 상전을 섬기리라”입니다. 상전이 부인을 주었으면 부인과 자식들은 상전 소속이랍니다. 이것이 지켜질까요? 물론 이것이 법으로 정해져 있어서 지켜야 하고, 만약 지키지 않으면 심한 처벌을 받는다고 하면 지켜질 수 있을 것입니다. 일곱째 해에 종이 나가도록 몸값을 물지 않고 나가게 할 것입니다. 대신 육년 동안 죽도록 노동을 시킬 것입니다. 또 종에게 상전이 아내를 주기도 할 것입니다. 그러면 아내와 자식들을 계속 노동력으로 쓸 수 있기 때문입니다. 이 법규들은 하나님의 법규, 인간을 사랑하시고 인간의 자유와 평안과 행복을 도우시는 하나님의 제도라고 도무지 생각할 수 없고 적용할 수 없는 비상식적인 조항들입니다. 하나님의 법규로 소개되는 말씀의 의미를 바르게 이해해야 합니다.

## 하나님의 법규

### 하나님의 마음

사람들은 하나님의 말씀을 하나님의 법규라고 생각합니다. 하나님의 말씀을 법규로 생각하기 때문에 사람들은 지켜야 한다, 순종해야 한다, 복종해야 한다고 말합니다. 그리고 지키기 위해서 일단 법규가 무엇인지 알아야 하고, 만약 불순종 했을 경우에 받을 벌이 무엇인지를 알려고 합니다. 그렇게 알고 난 후에는 매우 무서워합니다. 이것이 하나님의 말씀을 오해하는 전형적인 양상입니다. 하나님 나라의 핵심은 하나님이라고 했습니다. 하나님의 법규의 핵심 또한 법규나 법 규정이 아니라 하나님입니다. 그래서 하나님의 법규에 나오는 조항들을 실제적으로 운영하기 위해서는 필수적인 전제조건이 있는데 바로 하나님입니다. 하나님이 계시지 않으면 이 조항들은 아무 소용이 없습니다. 하나님이 계셔야 하고 백성들은 하나님의 마음을 모두 알고 있어야 하는 것입니다. 그런데 더욱 재미있는 것은 하나님을 알고 하나님의 마음을 가지고 있으면 이러한 조항들이 아무런 필요가 없다는 것입니다. 결국 이 조항들은 법이 아닌 것이 되는 것입니다. 하나님의 법은 존재하지 않습니다. 왜냐하면 하나님은 법으로 세상을 만드시거나 법으로 세상의 질서를 유지하시거나 법으로 세상을 변화시키려는 어떠한 의도도 없으시기 때문입니다. 하나님은 법을 만드신 분이 아니라 하나님의 형상을 따라 인간을 만드신 분입니다. 하나님의 형상, 하나님의 마음으로 충분합니다. 법이 필요할 이유가 없었던 것입니다.

하나님의 법처럼 등장하는 첫 내용이 열 마디 말씀 흔히 알려진 대로 십계명이었습니다. 그런데 십계명은 전혀 법이 아닙니다. 법적 강제성이 없고 법적 징계조항이 존재하지 않습니다. 열 마디 말씀은 인간이 이렇게 행해야 한다는 규제조항이 아니라 각 조항들에 나오는 행위들을 할 필요가 없다는 것을 강조할 뿐입니다. 하지 마라가 아니라 할 필요가 없다는 것을 선언하는 것이었습니다. 출애굽기 1장부터 19장까지의 하나님의 일하심을 알지 못하면 절대로 열 마디 말씀의 의미가 이해될 수 없습니다. 마찬가지로 열 마디 말씀에 기초하여 상고해 보지 않으면 21장 이하의 조항들은 이해 할 수 없습니다. 열 마디 말씀이 법조항이나 법 규정이 아닌 것처럼 21장 이하의 내용들도 하나님의 법규가 아니라는 것을 알 수 있는 것입니다. 결국 성경에 나오는 법규적인 내용들은 하나님이 이렇게 규정하였다고 말하거나 하나님은 어떠어떠한 주의자이시라고 말 할 수 있는 것들이 아닙니다. 성경에 나오는 법규들은 인간들이 행하는 행동들입니다. 사람을 종으로 사고파는 것은 하나님이 인정하시는 제도가 아니라 사람들이 행하는 제도입니다. 여러 부인을 두는 것은 하나님이 규정하시거나 하나님이 허락하신 것이 아니라 사람들이 행하는 방식입니다. 본문에 등장하는 내용들에 대하여 하나님이 인정하느냐 안하느냐 와는 아무런 상관이 없습니다.

만약 하나님이 사람을 종으로 사고 팔지말라고 정하신다고 모든 인간이 하나님의 말씀대로 할 것이 아닙니다. 하나님이 살인하지 말라고 법으로 정하신다고 사람들이 살인을 하지 않을 것이 아닙니다. 하나님이 어떤 내용들을 법으로 정하셨다는 것이 의미가 없고 효과가 없습니다. 하나님은 법을 만드신 적이 없습니다. 사람들이 법을 만드는 이유는 그 법으로 사람을 통제하고 사람들의 질서를 세우고 유지할 수 있다고 생각하기 때문입니다. 하나님은 그렇게 생각하지 않는다는 것입니다. 하나님은 법과 제도로 사람들을 바로 세우고 질서를 세우고 자유와 행복을 지킬 수 있다고 생각하시지 않습니다. 그래서 하나님은 법과 제도를 세우지 않습니다. 그러므로 성경에 등장하는 법규에 대하여 세상이 생각하는 법적 장치, 법적 제도, 법적 질서를 생가시면 안 된다는 것입니다. 하나님도 법이라는 장치를 사용하셨다고 생각하면 안 되고, 하나님도 제도 개선을 통해서 문제를 해결하셨다고 생각하시면 안 된다는 것입니다.

### 하나님의 법규

하나님의 법규는 하나님이 법으로 정하여 주는 규정들이 아닙니다. 이런 경우에는 이렇게 하고 저런 경우에는 저렇게 행하라고 지시하시는 내용들이 아닙니다. 하나님의 법규가 아니라 하나님의 마음, 하나님의 심정을 이해하셔야 합니다. 이 법규를 이해하기 전에 하나님이 출애굽 1장부터 19장까지 하나님을 알리고, 하나님의 공급과 돌보심과 책임지심을 증거하셨다는 사실을 아셔야 합니다. 그 하나님을 아신다면 이 규정에 나오는 행동을 할 수 있는 것이 아니라 이 규정들보다 훨씬 더 할 수 있는 것입니다. 종을 사다가 실컷 부려먹고 칠년 째에는 값없이 내보낸다면 그것은 하나님의 법규 규정을 지킨 것입니다. 그러나 하나님의 마음을 가진 사람은 종을 사왔을 때 육년 동안 종으로 실컷 부려먹는 것이 아니라 가족처럼 삽니다. 칠년이 되었습니다. 5, 6절 "만일 종이 분명히 말하기를 내가 상전과 내 처자를 사랑하니 나가서 자유인이 되지 않겠노라 하면 상전이 그를 데리고 재판장에게로 갈 것이요 또 그를 문이나 문설주 앞으로 데리고 가서 그것에다가 송곳으로 그의 귀를 뚫을 것이라. 그는 종신토록 그 상전을 섬기리라"입니다. 이렇게 행하면 하나님의 법규를 지킨 것입니다. 그런데 이 규정에는 아주 낯 설은 내용이 나옵니다. 일반적으로 생각할 때 종이 상전에게 "내가 상전을 사랑한다"는 말을 하지 않을 것입니다. 종의 입에서 상전을 사랑한다는 말이 나오게 하라는 규정은 없습니다. 그런데 "내가 상전을 사랑한다" 말이 나오는 경우에 대한 규정은 있습니다. 종에게서 상전을 사랑한다는 고백이 나오는 경우는 상전이 종을 종처럼 대하지 않고 가족처럼 대할 때입니다. 종이 상전을 사랑한다고 고백할 때 종의 귀를 뚫어 종신토록 종으로 살게 할 수 있습니다. 그러나 하나님의 마음을 가진 사람은 만약 종이 상전을 사랑한다고 고백하며 나가지 않겠다고 선언한다면 귀를 뚫어 종신토록 종 삼는 것이 아니라 종의 신분에서 놓아주고 아들처럼 살 것입니다. 하나님은 하나님의 원하시고 바라시는 인간의 행동을 법으로 규정해 놓으신 것이 아니라는 것을 이해하셔야 합니다.

신약으로 가면 구약의 법규나 조항들이 폐지되는 것이 아니라 이 조항들의 핵심에 담겨있는 본질이 드러나는 것입니다. 하나님의 법규에 담긴 핵심과 본질을 바울은 빌립보서 2장 5절에서 강조합니다. "너희 안에 이 마음을 품으라 곧 그리스도 예수의 마음이니"입니다. 인간 삶에 발생하는 문제에 대하여 기독교가, 하나님이 해결하신 방법은 새로운 인물로 대체하는 것이 아니요 새로운 제도로 혁신하는 것이 아니었습니다. 죄의 마음 대신에 하나님의 마음을 가지게 하는 것이었습니다. 세상 사람들은 이상향을 찾아다니고, 성도들은 이상적인 교회를 찾아다닙니다. 이상향도 없고 이상적인 교회도 없고 이상적인 목사도 없습니다. 하나님을 아시고, 하나님의 마음을 아시기 바랍니다. 하나님의 마음과 심정으로 생각하고 행동할 때에 이미 저와 여러분은 하나님의 나라와 천국을 누리며 살고 있는 것입니다. 여러분이 사시는 매 순간, 여러분이 가시는 모든 곳에서, 여러분이 만나는 모든 분들과 하나님의 마음으로 하나님 나라를 체험하며 사시기를 주님의 이름으로 축원합니다.

# 37

# 눈에는 눈으로

## 출애굽기 21 : 12 ~ 36

12 사람을 쳐죽인 자는 반드시 죽일 것이나 13 만일 사람이 고의적으로 한 것이 아니라나 하나님이 사람을 그의 손에 넘긴 것이면 내가 그를 위하야 한 곳을 정하리니 그 사람이 그리로 도망할 것이며 14 사람이 그의 이웃을 고의로 죽였으면 너는 그를 내 제단에서라도 잡아내려 죽일지니라 15 자기 아버지나 어머니를 치는 자는 반드시 죽일지니라 16 사람을 납치한 자가 그 사람을 팔았든지 자기 수하에 두었든지 그를 반드시 죽일지니라 17 자기의 아버지나 어머니를 저주하는 자는 반드시 죽일지니라 18 사람이 서로 싸우다가 하나가 돌이나 주먹으로 그의 상대방을 쳤으나 그가 죽지 않고 자리에 누웠다가 19 지팡이를 짚고 일어나 걸으면 그를 친 자가 형벌은 면하되 그간의 손해를 배상하고 그가 완치되게 할 것이니라 20 사람이 매로 그 남종이나 여종을 쳐서 당장에 죽으면 반드시 형벌을 받으려니와 21 그가 하루나 이틀을 연명하면 형벌을 면하리니 그는 상전의 재산임이라 22 사람이 서로 싸우다가 임신한 여인을 쳐서 낙태하게 하였으나 다른 해가 없으면 그 남편의 청구대로 반드시 벌금을 내되 재판장의 판결을 따라 낼 것이니라 23 그러나 다른 해가 있으면 갚되 생명은 생명으로, 24 눈은 눈으로, 이는 이로, 손은 손으로, 발은 발로, 25 덴 것은 덴 것으로, 상하게 한 것은 상함으로, 때린 것은 때림으로 갚을지니라 26 사람이 그 남종의 한 눈이나 여종의 한 눈을 쳐서 상하게 하면 그 눈에 대한 보상으로 그를 놓아 줄 것이며 27 그 남종의 이나 여종의 이를 쳐서 빠뜨리면 그 이에 대한 보상으로 그를 놓아 줄지니라 28 소가 남자나 여자를 받아서 죽이면 그 소는 반드시 돌로 쳐서 죽일 것이요 그 고기는 먹지 말 것이며 임자는 형벌을 면하려니와 29 소가 본래 받는 버릇이 있고 그 임자는 그로 말미암아 경고를 받았으되 단속하지 아니하여 남녀를 막론하고 받아 죽이면 그 소는 돌로 쳐죽일 것이고 임자도 죽일 것이며 30 만일 그에게 속죄금을 부과하면 무릇 그 명령한 것을 생명의 대가로 낼 것이요 31 아들을 받든지 딸을 받든지 이 법규대로 그 임자에게 행할 것이며 32 소가 만일 남종이나 여종을 받으면 소 임자가 은 삼십 세겔을 그의 상전에게 줄 것이요 소는 돌로 쳐서 죽일지니라 33 사람이 구덩이를 열어두거나 구덩이를 파고 덮지 아니하므로 소나 나귀가 거기에 빠지면 34 그 구덩이 주인이 잘 보상하여 짐승의 임자에게 돈을 줄 것이요 죽은 것은 그가 차지할 것이니라 35 이 사람의 소가

저 사람의 소를 받아 죽이면 살아 있는 소를 팔아 그 값을 반으로 나누고 또한 죽은 것도 반으로 나누려니와 36 그 소가 본래 받는 버릇이 있는 줄을 알고도 그 임자가 단속하지 아니하였으면 그는 소로 소를 갚을 것이요 죽은 것은 그가 차지할지니라

# 구약과 신약의 차이

## 속 마음

　남자들이 군대에 가면 맨 처음에 당하는 것이 정신을 못 차리게 하는 것입니다. 훈련소에 도착하여 차에서 내리는 순간부터 한 일주일은 잠시도 쉬는 시간을 주지 않습니다. 어차피 아는 사람 하나도 없고 낯 설은 환경에 와서 당황스러운데 당황할 틈조차 주지 않습니다. 조교들은 계속 큰 소리로 외쳐대고 훈련병들은 모든 대답을 고함을 치면서 하게 하고 조금 틈이 날만하면 얼 차례를 줍니다. 잠이 들 때도 내가 잠을 잔다는 생각을 못합니다. 침상에 눕는 동시에 잠이 들게 만들어 버리고 다음날 아침 눈을 뜨고 저녁에 잠자리에 들 때까지도 시간이 가는 것을 인식하지 못합니다. 그렇게 일주일 정도가 지나고 약간 적응이 될 만하면 휴식을 줍니다. 이렇게 훈련을 진행하는 이유는 우선 처음에 여유를 주면 도리어 적응기간이 길어지기 때문입니다. 사회에 대한 기억을 빨리 지워버리고 군대에 빨리 적응하도록 몰아붙이는 것입니다. 또 훈련받는 기간에 총기나 폭발물 등 군 장비를 사용하기에 사고가 날 수 있는 상황에서 집중력을 높여서 사고를 방지하려는 의도를 가지고 있습니다. 이러한 의도를 이해하지 않으면 군대를 이해할 수 없습니다. 제삼자가 훈련과정에 대해 비인격적이라고 비난하거나 정해진 훈련시간과 휴식을 지키지 않으니 불법이라고 주장하는 것은 규정상으로는 맞는 말입니다. 군대가 이 규정을 몰라서가 아니라, 규정을 어기려는 의도가 아니고, 군인들을 모욕하려는 의도가 아니라 신병들의 적응을 도우려는 의도라는

것을 이해해야 합니다.

비슷한 예로 예전에 어느 집안에 며느리가 들어오면 처음에 시어머니가 시집살이를 시키는 것도 마찬가지 이유였습니다. 시집온 다음 날 아침에 밥상을 차리면 어머니는 일단 국이 짜다고 혼을 냅니다. 며느리의 모든 행동에 꼬투리를 잡아서 일단 혼을 내는 것입니다. 예전에는 시집을 오면 친정에 가는 것이 쉽지 않았습니다. 전혀 다른 집안에, 전혀 다른 상황에, 전혀 다른 사람들과 맞추어 살아야 했습니다. 그 상황에 가능한 빠르게 적응하도록 만들기 위해서 시어머니는 일부러 며느리를 혼내는 것입니다. 물론 지금은 많이 달라졌습니다. 군대에서 조교의 행동을 이해하려면 단순히 조교의 행동만 보아서는 안 됩니다. 시어머니의 행동을 이해하려면 그 당시의 시어머니의 행동만 보아서는 안 됩니다. 조교이든 시어머니이든 그렇게 행동하는 의도를 이해하여야 합니다. 이러한 의도와 속마음을 알지 못한 채 중간의 어느 한 행동, 과정 상의 한 태도를 근거로 옳으냐 그르냐, 합당하냐 부당하냐를 논하는 것은 적절하지 못합니다. 만약 논의를 하려면 전체 그림을 논해야 합니다. 전체적 의도가 정당한지, 그런 의도를 위해 그러한 부수적 방법을 사용하는 것이 과연 효과적인지를 논해야 합니다. 전체를 제외한 채 부수적 행동, 구체적 행위를 논하는 것은 문제를 바르게 이해하지 못한 것이며, 이미 논의 자체의 핵심이 배제된 것입니다.

## 하나님의 의도

너무나 당연한 내용을 성경을 이해하실 때에도 적용해야 하는데 정작 중요한 성경의 전체 의도를 이해하지 않는 경우가 많습니다. 성경의 전체 밑그림을 생각하지 않고 성경의 어느 한 권, 어느 한 구절에 대하여 질문하면 대답을 할 수가 없습니다. 출애굽기 21장 1절에 보면 "네가 백성 앞에 세울 법규는 이러하니라"고 나와 있습니다. 이 구절에 근거하여 구약의 율법을 하나님의 법규 또는 하나님의 법이라고 생각합니다. 하나님의 뜻, 하나님이 정하신 것, 하나님의 명령, 하나님의 규례라고 생각합니다. 그 하나님의 법을 읽어보니 사람을 종으로 팔아도 된다고 되어있고, 사람을 죽인 자 또는 부모를 저주한 자는 죽이라고 되어 있고, 여섯 해 동안은 일하고 일곱 째 해에는 땅을 쉬게 하라고 되어 있고, 일 년에 세 번 씩은 여호와 앞에 나오라고 되어 있습니다. 이런 것들이 여호와께서 정하신 법이라고 생각하시고 있다는 것입니다. 그런데 그 법을 보니까 행할만한 것도 있지만 너무 살벌하기도 하고 잔인하기도 하기 때문에 당황하는 것입니다. 분명히 법으로 나와 있는 것이 맞습니다. 그런데 과연 이게 하나님이 정하신 법이냐는 것입니다. 하나님은 사람들이 이렇게 행동하기를 기대하시면서, 이렇게 법으로 정해 놓으면 사람들이 이 법을 지킬 것이고, 이 법대로 실천을 하면 좋은 세상, 행복한 나라가 이루어 질 것으로 기대를 하시면서 이런 법을 만들어 놓으셨느냐는 것입니다. 이것이 하나님의 법이니까 법 조항을 근거로 해서 하나님은 이러한 분이시라고 말하면 안 됩니다.

하나님의 말씀이 오해되는 경우를 두 가지 살펴보겠습니다. 먼저 마태복음 18장 21절에 보면 용서에 관한 예수님의 대화가 나옵니다. "그때에 베드로가 나와 이르되 주여 형제가 내게 죄를 범하면 몇 번이나 용서하여 주리이까 일곱 번까지 하오리이까 예수께서 이르시되 네게 이르노니 일곱 번뿐 아니라 일곱 번을 일흔 번까지라도 할지니라"입니다. 예수님은 베드로의 질문에 "일곱 번뿐 아니라 일곱 번을 일흔 번까지라도"하라고 대답하셨습니다. 예수님의 의도는 총 490번을 용서하라는 것이 아니며 무제한으로 용서하라는 것도 아닙니다. 예수님의 의도는 베드로가 생각하고 있는 방식으로는 해결이 안 된다는 것입니다. 베드로의 질문에 담긴 의도와 예수님의 대답에 담긴 의도를 이해하셔야 합니다. 베드로가 질문한 의도는 자신이 몇 번이나 용서를 해주면 의롭다고 인정을 받을 수 있느냐는 것입니다. 즉 자신의 행동에 의하여 의롭다 칭함을 받을 수 있다는 사고방식에 근거한 질문인 것입니다. 만약 예수님이 여기에 긍정적인 대답을 해 주신다면 그것은 인간이 행동에 의하여 의롭다 함을 받을 수 있다는 사고방식을 인정하시는 것입니다. 그러기에 저들이 대답하는 기대치를 어마어마하게 넘어서는 것입니다.

베드로는 '일반적으로는 두 번이나 세 번 정도는 용서하고 네 번째 정도에서는 화를 내는데 저는 일반적 경우를 훨씬 넘어서서 다섯 번도 아니고 여섯 번도 아니고 자그만치 일곱 번씩이나 용서를 해 주면 이것은 대단한 것으로서 이정도면 의롭다고 칭함을 받을 수 있겠죠?' 라고 질문하는 것입니다. 그러자 예수님은 '만약 행동으로 의롭다고 칭함을 받으려면 일곱 번 정도 가지고 되겠니? 여덟 번, 아홉 번이 아니라 일흔 번을 해도 그 정도로는 안 되지, 일곱 번을 일흔 번 정도 해 봐라. 그럼 혹시 의롭다 칭함을 받을 지도 모르겠다' 고 대답하시는 것입니다. 예수님의 대답은 된다는 소리가 아니라 안 된다는 소리입니다. 실제로 일곱 번씩 일흔 번을 용서하면 사람이 죽고 없습니다. 일곱 번을 용서하면 속이 까맣게 타고, 일흔 번을 용서하면 속이 문들어 졌고 일곱 번을 일흔 번씩 용서하면 화병나서 죽었습니다. 예수님은 일곱 번씩 일흔 번을 용서하라고 법을 정해주시는 것이 아닙니다. 만약 예수님이 된다는 소리를 하시면 예수님은 이 땅에 오실 필요가 없었습니다. 안 된다는 대답을 하셔야 예수님이 이 땅에 오신 이유가 설명되는 것입니다.

다음은 오늘날 구약의 법을 오해하는 예를 하나 들어 보겠습니다. 인간의 숫자는 늘어나는데 땅은 그대로 있어서 땅 문제가 심각합니다. 어느 부동산 하시는 집사님이 자신이 부동산을 하는 것이 성경적 가르침 때문이라고 하면서 사무실에 전도서 1장 4절을 붙여놓았습니다. "한 세대는 가고 한 세대는 오되 땅은 영원히 있도다"입니다. 땅 문제를 해결하는 방안으로 성경에 나타난 모델을 제시하는 사람들이 있습니다. 성경에 보면 땅은 하나님의 것이고 인간은 땅을 소유하는 것이 아니라 단지 임대해서 사용하는 것이라고 말을 합니다. 그래서 이러한 성경의 모델을 적용하자는 이론이 성경적 토지모델입니다. 그런데 이것이 큰 착각입니다. 성경에서 말하는 땅 주인은 하나님이십니다. 하나님만이 하실 수 있는 것입니다. 이 하나님의 역할을 국가가 하자고 하면 안 됩니다. 결국 사람인데 사람은 하나님처럼 행동 수 없기 때문에 이것은 실패하고 맙니다. 그런데 왜 이런 주장을 하냐면 하나님이 우리에게 될 수 있는 방식을 주셨다고 생각하기 때문입니다. 성경의 의도에 대한 큰 착각이요 오해입니다. 좀 더 확장해서 설명해 보면 성경에는 구약과 신약이 있고 둘 다 하나님의 말씀입니다. 하나님이 구약과 신약에서 서로 다른 말씀을 하시면 안 됩니다. 구약에는 율법을 말씀하시고, 신약에서는 복음을 말씀하셨다고 생각하면 안 됩니다. 구약에는 행한 대로 보응하시는 행위법을 제정하여 주시고, 신약에서는 사랑과 용서의 마음의 법을 말씀하셨다고 생각하면 안 됩니다.

## 구약의 역할

### 법의 역할

분명 구약에는 하나님이 정하신 법이 나옵니다. '이렇게 행하라, 저렇게 행하지 말라'고 법으로 정하셨습니다. '이렇게 행할 경우에 살리고, 저렇게 행할 경우에 죽이라'고 법규를 명령하셨습니다. 분명히 하나님이 그렇게 정하셨습니다. 그렇다면 저와 여러분은 하나님이 왜 그렇게 정하셨는지, 하나님이 왜 그런 법을 정하셨는지를 질문해야 합니다. 이 질문을 하지 않은 채 '하나님이 정하셨다, 하나님이 그렇게 정하셨다면 그것이 하나님의 뜻이다, 우리는 오직 복종해야만 한다'라고 하시면 안 됩니다. 질문을 하지 않고 의문을 가지지 않고 묻지도 않고 따지지도 않고 그냥 따르려고만 합니다. 그것은 믿음이 좋은 것이 아니라 믿음에 대해 크게 오해하는 것입니다. 질문은 의심하는 것이 아니요 부정하는 것이 아니라 바르게 알기 위한 열정입니다.

앞서서 인간의 삶에 문제가 발생하였을 경우 인간들이 대처하는 방식 두 가지를 소개해 드렸습니다. 하나는 사람을 교체하는 것이요 다른 하나는 제도나 시스템을 개선하는 것이라고 했습니다. 이 두 가지 방식은 지금도 여전히 사용되고 있는 방안들입니다. 두 가지 방안이 계속해서 사용되고 있기는 하지만 절대로 성공하지 못하고 있습니다. 절대로 성공하지 못하고 있지만 달리 다른 차원의 대안이 없기에 계속 교차적으로 사용되고 있는 것입니다. 이것은 사람들이 사용하는 방식입니다. 하나님은 이 사람이 문제가 생기면 저 사람으로 바꾸고 이 제도가 문제가 생기면 저 제도로 바꾸시지 않습니다. 구약에 분명히 하나님이 사람을 바꾸시는 모습이 나옵니다. 출애굽을 할 때에는 모세라는 사람을 쓰셨습니다. 그런데 모세가 건강하고 멀쩡한데 가나안 정복할 때에는 다른 사람을 쓰셨습니다. 모세가 백이십 세가 되었어도 눈에 기력이 여전하였다고 했습니다. 모세도 가나안에 들어가고 싶었습니다. 그러나 하나님은 모세를 잠들게 하시고 여호수아를 세우셨습니다. 하나님도 새로운 시대, 새로운 상황에는 새로운 인물이 서야 한다고 생각하시는 것일까요? 이스라엘의 초대 왕이 사울이었습니다. 그런데 사울이 정권에 대한 집착이 생기고 결국에는 광기가 들었습니다. 하나님도 이 사람은 나라를 세우는 데까지만 사용하시고, 나라를 안정시키고 번영시키기 위해서는 사울을 버리시고 다윗으로 교체하시는 것일까요? 왕을 교체함으로 백성들에게 신선감을 주고 새 시대와 새 세상을 열어가자는 희망과 발전의 메시지를 전달하려고 하시는 것일까요? 하나님도 사람을 교체하는 방안을 사용하셨다고 생각하면 꼭 그런 것 같이 보이는 성경의 장면들이 있습니다. 그러나 절대로 그렇지 않습니다. 만약 하나님도 사람들이 세우는 대안과 유사한 대안을 세우신다면 굳이 하나님이셔야 하는 필요가 없습니다. 사람들이 하는 일들은 사람끼리 해도 됩니다.

## 제도를 정하심

하나님도 법을 정하셨습니다. 출애굽한 후에 백성들이 무질서에 빠져 있어서 생활이 혼란해 질까봐 법을 정해 놓으면, 그것도 엄하고 철저하게 정해 놓으면 질서가 잡히고 체계를 잡을 수 있을 것으로 기대를 하셨기 때문일까요? 세상의 법에는 허점이 많고 빠져나갈 구멍이 많아서 계속 문제가 생기니까 하나님의 법은 철저하고 완벽하게 제정하시려고 한 것일까요? 사람들은 법을 제정하기는 잘 하지만 법을 운영하는데 평등하게 하지 않고 엄격하게 하지 않으니까 하나님은 법을 제정할 뿐만 아니라 하나님이 직접 강력하고 공정하게 법 집행을 해서 정의사회 구현을 이룰 수 있다고 생각하시는 것일까요? 대답은 전혀 그렇지 않다는 것입니다. 하나님이 법을 정하신 것은 맞습니다. 그런데 법을 정하신 이유가 하나님의 마음을 법으로 표현하신 것이 아닙니다. 사람들이 이 법을 잘 지킬 것으로 기대하시고 정하신 것이 아닙니다. 이 법대로만 하면 질서와 평화가 유지되리라고 생각하신 것이 아니십니다. 하나님의 의도는 정 반대입니다. 하나님의 법규에는 하나님의 마음이 최대치로 담겨 있는 것이 아니라 최소치로 담겨있습니다. 하나님의 마음이 적극적으로 담겨있는 것이 아니라 소극적으로 비쳐질 뿐입니다. 하나님은 이 법을 정하실 때 사람들이 잘 지킬 것을 기대하신 것이 아닙니다. 사람들이 이 법을 잘 지키지 않을 것을 알고 계셨습니다. 아무리 법을 주어도 법대로 살지 못할 것이라는 것을 너무나도 잘 알고 계셨습니다. 지금 이 법을 주시는 것이 아무런 소용이 없을 것이라는 것도 이미 알고 계셨습니다. 하나님은 법을 정하실 때, 법을 정하는 것보다 더욱 중요한 것은 법을 집행하는 것이기에 하나님이 이 법을 가장 공정하고 엄격하게 집행하여 사람들로 하여금 이 법을 잘 따르게 해야겠다고 생각하시지 않았습니다. 하나님이 아무리 공정하게 해도 사람들은 이 법을 지킬 수 없고 지키지 않을 것을 이미 알고 계셨습니다. 다시 한 번 강조하여 말씀드립니다. 하나님은 법을 정한 것이 아닙니다. 좋은 법을 정하여 주면 백성들이 잘 지키고 행복하게 살 수 있을 것이라고 생각하시고 기대하신 것이 아닙니다. 아무리 좋은 법을 주어도 아무 소용이 없다는 것을 하나님은 너무나도 잘 알고 계셨습니다. 그렇게 아무 소용이 없다는 것을 뻔히, 정확히, 분명히 알고 계시면서 법을 정하여 주신 것입니다. 그 이유를 아는 것이 바로 구약의 의미를 아는 것입니다. 법의 조항 하나하나를 따져보는 것을 하기 전에 하나님이 법을 정하신 의도가 무엇인지를 이해하셔야 합니다.

## 죄인의 속성

하나님이 법을 정하신 이유를 알기 위해서는 사람의 속성을 이해해야 합니다. 사람에게는 여러 가지 속성이 있습니다. 모든 사람이 가지고 있는 공통적인 속성 중의 하나는 아무리 가르쳐 주어도 자기가 겪어보지 않으면 인정하려 들지 않는다는 것입니다. 너무나 당연한 결과인데도 자신은 다를 것이라고 기대하는 것입니다. 자신이 겪지 않는 이상 절대로 인정하지 않으려는 속성 때문에 역사는 계속해서 반복됩니다. 도박을 하면 망한다고 말해도 듣지 않습니다. 독재를 하면 반역이 일어난다고 해도 듣지 않습니다. 일방적이 되면 의사소통이 안 된다고 해도 듣지 않습니다. 욕심을 내면 탈이 난다고 해도 듣지 않습니다. 너무나 당연한 가르침을 주어도 사람들은 듣지 않습니다. 꼭 당해보고 나서야 알아듣습니다. 그래서 어느 역사가는 인간이 역사에서 배울 것은 오직 하나 인간은 역사에서 아무 것도 배우지 않는다는 사실이라고 정확하게 말했습니다. 인간들이 서로 인정하면서도 늘 어쩔 수 없이 반복하는 것이 있습니다. 바로 좋을 때 좋은 것을 모른다는 것입니다. 건강할 때 건강이 좋은 것을 모르고 있습니다. 그러다가 아프고 난 뒤에 건강을 소중하게 생각합니다. 가족이 평안할 때 가족이 소중함을 모릅니다. 꼭 가정에 불화가 온 뒤에 가족의 소중함을 생각합니다.

구약에서 하나님은 법만 주신 것이 아닙니다. 아무리 좋은 것을 주어도 좋은 것을 알아 듣지 못하는 이러한 죄인의 속성 때문에 구약에는 하나님의 일하심이 두 가지 방법으로 등장합니다. 하나는 인간이 죄를 지으면 혼을 내시는 것이 아니라 은혜를 주시는 것입니다. 인간에게 징계를 내리시는 것이 아니라 복을 주시는 것입니다. 불평을 하고 원망을 하면 책망하고 꾸짖는 것이 아니라 불평하는 내용, 원망하는 내용을 해결해 주시는 것입니다. 인간이 불신하고 하나님을 거부하면 심판하시는 것이 아니라 하나님을 신뢰할 만한 증거를 보이시고, 하나님을 받아들일 수 있도록 설득하시는 것입니다. 이것이 하나님의 계시요, 하나님의 은혜요, 하나님의 축복입니다. 이것이 하나님의 방법이요 적극적인 방법이요 긍정적인 방법입니다. 하나님을 알게 하고 하나님의 마음을 알게 하고 하나님의 심정을 알게 하고 하나님의 원리를 알게 하는 것입니다. 하나님이 법을 주셨다는 것보다 먼저 기억하셔야 할 것이 하나님이 은혜를 주셨다는 것입니다.

## 하나님의 법규

하나님이 계시를 주신 후에 은혜를 주신 후에 축복을 주신 후에 구약에 또 하나 등장하는 것이 바로 하나님의 법규입니다. 이 법규는 하나님의 소극적인 방법이요 하나님의 부정적인 방법입니다. 이렇게 하면 된다는 것을 보여주려는 방법이 아니라 이렇게 해도 안 된다는 것을 증명하려고 하는 방법입니다. 이미 하나님은 인간들이 이 법규를 지키지 않을 것 아니 지키지 못할 것을 너무나도 잘 아셨다는 것입니다. 그래서 하나님의 율법에서 가장 많이 차지하는 법 조항이 바로 제사법입니다. 제사법의 개괄적인 내용은 '너희가 이러이러한 죄를 지었을 경우에' 로 시작되는 사죄 받는 방식입니다. 율법에 가장 많은 분량을 차지하고 있는 부분이 바로 사죄 받는 방법에 관한 것이라는 것이 의미하는 것은 이미 저들이 정해진 율법을 너무나 자주 지키지 않을 것을 예상하고 있었다는 것입니다. 그러기에 하나님이 율법을 주신 이유가 백성들을 교화하고 백성들에게 이렇게 살면 된다는 지침으로 사용할 목적이 아니었다는 것입니다.

하나님의 법규가 긍정적 방안이 아니라 부정적 방안이라는 의미를 설명해주는 또 하나의 증거가 바로 신약입니다. 예수 그리스도가 인간의 구원자로 이 땅에 강림하실 것이라는 내용은 하나님의 원래 의도에 없다가 나중에 추가적으로 첨부된 것이 아닙니다. 하나님이 처음에는 구약의 방법으로 해결될 줄 알고 시도를 하셨다가 도저히 구약적 방법으로는 되지 않기에 최후의 방법으로 예수 그리스도의 십자가 방법을 사용하신 것이 아닙니다. 만약 그렇다고 한다면 구약은 하나님의 실패가 되는 것입니다. 하나님은 실수하지 않으시고 하나님은 실패하지 않으십니다. 하나님은 일차적으로 구약이라는 방법을 쓰시고 이차적으로 신약이라는 방법을 쓰신 것이 아닙니다. 구약에서는 법이라는 방법을 쓰시고 신약에서는 은혜와 복음이라는 방법을 쓰신 것이 아닙니다. 구약은 옛날 것이고 신약은 새것이 아닙니다. 구약은 폐지되어진 것이고 신약은 개선되어진 것이 아닙니다. 구약과 신약은 대체되어진 것이 아니라 대조되어지는 것입니다. 하나님의 전체 의도를 이해하셔야 합니다.

다시 한 번 강조합니다. 하나님이 원래부터 처음부터 끝까지 동일하게 일관되게 사용하신 방법이 은혜의 방법이었습니다. 은혜의 방법은 신약에서 처음 등장하는 것이 아니라 구약에서 성경의 처음부터 계속하여 등장한 것입니다. 아담에게 베푸신 것이 은혜였고 아브람에게 베푸신 것이 은혜였고 이스라엘에게 베푸신 것이 은혜였고 다윗에게 베푸신 것이 은혜였고 제자들에게 베푸신 것이 은혜였고 인류에게 베푸신 것이 은혜였습니다. 하나님이 처음부터 끝까지 동일하게 일관되게 사용하신 방법이 하나님이 행하신다는 것이었습니다. 하나님이 행하셨기에 은혜가 될 수 있었던 것입니다. 아담을 찾아오신 분도 하나님, 아브라함을 부르신 분도 하나님, 이스라엘을 출애굽 시키신 분도 하나님, 광야에서의 이스라엘의 삶을 보장하신 분도 하나님, 가나안 정복과 정착을 이루신 분도 하나님, 인간의 죄를 사하려고 십자가에 죽으신 분도 하나님, 인간에게 하나님의 마음을 주어 감화 감동시키시는 분도 하나님이십니다.

## 하나님의 증거

하나님이 원래부터 처음부터 끝까지 사용하신 방법이 은혜이기 때문에 은혜만 등장하면 됩니다. 사실 하나님의 법은 등장하지 않아도 됩니다. 법으로는 하나님의 은혜와 축복을 다 담아낼 수가 없습니다. 하나님의 은혜만으로 충분합니다. 그런데 이렇게 하나님의 일하심, 하나님의 은혜가 있는데 사람들은 은혜의 고마움을 알지 못합니다. 은혜의 소중함을 알지 못합니다. 그래서 없어도 되는데, 차라리 없는 것이 나은데 이것이 없이는 하나님의 방법의 소중함을 모르기 때문에 어쩔 수 없이, 하나님의 의도와는 상관이 없이, 긍정적 효과가 아닌 부정적 효과를 기대하면서 내세운 것이 바로 하나님의 법규입니다. 이 법규를 지키려고 노력해보다가 안 된다는 것을 알 때에야 겨우 인간은 왜 하나님이 은혜라는 방법을 사용하셨는지를 이해할 수 있게 되는 것입니다.

하나님은 원치 않으셨지만 죄인 된 인간의 속성과 심리 때문에 어쩔 수 없이 하나님의 법규를 부정적 의도로 세우신 것이 과연 옳았느냐는 판단은 우리네의 생각 속에서 증거가 됩니다. 대부분의 사람들이 구약을 읽으면 기억속에 하나님의 은혜와 하나님의 계시가 남기보다는 하나님의 법이 남습니다. 법이 남는 이유는 해 볼 수 있다는 생각이 있기 때문입니다. 그 말은 하나님의 은혜가 그렇게 절실하지 않다는 것입니다. 은혜를 인정하기 이전에, 일단은 내가 한 번 해 보자는 생각이 드는 것입니다. 만약 해 보다가 안 되면 은혜를 인정하겠다는 것입니다. 은혜가 감사하다고 생각하는 것이 아니라 왜 인간에게 기회도 안주고 하나님 멋대로 했느냐고 불평을 합니다. 그런데 그게 바로 어리석은 것입니다. 해 보다가 안 되었다는 것은 실패하였다는 것이고, 실패는 실패의 결과를 경험해야 한다는 것입니다. 그 제서야 은혜를 실감한다는 것입니다. 처음부터 은혜를 고마워하는 것이 가장 좋은데 실패를 한 후에야 은혜를 구하는 것이 인간의 어리석음입니다. 이미 하나님은 하나님을 알리셨고 하나님의 은혜와 복을 주셨고 하나님의 마음을 주신 것으로 충분합니다. 법은 없어도 되고 차라리 없었어야 합니다. 그런데 하나님이 법을 주셨습니다. 왜냐하면 인간의 어리석음 때문에, 인간으로 하여금 귀중한 것을 깨달을 수 있도록 하기 위하여 입니다. 그렇다면 인간은 법에 매달려야 할 것이 아니라 은혜를 알아야 합니다. 그런데도 사람들은 은혜는 뒤로하고 법을 지키려고 노력들을 하는 것이 어리석음의 극치를 보여주는 것입니다.

### 율법에 대한 이해

본문의 내용을 항목별로 살펴보기보다는 개괄적인 설명으로 21장뿐만 아니라 22장, 23장까지 흔히 '언약법전' 이라고 알려진 모든 내용을 다 설명한 것이 됩니다. 왜냐하면 이 법규에 등장하는 조항 하나하나가 하나님의 마음을 법으로 표현한 것이 아니기 때문입니다. 열 마디 말씀 즉 십계명이 하나님의 계명, 하나님의 법이 아니라고 말씀드렸습니다.

마찬가지로 하나님의 법규도 하나님의 법이 아닙니다. 이 법을 주시기 전에 법보다 먼저 알려주신 하나님의 마음, 하나님의 심정, 하나님의 원리를 아셔야 합니다. 그것이 하나님의 진짜 의도입니다. 흔히들 구약의 율법은 폐지되었고 또는 구약의 율법이 신약의 복음으로 대체되었다고 말들을 합니다. 절대로 그렇지 않습니다. 하나님의 말씀이 폐지되거나 대체된다면 하나님이 실언을 하신 것이요 하나님이 틀린 말을 하신 것이요 하나님이 실패하신 것이 됩니다. 하나님의 법이 폐지되거나 대체된 것이 아니라 원래 하나님이 법을 정하신 의도, 법이 행할 역할을 이해하셔야 합니다. 하나님은 처음부터 법이 아니라 하나님을 알리셨고 하나님의 마음, 하나님의 심정을 알리셨습니다. 그래서 처음부터 끝까지 하나님의 방법에서 변한 것은 아무 것도 없고 대체된 것도 아무 것도 없습니다.

하나님의 원래적, 본래적 의도는 상실 한 채 하나님의 부정적 방법인 법규에 의존하여 하나님의 뜻을 헤아리려고 하면 남는 것은 오해뿐입니다. 사람들의 기억에는 눈은 눈으로, 이는 이로만이 남습니다. 도리어 하나님의 마음을 보셔야 하고 하나님의 심정을 보셔야 합니다. 주일을 성수하고 십일조를 잘 내면서 하나님의 법을 잘 지키려는 의지보다 하나님의 마음과 심정을 가지는 것이 가장 중요한 것입니다. 하나님을 아시고, 하나님의 심정과 마음으로, 하나님의 은혜와 복락들을 삶 가운데 풍성히 누리시기를 주님의 이름으로 축원합니다.

# 38

## 하나님 있는 자들의 법

### 출애굽기 22 : 1 ~ 31

1 사람이 소나 양을 도둑질하여 잡거나 팔면 그는 소 한 마리에 소 다섯 마리로 갚고 양 한 마리에 양 네 마리로 갚을지니라 2 도둑이 뚫고 들어오는 것을 보고 그를 쳐죽이면 피 흘린 죄가 없으나 3 해 돋은 후에는 피 흘린 죄가 있으리라 도둑은 반드시 배상할 것이나 배상할 것이 없으면 그 몸을 팔아 그 도둑질한 것을 배상할 것이요 4 도둑질한 것이 살아 그의 손에 있으면 소나 나귀나 양을 막론하고 갑절을 배상할지니라 5 사람이 밭에서나 포도원에서 짐승을 먹이다가 자기의 짐승을 놓아 남의 밭에서 먹게 하면 자기 밭의 가장 좋은 것과 자기 포도원의 가장 좋은 것으로 배상할지니라 6 불이 나서 가시나무에 댕겨 낟가리나 거두지 못한 곡식이나 밭을 태우면 불 놓은 자가 반드시 배상할지니라 7 사람이 돈이나 물품을 이웃에게 맡겨 지키게 하였다가 그 이웃 집에서 도둑을 맞았는데 그 도둑이 잡히면 갑절을 배상할 것이요 8 도둑이 잡히지 아니하면 그 집 주인이 재판장 앞에 가서 자기가 그 이웃의 물품에 손 댄 여부의 조사를 받을 것이며 9 어떤 잃은 물건 즉 소나 나귀나 양이나 의복이나 또는 다른 잃은 물건에 대하여 어떤 사람이 이르기를 이것이 그 것이라 하면 양편이 재판장 앞에 나아갈 것이요 재판장이 죄 있다고 하는 자가 그 상대편에게 갑절을 배상할지니라 10 사람이 나귀나 소나 양이나 다른 짐승을 이웃에게 맡겨 지키게 하였다가 죽거나 상하거나 끌려가도 본 사람이 없으면 11 두 사람 사이에 맡은 자가 이웃의 것에 손을 대지 아니하였다고 여호와께 맹세할 것이요 그 임자는 그대로 믿을 것이며 그 사람은 배상하지 아니하려니와 12 만일 자기에게서 도둑 맞았으면 그 임자에게 배상할 것이며 13 만일 찢겼으면 그것을 가져다가 증언할 것이요 그 찢긴 것에 대하여 배상하지 아니할지니라 14 만일 이웃에게 빌려온 것이 그 임자가 함께 있지 아니할 때에 상하거나 죽으면 반드시 배상하려니와 15 그 임자가 그것과 함께 있었으면 배상하지 아니할지니라 만일 세 낸 것이면 세로 족하니라 16 사람이 약혼하지 아니한 처녀를 꾀어 동침하였으면 납폐금을 주고 아내로 삼을 것이요 17 만일 처녀의 아버지가 딸을 그에게 주기를 거절하면 그는 처녀에게 납폐금으로 돈을 낼지니라 18 너는 무당을 살려두지 말라 19 짐승과 행음하는 자는 반드시 죽일지니라 20 여호와 외에 다른 신에게 제사를 드리는 자는 멸할지니라 21 너는 이방 나그네를 압제하지 말며 그들을 학대하지 말라 너희도 애굽 땅

에서 나그네였음이라 22 너는 과부나 고아를 해롭게 하지 말라 23 네가 만일 그들을 해롭게 하므로 그들이 내게 부르짖으면 내가 반드시 그 부르짖음을 들으리라 24 나의 노가 맹렬하므로 내가 칼로 너희를 죽이리니 너희의 아내는 과부가 되고 너희 자녀는 고아가 되리라 25 네가 만일 너와 함께 한 내 백성 중에서 가난한 자에게 돈을 꾸어 주면 너는 그에게 채권자 같이 하지 말며 이자를 받지 말 것이며 26 네가 만일 이웃의 옷을 전당 잡거든 해가 지기 전에 그에게 돌려보내라 27 그것이 유일한 옷이라 그것이 그의 알몸을 가릴 옷인즉 그가 무엇을 입고 자겠느냐 그가 내게 부르짖으면 내가 들으리니 나는 자비로운 자임이니라 28 너는 재판장을 모독하지 말며 백성의 지도자를 저주하지 말지니라 29 너는 네가 추수한 것과 네가 짜낸 즙을 바치기를 더디하지 말며 네 처음 난 아들들을 내게 줄지며 30 네 소와 양도 그와 같이 하되 이레 동안 어미와 함께 있게 하다가 여드레 만에 내게 줄지니라 31 너희는 내게 거룩한 사람이 될지니 들에서 짐승에게 찢긴 동물의 고기를 먹지 말고 그것을 개에게 던질지니라

# 도둑인지 아닌지

## 사람의 법

출애굽기에서 하나님의 법전 부분을 다루고 있습니다. 사람들은 법을 잘 만들면 좋은 세상이 될 것이라는 기대를 가지고 있곤 합니다. 그러나 법으로는 절대로 좋은 세상을 만들 수 없습니다. 첫 번째 이유는 법을 사람이 만든다는 것입니다. 법을 만드는 사람이 모든 것을 다 알고 있는 것이 아닙니다. 탁상행정이라는 말처럼 현실과는 너무나 동떨어진, 직접 처한 현장에는 적용할 수 없는, 이론으로는 너무나 멋있지만 실현될 수 없는 법이 너무나 많이 있습니다. 법에서 이런 현상이 발생하는 이유는 법을 만드는 사람이 그 처한 현실의 당사자가 아니기 때문입니다. 모든 현상은 단순한 것이 아니라 여러 정황이 복잡하게 얽혀 있습니다. 각 사람은 각자 자신의 위치에서, 자신의 입장에 유리하게 법을 만들 것이기에 공정한 법, 의로운 법이 만들어질 수 없습니다. 둘째로 법으로 좋은 세상을 만들 수 없는 이유는 법을 집행하는 자가 사람이라는 것입니다. 좋은 법을 만들어 놓고 법을 공정하게 집행한다면 유전무

죄 무전유죄라는 말이 나오지 않았을 것입니다.

법으로는 좋은 세상을 만들 수 없습니다. 법을 무시하는 것이 아니라 법을 만들고 법을 집행하는 사람들이 죄인이기 때문에 죄인들이 스스로 공정한 법을 만들고 공정한 집행을 할 것이라는 기대를 가지지 않기 때문입니다. 사람들은 종종 인간이 죄인이라는 사실을 잊습니다. 사람들은 종종 들려오는 아름다운 이야기나 가슴 따뜻한 이야기들이 인간의 본심이고, 더 종종 들려오는 살벌하고 잔인한 이야기가 예외라고 생각을 합니다. 실상은 정반대입니다. 사람들은 사람에게 기대를 걸고 있고 그 사람들이 하는 일에 희망을 가지려고 합니다. 왜냐하면 하나님을 인정하지 않으니 남는 것은 사람뿐이기 때문입니다. 하지만 사람으로도 법으로도 좋은 세상을 만들 수 없습니다.

**법의 허점**

사람들이 법을 만들고 사람들이 법을 집행하기 때문에 법에 한계가 있다면 하나님이 법을 정하시고 하나님이 법을 집행하시면 온전하고 완벽한 법이 될 것으로 기대합니다. 사람들이 성경에서 오해하는 부분이 바로 이 부분 즉 하나님이 법을 주셨다고 생각하는 것입니다. 하나님이 법을 주셨으니까 하나님의 법은 완전하다고 생각하는 것입니다. 인간이 하나님의 법대로 적용을 안 해서 그렇지 하나님의 법대로만 적용한다면 세상은 좋아질 수 있을 것이라고 기대를 하는 것 바로 기독교인들이 가지는 가장 큰 오해입니다. 하나님이 법을 주셨다고 생각하고 하나님의 법규에 따라 하나님의 법대로 실천하면 지상낙원을 이룰 수 있을 것으로 생각하면 안 됩니다. 하나님의 말씀을 이해할 때 규정이나 조항을 분석하려고 하면 안 됩니다. 하나님은 인간에게 법을 말씀하신 것이 아니라 하나님의 마음과 심정을 주신 것입니다. 그러므로 하나님의 마음과 심정이 아니면 하나님의 법규들을 바르게 이해할 방법이 없습니다. 하나님의 마음과 심정을 먼저 알고 하나님의 마음과 심정으로 하나님의 법을 보아야 하나님의 법을 이해할 수 있습니다.

하나님의 마음이 아니라면 얼핏만 봐도 하나님의 법규 조항이 허점 투성이라는 것을 발견할 수 있습니다. 22장 1절 "사람이 소나 양을 도둑 질하여 잡거나 팔면 그는 소 한 마리에 소 다섯 마리로 갚고 양 한 마리에 양 네 마리로 갚을지니라"입니다. 양을 소유한 사람의 입장에서는 자신의 재산을 잃은 것입니다. 양의 주인은 소는 다섯 마리로 갚고 양은 네 마리로 갚는 것이 공정하지 않다고 생각합니다. 소가 양보다 귀하다고 생각하는 것은 각 사람의 입장을 고려하지 않은 편견입니다. 22장 2절 "도둑이 뚫고 들어오는 것을 보고 그를 쳐 죽이면 피 흘린 죄가 없으나"입니다. 도둑이 뚫고 들어오는 것을 보았으면 소리를 질러서 쫓아내라고 가르쳐야지 쳐 죽여도 죄가 없다고 말을 하면 이것은 아예 죽이라고 권면하는 것과 같습니다. 또 그가 도둑인지 아닌 지 구분하기도 매우 힘듭니다. 집 주인은 대문으로 들어가고 도둑놈은 담을 타고 들어오는 것이 관례니까 만약 담을 타고 들어오면 도둑으로 인정하고 쳐 죽여도 된다고 말할 수 없습니다. 자기 집인데도 불구하고 대문으로 들어가지 않고 담타고 들어가고 창문타고 들어가는 상황이 발생할 수 도 있습니다.

22장 5절 "사람이 밭에서나 포도원에서 짐승을 먹이다가 자기의 짐승을 놓아 남의 밭에서 먹게 하면 자기 밭의 가장 좋은 것과 자기 포도원의 가장 좋은 것으로 배상할지니라"입니다. 배상해주는 사람이 자기 밭이나 포도원의 가장 좋은 것으로 가지고 와야 하는데 정말로 가장 좋은 것인지 아닌지 알 수 없습니다. 어떤 주인도 배상품으로 가장 좋은 것을 내 놓기가 쉽지 않습니다. 주인을 신뢰할 수 없어 직접 들어가서 가장 좋은 것으로 가지고 나오겠다고 할 때 주인이 허락하지 않을 것입니다. 결국 가장 좋은 것으로 보상했는지 확인할 길이 없습니다. 22장 6

절 "불이 나서 가시나무에 댕겨 낟가리나 거두지 못한 곡식이나 밭을 태우면 불 놓은 자가 반드시 배상할지니라"입니다. 불을 놓은 사람이 어차피 배상할 것도 없고 먹을 것도 없고 해서 성질나서 일부러 불을 놓았다면 아무런 대책이 없습니다. 법에 대해 아는 것이 별로 없는 사람인데도 불구하고 하나님의 법을 읽어보면 쉽게 수긍이 안 되는 부분이 많습니다. 이대로는 법을 적용하기가 매우 애매모호하다라는 인상을 지울 수가 없습니다. 하나님의 법이라고 해서 완벽할 것이라고 예상하거나 이 하나님의 법만 적용한다면 당장 좋은 세상이 될 것이라고 기대를 하는 것은 너무 안일한 생각이요 하나님의 의도를 오해한 것입니다. 하나님은 법을 주신 것이 아니라 하나님의 마음을 주셨다는 것을 기억하셔야 합니다.

## 하나님 있는 자들의 법

### 여호와의 법

하나님의 법에는 많은 허점이 있다고 말하려고 하거나 하나님의 법은 실제적으로는 적용할 수 없다고 말하려는 것이 아닙니다. 하나님의 법은 완벽하고 하나님의 법은 인간의 실생활에 아주 잘 구체적으로 적용할 수 있습니다. 그런데 하나님의 법을 이해하시고 적용하려면 하나님의 법에 깔려있는 전제조건을 이해하셔야 한다는 것입니다. 하나님의 법 또는 하나님의 말씀의 전제 조건은 하나님이 계시다는 것입니다. 하나님을 배재한 체 법 자체로서의 법의 조항, 법의 형평성을 따져서는 안 됩니다. 하나님을 빼면 이 법은 아예 언급조차 될 수 없습니다. 하나님이시기 때문에 이런 법을 말씀하실 수 있고, 하나님이 일하시고 이스라엘의 백성들의 삶을 책임지고 보호하고 돌보시고 공급하시기 때문에 이런 법을 말씀하실 수 있는 것입니다. 하나님이 계시지 않다면 안식일을 기억하여 거룩하게 지키라는 말씀이 아무 소용이 없고, 하나님이 일하셔서 이스라엘에게 전혀 부족함이 없도록 많이 거두어도 남음이 없고 적게 거두어도 부족함이 없게 공급하시지 않으신다면 도둑질하지 말라는 말씀이 아무 소용이 없습니다.

하나님의 법 조항의 의미를 이해하기 위해서는 하나님이 계시고 하나님이 일하신다는 전제 조건을 이해해야 하고, 하나님의 법을 실천하고 적용하기 위해서는 그 법을 실천하고 적용하려는 사람들이 하나님을 알고 있으며 하나님을 인정하고 있으며 하나님의 마음과 심정을 가지고 있다는 전제 조건이 있어야 합니다. 하나님을 모르는 사람은 하나님의 법을 지킬 수 없으며 하나님을 인정하지 않는 사람은 하나님의 법을 적용할 수 없습니다. 그래서 하나님의 법을 알고 지키기 위해서는 법에 대해서 아는 것이 중요한 것이 아니라 하나님에 대해서 알아야 합니다. 그래서 하나님은 인간에게 법을 먼저 주신 것이 아니라 하나님을 알리시는 계시와 하나님의 마음과 심정을 주신 것입니다. 하나님은 법을 먼저 주신 것이 아닙니다. 하나님을 알리셨습니다. 하나님의 법의 제정자가 사람이 아니라 하나님이라는 말을 강조하려는 것이 아니라, 법 제정보다 더 우선하고 중요한 것이 하나님을 알아야 한다는 것을 말하려는 것입니다. 하나님의 법에도 허점이 있다고 말씀드렸고 또 하나님의 법은 온전하다고 말씀드렸습니다. 하나님의 법에 허점이 있다는 말과 하나님의 법은 온전하는 말은 모순되지만 해결이 됩니다. 하나님의 법은 하나님의 마음과 심정으로 보면 완전하고 하나님을 빼고 보면 허점투성이입니다. 그래서 하나님의 법을 이해하는데 중요한 것은 법 조항이 아니라 하나님입니다.


### 하나님이 재판장

법 제정에 관하여 법 조항에 깔려있는 하나님을 이해하셔야 하고, 법 집행에 관하여 하나님을 이해하셔야 합니다. 8, 9절 "도둑이 잡히지 아니하면 그 집 주인이 재판장 앞에 가서 자기가 그 이웃의 물품에 손 댄 여부의 조사를 받을 것이며 어떤 잃은 물건 즉 소나 나귀나 양이나 의복이나 또는 다른 잃은 물건에 대하여 어떤 사람이 이르기를 이것이 그것이라 하면 양편이 재판장 앞에 나아갈 것이요 재판장이 죄 있다고 하는 자가 그 상대편에게 갑절을 배상할지니라"입니다. 사람들이 무엇이 중요한지를 자꾸 오해해서 성경에 자기 생각을 첨가하는 것이 문제입니다. 성경은 있는 그대로 두고 그 말씀이 왜 그 말씀인지를 고민해야 합니다. 즉 기독교는 정답을 찾는 종교가 아닙니다. 기독교는 이미 정답, 진리가 있습니다. 진리를 찾는 것이 아니라 이미 제시된 진리가 왜 진리인지를 고민하는 것입니다. 하나님 말씀이 진리입니다. 사람들 생각에 진리 같지가 않습니다. 그래서 진짜 진리가 무엇일까 고민하며 다른 진리를 찾는 것이 아니라 이게 진리인 것은 맞는데 이것이 진리라는 것을 내가 수용을 못하는 것입니다. 그렇다면 정답을 바꾸는 것이 아니라 정답을 이해하려고 노력해야 하는 것입니다.

본문 8, 9절에 문제가 해결이 안 되면 '재판장'에게 나아가라고 되어 있습니다. 그런데 재판장이라고 나온 글자 위에 작은 숫자가 있고 밑에 각주를 보면 재판장을 하나님이라고 각주를 달아 놓았습니다. 성경 원문에는 '하나님'이라고 되어 있습니다. 즉 문제가 해결이 안 되면 '하나님께 나아가라'고 되어 있는 것입니다. 그런데 번역자들이 '지금 이 본문들이 법전이다. 법을 집행하는 것에 관한 내용이다. 그러므로 문제 해결이 안 되면 재판장에게 나아가는 것이 정상적인 모습이다.'라고 생각하여 번역을 하나님이라고 하지 않고 재판장이라고 한 것입니다. 엘로힘이라는 히브리 단어를 하나님이 아니라 재판장이라고 번역을 해 놓음으로 해서 이 본문의 의미가 완전히 망쳐진 것입니다. 절대로 재판장이라고 하지 않고 반드시 하나님이라고 해 놓았어야 합니다.

하나님의 법전이 강조하려는 것은 법이 아니라 하나님입니다. 하나님은 좋은 법을 주시는 것이 아니고, 사람들이 공정하게 법을 집행하는 것이 중요하기에 재판장이 중요하다고 말씀하시려는 것이 아닙니다. 이 말씀은 법 이전에 하나님의 말씀이고, 이것이 적용될 수 있도록 보장하고 책임지시는 분이 하나님이시라는 것을 강조하려는 것입니다. 재판장의 역할, 재판장의 책임, 재판장의 공정성을 말하려는 것이 절대로 아닙니다. 법의 필수조건으로 입법자의 공평한 법 제정과 재판장의 공정한 법 집행을 강조하는 것이 아니라 하나님이 계시고, 하나님이 일하고, 하나님이 책임진다는 것을 강조하는 것입니다.

### 재판장을 믿을 수 있나?

문제가 해결되지 않을 때 현재 번역된 것처럼 "재판장 앞에 가서" 해결하려고 하니 적용이 안 되는 것입니다. 억울함에 처한 사람, 역경에 처한 사람들이 법원에서 재판장이 판결하는 것을 믿지 않습니다. 재판장이 판결하면 모든 논란이 끝나고 모든 사람이 깨끗하게 승복하지 않습니다. 성경이 말하려는 것이 바로 그것입니다. 8절과 9절에 어떤 문제가 해결이 안 됩니다. 물건을 맡겼는데 도둑을 맞았고, 주인이 가지고 싶어서 감추는 것인지 진짜 도둑을 맞은 것인지 알 수가 없단 말입니다. 그때 재판장에게 나아가는 것이 아니라 하나님에게 나아가는 것입니다. 하나님이 창조주이시오, 주관자이시오, 진리이시오, 참이시오, 공정한 분이시오, 옳으신 분이요, 합당하신 분이시오, 불편부당하신 분이시라는 것입니다. 하나님이 바른 판단을 하시겠다는 것입니다. 하나님이 판단하시면 믿을 수 있는 것입니다. 이 법의 적용이 가능한 이유는 하나님이시기 때문입니다. 28절 "너는 재판장을 모독하지 말며 백성의 지도자를 저주하지 말지니라"입니다. 여기에서도 재판장은 재판장을 말하는 것이 아니라 8, 9절에 나오는 단어와 똑같은 것으로 하나님입니다. "너는 하나님을 모독하지 말라"고 말씀하시는 것입니다.

# 법과 마음

## 여호와께 맹세

다음 구절을 보시면 분명해 지실 것입니다. 10, 11절 "사람이 나귀나 소나 양이나 다른 짐승을 이웃에게 맡겨 지키게 하였다가 죽거나 상하거나 끌려가도 본 사람이 없으면 두 사람 사이에 맡은 자가 이웃의 것에 손을 대지 아니하였다고 여호와께 맹세할 것이요 그 임자는 그대로 믿을 것이며 그 사람은 배상하지 아니하려니와"입니다. 이 구절에서도 가장 중요한 것이 "여호와께 맹세한다"는 것입니다. 자신을 증명하기 위하여 맹세하려고 하는 대상이 여호와라는 것입니다. 여호와이기 때문에 이 구절이 가능한 것입니다. 두 사람 사이에 소나 양을 맡겼습니다. 소나 양이 없어졌는데 맡은 자가 손을 댔는지 안 댔는지 알 수가 없습니다. 7절과 같은 이야기입니다. 7절에서는 돈이나 물품을 맡긴 것이고 10절에서는 소나 양을 맡긴 것이고, 7절에서는 돈이 물품이기 때문에 도둑을 맞은 것이고 10절에서는 소나 양이기 때문에 죽거나 상하거나 끌려간 것으로 나오는 것입니다.

문제는 발생했지만 사실을 확인할 방법이 없습니다. 해결하는 방법이 두 가지가 있습니다. 그 중에 소극적인 방법, 부정적인 방법이 바로 하나님께 나아가 여호와께 맹세하는 것입니다. 이때도 중요한 것은 사람 재판장이 아니라 여호와라는 것입니다. 법에는 없는 방법이 있습니다. 법보다 앞선 것, 문제를 해결하는 적극적인 방법 긍정적인 방법이 여호와의 마음을 갖는 것입니다. 하나님의 법 이전에 하나님을 알아야 하듯이, 하나님의 법을 적용하기 이전에 하나님의 마음을 적용하는 것입니다. 물건을 맡겼는데 맡은 자가 도둑을 맞았다고 하고, 소와 양을 맡겼는데 죽거나 상하거나 끌려갔다고 하면 맡은 자의 말이 사실인가 아닌가를 확인하기 위하여 하나님께 나아가는 것이 아니라 가장 먼저 할 일은 하나님의 마음을 가지는 것입니다. 하나님의 마음이면 다음과 같이 해결 되는 것입니다. '물건을 도둑맞았다고? 마음고생이 심했겠구나. 잃어버려서 속상했고 맡긴 자에게 미안하고, 어떻게 배상해야 하나 고민하고 정말로 마음고생이 많았겠어. 괜찮아. 내가 괜히 물건을 맡겨서 심려를 끼쳐서 도리어 미안해' 입니다. 이것으로 모든 상황이 종료됩니다. 이러한 하나님의 마음이 들지 않으면 하나님께 나아오라는 것입니다. 하나님이 공평하게 판단해 주시겠다는 것입니다. 그런데 이미 하나님의 마음이 들지 않았으면, 하나님이 공평하게 판단해 주어도 억울하고 분한 마음이 풀어지지 않습니다. 그래서 법 적용이 아무런 소용이 없어지는 것입니다. 여호와를 믿는 사람도 하나님의 마음이 없으면 법 적용이 안 되는데 하물며 만약 하나님이 계시지 않다고 생각하는 사람들이 있다면 이 법은 아무런 소용이 없습니다. 지킬 수가 없고 적용할 수가 없습니다.

### 법이 아니라 하나님

21~24절 "너는 이방 나그네를 압제하지 말며 그들을 학대하지 말라. 너희도 애굽 땅에서 나그네였음이라. 너는 과부나 고아를 해롭게 하지 말라. 네가 만일 그들을 해롭게 하므로 그들이 내게 부르짖으면 내가 반드시 그 부르짖음을 들으리라. 나의 노가 맹렬하므로 내가 칼로 너희를 죽이리니 너희의 아내는 과부가 되고 너희 자녀는 고아가 되리라"입니다. 이 말씀이 중요한 이유도 하나님이시기 때문입니다. 세상에서는 이런 사람을 가장 안 무서워합니다. 나중에 보자는 사람은 전혀 무섭지 않은 것입니다. 그런데 이 말씀이 중요한 것은 이 말씀을 하시는 분이 하나님이기 때문입니다. 하나님이 보복하시겠다는 것이 포인트가 아니라,

하나님의 마음과 하나님의 심정을 가지라는 것입니다.

25~27절 "네가 만일 너와 함께 한 내 백성 중에서 가난한 자에게 돈을 꾸어 주면 너는 그에게 채권자 같이 하지 말며 이자를 받지 말 것이며 네가 만일 이웃의 옷을 전당 잡거든 해가 지기 전에 그에게 돌려보내라. 그것이 유일한 옷이라. 그것이 그의 알몸을 가릴 옷인즉 그가 무엇을 입고 자겠느냐? 그가 내게 부르짖으면 내가 들으리니 나는 자비로운 자임이니라"입니다. 세상은 이 법을 지키지 않습니다. 내 돈 꿔주고 채권자 하지 못하고 내 돈 꿔주고 이자도 받지 못하는 일을 하지 않습니다. 또 돈 꿔주고 담보 잡았다가 저녁에 돌려주어야 하고, 만약 돌려주지 않으면 하나님한테 혼난다고 하면 아무도 변리를 하지 않습니다. 이 말씀들은 하나님이 없으면 아예 논의 대상이 되지 못합니다. 그래서 본문의 중요한 포인트는 25절에 "내 백성 중에서"입니다. 너희는 하나님의 백성이라는 것입니다. 다른 표현으로 하나님이 너희를 책임지고 돌보시고 지키시고 공급하신다는 것입니다. 네가 못 받는 이자 하나님이 천하 만물을 공급하시는 것으로 이미 더 크게 주고 계시다는 것을 알라는 것입니다. 그것을 모르면 절대로 이 법을 적용할 수 없습니다.

29, 30절 "너는 네가 추수한 것과 네가 짜낸 즙을 바치기를 더디하지 말지며 네 처음 난 아들들을 내게 줄지며 네 소와 양도 그와 같이 하되 이레 동안 어미와 함께 있게 하다가 여드레 만에 내게 줄지니라"입니다. 이런 말씀을 하시는 이유를 아셔야 합니다. 하나님을 인정하는 것을 보이라는 것입니다. 십일조를 내라는 의미는 하나님이 주셨다는 것을 인정하는 것입니다. 안식일을 지키라는 의미도 나의 능력으로 사는 것이 아니라 하나님의 공급하심으로 사는 것임을 인정하는 것입니다. 본문에서 중요한 것은 하나님이 바치라고 한다는 것이 아니라 하나님이 주신다고 한다는 것입니다. 하나님이 추수를 주시겠다는 것이며, 포도열매를 주시겠다는 것이며, 자녀들을 주시겠다는 것이며, 소와 양도 주시겠

다는 것입니다. 중요한 것은 법의 조항을 얼마나 세밀하고 정교하게 하느냐가 아니라 하나님을 아는 것입니다.

　기독교는 새로운 지도자, 새로운 리더를 찾는 것이 아닙니다. 교회는 더욱 정교하고 세밀한 법과 제도를 만드는 것이 아닙니다. 기독교는 하나님을 알아가고, 하나님의 마음과 심정을 알아가는 것입니다. 하나님의 마음으로 생각하고 하나님의 마음으로 행동할 때 이미 문제는 문제가 되지 않으며, 모든 문제는 이미 해결되어 있으며, 하나님이 이루어주신 하나 됨과 행복한 삶을 누리며 지속할 수 있는 것입니다. 하나님을 아시고, 하나님의 마음과 심정으로 행동하셔서 가장 좋고 행복한 하나님 나라를 날마다 누려 가시기를 주님의 이름으로 축원합니다.

# 39
# 가난한 자의 송사

## 출애굽기 23 : 1 ~ 13

1 너는 거짓된 풍설을 퍼뜨리지 말며 악인과 연합하여 위증하는 증인이 되지 말며 2 다수를 따라 악을 행하지 말며 송사에 다수를 따라 부당한 증언을 하지 말며 3 가난한 자의 송사라고 해서 편벽되이 두둔하지 말지니라 4 네가 만일 네 원수의 길 잃은 소나 나귀를 보거든 반드시 그 사람에게로 돌릴지며 5 네가 만일 너를 미워하는 자의 나귀가 짐을 싣고 엎드러짐을 보거든 그것을 버려두지 말고 그것을 도와 그 짐을 부릴지니라 6 너는 가난한 자의 송사라고 정의를 굽게 하지 말며 7 거짓 일을 멀리 하며 무죄한 자와 의로운 자를 죽이지 말라 나는 악인을 의롭다 하지 아니하겠노라 8 너는 뇌물을 받지 말라 뇌물은 밝은 자의 눈을 어둡게 하고 의로운 자의 말을 굽게 하느니라 9 너는 이방 나그네를 압제하지 말라 너희가 애굽 땅에서 나그네 되었었은즉 나그네의 사정을 아느니라 10 너는 여섯 해 동안은 너의 땅에 파종하여 그 소산을 거두고 11 일곱째 해에는 갈지 말고 묵혀두어서 네 백성의 가난한 자들이 먹게 하라 그 남은 것은 들짐승이 먹으리라 네 포도원과 감람원도 그리할지니라 12 너는 엿새 동안에 네 일을 하고 일곱째 날에는 쉬라 네 소와 나귀가 쉴 것이며 네 여종의 자식과 나그네가 숨을 돌리리라 13 내가 네게 이른 모든 일을 삼가 지키고 다른 신들의 이름은 부르지도 말며 네 입에서 들리게도 하지 말지니라

## 하나님의 마음

### 가난한 자들의 송사

세상에 온전한 법이란 없습니다. 하나님의 법조차도 법 조항 그 자체만 가지고는 결코 온전하지 못하고 허다한 허점이 있습니다. 세상에 완벽한 법이란 존재하지 않을 뿐더러 법이 강조하려는 내용도 사람마다

다르게 느껴지게 되어 있습니다. 법을 제정하는 사람의 입장과 정작 법을 지켜야 하는 사람의 입장 그리고 법을 집행하는 사람의 입장이 다르기 때문에 동일한 법에 대해서도 다양한 반응이 나오게 되어 있습니다. 법이든 규정이든 가장 중요한 것은 조항이 아니라 정신, 마음입니다. 성경을 읽고 성경에 나타난 하나님의 법을 이해하려면 하나님의 마음, 하나님의 심정을 이해해야 합니다. 3절 "가난한 자의 송사라고 해서 편벽되이 두둔하지 말지니라", 6절 "너는 가난한 자의 송사라고 정의를 굽게 하지 말며"입니다. 조금 이상하다고 생각하지 않으십니까? 혹시 하나님이 조금 너무 하신 것 아니냐는 생각이 들지 않습니까? 늘 강자들이 이기니까 하나님이라도 약자를 조금 도와주라고 말씀하셔야 되는 것 아니냐는 생각이 들지 않습니까? 혹시 성경이 강자와 약자를 반대로 기록한 것은 아닌가 의심이 들지는 않습니까? 3절과 6절에 분명하게 "가난한 자의 송사라고 편벽되이 두둔하지 말고 정의를 굽게 하지 말라"고 말씀하고 계십니다.

하나님이 말씀하시는 송사에 관한 내용이 세상에서 말하는 것과는 전혀 방향이 다르고 차원이 다르다는 것을 분별하셔야 합니다. 비교를 해 보겠습니다. 세상에서는 '너는 강한 자의 송사라고 해서 편벽되이 두둔하지 말지니라' 라고 말을 합니다. 강한 자는 힘이나 돈이나 권력을 가진 자들입니다. 당연히 사람이 공정하지 못하게 한쪽으로 치우칠 수 있습니다. 매수를 당할 수도 있고 괜히 건들었다가 나중에 화근이 될 수도 있으니 아예 알아서 기는 경우도 있고 법 집행을 맡은 자가 공정하게 하지 않고 강한 자 앞에서 약한 모습을 보일 수가 있습니다. 그래서 세상에서는 '강한 자의 송사라고 정의를 굽게 하지 말라' 는 말이 있는 것입니다. 많은 사람들은 약한 자의 편을 들어주어야 한다고 생각합니다. 약자들은 평상시에 강한 자들에게 당하고 사는 경우가 있으니 가능한 약자의 편에 서서 약자를 도와주어야 한다고 생각하는 것입니다. 강자에게 강하고 약자에게 약해야 진정한 강자라는 말이 있을 정도입니다. 왜 약자의 편을 들어주어야 하느냐고 물으면 힘도 없고 돈도 없고 빽도 없어서 불쌍하기 때문이라고 합니다. 그러니 힘 있는 자리에 있는 사람이 도와주어야 한다고 말하는 것이 일반적인 상황입니다. 강한 자의 편을 들어주었다고 욕을 먹는 경우는 있어도 약자 편을 들어주었다고 욕을 먹는 경우는 거의 없습니다.

## 위험한 마음

성경은 정 반대로 말을 하고 있습니다. "가난한 자의 송사라고 해서 편벽되이 두둔하지 말지니라", "가난한 자의 송사라고 정의를 굽게 하지 말며"입니다. 하나님이 왜 이렇게 말씀하시는지 그 이유를 아시려면 인간의 사고방식을 이해하셔야 합니다. 일반적으로 사람들은 힘 있는 사람은 영향력이 있다고 생각합니다. 힘 있는 사람의 말이나 힘 있는 사람의 행동은 영향력이 있고 파급 효과가 있다고 생각합니다. 그래서 힘 있는 사람, 권력 있는 사람, 가진 사람, 집행권을 가진 사람들이 공정하게 해야 한다고 강조하는 것입니다. 힘 있는 사람이 공정해야 선한 영향력을 끼칠 수 있고 힘 있는 사람이 공정하지 못하면 나쁜 영향력을 끼친다고 생각하기 때문입니다. 이러한 사람들의 말에 담긴 모순을 발견하셔야 합니다. 힘 있는 사람, 권력 있는 사람, 가진 사람들은 가진 것이 있습니다. 그 가진 것으로 영향력을 행사할 수 있습니다. 참으로 아이러니한 것은 그 사람이 영향력을 발휘하기를 기대하지만 그 사람이 가진 것을 힘으로 사용하지 않기를 기대한다는 것입니다. 하지만 힘을 사용하지 않으면 영향력이 생기지 않습니다. 그 사람에게 영향력을 기대한다는 것은 그가 가진 것, 그가 처한 자리가 힘이 되기를 바라고 권세가 되기를 바라는 것입니다. 힘은 가지고 있으되 영향력은 끼치지 않기를 바라는 것은 불가능합니다. 반대로 영향력은 끼치되 힘을 사용하지 않는 것도 불가능합니다.

사람들은 힘이나 권력이라고 하면 부정적 이미지를 떠 올리고 영향력이라고 하면 긍정적 이미지를 떠 올리지만 힘과 영향력, 권력과 영향력은 동의어입니다. 그래서 영향력을 갖는다는 것은 매우 위험한 것입니다. 어떤 사람이 영향력있는 사람이 되어야겠다고 마음 먹는다면 그것은 이미 힘을 가지겠다는 것이고 힘을 사용하겠다는 것입니다. 원래 권력은 권력이 아니고 신분은 신분이 아닙니다. 권력과 신분은 역할이고 기능이고 위치일 뿐입니다. 그것이 영향력을 가져서는 안 됩니다. 그런데 역할과 기능과 위치가 본래적 의미를 상실하면 힘이 되어 버리고 영향력이 됩니다. 그러면 또 사람들은 선한 영향력과 악한 영향력을 구분하려고 합니다. 영향력은 좋은 영향력이든 나쁜 영향력이든 이미 강자와 약자를 나누는 부정적 의미, 교만한 의미가 있습니다.

성경은 전혀 다르게 사람들이 일반적으로 생각하는 것을 완전히 뒤엎는 것입니다. 하나님은 인간이 영향력을 가질 수 있다는 생각 자체를 가지지 말라는 것입니다. 하나님은 가난한 자의 송사라고 해서 편벽되이 두둔하지 말라고 하십니다. 이 말씀은 법 집행을 공정하게 하라는 말이 아닙니다. 법은 강자에게나 약자에게나 공평하게 집행되어야 한다는 말을 하려는 것이 아니라는 것입니다. 이 말씀은 법 집행자의 행동에 관한 말씀이 아니라 존재에 대한 말씀이요 인식과 사고방식에 대한 말씀입니다. 만약 어떤 사람이 법을 집행하는 위치에 있다면 가난한 자의 송사라고 편벽되이 할 수 있다는 사고방식 자체를 가지지 말라는 것입니다. 가난한 자의 송사를 도와주겠다는 마음이 든다는 것은 이미 그 사람이 상대를 도울 수 있는 위치에 있다고 생각하는 것이요 자신이 상대를 도울 수 있는 힘이 있다고 생각하는 것입니다. 즉 자기가 어떤 힘을 가지고 있고 능력을 가지고 있고 영향력을 가지고 있다고 생각하는 것입니다. 자기에게 그런 힘과 능력이 있다고 생각하기에 그렇게 행동할 마음을 먹는 것입니다. 이것이 가장 위험한 생각이기에 하나님은 아예 그런 생각을 하지 말라는 것입니다. 그런 행동을 하지 말라는 표현 속에 아예 그런 행동을 할 수 있는 위치에 있거나 힘이 있거나 영향력이 있다는 생각 자체를 가지지 말라고 말씀하시는 것입니다. 사람이 정의를 지키는 것도 아니고 좋은 세상을 만드는 것도 아니고 어떤 영향력을 끼칠 수 있는 것도 아니라는 것입니다.

## 사람의 일, 하나님의 일

사람이 하는 일과 하나님이 하는 일을 구분할 줄 알아야 합니다. 세상은 이 구분을 할 수가 없습니다. 왜냐하면 하나님이 계시다고 인정하지 않고 하나님이 인간을 위해 일하신다고 생각하지 않기 때문입니다. 그러니 하나님에 대해서는 한 마디 말도 할 수 없고 오직 남은 것은 인간 뿐이기 때문에 인간에 대해서만 말할 수 있습니다. 그래서 인간의 사고와 인간의 행동에 대해 말할 수 있을 뿐입니다. 그리고 인간 중에 가진 자, 있는 자, 강한 자들이 잘해야 한다, 바르게 해야 한다, 욕심을 내면 안 된다, 권력을 남용해서는 안 된다, 양보해야 한다, 손해를 볼 줄 알아야 한다고 말들을 합니다. 옳은 말이지만 되지도 않을 말들이기에 헛소리에 불과합니다. 세상 사람의 사고방식에는 힘을 쓰지 않으려면 뭐 하러 힘 있는 자가 되고, 가진 것을 이용하지 않으려면 뭐 하러 가지려고 노력을 하고, 양보하려면 뭐 하러 그 위치에 까지 올라가고, 손해를 볼 바에야 아예 안하고 말 것이기 때문입니다. 힘이 있는 사람에게 힘을 사용하지 말 것을 기대하는 것은 기본적으로 인간에 대한 이해가 틀린 것입니다.

성경에도 권력에 대한 이야기가 나옵니다. 하나님도 말도 안 되는 요구를 하신 적이 있습니다. 신명기 17장에 보면 왕에 관한 하나님의 가르침이 나옵니다. 신명기 17장 14절 "네가 네 하나님 여호와께서 네게 주는 땅에 이르러 그 땅을 차지하고 거주할 때에 만일 우리도 우리 주위의 모든 민족들 같이 우리 위에 왕을 세워야겠다는 생각이 나거든"입니다. 그리고 그 왕이 가져야 하는 태도에 대해서 세 가지 말씀을 하십니다. 16절 "그는 병마를 많이 두지 말 것이요 병마를 많이 얻으려고 그 백성을 애굽으로 돌아가게 하지 말 것이니", 17절 "그에게 아내를 많이 두어 그의 마음이 미혹되게 하지 말 것이며 자기를 위하여 은금을 많이 쌓지 말 것이니라"입니다. 왕이 되었는데 왕권을 위한 기본적인 세 가지로 첫 번째 병마 즉 군사력 두 번째 부인 즉 왕족의 번성 세 번째 은금 즉 재정인데 이것을 두지 말라고 합니다. 사람들의 생각에는 군사력과 왕족과 재력이 없으면 왕권이 유지될 수 없습니다. 또 이런 것을 가지지 않으려면 굳이 왕이 될 이유도 없습니다. 왕이 되려는 목적이 권력을 가지고 싶고 재력을 누려보고 싶어서 하는 것입니다. 그런데 하나님은 사람들이 일반적으로 생각하는 것을 두지 말라는 것입니다. 왕이 된 사람은 자신이 왕이라는 생각을 가지지 말라는 것입니다. 세상은 왕이지만 왕처럼 굴지 말라는 것이고 성경은 왕이라는 생각 자체를 가지지 말라는 것입니다.

# 하나님의 법

## 어리석은 의도

성경은 인간이 어떤 영향력을 끼칠 수 있다는 생각을 말하지 않습니다. 사람은 절대로 남의 말을 듣지 않습니다. 인간이 친구가 되는 것은 오직 한 경우 공동의 적의 생겼을 때 뿐입니다. 내가 악한 만큼 남도 악하고 내가 교활한 만큼 남도 교활합니다. 내가 생각할 수 있는 만큼 남도 생각할 수 있습니다. 내가 남보다 낫다고 생각하거나 내가 무슨 역할을 할 수 있고 내가 어떤 일을 꾸밀 수 있다고 생각하는 것이 가장 어리석은 것입니다. 하나님은 계속하여 하나님을 알라고 말씀하십니다. 그 말은 다른 한편으로는 제발 인간을 좀 알라는 말씀과 같습니다. 인간 자체를 알라는 것입니다. 하나님이 왜 이렇게 말씀하시고, 왜 이렇게 행동하시는지를 인간의 죄인 됨에서 이해하라는 것입니다. 하나님의 인간이해를 이해하셔야 하나님의 말씀, 하나님의 법을 이해할 수 있는 것입니다. 1, 2절 "너는 거짓된 풍설을 퍼뜨리지 말며 악인과 연합하여 위증하는 증인이 되지 말며 다수를 따라 악을 행하지 말며 송사에 다수를 따라 부당한 증언을 하지 말며."입니다. 하나님이 이러한 행동을 하지 말라고 말씀하시는 이유는 사람들이 이러한 행동을 하기 때문입니다. 유사한 내용이 9절에도 나옵니다. "거짓 일을 멀리 하며 무죄한 자와 의로운 자를 죽이지 말라. 나는 악인을 의롭다 하지 아니하겠노라. 너는 뇌물을 받지 말라. 뇌물은 밝은 자의 눈을 어둡게 하고 의로운 자의 말을 굽게 하느니라"입니다. 사람이 거짓 일을 꾸미고 무죄한 자와 의로운 자를 죽이고 뇌물을 받는 이유, 계략을 짜고 모략을 만들어 내는 이유는 자신이 무엇인가를 만들 수 있고 자신이 무엇인가를 이룰 수 있다고 생각하기 때문입니다. 자신이 좀 더 나은 상황, 좀 더 좋은 환경, 좀 더 훌륭한 사회를 만들 수 있을 것이라는 생각입니다.

성경은 그와 같은 생각을 아예 갖지 말라는 것입니다. 하나님이 이미 이루어 놓으셨습니다. 인간이 만들어 내야하고 만들어 낼 수 있는 더 이상 좋은 일, 더 이상 선한 일은 없습니다. 현재 영향력을 발휘할 수 있는 존재가 되었다는 생각도 하지 말고, 장차 영향력을 발휘하기 위하여 무엇인가 되어야 겠다는 생각도 하지 말라는 것입니다. 이미 하나님이 다 이루어 놓으셨습니다. 인간은 더 이상 새로운 일, 더 이상 좋은 일을 할 수 없고, 할 필요도 없습니다. 인간이 할 수 있는 유일한 일, 인간이 해야 하는 유일한 일은 하나님이 이루신 일, 하나님이 완성하신 일, 하나님이 주신 행복, 하나님이 주신 자유와 평화를 깨지 않는 것입니다.

## 기독교의 인간론

사람들은 법을 보면 법의 조항을 떠 올립니다. 이것을 행하라 이것을 행하지 말라는 조항을 주목하고 무엇을 해야 하고 무엇을 하지 말아야 하는지를 기억하려고 합니다. 이러한 관심이 큰 착각인데 인간 자체를 모르는 것이요 인간이 죄인이라는 사실을 모르는 것입니다. 행하라고 되어있는 것은 행할 수 있는 줄로 알고 행하지 말라고 되어 있는 것은 행하지 않을 수 있는 것으로 생각하는 것이 오해요 착각입니다. 사람이 행해야 하는 것은 행하고 행하지 말아야 하는 것은 행하지 않을 수 있다면 정말 꿈같은 세상이 펼쳐질 것입니다. 그러나 인간은 행해야 하는 것은 행하고 행하지 말아야 할 것은 하지 않을 수 있는 존재가 못됩니다.

기독교는 인간이 죄인이라고 선언하는 종교입니다. 인간이 이미 죄의 마음에 사로잡혀 있기에 죄의 마음을 가진 자에게 죄의 행동이 아닌 것을 기대할 수 없는 것입니다. 차라리 죄의 마음에 잡혀있는 자에게 죄의 행동을 요구해 보시면 그것은 요구하기도 전에 이미 행하고 있다는 것을 아실 것입니다. 인간은 도덕을 지키는 것, 정의를 지키는 것은 노력을 해야 가능한 것이고 도덕을 깨는 것, 정의를 무시하는 것은 자연스럽게 저절로 되는 것임을 알고 있습니다. 그래서 인간은 선을 행하려는 노력을 하는 것보다는 악을 행하지 않으려고 노력하는 데에 더 많은 시간과 에너지를 쏟고 있는 것입니다. 이미 인간은 행해야 하는 것은 행하고, 행하지 말아야 하는 것은 행하지 않을 수 있는 존재가 아니라는 것입니다.

하나님은 법을 주시기 이전에 하나님을 알리시고 하나님의 마음과 하나님의 심정을 주신 것입니다. 하나님은 인간들에게 가장 공평하고 정의로운 법을 주신 것이 아니라 법을 넘어서는 하나님의 마음을 주셨고 법의 조항들을 지킬 수 있는 하나님의 마음과 심정을 주신 것입니다. 그러기에 하나님을 모르면, 하나님의 마음과 심정이 아니면 하나님의 법은 지킬 수도 없고 아무런 소용도 없는 것입니다. 반대로 하나님을 알면 하나님의 법은 너무 쉽고 너무 간단하고 넉넉하게 지킬 수 있을 뿐만 아니라 그 이상도 할 수 있는 것입니다.

### 하나님 때문에 지킬 수 있는 법

하나님의 법과 세상의 법이 얼마나 다른 지를 보여주는 대표적인 구절이 있습니다. 4, 5절 "네가 만일 네 원수의 길 잃은 소나 나귀를 보거든 반드시 그 사람에게로 돌릴지며 네가 만일 너를 미워하는 자의 나귀가 짐을 싣고 엎드러짐을 보거든 그것을 버려두지 말고 그것을 도와 그 짐을 부릴지니라"입니다. 세상 어디에도 어느 나라에도 어느 법에도 이런 조항은 없습니다. 세상 어디에도 남의 물건을 도둑질 하지 말라는 법은 있을 지라도 네 것을 남에게 나누어주라는 법은 없습니다. 남의 나귀를 넘어뜨려 손해를 입히는 것은 악행이라는 조항은 있을지라도 넘어져 있는 나귀를 일으켜 세우지 않는 것은 악행이라는 조항은 없습니다. 법은 적극적으로 선한 행동을 유도하는 것이 아니라 소극적으로 악한 행동을 방지하는 것입니다. 그러나 성경은 적극적으로 나아갑니다. 소나 나귀를 도적질하지 말라는 정도가 아니라 소가 나귀로 하여금 길을 잃게 하지 말라는 정도가 아니라 길 잃은 나귀를 보거든 반드시 그 사람에게로 돌리라는 정도가 아니라 "네 원수의 길 잃은 소나 나귀를 보거든 반드시 그 사람에게로 돌릴지라"고 말하는 것입니다.

비록 내가 일부러 그렇게 하지 않겠지만 그래도 원수의 소나 나귀가 길을 잃고 헤매는 것을 보는 순간 얼마나 고소하고 얼마나 신이 납니까? 비록 내가 더 멀리 떠나가도록 반대쪽으로 몰아내지는 않겠지만 속으로 제발 반대쪽으로 더 가라고 간절히 빌지 않겠습니까? 가다가 어떤 사람에게 끌려가라고 기도하지 않겠습니까? 그래도 나는 아무런 잘못을 행한 것이 아닌 것입니다. 그런데 하나님은 전혀 다른 차원의 말씀을 하십니다. "네가 만일 네 원수의 길 잃은 소나 나귀를 보거든 반드시 그 사람에게로 돌릴지며"입니다. 똑 같은 내용이 한 번 더 나옵니다. "네가 만일 너를 미워하는 자의 나귀가 짐을 싣고 엎드러짐을 보거든 그것을 버려두지 말고 그것을 도와 그 짐을 부릴지니라"입니다. 성경은 자상하기도 합니다. 한 번은 내가 원수로 생각하는 사람의 소나 나귀에 대해서 말하고, 또 한 번은 반대로 나를 미워하는 사람의 나귀에 대해서 말하는 것입니다. 나를 미워하는 자가 얼마나 밉습니까? 세상에서 제일 억울한 게 오해를 받는 것인데 괜히 나를 미워하고 괜히 나를 힘들게 하면 얼마나 꼴 보기 싫습니까? 그런데 그 사람의 나귀가 짐을 싣고 엎드러졌다니 얼마나 고소합니까? 역시 정의는 살아있다는 믿음도 생기고 갑자기 사필귀정이라는 사자성어도 뇌에 떠오르고 하늘이 대신 내 억울함을 풀어준다는 느낌이 들 것입니다. 내가 넘어뜨린 것도 아니기에 죄책감들 필요도 없고, 내가 일으켜 세워 주어야하는 의무나 책임이 있는 것도 아니기에 그냥 바라보면서 속으로 쾌재를 부르면서 유유히 지나가면 됩니다. 그래도 아무 잘못이 없는 것입니다. 그런데 하나님은 "그것을 버려두지 말고 그것을 도와 그 짐을 부릴지니라"고 말씀하십니다.

　가끔 구약은 법이고 신약은 마음이라고 오해하시는 분이 있습니다. 그러나 구약도 하나님의 마음이요 신약도 하나님의 마음입니다. 구약의 법에 담겨있는 하나님의 마음과 신약의 복음에 담겨있는 하나님의 마음이 똑 같습니다. 이러한 내용이 구약에만 있는 것이 아니라 신약에도 있습니다. 로마서 12장 20절 "네 원수가 주리거든 먹이고 목마르거든 마시게 하라"입니다. 그나마 구약은 원수의 소나 나귀에 대해서 말하고 신약은 아예 원수를 먹이고 마시우라고 하고 있습니다. 오직 하나님을 알고, 하나님의 마음을 알아야 하나님의 법을 따를 수 있습니다.

## 안식년과 안식일

10절 "너는 여섯 해 동안은 너의 땅에 파종하여 그 소산을 거두고 일곱째 해에는 갈지 말고 묵혀두어서 네 백성의 가난한 자들이 먹게 하라. 그 남은 것은 들짐승이 먹으리라. 네 포도원과 감람원도 그리할지니라" 입니다. 하나님 말씀을 읽으면 무척 쉬워 보입니다. 안식년 조항도 평상시에는 아주 쉽습니다. 곡간에 저장해 놓은 식량이 풍성할 때는 됩니다. 그래서 사람들이 하는 말이 곡간에서 인심난다고 했습니다. 하지만 그 해에 흉년이 들어서 나 먹을 것도 부족할 것 같은데 "땅에 난 소산들을 거두지 말고 백성의 가난한 자들이나 들짐승이 먹게 하라"는 말씀을 순종하기가 쉽지 않습니다. 하나님을 모르면 아무도 순종 못합니다. 과학적으로 생각하면 땅을 휴경하지 않고 계속 농사짓는 것보다 칠년마다 한 번씩 휴경시키는 것이 훨씬 소득이 많이 나온다고 아무리 자세하게 설명하고 아무리 구체적 증거를 갖다 대어도 흉년이 들어서 나 먹을 것이 없으면 절대로 지켜지지 않습니다. 풍년 때에나 흉년 때에나 하나님의 법을 지킬 수 있는 유일한 길은 오직 하나, 하나님을 아는 것뿐입니다. 만나를 주시는 하나님이, 광야에서 만나를 주시는 하나님이, 나의 삶을 돌보시고 나의 필요를 공급하실 것이라는 사실을 알아야만 하나님의 말씀을 순종할 수 있는 것입니다.

안식일도 마찬가지입니다. 12절 "너는 엿새 동안에 네 일을 하고 일곱째 날에는 쉬라. 네 소와 나귀가 쉴 것이며 네 여종의 자식과 나그네가 숨을 돌리리라"입니다. 효과적인 방법을 따지면 이 법은 지킬 수 없습니다. 하나님의 알아야만 하나님의 말씀을 따를 수 있습니다. 그래서 하나님은 일정 조항을 말씀하신 후에 반드시 "나는 이러이러한 여호와니라"는 선언을 첨부하십니다. 계속하여 법 이전에 하나님을 알고, 법을 지키려는 의지 이전에 하나님의 마음을 알아야 한다는 것을 반복하여 상기시키는 것입니다. 하나님의 말씀을 통하여 하나님을 알아 가시기를

바랍니다. 하나님이 행하신 일, 하나님이 나에게 베풀어 주신 은혜를 아
시고, 하나님의 말씀이 나에게 가장 선하고 좋은 것이라는 것을 아셔서
하나님의 말씀을 순종하며 사셔서 하나님이 주신 자유와 평화와 안식을
풍성히 누리시기를 주님의 이름으로 축원합니다.

# 40

# 절기를 지킬지니라



14 너는 매년 세 번 내게 절기를 지킬지니라 15 너는 무교병의 절기를 지키라 내가 네게 명령한 대로 아빕월의 정한 때에 이레 동안 무교병을 먹을지니 이는 그 달에 네가 애굽에서 나왔음이라 빈 손으로 내 앞에 나오지 말지니라 16 맥추절을 지키라 이는 네가 수고하여 밭에 뿌린 것의 첫 열매를 거둠이니라 수장절을 지키라 이는 네가 수고하여 이룬 것을 연말에 밭에서부터 거두어 저장함이니라 17 네 모든 남자는 매년 세 번씩 주 여호와께 보일지니라 18 너는 네 제물의 피를 유교병과 함께 드리지 말며 내 절기 제물의 기름을 아침까지 남겨두지 말지니라 19 네 토지에서 처음 거둔 열매의 가장 좋은 것을 가져다가 너의 하나님 여호와의 전에 드릴지니라 너는 염소 새끼를 그 어미의 젖으로 삶지 말지니라

## 여호와의 마음

### 법이 아니다

기독교는 하나님의 법에 근거하여 인간의 삶을 정죄하려고 하지 않습니다. 도리어 하나님의 성품에 근거하여 인간의 왜곡되고 비뚤어진 것을 회복하려고 노력하는 종교입니다. 사람들은 법을 따지기를 좋아하여 무엇이 옳으냐 그르냐를 따지려고 합니다. 법 정신을 강조하고 법 집행을 강조하지만 법으로는 아무 것도 해결할 수 없습니다. 법이 발달하는 사회는 그 만큼 인간관계가 소원하고 서로의 마음의 벽이 높고 신뢰가 없는 사회입니다. 법은 가능하면 확대되는 것이 아니라 축소되어야

좋은 세상인 것입니다. 표면적으로 보면 하나님의 법은 폭이 너무나 좁습니다. 하나님의 법은 깊이가 매우 얕습니다. 하나님의 법의 범위가 너무 협소합니다. 성경에 나타난 법을 시행하려고 하면 도무지 시행할 수가 없습니다. 세상의 법은 기본 법안이 있으면 그 밑에 하부법이 생깁니다. 당연히 기본 법인에는 원칙적인 내용만 나오고 하부 법 즉 시행령이나 조례 안에는 별별 고주알미주알 조항이 다 들어갑니다. 왜냐하면 워낙 사람이 많고 상황이 다양하고 변수가 많기 때문입니다. 그런데 성경은 하부 법안이 없습니다. 기본 법안만 있을 뿐입니다. 기본 법안에도 허점이 많고 실행하기에는 논란이 발생할 소지가 너무나도 많습니다. 하나님은 이런 법을 주신 것입니다. 하나님은 이 정도의 법 조항만 주어도 충분하다고 여기셔서 이 법을 법으로서 주신 것이 아닙니다. 하나님은 법을 주신 것이 아니라 하나님의 마음과 심정을 주신 것입니다. 당연히 하나님을 알지 못하면 이 하나님의 법은 도무지 적용할 수 없고 실천할 수 없습니다. 가끔 기독교인들 중에서 하나님의 법을 법대로 적용하려고 시도하는 분들이 있습니다. 참으로 위험한 발상이요 참으로 무서운 행동입니다.

### 하나님이 근거

하나님의 율법에서 가장 중요한 것은 하나님을 아는 것입니다. 하나님의 율법의 각 조항을 살펴보면 세상의 어떤 법과도 다른 차이점들을 종종 발견하실 수 있습니다. 하나님의 율법의 가장 근본적인 특징은 하나님입니다. 그래서 율법의 전문에서 강조하는 것은 하나님의 존재요 하나님과 이스라엘의 관계입니다. 하나님의 언약법전이 출애굽기 20, 21, 22, 23장에 걸쳐 등장합니다. 전문에 해당하는 것이 20장 1, 2절 "하나님이 이 모든 말씀으로 말씀하여 이르시되 나는 너를 애굽 땅, 종 되었던 집에서 인도하여 낸 네 하나님 여호와니라"입니다. 하나님이 이스라엘의 하나님이시고, 이스라엘이 하나님의 백성이라는 것입니다. 만약 이스라엘이 하나님의 백성이 아니라면 하나님의 법은 이스라엘과 아무런 관계가 없습니다. 하나님 또한 하나님 자신이 이스라엘을 애굽에서 구원하지 않고 이스라엘을 하나님의 백성 삼지 않았다면 이스라엘에게 이 말씀을 하지 않으셨을 것입니다. 하나님은 하나님의 말씀을 하나님의 백성에게 하시는 것입니다. 그러니 하나님의 말씀을 듣는 백성은 이미 하나님께 은혜를 받은 자들이요 하나님을 아는 자들인 것입니다. 하나님은 이 말씀을 애굽 백성에게 주신 것이 아닙니다. 애굽 백성들도 이 법을 지켜야 한다고 주장하지 않으셨습니다. 율법을 주시는 순간부터 이 율법을 지키지 않는 어떤 나라의 어떤 백성이라도 모두 하나님의 진노와 형벌을 주시겠다고 협박하지 않으셨습니다. 왜냐하면 하나님을 알지 못하면, 하나님의 마음을 가지지 않으면 하나님의 말씀을 순종할 수 없다는 것을 알고 계셨기 때문입니다. 그래서 하나님의 말씀이 이어지는 사이사이마다 하나님을 알리고 하나님을 소개하고 하나님을 강조하는 표현들이 계속하여 등장합니다. 확인해 보도록 하겠습니다.

출애굽기 20장 3절부터 열 마디 말씀 십계명이 시작됩니다. 3, 4절에 첫 번째와 두 번째 계명을 말씀하시고 나서 5절에 보면 또 하나님이 강조됩니다. 20장 5절 "나 네 하나님 여호와는 질투하는 하나님인즉 나를 미워하는 자의 죄를 갚되 아버지로부터 아들에게로 삼사 대까지 이르게 하거니와 나를 사랑하고 내 계명을 지키는 자에게는 천 대까지 은혜를 베푸느니라"입니다. 하나님의 법에 나타나는 조항들의 근거는 세상의 법에 나타나는 행동지침의 근거와 전혀 다릅니다. 하나님이 하지 말라고 선언하시는 내용의 근거는 악하다, 불의하다, 공정하지 않다는 법적인 기준이 아니라 하나님의 성품 즉 하나님이 싫어한다는 것입니다. 하나님이 하라고 선언하시는 내용의 근거는 선하다, 의롭다, 공정하다는 법적인 기준이 아니라 하나님의 성품 즉 하나님이 좋아하신다는 것입니

다. 하나님의 성품이 기준이라는 것이 이상한 것이 아니라 가장 좋은 것
입니다. 왜냐하면 하나님의 성품은 인간을 위한 것이기 때문입니다. 그
래서 하나님의 법의 가장 기본적인 원리는 '인간을 위한 것' 입니다.

20장 7절에 "네 하나님 여호와의 이름을 망령되이 부르지 말라"는 말
씀이 나옵니다. 망령되이 부르면 안 되는 이유가 하나님의 성품입니다.
7절 "여호와는 그의 이름을 망령되게 부르는 자를 죄 없다 하지 아니하
리라"입니다. 20장 8절에는 안식일 규정이 나옵니다. 안식일을 지켜야
하는 이유가 20장 11절 "이는 엿새 동안에 나 여호와가 하늘과 땅과 바
다와 그 가운데 모든 것을 만들고 일곱째 날에 쉬었음이라. 그러므로 나
여호와가 안식일을 복되게 하여 그 날을 거룩하게 하였느니라"입니다.
세상의 법과 다른 점을 이해하셔야 합니다. 세상 법에는 다른 신들을 섬
기는 것은 각자의 선택이라고 말합니다. 인간의 선택권을 보장해야 한
다고 말합니다. 그런데 하나님은 다른 신을 섬기지 말라고 하시는 이유
가 "나는 질투하는 하나님이다"입니다. 세상 법에서는 일주일에 하루는
쉬어야 한다고 합니다. 인간의 쉴 권리를 보장해야 하고 노동법을 정해
서 인간의 노동력이 혹사당하지 않도록 보장해야 한다고 말합니다. 그
런데 하나님은 안식일에는 쉬라고 하시는 이유가 "내가 안식일에 쉬었
기 때문이다"입니다. 어찌 생각하면 하나님의 법이 매우 어이없게 느껴
지실 것입니다. 마치 하나님이 독재자 같고 하나님 멋대로 하시는 것 같
습니다. 그러나 전혀 그렇지 않습니다.

22장에 물건을 맡고 있다가 사고가 발생하여 판결하는 상황이 나옵
니다. 그때에도 하나님이 등장합니다. 22장 8절 "하나님 앞에 가서", 9
절 "하나님 앞에 나아갈 것이요", 11절 "여호와께 맹세할 것이요"입니
다. 22장 21절에는 "너는 이방 나그네를 압제하지 말며 그들을 학대하
지 말라"고 합니다. 나그네이든 누구이든 다른 사람의 인격을 존중하고
다른 사람의 삶을 압제하거나 학대하면 그것은 인권침해요 사생활 침해

요 폭행이기 때문이 아닙니다. 이방인을 압제하지 않아야 하는 이유가 23절 "네가 만일 그들을 해롭게 하므로 그들이 내게 부르짖으면 내가 반드시 그 부르짖음을 들으리라"입니다. 세상 법학자들에게 이런 조항을 설명하면 참 어이없어 하며 도무지 이해가 되지 않을 것입니다. 아니 아예 이것을 법이라고 인정하지 않을 것입니다. 그런데 이것이 하나님의 법의 특징입니다. 법조항의 근거와 명분이 전부 하나님입니다.

22장 25절 이하에는 돈 꾸어주는 내용이 나옵니다. 그런데 조항 자체가 이상합니다. 돈을 꾸어주었는데 채권자 같이 하지 말라고 하고 이자도 받지 말라고 하고 심지어는 담보를 잡았다가도 저녁에는 반드시 돌려주어야 한 답니다. 만약 돌려주지 않으면 담보 잡은 자가 잘못하는 것입니다. 세상에는 이런 경우가 없지만 하나님의 법에는 있습니다. 그렇게 행동해야 하는 이유가 27절에 나옵니다. 담보를 돌려주지 않으면 "그가 무엇을 입고 자겠느냐? 그가 내게 부르짖으면 내가 들으리니 나는 자비로운 자임이니라"입니다. 세상에서는 이자가 하도 비싸서 돈 꾸기가 어려운 것입니다. 돈 꾸려면 신체포기각서를 쓸 각오를 해야 합니다. 그런데 성경에서는 돈 꿔주기가 겁이 나는 것입니다. 이자를 받을 생각 아예 말고 담보 잡을 생각 아예 말고 채권자처럼 굴 생각을 아예 말아야 합니다. 왜냐하면 "하나님은 자비로운 분"이시기 때문입니다. 세상에는 이런 법이 없습니다. 왜냐하면 세상 법에는 하나님이 없기 때문입니다. 혹 세상에 이런 법이 있어도 전혀 지켜지지 않을 것입니다. 왜냐하면 세상 사람들에게는 하나님의 마음이 없기 때문입니다. 기독교에는 이런 조항이 있습니다. 왜냐하면 하나님이 계시기 때문입니다. 교회에서 성도들 간에는 이런 조항이 지켜집니다. 왜냐하면 하나님의 마음이 있기 때문입니다.

23장 6, 7절 "너는 가난한 자의 송사라고 정의를 굽게 하지 말며 거짓 일을 멀리 하며 무죄한 자와 의로운 자를 죽이지 말라"고 합니다. 정의를 굽게 하는 것이 부정하기 때문이 아니요 거짓 일을 하는 것이 사실이 아니기 때문이 아니요 무죄한 자와 의로운 자를 죽이는 것이 살인이기 때문이 아닙니다. 이유는 간단합니다. 법적인 규정 때문이 아니라 하나님의 성품 때문입니다. "나는 즉 여호와는 악인을 의롭다 하지 아니하겠노라"입니다. 왜 그렇게 행동해야 하는지, 왜 그렇게 행동하지 말아야 하는지에 대한 논리적 규정이나 법리적 설득이 나오지 않습니다. 하나님은 법을 주시면서 법에 치중하시는 것이 아니라 하나님이 여호와이시심을 강조하는 것입니다. 혹자들은 이러한 설명을 들으면 기독교는 너무 웃긴다고 조롱할 수도 있고, 기독교의 법은 엉망진창이라고 무시할 수 있습니다. 그렇다면 세상의 논리대로 이렇게 행동해야 하는 논리적 근거를 설명하고 저렇게 행동하지 말아야 하는 법리적 근거를 제시하면 사람이 그대로 행합니까? 논리와 법리적 근거가 부족해서 사람들이 법을 안 지킵니까? 아무리 명분이 정확하고 아무리 근거가 확실해도 인간은 명분과 근거에 맞추어 행동하지 않습니다. 인간이 죄인이라는 사실을 기억하셔야 합니다. 그래서 하나님은 법을 근거로 하지 않으시고 죄의 마음 대신 하나님의 마음을 근거로 삼으시는 것입니다. 그래서 법 조항 사이사이에 법의 논리적 명분과 법리적 근거를 제시하는 것이 아니라 하나님을 알리고, 하나님의 속성이나 성품을 제시하시는 것입니다.

## 여호와 앞에 나아오라

### 사회법인가? 종교법인가?

하나님의 말씀, 하나님의 법의 성격에 대해 사회적인지 아니면 종교적인지 의견이 분분합니다. 일반 사람들은 기독교가 매우 종교적이라고 생각합니다. 물론 그동안 기독교와 교회들이 행한 행동들이 그러한 오해를 만들어 내었다고 생각합니다. 예전에 아내들이 교회를 다니려고 하면 남편들이 허락을 하면서 꼭 한 가지 부탁을 하곤 했습니다. 교회에 다닐지라도 미치지는 말라는 것이었습니다. 교회 다니면 일상생활을 포기하고 아주 교회적이 되며 상식이 없어지고 아주 종교적이 될 것을 염려하는 발언입니다. 또 가끔 그런 어이없는 행동을 하는 경우가 종종 있었습니다. 남의 종교 사찰에 들어가서 엉뚱한 짓을 하기도 했습니다. 성경에 나오는 하나님의 법은 매우 독특합니다. 법 조항의 근거로 법적 근거가 나오는 것이 아니고 하나님의 성품이 나옵니다. 또 재미있는 것은 법 조항들이 섞여있다는 것입니다. 형법, 민법, 재산법, 교통법, 종교법 등 법적 항목으로 구분되어 있지 않습니다. 이 조항 나왔다가 저 조항 나왔다가 순서도 없고 질서도 없고 뒤죽박죽입니다. 그래서 성경의 법을 사회법이라고 해야 할지 종교법이라고 해야 할지 구분하기가 애매합니다. 하나님은 정리에 약하셔서, 하나님이 매사에 대충대충 하셔서가 아닙니다. 하나님의 법에는 하나님의 특징이 담겨있어서 그렇습니다.

20장 1, 2절에 전문이 나오고 3~17절까지 열 마디 말씀 즉 십계명이 나오는데 이 십계명이 일반 생활법인지 종교법인지 애매합니다. 21장에 종에 관한 법, 폭행에 관한 법이 나오고 22장에 배상에 관한 법, 도덕에 관한 법이 나오고 23장에 공평에 관한 법이 나오고 23장 10절부터는 안식년과 안식일에 관한 법이 나오고 오늘 본문에는 절기에 관한 법이 나옵니다. 그러므로 언약법전의 구조가 여호와와 백성의 관계를 선포하는 전문이 앞에 나오고 중간에 다양한 법 조항들이 나오고 마지막에 종교에 관한 내용이 나옵니다. 절기에 관한 내용이 일반 법 조항들과 나란히 나오는 것입니다. 22장 14~17절 "너는 매년 세 번 내게 절기를 지킬지니라. 너는 무교병의 절기를 지키라. 내가 네게 명령한 대로 아빕월의 정한 때에 이레 동안 무교병을 먹을지니 이는 그 달에 네가 애굽에서 나왔음이라. 빈 손으로 내 앞에 나오지 말지니라. 맥추절을 지키라. 이는 네가 수고하여 밭에 뿌린 것의 첫 열매를 거둠이니라. 수장절을 지키라.

이는 네가 수고하여 이룬 것을 연말에 밭에서부터 거두어 저장함이니라. 네 모든 남자는 매년 세 번씩 주 여호와께 보일지니라"입니다. 이것은 종교에 관한 법이 아니라 이 법전 전체의 기초 또는 이 법전 전체의 핵심이 법이 아니라 여호와를 인정하는 것임을 강조하고 확인시켜 주는 것입니다. 법 전문에 "나는 여호와니라"고 선언하고 법 마지막 조항에 "절기를 지켜 여호와의 너희 하나님인 것을 고백하라"고 선언하는 것입니다.

## 절기의 의미

이스라엘 백성은 일 년에 세 번 여호와 앞에 절기를 지키라는 말씀을 받았습니다. 첫 번째가 15절 "너는 무교병의 절기를 지키라"입니다. 무교병의 절기는 유월절입니다. 유월절은 이스라엘이 애굽에서 나오는 것을 기념하여 세워진 절기입니다. 하나님이 이 절기를 지키라고 말씀하신 이유도 본문에 나옵니다. 15절 중간에 "이는 그 달에 네가 애굽에서 나왔음이라"입니다. 하나님은 유월절을 지키는데 아빕월의 정한 때에 지키라고 했습니다. 이스라엘의 달력은 유월절을 기준으로 새로이 정해졌습니다. 그래서 아빕월이 우리나라의 1월 즉 시작달입니다. 유월절이 새로운 시작의 기준입니다. 하나님이 아빕월에 유월절을 지키라고 하시는 이유는 이스라엘의 생명과 삶이 시작된 근거가 바로 하나님이었다는 것을 기억하고 인정하라는 것입니다. 하나님이 장자의 죽음에서 이스라엘을 보호하사 생명을 유지시켜 주셨고 출애굽을 통해 자유와 평안과 행복의 새로운 삶을 제공해 주셨다는 것입니다. 이스라엘의 시작과 유지의 근거가 오직 하나님이라는 것을 인정하라는 것입니다. 이스라엘의 시작과 삶이 너의 능력이 아니라 하나님의 능력이었음을 고백하라는 것입니다. 유월절은 종교적 법 조항이 아니라 이스라엘 삶의, 이스라엘 생활의 기본 조항입니다.

　두 번째가 16절 "맥추절을 지키라"입니다. 맥추절을 지키는 이유는 "이는 네가 수고하여 밭에 뿌린 것의 첫 열매를 거둠이니라"입니다. 내가 수고하여 밭에 뿌린 것의 첫 열매를 거두었습니다. 봄의 첫 열매는 매우 소중합니다. 봄의 첫 열매가 있어야 겨울 양식이 떨어져 갈 때 생명을 이어갈 수 있습니다. 봄이 시작될 무렵에 사람들이 힘써 노동을 하여 씨를 뿌려서 겨우 열매를 거두었습니다. 내가 수고하여 내가 거두었는데 여호와 앞에 나가야 합니다. 그 이유는 이 첫 열매가 네가 만들어 낸 것이 아니라는 것입니다. 자기들이 수고하고 자기들이 생존하려고 몸부림친 것으로 생각하기 쉽습니다. 그러나 하나님은 너희의 수고의 결과가 아니라 하나님이 첫 열매를 주셨다는 것을 알라는 것입니다. 말씀하시는 장소는 광야이고 이 말씀을 실제로 지켜야할 장소는 가나안에 들어가서입니다. 광야에서는 이스라엘 백성이 만나를 먹고 있습니다. 만나를 먹을 때는 하나님이 주신 것이라고 고백할 수 있습니다. 그런데 가나안에 들어가서 자신들이 농사를 짓는 순간, 소산과 열매는 하나님이 주신 것이 아니라 자신들이 수고하여 만들어낸 것이라고 생각할 것이 뻔합니다. 그래서 하나님은 미리 먼저 확인하고 강조하시는 것입니다. 너희가 농사를 짓든 아니든, 너희가 씨를 뿌리든 아니든, 너희가 거름을 주든 아니든 소산과 열매가 나는 것은 너희 수고의 결과가 아니라 하나님이 은혜를 주신 결과임을 잊지 말라고 하는 것입니다. 삶의 근거가 하나님이라는 것을 고백하라는 것입니다.

　세 번째 절기가 16절 중간에 "수장절을 지키라"입니다. 수장절을 지켜야 하는 이유는 "이는 네가 수고하여 이룬 것을 연말에 밭에서부터 거두어 저장함이니라"입니다. 수장절은 가을 추수 때에 지키는 절기입니다. 가을 추수의 중요성은 너무나 잘 아십니다. 가을에 추수를 해서 곡간에 저장을 해 두어야 다음 해에 농사를 시작할 때까지 생명을 연장할 수 있습니다. 그것을 위해서 한 여름 내내 수고하고 땀을 흘려 일하는 것입니다. 내 생명을 연장할 수단을 확보하기 위해서 하는 수고입니다. 하나님은 이때에도 하나님께 나아오라는 것입니다. 목적은 동일합니다. 네가 수확한 것은 네 수고의 결과가 아니라 하나님이 주셨다는 것입니다.

하나님이 인간의 수고를 무시하는 발언이 아닙니다. 이스라엘 백성들의 삶의 근거와 동력에 관한 말씀입니다. 네 삶의 보장이 네 곡식에 있는 것이 아니라 하나님께 있다는 것을 알라는 것입니다. 네가 봄의 첫 수확에 의지하고 가을의 추수에 의지하는 것보다 하나님을 의지하는 것이 훨씬 분명하고 확실하고 정확하다는 것입니다. 하나님이 그 보장이 되어 주시겠다는 것입니다. 인간이 수확을 해 본들 얼마 되지 않습니다. 다행스럽게 수확이 많으면 의지가 될 수도 있겠지만 행여 흉년이라도 들면 도무지 의지할 근거가 될 수 없습니다. 인간의 수고도 매우 중요합니다. 그러나 내가 아파서 수고할 수 없다면 인간이 의지할 근거가 없어집니다. 아프지 않아서 정말로 수고 했는데 가을에 비만 계속 와서 열매가 익지를 못하고, 겨우 익을 만하니까 서리가 와 버리면 인간의 수고가 아무런 소용이 없습니다. 하나님은 인간의 수고를 하찮게 여기는 것이 아니라 하나님이 진짜 의지할 분이요 하나님이 가장 확실한 의지처라는 것을 잊지 말라고 강조하시는 것입니다. 이것은 종교법이 아니라 인간의 기본권 보장이요 생존권 보장이요 생활권 보장입니다.

### 예물의 의미

하나님의 말씀을 하나님의 마음으로 읽으면 매우 재미있고 죄의 마음으로 읽으면 매우 치사합니다. 절기에 관한 말씀 다음에 예물에 관한 말씀이 등장합니다. 절기를 지키라고 하시는데 15절 후반부에 보면 "빈 손으로 내 앞에 나오지 말지니라"고 하십니다. 종종 사람들이 교회에 대하여 '마음은 가볍게 두 손은 무겁게' 라는 조롱하는 표현이 구약시대부터 있었나 봅니다. 이 구절을 보고 하나님도 받는 것 좋아하시나보다고 말하면 안 됩니다. 그렇게 생각하는 것이 죄의 마음입니다. 이 구절을 하나님의 마음으로 보면 '아, 하나님이 빈손으로 나오지 않을 수 있도록 열매를 공급하시겠다는 말씀이구나' 라고 들리는 것입니다. 하나님의 말씀은 명령이 아니라 약속입니다. 빈 손들고 나오지 말라는 명령이 아니라 두 손에 들고 올 것이 있도록 만들어 주겠다는 말씀입니다. 하나님께서 너에게 열매를 주시거든 그 열매를 들고 하나님께 나와서 네가 얻은 것, 네가 거둔 것, 네가 가진 것이 하나님께서 주신 것임을 인정하고 고백하라는 것입니다.

18절 "너는 네 제물의 피를 유교병과 함께 드리지 말며" 즉 제물을 드릴 때에 유교병을 사용하지 말라는 것입니다. 무교병과 유교병의 차이는 12장에서 설명을 드린 것이 있습니다. 무교병 즉 발효되지 않은 것은 다른 어떤 역할이 없다는 것을 강조하는 것이고, 유교병은 자기의 수고가 포함되어 있는 것을 강조한다고 했습니다. 그래서 유교병을 드리지 말고 무교병을 드리라는 것은 너의 삶이 너의 수고의 결과가 아니라 하나님의 책임지심, 보호하심, 공급하심임을 고백하라는 것입니다. 대부분의 하나님의 말씀의 목적이 동일합니다. 하나님이 하신다는 것입니다. 또 18절 중간에 "내 절기 제물의 기름을 아침까지 남겨두지 말지니라"입니다. 하나님이 기름을 남겨두지 말라고 하시는 이유는 사람들이 남겨두기 때문이요, 사람들이 기름을 남겨두는 이유는 남겨 두어야 마음이 안심이 되고 의지가 되기 때문입니다. 하나님은 그렇게 불안해하는 사람들에게 확실한 의지처를 제공하시는 것입니다. 기름을 남겨두지 말라는 의미는 네가 살아갈 너의 방법, 너의 대책을 너 스스로 세우려고 하지 말라는 것입니다. 하나님이 그 방법이 되어 주시고, 하나님이 대책이 되어 주시겠다는 것입니다. 하나님을 알면 이게 가장 확실한 방법인데, 하나님을 모르면 이것처럼 허황된 것이 없습니다. 그래서 하나님의 법은 하나님을 모르면 도무지 지킬 수 없고, 하나님을 모르면 하나님의 법의 의미를 이해할 수 없는 것입니다.

18절 "네 토지에서 처음 거둔 열매의 가장 좋은 것을 가져다가 너의 하나님 여호와의 전에 드릴지니라"입니다. 사람이 농사를 지으면 가장 좋은 것을 자기가 갖거나 그해 농사에 가장 공헌이 큰 사람에게 주는 것이 정상입니다. 하나님은 이 모든 것이 하나님의 일하심의 결과라는 것을 고백하게 하는 것입니다. 하나님이 좋은 것에 대한 욕심을 절대로 아닙니다. 예물 가져와도 하나님이 드시거나 소유하지 않고 결국에는 사람이 먹습니다. 하나님을 아셔야 합니다. 법을 주시기 전에 법의 내용을 지킬 수 있는 근거가 될 수 있도록 하나님 자신을 우리에게 알리셨다는 사실을 알아야 합니다. 법을 주시면서 법을 지키라고 강조하신 것이 아니라 너희들로 하여금 이 정도의 법을 충분히 지킬 수 있는 사람이 되도록 만들어 주시겠다는 하나님의 의지를 먼저 알아야 합니다. 하나님을 알면 하나님의 계시가 은혜요, 하나님의 말씀이 은혜요, 하나님의 계명을 지킬 수 있는 것이 은혜라고 고백하게 될 것입니다. 기독교는 법의 종교가 아니라 은혜의 종교입니다. 성경을 읽으시고 성경을 통해 하나님을 아시고, 날마다 삶 가운데 하나님이 주신 자유와 평안과 행복을 풍성히 누리시기를 주님의 이름으로 축원합니다.

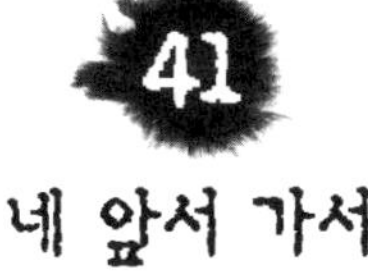

# 네 앞서 가서



20 내가 사자를 네 앞서 보내어 길에서 너를 보호하여 너를 내가 예비한 곳에 이르게 하리니 21 너희는 삼가 그의 목소리를 청종하고 그를 노엽게 하지 말라 그가 너희의 허물을 용서하지 아니할 것은 내 이름이 그에게 있음이니라 22 네가 그의 목소리를 잘 청종하고 내 모든 말대로 행하면 내가 네 원수에게 원수가 되고 네 대적에게 대적이 될지라 23 내 사자가 네 앞서 가서 너를 아모리 사람과 헷 사람과 브리스 사람과 가나안 사람과 히위 사람과 여부스 사람에게로 인도하고 나는 그들을 끊으리니 24 너는 그들의 신을 경배하지 말며 섬기지 말며 그들의 행위를 본받지 말고 그것들을 다 깨뜨리며 그들의 주상을 부수고 25 네 하나님 여호와를 섬기라 그리하면 여호와가 너희의 양식과 물에 복을 내리고 너희 중에서 병을 제하리니 26 네 나라에 낙태하는 자가 없고 임신하지 못하는 자가 없을 것이라 내가 너의 날 수를 채우리라 27 내가 내 위엄을 네 앞서 보내어 네가 이를 곳의 모든 백성을 물리치고 네 모든 원수들이 네게 등을 돌려 도망하게 할 것이며 28 내가 왕벌을 네 앞에 보내리니 그 벌이 히위 족속과 가나안 족속과 헷 족속을 네 앞에서 쫓아내리라 29 그러나 그 땅이 황폐하게 됨으로 들짐승이 번성하여 너희를 해할까 하여 일 년 안에는 그들을 네 앞에서 쫓아내지 아니하고 30 네가 번성하여 그 땅을 기업으로 얻을 때까지 내가 그들을 네 앞에서 조금씩 쫓아내리라 31 내가 네 경계를 홍해에서부터 블레셋 바다까지, 광야에서부터 강까지 정하고 그 땅의 주민을 네 손에 넘기리니 네가 그들을 네 앞에서 쫓아낼지라 32 너는 그들과 그들의 신들과 언약하지 말라 33 그들이 네 땅에 머무르지 못할 것은 그들이 너를 내게 범죄하게 할까 두려움이라 네가 그 신들을 섬기면 그것이 너의 올무가 되리라

# 율법을 주시기 전에

## 원리의 대조

간혹 사람들 간에는 누가 먼저 하느냐로 갈등을 겪는 경우가 있습니다. 정치인들이 참석하는 행사에서 볼 수 있는 우스꽝스러운 장면 중의 하나가 축사를 누가 먼저 하느냐 또는 행사장에 앉을 때 누가 앞줄에 앉느냐를 가지고 아주 치열한 신경전이 벌어지곤 합니다. 먼저 하는 자가 높은 자로 인식되기 때문입니다. 물론 정 반대의 경우도 있습니다. 누가 나중 하느냐로 버티는 것입니다. 상대방이 먼저 하기를 기다리고, 상대방의 모습을 보고 나서야 자신의 태도와 행위를 결정하는 것입니다. 이때에는 먼저 하는 사람이 아랫사람 취급을 받는 경우입니다. 그래서 약속을 정해도 절대로 먼저 나가지 않습니다. 혹시 먼저 와 있어도 자신이 기다리는 모양새가 되기 싫어서 어딘 가에 머물러 있다가 상대가 왔다는 정보를 입수하고 난 후에야 마치 상급자처럼 나중에 등장하기도 합니다. 심하게는 냉수에도 위아래가 있다는 말이 있습니다. 물 마시는 순서는 위 아래로 정해지는 것이 아니라 목마른 사람 순서로 하면 됩니다. 물은 목마른 사람에게 중요한 것인데 물 앞에서도 어이없게 나이를 운운하는 것입니다. 이러한 갈등들, 이러한 가르침 속에 담긴 의도는 인간이 경쟁적이라는 것입니다. 서로 간에 누가 높은지, 누가 강한 지, 누가 센지를 경쟁하는 태도에서 어떤 때는 먼저 하려고, 어떤 때는 나중 하려고 눈치를 봅니다. 참 간단한 것을 복잡하게 하고, 참 쉬운 것을 어렵게 하는 인간들의 어리석음을 드러내는 것입니다.

기독교는 인간의 원리를 새롭게 하는 종교입니다. 인간의 사고방식을 바꾸고 인식구조를 바꾸는 것입니다. 이때 과거의 것을 현재의 것으로 바꾸거나, 동양의 것을 서양의 것으로 바꾸는 것이 아닙니다. 남자의 것을 여자의 것으로 바꾸거나, 약한 자의 것을 강한 자의 것으로 바꾸는 것이 아닙니다. 지역과 시대와 신분과 상황이 어떠하든지 간에 인간의 사고방식은 원천적으로 동일합니다. 그래서 인간의 것을 다른 인간의 것으로 바꾸는 것은 별다른 차이가 없습니다. 기독교에서 대조하는 것은 하나님의 원리와 죄의 원리입니다. 하나님과 인간은 경쟁대상이 아닙니다. 그래서 하나님과 대조되는 측면에서 인간의 행동, 인간의 원리, 인간의 방법 등 인간을 말할 때에는 인간 자체를 말하는 것이 아니라 인간을 사로잡고 있는 죄를 말하는 것입니다. 조금 전에 소개한 사람간의 주도권 경쟁도 엄밀하게 말하면 죄의 원리의 대표적 사례입니다. 이렇게 인간은 죄인이 되어 죄의 원리에 사로잡혀 있기에 아는 것이 죄의 원리요 보고 들어온 것이 죄의 원리요 익숙한 것이 죄의 원리이기 때문에, 본인들도 죄의 원리를 따르고 있기 때문에 다른 사람도 다른 어떤 존재도 모두 이러한 원리로만 행동하는 줄로 오해하고 있습니다. 심지어는 하나님도 자기들과 같은 원리에 입각하여 자기들과 같은 사역을 하시는 것으로 착각합니다. 그래서 성경을 읽을 때에도 죄의 원리로 읽으면서 하나님을 오해합니다. 성경을 읽으면서 하나님의 일하심에 놀라는 것이 아니라 하나님도 별로 다르지 않다고 착각합니다. 그래서 인간들이 행하는 기독교의 신앙행위도 다른 종교의 종교행위와 별로 다를 것이 없다고 착각하기도 합니다. 절대로 그렇지 않습니다.

하나님의 일하시는 방식은 사람들이 가지고 있는 죄의 원리와는 전혀 다릅니다. 물론 하나님도 먼저 하시는 경우가 있고 나중에 하시는 경우가 있습니다. 그러나 그 행동의 이유와 목적이 죄와는 다르다는 것입니다. 하나님이 인간보다 먼저 행동하시는 경우가 있습니다. 그렇게 하시는 이유는 우선권을 가지고자 하심이 아니라 인간을 도우시고자 하시는 마음입니다. 또한 하나님이 인간보다 나중에 행동하시는 경우가 있습니다. 그렇게 하시는 이유는 권위를 나타내려 하심이 아니라 인간이 벌여 놓은 사건들을 치유하시기 위해서입니다. 인간들이 가지는 죄의 원리는 경쟁원리이지만 하나님이 가지시는 원리는 배려의 원리입니다. 왜냐하면 인간들이 인간들에 대하여 행동할 때는 상호간에 동등하다고 생각하기에 경쟁의 대상이라는 생각이 깔려있기 때문이요, 하나님이 인간에 대하여 사역하실 때에는 하나님이 인간과 경쟁하시지 않기 때문입니다. 하나님은 인간과 경쟁하지 않으십니다. 다투지도 않으십니다. 비교의 대상도 아닙니다. 언제나 은혜를 주시는 분이요 복을 주시는 분이십니다.

### 율법을 주시기 전에

기독교가 가지고 있는 사역 원리, 하나님이 인간과 함께 일하시는 원리 중의 하나가 하나님이 먼저 하신다는 것입니다. 하나님이 인간을 향해 조건을 제시하지 않고 자격요건을 묻지 않으시고 무조건 하나님이 먼저 은혜로 베풀어 주신다는 것입니다. 이것은 출애굽기를 살펴보면서도 수십 번 확인했던 사실입니다. 출애굽기에는 크게 출애굽 사건과 율법의 내용이 기록되어 있습니다. 이것은 단지 두 개의 주제로 나누어지는 것이 아닙니다. 출애굽 사건과 율법의 내용은 서로 하나로 연결되어 있어 출애굽 사건이 없다면 율법의 내용은 아무런 가치를 가지지 못합니다. 먼저 출애굽 사건을 통하여 하나님께서 하나님의 성품과 원리와 이스라엘 백성의 보호자로 책임지시고 돌보신다는 계시를 알려주시지 않는다면 율법의 내용은 아무리 훌륭한 것일지라도 결코 인간사회에서 지켜질 수 없는 것입니다.

그래서 하나님은 인간에게 율법을 주시기 전에 인간들이 이 율법을 적용하며 살 수 있도록 계시를 주신 것입니다. 율법을 주시기 전에 이미 하나님이 하실 말씀에 대한 조건을 충족시키셨습니다. 하나님은 인간에게 조건을 요구하시는 분이 아니라 하나님이 먼저, 하나님 스스로 그 요건을 인간에게 충족시켜 주시는 분입니다. 왜냐하면 하나님을 알지 못하면 하나님의 말씀의 의미를 이해할 수 없기 때문입니다. 다른 신을 섬기지 말라고 말씀하시기 전에 다른 신을 섬길 이유가 없도록 하나님이 모든 영역과 모든 지역과 모든 것을 주관하시는 분임을 이스라엘 백성에게 알리셨습니다. 도둑질하지 말고 살인하지 말고 남의 것을 탐내지 말라고 말씀하시기 전에 그런 행동을 할 필요가 없다는 것을 알리시기 위하여 만나를 공급하시고 샘물을 공급하시고 아무 것도 전혀 부족함이 없도록 공급하셨습니다. 약한 자에게 채권자처럼 굴지 말고 이자를 받지 말고 담보물을 빼앗아 두지 말라는 말씀을 하시기 전에 하나님이 어떻게 약한 자를 돌보시는지 알도록 애굽에 있는 이스라엘 자손들을 구출하심으로 증거하여 주셨습니다. 또한 배상의 문제에서도 서로 다투지 말고 하나님 앞에 나아오라고 말씀하시기 전에 하나님이 어떻게 어떤 사람이라도 억울함이 없도록 보상하여 주는 지를 실제로 체험하게 행하신 것이 바로 이스라엘이 애굽에서 나올 때에 그동안 노역을 행했던 대가로 애굽에 은금보석을 요청하게 하고 받아 나오게 하신 것이었습니다.

하나님이 가장 정확하며 하나님이 가장 합당하며 하나님이 가장 공평하며 하나님이 가장 옳다는 것을 나타내시고 증거 하시고 보이시고 인정받으신 후에 하나님의 율법을 말씀하신 것입니다. 정확하게 말하면 하나님은 율법을 주신 것이 아니라 하나님의 계시를 주셨고 하나님의 마음을 주신 것입니다. 세상에는 이런 과정이 없습니다. 세상의 관심은 법 자체입니다. 법이 얼마나 정교하고 법이 얼마나 세밀하고 법 자체가 얼마나 공정한가에 집중합니다. 법을 제정하는 사람과 법을 준수하는 사람과 법을 집행하는 사람이 죄인이라는 사실을 놓치고 있는 것입니다. 법을 안다고 법을 지키는 것이 아닙니다. 인간은 아는 대로 행할 수 있는 존재들이 아닙니다. 하나님은 법을 강조하신 것이 아니라 하나님을 강조하시는 것입니다.

하나님은 언제나 인간보다 먼저 행하십니다. 만약 하나님과 인간의 관계에서 누가 강자인가 누가 권위가 있는가를 경쟁한다면 하나님은 이렇게 행하시지 않을 것입니다. 만약 하나님이 인간과 경쟁하신다면 마치 하나님이 인간에게 부탁하시듯 마치 하나님이 인간에게 시중 드시듯 마치 하나님이 인간을 섬기듯 행동하지 않으실 것입니다. 그러나 하나님은 인간과 경쟁하지 않으시기 때문에 인간보다 강하고 크다는 의미로서가 아니라 인간의 창조자로서 인간의 주관자로서 인간의 책임자로서 인간을 위하시는 분으로서 하나님이 먼저 일하시는 것입니다.

## 네 앞서 가서

### 사전 교육

출애굽 사건만 예로 들어서 아주 간단한 것 같습니다만 엄밀하게 말하면 하나님의 준비 작업은 매우 오래 동안 매우 광범위하게 이루어진 것입니다. 이스라엘이 출애굽하여 광야에 들어와 시내 산에 도착하는 기간이 두 달 걸렸습니다. 출애굽기 3장에 하나님이 떨기나무에서 모세에게 나타나신 장면부터 시작하여 열 가지 이적을 행하시고 유월절에 애굽에서 나오기까지 기간이 얼마나 걸렸는지는 자세하게 알 수 없습니다. 십 개월 정도 걸렸다고 가정하면 열 가지 이적에 십 개월, 광야 유랑에 두 달 총 십이 개월중 일 년 간 하나님이 교육하신 것으로 생각할 수 있습니다. 일 년 간 사전교육하시고 율법을 주신 것이 아닙니다. 하나님의 사전작업은 몇 개월이나 몇 년 정도가 아닙니다.

하나님이 하나님을 알리시고 죄인 된 인간들로 하여금 하나님의 마음과 원리를 따라 살도록 해야겠다고 작정하시고 사역을 시작하신 첫 사람이 아브람입니다. 그런데 아브람을 부르시자마자 '너는 이렇게 살아라, 네가 먼저 이렇게 살아서 후세 사람들에게 모범을 보이도록 하라'

고 명령하시면서 율법을 수여하신 것이 아니었습니다. 아브라함은 약속을 받았고 약속의 성취를 경험하였지만 율법을 받지 못했습니다. 하나님은 아브라함에게 율법을 주시지 않았습니다. 그 아들 이삭도, 그 아들 야곱도, 그 아들 열 두 명도, 애굽의 총리로서 이스라엘 백성 중 가장 권세가 높은 위치에 올랐던 요셉도 율법을 받지 못했습니다. 하나님은 첫 사람 아브라함을 불러서 하나님을 알리시고 공급하시고 책임지심을 확인시키시는 작업을 진행하신 지 자그만치 오백 년이 지나서야 율법을 주셨습니다. 하나님의 사전 교육은 최소한 아브람, 이삭, 야곱, 요셉의 생애 플러서 이스라엘 사백 년이니까 가장 짧게 잡아도 오백 년 이상입니다. 하나님이 얼마나 자상하시고 하나님이 얼마나 치밀 하신지 분간하실 수 있는 것입니다.

## 사후 교육

사람들의 경우에도 법을 제정하는 데는 신중할 수 있습니다. 가능한 모든 경우를 고려하면서 준비 작업에 만전을 기할 수 있습니다. 그렇게 하여 법이 제정되고 나면 바로 법을 공포하고 법을 집행하는데 집중할 것입니다. 그러나 하나님은 전혀 그렇지 않습니다. 법을 제정하기 전에도 신중하셨듯이 법을 선포하고 나신 후에 정작 그 법을 준수하도록 시행하시는 데에도 너무너무 신중하십니다. 인간이 아는 대로 순수이 행하지 않을 것을 너무나 잘 아시기 때문에 인간으로 하여금 하나님의 법을 지키며 행복을 누리며 살 수 있도록 하시기 위해서 하나님이 무지무지 애를 쓰시는 것입니다. 율법을 주시기 전에 이미 계시 사건을 주셨고 또한 율법을 지키라고 지시하신 시점도 또한 은혜를 주신 다음입니다.

출애굽기 23장은 이스라엘이 출애굽하여 홍해를 건너고 광야에 들어와 두 달에 걸쳐 시내 산에 도착한 시점입니다. 시내 산에서 율법을 받고 있는 장면입니다. 그런데 이 율법을 지키라고 지시하신 시점이 가나안에 들어간 이후입니다. 모세에게 율법을 받고 내려가서 당장 공포하여 시행하라고 명령하신 것이 아닙니다. 하나님은 율법을 주시기 전에 애굽에서 나오자마자 이미 가나안에 들어갈 것까지 모두 말씀하고 보장하여 주셨습니다. 출애굽기 13장 4절 "아빕월 이 날에 너희가 나왔으니 여호와께서 너를 인도하여 가나안 사람과 헷 사람과 아모리 사람과 히위 사람과 여부스 사람의 땅 곧 네게 주시려고 네 조상들에게 맹세하신 바 젖과 꿀이 흐르는 땅에 이르게 하시거든 너는 이 달에 이 예식을 지켜"입니다. 절기를 지키라는 계명을 주시기 전에 먼저 출애굽과 가나안 입성을 이루어 주시겠다는 하나님의 선언입니다.

하나님이 출애굽을 시켜주지 않으면, 하나님이 가나안 입성을 이루어주지 않으면 절기를 지킬 이유가 하나도 없습니다. 하나님은 절기를 지키라고 명령을 하시는 것이 아니라 절기를 지켜야 하는 이유, 절기를 지켜야 하는 명분, 절기를 지키기 위한 전제 조건을 하나님이 직접 먼저 성취하여 제공하여 주시는 것입니다. 하나님이 먼저 일하시지 않으면 인간은 하나님에 대하여 어떠한 반응도 나타낼 이유가 없습니다. 하나님께 대한 인간의 태도는 전적으로 하나님의 일하심에 대한 반응입니다. 13장 8절에 "너는 그 날에 네 아들에게 보여 이르기를 이 예식은 내가 애굽에서 나올 때에 여호와께서 나를 위하여 행하신 일로 말미암음이라 하고", 13장 11절에도 "여호와께서 너와 네 조상에게 맹세하신 대로 너를 가나안 사람의 땅에 인도하시고 그 땅을 네게 주시거든"입니다. 하나님께서 먼저 은혜를 주시지 않으면 인간이 하나님께 반응할 필요가 없습니다. 하나님은 율법을 주시기 전에 그리고 주신 후에도 충분히 인간들로 하여금 율법을 적용할 원천적 이해가 생길 때까지 가르치시고 기다리신 것입니다. 율법이 좋다는 것은 율법의 제정자이신 하나님이 가장 잘 아실 것입니다. 그런데 옳다고 해서 당장에 시행한 것이 아니라는 것입니다.

사람들은 좋은 것, 옳은 것은 힘이 있다고 생각하여 당장 시행하여야 한다고 주장합니다. 좋은 것, 옳은 것은 그 자체가 좋은 것, 옳은 것을 의미하지 않습니다. 정작 인간에게 좋아야 좋은 것이요 인간에게 옳아야 옳은 것입니다. 좋은 것인데 인간에게 타이밍이 맞지 않으면 그것은 좋은 것이 아니라 나쁜 것입니다. 옳은 것인데 인간의 상태와 맞지 않으면 그것은 틀린 것입니다. 좋은 것을 가진 사람들이 행하는 실수가 좋은 것을 좋게 사용할 줄 모른다는 것입니다. 기독교인들의 실수가 여기에 있습니다. 진리의 역할은 거짓을 바로 잡는 것입니다. 진리를 거짓을 까발리는 데에만 사용하면 바보 같은 짓입니다. 기독교는 이미 세상이 죄에 사로잡혀 있다는 것을 아는 종교입니다. 그러므로 기독교는 세상에 나아가 너희는 죄인이라고 정죄하는 종교가 아니라 죄인 된 너희를 위하여 진리가 왔다고 구원을 선포하는 종교입니다. 진리를 가지고 정죄하여 죽이는 종교가 아니라 진리로 거짓을 바로잡고 진리로 죽은 자를 살려내는 생명의 종교인 것입니다. 기독교가 진리라고 주장할 것이 아니라 기독교가 진리임을 진리답게 행동하여, 생명을 살려냄으로, 자유를 줌으로, 평안과 안식을 제공함으로, 끌어안음과 대신 짊어짐과 져줌으로 증거 하여야 하는 것입니다.

## 네 앞서 가서

하나님은 이스라엘 백성에게 율법을 주시기 전에 하나님을 알리는 교육을 시키셨습니다. 시내산에서 율법을 주시면서 가나안 땅에 들어가서 율법을 지키고 적용하기 전까지 사십 년의 여유를 주셨습니다. 율법을 안다고 지킬 수 있는 것이 아닙니다. 지킬 수 있는 여건을 주셔야 합니다. 그래서 하나님은 스스로 또 전제 조건을 충족시키시겠다고 약속하십니다. 이스라엘이 가나안 땅에 들어가는 것도 하나님이 하실 것입니다. 20절 "내가 사자를 네 앞서 보내어 길에서 너를 보호하여 너를 내가 예비한 곳에 이르게 하리니”입니다. 하나님의 일하시는 원리를 잘 표현하고 있는 것이 바로 이 구절입니다. 하나님의 원리는 하나님이 먼저 행하신다는 것입니다. 인간이 하는 것 봐서 한다는 것이 아니라는 것입니다. 하나님이 먼저 행하시는 것입니다. “사자를 앞서 보내어, 너를 보호하여, 너를 내가 예비한 곳에 이르게 하겠다”는 것입니다. 장소 예비도 하나님이 하십니다. 예비 된 곳에 이르게 하는 것도 하나님이 하시겠다는 것입니다. 또 23절 “내 사자가 네 앞서 가서 너를 아모리 사람과 헷 사람과 브리스 사람과 나안 사람과 히위 사람과 여부스 사람에게로 인도하고 나는 그들을 끊으리니”입니다. 하나님이 가나안의 적들을 끊으시겠다고 하십니다. 27절 “내가 내 위엄을 네 앞서 보내어 네가 이를 곳의 모든 백성을 물리치고 네 모든 원수들이 네게 등을 돌려 도망하게 할 것이며”입니다. 하나님은 이렇게 말씀하셨고 실제로 이렇게 행하셨습니다. 이스라엘이 가나안 땅 여리고에 정탐을 보냈더니 이미 그들은 여호와께서 행하신 일을 듣고 여호와의 위엄에 눌려서 간담이 녹아 있었던 것입니다. 또 28절 “내가 왕벌을 네 앞에 보내어 그 벌이 히위 족속과 가나안 족속과 헷 족속을 네 앞에서 쫓아내리라”입니다.  하나님이 앞서 가시며 하나님이 앞서 행하시는 줄 아시기 바랍니다.

## 사전 증거

하나님이 자신을 알리시고 약속하시면 이스라엘이 하나님을 신뢰할 수 있고 하나님의 원리를 순종할 수 있을 것입니다. 본문에 이르기까지 하신 말씀들은 아직 이루어지지 않은 일입니다. 사람들 중에는 나중에 보자는 사람 하나도 무서운 것 없는 것처럼, 내가 이렇게 저렇게 해 주겠다는 약속은 허풍일 때가 많습니다. 그러나 하나님은 허풍을 치시지 않으십니다. 하나님은 이 말씀을 하시기 전에 이미 이렇게 행하셔서 먼저 증거를 보여주셨습니다. 이렇게 행하신다는 약속도 정말로 믿을 만하다는 것을 벌써 행하신 적이 있다는 것입니다. 그래서 이 말씀은 단순한 약속이 아니라 하나님이 행한 대로 또 행할 것이라는 의미가 되는 것입니다. 하나님은 이스라엘에게 "내가 너희보다 앞서 가겠다"고 약속만 하시는 것이 아니라 이미 그렇게 행하신 적이 있습니다. 그러므로 본문의 말씀은 지금까지 그렇게 행한 것처럼 앞으로도 그렇게 행하시겠다는 선포가 되는 것입니다.

이스라엘이 애굽에서 나온 후에 하나님이 먼저 행하시고 앞서 행하셨습니다. 출애굽기 13장 20절은 이스라엘 백성이 애굽에서 나오는 장면입니다. "그들이 숙곳을 떠나서 광야 끝 에담에 장막을 치니 여호와께서 그들 앞에서 가시며 낮에는 구름기둥으로 밤에는 불기둥을 그들에게 비추사 낮이나 밤이나 진행하게 하시니 낮에는 구름기둥, 밤에는 불기둥이 백성 앞에서 떠나지 아니하니라"입니다. 하나님은 뒷 짐지고 따라가시는 분이 아니십니다. 하나님은 백성들 앞에 가시는 분이십니다. 백성들이 어디로 가야할지 모르고, 어떻게 가야할지 모르니까 당연히 하나님이 앞에 가시는 것입니다. 하나님이 앞서 가시는 증거가 14장 홍해를 건너는 사건에도 나옵니다. 14장 17~20절 "내가 바로와 그의 모든 군대와 그의 병거와 마병으로 말미암아 영광을 얻으리니 내가 바로와 그의 병거와 마병으로 말미암아 영광을 얻을 때에야 애굽 사람들이 나를 여호와인즐 알리라 하시더니 이스라엘 진 앞에 가던 하나님의 사자가"입니다. 하나님이 이스라엘의 진 앞에 가시는 것입니다.

### 순종의 예

하나님을 배우고 하나님을 알고 나면 정말 삶이 쉽고 즐겁고 재미있고 신이 납니다. 이렇게 하나님의 일하심을 알고 하나님이 자기보다 먼저 가시며 자기보다 먼저 행하신다는 것을 알고 산 사람의 증거가 성경에 나옵니다. 창세기 24장에 아브라함이 자기 아들 이삭의 아내를 구하려 종을 파송하는 장면이 나오는데 그때 아브라함이 강조하는 내용이 아주 멋있습니다. 24장 7절 "하늘의 하나님 여호와께서 나를 내 아버지의 집과 내 고향 땅에서 떠나게 하시고 내게 말씀하시며 맹세하여 이르시기를 이 땅을 네 씨에게 주리라 하셨으니 그가 그 사자를 너보다 앞서 보내 실시라. 네가 거기시 내 이들을 위하여 아내를 택할지니라"입니다. 너무 멋있고 감동적입니다. 신앙이란 이런 것입니다. 아브라함이 하나님께 부름 받은 것은 창세기 12장입니다. 창세기 12장부터 22장까지 하나님의 계시와 은혜를 받았습니다. 하나님이 약속을 하시는 것, 맹세를 하시는 것 그리고 친히 그 약속을 이루어 가시고 보장하여 주시는 것을 다 체험하였습니다. 그리고 하나님을 알기에 창세기 22장에서 이삭을 바치라고 할 때에도 아주 자연스럽게 순종할 수 있었습니다. 그리고 24장에서 아들의 아내를 찾으러 종을 보낼 때에 아주 자연스럽게 하나님의 일하심을 기대하고 있는 것입니다. 하나님을 알기에 두려워하지 않고 하나님을 알기에 염려하지 않고 하나님을 알기에 조급하지 않을 수 있는 것입니다. 내가 행하는 일이 당장 성취되든 성취되지 않든 하나님은 여전히 하나님의 때에 하나님의 일을 이루실 것을 자신 있게 신뢰하고 있는 것입니다. 사람들은 이러한 하나님의 일하심에 대한 기대가 적습니다. 자신들의 때에, 자신들의 의도와, 자신들의 방법과 자신들의 힘만 생각합니다. 창세기 24장 7절과 같은 마음이 있기에 8절과 같은 여유가 존재하는 것입니다. "만일 여자가 너를 따라 오려고 하지 아니하면 나의 이 맹세가  너와 상관이 없나니 오직 내 아들을 데리고 그리고 가지 말지니라"입니다. 하나님이 앞서 가실 것이라고 말했습니다. 만약 여자가 따라오지 아니할지라도 어떻게든 달래서 데리고 오라는 것이 아닙니다. 무리수가 없고 억지가 없고 생떼가 없습니다. 이번에 안 되면 안 된다, 이번에는 반드시 되어야 한다, 이유여하를 막론하고 무조건 해내야 한다는 식의 밀어붙이기가 없습니다.

## 하나님의 배려

하나님의 일은 옳고 좋은 것입니다. 그러나 그 옳고 좋은 일을 가장 적합하게 행하시고 계시다는 사실 또한 기억하셔야 합니다. 좋은 것임에도 불구하고 사전 교육을 행하시고, 옳은 것임에도 불구하고 인간이 적용할 수 있는 시점까지 가르치시고 기다리신다는 것입니다. 철저하게 인간을 위하시고 철저하게 인간에게 유익이 되도록 배려하시는 것입니다. 율법을 주시는 것과 적용하시는 시점도 인간을 위해 배려하시고 또 가나안 땅에 입성하여 정착하는 과정도 철저하게 인간에게 적당하도록 배려하십니다. 그 모습이 29절 "그러나 그 땅이 황폐하게 됨으로 들짐승이 번성하여 너희를 해할까하여 일 년 안에는 그들을 네 앞에서 쫓아내지 아니하고 네가 번성하여 그 땅을 기업으로 얻을 때까지 내가 그들을 네 앞에서 조금씩 쫓아내리라 내가 네 경계를 홍해에서부터 블레셋 바다까지, 광야에서부터 강까지 정하고 그 땅의 주민을 네 손에 넘기리니 네가 그들을 네 앞에서 쫓아낼지라"입니다.

하나님은 살아계시고 지금도 일하고 계십니다. 하나님은 여러분의 사정을 알고 계시고 동행하고 계십니다. 하나님을 아심으로 하나님의 때를 기다릴 줄 알아 평안을 누릴 줄 알고, 하나님을 아심으로 하나님의 원리를 적용할 줄 알아 사람들의 관계에 평안을 제공할 줄 아는 하나님의 성도의 삶을 멋지게 구현하여 가시기를 주님의 이름으로 축원합니다.

# 42

# 준행하리이다

출애굽기 24 : 1 ~ 18

1 또 모세에게 이르시되 너는 아론과 나답과 아비후와 이스라엘 장로 칠십 명과 함께 여호와께로 올라와 멀리서 경배하고 2 너 모세만 여호와께 가까이 나아오고 그들은 가까이 나아오지 말며 백성은 너와 함께 올라오지 말지니라 3 모세가 와서 여호와의 모든 말씀과 그의 모든 율례를 백성에게 전하매 그들이 한 소리로 응답하여 이르되 여호와께서 말씀하신 모든 것을 우리가 준행하리이다 4 모세가 여호와의 모든 말씀을 기록하고 이른 아침에 일어나 산 아래에 제단을 쌓고 이스라엘 열두 지파대로 열두 기둥을 세우고 5 이스라엘 자손의 청년들을 보내어 여호와께 소로 번제와 화목제를 드리게 하고 6 모세가 피를 가지고 반은 여러 양푼에 담고 반은 제단에 뿌리고 7 언약서를 가져다가 백성에게 낭독하여 들게 하니 그들이 이르되 여호와의 모든 말씀을 우리가 준행하리이다 8 모세가 그 피를 가지고 백성에게 뿌리며 이르되 이는 여호와께서 이 모든 말씀에 대하여 너희와 세우신 언약의 피니라 9 모세와 아론과 나답과 아비후와 이스라엘 장로 칠십 인이 올라가서 10 이스라엘의 하나님을 보니 그의 발 아래에는 청옥을 편 듯하고 하늘 같이 청명하더라 11 하나님이 이스라엘 자손들의 존귀한 자들에게 손을 대지 아니하셨고 그들은 하나님을 뵙고 먹고 마셨더라 12 여호와께서 모세에게 이르시되 너는 산에 올라 내게로 와서 거기 있으라 네가 그들을 가르치도록 내가 율법과 계명을 친히 기록한 돌판을 네게 주리라 13 모세가 그의 부하 여호수아와 함께 일어나 모세가 하나님의 산으로 올라가며 14 장로들에게 이르되 너희는 여기서 우리가 너희에게로 돌아오기까지 기다리라 아론과 훌이 너희와 함께 하리니 무릇 일이 있는 자는 그들에게로 나아갈지니라 하고 15 모세가 산에 오르매 구름이 산을 가리며 16 여호와의 영광이 시내 산 위에 머무르고 구름이 엿새 동안 산을 가리더니 일곱째 날에 여호와께서 구름 가운데서 모세를 부르시니라 17 산 위의 여호와의 영광이 이스라엘 자손의 눈에 맹렬한 불 같이 보였고 18 모세는 구름 속으로 들어가서 산 위에 올랐으며 모세가 사십 일 사십 야를 산에 있으니라

# 나아오지 말라

## 시내산에서

출애굽기의 기록대로 이스라엘의 여정을 정리해보면 12, 13장에서 출애굽을 행하고 14장에서 홍해를 건너고 15장 22절에서 수르 광야에 들어갑니다. 마라에 도착하여 쓴물이 단물로 변하는 체험을 하게 되고 16장에서 엘림을 지나고 신 광야에 이르게 되는 것이 두 달째 십 오일쯤입니다. 신 광야에서 만나를 공급받게 되고 17장에서 르비딤에 이르러 물이 없을 때 하나님이 반석을 통해 물을 공급하여 주시고 그곳에서 아멜렉과 전쟁에서 이기게 하십니다. 19장 1절에 "이스라엘 자손이 애굽 땅을 떠난 지 삼 개월이 되던 날 그들이 시내 광야에 이르니라"입니다. 이렇게 시내 광야에 이르러 장막을 쳤을 때 19장 3절에 "모세가 하나님 앞에 올라가니 여호와께서 산에서 그를 불러 말씀하시되"가 23장까지 이어진 것이고 모세가 내려와 백성들에게 하나님의 말씀을 전달하는 것이 24장의 배경이 되는 것입니다. 시내 산에 오른 것은 모세 혼자입니다. 19장에서도 24장에서도 하나님은 모세만 올라오라고 하십니다. 19장 21절 "여호와께서 모세에게 이르시되 내려가서 백성을 경고하라. 백성이 밀고 들어와 나 여호와에게로 와서 보려고 하다가 많이 죽을까 하노라"입니다. 이 말씀 때문에 이스라엘 백성들은 산에 올라가는 것은 아예 엄두도 못 내고 하나님이 말씀하시는 것조차도 두려워했습니다. 그래서 20장 18절 이하에 "뭇 백성이 우레와 번개와 나팔 소리와 산의 연기를 본지라. 그들이 볼 때에 떨며 멀리 서서 모세에게 이르되 당신이 우리에게 말씀하소서. 우리가 들으리이다. 하나님이 우리에게 말씀하시지 말게 하소서. 우리가 죽을까 하나이다"라고 합니다.

이스라엘 백성들은 하나님 만나는 것을 두려워했습니다. 하나님을 만나면, 하나님을 대면하면 죽는 줄로 생각했습니다. 사사기 6장에 하나님이 기드온에게 나타나셔서 말씀하십니다. 그때 기드온의 반응이 6장 22절 "기드온이 그가 여호와의 사자인 줄을 알고 이르되 슬프도소이다. 주 여호와여 내가 여호와의 사자를 대면하여 보았나이다 하니 여호와께서 그에게 이르시되 너는 안심하라 두려워하지 말라. 죽지 아니하리라 하시니라"입니다. 기드온은 하나님을 민난 후 반기워 한 것이 아니라 죽을 줄로 생각했던 것입니다. 또 사사기 13장에 삼손의 부모에게 하나님의 사자가 나타나 아이가 출생할 것을 말씀하시는 장면이 나옵니다. 그때에도 13장 21절 "여호와의 사자가 마노아와 그의 아내에게 다시 나타나지 아니하니 마노아가 그제야 그가 여호와의 사자인 줄 알고 그의 아내에게 이르되 우리가 하나님을 보았으니 반드시 죽으리로다 하니"입니다. 하나님을 만나면 죽는 줄로 생각한 것입니다. 신을 만나는 것에 대한 두려움은 창세기에도 나옵니다. 창세기 32장에 야곱이 외삼촌 라반의 집에서 고향으로 돌아올 때에 브니엘에서 여호와의 천사와 만나 씨름하는 사건이 있습니다. 32장 29절 "야곱이 청하여 이르되 당신의 이름을 알려주소서. 그 사람이 이르되 어찌하여 내 이름을 묻느냐 하고 거기서 야곱에게 축복한지라. 그러므로 야곱이 그 곳 이름을 브니엘이라 하였으니 그가 이르기를 내가 하나님과 대면하여 보았으나 내 생명이 보전되었다 함이더라"고 합니다. 죽었어야 하는데 살아있는 것을 기적으로 생각하는 것 같습니다.

### 하나님의 눈높이

예외가 있긴 하지만 일반적으로는 하나님 만나는 것을 두려워했던 것 같습니다. 이스라엘이 하나님을 만나는 것에 대하여 두려움을 가지게 되는 계기가 19장에서 하나님이 직접 말씀하시기를 "백성을 경고하라. 백성이 밀고 들어와 나 여호와에게로 와서 보려고 하다가 많이 죽을까 하노라"고 하신 때부터인 것 같습니다. 이런 경고를 받고 난 후 두려움이 커졌을 것입니다. 백성에게 접근금지 명령이 내려지는 상황이 24장에도 나옵니다. 24장 1절 "또 모세에게 이르시되 너는 아론과 나답과 아비후와 이스라엘 장로 칠십 명과 함께 여호와께로 올라와 멀리서 경배하고 너 모세만 여호와께 가까이 나아오고 그들은 가까이 나아오지 말며 백성은 너와 함께 올라오지 말지니라"입니다.

19장 이전에는 하나님이 하나님을 보면 죽는다는 말씀을 하시지 않았었습니다. 그래서 사람들이 가지고 있는 두려움은 죄인으로서 절대자에 대한 일반적인 두려움이지만, 이스라엘이 가지고 있는 두려움은 하나님의 경고에 기인한 것입니다. 하나님은 왜 백성들에게 올라오지 말라고 하셨을까요? 만약 백성들이 말씀을 어기고 산에 올라오면 하나님이 실제로 다 죽이셨을까요? 백성들이 하나님께 올라가려고 한다면 왜 올라가려고 했을까요? 하나님 말씀에 의하면 '여호와께로 와서 보려고 하다가 많이 죽을까 하노라' 하셨으니 백성들은 여호와를 보려고 올라가고, 하나님은 보여주지 않으려고 죽이시는 것입니까? 하나님은 영이십니다. 그래서 하나님에게는 형체가 없습니다. 하나님을 눈으로 보는 것은 원래적으로 불가능합니다. 하나님은 영이라고 말씀하신 분이 하나님이십니다. 그러므로 하나님이 이스라엘 백성에게 여호와를 보려고 산으로 올라오지 말라고 하신 말씀은 원래부터 맞지 않는 말입니다. 볼 수 없는 분을 보겠다고 마음먹는 것이 잘못된 것이고 보여 질 수 없는 분이 보여 지지 않으려고 하시고 보려는 자들을 죽이겠다는 말씀도 이치에 맞지 않는 말입니다. 그런데 하나님이 그렇게 말씀하신 것입니다. 왜 하나님은 스스로 이치에 맞지 않는 말씀을 하실까요?

하나님의 말씀을 읽으실 때마다 하나님의 의도를 생각하셔야 하고 하나님의 눈높이 교육을 생각하셔야 합니다. 하나님이 없는 말을 하시거나 하나님이 틀린 말을 하시거나 하나님이 이치에 맞지 않는 말을 하시는 것이 아니라 하나님이 인간에게 어울리는 말씀을 하시는 것이고 하나님이 인간의 수준에서 말씀하시는 것이고 하나님이 인간을 가르치시는 과정에서 하시는 말씀임을 이해하셔야 합니다. 엄밀하게 말하면 이스라엘이 하나님을 뵈려고 산에 올라가도 아무 일이 없습니다. 산에 올라가도 아무 것도 보지 못합니다. 하나님이 산에 산신령처럼 긴 수염을 하고 도포를 입고 계시는 것이 아닙니다. 하나님은 영으로서 형상이 없기에 육으로 확인할 수 없습니다. 하나님 스스로 열 마디 말씀에서도 하나님을 어떤 형상으로도 만들지 말라고 말씀하셨습니다. 왜냐하면 하나님은 형상이 없고 형상으로 꾸밀 수 없기 때문입니다. 당연히 이스라엘 백성이 산에 올라가서 아무 것도 볼 수 없습니다.

그런데 하나님은 올라오지 말라고 하시고, 올라오면 죽는다고 더 심하게 "여호와가 그들을 칠까 하노라"고 말씀하십니다. 왜냐하면 이스라엘 백성이 이 상황을 감당할 수 없기 때문입니다. 즉 지금 이스라엘은 애굽의 형상 종교에 익숙해져 있는 상태에서 여호와 하나님을 새롭게 배워나가는 과정입니다. 아직 이스라엘은 애굽의 종교 관념을 온전히 제거하지 못했고 여호와에 대해 온전히 이해하지 못하고 있습니다. 당연히 이스라엘은 여호와를 보고 확인하고 싶어서 산에 올라가고자 할 것입니다. 그런데 산에 올라가 보면 아무 것도 없습니다. 아무 것도 없는 것을 확인하고 '아 여호와는 영이시구나! 여호와는 애굽의 신들과는 다르구나!' 라고 반응하면 좋지만 이스라엘은 그렇게 반응하지 못합니다. 도리어 '산에 올라와 봤더니 아무 것도 없구나. 여호와는 거짓이구나. 여호와는 없구나' 라고 반응할 것입니다. 본문의 이스라엘은 진실을 진실로 받아들이지 못하고, 하나님을 하나님으로 인식할 수 없는 수준인 것입니다. 만약 하나님이 '나는 하나님으로서 진실과 다르게 행동할 수 없다' 고 하나님의 입장만 고려해서 행동하시면 인간은 살 수 없습니다. 그래서 백성들을 가리치려는 의도에서 이치에 맞지 않는 듯한 말씀도 하시는 것입니다.

옳은 것은 당연히 내용이 옳아야 합니다. 그러나 인간에게 적용될 수 있어야 합니다. 상대방에게 적용될 수 없을지라도 옳음 자체만을 유지하기 위한 적용은 아무 소용이 없습니다. 하나님은 영이십니다. 당연히 형상이 존재하지 않으며, 더군다나 육체로서는 존재할 수 없습니다. 그러나 하나님은 영이심에도 불구하고 예수 그리스도는 육체를 입고 강림하셨던 분이셨습니다. 하나님 스스로 하나님의 성품을 깨셨다고 비난할 것이 아닙니다. 하나님의 존재 자체를 인간에게 유익이 되도록 역사하셨다고 감사해야 하는 것입니다.

## 하나님을 뵈었는가?

이러한 하나님의 의도를 모르면, 하나님을 보려고 올라오면 죽는다고 경고하신 하나님의 말씀과 위배되는 사건이 본문에 나와서 성경을 읽는 사람들을 당황하게 만드는 구절이 있습니다. 24장 9~11절 "모세와 아론과 나답과 아비후와 이스라엘 장로 칠십 인이 올라가서 이스라엘의 하나님을 보니 그의 발 아래에는 청옥을 편 듯하고 하늘 같이 청명하더라. 하나님이 이스라엘 자손들의 존귀한 자들에게 손을 대지 아니하셨고 그들은 하나님을 뵙고 먹고 마셨더라"입니다. 저들은 여호와를 뵈었을까요? 백성들은 여호와를 보려고 시도하는 것조차 금지되어 있고, 이스라엘의 존귀한 자들은 여호와를 뵈어도 되고 하나님도 인간을 차별대우 하십니까? 만약 하나님을 뵈었다면 하나님의 형상은 어떠했나요? 그들이 본 하나님에 대한 묘사가 나옵니다. "하나님을 보니 그의 발 아래는 청옥을 편 듯하고 하늘 같이 청명하더라"입니다. 여호와에 대한 묘사가 이렇게 밖에 설명이 안 되는 것입니다. 출애굽기 33장 20절에는 모세의 요청에 대해 "또 이르시되 네가 내 얼굴을 보지 못하리니 나를 보고 살 자가 없음이니라", 22절 이하 "내 영광이 지나갈 때에 내가 너를 반석 틈에 두고 내가 지나도록 내 손으로 너를 덮었다가 손을 거두리니 네가 내 등을 볼 것이요 얼굴은 보지 못하리라"입니다. 이런 표현들이 모두 하나님에 대하여 인간적 관점으로 표현한 것입니다.

하나님에 대하여 가장 체험이 많은 사람은 모세입니다. 모세는 다양한 측면에서 하나님을 대면하였던 사람입니다. 떨기나무 불꽃가운데에서 말씀하시는 하나님을 체험하였고, 자신이 하나님의 말씀대로 행동할 것을 거부하였기에 광야에서 애굽으로 돌아오기 전에도 지속적으로 하나님이 말씀하시는 것을 들었고, 애굽에서 열 가지 이적을 펼치는 동안에도 하나님과 교통하였습니다. 또 지금 시내 산에서 모세는 사십 일간 하나님과 함께 동거합니다. 또 하나님이 등을 보여주시겠다고 약속하시는 것도 들었습니다. 이렇게 하나님과 매우 오래 동안 매우 다양한 체험을 가진 모세에게 조금은 의아한 태도가 보입니다. 그것은 모세는 단 한 번도 자신이 체험한 하나님에 대하여 언급하지 않는다는 것입니다. 성경 어디에서도 모세가 '내가 만난 하나님, 내가 본 여호와, 내가 본 여호와의 등'을 언급하지 않습니다. '사십 일간의 아름다운 동행'이란 표현을 단 한 번도 말하지 않는다는 것입니다. 모세가 여호와를 만났다는 것을 부인하거나 인정하지 않는다는 표현이 아니라 많은 사람이 기대하는 방식 즉 여호와의 형상을 보고 여호와의 얼굴을 보고 여호와의 모습을 보았다는 식의 표현이 없다는 것입니다.

혹시 모세가 여호와를 보았다는 구절에 근거하여 여호와가 보고 싶은 분이 계실 것입니다. 많은 사람이 그런 기대를 가졌습니다. 구약에도 그랬고 신약에서 제자들도 그랬습니다. 혹시 여호와의 경고에 근거하여 여호와를 보실까봐 두려움을 가지신 분도 계실 것입니다. 구약에도 그랬고 신약에도 그랬습니다. 보고 싶은 것이 잘못이 아니고, 보는 것을 두려워하는 것이 잘못이 아닙니다. 그 호기심과 기대가 잘못이 아니고 겁과 두려움이 잘못이 아닙니다. 여호와가 어떤 분이신가에 대한 이해가 잘못된 것입니다. 하나님은 영이시오 하나님은 여러분과 함께 계시는 분이십니다. 하나님의 일하시는 어느 한 과정만 보고 하나님에 대하여 오해하는 일이 없기를 바랍니다.

## 우리가 준행하리이다

### 사람의 결단

24장 3절 "모세가 와서 여호와의 모든 말씀과 그의 모든 율례를 백성에게 전하매 그들이 한 소리로 응답하여 이르되 여호와께서 말씀하신 모든 것을 우리가 준행하리이다", 7절 "언약서를 가져다가 백성에게 낭독하여 듣게 하니 그들이 이르되 여호와의 모든 말씀을 우리가 준행하리이다"입니다. 참으로 아름다운 장면입니다. 여호와께서는 백성들이 행복하게 살 수 있는 지침을 말씀하시고 백성들은 큰 소리로 "우리가 준행하리이다"라고 다짐하고 있습니다. 그런데 이렇게 큰 소리로 다짐한 이스라엘 백성들이 정작 광야 생활 중에 하나님의 말씀을 준행하지 않았습니다. 대답은 멋있게 했는데 행동은 엉망이었습니다.

광야 생활 사십 년이 지나고 하나님께서 약속하신 가나안 땅이 바라다 보이는 모압 평야 지역에 이스라엘이 도착하였습니다. 이때 모세는 다시 한 번 이스라엘 백성들에게 하나님의 율법을 가르치며 강조합니다. 이번에는 모세가 이스라엘 백성들로부터 한꺼번에 대답을 듣는 것이 아니라 조목조목마다 대답을 듣습니다. 한 가지 항목을 읽어주고 다짐을 받고 한 가지 항목을 읽어주고 결단을 받습니다. 신명기 27장 11절 이하에 나오는 장면입니다. 몇 구절만 읽어보겠습니다. 15절 "장색의 손으로 조각하였거나 부어 만든 우상은 여호와께 가증하니 그것을 만들어 은밀히 세우는 자는 저주를 받을 것이라 할 것이요 모든 백성은 응답하여 말하되 아멘 할지니라", 16절 "그의 부모를 경홀히 여기는 자는 저주를 받을 것이라 할 것이요 모든 백성은 아멘 할지니라", 17절 "그의 이웃의 경계표를 옮기는 자는 저주를 받을 것이라 할 것이요 모든 백성은 아멘 할지니라", 18절 "맹인에게 길을 잃게 하는 자는 저주를 받을 것이라 할 것이요 모든 백성은 아멘 할지니라", 19절 "객이나 고아나 과부의 송사를 억울하게 하는 자는 저주를 받을 것이라 할 것이요 모든 백성은 아멘 할지니라", 20절 "그의 아버지의 아내와 동침하는 자는 그의 아버지의 하체를 드러냈으니 저주를 받을 것이라 할 것이요 모든 백성은 아멘 할지니라", 21절 "짐승과 교합하는 모든 자는 저주를 받을 것이라 할 것이요 모든 백성은 아멘 할지니라", 22절 "그의 자매 곧 그의 아버지의 딸이나 어머니의 딸과 동침하는 자는 저주를 받을 것이라 할 것이요 모든 백성은 아멘 할지니라", 23절 "장모와 동침하는 자는 저주를 받을 것이라 할 것이요 모든 백성은 아멘 할지니라", 24절 "그의 이웃을 암살하는 자는 저주를 받을 것이라 할 것이요 모든 백성은 아멘 할지니라", 25절 "무죄한 자를 죽이려고 뇌물을 받는 자는 저주를 받을 것이라 할 것이요 모든 백성은 아멘 할지니라", 26절 "이 율법의 말씀을 실행하지 아니하는 자는 저주를 받을 것이라 할 것이요 모든 백성은 아멘 할지니라" 입니다. 백성들이 조목조목 마다 아멘했습니다. 말씀을 지키겠다고 다짐을 하였고 말씀대로 살겠다고 결단하였습니다. 그런데 이렇게 큰 소리로 다짐한 이스라엘 백성들이 하나님의 말씀을 준행하지 않았습니다. 대답은 멋있게 했는데 행동은 엉망이었습니다.

이것보다 더 멋있는 장면이 에스라서에 나옵니다. 에스라 시대는 이스라엘이 하나님의 보호하여주심을 거부하고 스스로 살아가겠다고 건방떨다가 당시의 강대국 바벨론에게 나라가 멸망을 당한 시기였습니다. 바벨론이 워낙 강대국이어서 바벨론의 식민지가 되었던 이스라엘은 독립의 기미가 전혀 없었고 바벨론으로 포로로 잡혀간 이스라엘 포로민들은 이스라엘로 돌아올 수 있는 어떤 희망의 끈조차도 보이지 않았던 시대였습니다. 강대국으로 여겨졌던 바벨론이 불과 백 년도 안 되어 패망하여 버리고 대신 더 큰 강대국 바사가 바벨론과 이스라엘을 정복하여 이스라엘은 더 큰 강대국의 속국이 되어 독립과 귀환은 더욱이나 가능성이 없어보였습니다. 그런데 하나님의 도우심으로 정말 기적 같은 일이 벌어져서 포로로 잡혀있던 이스라엘이 꿈에도 그리던 고향 땅 이스라엘 예루살렘으로 돌아오게 되었습니다. 이스라엘로 돌아온 귀환자들 중에 지도자가 에스라였는데 이 에스라는 이스라엘이 패망한 이유를 율법에 불순종하였기 때문이라고 생각하였습니다. 그래서 백성들을 모아 놓고 율법을 가르치고 율법을 지키자고 호소하였습니다. 에스라 9장 13, 14절 "우리의 악한 행실과 큰 죄로 말미암아 이 모든 일을 당하였사오나 우리 하나님이 우리 죄악보다 형벌을 가볍게 하시고 이만큼 백성을 남겨 주셨사오니 우리가 어찌 다시 주의 계명을 거역하고 이 가증한 백성과 통혼하오리까? 그리하면 주께서 어찌 우리를 멸하시고 남아 피할 자가 없도록 진노하시지 아니하시니리까?"입니다. 그래서 이방인과 결혼한 자들이 모두 이혼을 합니다. 가정을 깨면서까지 이제부터는 하나님의 말씀에 순종하며 살겠다고 다짐을 하고 하나님의 율법을 준수하겠다고 결단을 합니다. 이렇게 큰 소리로 다짐한 이스라엘 백성들이 하나님의 말씀을 준행하지 않았습니다. 대답은 멋있게 했는데 행동은 엉망이었습니다.

신약 복음서의 제자들도 마찬가지입니다. 제자들은 스스로 예수님께 다짐했습니다. 예수님이 묻기도 전에 스스로 자기들은 주를 떠나지 아니하겠다고, 다 버려도 자신들은 주를 버리지 아니하겠다고 다짐하고 결단하였습니다. 이렇게 큰 소리로 다짐한 제자들이 하나님의 말씀을 준행하지 않았습니다. 대답은 멋있게 했는데 행동은 엉망이었습니다. 다짐은 폼나게 했는데 행동은 정반대이었습니다.

## 하나님의 선언, 하나님의 결과

성경 속에서 이러한 어리석은 사건들이 반복되는 것은 사람들이 하나님의 말씀이 어떤 차원인지를 오해하기 때문입니다. 사람들이 하나님의 말씀을 듣고 다짐을 하고 결단을 하고 약속을 하는 이유는 하나님의 말씀이 명령이요 규례라고 생각하기 때문입니다. 하나님이 지키라고 주시는 법이요 그렇게 행동하라고 주시는 지침이라고 생각하기 때문에 지키려고 다짐하고 준수하려고 결단하고 그렇게 행동하겠다고 약속하고 노력하는 것입니다. 그것이 오해입니다. 하나님의 말씀은 명령이 아니라 약속입니다. 인간에게 그렇게 행동하라는 명령이 아니라 인간이 그렇게 행동할 수 있도록 만들어 주시겠다는 하나님의 약속입니다. 우리가 그렇게 행동해야 하는 것이 아니고 우리가 그렇게 행동하겠다고 다짐하고 결단하고 노력해야 하는 것이 아닙니다. 하나님이 우리로 하여금 그렇게 행동할 수 있도록 해 주시겠다는 하나님의 다짐이요 하나님의 결단이요 하나님의 약속이요 하나님의 노력입니다. 하나님은 말씀하시고 인간은 행동하는 것이 아니고 하나님이 말씀하시고 하나님이 행동하시고 인간은 되어지는 것입니다.

하나님의 말씀은 선동이 아니고 선포입니다. '너희가 그렇게 해 봐라, 너희가 노력해 보아라, 너희가 시도해 보아라.'가 아니고 '내가 너희로 하여금 그렇게 되게 해 주겠다'는 선포입니다. 다짐을 하시는 분, 결단을 하시는 분, 약속을 하시는 분, 선포를 하시는 분이 하나님이시기 때문에 일하시는 분, 노력하는 분, 수고하는 분 또한 하나님이십니다. 그래서 하나님은 인간에게 다짐을 요구하거나 결단을 요구하거나 의지적 노력을 요구하지 않으십니다. 하나님이 하실 일을 인간에게 떠맡기는 분이 아니라는 것입니다. 사람들이, 성도들조차도 가장 오해하는 것이 하나님이 하실 일과 자신이 할 일을 분간하지 못하고 혼동하는 것입니다. 기독교는 하나님이 계십니다. 세상이나 타종교에는 하나님이 계시지 않습니다. 그래서 세상 사람들의 생각에는 하나님이 하실 일이 없습니다. 남는 것은 인간뿐이기에 인간이 하지 않으면 아무 일도 없습니다. 언제나 인간이 중심이요 인간이 핵심이요 인간의 행동이 해결의 열쇠입니다. 당연히 인간의 의지와 결단과 다짐과 노력이 요구되고 시행되는 것입니다. 이것은 세상입니다. 기독교와 세상을 동등하게 생각하시면 하나님이 섭섭해 하십니다. 오해하지 마시고 혼동하지 마시기 바랍니다. 기독교에는 하나님이 계십니다. 그래서 기독교는 하나님이 주체이십니다. 그래서 하나님이 일하시는 것입니다. 하나님이 일하시고 하나님이 일하신 결과가 바로 나 자신입니다. 내가 결과라는 사실을 기억하셔야 합니다.

오늘날 교회와 성도들이 자꾸 혼동하는 것이 바로 이것입니다. 자신이 하나님의 일하심의 결과라는 사실을 인식하지 않고 자신이 하나님 사역의 수단이라고 생각합니다. 그래서 하나님이 나를 위해서 일하신다는 생각을 하지 않았습니다. 하나님 때문에 내가 어떻게 성숙하고 변화되어 가는가를 생각하지 않습니다. 반대로 성도들이 모두 자기가 수단이라고 생각합니다. 자신이 하나님을 위해 무엇을 할까를 고민합니다. 자신이 어떻게 하나님을 영화롭게 해 드릴까를 걱정합니다. 자신의 노력으로 하나님이 어떻게 높아지고 위대해지고 영화로와질 것인가를 생각합니다. 어불성설이요 말장난입니다. 되지도 않을 일, 하지도 못할 일을 하겠다고 하는 어리석은 다짐이요 미련한 결단이요 우스꽝스러운 행동들입니다. 실제로 성경에서 인간 때문에 하나님이 높아진 적이 없습니다. 인간 때문에 하나님의 위엄이 선 적이 없습니다. 인간 때문에 하나님이 존귀해진 적이 없습니다. 인간 때문에 하나님이 영광을 받으신 적이 없습니다. 인간이 하나님을 위해 행한 것이 단 한 가지도, 단 한 번도 없습니다. 하나님 앞에서 다짐하지 마시고 결단하지 마시고 의지를 불태우지 마십시오.

# 하나님의 과정

## 하나님의 선포

이렇게 말씀드리면 하나님이 백성들에게 아멘하라고 요청한 것이 아니냐고 질문하실 분이 계실 것입니다. 하나님의 일하시는 과정을 조금만 살펴보겠습니다. 성경은 구약과 신약이 있습니다. 성령은 시간의 흐름에 따라 일어난 사건을 나열한 책이 아닙니다. 하나님이 성경에 기록되어 있는 대로 순서대로 일을 해 오신 것이 아닙니다. 이 말의 의미는 구약적 방법을 사용하시다가 신약적 방법으로 교체하신 것이 아니라는 것입니다. 하나님은 구약시대에는 구약만 알고 계시다가 신약시대에서 구약의 시행착오를 생각하시고 새롭게 전환하신 것이 아니라는 것입니다. 이미 구약시대에도 하나님은 구약이 어떤 결말이 날 것인지를 알고 계셨고 신약에서 어떻게 일하실 것인지도 이미 알고 계셨습니다. 즉 하나님은 구약과 신약을 모두 알고 계신 가운데 구약부터 신약이라는 과정으로 일을 해 오신 것입니다. 구약적 방법을 사용한 후 신약적 방법을 사용해야겠다고 이미 계획하시고 순서대로 일을 하셨다는 것입니다. 왜냐하면 인간을 교육시키기 위해서입니다.

창세기 12장에서 하나님은 아브람을 찾아오셨습니다. 그리고 하나님이 행하실 세 가지 일을 약속하셨습니다. 하나님이 행하실 일을 말씀하시고 하나님이 행하시겠다고 약속을 주시고 언약식을 행하시고 징표도 주십니다. 분명히 하나님이 그렇게 행하셨습니다. 그런데 하나님의 일하시는 방식이 달라집니다. 예언서에 가보면 하나님이 새로이 행하시겠다는 예언이 자주 선포됩니다. 여호와의 날이 오게 하겠다, 새 언약을 주리라, 새 마음을 주리라, 새 일을 행하리라, 새 영을 주리라고 선포하십니다. 하나님이 하실 일입니다. 그런데 아무런 언약식도 행하지 않고 아무런 징표도 주지 않습니다. 복음서로 와 보면 예수님이 여러 말씀을 하십니다. 하나님이 하실 일입니다. 십자가를 지시겠다고 하십니다. 하늘에 올라가시면 성령을 보내주시겠다고 하십니다. 올라가시면서 다시 오시겠다고 말씀하십니다. 모두 하나님이 하실 일입니다. 그런데 어떤 언약식도 없고 징표도 없습니다.

이스라엘이 출애굽을 하였습니다. 하나님은 이스라엘에게 그 날을 기념하여 지키라고 말씀하십니다. 아예 절기로 정하여 주시고 매년마다 자자손손 지키라고 말씀하십니다. 또 본문에서도 시내산에서 내려 온 후 4절에 "모세가 여호와의 모든 말씀을 기록하고 이른 아침에 일어나 산 아래에 제단을 쌓고 이스라엘 열두 지파대로 열두 기둥을 세우고"라는 형식을 주십니다. 그런데 예수께서 이 땅에 강림하셨을 때는 아무런 기념식이나 기념일도 없습니다. 아무런 징표가 없어서 나중에 사람들이 성탄절이라는 절기를 만들 정도입니다. 하나님이 안 하신걸 사람들이 만들었으니 고약한 것입니다. 또 예수께서 부활하셨습니다. 그런데 예수님은 부활하신 후에 잠행을 하실 뿐 대중 앞에 공개적으로 나서지를 않으십니다. 그리고 부활 기념식도 정해주지 않으십니다. 또 사도행전에서 성령이 임하셨습니다. 그런데 하나님은 성령강림주일을 지키라고 정하시지 않으십니다.

왜 구약이 있고 왜 신약이 있는지를 아셔야 합니다. 구약만 있으면 이루어지는 것이 없고 신약만 있으면 무엇이 이루어졌는지를 모르기 때문에 구약과 신약이 있는 것입니다. 구약은 긍정적 모델이 아니라 부정적 모델입니다. 구약처럼 하면 된다는 것이 아니라 구약처럼 하면 안 된다는 것을 보여주기 위해서 구약이 있습니다. 신약처럼 해야 되는 이유를 보여주는 것이 바로 구약입니다. 만약 구약이 없고 바로 신약처럼 했다면 사람들은 모두 구약처럼 했어도 됐을텐데 괜히 신약처럼 했다고 말할 것입니다. 본문에 하나님은 말씀하시고 이스라엘 백성 즉 인간들은 다짐했습니다. 그런데 그것으로 되지 않는다는 것을 보여주는 것입니다. 인간의 의지와 결단과 다짐으로 되지 않는다는 것입니다. 이스라엘의 다짐도 소용없고, 모압에서 조목마다 아멘해도 소용이 없고, 가정을 깨는 의지도 소용이 없더라는 것입니다.

### 하나님의 결과로서의 나

성도는 현재의 자기의 모습에 대해 세상과 다른 인식을 가지는 자들입니다. 세상은 자신이 수고하고 노력한 결과로서의 자신입니다. 그래서 세상에서는 사람이 사십 대가 되면 자기 얼굴에 책임을 져야 한다는 말이 나옵니다. 그러나 성도는 지금의 내 모습이 하나님의 일하심의 결과 즉 내가 한 것이 아니라는 고백이 있어야 합니다. 이것이 오늘날 성도의 삶의 태도에 엄청난 차이를 가져옵니다. 가끔 신앙이 깊다고 하시는 분, 연조가 있다고 하시는 분, 성경 꽤나 안다고 하시는 분, 나름 바르게 산다고 하시는 분들이 착각하는 것이 자신의 모습이 자신이 다짐하고 결단하고 노력한 결과인줄 아는 것입니다. 그런 분들의 특징은 교만하고 남을 비판하고 정죄한다는 것입니다. 살인하지 말라, 도둑질하지 말라, 간음하지 말라는 말씀이 있습니다. 나는 살인을 안했고 저 사람은 살인을 했고, 나는 도둑질을 안했고 저 사람은 도둑질을 했고, 나는 간음을 안 했고 저 사람은 간음을 했습니다. 그러면 당장 나오는 반응이 저러고도 성도냐, 저러고도 집사냐, 저러고도 권사요 장로냐, 저 따위로 행동하고도 목사냐, 나는 노력해서 말씀을 지켰는데 저 사람은 다짐하지 않고 결단하지 않고 노력하지 않아서 저 따위라는 교만의 극치를 드러냅니다.

나의 모습이 하나님의 일하심의 결과임을 아는 사람은 자랑하지 않습니다. 내가 살인을 안 한 것이 아니라 못 한 것이고 내가 간음을 안 한 것이 아니라 못 한 것이고 내가 도둑질을 안 한 것이 아니고 못한 것이기 때문입니다. 내가 다짐과 결단과 의지로 나를 지킨 것이 아니라 나는 죄를 지으러 달음박질하면서 나아갔는데 하나님이 막아 주시고 하나님이 지켜 주셨기 때문임을 알기에 자랑할 수가 없는 것입니다. 나의 모습이 하나님의 일하심의 결과임을 아는 사람은 다른 사람을 정죄하지 않습니다. 왜냐하면 다른 사람이 노력해서 죄를 짓지 않을 수 있는 것이 아니기 때문입니다. 내가 죄를 짓지 않은 것 또한 내가 노력한 결과가 아니기 때문에 내가 자랑할 수 없고 남을 정죄할 수 없습니다. 기독교는 남을 향해 그것도 못 지키냐고 비판하는 것이 아니라 지키는 내가 감사한 것입니다. 기독교는 내가 하는 종교가 아니가 내가 되는 종교입니다. 나는 이렇게 하고 있으니 너희도 이렇게 하라고 개혁을 주장할 수 있는 종교가 아닙니다. 오늘도 말씀대로 살겠다고 두 주먹 불끈 쥐고 마음을 굳게 먹고 다짐할 것이 아니라 그냥 하나님 말씀을 알아 가시기 바랍니다. 성경의 어느 한쪽 만 보고 오해하는 신앙이 아니라 성경 전체를 보고 이해하면서 즐겁고 신나고 자유롭고 행복한 신앙생활을 누려 가시기를 주님의 이름으로 축원합니다.

# 43
## 거기서 만나리니

**출애굽기 25 : 1 ~ 9, 29 : 38 ~ 46**

25 : 1 여호와께서 모세에게 말씀하여 이르시되 2 이스라엘 자손에게 명령하여 내게 예물을 가져오라 하고 기쁜 마음으로 내는 자가 내게 바치는 모든 것을 너희는 받을지니라 3 너희가 그들에게서 받을 예물은 이러하니 금과 은과 놋과 4 청색 자색 홍색 실과 가는 베 실과 염소 털과 5 붉은 물 들인 숫양의 가죽과 해달의 가죽과 조각목과 6 등유와 관유에 드는 향료와 분향할 향을 만들 향품과 7 호마노며 에봇과 흉패에 물릴 보석이니라 8 내가 그들 중에 거할 성소를 그들이 나를 위하여 짓되 9 무릇 내가 네게 보이는 모양대로 장막을 짓고 기구들도 그 모양을 따라 지을지니라

29 : 38 네가 제단 위에 드릴 것은 이러하니라 매일 일 년 된 어린 양 두 마리니 39 한 어린 양은 아침에 드리고 한 어린 양은 저녁 때에 드릴지며 40 한 어린 양에 고운 밀가루 십분의 일 에바와 찧은 기름 사분의 일 힌을 더하고 또 전제로 포도주 사분의 일 힌을 더할지며 41 한 어린 양은 저녁 때에 드리되 아침에 한 것처럼 소제와 전제를 그것과 함께 드려 향기로운 냄새가 되게 하여 여호와께 화제로 삼을지니 42 이는 너희가 대대로 여호와 앞 회막 문에서 늘 드릴 번제라 내가 거기서 너희와 만나고 네게 말하리라 43 내가 거기서 이스라엘 자손을 만나리니 내 영광으로 말미암아 회막이 거룩하게 될지라 44 내가 그 회막과 제단을 거룩하게 하며 아론과 그의 아들들도 거룩하게 하여 내게 제사장 직분을 행하게 하며 45 내가 이스라엘 자손 중에 거하여 그들의 하나님이 되리니 46 그들은 내가 그들의 하나님 여호와로서 그들 중에 거하려고 그들을 애굽 땅에서 인도하여 낸 줄을 알리라 나는 그들의 하나님 여호와니라

# 왜 성막이 필요할까?

## 성막이야기

출애굽기의 제목이 '출애굽기' 이기 때문에 출애굽에 관한 내용이 대부분을 차지할 것으로 상상하고 계시는 분들이 많으실 것입니다. 물론 출애굽에 관한 내용이 열세 장 정도로 많이 나옵니다. 애굽에서 나왔으니 가나안 땅을 향해 가는 여정 즉 애굽에서 나오면서 시내 산에 도착하는 과정과 시내 산에서 머물러 있는 과정 등이 약 일곱 장 정도에 걸쳐 나옵니다. 그리고 시내 산에서 하나님이 이스라엘에게 율법을 수여하시는 장면이 나오고 그때 수여하신 율법의 내용이 약 네 장 정도에 걸쳐 기록되어 있고 마지막으로 출애굽기에서 많은 분량을 차지하고 있는 주제가 성막에 관한 것으로, 두 부분으로 나누어져서 하나님께서 백성들에게 성막을 지으라고 말씀하시는 장면이 25장부터 31장까지에 기록되어 있고, 그 분부대로 백성들이 성막을 짓는 장면이 35장부터 40장에 걸쳐 총 열세 장에 걸쳐 기록되어 있습니다.

25장 8절 "내가 그들 중에 거할 성소를 그들이 나를 위하여 짓되 무릇 내가 네게 보이는 모양대로 장막을 짓고 기구들도 그 모양을 따라 지을지니라"입니다. 하나님께서 하나님이 거할 성소를 지으라고 하십니다. 이러한 구절을 읽으실 때 이상하다는 것을 느끼셔야 합니다. 성소나 성전 또는 신전 즉 거처가 필요한 존재는 형상이 있는 존재입니다. 형상이 있으면 당연히 형상이 있어야 하는 장소가 필요한 것입니다. 그러나 하나님은 스스로 말씀하시기를 어느 것의 형상이라도 만들지 말라고 말씀하셨습니다. 어느 것의 형상도 만들지 않는다면 형상이 없고 당연히 형상을 두어야 하는 성소 또는 성전을 만들 필요가 없는 것입니다. 하나님 이외의 형상을 만들지 못하게 하신 것만이 아니라 어떤 것으로도 하나님의 형상을 만들지 못하게 하셨기에, 다른 형상들이 존재할 처소도 필요하지 않으며 하나님의 처소도 필요하지 않는 것입니다. 만약 하나님이 정말로 거할 장소가 필요하시어 하나님이 거할 처소를 만들라고 하셨다면 그 동안은 어떻게 어디에 계셨는지 궁금해지는 것입니다.

하나님은 이제껏 존재하시지 않다가 이제사 존재하시는 분이 아닙니다. 그 동안 성소가 없이도 하나님은 잘만 존재하셨습니다. 그런데 갑자기 하나님이 거하실 처소가 필요하신 분이 아니십니다. 그 동안은 노숙을 하신 것이 아닙니다. 하나님의 존재, 하나님의 사역, 세상의 창조됨, 인간의 창조됨, 하나님과 인간의 관계 등 기독교의 가장 기초적이며 근본적인 내용이 바로 창세기 1장과 2장에 나옵니다. 성경에 나오는 모든 사실의 본바탕이요 원형이요 기준입니다. 하나님이 거할 처소가 필요하셨다면 처음부터 처소가 있었어야 합니다. 하나님이 인간과 함께 동거하기 위해서 처소가 필요하셨다면 가장 먼저 아담에게 말씀하셨어야 합니다. 아니면 노아에게라도 정 아니면 아브람에게라도 부탁하셨어야 합니다. 그러나 하나님은 전혀 처소에 대한 언급을 하지 않으셨습니다. 처소가 없어서 불편하셨거나 처소가 없어서 만남이 이루어질 수 없었다는 내용이 없습니다. 하나님은 멀쩡히 존재하셨고 멀쩡히 백성들과 만나셨고 멀쩡히 백성들의 삶을 돌보시고 보호하시고 동행하시고 인도하시고 주관하셨습니다. 결국 성막은 하나님이 거할 장소를 의미하는 것이 아닌 것입니다. 그러므로 성막은 실제적 필요에 의한 것이 아니라 다분히 의도적이라는 것입니다. 하나님을 위해서 필요한 것이 아니라 인간을 위해서 필요한 것이었다는 의미입니다.


## 유월절과 성막

성경에 나오는 절기들과 제도들이 왜 등장하는지 이해하시면 성막에 대해서도 바로 이해가 되실 것입니다. 하나님이 정하셨다는 이유만으로 정당하다고 생각하거나 하나님이 말씀하셨다는 이유만으로 오늘날도 지켜야 한다고 생각하시면, 하나님의 의도와 목적에 대한 고려 없이 말씀하신 대로만 기록된 대로만 이해하려고 한다면 문자주의의 오류에 빠지는 것입니다. 먼저 절기의 의미를 생각해 보면서 성막을 살펴보겠습니다. 하나님과 이스라엘의 관계에서 하나님이 제일 먼저 정해주신 절기가 유월절입니다. 이스라엘이 애굽에서 나온 것을 기념하는 절기입니다. 출애굽한 이스라엘은 자신들이 출애굽을 이루어낸 것이 아니기 때문에 스스로 기념식을 해야 할 이유가 없습니다. 이스라엘은 애굽에서 나왔지만 계속하여 자신들이 진정한 출애굽을 하였는지에 대해서 계속 불안해하였습니다. 이제 노예 생활에서 벗어났으니 굶어죽어도 애굽에는 안 돌아간다고 기뻐했던 것이 아니었습니다. 다시 노예가 될 바에야 광야에서 떠도는 귀신이 되는 것이 좋다고 자신들의 현실의 삶을 기꺼이 받아들인 것이 아니었습니다. 그러니 애굽에서 나온 것을 감격해하면서 절기로 지킬 생각을 하지도 않았습니다.

이스라엘을 애굽에서 나오게 하신 것은 하나님의 계획이었고 하나님의 사역이었습니다. 하나님이 행하셨기 때문에 기념을 하려면 하나님이 하셔야 합니다. 그래서 하나님은 출애굽을 기념하기 위하여 유월절로 지키라고 하셨습니다. 유월절을 지키는 것은 하나님이 아니라 이스라엘 백성 즉 인간입니다. 인간에게 절기를 지키라고 하신 이유는 이렇게 지키지 않으면 곧 잊어버리기 때문입니다. 단순히 잊는 정도가 아니라 자신들이 이루어내었다고 왜곡시킬 것이 뻔합니다. 만약 인간이 잊지도 않고 그 의미를 왜곡시키지도 않는다면 유월절 절기는 필요가 없는 것입니다. 결국 유월절 절기는 하나님의 위상을 높이기 위함이거나 하나님이 행하신 일을 기념하기 위함이 아니라는 것입니다. 하나님 때문에 또는 하나님을 위해서가 아니라 사람 때문에 사람을 위해서 절기가 필요했던 것입니다.

하필이면 출애굽 한 후에 절기를 처음 지정하신 이유를 생각해야 합니다. 새 출발의 의미는 다른 곳에서도 있습니다. 아브라함의 경우에도 하나님의 말씀을 따라 고향 갈대아 우르를 떠나 가나안 땅으로 이동하였습니다. 그러나 하나님은 아브람에게 새 출발의 날을 기억하여 지키라고 말씀하지 않았습니다. 야곱의 경우에도 두 번의 이동 즉 새 출발의 경험이 있습니다. 첫 번째는 자기 집에서 형을 피해 외삼촌 라반의 집으로 도망하는 것이었고, 두 번째는 이미 결혼하여 아내와 자식들로 한 가정을 이룬 야곱이 반대로 외삼촌의 집에서 외삼촌과 친척들을 피해 도망하여 고향으로 돌아와 가문을 형성하는 것이었습니다. 얍복 강가에서 하나님의 천사와 만나 씨름하여 이름을 개명하는 사건을 맞이하지만 하나님은 새 출발의 날을 기억하여 지키라고 말씀하지 않았습니다. 사람은 자신이 연약할 때에는 교만하지 않습니다. 자신에게 은혜 베푼 자를 잊지 않습니다. 그러나 자신이 강건해지면 바로 교만해지고, 자신의 강건함을 마치 자신이 이룬 것처럼 생각하고, 이미 이루어진 자신의 강건함은 자신 스스로 지킬 수 있다고 생각합니다. 아브라함과 야곱의 경우는 객지에서 겨우 겨우 자신의 부족을 이어가고 있기 때문에 그래도 하나님을 의지합니다.

하지만 이스라엘의 경우 큰 단위 민족입니다. 지금 당장은 연약함이 있지만 조금만 강건해지면 두려울 것이 없게 느껴지는 것입니다. 모든 것을 다 이룰 수 있을 것 같은 생각이 드는 것입니다. 그래서 너무나 쉽게 하나님을 떠나고 자신들의 모습을 자신들이 이루어낸 것으로 교만에 빠질 수 있는 것입니다. 지금은 하나님을 의지하는 것 같지만 가나안에 도착하여 정착하고 평화와 번영을 이루면 당장 하나님을 떠날 것입니다. 그래서 미리미리 광야에서부터 교육을 시키신 것입니다. 물론 교육적 효과는 없습니다. 광야에 도착하자마자 하나님을 배반했고 왕조사에 보면 자신이 강해지면 하나님을 배반하는 사건이 계속하여 반복됩니다. 역대하 12장 1절 "르호보암의 나라가 견고하고 세력이 강해지매 그가 여호와의 율법을 버리니 온 이스라엘이 본받은지라", 역대하 26장 16절 "그가웃시야 왕 강성하여지매 그의 마음이 교만하여 악을 행하여 그의 하나님 여호와께 범죄하되"입니다. 인간의 실상을 적나라하게 보여주는 것입니다.

유월절은 하나님을 위해서 필요한 것이 아니었습니다. 만약 하나님을 위한 절기였다면 그날에 준비하는 음식이 달라야 합니다. 가장 좋은 음식, 가장 성대한 잔치를 벌여야 합니다. 하나님의 존귀와 위엄에 합당한 잔치가 베풀어져야 합니다. 그러나 하나님이 유월절을 지키라는 의도는 하나님이 대접받기 위해서가 아니라 이스라엘로 하여금 잊지 않도록 하기 위함입니다. 무교병과 쓴 나물을 먹으라는 것도 잔치 음식이 아니라 네가 한 것이 아니라는 것을 고백하고 동시에 하나님을 알고 인정하고 의지하라는 권고인 것입니다. 만약 이스라엘이 교만하지 않고 변질되지 않는다면 이러한 절기는 필요 없는 것입니다. 성경에 나오는 모든 절기와 제도는 이 원리와 동일합니다. 하나님이 필요해서가 아니라 인간에게 필요해서 만든 것입니다. 그런데 더 나아가면 인간은 이런 제도적 장치를 만들어 주어도 아무 소용이 없고 효과가 없다는 것이 구약의 증거입니다. 그래서 신약으로 가면 이러한 제도와 장치가 모두 사라지고 대신에 인간이 새로운 피조물로 등장하게 되는 것입니다. 그것이 궁극적 해결입니다. 구약에서 신약으로 무엇이 어떻게 전개되어 가는지를 이해하셔야 합니다. 유월절 절기의 의미를 살피는 이유는 성막의 의미를 바르게 이해하기 위해서입니다.


## 안식일과 성막

절기가 하나님 때문에 필요한 것이 아니라 인간 때문인 것처럼 성막도 하나님 때문이 아니라 인간 때문에 세워진 것입니다. 성막에 관한 기사가 25장부터 31장까지와 35장부터 40장까지에 등장합니다. 그런데 재미있는 것은 25장부터 31장의 내용의 마지막 즉 31장 12~17절까지가 안식일을 지키라는 말씀으로 끝나고, 35장부터 40장의 내용의 처음 즉 35장 1~3절이 안식일을 지키라는 말씀으로 시작합니다. 성막에 관한 기사의 정 중앙에 안식일을 지키라는 권고가 두 번에 걸쳐 반복적으로 강조되고 있는 깃입니다. 성막이 안식일과 구별되어 존재한다면 성막이라는 장소가 강조될 수 있습니다. 하나님은 장소로서의 성막이 아니라 의미로서의 성막을 강조하기 위하여 안식일이라는 이미 알려주신 의미를 안전장치로 앞뒤에 배치하여 두신 것입니다. 안식일이 한 날로서의 의미가 아니라 하나님을 강조하는 것처럼 성소도 장소가 아니라 하나님을 강조한다는 것을 알려 주시는 것입니다.

창세기 2장에 안식일이 처음 등장하는데 하나님은 아담에게 안식일을 지키라고 말씀하신 적이 없습니다. 하나님 자신도 안식일을 지킨 적이 없습니다. 안식일은 하나님을 위해서 생긴 것이 아닙니다. 창세기2장 1, 2절 "천지와 만물이 다 이루어지니라. 하나님이 그가 하시던 일을 일곱 째 날에 마치시니 그가 하시던 모든 일을 그치고 일곱 째 날에 안식하시니라"입니다. 하나님은 그냥 그날에 안식하셨습니다. 아담에게도 노아에게도 아브람에게도 안식일을 지키라고 말씀하지 않으시다가 이스라엘이 출애굽한 후 광야에서 만나를 제공하신 후 안식일을 지정하여 주시고 지키라고 말씀하셨습니다. 안식일 규정의 핵심은 "아무 일도 하지 말라"입니다. 즉 네가 수고하여 너의 삶이 지탱되는 것이 아니라는 것, 하나님이 너의 삶을 유지시켜주고 보호하여 주신다는 것을 알고 인정하라는 것이 의미입니다. 이것도 광야에서 알려주시는 것입니다. 만약 광야가 아니었다면 이스라엘은 안식일의 의미를 받아들이지 않았을 것입니다. 광야에서 농사를 지을 수도 없고 식량을 구할 수도 없는 상태이기에 하나님을 의지하지만 만약 조금이라도 스스로 식량을 해결할 수 있는 방법이 있다면 저들은 절대로 하나님이 저들의 삶을 공급하신다고 생각하지 않을 것이고 실제로 가나안에 도착하자마자 하나님을 떠나버렸습니다. 그러므로 안식일도 하나님을 위해서 제정된 것이 아니라 인간들 때문에 인간들을 위해서 제정된 것입니다. 안식일이 성막 기사 정중앙에 두 번 씩 기록되어 강조되는 것은 안식일의 의미와 같이 성막도 동일한 의미를 가지고 있음을 말씀하시는 것입니다.

## 성막의 의미

하나님에 대한 인식이 없으면 유월절이 의미가 없고, 하나님에 대한 인식이 없으면 안식일이 의미가 없고, 하나님에 대한 인식이 없으면 성막이 의미가 없는 것입니다. 성막에서 하나님이 하실 일은 그곳에서 백성을 만나는 것입니다. 만약 이스라엘이 하나님을 인정하지 않는다면 저들에게 성막은 아무런 의미가 없습니다. 하나님이 존재하시고 하나님이 이스라엘을 공급하시고 책임지시고 도우신다는 사실을 인정하지 않는다면 이스라엘은 성막에서 하나님을 만날 일이 없습니다. 성막을 지으시는 이유는 하나님 때문이 아니라 인간 때문입니다. 인간이 하나님이 영이심을 감당할 수 없기에 영이신 하나님이 인간의 수준, 인간의 차원으로 설명하시는 것입니다. 하나님이 성막에 거하시는 분이 아니신데 마치 성막에 거하시는 것으로 나타나시는 것입니다. 그래야 저들이 하나님을 알 수 있기 때문입니다.

성막에서 하나님이 하실 일이 백성과 만나는 것입니다. 25장 22절 성막 속죄소에서 "거기서 내가 너와 만나고 속죄소 위 곧 증거궤 위에 있는 두 그룹 사이에서 내가 이스라엘 자손을 위하여 네게 명령할 모든 일을 네게 이르리라", 29장 42절 "이는 너희가 대대로 여호와 앞 회막 문에서 늘 드린 번제라. 내가 거기서 너희와 만나고 네게 말하리라"입니다. 하나님이 성막에서 영광을 받겠다, 성막에서 찬양을 받겠다, 성막에서 예물을 받겠다, 성막에서 통치하시겠다는 것이 아닙니다. 성막은 하나님의 왕궁이 아니고 하나님의 침소가 아니고 하나님의 집무실이 아닙니다. 성막은 하나님 때문에 만들어진 곳이 아닙니다. 그러나 아무리 의미를 부여하고 아무리 그 의미를 이해할 수 있는 규정을 만들어서 제도적 장치를 보완해 놓아도 결코 죄인들은 그 의미를 유지하지 못한다는 것이 구약이 보여주는 인간의 한계입니다. 그래서 신약으로 가면 안식일 규정이 강화되는 것이 아니라 새로운 제도와 장치가 보완되는 것이 아니라 사람이 새 사람으로 등장하게 되는 것입니다.

## 하나님이 보이는 모양대로

### 성막의 재료

성막에 대해서 사람들이 오해하는 부분이 성막의 재료입니다. 25장 3~7절 "너희가 그들에게서 받을 예물은 이러하니 금과 은과 놋과 청색 자색 홍색 실과 가는 베 실과 염소 털과 붉은 물 들인 숫양의 가죽과 해달의 가죽과 조각목과 등유와 관유에 드는 향료와 분향할 향을 만들 향품과 호마노며 에봇과 흉패에 물릴 보석이니라"입니다. 가장 눈에 띄는 것이 금과 은입니다. 보석이요 비싼 것이요 귀한 것이요 가치 있는 것이라는 생각이 확 드는 것입니다. 객관적 입장에서, 일반적 입장에서 보면 맞는 생각입니다. 금과 은이 사용되기에 성막은 하나님의 집이요, 하나님의 집이니까 가장 좋은 것, 가장 귀한 것, 가장 위대한 것으로 지어야 한다고 말을 할 수 있는 것처럼 느껴집니다. 그러나 본문에서 금과 은은 귀한 것을 의미하지 않습니다. 물질의 가치는 시간과 장소와 상황에 따라 전혀 다르게 여겨집니다. 금과 은은 소중한 것이 맞고 값비싼 것이 맞습니다. 그러나 광야에서는, 이스라엘 백성의  입장에서는 사정이 다릅니다. 만약 하나님이 금과 은은 너희들이 갖고 만나를 내 놓으라고 말씀하셨을지라도 이스라엘 백성들이 하나님은 참 검소하시다고 생각하지 않았을 것입니다. 도리어 하나님이 금과 은을 내어 놓으라고 하는 것이 훨씬 고마운 것입니다. 광야에서, 하루하루 생명을 위협받는 상황에서 가장 절실한 것은 만나 즉 먹을 것이지 금과 은의 보석이 아닙니다. 삶이 안정되고 식량이 충분하게 공급되는 상황에서는 만나보다 금과 은의 가치가 귀하지만 광야는 전혀 다른 상황입니다. 이스라엘 백성들은 광야에서 금과 은을 내어 놓는 것이 훨씬 쉬운 것입니다. 하나님은 지금 저들에게서 가장 소중한 것을 내어 놓으라고 하시는 것이 아니라 가장 불필요하고 가장 쓸모없고 가장 무익한 것을 내어 놓으라고 하는 것입니다.

만약 이스라엘이 금과 은을 소중하게 여겼다면 그렇게 쉽게 낼 사람들이 아닙니다. 이스라엘은 자유와 부추 중에 부추를 택하려고 한 사람들입니다. 차라리 노예로 있었다면 먹는 걱정은 없었을 것으로 생각하며 애굽으로 돌아가자고 주장하던 사람들입니다. 그들에게 가장 소중한 것은 금과 은이 아니라 식량이었고 안전이었습니다. 이스라엘은 하나님과 마늘 중에 마늘을 택하려고 했던 사람들입니다. 차라리 애굽에 있었더라면 마늘을 먹을 수 있었을 것으로 생각하며 애굽으로 돌아가자고 주장하던 사람들입니다. 그들에게 가장 소중한 것은 하나님이 아니었고 하나님의 보호하심과 책임지심과 공급하심이 아니었고 마늘이었습니다. 금은 금 자체로서 귀한 것이 아니라 쓸모가 있어야 중요합니다. 청색 자색 녹색 실도 마찬가지입니다. 그것의 가치는 쓸모가 있을 때 생기는 것입니다. 쓸 일이 없으면 가치가 없습니다. 광야에서는 청색, 자색, 녹색 실은 쓸 일이 없습니다. 신명기 29장 5절 "주께서 사십 년 동안 너희를 광에서 인도하세 하셨거니와 너희 몸의 옷이 낡아지지 아니하였고 너희 발의 신이 헤어지지 아니하였으며"입니다. 각종 실이 쓸 일이 없었던 것입니다. 하나님은 가장 무익한 것을 가져다가 하나님의 성막을 지으라고 말씀하셨던 것입니다.

## 성막의 양식

성막이 지어진 것이 대충 아무렇게나 지어진 것이 아닙니다. 그 양식과 모양이 하나님께서 정하여 주셨고, 매우 정교하고 섬세합니다. 성막이 만들어지는 양식에 대한 하나님의 의도를 이해하셔야 합니다. 하나님의 의도는 백성들에게 하나님이 너희와 함께 있다는 것을 알게 하시려는 것입니다. 그런데 그 하나님의 처소가 허접 쓰레기 같으면 자신들의 하나님은 가장 믿을 만하고 가장 신뢰할 만하다는 느낌을 갖지 못할 것입니다. 누더기 천과 양철 조각으로 만들어 놓으면 그 앞에서 하나님의 신성을 느끼지 못할 것입니다. 반대로 가장 멋있게, 가장 호화롭게 만들어 놓으면 이스라엘 사람들이 신성을 느낄 것입니다. 실제로 신의 위엄과 능력이 나타나는 것이 아니라 사람들이 스스로 그렇게 느낄 수 있을 뿐입니다. 하나님의 의도는 죄인들에게 맞는 눈높이를 해 주는 것입니다.

만약 진정으로 하나님의 성품에 맞게 한다면 아예 성막이 존재하지 않아야 합니다. 그런데 인간들에게 교육하시고 싶으시다면 하나님이 인간의 수준에 맞추어 주셔야 합니다. 하나님의 성품이 담겨있으면서, 인간에게도 효과적이어야 합니다. 어쩔 수 없이, 하는 수 없이 성막의 양식이 생기는 것입니다. 하나님의 의도에 기초해서 결과를 이해하셔야지 결과에 기초해서 의도를 추론해서는 안 됩니다. 예를 들어 아이가 여름에 캠핑을 간다고 합니다. 부모는 공부하기를 원하는데 놀러간다고 우기면 결국에는 보내 줍니다. 이때 도시락을 싸주면 그냥 밥에 김치 싸주는 것이 아니라 여러 가지 반찬을 푸짐하게 싸 줍니다. 왜냐하면 부모의 의도와 다르지만 이미 허락한 것이기 때문입니다. 그런데 결과 즉 엄마가 여러 반찬을 싸 준 것으로 보아 엄마는 캠핑을 적극 찬성하고 있다고 생각하면 오해인 것입니다.

# 하나님이

## 하나님이 주신 재료

하나님이 재료로 가지고 나오라고 한 것이 금과 은과 여러 실들이었습니다. 그런데 이스라엘 백성들이 이런 것들을 소유하게 된 것은 하나님이 이스라엘 백성들로 하여금 출애굽 할 때 애굽 사람들에게 요청하여 얻게 하신 것입니다. 출애굽기 12장 35, 36절 "이스라엘 자손이 모세의 말대로 하여 애굽 사람에게 은금 패물과 의복을 구하매 여호와께서 애굽 사람들에게 이스라엘 백성에게 은혜를 입히게 하사 그들이 구하는 대로 주게 하시므로 그들이 애굽 사람의 물품을 취하였더라"입니다. 하나님이 미리 준비하게 하신 것입니다. 만약 이스라엘이 자신들이 수고하여 만든 것이나 자신들이 아끼고 아껴서 간직했던 것이라면 하나님께 드리지 않았을 것입니다. 하나님이 강탈해 간다고, 하나님이 만나를 주는 대가로 너무 가혹한 것을 요구한다고 불평하였을 것입니다. 하나님은 그런 분이 아니십니다. 인간 중에 하나님 때문에 손해 보는 것은 절대로 단 하나도 없습니다. 십일조도 마찬가지입니다. 하나님이 광야에서 소산을 주셨습니다. 그 당시 그들이 가지고 있는 소산은 만나입니다. 이스라엘이 소득한 만나를 하나님이 주셨습니다. 하나님이 주신 만나를 거둔 것입니다. 하나님이 주신 것 중에 십분의 일이기에 사람들이 낼 수 있었던 것입니다. 만약 자기들이 농사지어 얻은 부추와 마늘이었다면 단 하나도 내어놓지 않았을 것입니다.

## 하나님의 식양으로, 하나님의 사람으로

양식도 하나님이 보여 주신대로 만들도록 합니다. 출애굽기 25장 40절 "너는 삼가 이 산에서 네게 보인 양식대로 할지니라", 26장 30절 "너는 산에서 보인 양식대로 성막을 세울지니라", 27장 8절 "산에서 네게 보인 대로 그들이 만들게 하라"입니다. 그래서 만들어진 결과는 하나님의 형상이 존재하는 것이 아닙니다. 실제적으로는 아무 형상도 없는 것입니다. 만들어진 것은 법궤 말 그대로 궤짝입니다. 한편으로는 종교적 양상을 띠는 것 같지만 결코 종교적이지 않게 하시려는 하나님의 의도입니다. 반대로 가장 비종교적이면서도 저들에게는 종교적 효과가 나도록 하시는 하나님의 의도를 이해하셔야 합니다.

성막과 여러 기구를 만드는 사람들은 출애굽기 28장 3절 "너는 무릇 마음에 지혜 있는 모든 자 곧 내가 지혜로운 영으로 채운 자들에게"입니다. 그들이 누구냐는 아무런 상관이 없습니다. 사람 중에서 선발하는 것이 아닙니다. 재주 있는 자, 능력 있는 자를 골라내는 작업이 아닙니다. 하나님이 그런 자를 있게 하시는 것입니다. 출애굽기 31장 1~6절 "여호와께서 모세에게 말씀하여 이르시되 내가 유다 지파 훌의 손자요 우리의 아들인 브살렐을 지명하여 부르고 하나님의 영을 그에게 충만하게 하여 지혜와 총명과 지식과 여러 가지 재주로 정교한 일을 연구하여 금과 은과 놋으로 만들게 하며 보석을 깎아 물리며 여러 가지 기술로 나무를 새겨 만들게 하리라. 내가 또 단 지파 아히사막의 아들 오홀리압을 세워 그와 함께 하게 하며 지혜로운 마음이 있는 모든 자에게 내가 지혜를 주어 그들이 내가 네게 명령한 것을 다 만들게 할지니"입니다. 그런 사람이 있는 것이 아니라 하나님이 그런 사람이 되게 하시는 것입니다. 만약 그런 사람을 고르면 사람들은 그런 사람에게 집중합니다. 다음에 그런 사람을 찾아가서 다른 형상을 만들어 달라고 할 것입니다.


### 하나님의 영광으로 말미암아

성막은 그 자체로 절대로 품위를 가지지 않습니다. 성막이 가치를 가지는 것은 하나님이 가치 있게 하시기 때문입니다. 출애굽기 29장 43~46절 "내가 거기서 이스라엘 자손을 만나리니 내 영광으로 말미암아 회막이 거룩하게 될지라. 내가 그 회막과 제단을 거룩하게 하며 아론과 그의 아들들도 거룩하게 하여 내게 제사장 직분을 행하게 하여 내가 이스라엘 자손 중에 거하여 그들의 하나님이 되리니 그들은 내가 그들의 하나님 여호와로서 그들 중에 거하려고 그들을 애굽 땅에서 인도하여 낸 줄을 알리라. 나는 그들의 하나님 여호와니라"입니다. 그래서 실제로 출애굽기 40장 34, 35절 "구름이 회막에 덮이고 여호와의 영광이 성막에 충만하매 모세가 회막이 들어갈 수 없었으니 이는 구름이 회막 위에 덮이고 여호와의 영광이 성막에 충만함이었으며"입니다. 여호와의 영광이 임하지 않으면 성막은 그냥 천막일 뿐입니다.

성막은 하나님이 이렇게 만들라고 지시하시는 내용이 25장부터 31장에 나오고 그래서 백성들이 어떻게 만들었다는 내용이 32장부터 40장에 나옵니다. 재미있는 것은 성경에는 성막에 대한 인간의 반응 또는 인간적 묘사가 없다는 것입니다. 성막이 얼마나 아름다웠는지, 성막이 얼마나 웅장했는지, 성막이 보기만 해도 위엄이 넘쳐났다든지, 백성들이 보고 모두 눈이 휘둥그래지고 감탄해서 입을 다물지 못하였다든지의 말이 없습니다. 왜냐하면, 애시당초 그런 용도가 아니었기 때문입니다. 처음부터 성막은 규모와 치장에 중점을 둔 것이 아니고, 하나님의 처소로서 하나님의 위엄과 격이 맞느냐에 중점을 둔 것이 아니고, 종교적 장소로서 얼마나 거룩성이 묻어있고 그곳을 찾는 인간들에게 얼마나 종교심을 일으킬 수 있느냐에 중점을 둔 것이 아니었다는 것입니다.

신으로서 하나님의 특징은 인간적인 기준에 비추어 가장 신답지 않았다는 것입니다. 그렇다면 당연히 종교로서 기독교의 특징은 인간적인 기준에 비추어 가장 종교답지 않아야 합니다. 세상의 기준에 입각하여 판단할 때 기독교는 종교의 범주를 넘어서야 합니다. 종교로서 설명될 수 없고, 종교로서 묘사될 수 없는 수준이어야 합니다. 하나님이 다른 신들과 유사하게 간주되고 기독교가 다른 종교가 유사하게 여겨지는 것이 기독교의 비극이요 우리의 어리석음입니다. 하나님을 바로 아시고 교회를 바로 아시고 복음을 바로 아시고 아시는 대로 풍성히 누리시기 바랍니다. 그래서 저와 여러분의 기독교를 보고 저와 여러분의 교회를 보고 저와 여러분의 신앙생활을 보고 하나님의 하나님다움, 기독교의 기독교다움, 신앙의 신앙다움이 증거 될 수 있기를 주님의 이름으로 축원합니다.

# 너희의 신이로다

## 출애굽기 32 : 1 ~ 6

1 백성이 모세가 산에서 내려옴이 더딤을 보고 모여 백성이 아론에게 이르러 말하되 일어나라 우리를 위하여 우리를 인도할 신을 만들라 이 모세 곧 우리를 애굽 땅에서 인도하여 낸 사람은 어찌 되었는지 알지 못함이니라 2 아론이 그들에게 이르되 너희의 아내와 자녀의 귀에서 금 고리를 빼어 내게로 가져오라 3 모든 백성이 그 귀에서 금 고리를 빼어 아론에게로 가져가매 4 아론이 그들의 손에서 금 고리를 받아 부어서 조각칼로 새겨 송아지 형상을 만드니 그들이 말하되 이스라엘아 이는 너희를 애굽 땅에서 인도하여 낸 너희의 신이로다 하는지라 5 아론이 보고 그 앞에 제단을 쌓고 이에 아론이 공포하여 이르되 내일은 여호와의 절일이니라 하니 6 이튿날에 그들이 일찍이 일어나 번제를 드리며 화목제를 드리고 백성이 앉아서 먹고 마시며 일어나서 뛰놀더라

## 우리를 인도할 신

### 문학적 특성

성경은 하나님의 말씀이요 진리입니다. 성경을 읽고 이해하고 그 말씀을 삶 속에 적용할 수 있어야 정말 성경을 사랑하는 것입니다. 사람들의 성경에 대한 태도가 조금은 안타깝습니다. 성경이 하나님의 말씀이라고 귀하게만 생각하지 정작 읽지 않습니다. 또 성경이 하나님의 말씀이라고만 생각할 뿐 성경의 정말 풍성한 맛을 음미할 줄 모릅니다. 하나님의 말씀이기에 하나님은 그저 권위 있고 근엄하게만 말씀하신 줄로 압니다. 그래서 성경을 읽을 때에도 그저 경건하게만 읽습니다. 무릎 꿇

고 그저 하명만 하시면 듣겠다는 자세만을 가지고 있습니다. 성경의 정말 다양한 맛과 풍성의 재미를 놓치고 있습니다. 성경이 문학적으로도 얼마나 흥미진진한지 모릅니다. 성경에는 선포도 있고 과장도 있고 반전도 있고 비교도 있고 풍자도 있고 역설도 있고 조롱도 있고 유머도 있습니다. 내용 자체가 진리요 의미가 있지만 그것을 표현하고 전달하는 문학적 표현방식도 금메달감입니다. 당연한 이야기이지만 성경은 단순히 그 구절 하나만 보아서는 안 되고 문맥을 보아야 하고 문학적 기교도 보아야 합니다. 구절과 문맥과 문학적 기교를 종합적으로 성경을 좀 더 세밀하게 관찰하면 은혜가 더욱 풍성해 지는 것입니다. 진리가 더욱 분명하게 드러나고 하나님의 하나님 되심이 더욱 현명하게 보여 지는 것입니다.

32장 1절 "백성이 모세가 산에서 내려옴이 더딤을 보고 모여 백성이 아론에게 이르러 말하되 일어나라 우리를 위하여 우리를 인도할 신을 만들라. 이 모세 곧 우리를 애굽 땅에서 인도하여 낸 사람은 어찌 되었는지 알지 못함이니라"입니다. 이 구절만 읽으면 이 구절의 의미를 절반도 못 찾아내는 것입니다. 성경을 자주 많이 읽으셔서 성경의 좀 더 큰 구조를 파악하셔야 합니다. 출애굽기에 성막에 대한 기록이 25장부터 31장까지와 35장부터 40장까지의 두 부분이 있고 첫 단락의 끝 부분과 두 번째 단락의 시작 부분에 안식일 규정이 배치되어 있고, 성막이 단지 장소로서의 의미가 아니라 안식일처럼 하나님이 강조되고 있음이 문맥 구조에 의해서 확인됩니다.

32장에서 이스라엘 백성이 금 신상을 만드는 장면도 극적인 대조를 이루고 있는 것입니다. 출애굽기의 가장 대표적인 사건이 출애굽이기도 하지만 더욱 중요한 사건이 출애굽기 19장부터 이어지는 시내산에서의 하나님의 계시와 언약입니다. 시내산에서 하나님은 이스라엘에게 하나님의 임재를 말씀하고 계십니다. 하나님이 직접 백성들과 함께 계시기 위하여 성막과 법궤의 양식을 알려주시는 장면입니다. 바로 그 순간 즉 하나님은 산 위에서 백성들을 위하여 성막과 법궤의 양식을 주시는 그 순간에 백성들은 반대로 산 아래에서 자신들을 위하여 신상을 만들고 있다는 것입니다. 하나님과 백성이 동시에 외형적 모습을 가진 것을 만들고 있습니다. 이러한 장면은 하나님이 만드시는 것과 인간이 만드는 것이 어떻게 극명하게 다른 지를 설명하려는 것임을 이해하셔야 합니다. 성경에 등장하는 하나님의 일하심은 늘 사람들이 일하는 것과 유사합니다. 그래서 사람들이 오해합니다. 하나님이 일하시는 모습이 사람들이 일하는 모습과 유사한 이유는 하나님이 사람의 방식, 사람의 차원으로 일하시지 않으면 도무지 알아듣지를 못하기 때문입니다. 그래서 알아들을 수 있도록 하기 위하여 사람의 차원으로 일을 했더니 사람과 다를 것이 없다고 말해버리면 안 됩니다.

## 모세가 더디 내려옴을 보고

제일 먼저 비교해 볼 것은 사람에 대한 태도입니다. 1절에서 백성들은 "모세가 산에서 내려옴이 더딤을 보고" 엉뚱한 일을 저질렀습니다. 모세가 산에서 내려오는 것이 더딘 것이 무슨 문제입니까? 사람들이 모세의 안위를 걱정했다는 것입니까? 만약 모세의 생사여부가 걱정되었다면 산에 올라가보면 됩니다. 지금 사람들은 단지 모세의 생사여부에 대하여 걱정을 한 것이 아니라 모세가 저들에게는 단지 지도자의 영역을 넘어선 존재로 인식하고 있었다는 것입니다. 그래서 모세를 언급 할 때 1절 후반부에 "이 모세 곧 우리를 애굽 땅에서 인도하여 낸 사람"이라고 말했습니다. 만약 모세가 죽었다면 모세의 죽음을 안타까워하는 것이 아니라 빨리 모세를 대신할 존재를 세워야 한다는 생각이 앞선 것입니다. 왜냐하면 백성들은 모세라는 인물, 모세라는 지도자를 생각한 것이 아니라 모세를 신의 대리자로 생각했기 때문입니다. 당시의 종교적 개념 하에서는 신이 인간과 직접 교통한다는 개념이 없습니다. 신이 직접 일하신다는 생각을 못하는 것입니다. 신은 언제나 신전의 제사장적 존재를 통하여 일을 하신다고 생각했습니다. 그래서 모세는 신의 대리자였던 것입니다.

하나님이 모세를 세운 이유와 백성들이 모세를 생각하는 의미가 전혀 다른 것입니다. 하나님은 모세를 하나님의 대리자로 세운 적이 없습니다. 모세에게 하나님의 권위와 능력을 위임하신 적이 없습니다. 모세가 하나님을 대신하여 나아가서 하나님의 능력을 대행한 적이 없습니다. 비록 모세가 바로에게 나아가고 여러 가지 이적을 행한 것 같지만 모든 것을 행하신 분은 하나님이시지 결코 모세가 아닙니다. 모세가 하나님의 능력을 받아서 하나님 없이도 모세 스스로 작은 기적이나 능력이라도 펼칠 수 있느냐하면 절대로 그렇지 않다는 것입니다. 하나님 없이는 모세는 아무 것도 못합니다. 그런데 하나님은 모세를 세우셨습니다. 허수아비를 세운 것이 아니라 백성들의 신앙수준에 맞추어 일을 하신 것입니다. 사람들은 비록 모세를 보고 있지만 모세를 알거나 모세를 믿어야 하는 것이 아니라 모세를 보내신 하나님, 모세와 함께 하시는 하나님을 알았어야 하고 모세를 통해 일하시는 하나님을 믿었어야 합니다. 그것이 모세를 세우시는 하나님의 의도입니다.

하지만 사람들은 모세만 볼뿐 모세를 부르시고 모세를 통해 역사하시는 하나님을 보지 못하는 것입니다. 하나님이 세우신 모세와 사람들이 보는 모세가 전혀 다른 차원인 것입니다. 하나님이 사람을 세우시는 것은 그 사람에게 권한을 주고 책임을 묻는다는 의미가 절대로 아닙니다. 하나님은 인간을 책임지십니다. 이때 책임이라는 말은 사람들이 사용하는 의미보다 훨씬 높고 깊은 차원입니다. 흔히 사람들이 말하는 책임자는 그 일을 맡은 자입니다. 그래서 그 일에 문제가 생기면 잘못에 대하여 벌을 받는 사람을 의미합니다. 그러나 그것은 책임이 아닙니다.

어떤 일을 맡고 있었는데 그 일에 문제가 생겨서 책임자가 물러나는 경우가 많습니다. 책임자가 발생한 일에 대한 책임을 지고 물러나는 것은 전혀 책임진 것이 아닙니다. 그 사람이 물러남으로 그 문제가 해결된 것이 아무 것도 없기 때문입니다. 성경은 이런 것을 책임이라고 하지 않고, 이런 사람을 책임자라고 하지 않습니다. 하나님이 인간을 책임지신다고 말씀하실 때에는 당연히 인간의 삶을 돌보고 관리하는 차원을 가집니다. 더 나아가 인간의 삶에 문제가 발생하였다면 하나님이 책임을 지고 물러나는 것이 아니라 하나님이 책임을 지고 회복시켜 내신다는 것입니다. 책임자이기에 잘못된 것을 고치고, 책임자이기에 상실한 것을 복구하고, 책임자이기에 틀린 것을 회복시켜야 하는 것입니다. 이것이 성경이 말하는 책임자입니다. 성경에는 책임을 지고 물러나겠다는 의미의 책임자가 없습니다.

하나님이 사람을 세우시는 것은 그 사람을 책임자로 세우는 것이 아니라 하나님이 책임자이심을 선언하는 것입니다. 하나님은 계속하여 사람을 세우십니다. 특정한 사람이어야 한다는 말이 아닙니다. 지도자의 지도력이나 능력이나 헌신이나 열심에 관한 문제가 아니라 하나님이 아니고는 안 된다는 이야기이며 하나님이 약속하시고 시작하신 일은 포기하지 않으시며 기어코 완성해 내시고야 만다는 의미입니다. 그래서 하나님이 세우시는 사람은 가능한 능력 있고 자격 있는 사람이 아니라 정반대의 무능력자요 누가 봐도 안 될 것 같은 사람입니다. 그래서 그 사람에 대한 기대가 없는 상태에서 일을 이루어내서 그 일을 이루신 분이 하나님이시라는 것을 알리시는 것입니다. 불행하게도 사람들은 이러한 심오한 하나님의 의도를 알아채지 못합니다. 그래서 늘 하나님 대신 하나님이 세우신 사람에게 집중합니다.

## 우리를 인도하여 낸 사람

이스라엘 백성에게 모세는 "우리를 애굽 땅에서 인도하여 낸 사람"입니다. 모세가 이스라엘을 애굽에서 건져낸 일이 없습니다. 이런 일이 있을까봐 하나님은 출애굽을 하는 날 유월절을 지정해 주시면서 계속하여 강조하여 반복적으로 말씀하시기를 출애굽기 12장 27절 "여호와께서 애굽 사람에게 재앙을 내리실 때에 애굽에 있는 이스라엘 자손의 집을 넘으사 우리의 집을 구원하셨느니라", 51절 "바로 그 날에 여호와께서 이스라엘 자손을 그 무리대로 애굽 땅에서 인도하여 내셨더라", 13장 9절 "이는 여호와께서 강하신 손으로 너를 애굽에서 인도하여 내셨음이니"라고 하셨습니다. 분명히 하나님이 하셨다고 선언하셨는데 사람들은 여전히 모세만 바라보고 있고 모세만 의지하고 있습니다.

더욱 어이가 없는 것은 그 동안 이스라엘이 모세를 의지하지 않았었다는 사실입니다. 모세가 처음 애굽에서 이스라엘 백성 앞에 올 때에 모세를 반기지 않았고 모세가 하는 말을 듣지 않았고 애시당초 모세를 거부했던 자들입니다. 모세도 하나님이 자신을 부르시고 애굽으로 보내실 때 돌아오기를 망설였던 이유 중의 하나가 백성들이 자신을 받아주지 않을 것에 대한 걱정이었습니다. 그런데 이 순간에는 백성들이 모세와 찰떡궁합이 되어있습니다. 사람들이 다른 사람을 믿는 다는 것이 참으로 우스운 것입니다. 더 우스운 것은 다른 사람이 나를 믿는다고 생각하는 것이 더 우스운 것입니다. 만약 모세가 백성들의 말을 듣고 흐뭇한 표정을 짓는다면 모세는 더욱 바보입니다. 지금 백성들은 하나님을 믿지 않고 있습니다. 그렇다고 모세를 믿는 것도 아닙니다. 만약 모세를 의지하는 것이라면 그래서 모세가 더디 내려옴을 보고 걱정이 되면 기다리거나 찾아나서야 합니다. 하지만 백성들은 모세를 기다리거나 찾아나서지 않고 모세를 대신할 것을 세우는 것입니다. 결국 백성들은 여호와가 중요한 것이 아니고 모세가 중요한 것이 아니라 자기 자신만이 중요할 뿐입니다. 그래서 "우리를 애굽에서 인도하여 낸 사람"이 없어지니까 "우리를 위하여 우리를 인도할 신을 만들라"고 할 뿐입니다. 중요한 것은 나 자신뿐입니다.

## 우리를 인도할 신

백성들이 아론에게 나아와 요구한 것이 1절 "우리를 위하여 우리를 인도할 신을 만들라"는 것이었습니다. 이때 백성들이 생각하는 신은 말 그대로의 신이 아닙니다. 인간들은 신을 만들어내는 것이 아닙니다. 신을 만들어 내고 싶어 하지도 않습니다. 만약 신을 만들어내면 자신들이 의지할 수 없기 때문입니다. 또 인간들은 신에 대해 온전히 알기도 원하지 않습니다. 자신들이 신을 온전히 알면 신에 대한 경외감이 없으며 자신들이 알지 못하는 것들에 대하여 기댈 곳이 없어지기 때문입니다. 그래서 신에 대한 영역은 언제나 미지의 영역으로 불가침의 영역으로 남겨두는 것입니다. 그래서 신에 대하여 표현할 때에는 너무 크고 너무 심오하여 미처 다 헤아릴 수 없다고 말하는 것입니다. 신의 속성과 성품과 원리에 대해서도 별 관심이 없습니다. 그것을 알면 자신의 뜻이 아닌 신의 뜻을 따라야 하니까 싫은 것입니다.

신에 대하여 인간들이 원하는 것은 오직 한 가지 신을 인식하고 싶어 하는 것입니다. 신이 있다는 것 그리고 그 신이 자신을 도와준다는 것 그리고 내가 그 신을 확인할 수 있어야 한다는 것입니다. 그래야 마음이 편안하기 때문입니다. 이스라엘은 하나님을 원하는 것도 아니었고 모세를 원하는 것도 아니었습니다. 그저 자신들의 기준에 맞게 자신들의 요구에 맞게 자신들이 평안함을 느낄 수 있는 수단을 간구한 것입니다. 이것이 인간의 한계입니다. 이스라엘 백성들은 어차피 신을 믿을 마음이 없습니다. 아예 신을 믿을 수가 없습니다. 죄인 된 인간은 오직 자신만을 의지할 수밖에 없는 것입니다. 모세가 더디 내려옴을 보고 느낀 것이 하나님의 임재가 아니요 모세의 안위가 아니요 오직 자신들의 불안함입니다. 그래서 요구한 것이 하나님이 동행하신다는 증거가 아니요 모세를 대신할 새로운 지도자가 아니요 단지 자신들의 불안감을 떨쳐주고 위로를 줄 수 있는 무엇일 뿐입니다.

## 너희의 신이로다

### 형상

하나님이 하시는 일과 사람들이 하는 일의 외형이 유사하다고 말씀드렸습니다. 하나님도 지도자를 세우셨고 사람들도 지도자를 세웁니다. 어느 조직에나 지도자가 있고 대표가 있고 리더가 있는 것은 같습니다. 그러나 하나님이 지도자를 세우는 이유와 목적, 역할과 사람들이 지도자를 세우는 이유와 목적과 역할은 전혀 차원이 다른 것입니다. 절대로 외형이 같다고 해서 의미와 내용도 같다고 생각하시면 안 됩니다. 그렇다면 아예 외형도 다르게 하시지 왜 외형은 같아서 혼동하게 하냐고 물으실 수 있습니다. 그 대답은 만약 외형이 다르면 인간은 아예 인식을 하지 못하기 때문입니다.

하나님의 일하심과 인간의 일이 외형은 같지만 내용이 다른 것의 또 다른 하나가 32장에서 만든 금송아지 형상입니다. 2~4절 "아론이 그들에게 이르되 너희의 아내와 자녀의 귀에서 금 고리를 빼어 내게로 가져오라. 모든 백성이 그 귀에서 금 고리를 빼어 아론에게로 가져오매 아론이 그들의 손에서 금 고리를 받아 부어서 조각칼로 새겨 송아지 형상을 만드니 그들이 말하되 이스라엘아 이는 너희는 애굽 땅에서 인도하여 낸 너희의 신이로다 하는지라" 입니다. 이 사건은 동일한 시간에 동일한 장소에서 벌어지는 동일한 현상입니다. 하나님이 성막과 법궤라는 형상을 만들어 주시려고 할 때 사람들이 스스로 송아지 형상을 만드는 것입니다. 하나님이 성막과 법궤를 주신 것은 그것이 있어야 하나님이 존재할 수 있다는 의미가 아니었습니다. 하나님이라는 실제적 내용에 대하여는 형상을 주시지 않습니다. 다만 아직 죄인 된 인간들은 하나님의 임재를 인식할 수 없기 때문에 어쩔 수 없이 하나님이 성막과 법궤라는 허상을 제공하시는 것입니다. 그러나 사람들은 스스로 형상을 만듭니다. 왜냐하면 형상이 없으면 인식할 수 없기 때문입니다. 사람들은 내용과 형식을 구별하는 것이 아니라 우선은 형상이 존재해야만 합니다. 그래서 저들은 형상을 만드는 것입니다.

## 송아지

이스라엘 백성이 만든 형상이 송아지였습니다. 송아지라는 특정 동물을 의미하는 것이 아니라 송아지가 가지고 있는 특성을 의미하는 것입니다. 인간들이 만들어 내는 신상들의 한 가지 공통적 특성은 어떤 측면이든 반드시 인간보다 나은 점이 있어야 한다는 것입니다. 송아지는 소의 새끼를 의미하는 것이 아니라 황소를 의미합니다. 황소는 고대 근동에서 힘과 활력과 풍요를 상징하고 확장되어 주권 또는 지도력을 상징합니다. 애굽에서의 뱀은 매년 껍질을 벗고 새로워지는 능력, 독수리는 비상하는 능력과 시력, 호랑이는 용맹성 등 여하튼 인간보다 나은 점을 부각시키는 것입니다.

하나님이 만드신 형상인 법궤와 비교해 보겠습니다. 하나님이 성막 안에 두신 것이 법궤입니다. 비록 하나님이 인간의 수준에 맞추어 양식을 제공하시지만 어떻게든 인간의 인식과 차별화를 두시려고 하셨습니다. 그래서 등장한 것이 법궤입니다. 법궤는 종교적 용어요 일반적인 의미로는 궤짝입니다. 사람들은 궤짝을 보는 순간 궤짝의 모양, 궤짝의 재료, 궤짝의 품위, 궤짝의 능력을 생각하지 않습니다. 궤짝을 대할 때 가장 중요한 것은 궤짝 안에 들어가는 내용물입니다. 만약 궤짝이 아주 귀하게 여겨진다면 궤짝 때문이 아니라 그 안에 들어있는 내용물 때문입니다. 그래서 하나님은 법궤 즉 궤짝만 만드십니다. 정작 신의 형상을 만든 것이 아니라 신이 앉을 의자나 신이 업무를 볼 책상을 만든 것이 아니라 궤짝을 만드신 것입니다. 그 안에는 하나님의 법, 하나님의 말씀이 들어가는 것입니다. 그러니까 인간의 요구에 맞추어 양식을 제공하시기는 하시는데 전혀 다른 차원이 되는 것을 이해하셔야 합니다. 하지만 사람들은 그냥 형상을 만들어 버립니다. 그 자체로서 이미 능력이 있는 것의 형상, 송아지 형상이 되는 것입니다. 송아지의 울타리를 만드는 것이 아니라 아예 송아지를 만드는 것입니다. 차이점을 이해하시겠지요?

## 금

하나님의 일하심과 인간의 일하는 것이 외형은 같은데 내용이 다른 것은 바로 금으로 만들었다는 것입니다. 하나님도 백성들에게 금과 은과 보석을 가지고 나오라고 말씀하셨습니다. 아론도 백성들에게 금 고리를 가지고 나오라고 했습니다. 외형은 똑같은 금인데 내용은 전해 다르다는 것입니다. 하나님이 말씀하실 때 금의 의미는 값지고 귀한 것이 아니라 쓸모없고 불편한 것이었습니다. 가치는 시기와 장소와 상황에 따라 달라지는 것이고 광야에서의 금은 귀한 것의 이미지가 아닙니다. 그래서 하나님이 금을 가지고 나오라고 할 때에는 너희의 생활에 가장 불필요한 것을 가지고 나오라고 말씀하신 것입니다. 하나님의 입장에서 금은 아무런 의미가 없습니다. 왜냐하면 하나님이 금보다 위대하고 하나님이 금보다 존귀하고 하나님이 금보다 지혜롭고 하나님이 금보다 능력 있고 하나님이 금보다 가치 있기 때문입니다. 하나님이 금의 어떤 의미와 가치를 빌려와야 하는 이유가 없습니다. 금 때문에 하나님이 더욱 폼 나는 것이 아니라 하나님 때문에 금이 그나마 가치가 있어질 수 있는 것입니다. 그래서 금은 하나님께 아무런 의미가 없습니다. 그런데 본문에서 아론이 백성들에게 가지고 나오라고 한 금은 가장 귀한 것을 의미합니다. 왜냐하면 사람들의 생각에 귀하지 않으면 의지할 수가 없기 때문입니다. 사람들에게는 금이 의미가 있습니다. 자신들은 연약한데 금은 단단합니다. 자신들은 변하는데 금은 변하지 않습니다. 자신들은 값이 안 나가는데 금이 가치가 나갑니다. 그러니 당연히 금의 가치와 의미를 덧입어야 합니다. 그래서 자신들이 만드는 형상은 금으로 만들어야 하는 것입니다. 그래야 가치 있어 보이고 그래야 의지할 만해 보이기 때문입니다.

제사장의 옷도 마찬가지입니다. 하나님에게는 옷이 어떤 재료로 어떤 양식으로 지어졌는가가 아무런 의미가 없습니다. 어떤 옷으로도 어떤 재료로도 하나님의 존귀를 다 드러낼 수 없기 때문입니다. 하나님이 존귀하시기 때문에 하나님이 입으면 어떤 옷이든 명품이 되는 것입니다. 그래서 제사장의 옷이 황색 실, 자색 실, 녹색 실로 지어 졌다는 것이 별 의미가 없습니다. 그러나 똑같은 실이라도 사람에게는 그 의미가 다릅니다. 사람들이 하는 말 중에 가장 인격을 모독 하는 말이 옷이 날개라는 말입니다. 사람은 볼품이 없었는데 그 옷을 입으니까 볼품이 난다는 말입니다. 하나님의 의도와 전혀 다른 인식입니다. 하나님이 지도자를 세우는 것과 사람들이 지도자를 세우는 것의 외형적 유사성과 내용적 차별성을 이해하셔야 합니다. 하나님이 성막과 법궤라는 양식을 만드는 것과 사람들이 형상을 만드는 것의 외형적 유사성과 내용적 차별성을 이해하셔야 합니다. 하나님이 금과 은과 보석으로 만드시는 것과 사람들이 금 고리를 가져다가 만드는 것의 외형적 유사성과 내용적 차별성을 이해하셔야 합니다.

## 조각칼로 새겨

4절 "아론이 그들의 손에서 금 고리를 받아 부어서 조각칼로 새겨 송아지 형상을 만드니"입니다. 형상을 만들었다고 할 때 그냥 하늘에서 떨어진 것이 아니라 사람이 어떤 모양이든 수고를 들여서 만들었을 것입니다. 그런데 성경에서 굳이 "조각칼로 새겨"라는 말을 언급하는 것입니다. 조각칼을 강조하는 것이 아니라 "새겨"라는 단어를 강조하여 인간이 정성과 노력과 수고와 헌신을 바쳤다는 것입니다. 왜냐하면 폼이 나야 하고 보는 순간 권위가 나타나야 하기 때문입니다. 하나님도 법궤를 만들라고 말씀하실 때에 만드는 사람에게 여러 가지 능력을 주셨습니다. 31장3~5절 "하나님의 영을 그에게 충만하게 하여 지혜와 총명과 지식과 여러 가지 재주로 정교한 일을 연구하여 금과 은과 놋으로 보석을 만들게 하며 보석을 깎아 물리며 여러 가지 기술로 나무를 새겨 만들게 하리라"고 하셨습니다. 즉 하나님도 새기게 하셨습니다. 하나님이 새기게 하신 것과 사람들이 새기는 것의 외형상 유사성과 내용상 차이점이 무엇인지 이해하셔야 합니다. 하나님이 정교하고 치밀하게 만들라고 하십니다. 왜냐하면 정교하고 치밀하지 않으면 고장이 나고 부서지기 때문입니다. 고장나고 부서지만 사람이 다칠 수 있고 법궤 들다가 손잡이가 빠지면 법궤에 발등이 찍힐 수 있기 때문입니다. 사람들도 정교하게 새깁니다. 왜냐하면 그래야 폼이 나고 권위가 있어 보이기 때문입니다. 하나님의 일과 사람들의 일이 외형이 유사해도 내용이 전혀 다르다는 것을 분별하셔야 합니다.

## 여호와의 절일

형상을 만들었고 송아지 형상을 만들었고 금으로 송아지 형상을 만들었고 새겨서 금으로 송아지 형상을 만들었습니다. 그리고 결론이 4절 "이스라엘아, 이는 너희를 애굽 땅에서 인도하여 낸 너희의 신이로다"입니다. 이 말씀을 하신 원조가 하나님이십니다. 하나님의 말씀과 사람들의 말의 외형적 유사성과 내용적 차별성을 구별해야 합니다. 하나님은 직접 정말로, 실제로, 이스라엘을 애굽 땅에서 건져내시었습니다. 그렇게 행하시고 행하신 대로 말씀하시는 것입니다. 그런데 사람들의 말은 행한 적이 없습니다. 말만 하는 것입니다. 하나님은 인간과 함께 하십니다. 그래서 함께 하신다고 말씀하십니다. 인간은 신과 함께 하고 싶다고 말하고 함께 하겠다고 약속합니다. 그리고는 떠나 버립니다. 사람들의 선언은 아무런 의미가 없습니다.

5절 "아론이 보고 그 앞에 제단을 쌓고 이에 아론이 공포하여 이르되 내일은 여호와의 절일이니라 하니"입니다. 하나님은 처음에 창세기에서 안식일을 일주일 단위로 정하지 않으셨습니다. 하나님이 창조하신 모든 날이 안식일이었습니다. 왜냐하면 모든 날이 소중하기 때문입니다. 그런데 하나님이 유월절을 정하셨습니다. 그리고 그 날에 여호와 앞에 나아와서 먹고 마시며 즐거워하라고 말씀하셨습니다. 그런데 그 의미가 다릅니다. 6절에 인간 종교행위의 종합세트가 나옵니다. "이튿날에 그들이 일찍이 일어나 번제를 드리며 화목제를 드리고 백성이 앉아서 먹고 마시며 일어나서 뛰놀더라"입니다. 여호와 앞에서 먹고 마시고 뛰노는 것은 하나님께서 정하신 절기의 특징입니다. 그런데 그 의미는 전혀 다릅니다. 하나님의 일하심과 인간의 일하는 것의 외형적 유사성과 내용적 차별성이 여기서도 나타납니다. 유월절 음식은 무교병과 쓴 나물입니다. 먹고 마실 것이 없습니다. 초막절에 저들은 집을 떠나 초막에 거하여야 합니다. 캠핑을 즐기는 것이 아닙니다. 매우 불편한 것입니다. 그런데 하나님은 여호와 앞에 와서 먹고 마시며 즐거워하라고 하십니다. 실제로 좋은 먹을 것과 좋은 잠자리가 있어서가 아니라 하나님을 기억하라는 것입니다. 좋은 먹거리가 있을 지라도 편안한 잠자리가 있을 지라도 하나님이 없다면 인간은 평안할 수 없고 안식할 수 없습니다. 그러나 하나님이 계시다면 하나님이 책임지시고 공급하시기에 지금 나의 먹을 것과 나의 잠자리는 하나님이 베풀어주신 은혜요 하나님이 평생토록 나와 함께 하시리니 나는 기쁘다고 고백하라는 것입니다. 그날에 실제로 맛있는 것이 많고 잠자리가 좋으면 안 됩니다. 그런데 사람들의 축제는 그날이 가장 풍성합니다. 하나님의 의도와 다른 것입니다.

구약은 하나님의 교육방법 중에 부정적 방법이요 소극적 방법이라고 말씀드렸습니다. 이렇게 하면 된다는 것을 보여주는 것이 아니라 이렇게 해도 안 된다는 것을 보여주는 것이라고 했습니다. 불행하게도 구약에 나타난 하나님의 일하심을 오해해서 지금도 계명처럼 지키려고 종교적 법처럼 지키려고 한다면 형식과 내용의 의미를 착각하시는 것입니다. 하나님을 아시고 하나님의 원리를 아시고 하나님의 은혜를 아시고 하나님 말씀의 수사학적 풍성함을 아셔서 날마다 하나님과 더불어 즐겁고 신나고 재미있고 행복한 신앙을 누려 가시기를 주님의 이름으로 축원합니다.

# 45

## 목이 뻣뻣한 백성

### 출애굽기 32 : 7 ~ 14

7 여호와께서 모세에게 이르시되 너는 내려가라 네가 애굽 땅에서 인도하여 낸 네 백성이 부패하였도다 8 그들이 내가 그들에게 명령한 길을 속히 떠나 자기를 위하여 송아지를 부어 만들고 그것을 예배하며 그것에게 제물을 드리며 말하기를 이스라엘아 이는 너희를 애굽 땅에서 인도하여 낸 너희 신이라 하였도다 9 여호와께서 또 모세에게 이르시되 내가 이 백성을 보니 목이 뻣뻣한 백성이로다 10 그런즉 내가 하는 대로 두라 내가 그들에게 진노하여 그들을 진멸하고 너를 큰 나라가 되게 하리라 11 모세가 그의 하나님 여호와께 구하여 이르되 여호와여 어찌하여 그 큰 권능과 강한 손으로 애굽 땅에서 인도하여 내신 주의 백성에게 진노하시나이까 12 어찌하여 애굽 사람들이 이르기를 여호와가 자기의 백성을 산에서 죽이고 지면에서 진멸하려는 악한 의도로 인도해 내었다고 말하게 하시려 하나이까 주의 맹렬한 노를 그치시고 뜻을 돌이키사 주의 백성에게 이 화를 내리지 마옵소서 13 주의 종 아브라함과 이삭과 이스라엘을 기억하소서 주께서 그들을 위하여 주를 가리켜 맹세하여 이르시기를 내가 너희의 자손을 하늘의 별처럼 많게 하고 내가 허락한 이 온 땅을 너희의 자손에게 주어 영원한 기업이 되게 하리라 하셨나이다 14 여호와께서 뜻을 돌이키사 말씀하신 화를 그 백성에게 내리지 아니하시니라

## 교육 방법

### 비교하는 것

부모가 자식을 다른 집 자녀와 비교할 때 대표적으로 등장하는 사람아 엄친아 즉 엄마 친구 아들입니다. 잘나고 똑똑하고 예의바르고 공부 잘하고 실존 인물인지 아닌지는 모르지만 여하튼 가장 완벽한 아들로서

모든 자녀들의 공공의 적입니다. 자녀의 입장에서는 엄친아가 공공의 적이고 남편의 입장에서는 아친남 즉 아내 친구 남편이 공공의 적입니다. 자녀 교육에서 가장 하지 말아야 할 것 중의 하나가 비교라고 말을 합니다. 자녀 교육뿐 아니라 남편 교육에서도 가장 기분 나쁜 것이 비교일 것입니다. 과연 비교는 나쁜 것일까요? 다른 사람과 비교하지 말고 다른 사람과 다른 점을 강조하라고 말을 하지만 다른 사람과 다른 점을 밝히는 것도 비교의 한 모습입니다. 비교라는 것은 교육 방법 중에 가장 효과가 크고 빠른 것입니다. 비교는 내가 말하고자 하는 요점을 가장 극명하게 드러낼 수 있고 내 진의를 가장 바르게 설명할 수 있는 좋은 방법입니다. 문제는 비교라는 방법이 나쁜 것이 아니라, 비교라는 방법을 사용한다는 것이 나쁜 것이 아니라, 죄인 된 인간이 비교라는 방법을 좋게 사용할 줄 모르는 것입니다. 비교를 잘 쓰면 유익이요 잘못 쓰면 해로운 것입니다. 아들과 친구를 비교하는 경우 아들을 다른 사람과 절대로 비교하면 안 된다고 말할 것이 아니라 비교 자체를 잘 해야 하는 것입니다. 만약 아들과 아들 친구를 비교한다면 비교를 잘 사용하는 사람은 비교를 통해 아들의 기분이 좋아지게 만들고, 비교를 잘못 사용하는 사람은 비교를 통해 아들의 기분이 나쁘게 만드는 것입니다.

만약 비교 자체가 비교육적 방법이라면 하나님의 교육방법도 아주 비교육적이라고 해야 할 것입니다. 왜냐하면 하나님은 성경에서 계속하여 비교의 방법을 사용하고 계시기 때문입니다. 하나님은 이스라엘을 교육하시기 위하여 더 나아가 죄인들을 교육하시기 위하여 계속하여 반복적으로 끊임없이 강조하며 사용하는 것이 비교입니다. 하나님은 출애굽 하는 과정에서 계속하여 비교를 사용하셨습니다. 하나님은 하나님 자신과 애굽의 우상 신들을 비교하셨습니다. 그래서 하나님만이 참 하나님이라는 것을 극명하게 드러내셨습니다. 하나님은 애굽의 종교관과 하나님의 종교관을 비교하셨습니다. 그래서 하나님의 종교이어야 인간이 자유와 평안을 누릴 수 있다는 것을 명백하게 밝히셨습니다. 하나님은 애굽의 술사들과 하나님의 사람을 비교하셨습니다. 그래서 하나님은 사람 중에 능력자를 쓰시는 것이 아니라 연약하고 미련한 자를 하나님이 능력자로 변화시켜 주시는 분임을 알리셨습니다. 하나님은 애굽 신들의 능력과 하나님의 능력을 비교하셨습니다. 그래서 하나님이 모든 영역과 모든 지역과 모든 시대를 주관하시고 섭리하신다는 것을 온 천하에 알리셨습니다. 하나님은 유월절 절기와 고대 근동의 축제 절기들을 비교하셨습니다. 그래서 절기는 인간행위를 자축하는 것이 아니라 하나님께 감사하고 하나님과 더불어 즐거워하는 것임을 가르치셨습니다. 만약 비교가 없었다면 우리는 정확히 이해하기가 어려웠을 것입니다.

비교는 극명해야 효과적입니다. 가능한 동시간대에 가능한 동일한 장소에서 가능한 가장 유사한 것으로 비교해야 가장 분명해 집니다. 출애굽 때에는 조용히 이끌어 내신 후 광야에서 집중 강좌를 하신 것이 아닙니다. 애굽나라에서 애굽의 신전에서 애굽의 술사들의 면전에서 애굽 신들이 활동하는 영역에서 구체적이고 직접적이고 전면적으로 비교를 행하셨습니다. 또한 동일한 장소인 시내산에서 동일한 시간에 하나님은 산 위에서 백성들은 산 아래에서 행하는 행동을 비교함으로 하나님의 종교와 죄인의 종교의 양상을 비교하여 주셨습니다. 하나님이 행하시는 비교는 저들이 틀렸다는 것을 강조하려는 것이 아니라 하나님이 옳다는 것을 가르치시는 것입니다. 비교의 결과 죄책감이 들거나 자괴감이 드는 것이 아니라 더 좋은 것을 알게 되었고 더 좋은 상태가 될 수 있다는 기대감과 소망이 넘쳐나게 만드는 것입니다.

## 의도적 행위

비교하는 방법에 여러 가지가 있겠지만 하나는 말 그대로 직접 두 대상의 차이점을 대조시키는 것입니다. 또 다른 하나는 풍자나 패러디를 하는 것입니다. 사람들은 하나님과 죄인들을 직설적으로 대조하시는 비교는 잘 알아차립니다. 그런데 하나님이 일부러 죄인들을 패러디하고 우상 신들의 방법들을 흉내 내시는 모습을 알아 차리지 못합니다. 하나님은 언제나 서당 훈장 선생님처럼 바른 말 고운 말만 사용하시는 줄 압니다. 하나님이 조크를 하시고 유머를 하시고 풍자를 하시고 비아냥을 하시고 흉내를 내신다는 생각은 꿈에도 안합니다. 그래서 하나님은 흉내를 내고 계시고 패러디를 통해 조롱하시고 비아냥거리시는 방법을 통해 또 다른 비교를 하고 있는데 그게 패러디인줄 모르고 진짜 하나님의 모습인줄로 착각합니다. 그러면서 혼동하며 성경을 의아해 하며 하나님이 일하시는 방식에 의문을 갖습니다.

하나님이 풍자적 비교를 하시려고 행하는 행동은 그 행동 자체가 목적이 아니라는 것을 이해하셔야 합니다. 그 행동은 풍자적 비교라는 교육적 목적을 가지는 행동입니다. 그 행동에서 중요한 것은 무슨 일을 했는가가 아니라 왜 그 행동을 했는가를 생각하셔야 합니다. 의도를 파악하지 못한 채 단순히 행동 자체만을 보아서 의아해 하고 오해를 한다면 그것처럼 안타까운 것이 없는 것입니다. 그런데 성경을 읽는 분들 중에 많은 분들이 그런 오해를 한다는 것이 비극입니다. 그 대표적인 비극의 현장, 오해의 본문이 바로 32장 14절 "여호와께서 뜻을 돌이키사 말씀하신 화를 그 백성에게 내리지 아니하시니라"입니다. 내용 자체만으로 고마운 것은 사실입니다. 뜻을 돌이키사 화를 내리지 않기로 하셨다니 정말로 다행입니다. 그런데 사람들이 여기서 난감해 합니다. 왜냐하면 하나님이 뜻을 돌이키셨기 때문입니다. 하나님이 원래의 계획을 바꾸었고 뜻을 변경하셨기 때문입니다. 하나님도 변하시는지를 궁금해 하고 하나님도 변한다면 믿을 수 없는 것 아닌가 불안해합니다.

### 인격적인 하나님

하나님을 소개하는 표현 중의 하나가 인격적인 하나님이라는 것입니다. 인격적이라는 말은 지, 정, 의가 있다는 말이요 이 말은 하나님의 말과 행동하심이 모든 상황과 정황을 정확히 아신다는 것이요 충분한 사고와 숙고를 거친 것이고 계획과 질서가 있다는 것이고 일관성이 있고 지속성이 있다는 것입니다. 결국 변하지 않는다는 것입니다. 하나님이 변하시지 않는다는 것은 첫째는 성품 또는 속성이 변하지 않는다는 것입니다. 둘째는 하나님의 뜻과 목적과 의도 등이 변하지 않는다는 것입니다. 셋째는 하나님의 약속이 변하지 않는다는 것입니다. 그래서 하나님은 후회하심이 없고 바꾸심이 없고 돌이키심이 없고 취소하심이 없고 소멸하심이 없습니다. 그래서 민수기 23장 19절 "하나님은 인생이 아니시니 식언치 않으시고 인자가 아니시니 후회가 없으시도다 어찌 그 말씀하신 바를 행치 않으시며 하신 말씀을 실행치 않으시랴", 시편 92장 8절 "여호와여 주는 영원토록 지존하시니이다", 로마서 11장 29절 "하나님의 은사와 부르심에는 후회하심이 없느니라"고 선언하는 것입니다. 그런데 본문에 하나님이 계획을 말씀하셨다가 뜻을 돌이키사 계획을 그것도 혼자만 알고 계시던 계획이 아니라 이미 말씀해버리신 계획을 행하지 아니하셨다고 합니다. 하나님이 변하십니까? 하나님도 바뀌십니까? 하나님도 돌이키십니까? 본문의 포인트는 하나님의 표현양식을 바르게 이해하자는 것입니다. 그래야 풍자적 비교를 행하시는 하나님의 모습을 진짜 하나님의 모습인 줄 착각하고 오해하고 혼동하는 것을 풀수 있다는 것입니다. 풍자이기 때문에 반전에 반전이 이어집니다.

## 네 백성

풍자는 단어 하나하나에 복선이 있고 반전이 있습니다. 7절에 아주 낯선 표현이 등장합니다. "여호와께서 모세에게 이르시되 너는 내려가라. 네가 애굽 땅에서 인도하여 낸 네 백성이 부패하였도다"라고 나옵니다. 이스라엘을 '하나님의 백성'이라고 하지 않고 "네가 애굽 땅에서 인도하여 낸 네 백성"이라고 합니다. 그 동안 하나님이 해 오시던 말씀과 전적으로 상반된 말씀이십니다. 그 동안 하나님은 출애굽 하는 날 유월절 절기를 정하시면서 말씀하시기를 12장 17절에서 "너희는 무교절을 지키라. 이 날에 내가 너희 군대를 애굽 땅에서 인도하여 내었음이라"고 하셨고, 27절에서는 자녀들에게 교육하는 내용을 정해주실 때 "너희는 이르기를 이는 여호와의 유월절 제사라. 여호와께서 애굽 사람에게 재앙을 내리실 때에 애굽에 있는 이스라엘 자손의 집을 넘으사 우리의 집을 구원하셨느니라 하라"고 말씀하셨고, 홍해를 건너는 사건에서도 14장 30절에 "그 날에 여호와께서 이같이 이스라엘을 애굽 사람의 손에서 구원하시매"라고 말씀하셨고, 시내산에서 율법을 주실 때에도 20장 2절에 "나는 너를 애굽 땅, 종 되었던 집에서 인도하여 낸 네 하나님 여호와니라"고 하셨습니다. 분명히 하나님이 출애굽 시키셨다고 강조하셨습니다.

성막을 주실 때에도 출애굽기 29장 46절에서 "그들은 내가 그들의 하나님 여호와로서 그들 중에 거하려고 그들을 애굽 땅에서 인도하여 낸 줄을 알리라. 나는 그들의 하나님 여호와니라"고 하셨습니다. 모세도 말하기를 18장 8절에서 "모세가 여호와께서 이스라엘을 위하여 바로와 애굽 사람에게 행하신 모든 일과 그들이 당한 모든 고난과 여호와께서 그들을 구원하신 일을 다 그 장인에게 말하매"입니다. 즉 모세도 출애굽은 자신이 한 일이 아니라 하나님이 하셨다고 말했습니다. 행여나 이스라엘이 자신들의 힘과 능으로 애굽에서 나왔다고 말할 까봐 무교병으로 쓴 나물로 징표를 삼기까지 하셨던 하나님이 이제 와서 왜 이렇게 말씀하실까요? 모세가 이스라엘을 건져낸 것이 아니라는 것은 하나님이 알고 모세가 알고 백성이 알고 바로가 알고 온 애굽이 알고 있는 것인데 왜 이렇게 말씀하실까요? 이 의도를 이해하셔야 합니다. 하나님은 지금 일부러 이렇게 말씀하시는 것입니다.

하나님이 시내산 위에서 모세에게 율법을 주실 때 백성들은 산 아래에서 금송아지 신상을 만들고 우상적 종교행위를 하고 있었습니다. 이러한 백성의 모습은 하나님이 의도하고 계획했던 모습이 아니라는 것을 우회적으로 지적하시는 것입니다. 하나님이 계획하셨던 모습은 이러한 우상 숭배, 신상 숭배, 애굽적 종교관, 죄인적 종교행위를 떠나게 하려고 하셨던 것입니다. 그런데 시내산 아래에서 저들이 행하는 행위는 하나님이 구별하여 내려고 하셨던 이스라엘, 하나님이 가르치려고 하셨던 결과가 아니었습니다. 그 행위를 비꼬아서 말씀하시는 것입니다. 그냥 지금 저들의 모습을 조롱하시는 것입니다. 하나님이 모세와 대화하시면서 이들은 내 백성이 아니라 네 백성이라고 비웃으시는 것입니다.

### 부패하였도다

하나님 모세의 백성들의 모습을 지적하시는 내용이 "네 백성이 부패하였도다"입니다. 부패라는 말은 더럽히다, 타락하다, 벗어나다는 말입니다. 즉 하나님을 떠난 것이 부패요 하나님의 뜻을 모르는 것이 부패요 하나님의 의도와 목적과 다르게 행동하는 것이 부패입니다. 부패를 설명하는 내용이 다음 8절에 나옵니다. "그들이 내가 그들에게 명한 길을 속히 떠나" 이것이 부패입니다. '속히 떠나'는 얼굴을 외면하다, 길을 잘못 들다, 벗어나다, 미혹되다, 배반하다는 의미입니다. 부패한 행동,

하나님의 길을 속히 떠난 구체적 행위를 하나님이 소개하는 장면이 8절 "그들이 내가 그들에게 명령한 길을 속히 떠나 자기를 위하여 송아지를 부어 만들고 그것을 예배하며 그것에게 제물을 드리며 말하기를 이스라엘아 이는 너희를 애굽 땅에서 인도하여 낸 너희 신이라 하였도다"입니다.

기독교의 용어와 타종교의 용어가 같습니다. 그러나 용어는 같은데 내용이 다른 일종의 동음이의어라는 것을 이해하셔야 합니다. 하나님은 지금 저들의 행위를 경멸하시는 투로 말씀하시는데 사용하는 용어가 '만들고, 그것을 예배하고 그것에게 제물을 드리며, 너희 신이라고 말한다' 즉 찬양하고 있다고 하십니다. 십계명의 두 번째에서도 "어떤 형상도 만들지 말며 그것들에게 절하지 말며 그것들을 섬기지 말라"고 하십니다. 예배한다, 섬긴다, 제물을 드린다, 찬양한다 등의 용어가 같은데 내용이 전혀 차원이 다릅니다. 저들의 부패한 행동을 소개하신 후에 저들의 특성을 설명하는 구절이 9절입니다.

### 목이 뻣뻣함

9절 "여호와께서 또 모세에게 이르시되 내가 이 백성을 보니 목이 뻣뻣한 백성이로다"입니다. '목이 뻣뻣하다'는 의미는 완고하다, 고집이 세다, 듣지 않는다는 것입니다. 즉 자신의 생각, 자신의 원리대로만 행동하는 것을 말합니다. 자신의 생각, 자신의 원리대로 흔들리지 않고 행동하는 것은 칭찬받을 일입니다. 흔히 소신이 있다고 하고 지조가 있다고 하기도 합니다. 그러나 소신 있고 지조 있는 행동은 옳은 일일 경우에만 칭찬을 들을 수 있습니다. 만약 옳지 않은 일, 바르지 않은 일을 고수할 경우에는 소신이 아니라 고집이라는 비난을 받습니다. 하나님이 이스라엘 백성들, 하나님이 가르치시는 길을 속히 떠난 백성들의 속성, 성품을 한 마디로 '목이 뻣뻣한 백성' 즉 고집쟁이라고 표현하는 것입니다. 저들이 죄적 인식에 빠져있는 것을 변화시키기 위해 더 좋은 하나님, 하나님의 원리, 하나님의 종교, 하나님의 개념, 하나님적 가치를 가르쳐 주었는데도 불구하고 저들은 목이 뻣뻣하여 즉 고집쟁이라 도무지 하나님의 말씀을 듣지 않는다, 듣고 고쳐야 하고 듣고 바꾸어야 하는데 듣고 돌이켜야 하는데 도무지 듣지 않고 바꾸지 않고 변화하지 않고 돌이키지 않고 있다고 지적하시는 것입니다. 모세와의 대화로 풀어보면 '야, 모세야! 네 백성이다. 고집쟁이들 같으니라고!' 라는 뜻입니다.

## 하나님이 하실 일

7~9절까지가 하나님이 이스라엘에 대하여 말씀하신 것입니다. 절대로 칭찬이 아니고 격려가 아닙니다. 그렇다고 책망도 아니고 꾸짖음도 아니고 방치도 아닙니다. 현실을 지적하신 것이요 실체를 지적하신 것입니다. 그런데 문제는 죄인들은 자신의 말, 자신의 행동, 자신의 생각을 틀린 것으로 인식하지 못한다는 것입니다. 이스라엘이 부패한 것이요 하나님의 길을 떠난 것이요 하나님의 의도에 미치지 못한 것임을 알지 못한다는 것입니다. 이제 하나님이 하셔야 하는 것은 이스라엘에게 하나님을 알게 하시는 것입니다. 알게 하는 가장 좋은 방법이 바로 비교입니다. 이번에 사용하시는 비교는 단순 비교가 아니라 풍자적 비교, 패러디형 비교입니다.

풍자나 패러디는 겉모습은 동일한 형태를 가진 것 같지만 실상은 반전을 통해 전혀 다른 차원을 드러내는 것입니다. 시작과 과정은 똑같은데 결국에는 정반대의 결과가 나타나는 것입니다. 반전을 찾아내면 성공이고 반전을 찾아내지 못하면 오해와 착각과 혼동입니다. 그 장면이 10~14절입니다. 10절에서 14절로 나타난 하나님의 행동은 일부러 행하시는 행동이요, 하나님의 실제 모습이나 실제 행동이 아니라 패러디입니다. 패러디는 단순한 쇼가 아니라 나름의 의미를 내포하고 있는 것이기에 그 속에 담긴 의도를 보아야 합니다. 본문에서 이스라엘의 속성, 행동을 나타내는 대표적인 단어가 두 개입니다. 동일한 의미를 가진 것으로 '부패하였도다'와 '목이 뻣뻣한 백성'이라는 것입니다. 이제 하나님은 부패하고 목이 뻣뻣한 자의 행동을 하십니다. 그런데 전혀 부패하지 않고 목이 뻣뻣하지 않다는 것을 드러내실 것입니다.

## 내가 하는 대로 두라

### 왜 이렇게

10절 "그런즉 내가 하는 대로 두라"입니다. 하나님이 왜 이런 말씀을 하실까요? 지금 하나님이 모세에게 허락을 받으시려는 것입니까? 그 동안 누가 하나님이 하시는 일을 방해한 적이 있습니까? 그 동안 하나님이 누구에게 질문하신 적이 있습니까? 도대체 왜 갑자기 이런 말씀을 하실까요? 만약 모세가 하나님 하시는 대로 가만 두지 않으면 하나님도 못하시나요? 하나님보다 더 센 사람이 있나요? 하나님은 지금 패러디를 하고 계십니다. 눈치를 채셨어야 하는데 '내가 하는 대로 두라'는 다른 말로 '나는 내가 하고 싶은 대로 한다' 또는 '나 하는 일에 간섭하지 마라' 또는 '네가 뭐라고 말을 하든지 나는 듣지 않겠다' 또는 '나는 고집불통이다.'라는 의미입니다. 이것이 조금 전에 하나님이 이스라엘을 지적할 때 하신 말씀입니다. 9절에서 "내가 이 백성을 보니 목이 뻣뻣한 백성이로다"라고 말씀하신 것이 바로 이것입니다. 이스라엘에 대해 '너희는 도무지 내 말을 듣지 않고 너희 하고 싶은 대로만 한다'고 지적하신 하나님이 저들의 흉내를 내시는 것입니다. '너희가 목이 뻣뻣하냐? 나도 목이 뻣뻣하다, 나도 나 하고 싶은 대로 한다, 내가 하는 대로 두라'고 저들의 모습을 저들에게 재연하시는 것입니다. 자식이 학교 다녀와서 숙제 안하고 놀면 부모는 숙제하고 놀라고 합니다. 아이가 놀고 나서 숙제

한다고 말하며 부모의 말을 듣지 않으면 엄마가 나도 밥 안 한다, 나도 한숨 자고 밥 할 것이라고 맞불을 놓은 경우와 같은 것입니다. 하나님이 모세와 대화하는 식으로 말해보면 '야, 모세야! 네 백성이다. 고집쟁이 들 같으니라고. 니들이 하는 대로 나도 한 번 해 보자!' 라는 의미입니다.

## 하나님의 교육

'내가 하는대로 두라' 는 말씀은 하나님의 진심이 아니라 이스라엘 백성 들으라고 일부러 어긋장을 놓으시는 것입니다. 그러니 그 다음에 하시는 말씀이 하나님의 성품과 속성에 맞는 말일까요 아닐까요? 그 동안 하나님이 해오시던 일과 일관성이 있는 말일까요 엉뚱한 일일까요? 그 동안 하나님이 그토록 다짐하시던 약속과 맹세와 일맥상통할까요 안할까요? 당연히 다른 것입니다. 그 얼토당토 않는 말, 전혀 하나님의 속성과 성품과 의도와 계획과 약속과 맞지 않는 하시고 싶으신 일이 10절 "내가 그들에게 진노하여 그들을 진멸하고 너를 큰 나라가 되게 하리라" 입니다. 이 말씀이 하나님의 새로운 계획이 아니라 조롱하는 말이라는 것을 아셔야 합니다. 하나님이 하실 일이 겨우 사람 교체하는 것입니까? 모세를 통해서 새로 큰 나라를 만들면 그 놈들은 뭐 다를 것으로 기대를 하시는 것입니까? 이제사 하나님이 그 동안 사람 잘못 보았다고 반성하시고 뉘우치시는 것입니까? 절대로 그렇지 않습니다. 하나님이 지금 일부러 이러시는 것입니다. 아이들의 표현으로 하면 '나 삐둘어질꺼야!' 라고 하시는 것입니다. 왜냐하면 이스라엘의 실체를 비교하며 현장학습하시는 중이기 때문입니다.

# 모세의 항변

## 주의 백성

만약 하나님이 정색을 하시고 진정으로 말씀을 하시면 모세도 정색을 하고 진정으로 반응해야 합니다. 그런데 하나님이 풍자를 하시면 모세도 풍자를 해야 대화가 이어집니다. 한쪽에서는 풍자를 하는데 상대방이 정색을 하면 대화가 이어지지 않습니다. 하나님이 목이 뻣뻣한 이스라엘 백성들을 흉내 내고 계십니다. 그래서 하나님의 본래 의도와 다른 엉뚱한 말씀을 하고 계십니다. 그러니까 모세도 하나님이 하신 말씀을 그대로 패러디해서 말을 합니다. 그것이 11절 중간부에 "여호와여 어찌하여 그 큰 권능과 강한 손으로 애굽 땅에서 인도하여 내신 주의 백성에게 진노하시나이까?"입니다. 7절에서 하나님이 이스라엘 백성에 대하여 모세에게 '네 백성'이라고 말씀하셨습니다. 그러니까 모세는 자신의 백성이 아니라 '주의 백성'이라고 대답을 합니다. 대신에 하나님이 말씀 하시는 것보다 한술을 더 뜨는 것입니다. 하나님은 모세에게 말씀 하시기를 '네가 애굽 땅에서 인도하여 낸 네 백성'이라고 하셨는데 모세는 한술 더 떠서 하나님이 빼도 박도 못하고, 옴싹달싹 못하게 '그 큰 권능과 강한 손으로 애굽 땅에서 인도하여 내신 주의 백성'이라고 합니다. 하나님이 말씀하신 '네 백성'과 모세가 말한 '주의 백성'은 번역이 달라서 그렇지 원래는 동일한 단어 '너의 백성'입니다. 즉 하나님이 '너의 백성이다'라고 하니까 모세가 '아니요, 너의 백성입니다'라고 하는 것입니다. 처음부터 하나님이 모세와 대화하는 식으로 말해보면 '야, 모세야! 네 백성이다. 고집쟁이들 같으니라고. 니들이 하는 대로 나도 한 번 해 보자! 내가 다 죽여버릴거다.' '아이고 하나님, 당신 백성입니다!'라는 의미입니다.

## 어찌하여, 어찌하여

만약 모세가 하나님의 의도를 알아차리지 못했다면 지금 모세는 하나님께 무릎 꿇고 빌어야 합니다. 그 동안 하나님이 해 오신 일들을 잘 알고 있는 모세로서는 백성들의 태도와 행동에 대해 하나님께 변명할 말이 하나도 없습니다. 만약 모세에게 할 말이 있다면 오직 하나 잘못했으니 용서해 달라는 말뿐일 것입니다. 그러나 본문에서 모세는 잘못했다고 하지 않습니다. 제발 한 번만 용서해 달라고 하지 않습니다. 모세의 말을 읽어보겠습니다. 11절 "모세가 그의 하나님 여호와께 구하여 이르되 여호와여 어찌하여 그 큰 권능과 강한 손으로 애굽 땅에서 인도하여 내신 주의 백성에게 진노하시나이까?", 12절 "어찌하여 애굽 사람들이 이르기를 여호와가 자기의 백성을 산에서 죽이고 지면에서 진멸하려는 악한 의도로 인도해 내었다고 말하게 하시려 하나이까? 주의 맹렬한 노를 그치시고 뜻을 돌이키사 주의 백성에게 이 화를 내리지 마옵소서"입니다.

모세는 용서를 비는 것이 아니라 도리어 하나님께 항변하는 것입니다. 하나님을 향하는 '어찌하여, 어찌하여' 라고 합니다. '어찌하여' 라는 말은 행하시는 일이 합당하지 않다는 것입니다. 행하시는 일이 명분이 없다는 것이요 옳지 않다는 것입니다. 하나님의 성품과 일치가 되지 않다는 것입니다. 모세는 이스라엘 백성의 태도에 대해서는 언급하지 않습니다. 그 동안 잘 한 것도 있지 않느냐는 등, 살려만 주시면 앞으로는 나아질 것이라는 등의 말이 없습니다. 하나님이 언제 인간의 수준과 자격을 보시고 행동하셨냐는 것입니다. 이스라엘의 행동 대신에 하나님의 속성을 언급하는 것입니다. 인간이 의지할 곳은 오직 이것 하나뿐입니다. 그런데 지금 대화가 진지한 대화가 아니라 풍자요 패러디입니다. 그 패러디 안에 진지한 내용이 담긴 것입니다. 하나님이 이스라엘을 조롱하시는 것보다 모세가 한 술 더 뜹니다.

재현해 보면 다음과 같이 됩니다. '저의 백성이라고요. 아니죠. 당신 백성이죠. 뭐라고요? 내가 하는 대로 두라고요? 예, 예 그렇게 하세요. 하나님이 하시겠다는데 누가 말립니까? 진멸하신다고요? 예 예 하나님이 하시고 싶은 대로 다 하세요. 그런데 한 가지 알고 계시죠. 하나님이 말씀하신 대로 이스라엘에게 진노하여 그들을 진멸하시면 하나님만 망신이라는 거 알고 계시죠. 애굽 백성들이 뭐라고 말할지 그거는 알고 계시죠? 하세요. 하세요, 다 하세요. 결국 망신당하는 게 누구라는 것은 알고 계시죠? 하나님이 조금만 망신당하면 되는데 못 하실 게 어디 있어요? 하세요!!!!' 다른 말로 표현해보면 '아니, 하나님이 이스라엘입니까? 아니, 하나님도 목이 뻣뻣하십니까? 하나님도 부패하십니까? 나참 어이가 없어서. 나 참 애도 아니시고. 지금 뭐하시는 겁니까? 라는 의미가 되는 것입니다.

## 기억하소서

그리고 모세의 참 마음이 등장하는 것이 13절 "주의 종 아브라함과 이삭과 이스라엘을 기억하소서. 주께서 그들을 위하여 주를 가리켜 맹세하여 이르시기를 내가 너희의 자손을 하늘의 별처럼 많게 하고 내가 허락한 이 온 땅을 너희의 자손에게 주어 영원한 기업이 되게 하리라 하셨나이다"입니다. 죄인인 이스라엘을 찾아오신 분이 하나님이셨고 죄인들에게 약속을 주신 분도 하나님이셨고 죄인들과 행하신 약속을 진행해 오신 분도 하나님이시라는 것을 강조합니다. 이스라엘의 태도와 행동에 개의치 마시고 하나님의 원래 의도와 목적과 성품에 맞게 행동하시기를 간청하는 것입니다. 만약 모세가 이렇게 수준 있게 간청을 드리니까 하나님이 뜻을 돌이키셨다고 말하면 하나님과 모세 중에 더 수준 있는 사람이 모세입니다. 본문을 모세를 높이려고 하는 것이 아닙니다. 만약 하나님의 말씀이 모세의 이러한 태도까지 모두 고려하신 행동이라

면 하나님이 수준 있는 것입니다. 그래서 패러디의 최종 반전을 보셔야
합니다.

## 뜻을 돌이키사

14절 "여호와께서 뜻을 돌이키사 말씀하신 화를 그 백성에게 내리지
아니하시니라"입니다. 여호와께서는 뜻을 돌이키셨습니다. 하나님이 하
시고 싶은 대로 하신 것이 아니라 바른 말을 하는 모세의 말을 들으셨습
니다. 하나님의 일하심이 옳지 않음을 지적하고 하나님의 성품에 맞게
하나님의 약속에 맞게 행동하실 것을 권면하는 모세의 말을 들으셨다는
것입니다. 그래서 하나님이 돌이키셨다는 것입니다. 무엇이 비교되었는
지 분별하셔야 합니다. 본문은 이스라엘의 어리석음을 드러내주고 동시
에 이스라엘을 가르치시고 계시는 장면입니다. 이스라엘의 특성은 부패
한 것, 목이 뻣뻣한 것이었습니다. 즉 자신들이 부패하였고 바른 길을
떠났고 어리석고 미련하게 행동하고 있습니다. 그런 이스라엘에게 하나
님이 바른 길을 알려 주셨고 참된 것을 보여 주셨고 옳은 것을 가르쳐
주었습니다. 그런데 이 백성들이 목이 뻣뻣해서 고집이 세서 도무지 듣
지 않는다는 것입니다. 얼마나 미련한 고집쟁이냐면 하나님의 옳은 말
조차도 들을 줄을 모른다는 것입니다. 제발 들으라는 것입니다. 옳은 말
이면 듣고 돌이키라는 것입니다.

들고 돌이키라는 권면을 예로 보여주시기 위해서 하나님이 이스라엘
의 흉내를 내신 것이었습니다. 하나님이 하고 싶은 대로 하시려고 했습
니다. 그런데 모세가 하나님의 약속을 언급하면서 하나님이 하시려는
일이 합당하지 않다고 지적을 하니까 하나님이 들으시고 돌이키시더라
는 것입니다. 하나님이, 명색이 천하 만물을 주관하시는 하나님도 모세
의 말, 부패한 백성의 말, 완고한 인간의 말조차도 들으신다는 것입니
다. 하나님도 옳은 말은 듣고 명색이 하나님도 뜻을 돌이키기도 하니 제

발 너희도 하나님 말 좀 듣고 제발 죄의 길에서 돌이키라는 것입니다. 하나님이 뜻을 돌이키셨다는 표현에 어머어머한 반전이 담겨있었던 것입니다.

하나님이 이스라엘 백성을 진멸하려는 계획은 진짜 계획이 아니었습니다. 하나님이 뜻을 돌이키신다는 것은 사실이 아닙니다. 하나님은 뜻을 돌이키셔야 할 정도로 잘못된 뜻을 정하시지 않으시는 분입니다. 하나님은 처음 계획과 뜻대로 계속하여 진행하실 것입니다. 그래서 이 사건 다음에 징계가 나오는 것이 아니라 분명한 하나님의 약속이 등장하는 것입니다. 그래서 나오는 것이 34장입니다. 시내산에서 하나님이 다시 언약을 맺어주십니다. 6절 "여호와께서 그의 앞으로 지나시며 선포하시되 여호와라 여호와라 자비롭고 은혜롭고 노하기를 더디하고 인자와 진실이 많은 하나님이니라. 인자를 천대까지 베풀며 악과 과실과 죄를 용서하리라"입니다. 모세는 9절 "이르되 주여 내가 주께 은총을 입었거든 주는 우리와 동행하옵소서. 이는 목이 뻣뻣한 백성이니이다. 우리의 악과 죄를 사하시고 우리를 주의 기업으로 삼으소서"라고 말하는 것입니다. 하나님을 아시고 하나님의 약속을 신뢰하시며 하나님이 주신 자유와 담대함과 평안함을 풍성히 누리며 사시기를 주님의 이름으로 축원합니다.

# 46

## 슬프도소이다

## 출애굽기 32 : 15 ~ 35

15 모세가 돌이켜 산에서 내려오는데 두 증거판이 그의 손에 있고 그 판의 양면 이쪽 저쪽에 글자가 있으니 16 그 판은 하나님이 만드신 것이요 글자는 하나님이 쓰셔서 판에 새기신 것이더라 17 여호수아가 백성들의 요란한 소리를 듣고 모세에게 말하되 진중에서 싸우는 소리가 나나이다 18 모세가 이르되 이는 승전가도 아니요 패하여 부르짖는 소리도 아니라 내가 듣기에는 노래하는 소리로다 하고 19 진에 가까이 이르러 그 송아지와 그 춤추는 것들을 보고 크게 노하여 손에서 그 판들을 산 아래로 던져 깨뜨리니라 20 모세가 그들이 만든 송아지를 가져다가 불살라 부수어 가루를 만들어 물에 뿌려 이스라엘 자손에게 마시게 하니라 21 모세가 아론에게 이르되 이 백성이 당신에게 어떻게 하였기에 당신이 그들을 큰 죄에 빠지게 하였느냐 22 아론이 이르되 내 주여 노하지 마소서 이 백성의 악함을 당신이 아나이다 23 그들이 내게 말하기를 우리를 위하여 우리를 인도할 신을 만들라 이 모세 곧 우리를 애굽 땅에서 인도하여 낸 사람은 어찌 되었는지 알 수 없노라 하기에 24 내가 그들에게 이르기를 금이 있는 자는 빼내라 한즉 그들이 그것을 내게로 가져왔기로 내가 불에 던졌더니 이 송아지가 나왔나이다 25 모세가 본즉 백성이 방자하니 이는 아론이 그들을 방자하게 하여 원수에게 조롱거리가 되게 하였음이라 26 이에 모세가 진 문에 서서 이르되 누구든지 여호와의 편에 있는 자는 내게로 나아오라 하매 레위 자손이 다 모여 그에게로 가는지라 27 모세가 그들에게 이르되 이스라엘의 하나님 여호와께서 이렇게 말씀하시기를 너희는 각각 허리에 칼을 차고 진 이 문에서 저 문까지 왕래하며 각 사람이 그 형제를, 각 사람이 자기의 친구를, 각 사람이 자기의 이웃을 죽이라 하셨느니라 28 레위 자손이 모세의 말대로 행하매 이 날에 백성 중에 삼천 명 가량이 죽임을 당하니라 29 모세가 이르되 각 사람이 자기의 아들과 자기의 형제를 쳤으니 오늘 여호와께 헌신하게 되었느니라 그가 오늘 너희에게 복을 내리시리라 30 이튿날 모세가 백성에게 이르되 너희가 큰 죄를 범하였도다 내가 이제 여호와께로 올라가노니 혹 너희를 위하여 속죄가 될까 하노라 하고 31 모세가 여호와께로 다시 나아가 여짜오되 슬프도소이다 이 백성이 자기들을 위하여 금 신을 만들었사오니 큰 죄를 범하였나이다 32 그러나 이제 그들의 죄를 사하시옵소서 그렇지 아니하시오면 원하건대 주께서 기록하신 책에서 내 이름을 지

내가 여호와인 줄 알리라 **693**

워 버려 주옵소서 33 여호와께서 모세에게 이르시되 누구든지 내게 범죄하면 내가 내 책에서 그를 지워 버리리라 34 이제 가서 내가 네게 말한 곳으로 백성을 인도하라 내 사자가 네 앞서 가리라 그러나 내가 보응할 날에는 그들의 죄를 보응하리라 35 여호와께서 백성을 치시니 이는 그들이 아론이 만든 바 그 송아지를 만들었음이더라

# 성경 해석의 기본

## 하나님은 선하시다

성경을 읽으실 때 기억하셔야할 기본적인 전제는 하나님은 선하시다는 것입니다. 간혹 하나님에 대하여 하나님이 그러시면 되느냐고 따지는 경우가 있습니다. 가장 대표적인 예로서 하나님이 가나안 백성을 진멸하라고 말씀하신 일을 도무지 이해할 수 없다고 하면서 인간을 창조하신 하나님이라면서, 모든 인류의 하나님이라면서 그렇게 하실 수 있느냐고 강하게 하나님을 거부하는 사람도 있습니다. 이러한 거부감은 모두 성경에 대한 오해에서 기인한 것입니다. 죄인 된 인간의 기준에서 보아도 행해서는 안 되는 일이라면 하나님은 더욱이나 그렇게 행동하시지 않는다는 것입니다. 하나님이 인간의 수준이나 인간의 기준에 조차도 미치지 못한다면 그것은 정말로 어이없는 일입니다.

그러므로 성경을 읽으실 때에 하나님이 행하시는 일 중에 당황되고 난처한 일들은 그 내용 자체에 대하여 난감해 할 것이 아니라 앞 뒤 정황을 살펴야 합니다. 이런 구절을 해결하는 방책으로 잘못 사용된 것이 하나님의 정당성 즉 하나님이 하시는 일은 무조건 옳다는 생각입니다. 물론 결론은 하나님이 옳으시다는 것입니다. 그러나 그냥 옳다고만 말할 것이 아니라 왜 옳은가가 나와 주어야 합니다. 왜 옳은 지를 설명하지 못한 채 그냥 하나님이 하신 일이기 때문에 따지지 말라는 방식으로 말을 해서는 안 됩니다. 기본적으로 하나님이 옳으신 분이기 때문에 하나님이 행하시는 일은 당연히 옳은 일입니다. 만약 성경에서 하나님이

옳지 않은 일이나 합당하지 못한 일을 행하시는 것처럼 보인다면 그것은 하나님의 일하심이 아닙니다. 어떤 경우에는 하나님의 풍자적 행위일수도 있고 어떤 경우에는 인간이 하나님이 하시는 일을 오해하고 있는 것일 수도 있습니다. 성경에 나타난 하나님은 인간을 몰아세우는 하나님이 아니시고 인간에게 강제나 억압을 행사하시는 분이 아니시고 인간에게 일방적으로 주입하시는 분도 아니십니다. 하나님은 불의한 일을 행하실 분이 아니고 불공평한 일을 행하실 분도 아니고 비인격적인 일을 행하실 분도 아니십니다. 마치 하나님은 불의하고 불공평한 일을 행하셨지만 우리가 하나님의 비리를 감추어 드리고 우리가 하나님의 부당한 일을 편들어 드리고 우리가 하나님을 어떻게든 추켜 세워드려야 하는 것 같은 과도한 생각을 하지 마십시오. 하나님은 선하고 의로우신 분으로서 언제나 선하고 의로우신 행동만 하십니다. 성경에 의심스러운 본문이 등장하면 자꾸 자꾸 읽어서 하나님의 옳으심을 이해하려고 노력하셔야 합니다.

## 인간은 죄인이다

성경을 읽으실 때 또 하나 반드시 기억하시고 계셔야 하는 내용은 인간이 죄인이라는 사실입니다. 성경은 죄인 된 인간을 도우시는 선하고 의로우신 하나님의 일하심을 선언하는 것이지 절대로 선하고 의로운 인간의 이야기나 하나님보다 더 인간을 사랑하는 어떤 영웅적인 인간의 이야기를 하는 것이 아니라는 것입니다. 그래서 죄인 된 인간을 미화하거나 죄인 된 인간을 높이거나 죄인 된 인간을 높이는 해석이 나오거나 죄인 된 인간을 본받고 닮아가자는 이야기가 나오면 완벽한 오해입니다.

물론 성경에는 사람들의 멋있는 모습, 믿음직스러운 태도, 감동적인 대화, 선하고 의로운 듯한 심정 등이 종종 나옵니다. 이러한 모습이 등장할 때에는 그 사람의 어느 시기에 그런 모습이 나오는 것인가를 분별해야 합니다. 과연 그 사람이 처음부터 그랬는가 아니면 처음에는 그런 사람이 아니었는데 나중에 그런 모습이 나오는가를 확인해야 합니다. 아마도 선하고 의로운 행동이 행해진 것은 그 사람이 성경에 등장한 후 한참이 지난 후일 경우가 많을 것입니다. 왜냐하면 성경은 그 사람의 그 행동은 그 사람이 처음부터 그런 것이 아니라 하나님이 그 사람을 부르고 하나님이 그 사람을 가르치고 하나님이 그 사람을 변화시켜 준 모습임을 드러내주고 있는 것이기 때문입니다. 그래서 아브라함도 하나님께 부름받기는 창세기 12장인데 정작 믿음의 순종적인 모습은 창세기 22장에 가서야 등장하는 것입니다. 또 하나 간혹 어떤 사람의 멋있는 모습, 신앙적인 모습이 보일지라도 그 모습이 그 사람의 궁극적인 모습이거나 일상적인 모습이 아니라는 것입니다. 우리가 본받을 만한 행동을 한 것이 맞지만 그 사람은 늘 그렇게 행동한 것이 아니라 그 본문에서 그 상황에서는 그렇게 행동을 했지만 다른 곳에서는 여전히 죄인 된 모습을 가지고 있다는 것입니다. 원래 의로운 사람인데 한 번 실수를 한 것이 아니라 원래 죄인 된 사람인데 한 번 의로운 모습을 보여준 것입니다. 하나님에 대하여 부정적으로 생각하는 오해를 극복하셔야 하고 죄인에 대하여 긍정적으로 생각하는 오해를 극복하셔야 합니다. 출애굽기 32장에서 하나님의 풍자, 하나님의 패러디를 보시면서 하나님이 변덕을 부리시는 것 같은 오해를 풀어보았습니다. 이번에는 정반대로 모세에 대한 오해를 풀어보도록 하겠습니다.

## 하나님과 모세

### 인간 모세

모세는 인간입니다. 성경적으로 표현하면 모세는 죄인입니다. 이스라엘 백성들은 하나님을 거부하고 하나님의 일하심을 신뢰하지 않았습니다. 모세는 그 이스라엘 백성들 중의 한사람입니다. 이스라엘 백성과 모세는 다른 사람이 아니라 같은 종자들 즉 죄인입니다. 또 이스라엘은 애굽과 모든 인류와 같은 종자들 즉 죄인입니다. 죄인의 특성은 죄의 기준과 죄의 가치와 죄의 원리를 따라 행동한다는 것입니다. 생각하는 것이 죄요 꿈꾸는 것이 죄요 소망하는 것이 죄요 바라는 것이 죄요 비전이 죄요 전공이 죄요 취미가 죄인 자들입니다. 모세가 죄인이라는 사실을 놓치시면 안 됩니다. 모세가 하나님께 부름 받은 하나님의 사역자라는 사실보다 더 기본적이고 본질적인 사실은 그가 죄인이라는 것입니다.

인간적인 측면에서 살펴보면 모세는 왕궁출신입니다. 어려서부터 당시 최대의 강대국 애굽의 왕궁에서 최고의 권력자들과 함께 생활하였고 최고의 권력이 행사되는 현장에서 권력의 측에서 활동하던 자이었습니다. 모세는 이미 정치적인 인물이요 권력을 아는 인물입니다. 왕궁에 있을 때 모세는 어떤 애굽 사람이 히브리 사람 곧 자기 형제를 치는 것을 보고 그 사람을 쳐 죽여 모래 속에 감춘 적이 있습니다. 이미 모세는 인간의 생명보다는 민족정신이 우세하였고 옳고 그름보다는 열정이 앞서 있던 자였습니다. 또 모세가 광야에 머물렀을 때에 하나님이 모세로 하여금 애굽으로 돌아가라고 할 때에도 모세는 단순히 소심한 성격이거나 하나님에 대한 무지 때문에 망설인 것이 아닙니다. 모세는 자기가 가더라도 백성들이 믿지 않을 것이라고 변명하며 자신을 백성들 앞에서 인정받을 수 있게 해 달라는 식의 요청을 하였습니다. 다분히 정치적입니다. 하나님만 동행하신다면 따라가겠다는 방식이 아니라 자신의 손에 능력의 지팡이가 들려 있어야 했고 자신의 옆에 대변인이 있어야 했습니다. 모세를 악평하자는 것이 아니라 모세의 인간적인 측면, 모세의 죄인 됨을 알고 계셔야 한다는 것입니다.

## 모세의 의도적 행위

시내산 사건은 여러 가지 측면에서 대조를 이루고 있습니다. 하나님은 산 위에서 성막과 법궤를 가르치고 계시고 백성은 산 아래에서 신상을 만들고 있었습니다. 이제 백성들의 행동에 대하여 하나님의 반응과 처리하는 방식과 인간의 반응과 처리하는 방식을 대조하여 주고 있습니다. 32장 7~14절까지에 하나님의 방식이 나타나있고, 15~35절에 인간의 방식이 나타나는 것입니다. 시내 산에서 내려오던 모세는 여호수아와 만나 백성 가운데서 나는 소리에 대해 말합니다. 모세는 그 소리를 알아차렸습니다. 그리고 취한 모세의 행동이 19절입니다. "진에 가까이 이르러 그 송아지와 그 춤추는 것들을 보고 크게 노하여 손에서 그 판들을 산 아래로 던져 깨뜨리니라"입니다. 모세의 행동을 분석하기 위하여 다른 행동과 비교해 보도록 하겠습니다. 성경에 모세가 하나님의 말씀을 불순종하는 장면이 있습니다. 민수기 20장에 나옵니다. 백성들이 물이 없어 원망할 때에 하나님은 8절에서 "너희는 반석에게 명하여 물을 내라"고 말씀하셨는데 모세는 반석을 두 번 쳐서 물을 내고, 이에 대해 하나님은 "너희가 나를 믿지 아니하고 이스라엘 자손의 목전에서 내 거룩함을 나타내지 아니한 고로"라고 지적하십니다. 이런 사건의 타이밍을 생각하셔야 합니다. 만약 모세가 하나님을 만난 지 얼마 안 돼서 하나님의 말씀과 다르게 행동하면 그것은 시행착오입니다. 아직 잘 몰라서 그렇게 행하는 것입니다. 그러나 민수기 사건은 모세의 사역 초기에 등장하는 것이 아니라 사역 말기에 등장하는 것이 중요합니다. 즉 실수가 아니라 의도적이라는 것입니다. 몰라서 그렇게 하는 것이 아니라 알고도 그렇게 행하는 것입니다. 단순한 불순종이 아니라 반역이라는 것입니다.

다윗의 경우도 마찬가지입니다. 다윗이 인구 조사를 행함으로 하나님께 불순종을 넘어 반역하는 행동이 나옵니다. 이때에도 다윗은 왕이 된 초기에 이런 행동을 하는 것이 아닙니다. 만약 초기에 인구조사를 했다면 통치를 좀 더 잘하기 위해 준비 자료로 백성들의 실태를 파악하기 위한 사전 조사로 이해할 수도 있습니다. 그러나 다윗의 인구조사는 왕 다윗이 통치 말년에 죽기 전에 그것도 주변 참모들의 만류에도 불구하고 강행하였던 것입니다. 실수가 아니라 의도적입니다. 왜냐하면 자신의 업적을 확인하고 싶었던 것입니다.

## 하나님의 반응

본문으로 돌아와서, 시내 산에서 내려온 모세가 하나님의 증거 판을 던져서 깨버립니다. 이 사건의 당사자는 모세가 아니라 하나님이십니다. 만약 배신을 당했다면 그 당사자는 모세가 아니라 하나님이십니다. 만약 명예훼손을 당한 것이라면 그 당사자는 모세가 아니라 하나님이십니다. 만약 인격적 모멸감을 느꼈다면 그 당사자는 모세가 아니라 하나님이십니다. 그래서 만약 화를 내신다면 주체는 모세가 아니라 하나님이십니다. 만약 진노를 내리신다면 주체는 모세가 아니라 하나님이십니다. 정작 당사자는 하나님이십니다. 그리고 그 당사자이신 하나님은 백성들의 행동에 대하여 이미 결정을 선고하셨습니다. 그 백성에게 화를 내리지 아니하시기로 선언하셨습니다. 이것은 놀랍거나 새로운 결정이 아닙니다. 아니 처음부터 화를 내려는 마음조차 없었습니다. 출애굽기 32장 10절의 말씀은 백성들의 완고함을 비꼬아서 저들의 실상을 깨우쳐 주기 위한 표현에 불과한 것이었습니다. 백성들의 반역에도 불구하고 아무런 징계를 내리지 않는 것은 이번이 처음이 아니라 하나님은 원래부터 그렇게 행하셨습니다. 이스라엘이 부패한 백성이요 목이 뻣뻣한 백성이라는 것은 하나님도 비로소 이번에 알게 되었고 이번에 실제로 실감한 사항이 아닙니다. 이스라엘은 원래부터 부패하고 목이 뻣뻣한 백성이었고 하나님은 진작부터 알고 계셨습니다.

하나님은 그 동안 이스라엘의 불순종과 패역함에 대하여 단 한 번도 화를 내신 적이 없습니다. 이스라엘의 계속되는 불평불만에도 하나님은 단 한 번도 추궁하거나 문책하거나 징계하신 적이 없습니다. 홍해 앞에서 불평할 때에도 하나님은 잠잠히 바다를 열어주셨습니다. 마라에서 원망할 때에도 하나님은 잠잠히 쓴 물을 마실 수 있는 물로 고쳐주셨습니다. 르비딤의 광야에서 이스라엘 백성이 한심할 정도로 불평하며 어리석기 짝이 없을 정도로 원망할 때에도 하나님은 잠잠히 저들에게 만나를 제공하여 주셨습니다. 하나님은 처음부터 지금까지 동일하게 역사하고 계십니다. 저들이 목이 뻣뻣한 것을 이제 사 이해하신 것이 아니라 원래부터 알고 계셨습니다. 하나님은 백성을 이해하셨고 하나님은 백성을 용서하셨습니다. 당사자이신 하나님이 이 사건을 수용하셨고 다만 교육적 기회로 풍자의 말씀을 하셨을 뿐입니다.

모세는 이 사건의 당사자가 아닙니다. 모세가 이 사건에 대하여 왈가왈부할 아무런 권한이 없습니다. 모세가 이 사건에 대하여 자신의 느낌이나 감정이나 그 어떤 반응을 나타낼 수 있는 위치에 존재하지 않고 그 동안도 그런 역할을 해온 적이 없습니다. 그런데 왜 모세가 분노할까요? 그런데 왜 모세가 하나님께서 만드시고 하나님께서 친히 쓰신 증거 판을 깨뜨릴까요? 이 사건에서 가장 무례한 사람은 백성이 아니라 모세 아닌가요? 이 순간 하나님에게 가장 불경한 행동을 하는 것은 백성이 아니라 모세 아닌가요?

### 거룩한 분노?

성경을 읽다가 이해가 안 되면 어떻게든 이해를 하려고 해야 합니다. 내가 이해가 되지 않는다고 해서 그냥 일정한 대답으로 몰아가면 안 됩니다. 하나님의 사역을 정당하게 설명해야 합니다. 무조건 하나님은 정당하다고 우겨서는 안 되는 것처럼, 모세가 행한 행동이 무슨 의도인지를 밝혀내야지 모세는 하나님이 쓰시는 사람이니까 무조건 모세를 옹호하려고 해서는 안 됩니다. 이 본문에 나타난 모세의 행동에 대해 간혹 사람들이 하는 대답이 모세가 하나님을 대신하여 거룩한 분노를 내고 있다는 것입니다. 과연 그럴까요?

10절로 14절을 설명할 때 만약 본문대로라면 모세가 더 위대하다고 했습니다. 만약 본문대로라면 하나님은 성질을 참지 못해서 진노하시고 하나님 스스로의 약속도 맹세도 다 깨버리고 자기 화에 부들부들 떨면서 백성들을 진멸하겠다고 난리를 피시는 분입니다. 어차피 죄인은 그 놈이 그 놈인 것이 뻔한데 이스라엘 백성들을 진노하고 모세로 하여금 큰 나라가 되게 하면 달라질 것으로 기대하는, 인간에 대해 아무 것도 모르는 철부지 하나님이 되어버립니다. 또 한 번 말씀을 하셨다가 뛰어난 영재 출신의 정치적 지도자 경험이 있는 모세가 옳은 소리를 하자 금새 자기의 선언을 뒤 짚어 버리는 변덕쟁이 하나님이 되어버립니다. 반면에 모세는 백성들을 하나님의 진멸에서 건져낸 위대한 지도자요 하나님보다 공의롭고 하나님보다 사려 깊은 진정한 인간의 영도자요 신이 감당치 못할 사람이 되는 것입니다. 모세의 태도가 하나님을 대신하는 거룩한 분노가 아닙니다. 지금은 절대로 모세가 나설 자리가 아니고 모세가 나설 위치가 아니고 모세가 나설 일이 아닙니다. 과연 모세의 행동은 무엇일까요?

## 모세와 아론

### 모세의 추궁

21절 "모세가 아론에게 이르되 이 백성이 당신에게 어떻게 하였기에 당신이 그들을 큰 죄에 빠지게 하였느냐"입니다. 모세의 행동은 하나님의 말씀을 전달하는 것도 아니요 하나님을 위해서 하는 일도 아닙니다.

오직 죄인 된 모세의 행동입니다. 하나님께서 인간과 교통하시는 방법을 아셔야 합니다. 하나님께서는 죄를 짓는 인간에게, 하나님은 백성에게 책임을 추궁한 적이 없고 왜 이렇게 했느냐고 따진 적이 없습니다. 왜냐하면 이미 하나님은 백성의 상태, 백성들의 행태를 다 알고 계시기 때문입니다. 백성들의 불신이나 배신에 대해 놀라거나 당황하신 적이 없고 의심하거나 실망하신 적이 없습니다. 그래서 묻지도 않고 따지지도 않습니다. 물론 가끔 하나님이 인간에게 질문양식으로 말씀을 하시는 경우가 있습니다. 그러나 그것은 질문이 아니고 하나님의 안타까운 심정을 나타내는 표현양식입니다.

아담이 범죄 한 후 하나님이 아담을 부르시며 창세기 3장 9절 "네가 어디 있느냐?"고 말씀하십니다. 이것은 하나님이 아담의 위치를 물어보는 것이 아니라 두려워하여 숨어있는 너의 모습이 너의 정상적인 모습이 아닌데 왜 그러고 있느냐는 안타까운 심정입니다. 또한 여자에게 창세기 3장 13절 "네가 어찌하여 이렇게 하였느냐"는 말씀도 질문이 아니라 어쩌다가 이런 꼴이 되었냐는 탄식입니다. 출애굽기에서도 백성이 홍해 앞에서 두려워 떨며 원망하고 있을 때 하나님이 모세에게 출애굽기 14장 15절 "너는 어찌하여 내게 부르짖느냐?"고 하신 말씀도 왜 부르짖느냐는 질문이 아니라 당장 홍해를 건너가지 않고 왜 머뭇거리고 있느냐는 안타까움의 표현입니다. 하나님이 인간과 교통할 때 특징은 죄인에게 질문이나 추궁하지 않는다는 것과 뭘 하겠다고 나서는 사람에게 질문을 하시거나 다짐을 받지 않는다는 것입니다. 하나님이 사람을 부르시고 세우실 때 질문을 하신 적이 없습니다. 출신이 어디인지, 능력은 있는지, 스펙을 쌓았는지 묻지 않습니다. 또 자신이 있는지, 변하지 않을 것인지, 죽을 고생할 각오는 되어 있는지 다짐 받지도 않고 서약을 받는 것도 없습니다. 왜냐하면 하나님이 사람의 능력에 의존할 것이 아니기 때문입니다. 도리어 하나님이 그 사람을 도우실 것이기 때문입니다.

## 모세의 판단

시내 산에서 내려온 모세가 백성들을 바라보는 순간 모세가 가지고 있던 생각이 무엇인지, 그리고 이후에 행동할 모세가 왜 그렇게 행동하는지에 대한 해답이 바로 이 모세의 말 속에 담겨 있습니다. 25절 "모세가 본즉 백성이 방자하니 이는 아론이 그들을 방자하게 하여 원수에게 조롱거리가 되게 하였음이라"입니다. 시내 산에서 백성들이 행한 행동에 대하여 성경은 대조적인 두 장면을 묘사하고 있습니다. 하나는 하나님의 태도로 32장 7~14절에서 살펴보았습니다. 또 하나가 바로 모세의 태도로 32장 15~35절입니다. 이 두 장면은 하나님이 진노를 내리겠다고 하다가 마음을 돌이키셨다가, 다시 진노를 내려서 백성들을 죽여 버리는 하나님도 오락가락하시는 모습을 보여주는 것이 아닙니다. 인간의 행동, 죄인들의 죄악에 대한 하나님의 반응과 인간의 반응을 대조적으로 비교하여 주는 것입니다. 그러니까 15~35절은 하나님의 반응이 아니라 철저하게 인간 모세, 인간 중의 지도자 모세의 태도입니다. 인간의 문제, 인간의 행동에 대해 하나님이 처리하시는 과정과 인간이 처리하는 과정을 대조해서 보실 줄 알아야 합니다.

하나님은 백성에게 추궁하지 않는다고 했습니다. 왜냐하면 인간이 죄인이라는 것을 알고 있기 때문입니다. 모세도 백성을 탓하지 않습니다. 그러나 그 이유가 다릅니다. 왜냐하면 저들이 백성일 뿐이라는 것을 알기 때문입니다. 21절에서 모세가 아론에게 하는 추궁은 백성을 추궁하는 장면이 아니라 아론을 추궁하는 것입니다. 왜냐하면 모세의 생각에 백성은 백성일 뿐이고 정작 중요한 것은 지도자라는 것입니다. 백성이 어찌하였든 간에 지도자가 제대로 하면 백성들을 통제할 수 있고 지도할 수 있고 제어할 수 있고 관리할 수 있다는 것입니다. 그런데 아론은 지도자임에도 불구하고 백성들의 행동에 당했다는 것입니다. 또한 25절에서 모세가 아론에게 내리는 판단은 아론이 백성들로 하여금 방자하게 만들었다는 것입니다. "백성이 방자하니 이는 아론이 그들을 방자하게 하여" 즉 백성들이 악하고 그 악한 백성들이 방자하게 행하니 아론으로서도 어쩔 수 없었다는 것이 아니라 아론이 방자하고 아론이 무책임하고 아론이 무능하고 아론이 제대로 역할을 하지 못했기 때문이라는 것입니다.

### 성경의 대조

성경은 지금 지도자의 역할, 지도자의 책임을 강조하려는 것이 아니라 인간 문제에 대한 하나님의 인식과 사람의 인식이 얼마나 다른 가를 비교하여 주는 것입니다. 문제 인식이 다르니까 당연히 문제 해결 방식에서도 하나님의 해결방식과 인간의 해별방식이 극명하게 대조되어 아주 다르게 등장하는 것을 보여주는 것입니다. 인간의 죄인 됨을 아시는 하나님의 자비로운 인간을 살리는 방식과, 인간 중에 백성과 지도자는 구별되어야 한다고 생각하는 죄인 지도자의 어리석고 우매한 인간을 죽이는 방식을 대조하고 있는 것입니다. 그러므로 이 사건에서 지도자의 역할이나 책임, 올바른 지도자의 중요성을 언급하면 그것은 성경의 의도를 정반대로 오해하는 비극입니다. 그런데 이런 비극이 비일비재합니다. 모세는 위대한 영도자로, 아론은 비굴한 협잡꾼으로 다루어서는 안 됩니다. 모세는 하나님이 백성들을 진멸하시겠다고 선언하실 때 온몸으로 막아서는 진정한 지도자였고, 아론은 문제의 사태를 백성들의 악함으로 변명하며 자신만 빠져나가려고 하는 삯군이요 거짓 지도자로 몰아세우며 어떤 지도자를 세우느냐에 따라 백성들의 생명이 왔다갔다가 한다고 말해서는 안 됩니다. 그렇게 생각하는 것이 죄인 된 모세의 오해요 인간 모세의 착각입니다. 모세를 리더쉽의 모델로 세워서는 안 됩니다.

본문에서 지도자의 중요성을 강조하면 가장 바보 되는 것은 아론이 아니라 하나님입니다. 성경은 단 한 번도 지도자의 중요성, 지도자의 역할, 지도자의 책임에 대해서 말하는 적이 없습니다. 지도자에 따라 공동체의 모습이 달라진다는 사고방식이 아예 없습니다. 좋은 지도자를 고르고 좋은 지도자를 따르라고 말하는 적이 없습니다. 너희 중에 선한 목자가 있으면 좋겠다고 말씀하시는 적이 없습니다. 하나님이 선한 목자라고 선언하시는 것입니다. 다시 한 번 강조합니다. 32장은 하나님과 인간을 대조하여 보여주고 있는 것입니다. 이제 인간 모세의 문제 처리를 보겠습니다.

## 모세의 행동

### 나아온 사람

만약 25절에 나오는 모세의 판단대로 아론이 백성을 방자하게 하였다면 이 사건의 책임자는 아론입니다. 이 사건에서 징계를 받아야 하고 형벌을 받아야 할 자는 아론입니다. 그런데 모세는 아론에게는 아무런 조치도 취하지 않습니다. 그 다음에 더 재미있는 현상이 있습니다. 26절 "이에 모세가 진 문에 서서 이르되 누구든지 여호와의 편에 있는 자는 내게로 나아오라 하매 레위 자손이 다 모여 그에게로 가는지라"입니다. 이것은 말이 되지 않습니다. 백성들이 모두 단합하여 신상을 만들고 백성들이 모두 합심 작당하여 하나님 앞에 패역한 모습을 보였는데 그 중에 '여호와의 편에 있는 자'가 있겠습니까? 이미 여호와께서는 이스라엘 백성 전체에 대하여 '백성이 부패하였다'고 선언하셨고, '이 백성을 보니 목이 뻣뻣한 백성이로다'라고 선언하셨는데 하나님이 잘못 아신 것인가요? 백성이 다 그런 것이 아니라 그 중에 악당 같은 놈 몇몇이 그런 것이요 부패한 백성 중에도 부패하지 않은 자가 있고 목이 뻣뻣한 백성 가운데에도 목이 부드러운 백성도 있나요? 하나님이 시내산 위에서 바라 보셔서 잘못 아시는 것이고 모세는 백성들과 함께 살고 있으니 모세가 더 잘 알고 있는 것인가요?

모세가 "누구든지 여호와의 편에 있는 자는 내게로 나아오라"는 엉뚱한 소리를 했더니 나온 사람이 레위 자손입니다. 제발 부탁인데 성경의 흐름을 무시한 채 어떤 선입견 때문에 성경의 흐름을 오해하지 마시기 바랍니다. 혹시라도 레위 자손은 하나님의 제사장 자손이라고 생각하시고 모세 앞에 나온 사람들이 레위 자손이기에 과연 레위 자손들은 다르다고 생각하시면 성경의 흐름을 무시한 전형적인 오해입니다. 왜냐하면 레위 자손은 원래부터 특별한 사람들이 아니었고 지금은 레위 자손이 자신들이 하나님의 제사장으로 구별되어 사역을 행할 것이라는 것을 모르고 있는 상태입니다. 모세가 시내 산에서 하나님께 말씀을 들었지만 모세가 내려와서 아직 그런 말을 전달하지 않은 상태이기 때문입니다.

모세의 요청에 따라 레위 자손이 나온 이유는 너무나 간단합니다. 이 구절을 이해하는 힌트는 출애굽기 2장 1절입니다. "레위 가족 중 한 사람이 가서 레위 여자에게 장가들어 그 여자가 임신하여 아들을 낳으니 그가 잘 생긴 것을 보고 석 달 동안 그를 숨겼으나"입니다. 모세의 출생에 관한 내용입니다. 모세가 레위지파이고, 지금 모세가 나아오라고 했더니 나온 지파가 레위지파입니다. 레위지파가 나온 이유는 모세의 친족이기 때문입니다. 이런 것을 한국 속담에 '가재는 게편'이라고 하는 것입니다. 모세는 아론을 추궁해놓고 정작 아론에게는 아무런 조치를 취하지 않습니다. 왜냐하면 같은 지파이기 때문입니다. 레위지파가 나온 것도 오직 하나 같은 레위지파이기 때문입니다.

### 모세의 조치

27, 28절 "모세가 그들에게 이르되 이스라엘의 하나님 여호와께서

이렇게 말씀하시기를 너희는 각각 허리에 칼을 차고 진 이 문에서 저 문까지 왕래하며 각 사람이 그 형제를, 각 사람이 자기의 친구를, 각 사람이 자기의 이웃을 죽이라 하셨느니라. 레위 자손이 모세의 말대로 행하매 이 날에 백성 중에 삼천 명 가량이 죽임을 당하니라"입니다. 하나님이 이렇게 하시겠습니까? 만약 하나님이 진노하여 살육을 행하시면 몇명 죽이시겠습니까? 하나님이 죄인들에게 행한 대로 갚으시면 최소 진멸입니다. 하나님은 이렇게 인간을 대하지 않으십니다. 이것은 죄인의 방식입니다. 이러한 방식을 죄인들은 일벌백계一罰百戒라고 합니다. 한사람이나 한 가지 죄과를 엄하게 벌줌으로써 여러 사람을 경계한다는것입니다. 쉬운 말로 본 떼를 보여주는 것입니다. 하나님은 일벌백계의방식을 절대로 사용하지 않습니다. 그런데 인간은 하나님도 안 쓰시는방법을 씁니다. 왜냐하면 인간에 대한 하나님의 인식과 인간의 인식이다르기 때문입니다.

하나님은 인간은 똑같다고 생각하십니다. 하나님은 그래도 조금 나은 놈이나 그 중에 더 나쁜 놈의 구별은 없다는 것이고, 또 하나 그런 방식으로 인간이 교육되지 않고 변화되지 않는다는 것입니다. 그래서 이런 방식을 사용하지 않습니다. 만약 하나님이 일벌백계의 방식을 사용하면 나머지 사람들은 배울 수 있다고 여기면 죽은 사람만 억울 해 지는것입니다. 죽은 사람만 남들 교육용으로 죽어나가야 할 이유가 없습니다. 종종 사람들은 대를 위해서는 소가 희생될 수 있다고 말합니다. 이런 말을 언제나 다수 쪽에 속한 사람들이 하는 말일뿐 소수에 속한 사람은 절대로 하지 않는 말입니다. 하나님은 이런 교육을 하지 않으시는데죄인들은 이런 방법 즉 일벌백계를 써야 한다고 말을 합니다. 왜냐하면자신이 징계대상에 해당하지 않기 때문입니다. 하나님의 원리이어야 인간이 살고 하나님의 방식이어야 인간이 삽니다.

# 교만의 극치

## 오해의 극치, 교만의 극치, 교활함의 극치

본문은 하나님의 사람 모세가 하나님을 대신해서 하나님의 방법으로 일을 처리하고 있는 것이 아닙니다. 죄인 모세가, 자신은 백성들과 다른 지도자라고 생각하는 모세가, 지도자의 책임과 역할이 중요하다고 생각하는 인간 모세가 행하는 일들입니다. 지금부터 죄인 모세가 보여주는 세 가지 극치의 모습을 보겠습니다. 첫째는 29절로 오해의 극치입니다. "모세가 이르되 각 사람이 자기의 아들과 자기의 형제를 쳤으니 오늘 여호와께 헌신하게 되었느니라. 그가 오늘 너희에게 복을 내리시리라"입니다. 하나님에 대한 오해요 신앙 왜곡의 절정입니다. 하나님에게는 이런 방식이 절대로 없습니다. 또 30절 후반부 "혹 너희를 위하여 속죄가 될까 하노라 하고"입니다. 백성들이 죄를 범한 것에 대하여 한 삼천 명쯤 죽였으니 이 정도면 하나님도 눈 감아 주실 것이라는 극악한 죄인의 사고방식입니다.

두 번째가 30절로 교만의 극치입니다. 30절 "이튿날 모세가 백성에게 이르되 너희가 큰 죄를 범하였도다. 내가 이제 여호와께로 올라가노니 혹 너희를 위하여 속죄가 될까 하노라"입니다. 모세의 말은 '나는 잘못이 없고 너희가 범죄 하였는데, 일단 내가 조치를 취했고 이제 나 모세가 올라가서 하나님을 만나 뵙고 사죄를 받아볼까 한다. 내가 너희들 때문에 이 험한 일을 한다' 는 것으로 극악한 교만의 극치입니다. 언제부터 인간 모세가 하나님보다 이 백성을 더 사랑한답니까? 언제부터 인간 모세가 하나님보다 더 자비와 긍휼이 많답니까? 언제부터 하나님이 인간 중재자에게 의존하셨답니까? 모세의 이 모습이 오늘날 대부분의 지도자, 대부분의 목회자들이 가지고 있는 교만과 패역의 모습입니다. 자기가 중요한 줄 알고 자기의 역할이 중요한 줄 아는 어리석음의 극치입니다.

세 번째가 교활함의 극치입니다. 31절 "모세가 여호와께로 다시 나아가 여짜오되 슬프도소이다. 이 백성이 자기들을 위하여 금 신을 만들었사오니 큰 죄를 범하였나이다"입니다.  만약 모세가 진짜 지도자라면 아론 탓을 하지 말고 백성들 탓을 하지 말고 자신의 무능을 탓해야합니다. 그런데 모세는 전혀 자신의 이야기는 하지 않고 백성이 범죄하였다고 말합니다. 비열한 인간 같이 교활한 말을 합니다. 32절 "그러나 이제 그들의 죄를 사하시옵소서. 그렇지 아니하시오면 원하건대 주께서 기록하신 책에서 내 이름을 지워 버려 주옵소서"입니다. 이게 멋있는 말이 아니기에 기도할 때 이런 구절 인용하시면 안 됩니다. 자기는 죄인이 아니고 자기는 백성들과 다른 종자인데 그래도 내가 지도자이니까 백성들의 죄 짐을 자기가 지고 가겠다는 것입니까? 아~교활함의 극치입니다.

## 보응하리라

하나님이 보시고 하나님이 들으시고 너무나 어이가 없을 것입니다. 그런데 하나님의 대답이 33절 "여호와께서 모세에게 이르시되 누구든지 내게 범죄 하면 내가 내 책에서 그를 지워버리리라"입니다. 만약 하나님이 죽이려고 하면, 하나님이 이름을 지워버리려고 하면 일번이 바로 모세이어야 합니다. 그런데 34절 "이제 가서 내가 네게 말한 곳으로 백성을 인도하라. 내 사자가 네 앞서 가리라"입니다. 그래도 하나님은 여전히 모세를 쓰십니다. 왜냐하면 언제는 모세의 능력보고 사용하신 것이 아니요 언제는 모세의 지도력 보고 세우신 것이 아니요 언제는 모세의 성품보고 부르신 것이 아니기 때문입니다. 보응이라는 말은 기본 의미가 주의하다, 보살피다, 방문하다, 감찰하다, 가르치다, 권고한다는 것입니다. 하나님은 '내가 내 사자를 네 앞서 보내며, 너희들을 늘 주의하여 보살피고, 너희의 죄를 막아주고 지켜줄 것이다.' 라고 말씀하시는 것입니다. 오늘날 안타깝게도 하나님의 지도력은 사라지고 모두 인간의 지도력만 강조합니다. 하나님의 방식은 사라지고 인간의 방식만이 유통되고 있습니다. 가장 그럴듯하지만 가장 비참한 인간의 방식, 자신이 일꾼이요 자신이 지도자라고 생각하는 순간 찾아오는 무엇인가를 해야 한다는 역할론이 비극을 만들어 냅니다. 하나님을 아시고 하나님의 방식을 아시어 하나님이 모든 사람에게 주시는 사랑과 자유와 평안을 함께 누리며 사시기를 주님의 이름으로 축원합니다.

# 이르게 하려니와

## 출애굽기 33 : 1 ~ 11

1 여호와께서 모세에게 이르시되 너는 네가 애굽 땅에서 인도하여 낸 백성과 함께 여기를 떠나서 내가 아브라함과 이삭과 야곱에게 맹세하여 네 자손에게 주기로 한 그 땅으로 올라가라 2 내가 사자를 너보다 앞서 보내어 가나안 사람과 아모리 사람과 헷 사람과 브리스 사람과 히위 사람과 여부스 사람을 쫓아내고 3 너희를 젖과 꿀이 흐르는 땅에 이르게 하려니와 나는 너희와 함께 올라가지 아니하리니 너희는 목이 곧은 백성인즉 내가 길에서 너희를 진멸할까 염려함이니라 하시니 4 백성이 이 준엄한 말씀을 듣고 슬퍼하여 한 사람도 자기의 몸을 단장하지 아니하니 5 여호와께서 모세에게 이르시기를 이스라엘 자손에게 이르라 너희는 목이 곧은 백성인즉 내가 한 순간이라도 너희 가운데에 이르면 너희를 진멸하리니 너희는 장신구를 떼어 내라 그리하면 내가 너희에게 어떻게 할 것인지 정하겠노라 하셨음이라 6 이스라엘 자손이 호렙 산에서부터 그들의 장신구를 떼어 내니라 7 모세가 항상 장막을 취하여 진 밖에 쳐서 진과 멀리 떠나게 하고 회막이라 이름하니 여호와를 앙모하는 자는 다 진 바깥 회막으로 나아가며 8 모세가 회막으로 나아갈 때에는 백성이 다 일어나 자기 장막 문에 서서 모세가 회막에 들어가기까지 바라보며 9 모세가 회막에 들어갈 때에 구름 기둥이 내려 회막 문에 서며 여호와께서 모세와 말씀하시니 10 모든 백성이 회막 문에 구름 기둥이 서 있는 것을 보고 다 일어나 각기 장막 문에 서서 예배하며 11 사람이 자기의 친구와 이야기함 같이 여호와께서는 모세와 대면하여 말씀하시며 모세는 진으로 돌아오나 눈의 아들 젊은 수종자 여호수아는 회막을 떠나지 아니하니라

## 하나님의 반응

### 하나님에 대한 오해

성경은 하나님을 알리는 계시의 책입니다. 세상에 있는 여러 종교들

에서 신이 자신의 존재, 신의 속성, 신의 사역, 신의 뜻과 원리를 공개적으로 알리는 종교는 거의 없습니다. 그래서 대부분 신을 찾아나서는 구도자가 있고, 그 종교에 몸담고 있는 종교인들도 신의 뜻을 알고 싶어 구도와 묵상과 간구에 많은 시간과 열정을 쏟고 있습니다. 그렇게 노력한 후에도 이것이 신의 뜻이라고 지신 있게 선포하는 사람은 하나도 없습니다. 늘 조심스러운 마음가짐으로 혹시 이것이 신이 뜻이 아닐까 생각한다는 자신의 의견을 피력하는 선에서 멈추고 있습니다. 여전히 신은 미지의 영역에 신비하게 남아 있는 것입니다.

기독교는 전혀 다릅니다. 기독교는 계시의 종교 즉 드러내고 밝히고 알리는 종교입니다. 계시도 신비하고 미스테리한 방식이 아니라 성경으로 주어졌습니다. 하나님이 자신의 존재를 알리고 하나님이 자신의 성품을 알리고 하나님이 자신의 활동을 알리고 하나님이 자신의 원리를 알리고 하나님이 자신을 다 알려주시는 것입니다. 그러므로 사람들이 알고 싶어 하는 신에 대한 정보를 해갈할 수 있는 근원지가 바로 성경입니다. 그렇다면 사람들은 성경을 통해 하나님을 알고 하나님이 주신 은혜와 축복을 알고 하나님이 하시는 일들을 통해 평화와 자유와 안식을 누리며 살아야 하는 것이 정상입니다. 그런데 실상은 정 반대입니다. 사람들은 성경을 통해 알게 된 내용 때문에 하나님을 알고 하나님께 감사하고 하나님과 더불어 즐겁게 사는 것이 아닙니다. 도리어 성경을 통해 알게 된 내용 때문에 하나님을 싫어하고 하나님을 저주하고 하나님을 원망하고 하나님께 불평하고 차라리 하나님 같은 신이 없는 것이 낫다는 말까지도 합니다.

마치 하나님의 계시가 문제인 것처럼 여겨집니다. 사실은 하나님의 계시가 문제가 아니라 하나님의 계시를 이해하는 인간의 이해가 문제입니다. 하나님의 계시를 통해 하나님을 알게 된 것이 아니라 도리어 하나님을 오해하였기 때문입니다. 차라리 계시가 없었더라면 하나님을 몰랐을 뿐 오해는 하지 않았을 텐데 계시를 읽더니 하나님을 오해하여 버렸으니 참으로 안타까운 일입니다. 그렇다고 계시를 없애버릴 수는 없고, 오해를 풀고 이해를 하도록 노력하는 것이 차선일 것입니다. 그러한 오해 중의 하나가 출애굽기 32장이었습니다. 이스라엘 백성이 신상을 만들었을 때 하나님이 인간을 향하여 진멸하겠다고 선언하시기도 하고, 사람들을 동원하여 수천 명을 죽여 버리는 것이 과연 신으로서 인간에게 행할 일인가라는 의문이었습니다. 인간의 행동에 대한 하나님의 방식과 인간의 방식을 대조하여 오해를 풀어드렸습니다. 오해를 푸는 정도가 아니라 바른 이해를 향해 한발 더 나아가 보도록 하겠습니다.

## 반응의 차이

시내산 아래에서 행한 이스라엘의 반역적 행동에 대하여 하나님이 취하신 조치는 없습니다. 32장 10절에서 "내가 그들에게 진노하여 진멸하겠다"고 선언하셨지만 그것은 하나님의 진심이 아니었고 그나마도 14절에서 "여호와께서 뜻을 돌이키사 말씀하신 화를 그 백성에게 내리지 아니하심"으로 마무리 되었습니다. 또 28절에서 "레위 자손이 모세의 말대로 행하매 이 날에 백성 중에 삼천 명 가량이 죽임을 당하니라"는 처벌은 하나님이 행하신 것이 아니라 모세가 행한 것이었습니다. 결국 하나님은 이스라엘의 반역적 행동에 대하여 아무런 조치도 취하지 않으신 것입니다. 인간이 하나님께 범죄 하면 하나님께서는 진노하시고 형벌을 내리신다고 생각하시면 오해입니다. 하나님께서 인간에게 인간이 행한 대로 갚으신다고 말씀하시면 왜곡입니다. 성경에 보면 심는 대로 거둔다는 말이 있는대로 하나님께 예배와 찬양과 감사를 심으면 은혜와 축복이 오고 하나님께 반역과 불순종을 심으면 진노와 형벌이 온다고 말씀하시면 성경을 오용하시는 것입니다. 하나님께서는 인간의 행동을 다 지켜보고 계시며 범죄 할 경우 절대로 묵과하지 않으시고 반드시 징계하시니 하나님을 두려워해야 한다고 말씀하시면 거짓주장이시고, 그런 말씀을 자주하시면 유언비어 유포가 됩니다.

이스라엘의 행동에 대한 하나님의 용납과는 대조적으로 인간 모세, 지도자 모세는 아주 강력하게 반응하였습니다. 인간이 하나님보다 더 강하게 나왔습니다. 모세는 하나님이 주신 증거 판을 집어던져 깨뜨려 버렸고, 자기의 친족들을 동원하여 각 사람이 자기의 아들과 자기의 형제를 쳐서 자신의 동족들을 삼천 명씩이나 죽여 버렸습니다. 혹자들은 이렇게 자기 동족들을 죽인 사람들의 행동에 대하여 여호와께 헌신하였다고 말하고, 그들에게 복을 내리실 것이라고 말하기도 했습니다. 사람들은 32장을 오해하여 하나님은 백성들을 진멸하려고 하시는 살인마로 생각하고 모세는 진노한 신으로부터 인간을 구해내는 영웅으로 생각했었습니다. 성경의 계시를 통해 바르게 안 것이 아니라 너무나 엉뚱하게 오해한 것입니다. 하나님의 반응과 모세의 반응 중에 여러분은 어느 것이 마음에 드십니까? 여러분은 어떤 반응을 기대하십니까? 하나님의 반응은 무사안일해 보이고 이것도 저것도 아닌 것 같고 그렇게 일해서 무슨 일을 이룰 수 있을까 한심하고 답답해 보입니까? 차라리 모세의 반응이 쿨한 것 같고 일을 하려면 그 정도 손해는 감수해야 할 것 같기도 하고, 대신 모세의 반응을 환영하자니 내가 대상이 될까봐 두렵기도 하고 그렇습니까?

### 모세에 대한 반응

또 하나 살펴볼 것이 모세의 행동에 대한 하나님의 반응입니다. 하나님이 용서하신 백성들에 대하여 모세가 용서하지 않았습니다. 모세는 직권남용이었고 하나님에 대하여 적극적으로 반역하였습니다. 시내산 아래에서, 백성들 즉 하나님과 모세가 자신들과 함께 하지 않음에 대한 두려움에 사로잡혀 신상을 만든 백성들의 행위와, 하나님의 용서에도 불구하고 자신의 분노심에 격동되어 하나님의 백성을 수천 명이나 죽인 모세 중 누가 더 하나님께 반역을 행한 것일까요? 백성들은 자신들의 두려움을 극복하기 위한 어쩔 수 없는 행동으로 이해할 수 있다고 할 수 있지만 모세는 마치 자신이 하나님이라도 된 듯이, 마치 자신이 하나님보다 더 의롭고 하나님보다 더 이스라엘에 대한 책임감이 있는 것같이 굴면서 정작은 하나님의 백성, 하나님도 차마 죽이지 않는 백성을 삼천 명씩이나 죽여 버렸습니다. 이런 모세의 몰지각하고 자기도취적 오만방자한 만행에 대해 하나님은 어떤 반응을 보이셨을까요? 이때에도 하나님은 모세에게 아무런 조치를 취하지 않으십니다.

33장 1절에 하나님은 마치 아무 일도 없었던 것처럼 모세에게 말씀하셨고, 5절에서도 말씀하셨고, 9절 "모세가 회막에 들어갈 때에 구름 기둥이 내려 회막 문에 서며 여호와께서 모세와 말씀하시니" 그리고 11절 "사람이 자기의 친구와 이야기함같이 여호와께서는 모세와 대면하며 말씀"하셨습니다. 혹자들은 또 이러한 하나님의 태도를 못마땅해 하실 것입니다. 백성들의 행위에 대해 진노하사 진멸하겠다고 하시면 너무 잔인하다고 불평하고, 모세의 행위에도 불구하고 친구처럼 말씀하셨다고 하시면 한 사람만 너무 편애하신다고 말하거나 자기 사람만 편든다고 또 불평할 것입니다. 어떤 모양으로든 오해하고 불평만 할 줄 아는 것이 죄인들의 한계입니다. 또 오해를 풀어보도록 하겠습니다.

## 이르게 하려니와

### 죄인의 상태

하나님의 반응에 대하여 오해를 하는 이유는 인간에 대한 이해가 잘못되었기 때문입니다. 하나님은 인간의 상태 즉 죄인의 상태를 잘 알고 계십니다. 죄인 된 이스라엘이 금 신상을 만드는 행동에 대하여 하나님은 놀라거나 당황하거나 배신감을 느끼지 않습니다. 하나님은 자신이 열 가지 이적을 행하였고 홍해를 가르는 수고를 했고 광야에서 물을 공급하고 만나를 제공하였음에도 불구하고 이스라엘이 배은망덕하게 하나님 대신 다른 신상을 만들고 다른 신을 섬겼다고 불쾌감을 가지지 않으십니다. 사람들의 경우 실망하거나 낙담하거나 좌절하거나 또는 화를 내기나 심지어 진노를 쏟아내는 경우는 상대방의 행위가 자기 기대와 다른 결과를 나타날 때입니다. 자기의 예상과 다른 결과가 나왔다면 상대를 향하여 화를 낼 것이 아니라 내가 예상을 잘못한 것은 아닌가를 살펴보아야 합니다. 엉뚱한 결과를 기대했거나, 불가능한 일을 예상했었다면 상대방의 행동이 문제가 아니라 나의 예측과 기대가 잘못된 것입니다. 만약 기대를 하지 않았다면 또는 다른 결과가 나올 것으로 예상하지 않았다면 전혀 놀랄 일이 없고 화낼 일이 없습니다. 도리어 상대의 수준을 알고 상대방이 그 정도로 행동할 것으로 예상했었다면 상대방의 행동에 대해 당연하게 여길 것입니다. 하나님의 반응은 바로 이것입니다. 저들이 죄인이라는 것을 알고 계셨고 죄인들이 어떤 행동을 어떻게 행할 것인지를 너무나 잘 알고 계셨습니다. 이스라엘의 행동은 하나님의 예측을 벗어나지 않았습니다. 당연히 하나님은 화 낼 일이 없는 것입니다.

모세가 화를 낸 것 또는 오늘날 사람들이 하나님의 반응에 대해 수용하지 못하는 것은 하나님의 행동이 이상해서가 아니라 인간들이 죄인들에 대하여 잘못 이해하고 있기 때문입니다. 마치 자신들이 죄인들이 아닌 것처럼, 자신들은 늘 선한 행동과 의로운 행동만 하는 것으로 대단한 착각들을 합니다. 하나님이 인간이 행한 대로 갚으신다면 살아날 사람이 없습니다. 하나님 대신에 신상을 만들었다고 이스라엘 백성을 죽여 버리고, 하나님 대신에 날뛰었다고 모세와 레위지파 죽여 버리고, 그러한 하나님의 일하심에 대하여 설교 잘못했다고 목사들 죽여 버리고, 그 설교 듣고도 바보같이 아멘 했다고 성도들 죽여 버리면 살아 남을 사람이 하나도 없습니다. 하나님이 인간을 가장 잘 아십니다. 하나님이 인간의 죄인 된 상태와 속성과 원리와 행동을 가장 잘 아십니다. 죄를 짓지 않을 수 없다는 것을 알고 계십니다. 그래서 하나님은 인간에게 진노하지 않으시는 것입니다. 하나님이 인간을 대해 주시는 모습이 가장 정확하고 인간이 살 수 있는 유일한 길입니다.

## 죄인의 한계

하나님은 죄인의 상태를 잘 아시고 동시에 하나님은 죄인의 한계를 잘 아십니다. 하나님이 범죄 한 인간을 징계하지 않으셨는데 죄인의 한계와 징계를 연관시켜 보겠습니다. 징계는 단순히 행동에 대한 대가만을 의미하지 않습니다. 징계는 형벌과 동시에 훈육의 의미를 가지고 있습니다. 사람들이 누군가를 징계하는 이유는 징계를 통하여 징계를 받는 대상이 깨달음을 얻고 변화 될 것이라는 기대를 가지고 행하는 것입니다. 만약 징계를 행함에도 도무지 훈육을 받을 것 같지 않은 사람이라면 징계를 행하지 않습니다. 도리어 내가 피하고  아예 상종을 안 합니다. 이런 경우 사람들은 대상자를 포기하였다고 말합니다. 하나님의 경우에 하나님이 죄인들에게 징계를 내리지 않으시는 이유는 징계를 행하여도 죄인들이 가르침을 받지 않을 것을 너무나도 잘 알고 계시기 때문입니다. 하나님은 죄인들의 상태를 잘 알듯이, 죄인들의 한계 즉 어떠한 가르침과 훈계와 징계와 형벌에도 죄를 벗어날 수 없다는 것을 알고 계십니다. 징계를 해야 아무런 교육적 효과가 나지 않는다는 것을 알고 계십니다. 죄인을 때리면 때리는 하나님 손만 아플 뿐이라는 것을 알고 계십니다. 그러니 하나님이 징계를 하실 이유가 없습니다. 상대방에 대하여 아무런 기대를 가지지 않는 것입니다. 이런 경우를 사람의 경우에는 상대방에 대하여 포기하였다고 말한다고 했습니다. 그러나 하나님의 경우에는 상대방에 대하여 책임지신다고 말합니다.

인간은 자기 자신조차도 주도할 수 없습니다. 너무나도 당연하게 상대방에 대하여는 어찌할 수 없습니다. 기껏 한다는 것이 자신의 최선을 다할 뿐입니다. 내가 아무리 최선을 다해도 상대방이 나의 의도와 다르게 나오면, 내 행동의 목적과 의도를 알아차리지 못하면 방법이 없습니다. 그래서 결국에는 포기하는 것입니다. 그러나 하나님은 인간과 다르십니다. 하나님은 그저 하나님의 최선을 다하고 인간의 처분을 기다리시는 분이 아닙니다. 인간이 도무지 반응하지 않으면 하나님도 무기력할 수밖에 없고 하나님도 인간을 포기하고 방치할 수밖에 없는 무능력한 분이 아닙니다. 하나님의 별명 중의 하나가 전능하신 하나님이십니다. 하나님은 죄인이 반응하기를 기대하고 기다리는 정도가 아니라 아예 죄인을 죄에게서 해방시킬 수 있는 분이요 아예 죄인을 의인으로 즉 새로운 피조물로 변화시킬 수 있는 분이십니다. 지금 죄인 된 이스라엘에 대하여 하나님이 아무런 반응을 나타내지 않는 것은 하나님도 어찌할 수 없어서가 아니라 죄인의 한계를 알고 계시기 때문에, 진노나 형벌의 방법으로는 되지 않는다는 것을 알고 계시기에 안 되는 방법을 안 쓰고 계실 뿐입니다. 하나님은 죄인을 포기하신 것이 아니라 하나님은 지금 되는 방법을 사용하시면서 인간을 책임지고 계시는 것입니다. 하나님의 일하심이 흔히 생각하는 인간들의 방식과 다르기 때문에 인간들이 하나님을 일하심을 깨닫지 못하고 오해하고 있을 뿐입니다. 하나님은 지금 죄인들에게 역사하고 계시고 죄인들을 책임지고 계시는 중입니다.

### 궁극적 하나님의 책임

안 되는 일을 하고 있는 인간과 되는 일을 하고 계시는 하나님과의 차이점을 구별하셔야 합니다. 안 되는 일은 안 되는 것입니다. 안 되는 일을 하는 것은 일을 되게 하는 것이 아니라 더욱 일이 안 되게 하고 있을 뿐입니다. 모세가 행한 일은 안 되는 일입니다. 그 결과 이스라엘 백성

삼천 명이 죽은 것뿐입니다. 사람들은 문제 앞에서 죽이 되든 밥이 되든 무엇이든지 해 보라고, 바라만 보고 있으면 되냐고 말합니다. 차라리 바라만 보고 있는 것이 나은 경우도 있습니다. 인간들은 자신들이 일을 하지 않으면 아무도 일을 안 하고 아무 것도 진행되지 않는 줄로 압니다. 하나님이 언제나 일하시고 하나님이 계속하여 일하시고 계시다는 것을 기억해야 합니다. 마치 자신들이 하나님보다 더 열심히 더 부지런히 일하고 있는 줄로 착각하면 안 됩니다.

하나님이 사람을 세우시는 경우가 있습니다. 이때 중요한 것은 하나님이 세우신다는 것입니다. 절대로 백성들이 선출하여 뽑는 것이 아닙니다. 하나님이 세우신다는 것은 하나님이 책임지신다는 것입니다. 하나님이 세우신다는 것은 맡기신다는 의미가 절대로 아닙니다. 모세가 가진 오해, 오늘 날 목회자들이 가지는 가장 큰 오해가 이것입니다. 자신들이 부름을 받았고 세움을 받았다고 말하면서 그것이 하나님이 자신들을 믿고 자신에게 의탁하고 자신에게 맡기셨다고 착각하는 것입니다. 이제 자신들이 목자이고 자신들이 책임자인줄로 압니다. 오직 하나님만이 선한 목자이시고 전적으로 하나님의 책임입니다. 하나님이 일하시고 하나님이 완성하여 내십니다.

하나님에 의해 부름 받고 세움 받은 사람들이 할 수 있는 가장 큰 일이 열심이 아니고 헌신이 아니고 지도력을 발휘하는 것이 아니고 리더쉽을 나타내는 것이 아니고 순종입니다. 성경에서 순종이 제사보다 낫다고 하는 이유는 하나님이 책임을 지시고 하나님이 진행하시기 때문입니다. 하나님과 인간의 관계는 인간이 무엇을 바치고 드려서 보상을 받아내는 거래 관계가 아니고 인간의 능력과 재주가 하나님의 일하심에 결정적인 변수가 되는 것이 아닙니다. 그래서 인간이 하나님께 드릴 것이 없고 인간이 하나님께 바칠 것이 없고 인간이 하나님을 도울 것이 없습니다. 하나님이 책임지시고 하나님이 가장 적절하게 가장 유익하게 가장 원만하게 사역을 진행하시기에 인간이 할 수 있는 가장 선한 일은 순종 하나로 족한 것입니다. 사람들은 하나님의 일하심을 생각하지 않기에 순종할 생각을 하는 것보다 자신들이 일할 생각을 먼저 하고 많이 합니다. 하나님을 모르는 열정이 만들어 내는 비극입니다. 세상에서 제일 무서운 것이 미련한 사람이 부지런하기까지 한 것입니다. 순종은 무기력한 것이 아니라 가장 지혜로운 것이며 가장 활동력있는 것입니다. 하나님은 이스라엘의 행동, 모세의 행동에 대하여 포기하시거나 방치하신 것이 아닙니다. 만약 하나님이 인간을 책임지지 않으신다면 하나님은 출애굽과 광야의 과정을 행하실 이유가 없습니다. 징계를 안하시는 정도가 아니라 하나님이 행하심이 무엇인지 보겠습니다.

## 하나님의 조치

### 내가 앞서 보내어

인간을 책임지시는 하나님이 이스라엘에게 행하신 반응, 조치, 하나님의 일하심이 33장 2, 3절 "내가 사자를 너보다 앞서 보내어 가나안 사람과 아모리 사람과 헷 사람과 브리스 사람과 히위 사람과 여부스 사람을 쫓아내고 너희를 젖과 꿀이 흐르는 땅에 이르게 하려니와"입니다. 적극적인 하나님의 일하심, 하나님의 책임지심이 "내가 사자를 너보다 앞서 보낸다"는 것입니다. 그리고 당연히 "백성들로 하여금 젖과 꿀이 흐르는 땅에 이르게 한다"는 것입니다. 이미 출애굽기 23장 20절에서 "내가 사자를 네 앞서 보내어 길에서 너를 보호하여 너를 내가 예비한 곳에 이르게 하리니"라고 하셨고 23, 27, 28절에서도 반복하여 말씀하셨고 32장 34절에서도 "내 사자가 네 앞서 가리라"고 말씀하셨고 또 33장 14절에서도 "여호와께서 이르시되 내가 친히 가리라"고 말씀하십니다. 하나님은 이스라엘을 출애굽시키는 순간부터, 아니 아브람을 부르시는 순간부터 이미 인간을 책임지고 계셨고 계속하여 일하고 계셨습니다. 이스라엘의 반역에 대하여 징계하지 않으심이 포기함이 아니라 하나님의 방법으로 책임을 감당하고 새로운 역사를 만들어 내시고 계시는 중이라는 것을 분별하셔야 합니다. 그 책임지심의 일환으로 하나님이 징계가 아니라 '너희보다 앞서 가신다' 는 것입니다.

한 가지 예를 들어보겠습니다. 집에서 이제 돌이 가까운 아이가 걸음마를 하고 있습니다. 거실에서 걸음마를 하다가 거실 중앙에 있는 아빠의 가방에 걸려 넘어졌다고 합시다. 그때 아빠가 아이를 혼내는 것이 아니라 사과를 합니다. 왜냐하면 아빠는 책임자이기 때문입니다. 아이가 장애물을 넘지 못한 잘못을 했다고 책망하는 것이 아니라 아이가 잘 걸을 수 있도록 미리 준비하지 못한 아비의 책임을 통감하고 앞으로는 아빠의 책임을 잘 하겠다고 다짐하고 약속하는 것입니다. 하나님이 책임자로서 취하시는 조치가 바로 그런 것입니다. 백성들이 반역했다고 책망하시고 징계하시는 것이 아니라 하나님 자신이 더 예비하지 못했고 더 배려하지 못한 결과라고 말씀하시는 것입니다. 너희가 범죄하니까 나는 동행하지 않는다는 것이 아니라 너희가 범죄 하지 않도록 내가 미리 가겠다는 것입니다. 징계를 내리는 자는 책임자가 아니라 감독관일 뿐입니다. 하나님은 책임자로서 징계가 아니라 책임을 지시기 위하여 미리 가시는 것입니다.

### 함께 안 간다

실을 풀 때 실타래를 잘 풀어야 하는 것처럼 성경을 읽을 때 해석의 타래를 잘 풀어야 합니다. 일단 오해를 시작하면 계속해서 오해가 되고, 일단 이해가 되면 계속해서 이해가 됩니다. 분별을 못하면 오해와 이해 사이를 오락가락합니다. 하나님의 책임지심을 이해하고 나면 3절은 자연스럽게 이해가 됩니다. "나는 너희와 함께 올라가지 아니하리니 너희는 목이 곧은 백성인즉 내가 길에서 너희를 진멸할까 염려함이니라"입니다. 같이 가시면 다 죽여 버리실 지도 모르기에 같이 안 가십니다. 같이 안 가시고 '앞 서' 가십니다. '나는 너희와 함께 올라가지 아니하리니'라는 말씀이 절대로 살벌한 말씀이 아니고 경고의 말씀이 아니고 진노의 말씀이 아닙니다. 도리어 배려의 말씀이요 격려의 말씀이요 친절한 말씀이요 고마운 말씀입니다. 이런 말씀을 들으면 우리는 그저 '네, 그렇게 하세요.'라고 하면 됩니다. 먼저 가시겠다고, 앞서 가셔서 길 닦아 놓으시겠다고, 사자를 보내어 장애물을 모두 제거해 놓으시겠다고 하십니다.

하나님은 친절하게 말씀하셨는데 사람들은 그 의도를 오해하니까 4절에서 '준엄한 말씀'이라고 생각을 합니다. '준엄한 말씀'을 다른 번역 성경에는 '가슴 아픈 말씀', '참담한 말씀'이라고 번역했습니다. 이어서 하신 말씀이 5절 "여호와께서 모세에게 이르시기를 이스라엘 자손에게 이르라. 너희는 목이 곧은 백성인즉 내가 한 순간이라도 너희 가운데에 이르면 너희를 진멸하리니 너희는 장신구를 떼어 내라. 그리하면 내가 너희에게 어떻게 할 것인지 정하겠노라 하셨음이라"입니다. 여기서 말하는 장신구는 금은 패물을 말하는 것이 아닙니다. 하나님이 워낙 보수적이어서 인간들의 치장을 싫어하시거나 자연적이어서 장식물을 싫어하시는 것이 아닙니다. 32장의 사건은 종교적 신상이었기에 여기에서도 하나님은 종교적 상징물로서의 장식품을 제거하라는 것입니다.

### 하나님 말씀의 순서

33장 1~6절을 살펴볼 때 하나님의 말씀이 두 번 등장합니다. 그런데 하나님이 말씀을 조금 엉뚱하게 하십니다. 하나님의 엉뚱함을 알아차리면 그것이 엉뚱함이 아니라 무지하게 독특한 하나님만의 표현방식임을 아실 수 있습니다. 1절에 "여호와께서 모세에게 이르시되"라고 시작하는 3절까지의 말씀과 5절에 "여호와께서 모세에게 이르시기를"에 이어 등장하는 5절 전체입니다. 그런데 내용적으로 살펴보면 즉 하나님이 말씀하신 내용의 실질적 전개과정 또는 순서를 살펴보면 1절과 5절 중에 무엇이 앞에 나와야 하고 무엇이 뒤에 나와야 하는지 순서를 분별할 필요가 있습니다. 1절은 가나안 땅에 이르게 하시겠다는 내용이고 5절은 광야를 지나가는 내용입니다. 광야를 지나가지 않고는 가나안 땅에 도착하거나 정착할 방법은 아예 없습니다. 그래서 순서적으로 표현하면 5절이 먼저 나와야 합니다. '일단 광야를 지나가보자, 만약 광야를 잘 지나간다면 가나안은 내가 책임지고 들여보내줄게' 라고 대화가 이어지는 것이 순서요 과정이요 논리적으로 맞습니다. 그런데 실상은 정 반대로 말씀하시고 계시다는 것입니다. 먼저 2, 3절 "하나님이 사자를 너보다 앞서 보내어 가나안 사람과 아모리 사람과 헷 사람과 브리스 사람과 히위 사람과 여부스 사람을 쫓아내고 너희를 젖과 꿀이 흐르는 땅에 이르게 하려니와"라고 말씀하십니다. 가나안 땅에 들어 보내주시겠다고 말씀하셨으면 이미 광야를 지나가는 것입니다. 그러므로 5절은 별 의미가 없습니다. 5절 때문에 달라질 것은 아무 것도 없다는 것입니다.

만약 백성들이 하나님의 5절 말씀에도 불구하고 장신구를 제거하지 않아도 진멸당하지 않습니다. 이스라엘 백성이 진멸되면 가나안에 들어갈 백성이 없는 것입니다. 그래서 1절 이하를 대전제, 기본적 사실로 깔아놓고 5절을 이해하여야 합니다. 5절 마지막에 "그리하면 내가 너희에게 어떻게 할 것인지 정하겠노라"고 하십니다. 놀랠 것 하나도 없습니다. 하나님이 어떻게 할 것인지 다 알기 때문입니다. 5절은 만약 하나님 말씀대로 따라오면 복을 주고 안 따라오면 죽어 버린다는 내용이 절대로 아니라는 것입니다. 만약 백성들이 장신구를 제거하고 잘 따라오면 계속 잘 따라가는 것이고, 만약 백성들이 장신구를 제거하지 않고 잘 안 따라오면 하나님은 계속 은혜를 주어 따라오게 하실 것입니다.

이것을 좀 더 큰 앵글로 바라보면 출애굽기는 전혀 놀랄 일이 아니고 앞으로 펼쳐질 민수기의 전 과정도 전혀 놀랄 일이 아닙니다. 왜냐하면 이스라엘이 가나안 땅에 들어가는 것이 이미 결정되어 있기 때문입니다. 가나안 입성은 출애굽기 33장에서 약속된 것이 아니라 이미 창세기에서부터 약속, 맹세되어졌다는 것입니다. 광야의 여정이 생긴 이유는 출애굽을 하였기 때문이요 출애굽 사건이 일어난 이유는 아브라함과의 약속을 지키기 위해서입니다. 아브라함과의 약속이 가나안 땅을 주는 것입니다. 하나님의 약속에 근거하여 이미 여호수아서에 도착한 상태에서 이 출애굽기를 읽고 있어야 한다는 것입니다. 하나님이 책임지시고 하나님이 일하시고 계심을 이해하시면서 성경을 읽으셔야 합니다. 징계 때문에 두려울 것이 없고 하나님이 아무 것도 안 하시는 것 같아 불안할 이유가 없습니다. 하나님이 책임지고 계십니다.

기독교는 계시의 종교입니다. 그래서 분명하고 확실한 종교입니다. 말씀을 읽으시고 하나님을 바로 아시고 하나님께서 저와 여러분에게 베풀어주신 풍성한 은혜를 바로 아시고 하나님의 은혜를 누리는 하나님의 원리를 아시기 바랍니다. 그래서 신앙이 무지가 아닌 이해함이요 두려움이 아닌 평안함이요 통제가 아닌 자유함이요 수고가 아닌 누림이 되시기를 주님의 이름으로 축원합니다.

# 48
## 너를 쉬게 하리라

### 출애굽기 33 : 12 ~ 23

12 모세가 여호와께 아뢰되 보시옵소서 주께서 내게 이 백성을 인도하여 올라가라 하시면서 나와 함께 보낼 자를 내게 지시하지 아니하시나이다 주께서 전에 말씀하시기를 나는 이름으로도 너를 알고 너도 내 앞에 은총을 입었다 하셨사온즉 13 내가 참으로 주의 목전에 은총을 입었사오면 원하건대 주의 길을 내게 보이사 내게 주를 알리시고 나로 주의 목전에 은총을 입게 하시며 이 족속을 주의 백성으로 여기소서 14 여호와께서 이르시되 내가 친히 가리라 내가 너를 쉬게 하리라 15 모세가 여호와께 아뢰되 주께서 친히 가지 아니하시려거든 우리를 이 곳에서 올려 보내지 마옵소서 16 나와 주의 백성이 주의 목전에 은총 입은 줄을 무엇으로 알리이까 주께서 우리와 함께 행하심으로 나와 주의 백성을 천하 만민 중에 구별하심이 아니니이까 17 여호와께서 모세에게 이르시되 네가 말하는 이 일도 내가 하리니 너는 내 목전에 은총을 입었고 내가 이름으로도 너를 앎이니라 18 모세가 이르되 원하건대 주의 영광을 내게 보이소서 19 여호와께서 이르시되 내가 내 모든 선한 것을 네 앞으로 지나가게 하고 여호와의 이름을 네 앞에 선포하리라 나는 은혜 베풀 자에게 은혜를 베풀고 긍휼히 여길 자에게 긍휼을 베푸느니라 20 또 이르시되 네가 내 얼굴을 보지 못하리니 나를 보고 살 자가 없음이니라 21 여호와께서 또 이르시기를 보라 내 곁에 한 장소가 있으니 너는 그 반석 위에 서라 22 내 영광이 지나갈 때에 내가 너를 반석 틈에 두고 내가 지나도록 내 손으로 너를 덮었다가 23 손을 거두리니 네가 내 등을 볼 것이요 얼굴은 보지 못하리라

## 인도하여 올라가라

### 하나님의 일

기독교에서 하나님이 사역을 행하시는 것과 인간이 사역을 행하는

것의 관계성을 인식하셔야 합니다. 세상에서는 사람의 사역 때문에 결과가 맺어집니다. 당연히 일을 행한 사람이 칭찬을 받아야 하고 상을 받아야 합니다. 그러나 기독교는 하나님이 일하시는 것입니다. 사람 때문에 하나님의 일이 되는 것이 아니라 하나님이 일하시기 때문에 일이 이루어지는 것입니다. 하나님이 책임지시고 하나님이 일을 진행하시는 과정에 인간이 동참하게 되는 것입니다. 하나님만으로도 일이 되고 인간이 없어도 일이 이루어지는 데, 하나님의 일하심에 인간을 불러주시고 인간을 동참시켜 주신다면 이미 인간은 영광을 얻은 것이요 큰 상급을 받은 것입니다. 인간으로서 감히 하나님의 일에 참여할 수 있다는 사실 자체가 이미 더할 수 없는 큰 축복입니다. 이때 만약 인간이 하나님의 일에 결정적인 역할을 한다고 생각하면 그것처럼 우스꽝스럽고 어리석은 생각은 없는 것입니다. 더 나아가 인간들이 자신의 수고를 자화자찬하면서 서로 상을 주고받는다면 참으로 가관이라고 밖에는 할 말이 없는 것입니다. 하나님께서 보실 때 어이가 없으실 것입니다. 인간은 하나님을 위할 수 없으며 하나님을 대신하여 일할 수도 없습니다. 도리어 하나님이 일하셔서 하나님의 결과를 인간에게 주시는 것입니다. 저와 여러분이 구원받은 것이 이미 하나님께 은혜와 상을 받은 것이요 저와 여러분이 받은 구원을 누리며 사는 것이 이미 하나님께 영광과 존귀로 대접받은 것입니다.

하나님을 기준으로 놓고 하나님의 관점에서 생각해야 합니다. 자꾸 인간을 기준으로 놓고 인간의 관점에서 생각하시면 안 됩니다. 구원도 마찬가지입니다. 하나님이 나를 부르시고 나를 구원하십니다. 하나님이 구원하시기 때문에 저와 여러분이 구원을 받는 것입니다. 내가 구원받을만한 일을 하고 구원받을 만한 자격을 갖추어서 구원받는 것이 아닙니다. 동시에 하나님이 구원받은 저와 여러분을 놓지 않으시기에 저와 여러분의 구원이 유지되는 것입니다. 배교는 저와 여러분이 하나님을 떠난다고 되는 것이 아닙니다. 저와 여러분이 하나님을 부인하고 거부한다고 하나님의 자녀가 취소되는 것이 아닙니다. 하나님이 저와 여러분을 떠나야 떠나지는 것이요 하나님이 저와 여러분을 부인하고 거부해야 취소가 가능한 것입니다. 그런데 하나님은 저와 여러분을 떠나지 않고 부인하고 않고 거부하지 않으시기에 우리의 구원은 확실하고 분명하고 영원한 것입니다.

## 왜곡된 영웅전

성경에 사람이 한 일 중에 옳은 일, 합당한 일, 하나님의 사역에 도움이 된 일이 거의 없습니다. 창세기에 보면 소돔에 악이 가득하여 멸망 당하는 장면이 나옵니다. 그때 아브라함이 아주 재미있는 말을 합니다. 창세기 18장 23, 24절 "아브라함이 가까이 나아가 이르되 주께서 의인을 악인과 함께 멸하려 하시나이까? 그 성 중에 의인 오십 명이 있을지라도 주께서 그 곳을 멸하시고 그 오십 의인을 위하여 용서하지 아니하시리이까?"입니다. 마치 아브라함이 의협심이 있는 사람으로서 하나님의 부당한 일하심에 대하여 제동을 걸고 하나님에게 협상을 제안하는 듯한 착각을 일으키는 장면입니다. 이것이 아브라함의 코메디입니다. 아브라함과 하나님 중에 더 의롭게 일을 하실 분, 더 공정하게 일을 하실 분은 당연히 하나님입니다. 아브라함이 말한 '주께서 의인을 악인과 함께 멸하려 하시나이까?' 는 하나님을 모독하는 것이고 하나님을 멸시하는 말입니다. 하나님이 아브라함의 어이없는 말씀을 들으십니다. 그래서 아브라함이 50명부터 45명, 40명, 30명, 20명, 10명까지 협상을 진행합니다. 결국 아브라함이 제안한 10명이 없었습니다. 아브라함의 생각이 애시당초 잘못된 생각이었고 아브라함이 행한 모든 일은 아무런 의미가 없는 헛수고요 뭣도 모르고 나댄 무지몽매한 인간, 교만이 극에 달한 인간의 만행에 불과한 것으로 판명이 납니다. 인간 때문에 하나님의 일하심에 변화가 생길 것이라는 생각 자체가 어리석음의 극치입니다.

출애굽기에서 성막을 지을 때 성막을 지은 사람의 역할에 대해서도 마찬가지입니다. 성막내의 기구를 만든 사람이 브살렐과 오홀리압입니다. 이 두 사람이 있었고, 이 두 사람의 재주가 있었기 때문에 성막이 지어질 수 있었던 것이 절대로 아닙니다. 사실은 정 반대입니다. 하나님이 그 두 사람을 불러 주신 것입니다. 하나님이 그 두 사람에게 하나님의 영을 충만하게 부어 주셨습니다. 하나님이 그 두 사람에게 지혜와 총명과 지식과 여러 가지 재주로 정교한 일을 연구하여 금과 은과 놋으로 만들게 하며 보석을 깎아 물리며 여러 가지 기술로 나무를 새겨 만들게 하신 것입니다. 하나님이 그 두 사람으로 하여금 그 일을 감당할 수 있도록 인도하신 것입니다. 두 사람 때문에 하나님이 영광을 얻은 것이 아니라 두 사람이 하나님의 일에 동참되는 영광을 얻은 것입니다. 출애굽기 40장에서 성막이 완성됩니다. 성막이 지어진 다음에 시상식이 열리지 않고 성막을 지은 사람들 중에 하나님이 그 두 사람에게 따로 베풀어주신 상급이 없습니다. 하나님이 냉정하시고 인색하시고 인정이 없으시기 때문이 아니라 이미 상을 주셨기 때문입니다. 이미 은혜와 복을 주셨고 이미 영광과 존귀를 주셨기 때문입니다. 부르심이 은혜요 영을 받음이 상급이요 하나님의 사역에 동참됨이 영광과 존귀인 것입니다.

가나안 정복도 여호수아 때문에 이루어진 것이 아니라 여호와가 행하시는 일에 여호수아가 부름 받아 하나님의 거룩한 전쟁에 동참한 것입니다. 그래서 정복과 정착이 끝난 후에 여호수아가 공적을 인정받아 더 받은 상급과 면류관이 없습니다. 왜냐하면 부르심이 은혜요 영을 받음이 상급이요 하나님의 사역에 동참됨이 영광과 존귀인 것입니다. 사람은 하나님의 일을 하는 존재가 아니라 하나님의 영광에 동참하는 것입니다. 기독교는 하나님이 일하시는 종교입니다.

## 올라가라 하시면서

하나님의 일하심을 오해하고 인간의 역할에 대한 대표적 오해 장면이 이곳입니다. 32장의 시내산에서 백성이 송아지 신상을 만든 사건을 처리하는 과정에 하나님과 모세의 대화에서 절대로 인간 모세를 미화해서는 안 됩니다. 모세는 여전히 하나님의 일과 자신의 일을 혼동하고 있습니다. 하나님의 말씀은 명령이 아니며 인간에게 과업을 맡기시는 것이 아닙니다. 하나님의 말씀은 언제나 선포 즉 하나님이 하실 일 또는 하신 일의 선언이며 동시에 하나님의 맹세로서 하나님의 책임입니다. 즉 하나님의 일이라는 것입니다. 모세는 아직도 하나님의 말씀을 명령으로 여기고 자신이 해야 할 일로 생각합니다. 그래서 33장 12절에서 모세는 "주께서 내게 이 백성을 인도하여 올라가라 하시면서 나와 함께 보낼 자를 내게 지시하지 아니하시나이다"라고 말합니다. 물론 하나님이 '인도하여 올라가라' 고 말씀하셨습니다. 실상은 33장 1, 2절에서 "그 땅으로 올라가라. 내가 사자를 너보다 앞서 보내어 가나안 사람과 아모리 사람과 헷 사람과 브리스 사람과 히위 사람과 여부스 사람을 쫓아내고 너희를 젖과 꿀이 흐르는 땅에 이르게 하려니와"라고 말씀하심으로 모세의 질문이 나오기도 전에 이미 대답을 주셨습니다. 어떤 질문도 어떤 요청도 필요하지 않게 하나님의 일하심을 선언해 주셨습니다. 그냥 모세는 '예' 만 하면 되는 것이 하나님의 방식입니다. 하나님의 일하시는 방식은 이번이 처음이 아닙니다. 아브라함에게도 과업을 주신 적이 없고 모세에게도 과업을 주신 적이 없습니다. 다윗에게도 과업을 주신 적이 없습니다. 하나님의 일하시는 원리, 하나님의 말씀의 어법을 알면 인간은 걱정할 것도 염려할 것도 불안해 할 것도 없습니다. 오직 한마디 '예' 라는 대답으로 충분합니다. 그러나 하나님을 모르고 하나님의 일하시는 원리를 모르면 인간은 엉뚱한 걱정을 하게 되고 불필요한 것을 요구하게 되고 쓸데없는 일을 하게 되는 것입니다.

# 모세의 생각

## 하나님과 인간

본문에서 모세는 철저하게 인간 모세, 죄인 모세의 태도를 보여주고 있는 것입니다. 본문에서도 앞뒤의 내용을 점검해야 합니다. 12절에서는 "나와 함께 보낼 자를 내게 지시하지 아니하시나이다"라고 말하고 바로 뒤이어 15절에서는 "모세가 여호와께 아뢰되 주께서 친히 가지 아니하시려거든 우리를 이곳에서 올려 보내지 마옵소서"라고 말을 합니다. 모세가 왜 이랬다 저랬다 하는지 이제 하나님과 모세의 대화의 내용을 살펴보겠습니다. 인간이 하나님과 맺는 관계 중에 두 가지 그릇된 경우가 있습니다. 하나는 인간의 교만입니다. 인간이 너무나 자신감이 넘쳐서 하나님이 없어도 된다는 것입니다. 이런 경우는 대부분 하나님을 믿는 않는 사람들이 가지는 불신앙의 태도입니다. 또 하나 잘못된 것은 인간의 비굴함입니다. 인간이 너무나 부족하여 차마 하나님 앞에 설 수 없다는 것입니다. 이런 경우는 대부분 하나님을 믿는 사람들이 가지는 왜곡된 신앙의 모습입니다. 하나님을 너무 크고 거룩하신 분으로, 자신은 너무 미약하고 천한 존재로 인식하는 것입니다. 조심스러워 하는 단계를 넘어서 한 없이 자기를 작게 만드는 것으로 바르지 못한 것입니다. 그런데 하나님을 잘 믿는다고 생각하는 분들 가운데 이런 행동이 자주 나옵니다. 교만이나 비굴이 발생하는 것은 하나님을 잘 모르기 때문입니다. 본문에서 하나님이 인간을 어떻게 대하여 주시는지 확인해 보도록 하겠습니다.

이 사건이 출애굽을 하여 광야에 들어와서 시내 산에 머물 때에 일어납니다. 애굽이라는 거대한 나라로부터 나왔습니다. 이제 위험한 상황, 긴박한 상황, 자신이 어찌할 수 없는 무기력한 상황을 벗어 난 것입니다. 이제 광야는 어떤 엄청난 적대 세력이 존재하지 않는 곳, 단지 가나안 땅을 향해 행진만 하는 되는 곳입니다. 외부적 문제는 없고 모세도 하루 종일 백성들의 일을 재판하는 일에 보내고 있던 때였고 모세 나름 대로 이제는 백성을 인도할 만하다고 생각할 때였습니다. 그런데 그 순간에 이스라엘이 시내산에서 송아지 신상을 만들며 하나님께 범죄하였다는 것입니다.

모세가 왜 화를 냈는지, 모세가 왜 분노했는지 이해할 수 있는 것입니다. 이 사건 때문에 모세의 기대는 다 무너졌습니다. 이제 백성을 인도할 수 있을 것 같다는 자신감이 다 사라져버렸습니다. 모세가 산에서 내려오자 증거 판을 깨뜨리는 이유는 이 증거 판이 아무런 의미가 없어졌다는 것입니다. 왜냐하면 하나님과 이스라엘과의 언약관계가 깨졌다고 생각하는 것입니다. 하나님의 백성으로서의 자격을 상실하였다는 것입니다. 하나님이 자신들이 고난 받는 것을 불쌍히 여겨 구원해 주셨고 언약을 맺어주셨는데, 백성들이 하나님을 버렸고 하나님의 약속을 버렸기 때문에 언약이 깨어졌고 하나님께 동행해달라는 요구를 하지 못하게 된 것입니다. 하나님께 죄송하고 송구하고 자신들은 하나님 앞에 설 면목도 없고 하나님께 어떤 것을 부탁할 만한 염치도 없다는 것입니다. 모세가 느끼는 좌절감과 동시에 하나님께 대한 민망함이 극치에 달해 있는 것입니다. 모르는 사람에게 잘못을 해도 미안하지만 은혜를 베푼 자에게 잘못을 하면 그 미안함은 몇 배가 커지는 것입니다.

### 함께 보낼 자

이렇게 민망하고 송구한 마음을 가진 모세가 하나님께 빕니다. 12, 13절 "주께서 전에 말씀하시기를 나는 이름으로도 너를 알고 너도 내 앞에 은총을 입었다 하셨사온즉 내가 참으로 주의 목전에 은총을 입었사오면 원하건대 주의 길을 내게 보이사 내게 주를 알리시고 나로 주의 목전에 은총을 입게 하시며 이 족속을 주의 백성으로 여기소서"입니다. 모세는 패역한 백성의 대표자로서 하나님 앞에 나아와 아주 낮은 자세로 어떻게든 하나님께 도움을 받을 수 있을만한 모든 빌미를 다 동원해 보는 것입니다. 모세가 은혜를 구한 것은 맞습니다. "내가 참으로 주의 목전에 은총을 입었사오면"은 다른 말로 하면 '하나님께서 저에게 은혜를 베풀어 주신다면' 이 족속을 주의 백성으로 여겨달라는 것으로 정말 잘 구했습니다. 그렇게 이 족속을 주의 백성으로 여겨달라고 했으면 그 다음에 결정타를 날려야하는데 모세는 엉뚱한 말을 한 것입니다. 그것이 "나와 함께 보낼 자를 지시하여 주지 아니하시나이다"입니다.

지금 모세는 너무나 인간적이고 너무나 교양이 있고 너무나 인격이 있습니다. 이것이 하나님적인 것이 아니라 죄적인 것입니다. 하나님을 모르기 때문에 이렇게 행동합니다. 죄인의 사고방식으로 하나님을 대하려고 하니까 이런 우아하고 그래도 양심은 있는 듯 한 조심스러운 태도로 나오는 것입니다. 은혜를 구하면서 결국에는 은혜를 구하지 못합니다. 주의 백성으로 삼아 달라고 해 놓고 '함께 보낼 자'를 달라고 하면 됩니까? 만약 하나님이 함께 보낼 자로서 족장 몇 사람 뽑아 주시면 그 사람들과 함께 광야를 무사히 지나갈 수 있을 것 같습니까? 어림도 없습니다. 모세는 결정타를 날렸어야 합니다. 모세가 적반하장이었어야 하고 염치불구이었어야 하고 안하무인이었어야 합니다. 도리어 큰 소리를 쳤어야 합니다. '하나님, 죄인 몰라요! 죄인들이 하는 짓이 다 이렇지 뭐. 우린 그렇다고 쳐도 하나님은 하나님 다우셔야 되는 것 잊지 않으셨죠. 그러니까 계속해서 인도하세요. 책임지세요. 우리가 이런 수준이니까 하나님을 의지하지 우리끼리 할 수 있으면 하나님을 의지하겠습니까? 그러니까 화내지 마시고 계속해서 은혜로 하셔야 합니다. 이 족속을 주의 백성으로 여겨주셔서 하나님이 책임지세요. 동역자니 보조자니 후원자니 그런 것 필요 없고 무조건 하나님이 인도하시고, 하나님이 책임지세요.' 라고 했어야 합니다. 이것이 정상입니다. 제가 설명한 것과 모세가 말한 것 중에 모세가 하는 행동이 더 이상한 것입니다.

　사람들, 죄인들의 모순은 일이 되게 하고 싶으면서 안 되게 일을 한다는 것입니다. 모세가 하나님께 하는 태도가 그 단면입니다. 자신들의 행동에 근거해서 하나님 앞에 민망한 모습으로 섭니다. 그리고 하는 말이 '죽을 죄를 지었습니다. 뭐라고 드릴 말씀이 없습니다. 입이 열 개라고 할 말이 없습니다. 한 번만 봐주시면 잘 하겠습니다' 라고 합니다. 할 말이 없으면 말을 안 해야 합니다. 혹시 저를 기억하신다면, 기회를 주실 수 있으시면 등등의 말을 하는 것이 아닙니다. 죄인들은 이러한 태도가 옳은 줄 알지만 위장이요 속임수입니다. 할 수 없는 것은 할 수 없는 것입니다. 할 수 없는 실력이 한 번 봐준다고 생기지 않습니다. 교양 있게, 폼 나게 말할 것이 아니라 사실대로 말해야 합니다.  '이것이 한계입니다. 도와 주셔야겠습니다. 혼자 할 수 있었으면 왔겠습니까? 저 혼자 못합니다' 라고 말해야 합니다. 은혜를 구하면서 체면을 차리고 은혜를 구하면서 염치를 생각하는 것이 죄인들의 어리석음입니다.


## 내가 친히 가리라

### 내가 친히 가리라

　하나님이 참 좋으신 분이십니다. 하나님의 대답을 보겠습니다. 14절 "여호와께서 이르시되 내가 친히 가리라. 내가 너를 쉬게 하리라"입니다. 하나님은 모세를 아십니다. 모세의 겸손한 태도가 아니라 모세의 비굴한 태도를 알고 계십니다. 모세의 겸손한 태도에 감동하셔서가 아니라 모세에게 필요한 것이 은혜이기에 하나님이 은혜를 주십니다. 하나님이 주시는 은혜는 언제나 인간의 요구와 기대를 넘어섭니다. 왜냐하면 정작 인간들은 자신들에게 어느 정도의 은혜, 얼마만큼의 은혜가 필요한 줄을 알지 못합니다. 그래서 은혜를 받아야 함에도 불구하고 은혜

받기를 과분하게 여기고 정작은 큰 은혜가 필요함에도 불구하고 겨우 조그마한 은혜를 구하는 선에서 그치기 때문입니다. 그렇게 하는 것이 양심 있는 것이라고 생각하고 조금은 망설이고 정작 필요한 양보다 적게 구하는 것이 그래도 염치 있는 짓이라고 잘못 생각하기 때문입니다. 하지만 하나님은 바르게 아십니다. 인간이 구하는 정도로는 해결이 되지 않고 인간이 바라는 대로는 아무 것도 달라지지 않을 것을 아시는 것입니다. 그래서 하나님의 은혜는 언제나 과분하게 오는 것입니다. 이것이 정상입니다.

기껏해야 함께 갈 자를 정해 달라는 요구에 대해 하나님은 너무나도 넉넉하게 "내가 친히 가리라"고 대답하십니다. 고마우신 하나님이십니다. 게다가 하나님은 더 큰 은혜를 주십니다. "내가 너를 쉬게 하리라"입니다. 왜 이 말씀을 하시는 지 아셔야 합니다. 모세는 지금 엉뚱한 책임감을 가지고 있습니다. 자신이 백성들을 인도해야 하고 자신이 백성들의 죄를 감당해야 할 것 같은 죄책감을 가지고 있는 것입니다. 하나님이 그러한 모세의 마음을 풀어 주시는 것입니다. '내가 친히 가리라. 내가 친히 가고, 내가 친히 인도하고, 내가 친히 책임을 질 것이니 네가 부담과 짐을 느끼지 말라. 너도 내 안에서 쉬어라. 나를 믿고 맘 편안히 지내라.' 고 권면하시는 것입니다. 이 말씀은 하나님의 주도권, 하나님의 책임성을 강조하는 것입니다. 누군가가 더 필요하고 무엇인가가 더 있어야 하는 것이 아니라는 것입니다. 인간의 요구와 하나님의 대답의 차이를 아셔야 합니다. 우리들의 요구에 대해 하나님이 하시는 대답이 '내가 친히 하리라' 입니다. 하나님 리더를 보내 주십시요! '내가 친히 하리라.' 하나님 동역자를 보내 주시옵소서! '내가 친히 하리라.' 하나님 찬양에 은사 있는 자를 보내 주시옵소서! '내가 친히 하리라.' 하나님 이 교회에도 기둥 같은 일군을 보내주시옵소서! '내가 친히 하리라.' 하나님 십일조 천만 원씩 하는 분 열 명을 주시옵소서! '내가 친히 하리라.'

하나님 차를 보내 주시옵소서! '내가 친히 하리라.' 하나님 피아노를 주시옵소서! '내가 친히 하리라.' 하나님 300명의 기도의 용사를 주시옵소서! '내가 친히 하리라.' 하나님 한 분 만으로 충분합니다.

### 모세의 반응

하나님의 말씀에 감격한 모세의 반응이 15, 16절입니다. 16절 "나와 주의 백성이 주의 목적에 은총 입은 줄을 무엇으로 알리이까 나와 주의 백성을 천하 만민 중에 구별하심이 아니니이까"입니다. 16절은 의문문이 아니라 감탄문입니다. 감탄문으로 바꾸어 보면 '나와 주의 백성이 주의 목전에 큰 은총을 입었습니다. 나와 주의 백성을 천하 민민 중에 구별하셨다는 것이 그 증거인 것을 우리가 분명히 알고 있습니다. 은혜로 우리를 주의 백성으로 천하 만민 중에 구별하셨기에 하나님이 친히 가시겠다고 말씀하시는 것이군요' 입니다. 그리고 15절 "모세가 여호와께 아로되 주께서 친히 가지 아니하시려거든 우리를 이곳에서 올려 보내지 마옵소서"입니다.

## 주의 영광을 내게 보이소서

### 이 일도 내가 하리니

모세가 15절에서 행한 요청에 대한 대답이 17절 "여호와께서 모세에게 이르시되 네가 말하는 이 일도 내가 하리니 너는 내 목전에 은총을 입었고 내가 이름으로 너를 앎이니라"입니다. 하나님의 포인트는 '당연하지' 입니다. 왜냐하면 하나님이 죄인을 알기 때문입니다. 죄인의 수준을 알고 죄인의 상태를 알고 죄인의 필요를 알기 때문이라는 것입니다. 인간이 어떻게 하느냐에 따라 하나님의 반응이 달라지지 않는다는 것입니다. 내가 너를 알고 있기에 너는 나에게 은혜 입는 자로 서 있다는 것입니다. 하나님의 이러한 말씀은 모세에게만 특별히 해 주시는 말씀이 아니라 모든 자가 하나님 앞에 이러한 존재인 것입니다.

18절 "모세가 이르되 원하건대 주의 영광을 내게 보이소서"입니다. 모세가 하나님께 하나님의 영광을 보여 달라는 이유는 불안감 때문입니다. 사신들은 이미 하나님의 언약을 깨어버렸습니다. 자신들은 이미 하나님을 버린 자들입니다. 이제 매어달릴 것은 오직 하나님뿐입니다. 이 일도 하겠다고 선언하신 하나님께 '정말이십니까? 하나님이 함께 하실 것입니까?' 라고 반문하는 것입니다. 자신들의 범죄에도 불구하고 하나님은 저희들에게 은혜를 베푸실 것인지 의아해 하는 것입니다. 왜냐하면 죄인들은 자꾸 자신들을 의지하는 경향이 있기 때문입니다. 내가 잘한 것이 없는데도 하나님이 계속 동행을 하실까? 내가 이쁜 짓을 안해도 하나님은 계속해서 은혜를 주실까? 자꾸 자신의 행동, 자신의 됨됨이에 근거해서 하나님의 행동을 기대하는 것입니다. 은혜를 주시겠다는 하나님의 약속이 고맙기는 한데 불안한 것입니다.

그때 하나님이 주시는 대답이 19절 "여호와께서 이르시되 내가 내 모든 선한 것을 네 앞으로 지나가게 하고 여호와의 이름을 네 앞에 선포하리라"입니다. 왜 이런 질문이 등장하고, 왜 이런 대답이 등장하는 지 그 상황을 이해하셔야 합니다. 모세의 염려와 불안을 아시니까 모세의 마음에 평화와 안식을 제공하시는 것입니다. 하나님 말씀의 의미는 '너희의 행동 때문에 걱정하지 마라. 너희의 부족함 때문에 불안해하지 마라. 너희의 범죄함 때문에 두려워하지 마라. 너희는 내 앞에 은총을 입었다. 왜? 내가 너희에게 은총을 나타내 주니까. 어느 정도냐고? 내가 내 모든 선한 것을 다 주겠다. 어느 정도는 보여주고, 나머지는 너 하는 것 봐서 결정하는 것이 아니라 너의 행동과 너희 태도에 관계없이, 내가 내 모든 것을 주겠다. 네게 나에게 기대하고 바라는 정도가 아니라 그 이상으로 너에게 줄테니까 아무 걱정하지 말라.' 는 것입니다. 죄인들에게는 이러한 방식이 없습니다. 오직 하나님만이 이렇게 행하십니다. 죄인들은 이러한 말씀을 이해하지 못합니다. 그래서 나오는 것이 19절 후반부입니다.

## 은혜 베풀 자, 긍휼히 여길 자

19절 "나는 은혜 베풀 자에게 은혜를 베풀고 긍휼히 여길 자에게 긍휼을 베푸느니라"입니다. 이 말씀의 의미를 잘 이해하셔야 합니다. 오해하시면 안 되는데 대체로 오해를 합니다. 은혜를 받을 만 한 자에게 은혜를 베풀고 긍휼히 여김을 받을 만 한 자에게 긍휼을 베푼다고 말씀하시는 것이 아닙니다. 그렇게 말하는 것은 인간에게 주도권이 있습니다. 인간이 어떻게 하느냐에 따라 하나님의 일하심이 달라지는 것입니다. 이 본문은 정반대로 하나님이 주도권을 가지고 있고 하나님이 책임지신다는 것입니다. 즉 은혜줄 자를 하나님이 결정하고 긍휼히 여김 받을 자를 하나님이 결정하신다는 것 입니다. 인간에게 은혜 받을 만한 자격이 없어도, 인간은 배반만 해도, 인간은 부인만 해도, 인간은 죄만 행해도 인간에게 은혜 주기로 하나님이 결정한다는 것입니다. 은혜 받을 자와 못 받을 자를 하나님이 골라내신다는 차별과 구별을 만들어 낸다는 의미가 아니라 인간의 행동에 관계없이 하나님이 은혜를 주신다는 것입니다. 저와 여러분이 그 은혜를 받으신 분들이십니다. 하나님을 바로 아시고 저와 여러분이 하나님의 성도됨의 특권을 바로 아셔서 더욱 즐겁고 신나고 자유롭고 행복한 신앙, 하나님과 함께하는 신앙되시기를 주님의 이름으로 축원합니다.

# 49

## 여호와라 여호와라



### 출애굽기 34 : 1 ~ 9

1 여호와께서 모세에게 이르시되 너는 돌판 둘을 처음 것과 같이 다듬어 만들라 네가 깨뜨린 처음 판에 있던 말을 내가 그 판에 쓰리니 2 아침까지 준비하고 아침에 시내 산에 올라와 산 꼭대기에서 내게 보이되 3 아무도 너와 함께 오르지 말며 온 산에 아무도 나타나지 못하게 하고 양과 소도 산 앞에서 먹지 못하게 하라 4 모세가 돌판 둘을 처음 것과 같이 깎아 만들고 아침에 일찍이 일어나 그 두 돌판을 손에 들고 여호와의 명령대로 시내 산에 올라가니 5 여호와께서 구름 가운데에 강림하사 그와 함께 거기 서서 여호와의 이름을 선포하실새 6 여호와께서 그의 앞으로 지나시며 선포하시되 여호와라 여호와라 자비롭고 은혜롭고 노하기를 더디하고 인자와 진실이 많은 하나님이라 7 인자를 천대까지 베풀며 악과 과실과 죄를 용서하리라 그러나 벌을 면제하지는 아니하고 아버지의 악행을 자손 삼사 대까지 보응하리라 8 모세가 급히 땅에 엎드려 경배하며 9 이르되 주여 내가 주께 은총을 입었거든 원하건대 주는 우리와 동행하옵소서 이는 목이 뻣뻣한 백성이니이다 우리의 악과 죄를 사하시고 우리를 주의 기업으로 삼으소서

## 하나님의 표현

### 하나님의 표현

대화는 관계간의 언어입니다. 관계의 언어를 명제의 언어로 이해하면 안 됩니다. 사람 간에 대화할 때 조크를 할 때가 있습니다. 알아들은 사람이 웃습니다. 그때 못 알아들은 사람이 왜 웃느냐고 물어봐도 대답을 해 줄 수가 없습니다. 알아들은 사람은 알아들을 만한 관계가 형성되

어 있는 것이고 못 알아들은 사람은 말귀가 어두운 것이 아니라 그 말과 관계가 없기 때문인 것입니다. 성경은 신에 관한 논문이 아니고 학문적 아티클이 아닙니다. 하나님이 자기 백성에게 자신을 알리시는 책입니다. 그러므로 성경은 관계적 표현입니다. 하나님이 인간과 관계를 맺으신 후 하나님의 사람들, 하나님의 백성들에게 하시는 말씀입니다. 종교를 연구하는 사람들이나 성경을 연구하는 일반 학자들이 자꾸 성경의 의미를 오해하고 때로는 왜곡하는 이유가 관계적 표현을 명제적 표현으로 생각하기 때문입니다. 하나님은 백성에게 말씀하셨는데 그런 관계를 생략한 채 제 삼자의 관점에서 하나님의 말씀이 앞뒤가 맞느냐 논리가 맞느냐 어법이 맞느냐 문체가 맞느냐 객관적이며 보편 타당하냐 등의 방식으로 검증하려는 방법 자체가 잘못된 접근입니다.

성경에는 정말 재미있는 표현들이 많이 있습니다. 출애굽기 33장 21~23절도 정말 재미있는 구절입니다. "여호와께서 또 이르시기를 보라 내 곁에 한 장소가 있으니 너는 그 반석 위에 서라. 내 영광이 지나갈 때에 내가 너를 반석 틈에 두고 내가 지나도록 내 손으로 너를 덮었다가 손을 거두리니 네가 내 등을 볼 것이요 얼굴은 보지 못하리라"입니다. 이런 구절은 재미있게 읽어야지 심각하게 읽으면 안 됩니다. 왜냐하면 심각하면 말이 안 되기 때문입니다. 내 영광이 지나간다, 내 손으로 덮는다, 손을 거둔다, 네가 내 등을 볼 것이다, 얼굴은 보지 못하리라 등 표현 하나하나가 다 말이 안 됩니다. 영이신 하나님께 적절한 표현이 아닙니다. 그런데 이렇게 말씀하셨습니다. 더 재미있는 것은 그 다음입니다. 하나님이 21절로 23절 같이 행하시겠다고 말씀하셨습니다. 그런데 하나님이 실제로 행하셨는지에 대하여 아무런 기록이 없습니다. 하나님이 거창하게, 참으로 신기하게도 하나님에게 어울리지 않는 말씀을 하셨다면 34장 1절에 하나님의 영광이 지나가는 이야기가 나오든지 아니면 출애굽기나 민수기 또는 신명기 어디엔가에서 모세가 하나님의 얼굴을 보았다는 간증이라도 나와 주어야 할 텐데 안타깝게도 단 한 구절도 나오지 않습니다. 당연히 안 나오고 나올 수가 없습니다. 왜냐하면 실현될 수 없는 일이기 때문입니다. 하나님이 재미있게 말씀하신 것을 심각하게 받아들이시면 대화가 엇박자가 나는 것입니다. 그런데 사람들은 심각하게 받아들이고 심각하게 고민합니다. 매 시대마다 많은 사람이 하나님을 보고 싶어 합니다. 그러면서도 감히 하나님의 얼굴을 보여 달라고 하지는 못합니다. 왜냐하면 20절에 "네가 얼굴을 보지 못하리니 나를 보고 살 자가 없음이니라"고 말씀하셨기 때문입니다. 하나님이 보고 싶긴 한데 얼굴을 보면 죽는다니까 얼굴을 보여 달라고 못하고 대신 음성만이라도 들려달라고 부탁을 드리곤 합니다. 얼굴을 보면 죽고 등만 보면 삽니까? 얼굴이 어디까지가 얼굴입니까? 세수할 때 손이 올라가는 곳 까지가 얼굴입니까? 관계의 대화를 명제적으로 접근할 때 발생하는 해프닝들입니다.

## 요구와 응답

하나님의 조금은 황당한 듯한 말씀이 등장하게 된 이유는 33장 18절의 모세의 요구 때문이었습니다. "모세가 이르되 원하건대 주의 영광을 내게 보이소서"입니다. 모세는 주의 영광이 궁금한 것이 아닙니다. 주의 영광을 보고 싶은 것도 아닙니다. 모세의 처지와 입장을 생각하셔야 합니다. 하나님의 은혜를 거부하고 하나님의 말씀을 불순종한 백성들의 모습을 보고 망연자실한 상태에서 이제는 하나님이 자신들과 함께 하지 않으실 것이라는 자신의 생각에 사로잡혀있는 모세에게 하나님은 "내가 친히 가리라 내가 너를 쉬게 하리라"고 말씀하셨습니다. 모세는 이 말씀이 믿어지지가 않는 것입니다. 자신들이 하나님의 백성의 자격을 상실하였고 하나님이 자신들과 함께 가실 이유가 없다고 생각하는 것입니다. 그런데 놀랍게도 하나님은 친히 가시겠다고 말씀을 하시니까 하나님께 하나님이 친히 가신다는 말씀, 쉬게 하신다는 말씀을 지키신다는 증표를 달라고 요청하는 것입니다. 만약 하나님이 범죄 한 자신들과 함께 가신다면 그것은 정말로 하나님이 하나님의 영광과 존귀와 거룩을 보여주시는 것과 마찬가지라는 것입니다. 도와 달라는 표현을 폼 나게 "주의 영광을 내게 보이소서"라고 하는 것입니다. 이러한 모세의 요청에 대한 하나님의 대답이 21~23절인데 그것은 하나님도 그냥 폼 나게 대답해 주신 것입니다. 모세가 증표를 달라니 하나님은 증표 정도가 아니라 더 큰 것을 주겠다는 것이요 모세가 영광을 보여 달라니 하나님은 영광 정도가 아니라 모든 선한 것을 다 보여주고 심지어는 등도 보여주겠다는 의미입니다. 폼 나게 대답하는 것 말고 하나님의 실제적이고 구체적인 대답이 본문에 나오는 것입니다.

## 여호와의 선포

### 여호와의 선포

하나님이 말씀하신 것을 지키신다는 것에 대한 약속의 증표를 보여 달라는 요구에 대한 하나님의 실질적인 대답은 바로 34장 6절 "여호와께서 그의 앞으로 지나시며 선포하시되 여호와라 여호와라 자비롭고 은혜롭고 노하기를 더디하고 인자와 진실이 많은 하나님이라"입니다. 모세의 요구와 하나님의 대답은 언밸런스입니다. 모세는 하나님이 이스라엘을 자기 백성 삼으시는 증거, 친히 가시며 끝까지 인도하시겠다는 것을 확인할 수 있는 증거를 요구하고 있는데 하나님의 대답은 하나님 자신의 성품을 선포하는 것입니다. 그런데 이것이 하나님의 대답으로 사람의 방식과 하나님의 방식의 차이점을 구별하실 줄 아셔야 합니다.

죄인들이 가지는 본성적인 종교방식은 인간중심적입니다. 다른 말로 표현하면 샤머니즘 또는 무속신앙이라고 할 수 있는데 기독교를 제외한 모든 종교의 특성으로, 자신과 종교의 대상 중에 종교를 믿고 있는 당사자에게 모든 근거와 기준이 있다는 것입니다. 왜냐하면 믿을 수 있고 확인할 수 있는 것이 자신이기 때문입니다. 이러한 종교의 강조점은 믿는 자의 간절함과 믿는 자의 진정성과 열심입니다. 내가 얼마나 간절히 구하는데, 내가 얼마나 얼심히 비는데, 내가 얼마나 진심을 다하는데, 내가 얼마나 위해 드렸는데 즉 내가 이렇게 했으니 들어달라는 것입니다. 그 대상에는 관심이 없습니다. 하늘이든 땅이든, 하나님이든 부처님이든, 귀신이든 삼신할머니든, 어떤 신이든 산신령이든 누구든지 나의 열심을 보는 신이면 감동하여 나의 소원, 내가 비는 것을 들어달라는 것입니다. 모든 관건은 나의 열심에 달려있습니다. 그래서 지극한 정성을 드립니다. 모든 행동은 일반성을 넘어 정성이 드러나야 합니다. 지성을 드려도 그냥 낮에 하면 안 되고 새벽에 해야 합니다. 그냥 시원하게 또는 따뜻하게 하면 안 되고 아주 춥게 또는 아주 덥게 해야 합니다. 자신의 건강을 생각하면서 하면 안 되고 힘에 겹도록 해야 합니다. 먹을 것 먹어 가면서 하면 안 되고 굶어 가면서, 잠을 자지 않으면서 해야 합니다. 누가보아도 정성스럽다는 모습이 나와야 합니다.

기독교의 특징은 하나님이 계시다는 것입니다. 또 하나님이 일을 하신다는 것입니다. 그 하나님이 계시를 하신다는 것입니다. 하나님이 하나님 자신에 대하여 알려주십니다. 또 하나님이 인간을 어떻게 대하여 주시는 지를 알려주십니다. 또 하나님이 인간에게 무슨 일을 어떻게 하시는 지를 알려주십니다. 그래서 기독교에서는 인간이 무엇을 행하기 전에 하나님이 누구이신지를 먼저 알아야 합니다. 즉 내가 얼마나 열심을 내는가 이전에 내가 믿는 대상이신 하나님을 알아야 합니다. 일단 열심히 하는 것이 중요한 것이 아니라 하나님의 원리에 맞는가 하나님께 필요한 것인가 하나님의 기준에 합당한가 등을 먼저 생각해야 합니다. 타 종교에는 계시가 없습니다. 그래서 타 종교에서는 신의 속성, 신의 원리, 신의 마음, 신의 섭리라는 것이 없습니다. 신이 원하시는가 신의 기준에 맞는가 신에게 필요한 일 인가를 논할 수 없습니다. 그러니 내가 하고 싶은 대로 하는 것입니다. 그러나 기독교에는 하나님이 계시고 하나님이 계시를 하셨습니다. 하나님을 알지 못한 채 하나님의 원리에 맞지 않는 행동, 하나님께 불필요한 열심을 내면 그런 것을 헛된 열심, 무익한 행위라고 하는 것입니다. 모세의 요구와 하나님의 대답이 이러한 특성을 나타내 주고 있습니다.

## 여호와라

이러한 방식은 이미 출애굽기 3장에서 살펴본 적이 있습니다. 하나님이 모세를 파송하실 때 모세가 거부하였습니다. 그때 모세가 한 말이 3장 11절 "모세가 하나님께 아뢰되 내가 누구이기에 바로에게 가며 이스라엘 자손을 애굽에서 인도하여 내리이까?"입니다. 이때 하나님의 대답이 12절 "하나님이 이르시되 내가 반드시 너와 함께 있으리라. 네가 그 백성을 애굽에서 인도하여 낸 후에 너희가 이 산에서 하나님을 섬기리니 이것이 내가 너를 보낸 증거니라"입니다. 모세는 과연 가능한가, 어떻게 할 것인가라는 방법적인 측면을 불안해하고 있을 때 하나님은 수단과 방법을 알려 주시는 것이 아니라 결과를 선언해 버립니다. 증거로 제시하는 것이 결과를 담보할 수 있는 약조물이 아니라 그냥 결과입니다. 또 모세가 질문합니다. 13절 "모세가 하나님께 아뢰되 내가 이스라엘 자손에게 가서 이르기를 너희의 조상의 하나님이 나를 너희에게 보내셨다 하면 그들이 내게 묻기를 그의 이름이 무엇이냐 하리니 내가 무엇이라고 그들에게 말하리이까"입니다. 이것은 하나님의 이름을 묻는 것이 아니고, 하나님에 대한 정보를 요청하는 것이 아니라 하나님의 정체, 하나님의 서열, 하나님의 능력을 보여 달라는 것입니다. 믿을 만한지를 확인시켜 달라는 것입니다. 이때 하나님의 대답은 "나는 스스로 있는 자니라"입니다. 즉 하나님의 성품, 하나님의 속성을 알리시는 것이 대답이셨습니다.

이미 이러한 하나님의 방식은 창세기에도 나타나 있습니다. 하나님이 아브라함을 불러서 세 가지 일을 약속하셨습니다. 아브라함이 생각하기에 세월이 지나가도 약속이 진행되는 깃 같지가 않습니다. 그래서 15장에서 투정어린 질문을 합니다. 15장 2절 "아브람이 이르되 주 여호와여 무엇을 내게 주시려 하나이까 나는 자식이 없사오니 나의 상속자는 이 다메섹 사람 엘리에셀이니이다. 주께서 내게 씨를 주지 아니하셨으니 내 집에서 길린 자가 내 상속자가 될 것이니이다" 또 8절 "주 여호와여 내가 이 땅을 소유로 받을 것을 무엇으로 알리이까"입니다. 그 후에 하갈을 통해 이스마엘을 낳기도 하고 구십구 세에 도달합니다. 그때 하나님이 나타나셔서 하시는 말씀이 17장 1절 "아브람이 구십구 세 때에 여호와께서 아브람에게 나타나서 그에게 이르시되 나는 전능한 하나님이라"입니다. 사람들은 확인을 하고 싶어 합니다. 확인의 방법으로 능력을 보이고 실력을 보이고 증거를 내 놓으라고 합니다. 이때 하나님은 능력이나 실력이나 증거를 보여주시는 것이 아니라 하나님의 성품, 하나님의 속성을 선포하시는 것입니다.

예수님도 이러한 방식을 사용하셨습니다. 마태복음 4장에서 마귀에게 시험을 받으실 때 마귀들이 요구하는 것이 인간이 요구하는 것과 같았습니다. 4장 3절 "네가 만일 하나님의 아들이어든 명하여 이 돌들로 떡덩이가 되게 하라"는 것입니다. 능력을 보이면 실력을 보이면 증거를 보이면 인정받을 수 있다는 것입니다. 사람의 기준에서 볼 때 맞는 말입니다. 그러나 예수는 아무런 능력을 보이지 않으셨습니다. 오직 하나님의 원리에 순종하는 모습만 보이셨습니다. 또 요한복음 7장에 보면 유대인 명절인 초막절에 제자들이 예수에게 요구하는 것이 있습니다. 7장 3절 이하에 "그 형제들이 예수께 이르되 당신이 행하는 일을 제자들도 보게 여기를 떠나 유대로 가소서. 스스로 나타나기를 구하면서 묻혀서 일하는 사람이 없나니 이 일을 행하려 하거든 자신을 세상에 나타내소서"입니다. 사람의 기준에서 볼 때 옳은 말입니다. 그러나 예수는 저들의 요구에 맞추어 행동하지 않으셨습니다. 오직 하나님의 때에 맞추어 행동하셨습니다.

## 죄의 방식과 하나님의 방식

사람들이 가지고 있는 사고 중에 가장 심각한 문제가 자신들이 죄인이라는 것을 모르고 있다는 것입니다. 즉 자신이 문제라는 사실을 모르는 것입니다. 죄인이라는 인간, 자기 자신이 문제라는 것을 모르고 자기에게 어떤 능력이 없고 어떤 실력이 없고 어떤 동역자가 없고 어떤 후원자가 없고 어떤 기회가 없고 어떤 보증이 없다는 것이 문제인 줄로 압니다. 그래서 자기 자신이 변화되어야 한다는 생각을 하지 않고 능력이 생기고 실력이 생기고 동역자가 생기고 후원자가 생기고 기회가 오고 보증이 있으면 될 줄로 생각합니다. 인간이 문제요 죄성이 문제요 죄가 문제입니다. 죄인 된 인간은 자기 자신을 알지 못하고 자기 마음을 주관하지 못하고 상황을 다스리지 못하고 감정을 관리하지 못하고 의지를 조절하지 못합니다. 그래서 인간의 요구는 끝이 없는 것입니다. 이스라엘 백성이 노역으로 고생하며 아우성을 치기에 출애굽을 시켜 자유를 제공하였습니다. 그랬더니 홍해 앞에서 원망과 불평을 합니다. 물과 먹을 것이 없다고 아우성을 치기에 해갈하여 주고 배고픔을 해결하여 주었더니 곧 바로 마늘과 부추가 먹고 싶다고 애굽으로 돌아가겠다고 합니다. 하나님이 전쟁을 물리쳐 주시매 하나님 최고라고 하더니 모세가 산에 올라간 사이에 곧 바로 금송아지를 만들어 버립니다. 인간은 자신들은 아무런 문제가 없는 줄로 압니다. 인간이 죄인이라는 사실이 문제의 본질이요 핵심입니다.

모세도 그 범주를 벗어나지 못합니다. 그래서 요구하는 것이 확인이요 증거입니다. 하나님이 어떤 방식으로 확인시켜 주고, 무엇을 주어야 증거가 되겠습니까? 사람의 방식으로는 해결이 되지 않습니다. 그래서 하나님의 방식으로 대답을 주시는 것입니다. 그 대답이 바로 6절 하나님의 선포, 하나님의 계시, 하나님의 속성을 알리시는 것입니다. "여호와께서 그의 앞으로 지나시며 선포하시되 여호와라 여호와라 자비롭고 은혜롭고 노하기를 더디하고 인자와 진실이 많은 하나님이라"입니다. 이것이 하나님의 대답입니다. 하나님은 '내가 너희를 내 백성 삼으며, 내가 너희를 약속의 땅으로 인도하여 준다는 약속의 증표가 내가 여호와라는 사실이다. 나는 자비롭고 은혜롭고 노하기를 더디하고 인자와 진실이 많은 하나님이다. 그래서 너희가 무슨 짓을 하든, 너희가 얼마나 망나니짓을 하든, 너희가 얼마나 불순종을 하든, 너희가 어떻게 원망과 불평을 하든, 너희가 아무리 금 신상을 만들고 우상을 숭배하고 나를 배반하든 나는 너희를 인도한다. 이게 나다. 이게 나의 약속의 증표다. 내가 여호와라 여호와라' 라고 말씀하시는 것입니다.

모세는 백성들이 악행을 범한 것 때문에 소심해져 있고 두려워하고 있고 하나님 앞에 면목이 없는 것입니다. 그런 모세에게 주시는 하나님의 대답은 너희 행동과 무관하게 하나님은 하나님의 약속을 지키신다는 것입니다. 더 나아가 너희가 그런 존재들이기에 하나님이 너희와 함께한다는 것입니다. 왜냐하면 하나님이 여호와이시기 때문입니다. 그래서 이 시점에서 주어져야 하는 대답이 나는 전능하다, 나는 능력자다, 나는 영이다, 나는 생명이다가 아니라 "나는 자비롭고 은혜롭고 노하기를 더디하고 인자와 진실이 많은 하나님이다"라고 하시는 것입니다. 하나님은 '너희가 하나님의 백성이 되는 것은 너희의 어떤 열심이나 노력 때문이 아니라 하나님이 너희를 하나님의 백성 삼았기 때문이다. 너희가 광야를 무사히 지나갈 수 있는 것은 너희의 순종과 헌신 때문이 아니라 하나님이 자비롭고 은혜롭고 노하기를 더디 하시기 때문이다. 너희가 약속의 땅 가나안에 들어가게 될 것은 너희의 일편단심 충성심과 가나안 민족을 물리칠 수 있는 용맹성 때문이 아니라 하나님이 인자와 진실로 너희를 대하시기 때문이다' 라고 말씀하시는 것입니다.

저와 여러분의 신앙의 근거도 저와 여러분의 믿음이나 열심이 아니라 하나님이십니다. 우리가 다른 사람들보다 진실하거나 믿음이 있거나 열심이 있거나 실력이 있어서 이 신앙을 가진 것이 아닙니다. 저와 여러분은 자비롭고 은혜롭고 노하기를 더디하고 인자와 진실이 많으신 하나님이 우리를 찾아오심으로 인하여 하나님을 알게 되었고, 자비롭고 은혜롭고 노하기를 더디하고 인자와 진실이 많으신 하나님이 우리를 구원하시어 구원받았고, 자비롭고 은혜롭고 노하기를 더디하고 인자와 진실이 많으신 하나님이 우리를 그렇게 대해 주시어 지금도 하나님과 교통하고 있으며, 자비롭고 은혜롭고 노하기를 더디하고 인자와 진실이 많으신 하나님이 앞으로도 계속 우리를 보호하실 것이기에 하나님과 동행할 수 있는 것입니다. 우리 신앙의 근거, 우리 신앙의 방법은 우리의 행위가 아니라 우리를 대하시는 하나님을 바로 아는 것입니다. 지금 모세의 불안을 아시는 하나님이, 모세의 요구를 들으시는 하나님이 모세가 요구하는 것보다 더 크게, 더 확실하게 대답하여 주시는 것입니다.


### 예수의 가르침

마태복음 6장에서 제자들에게 기도에 대하여 말씀하실 때에도 동일한 원리가 적용됩니다. 예수님은 기도의 모범을 보여주신 것이 아니고 바른 기도문을 작성하여 주신 것이 아니고 응답받는 기도의 비법을 알려주신 것이 아닙니다. 예수님은 기도에 대하여 말씀하신 것이 아니고 저들이 기도하는 대상에 대하여 바르게 알려주시는 것입니다. 대상을 바르게 알면 저들이 행동 즉 기도의 방법과 내용이 달라지게 되어있기 때문입니다. 예수님은 기도에 대해 가르치신 것이 아니라 하나님에 대하여 가르치셨습니다. 마태복음 6장 6절 "너는 기도할 때에 네 골방에 들어가 문을 닫고 은밀한 중에 계신 네 아버지께 기도하라. 은밀한 중에 보시는 네 아버지께서 갚으시리라"입니다. 기도의 장소는 은밀한 곳이어야 한다는 것이 아닙니다. 공개적인 자리, 누구나 볼 수 있는 자리가 아니어도 감추어진 곳, 은밀한 곳이어도 하나님은 보시고 하나님은 들으신다는 것이 핵심입니다. 7, 8절 "기도할 때에 이방인과 같이 중언부언하지 말라. 그들은 말을 많이 하여야 들으실 줄 생각하느니라. 그러므로 그들을 본받지 말라. 구하기 전에 너희에게 있어야 할 것을 하나님 너희 아버지께서 아시느니라"입니다. 기도는 중언부언 하면 안 된다는 방법론이 아니라 저들은 말을 많이 하여야 들으실 줄 생각하기에 중언부언하지만 하나님은 구하기 전에 너희에게 있어야 할 것은 아시는 분이기에 말을 많이 하지 않아도 된다는 것입니다. 하나님을 알아야 하나님께 바른 모습으로 나아올 수 있고 하나님께 합당한 태도로 반응할 수 있는 것입니다.

백성들의 행동에 근거하여 모세는 죄책감을 가지고 있으며 하나님 앞에 서기 민망해 하고 하나님 앞에 구하기를 두려워하고 있습니다. 그런 모세에게 하나님의 대답은 저들의 반성과 회개를 요구하는 것이 아니며 저들의 열심이나 충성을 요구하는 것도 아니며 저들의 다짐이나 결단을 촉구하는 것도 아니며 저들의 변화를 요구하는 것도 아닙니다. 도리어 하나님을 알리시며 하나님을 알라고 권면하시는 것입니다. 저들의 반성과 회개로 아무 것도 달라지지 않습니다. 저들의 열심과 충성으로 아무 것도 달라지지 않습니다. 저들의 다짐이나 결단으로 아무 것도 달라지지 않습니다. 죄인 된 인간이 변화될 수 있는 유일한 길은 하나님을 아는 것입니다. 그래서 하나님은 하나님을 알리시며 하나님을 알라고 말씀하시는 것입니다.

# 원하건대

## 모세의 기도

성경이 하고자하는 가장 중요한 이야기는 하나님이 누구신가 하는 것과 인간은 누구인가라는 것입니다. 성경이 말하는 하나님의 복 주심과 구원하심은 언제나 인간의 자격과 조건에 대한 보상이 아니라 하나님의 은혜로우심과 자비하심에 근거하는 것입니다. 그래서 신앙생활은 시작부터 과정 내내, 처음부터 계속하여 은혜인 것입니다. 은혜를 받는 것도 은혜요 은혜를 누리는 것도 은혜입니다. 하나님이 우리를 은혜로 대해주셔서 저와 여러분이 존재하는 것입니다.

드디어 모세가 반응합니다. 34장 8, 9절 "모세가 급히 땅에 엎드려 경배하며 이르되 주여 내가 주께 은총을 입었거든 원하건대 주는 우리와 동행하옵소서. 이는 목이 뻣뻣한 백성이니이다. 우리의 악과 죄를 사하시고 우리를 주의 기업으로 삼으소서"입니다. 모세의 말은 회개가 아닙니다. 이스라엘 백성이 범죄 했으나 용서해 달라는 것이 아닙니다. 또한 모세의 말은 다짐과 결단이 아닙니다. 한번만 용서해 주시면 다시는 안 그러겠다는 것이 아닙니다. 모세의 핵심은 그냥 있는 그대로의 실토입니다. 그리고 하나님의 은혜에 대한 호소입니다. 모세의 말은 '하나님, 우리는 이것이 최선입니다. 우리가 할 수 있는 일이라고는 이런 짓뿐입니다. 하나님 우리는 목이 뻣뻣합니다. 그러니까 하나님이 우리와 동행하셔야 합니다. 하나님 우리는 목이 곧은 자들입니다. 그러니까 하나님이 친히 가셔야 합니다. 하나님이 자비와 은혜로 대해주지 않으시면, 하나님이 노하기를 더디하지 않으시면, 하나님이 인자와 진실로 다루어지지 않으시면, 하나님이 백성삼아 주시지 않으시면 대책이 없습니다. 하나님이 하나님의 성품에 따라 역사하지 않으시면 우리는 다 죽습니다. 하나님이 우리의 하나님이 되시려면 하나님이 하셔야 합니다. 하나님이 우리를 하나님의 백성 삼으려면 하나님이 일하셔야 합니다. 하나님이 다 하셔야 합니다.' 라는 뜻입니다.

지금 모세는 용서를 구하는 것이 아닙니다. 용서를 구하는 것은 교만의 극치입니다. 왜냐하면 용서를 받으면 그 다음엔 잘 할 수 있는 것이 아니기 때문입니다. 기회를 주어도 달라질 재주가 없습니다. 용서를 구해서 용서를 받아도 다음 대책이 전혀 없습니다. 기독교는 회개하고 용서를 구하는 종교가 아닙니다. 인간이 죄인임을 알고 하나님을 알아야 하는 종교입니다. 하나님을 알아야 우리의 구하는 것이 달라집니다. 모세가 "우리의 악과 죄를 사하시고 우리를 주의 기업으로 삼으소서' 라고 기도하는 것처럼 오늘날 성도들의 기도도 달라져야 합니다. 성도들의 기도는 '하나님, 우리는 잘못을 저지를 수밖에 없는 존재이지만 하나님의 성품에 근거하여 하나님이 목적하신 하나님의 백성으로서의 완성을 하나님의 능력과 은혜로 이루어 주셔야 합니다' 라고 고백하는 것이어야 합니다. 성도들의 기도는 '하나님, 우리는 잘못을 저질 수 밖에 없는 존재들입니다. 그래서 하나님을 믿습니다. 하나님이 죄인인 저희들을 구원하여 주셔서 감사합니다' 라는 고백이어야 합니다. 그러나 구약의 이스라엘과 신약의 성도는 본질적 차이가 있습니다. 저들은 하나님을 모르기에 계속 어리석은 행동을 반복한다는 것이고 성도는 이미 구원받아 하나님을 아는 자들이기에, 변화된 자들이기에 성숙하여 가고 하나님의 은혜를 누릴 수 있는 것입니다.

# 50

## 놀라운 일

### 출애굽기 34 : 10 ~ 17

10 여호와께서 이르시되 보라 내가 언약을 세우나니 곧 내가 아직 온 땅 아무 국민에게도 행하지 아니한 이적을 너희 전체 백성 앞에 행할 것이라 네가 머무는 나라 백성이 다 여호와의 행하심을 보리니 내가 너를 위하여 행할 일이 두려운 것임이니라 11 너는 내가 오늘 네게 명령하는 것을 삼가 지키라 보라 내가 네 앞에서 아모리 사람과 가나안 사람과 헷 사람과 브리스 사람과 히위 사람과 여부스 사람을 쫓아내리니 12 너는 스스로 삼가 네가 들어가는 땅의 주민과 언약을 세우지 말라 그것이 너희에게 올무가 될까 하노라 13 너희는 도리어 그들의 제단들을 헐고 그들의 주상을 깨뜨리고 그들의 아세라 상을 찍을지어다 14 너는 다른 신에게 절하지 말라 여호와는 질투라 이름하는 질투의 하나님임이니라 15 너는 삼가 그 땅의 주민과 언약을 세우지 말지니 이는 그들이 모든 신을 음란하게 섬기며 그들의 신들에게 제물을 드리고 너를 청하면 네가 그 제물을 먹을까 함이며 16 또 네가 그들의 딸들을 네 아들들의 아내로 삼음으로 그들의 딸들이 그들의 신들을 음란하게 섬기며 네 아들에게 그들의 신들을 음란하게 섬기게 할까 함이니라 17 너는 신상들을 부어 만들지 말지니라

## 내가 언약을 세우나니

### 하나님이 먼저

성경은 하나님의 활동부터 시작합니다. 창세기 1장 1절이 "하나님이 천지를 창조하시니라"입니다. 하나님이 먼저 존재하셨고 하나님이 먼저 활동하셨습니다. 하나님과 인간의 관계는 하나님의 일하심의 결과입니다. 언제나 인간보다 하나님이 먼저 인간을 위해 활동하신다는 사실을

기억해야합니다. 언제나 하나님이 먼저 인간에게 은혜를 베풀어 주시기 때문에 인간이 먼저 해야 하는 어떤 일도 존재하지 않습니다. 당연히 인간이 먼저 할 일이 없는 것입니다. 그런데 성경에는 인간이 먼저 행한 일이 있습니다. 에덴에서 범죄 하는 것도 인간이 먼저 행했습니다. 시내산에서 하나님을 부인하고 신상을 만든 것도 인간이 먼저 독창적으로 행했습니다. 불행한 것은 인간이 독창적으로 먼저 행한 일 중에 단 하나도 유익한 일이 없었다는 것입니다. 왜냐하면 불필요한 일을 했으니까, 유익하지 않고 불필요한 일을 했으니 부작용만 발생하는 것이 당연한 것입니다.

하나님이 먼저 행하시는 것이 정상입니다. 시내산 밑에서 이스라엘이 하나님을 배반하는 사건이 일어났습니다. 하나님과 모세 중에 이 사건을 인식한 것도 하나님이 먼저입니다. 이스라엘이 하나님의 언약을 깨뜨려 버린 후에 새로운 언약을 맺기로 제안한 것도 하나님과 모세 중 하나님이 먼저입니다. 34장 10절에 "여호와께서 이르시되 보라 내가 언약을 세우리니"라고 말씀하십니다.

### 하나님의 맹세

언약이라는 용어, 계약이라는 용어를 사람들이 자주 사용합니다. 그래서 언약이라는 용어에 대한 선이해가 있습니다. 신앙적 내용에 관하여 인간이 가지고 있는 선이해는 모두 죄적입니다. 그래서 이 선이해가 성경을 이해하는데 방해를 하는 것입니다. 언약 또는 계약이라고 하면 사람들은 언약을 맺는 두 당사자를 생각합니다. 동등한 자격을 갖춘 당사자들이 서로 이행해야할 책임을 가지고, 서로 주장할 권리를 가지는 조건에 동의를 하는 것입니다. 이때 중요한 것은 동등성입니다. 서로에게 동등성이 무너지지 않으면서 서로에게 유익이 되게 하기 위하여 협상을 하는 것입니다. 동등성이 무너지면 불평등이니 일방적이라는 표현이 등장하고 언약을 요구하는 쪽에 대하여 강압적이라고 하고, 언약을 요구 당하는 쪽에 대하여 굴욕적이라는 표현이 등장합니다. 인간 간에는 이 표현이 맞습니다.

그러나 하나님이 인간과 맺으시는 언약은 이런 의미가 아닙니다. 일단 동등성이 존재하지 않습니다. 하나님은 하나님이시고 인간은 인간입니다. 하나님은 더 이상 아무 것도 필요가 없는 분이시지만 인간은 모든 것이 다 필요한 존재입니다. 더 심하게 표현하면 하나님은 인간을 위해 무엇이든 다 하실 수 있는 분이시지만 인간은 하나님을 위해 아무 것도 할 수 없는 존재입니다. 더욱 심하게 표현하면 하나님은 하나님 자신도 알고 계시고 인간에 대해서도 정확히 알고 계시지만 인간은 하나님에 대하여는 고사하고 인간 자신이 죄인이라는 사실조차도 알지 못하는 상태입니다. 동등성이 성립될 수 없습니다. 아예 언약의 한쪽 대상으로 나설 수조차 없는 자라는 것입니다. 동등성이 성립이 안 되니 다른 조항들은 아예 고려해볼 기회조차 없는 것입니다.

그래서 하나님이 인간과 맺으시는 언약은 표현이 언약일 뿐 실질적으로는 하나님의 맹세입니다. 하나님이 혼자 계약하시고, 계약 내용도 하나님이 모든 일을 다 행하셔야 한다는 것이고, 계약 위반 시의 책임도 하나님이 모두 져야하는 불평등 언약이요 일방적 언약이요 편파적 언약이요 심지어는 하나님이 인간에게 언약체결의 의사도 묻지 않고 동의도 구하지 않는 강제적 언약입니다. 세상에서는 이런 언약을 불평등 조약이라고 표현하지만 성경에서는 이런 언약을 은혜의 언약이라고 표현합니다. 세상에서는 이런 언약을 일방적 언약이라고 표현하지만 성경에서는 이런 언약을 배려적 언약이라고 표현합니다. 세상에서는 이런 언약을 굴욕적 언약이라고 표현하지만 성경에서는 이런 언약을 감사의 언약이라고 표현합니다. 세상에서는 이런 행위를 언약이라고 표현하지만 성경은 이런 행위를 하나님의 선포 또는 맹세라고 표현합니다.

## 너를 위하여 행할 일

10절 "여호와께서 이르시되 보라 내가 언약을 세우나니" 즉 언약을 세우시는 분이 하나님이시고 그 다음에 "곧 내가 아직 온 땅 아무 국민에게도 행하지 아니한 이적을 너희 전체 백성 앞에서 행할 것이라"입니다. 즉 언약의 내용이 하나님이 하실 일이라는 것입니다. 그 다음은 "네가 머무는 나라 백성이 다 여호와의 행하심을 보리니 내가 너를 위하여 행할 일이 두려운 것임이니라" 즉 하나님이 행하시는 일은 너를 위한 일이라는 것입니다. 기독교는 정말 쉬운 종교이고 고마운 종교이고 하나님은 정말 좋은 분이시고 감사한 분이십니다. 다 하나님이 하신다고 합니다. 인간에게 불편하고 어렵고 힘들고 귀찮고 곤란한 말씀을 한 마디도 하지 않으시고 시키지도 않으시는 분입니다. 하나님 정말 좋으신 분입니다. 그런 하나님이 졸지도 않으시고 주무시지도 않으신다는 게 더욱 좋습니다. 그런 하나님이 변치 않으시고 영원하시다는 것이 더더욱 좋습니다. 하나님 때문에 마음이 참 편안합니다. 하나님 때문에 인생이 참 즐겁습니다.

## 놀라운 일

혹시 하나님을 두려워하신다면 그 이유가 하나님이 두려운 일을 하셨기 때문입니까? 혹시 하나님이 하시는 일이 두려운 일이라고 생각하시는 이유는 34장 10절 맨 마지막 구절 "내가 너를 위하여 행할 일이 두려운 것임이니라"는 말씀 때문이십니까? 그렇다면 그 오해를 풀어드리겠습니다. 성경 전체의 목적이 인간에게 하나님을 알려서 인간으로 하여금 하나님을 알고 하나님의 행복을 누리게 하는 것입니다. 하나님의 목적과 의도에 근거하여 하나님의 말씀을 이해하여야 합니다. 분명이 오늘 본문에 하나님이 행하시는 일을 설명하기를 '두려운 것'이라고 하셨습니다. 하나님이 하시는 일은 근본적으로 인간을 위해서 행하시는 일입니다. 인간을 위해서 인간에게 하나님을 알리기 위해서 하시는 일이 두려운 일이면 됩니까? 하나님이 하시는 일의 목적을 알면 너무나 자연스럽게 이해가 됩니다.

사람의 경우를 예로 들어보겠습니다. 흔히들 상대방에게 나의 존재를 알릴 때에는 대체로 나를 어려워하게, 나를 업수히 여기지 못하게 만들려고 하는 경우가 많이 있습니다. 워낙 경쟁사회이고 서로가 서로를 이기려고 하는 사회이기 때문에 일어나는 현상입니다. 그러나 인연을 만들려고 한다면, 나의 동업자로 만들려고 한다면 두려워하게 만들면 안 됩니다. 도리어 나를 친근하게 여기고 나를 정답게 여기도록 하는 일을 해야 합니다. 연인이 되기 위해서 하는 이벤트를 생각해 보시면 가장 먼저 떠오는 것이 써프라이즈 이벤트입니다. 전혀 예상하지 못한, 기대하지 못한, 자신에게 이루어지리라고 상상도 못한 일을 그 사람을 위해서 펼치는 것입니다. 좋은 의미로 상대방을 놀라게 하는 것입니다. 저 사람은 나를 위해 이런 일도 할 수 있다는 마음을 심어주려는 것입니다.

하나님이 인간을 위해, 인간을 향해 일을 하시려고 합니다. 그 목적이 하나님을 알게 하는 것입니다. 하나님을 알아서 하나님을 두려워하고 하나님께 굴복하게 만들려고 하는 것이 아닙니다. 하나님을 알게 하고 하나님 신뢰하게 하고 하나님을 의지하게 하고 하나님 때문에 행복하게 하려고 하시는 것입니다. 그렇다면 당연히 두려운 일을 행하실 것이 아니라 놀라운 일을 행하셔야 합니다. 황당하고 어이없는 놀라운 일이 아니라 정말 기적 같고 감동하고 너무 너무 좋고 바라기는 했지만 실제로 이루어지리라고는 꿈에도 상상하지 못했던, 너무 벅차고 가슴 뛰고, 이런 분이라면 내 평생 아니 그 이상도 믿고 의지하고 따르고 싶은 마음이 저절로 막 드는 그런 일이어야 합니다. 자신에게 이루어졌음에도 불구하고 도무지 믿기지가 않아서 꿈만 같다는 감탄이 터져 나오고, 이런 분이 내 옆에 있고 이런 분이 나를 위해 이런 일을 하시고 나와 영원토록 함께 하신다는 맹세까지 하니 감당할 수 없는 황홀감이 몰려오는 그런 놀라운 일이어야 합니다. 지금 하나님이 하시겠다는 일이 바로 그런 놀라운 일입니다. 절대로 두려운 일이 아닙니다.

한글 개역 개정판 성경에는 '두려운 일'이라고 번역되어 있습니다. 정말 두려운 번역입니다. 다른 영어 번역 성경에는 'terrible thing', 'awesome thing'이라고 나옵니다. 정말 테러블하고 오싹한 번역입니다. 하나님이 행하시는 일은 '두려운 일'이 아니라 '놀라운 일'입니다. 다행스럽게도 정말 놀랍게도 놀라운 일이라고 번역이 되어 있는 성경도 있습니다. 공동번역 성경은 '깜짝 놀랄 일'이라고 번역을 했고, 쉬운 성경은 '놀라운 일'이라고 번역을 했습니다. 정말 다행스러운 일입니다. 하나님이 행하시는 일은 두려운 일이 아니라 놀라운 일이요 하나님은 두려운 분이 아니라 놀라우신 분이요 저와 여러분은 하나님을 두려워해야 하는 것이 아니라 하나님이 우리를 위해 행하신 놀라운 일로 인해 놀라고 감사해야 하는 것입니다.

## 하나님이 하실 일

하나님의 언약 곧 하나님이 아직 온 땅 아무 국민에게도 행하지 아니한 이적, 하나님이 이스라엘을 위하여 행하실 놀라운 일이 11절 중간에 나옵니다. "내가 네 앞에서 아모리 사람과 가나안 사람과 헷 족속과 브리스 사람과 히위 사람과 여부스 사람을 쫓아내리니"입니다. 하나님의 말씀은 이스라엘 백성과 나누시는 관계적 표현입니다. 관계적 표현을 명제적 표현으로 읽고 이해하면 당연히 오해와 왜곡이 생기게 되어 있습니다. 하나님과 이스라엘의 관계, 하나님이 이스라엘을 어떤 대상으로 간주하고 계시는지 또한 하나님이 그 동안 이스라엘에게 어떤 말씀과 일을 해오셨는지, 왜 그 일을 해 오셨는지를 전혀 고려하지 않고 그냥 하나님이 하신 말씀을 표면적으로만 읽으면 도무지 말이 되지 않습니다. 앞뒤 문맥을 고려하지 않고 독립된 구절로 읽으면 "내가 네 앞에서 아모리 사람과 가나안 사람과 헷 족속과 브리스 사람과 히위 사람과 여부스 사람을 쫓아내리니"입니다. 그냥 이 말만 읽으면 이게 하나님이시라는 분이 하실 일입니까? 이게 사랑이라는 분이 하실 일입니까? 이게 공평과 정의의 신이라는 분이 하실 일입니까? 이게 인격적인 존재가 하실 일입니까? 안타깝게도 사람들은 성경을 명제적으로 읽고 하나님을 비판하고 거부합니다. 성경에 대한 오해, 하나님에 대한 오해, 기독교에 대한 오해입니다. 이 부분에 대한 자세한 설명은 다음 기회에 하겠습니다.

11절에 나타난 하나님이 행하실 일의 포인트는 '놀랄 일'입니다. 하나님은 이스라엘 백성에게 놀랄 일을 하시겠다는 것입니다. 그래서 좀 놀래라는 것입니다. 놀래서, 너무 감동되는 쪽으로 놀래서, 제발 하나님의 말 좀 들으라는 것입니다. 저들의 신뢰를 얻어내고 저들의 감동을 얻어내기 위해서 행하실 일이라면 당연히 놀랄 만한 일이어야 합니다. 놀랄만하려면 상대의 예상을 뛰어 넘어야 합니다. 상대방으로는 도저히 불가능하다는 일이어야 합니다. 하나님의 말씀의 핵심은 '내가 그 놈들 다 죽여버릴꺼야!'가 아니라 '너는 불가능하다고 생각하는 일이지!'라는 것입니다. 하나님이 이스라엘에게 땅을 주자고 가나안 족속을 다 죽여 버리는 잔인하고 살벌하고 피도 눈물도 없는 진짜 두려운 신이라는 말이 아니라, 자신들로서는 가능하다고 생각하지 못했던 것을 실제로 해 내실 수 있는 놀라운 신이라는 의미인 것입니다.

그 동안 하나님이 해 오신 일을 생각해 보면 더욱 정확히 알 수 있습니다. 하나님이 해 오신 일들은 두려운 일이 아니라 놀라운 일이었습니다. 하나님이 아브라함이 백세가 되어 자신의 기력이 쇠하였고 아내 사라의 나이가 구십 세가 되어 경수가 끊어졌을 때에 아들을 주신 것은 두려운 일이 아니라 놀라운 일이었습니다. 이스라엘이 기근이 들어 살 수 없을 때에 형제들이 버린 요셉을 애굽의 총리가 되게 하시어 이스라엘의 생명을 보존할 자로 예비하신 것은 두려운 일이 아니라 놀라운 일이었습니다. 애굽의 노예가 되어 견디기 힘든 고통가운데에 있을 때에 하나님이 펼치신 열 가지 이적과 출애굽은 두려운 일이 아니라 놀라운 일이었습니다. 홍해를 가르고 마라의 쓴 물을 단물로 바꾸시고 만나를 제공하신 일은 두려운 일이 아니라 놀라운 일이었습니다.

## 언약을 세우지 말라

### 너희에게 올무가 될까 하노라

하나님이 놀라운 일을 하시는 이유가 12절 "너는 스스로 삼가 네가 들어가는 땅의 주민과 언약을 세우지 말라. 그것이 너희에게 올무가 될까 하노라"입니다. 하나님이 놀라운 일을 행하시는 이유는 이스라엘로 하여금 그들이 들어가는 땅의 주민과 언약을 세우지 못하게 하려는 것입니다. 언약을 세우지 못하게 하는 이유는 너희가 맺을 언약이 '너희에게 올무' 가 될 수 있기 때문이라는 것입니다. 또 반복되는 내용이 하나님의 모든 말씀과 행동은 전적으로 인간을 위한 것이라는 사실입니다. 너희가 그 땅 백성과 언약을 맺으면 하나님을  버리는 것이기 때문이거나, 하나님의 명예에 먹칠을 하기 때문이나, 하나님을 배반하는 것이기 때문이거나, 하나님의 수고를 헛되게 만들기 때문이 아니라는 것입니다. 이스라엘이 가나안 사람과 언약을 세우는 것이 하나님에게 손해가 나는 것이 아니라 이스라엘 자신들에게 손해가 나기 때문이라고 말씀하시는 것입니다.

사람들이 자신의 각오나 결단을 표현하는 방법으로 언약이나 맹세를 하곤 합니다. 그 대상이 심지어는 하나님이기도 합니다. 그러나 성경 어디에도 하나님이 인간에게 맹세를 요구하신 장면이 없습니다. 하나님이 인간에게 서약을 받으신 적도 없고 다짐을 받으신 적도 없고 각서를 요구하신 적도 없습니다. 아예 하나님은 인간에게 그 어떤 것도 요구하신 적이 없습니다. 사람들이 하나님에게 언약을 할 때는 대부분 조건을 내세우기 위한 것입니다. 자신이 죽도록 충성할테니 은혜를 달라, 하나님을 기쁘게 할테니 복을 달라는 방식입니다. 기독교적 인식과는 정 반대입니다. 인간이 충성을 다하면 하나님이 은혜를 주시는 아니라, 하나님이 은혜를 주시고 인간이 은혜를 받으면 그때 맺어지는 열매 중의 하나가 충성입니다. 인간이 하나님을 기쁘게 하면 하나님이 복을 주시는 것이 아니라 하나님이 인간에게 복을 주셔서 인간이 행복을 누리고 살면 하나님이 기뻐하시는 것입니다. 하나님은 인간에게 아무 요구하지 않으시는 정도가 아니라 요구할 일 자체가 없는 것입니다. 만약 이스라엘이 가나안에 들어가서 그곳 사람들과 언약을 맺는다면 왜 언약을 맺는지를 알아야 합니다. 사람들은 더 좋아지자고 언약을 맺는 것이지 망하자고 언약을 맺는 사람은 없을 것입니다. 자신들 나름대로 더 좋다고 더 낫다고 더 현명하다고 생각할 것입니다. 그런데 그 생각이 틀렸다는 것입니다. 그래서 저들이 가지고 있는 사고방식을 지적해 주시는 것입니다.

### 언약 금지의 이유와 내용

하나님께서 인간의 자유로운 활동을 금지시키는 경우가 일체 없습니다. 하나님이 하지 말라고 말씀하신다면 하지 말라는 표현 때문에 마치 금지하고 제한하고 가로막는다는 인식을 가지기 쉽지만 무엇을 하지 말라는 것인지를 살펴보신다면 하나님의 의도를 이해하실 수 있을 것입니다. 15, 16절 "너는 삼가 그 땅의 주민과 언약을 세우지 말지니 이는 그들이 모든 신을 음란하게 섬기며 그들의 신들에게 제물을 드리고 너를 청하면 네가 그 제물을 먹을 까 함이며 또 네가 그들의 딸들을 네 아들들의 아내로 삼음으로 그들의 딸들이 그들의 신들을 음란하게 섬기며 네 아들에게 그들의 신들을 음란하게 섬기게 할까 함이니라"입니다. 언약을 세우지 말라는 말씀이 인간 상호간에 서로 다짐하고 맹세하는 행위를 하지 말라는 것이거나, 서로 불가침 조약을 맺고 평화 협정을 맺어서 사이좋게 지내는 것조차도 하지 못하게 하는 방식이 아니라는 것입니다. 하나님이 언약을 삼지 말라는 주요 주제는 우상숭배 즉 죄적인 종교방식입니다. 가나안 사람들의 종교, 사고방식, 인식의 대표적인 예가 "그들이 모든 신을 음란하게 서기며"입니다. 음란하게라는 말은 말 그대로 음란하게라는 의미도 있고 헛되게, 무익하게, 거짓으로라는 의미도 있고, 신약적 표현으로 외식하는 것입니다. 저들의 신이 어떤 역사를 이룰 수 있다는 것이 거짓된 것이요, 거짓된 신에게 무엇을 기대한다는 것이 헛되고 무익한 것입니다. 또 저들 사고방식의 예가 두 번째로 "저들의 신들에게 제물을 드리고"입니다. 제물을 드리는 이유가 신을 기쁘게 하고 신의 은총을 입기 위한 조건을 충족시켜야 한다는 것입니다. 저들은 이렇게 생각한다는 것입니다. 또 세 번째가 "너를 청하면 네가 그 제물을 먹을까 함이며"입니다. 저들이 신의 제사에 청하고 신에게 제사한 음식을 먹으라고 하는 이유는 신령해지자고 하는 것입니다.

가나안 진멸은 두려운 일이 아니라 놀라운 일이라는 의미이고, 정작 가나안 진멸의 대상은 가나안 족속이 아니라 가나안이 가지고 있는 가나안 종교로 표현되어 있는 죄적 사고방식입니다. 그래서 신명기 7장 5절에도 "오직 너희가 그들에게 행할 것은 이러하니 그들의 제단을 헐며 주상을 깨뜨리며 아세라 목상을 찍으며 조각한 우상들을 불사를 것이니라"라고 나오고 12장 1, 2절에서도 "네 조상의 하나님 여호와께서 네게 주셔서 차지하게 하신 땅에서 너희가 평생에 지켜 행할 규례와 법도는 이러하니라. 너희가 쫓아낼 민족들이 그들의 신들을 섬기는 곳은 높은 산이든지 작은 산이든지 푸른 나무 아래든지를 막론하고 그 모든 곳을 너희가 마땅히 파멸하며 그 제단을 헐며 주상을 깨뜨리며 아세라 상을

불사르고 또 그 조각한 신상들을 찍어 그 이름을 그 곳에서 멸하라"라고
나오는 것입니다. 절대로 가나안 인종 말살이 아니고 가나안 종교말살
이 아닙니다. 죄의 원리를 버리라는 것입니다. 그 죄의 원리가 가장 근
본적으로 가장 철저하게 스며들어 있는 것이 바로 종교입니다. 왜냐하
면 세상의 종교는 인간의 본질적 약점에 영향을 끼치기 때문입니다. 오
늘날도 가장 인간이 바꾸기 힘든 것이 종교성입니다. 은혜라면 못 믿을
것 같고 내가 뭐라도 한 게 있으면 기대할 수 있다고 생각하는 것입니
다. 이러한 가나안적 종교에 담겨있는 죄의 원리와 하나님의 원리가 다
르다는 것을 보여주는 것이 지금 출애굽과 광야 생활의 목적인 것입니
다. 하나님이 저들의 원리와 다르게 행동하시니까 모든 것이 놀라운 일
이 되는 것입니다. 이렇게 놀라운 일을 행하신 후에 하나님이 기대하시
는 것이 언약을 맺지 말라, 다른 표현으로 하나님을 따르라는 것입니다.

## 스스로 삼가

12절 "너는 스스로 삼가 네가 들어가는 땅의 주민과 언약을 세우지
말라 그것이 너희에게 올무가 될까 하노라"입니다. 하나님이 인간에게
기대하시는 행동의 가장 기본적인 원칙이 '스스로 삼가' 입니다. '스스
로 삼가' 라는 말은 알고 분별하고 판단하고 결정하여라는 뜻입니다. 즉
이전에 내가 알고 있는 것과 지금 하나님이 알려 주신 것의 차이점을 분
명히 알고, 어느 것이 옳고 좋은 지를 분별하고, 어느 것을 따를지 판단
하고 결정하라는 것입니다. 하나님은 지금 인간에게 언약을 맺지 말라
고 명령하시는 것이 아니라 스스로 삼가 언약을 맺지 않는 쪽으로 행동
하기를 기대한다고 권면하시는 것입니다. 하나님이 인간 스스로 삼가서
행하는 의지적 행동을 기대하시기 때문에 명령이라는 표현이 적절하지
않은 것입니다. 하나님은 이스라엘로 하여금 가나안 민족들과 언약을
맺지 못하게 할 수 있습니다. 가장 간단하게는 언약 맺을 대상을 모두

진멸하여 언약 대상자체를 원천봉쇄하는 것입니다. 그러나 하나님은 절대로 그렇게 하지 않으십니다. 하나님은 인간에게 맹종을 원하시지 않고 복종을 원하시지 않습니다.

하나님은 명령하지 않고 권면하시고 하나님이 행할 일을 다 하시고 인간의 선택을 기대하시는 것입니다. 그레서 기독교에서 성도는 포기라는 용어를 사용할 수 없는 것입니다. 하나님은 인간에게 포기를 요구한 적이 없습니다. 인간이 스스로 삼가 분별하고 하나님을 선택하기를 기대하시는 것입니다. 이렇게 인간에게 선택받으시기 위하여 하나님은 하나님을 계시하시고 놀라운 일을 행하시면서 인간을 설득하시는 것입니다.

## 정복이 아니라 교육

하나님이 애굽에 있는 이스라엘에게 펼치신 역사는 정복이 아니라 출애굽이었습니다. 애굽이라는 나라 자체도 타 민족이 들어와서 정복한 상태였습니다. 이미 자신들이 그런 경험을 가지고 있었기 때문에 애굽의 왕조는 타민족이 자기들의 영토에서 숫자를 불려나가는 모습을 싫어했던 것입니다. 하나님도 그렇게 하실 수 있었습니다. 그런데 그렇게 하지 않았습니다. 출애굽은 애굽으로터의 탈출이나 벗어남을 의미하지 않고 출애굽의 과정에서 행하신 하나님의 교육이 핵심입니다. 동일한 원리를 가나안 정복과 정착에 적용하셔야 합니다. 하나님은 가나안 민족을 진멸하시는 것이 목적이 아닙니다. 하나님이 가나안 민족과 철천지 원수가 아니십니다. 몇 사람 죽이거나, 몇 부족 진멸한다고 해서 하나님께 유익이 될 만한 일이란 존재하지 않습니다. 가나안 진멸의 의미도 정복이라는 사건적 의미가 아니라 하나님의 교육입니다. 하나님을 알아 가시기 바랍니다. 하나님에 대하여 알아 가시면서, 스스로 삼가 분별하고 판단하여 보시기를 바랍니다. 그리고 하나님을 선택하고, 하나님의

말씀에 순종하여 하나님의 은혜를 풍성히 누리시기를 주님의 이름으로
축원합니다.

# 51

## 수건으로 가렸더라

### 출애굽기 34 : 18 ~ 25

18 너는 무교절을 지키되 내가 네게 명령한 대로 아빕월 그 절기에 이레 동안 무교병을 먹으라 이는 네가 아빕월에 애굽에서 나왔음이니라 19 모든 첫 태생은 다 내 것이며 네 가축의 모든 처음 난 수컷인 소와 양도 다 그러하며 20 나귀의 첫 새끼는 어린 양으로 대속할 것이요 그렇게 하지 아니하려면 그 목을 꺾을 것이며 네 아들 중 장자는 다 대속할 지며 빈 손으로 내 얼굴을 보지 말지니라 21 너는 엿새 동안 일하고 일곱째 날에는 쉴지 니 밭 갈 때에나 거둘 때에도 쉴지며 22 칠칠절 곧 맥추의 초실절을 지키고 세말에는 수 장절을 지키라 23 너희의 모든 남자는 매년 세 번씩 주 여호와 이스라엘의 하나님 앞에 보일지라 24 내가 이방 나라들을 네 앞에서 쫓아내고 네 지경을 넓히리니 네가 매년 세 번씩 여호와 네 하나님을 뵈려고 올 때에 아무도 네 땅을 탐내지 못하리라 25 너는 내 제 물의 피를 유교병과 함께 드리지 말며 유월절 제물을 아침까지 두지 말지며 26 네 토지 소산의 처음 익은 것을 가져다가 네 하나님 여호와의 전에 드릴지며 너는 염소 새끼를 그 어미의 젖으로 삶지 말지니라 27 여호와께서 모세에게 이르시되 너는 이 말들을 기록하라 내가 이 말들의 뜻대로 너와 이스라엘과 언약을 세웠음이니라 하시니라 28 모세가 여호와 와 함께 사십 일 사십 야를 거기 있으면서 떡도 먹지 아니하였고 물도 마시지 아니하였으 며 여호와께서는 언약의 말씀 곧 십계명을 그 판들에 기록하셨더라 29 모세가 그 증거의 두 판을 모세의 손에 들고 시내 산에서 내려오니 그 산에서 내려올 때에 모세는 자기가 여호와와 말하였음으로 말미암아 얼굴 피부에 광채가 나나 깨닫지 못하였더라 30 아론과 온 이스라엘 자손이 모세를 볼 때에 모세의 얼굴 피부에 광채가 남을 보고 그에게 가까이 하기를 두려워하더니 31 모세가 그들을 부르매 아론과 회중의 모든 어른이 모세에게로 오 고 모세가 그들과 말하니 32 그 후에야 온 이스라엘 자손이 가까이 오는지라 모세가 여호 와께서 시내 산에서 자기에게 이르신 말씀을 다 그들에게 명령하고 33 모세가 그들에게 말하기를 마치고 수건으로 자기 얼굴을 가렸더라 34 그러나 모세가 여호와 앞에 들어가서 함께 말할 때에는 나오기까지 수건을 벗고 있다가 나와서는 그 명령하신 일을 이스라엘 자손에게 전하며 35 이스라엘 자손이 모세의 얼굴의 광채를 보므로 모세가 여호와께 말하 러 들어가기까지 다시 수건으로 자기 얼굴을 가렸더라

# 빈 손으로

## 하나님의 원리

기독교의 특징은 하나님이 계시다는 것이요 하나님이 말씀하신다는 것이요 하나님이 일하신다는 것입니다. 하나님은 성경에 하나님의 원리, 가치, 마음, 개념, 방법들을 분명하게 알리셨습니다. 한번만이 아니라 수십 번, 단지 말로만이 아니라 실제적 사건을 통해 수백 번 가르쳐 주셨습니다. 그런데도 사람들은 여전히 하나님의 뜻을 찾고 구하고 있습니다. 성경에 나타난 하나님의 원리를 또 한 번 확인해 보겠습니다. 출애굽기 34장에는 언약에 대하여 두 가지 내용이 나옵니다. 34장 10절 "여호와께서 이르시되 보라 내가 언약을 세우나니 곧 내가 아직 온 땅 아무 국민에게도 행하지 아니한 이적을 너희 전체 백성 앞에 행할 것이라", 다른 하나는 12절 "너는 스스로 삼가 네가 들어가는 땅의 주민과 언약을 세우지 말라. 그것이 너희에게 올무가 될까 하노라"와 15절에 반복되는 "너는 삼가 그 땅의 주민과 언약을 세우지 말지니"입니다.

하나님은 이스라엘 백성과 언약을 맺어주시겠다고 말씀하시고 이스라엘은 가나안 주민과 언약을 맺지 말라는 것입니다. 하나님이 말씀을 하시면 왜 그 말씀을 하시는지를 알아야 합니다. 하나님이 하라고 말씀하실 때에도 당연히 근거가 있는 것이며 하지 말라고 말씀하실 때에도 당연히 근거가 있는 것입니다. 하라와 하지 말라는 조항이 중요한 것이 아니라 왜 하라 또는 하지 말라고 하는지 그 이유와 근거가 더욱 중요한 것입니다. 분명 하나님은 가나안 주민과 언약을 맺지 말라는 말씀을 하셨지만 그것은 금지를 명하시는 것이 아니라 언약을 맺을 필요가 없음을 충분히 알리신 후에 필요 없기에 하지 말라는 권고입니다. 하나님이 이스라엘에게 언약을 세우지 말라고 하신 말씀보다 더더욱 중요한 것은 하나님이 이미 이스라엘이 가나안 주민과 언약을 맺을 필요가 없게 만들어 놓으셨다는 사실입니다. 이스라엘이 가나안의 주민과 언약을 맺어서는 안 된다는 사실보다 하나님이 이스라엘과 언약을 맺어주셨다는 사실이 강조되어야 합니다.

하나님이 이스라엘과 맺으신 언약의 내용들을 바르게 알면 이스라엘은 가나안 주민과 언약을 세울 이유가 없습니다. 이미 히나님은 이스라엘과 언약을 맺어주셨습니다. 이제사 시내산에서 처음 맺는 것이 아니라 수백 년 전 이스라엘의 조상 아브라함과 언약을 맺으셨고 그 언약을 하나님은 단 한 번도 잊거나 무시하신 적이 없고 그 언약의 내용들을 단 한 번도 바꾸신 적이 없습니다. 그 내용에는 이스라엘이 필요로 하고 원하는 모든 것이 담겨있습니다. 인간의 가장 본질적 소망은 가정의 건강과 가족 구성원의 행복한 삶입니다. 하나님은 그것을 약속하셨습니다. 하나님이 민족을 주시겠다고 하셨고 땅을 주시겠다고 하셨고 저들의 삶을 하나님이 책임지고 공급하시고 돌보시고 인도하시고 보장하신다고 하셨습니다. 하나님은 실제로 그런 능력도 있다는 것을 이미 수십 차례에 걸쳐 입증도 해 보이셨습니다. 이러한 하나님의 약속의 내용을 안다면 이스라엘이 왜, 무엇을 위해, 누구와 다른 언약을 맺을 필요가 없는 것입니다. 하나님이 말씀하시는 패턴, 더 정확히 하나님이 일하시고 권고하시는 패턴을 보시면 본문을 이해하는 것이 매우 쉽습니다.

## 나왔음이니라

18절 "너는 무교절을 지키되 내가 네게 명령한 대로 아빕월 그 절기에 이레 동안 무교병을 먹으라. 이는 네가 아빕월에 애굽에서 나왔음이니라"입니다. 무교절 절기를 지키라는 이유가 애굽에서 나왔기 때문입니다. 중요한 것은 절기를 지키는 것이 아니라 애굽에서 나왔다는 것입니다. 즉 절기를 지킬만한 이유와 근거가 있다는 것입니다. 하나님이 아빕월에 이스라엘을 애굽에서 나오게 해 주셨습니다. 이미 이스라엘은 은혜를 받았고 혜택을 받았습니다. 만약 하나님이 이스라엘을 나오게 하시는 일이 없었다면 하나님은 절기를 지키라고 말씀하실 수 없고 이스라엘 또한 절기를 지킬 아무런 이유가 없다는 것입니다.

기독교에는 하나님에게 조건이 있을 뿐 인간에게는 조건이 없습니다. 하나님이 인간에게 단 한마디라도 하시려면 먼저 말씀을 하실 만한 자격을 인간에게 얻으셔야 합니다. 만약 자격을 얻지 않으시고 말씀을 하시면 협박이 됩니다. 자격이 없는 상태에서 말하려면 하나님이 인간보다 강함을 의도적으로 드러내야 합니다. 이때 하나님과 인간은 인격적인 관계가 아니라 단순한 강자와 약자의 관계에 머물게 되고, 그렇게 강함을 가지고 있는 것을 세상적 표현으로 권세가 있다고 합니다. 권세에 기초하여 말하는 것은 명령이요 협박하는 것이며 이런 행동은 강자의 행패이며 죄적인 방식이지 하나님의 원리가 아닙니다. 하나님은 인간에게 권세자로 군림하지 않으십니다. 힘과 능력에 근거하여 굴복을 요구하신 적이 없습니다. 34장 6절에서 하나님이 자신을 소개하시는 장면은 권세자의 모습이 아닙니다. "여호와께서 그의 앞으로 지나시며 선포하시되 여호와라 여호와라 자비롭고 은혜롭고 노하기를 더디하고 인자와 진실이 많은 하나님이라"입니다. 하나님에게는 권세가 있는 것이 아니라 의무와 책임과 역할이 있습니다. 이 의무와 책임과 역할을 감당하심을 통해 인간에게 하나님의 자격을 얻으시고, 인간에게 존경을 받은 것을 하나님이 권위를 얻으셨다고 표현하는 것입니다. 하나님이 권세자로 행동하지 않으시기에 하나님의 말씀은 명령이 아닙니다. 만약 여러분이 하나님에 대하여 권세가 있으신 분으로 생각하신다면, 그래서 두려움이 있다면, 그래서 그분의 말씀이 명령으로 들린다면 하나님을 오해하고 계시는 것입니다.

하나님의 말씀이 이미 하나님 자신이 이루신 일에 기초하여 더 이상 필요가 없는 행위를 하지 말라는 권고이기 때문에 세상에서 가장 쉬운 것이 하나님의 말씀에 대하여 인간이 반응하는 것입니다. 하나님의 말씀이 가장 쉬운 이유로 첫째는 이미 은혜를 받아놓고 시작한다는 것입니다. 아무 것도 해 주신 것은 없고 그냥 하지 말라고만 하면 답답하고 불안해서 그 말을 따르기가 쉽지 않습니다. 그러나 하나님은 막연한 희망이나 그럴듯한 청사진을 제시한 것이 아니라 이미 일을 이루어 주셨습니다. 둘째는 징계가 없다는 것입니다. 말씀을 지키지 않았을 경우에 하나님께로부터 당하는 보복이나 징계가 없습니다. 지키면 좋은 것만 있지 안 지키면 나빠질 것이 없다는 것입니다. 우리나라 옛 말로는 땅 짚고 헤엄치기라고 합니다. 셋째는 할 일이 없다는 것입니다. 말씀을 순종하기 위해서 할 일이란 아무 것도 없습니다. 일을 시키신 적이 없기 때문입니다. 하나님의 말씀은 참 쉽습니다.

### 빈손으로 내 얼굴을 보지 말지니라

동일한 원리가 19, 20절에 또 나옵니다. "모든 첫 태생은 다 내 것이며 네 가축의 모든 처음 난 수컷인 소와 양도 다 그러하며 나귀의 첫 새끼는 어린 양으로 대속할 것이요 그렇게 하지 아니하려면 그 목을 꺾을 것이며 네 아들 중 장자는 다 대속할지며 빈손으로 내 얼굴을 보지 말지니라"입니다. 하나님의 말씀이 아주 좋은 것인데 사람들이 하나님의 의도와 반대로 이해하기 때문에 힘들어 합니다. 19절에서도 하나님은 '다 내 것' 즉 하나님의 것이라고 말씀하십니다. 하나님이 다 하나님의 것이라고 말씀하시는 것이 정말 좋은 것입니다. 왜냐하면 하나님이 소유권을 주장하는 것이 아니기 때문이요 하나님의 것이니까 다 내 놓으라고 요구하는 것이 아니기 때문입니다. 하나님이 하나님의 것이라고 말씀하시는 것은 책임지시겠다는 의미입니다. 하나님의 것이니까 하나님이 책임지시는 것입니다. 땅에 대하여도 동일하게 말씀하십니다. 땅은 하나님의 것이라고 말씀하십니다. 그래서 하나님이 땅을 책임지십니다. 때에 맞게 이른 비와 늦은 비를 제공하여 주시고 시절에 따라 과실을 맺게 하시는 것입니다. 또 인간에 대하여 동일하게 말씀하십니다. 너희는 내 것이라고 선언하십니다. 그래서 하나님이 인간을 책임지시는 것입니다. 창조 이래 지금까지 인간이 살 공간을 제공하시고, 창조 이래 지금까지 인간이 먹을 식량을 제공하시고, 인간이 범죄 하여 죄인이 되니까 하나님이 성육신하셔서 구원하시는 것입니다. 그리고 성령으로 내주하셔서 영원토록 인도하시는 것입니다. 저와 여러분은 하나님의 것이요 하나님이 책임지십니다.

성경은 자연스럽게 내용이 연결되게 되어 있습니다. 모든 것이 하나님의 것이라고 말씀하시고 20절 마지막에 "빈손으로 내 얼굴을 보지 말지니라"고 말씀하십니다. 이 말씀을 부담스러워하시면 안 되고 목사들이 이 구절을 빌미로 계속 헌금을 강조하면 안 됩니다. 하나님이 이 말씀을 하시려면 이 말씀을 하실 만한 일을 먼저 하셔야 한다는 것을 기억해야 합니다. 즉 이 말씀은 명령이 아니라 약속입니다. 하나님이 이스라엘 백성으로 하여금 빈 손들고 나오지 않을 수 있도록 이스라엘 백성의 손에 가득하게 채워주셔야 한다는 것입니다. 하나님은 약탈자가 아니요 하나님은 갈취자가 아니십니다. 하나님은 인간에게 무엇을 받으시는 분이 아니라 인간에게 모든 것을 주시는 분이십니다. 사도행전 18장 24, 25절에서 바울도 이 말을 합니다. "우주와 그 가운데 있는 만물을 지으신 하나님께서는 천지의 주재시니 손으로 지은 전에 계시지 아니하시고 또 무엇이 부족한 것처럼 사람의 손으로 섬김을 받으시는 것이 아니니 이는 만민에게 생명과 호흡과 만물을 친히 주시는 이심이라"입니다. 빈손으로 나오지 말라는 명령이 아니라 빈손이 되지 않게 하시는 하나님의 사랑입니다.

# 네 하나님 여호와

## 쉴지니

하나님적 표현이 또 나옵니다. 21절 "너는 엿새 동안 일하고 일곱째 날에는 쉴지니 밭 갈 때에나 거둘 때에도 쉴지며"입니다. 하나님의 지엄하신 말씀의 내용이 쉬라, 일하지 말라입니다. 단지 쉬라는 정도가 아니라 쉬라는 시기가 너무 기가막힌 것입니다. '밭 갈 때에나 거둘 때에도 쉬라' 는 것입니다. 다른 때는 쉬어도 '밭 갈 때에나 거둘 때' 에는 일 해야합니다. 그렇게 밭 갈 때에도 쉬고 거둘 때에도 쉬면 소산을 얻을 길이 없어 보입니다. 만약 밭 갈 때에도 쉬고 거둘 때에도 쉬어 소산이 없다면 절기를 지킬 수 없습니다. 소산이 하나도 없는데도, 하나님은 소산을 주시지도 않으시고 절기만 지키라고 말씀하시면 안됩니다. 쉬라고 말씀하신 다음에 22절 "칠칠절 곧 맥추의 초실절을 지키고 세말에는 수장절을 지키라"입니다. 초실절은 연중 처음 보리의 소산이 맺어지는 때입니다. 수장절은 초막절이라고도 하는 가을 절기입니다. 즉 봄과 가을에 때에 따라 소산을 주시겠다는 말씀입니다. 너희는 '밭 갈 때에도 쉬고 거둘 때에도 쉬라' 는 말씀의 의미는 너희의 수고로 소산이 만들어지는 것이 아니라는 것입니다. 하나님이 소산을 줄 터이니 그 소산을 거두었을 때에 하나님이 주셨다는 것을 기억하라는 것입니다.

성경의 원리, 하나님의 원리, 기독교의 원리와 세상의 원리의 기본적인 차이점을 분별하셔야 합니다. 기독교에는 하나님이 계시고 하나님이 일하십니다. 그래서 기독교에는 하나님의 일하심이 강조됩니다. 그러나 세상에는 하나님이 없습니다. 오직 인간만 있고 인간만 일을 합니다. 그래서 세상에서는 인간의 일이 강조되는 것입니다. 세상 성공담의 기본 사항 또는 필수 사항은 죽도록 일한다는 것입니다. 남들보다 더 해야 한다는 것입니다. 잘 잠 다자고, 놀 것 다 놀고, 쉴 것 다 쉬고는 아무 것도 이룰 수 없다는 것입니다. 성공한 사람치고 편한 삶을 산 사람이 없습니다. 편하게 해서는 성공할 수 없기 때문입니다. 성공한 사람은 다 고생한 사람들입니다. 그래서 세상에서 가장 성공한 사람은 성공한 사람이 아니라 성공한 사람 옆에 있는 사람입니다. 의사보다는 의사 부인이 더 신나게 사는 것이고, 백만장자보다는 백만장자의 아들이 더 즐기고 사는 것입니다. 성공한 사람에게 가장 부족한 것이 자비입니다. 자신이 수고해서 고생해서 얻은 것을 주변 사람이 거저 사용하는 것이 아까운 것입니다. 수고는 내가 했는데 내 것 가지고 다른 사람이 즐기는 것이 속상한 것입니다. 당연히 갈등이 생기고 싸움이 생기는 것입니다. 세상 원리의 문제요 한계입니다.

안타깝게도 교회에도 이런 세상의 사고방식이 들어오게 된 것입니다. 절기의 목적은 인간의 수고를 강조하는 대신 하나님의 일하심, 하나님의 은혜를 기억하라는 것입니다. 그래야 공동체 안에 갈등과 분열이 일어나지 않을 수 있기 때문입니다. 하지만 오늘날 교회는 하나님의 일하심은 전혀 강조되지 않고 인간의 수고, 인간의 열심이 강조됩니다. 그렇게 인간의 수고로 이루어내었다고 생각하기에 인간의 갈등과 싸움이 생기는 것입니다. 교회에서 분란이 일어나는 것은 어이없는 일입니다. 기독교의 본질이 왜곡되고 있는 것입니다. 교회에서 논공행상이 벌어지는 것은 참으로 우스운 짓입니다. 복음의 내용이 부패되어 있는 것입니다. 기독교는 하나님이 계시고 하나님이 일하시는 것임을 기억해야 합니다. 저와 여러분은 하나님의 은혜를 입은 것입니다.

### 네 하나님 여호와

23절 "너희의 모든 남자는 매년 세 번씩 주 여호와 이스라엘의 하나님 앞에 보일지라"입니다. 하나님이 이스라엘에게 말씀하시는 것은 말씀을 할 만한 일을 하셨고 말씀을 하실 만한 자격을 갖추었다는 것입니다. '주 여호와 이스라엘의 하나님' 앞에 나오라고 하십니다. 24절 중간 에는 '여호와 네 하나님' 이라고 나오고, 26절에는 '네 하나님 여호와' 라 고 나옵니다. 제 삼자가 아니고 그냥 강한 자가 아니고 그냥 어떤 신이 아니고 철저하게 '네 하나님' 입니다. 이스라엘은 어떻게 하나님의 백성 이 되셨습니까? 이스라엘이 하나님의 백성의 신분을 유지하기 위하여 행하고 있는 일들이 무엇입니까? 아무 것도 없다는 것을 아십니까? 하 나님의 말씀은 매우 세밀합니다. 인간이 가질 수 있는 일말의 염려까지 모두 배려해서 말씀하십니다. 24절 "내가 이방 나라들을 네 앞에서 쫓 아내고 네 지경을 넓히리니 네가 매년 세 번씩 여호와 네 하나님을 뵈려 고 올 때에 아무도 네 땅을 탐내지 못하리라"입니다. 하나님이 모든 것 을 책임지시며 인간에게 하나님의 평안을 누리며 하나님을 기억하라고 권면하시는 내용들입니다.

## 모세의 광채

### 광채가 나더라

이제 하나님의 말씀이 끝나고 모세가 내려옵니다. 29절 "모세가 그 증거의 두 판을 모세의 손에 들고 시내 산에서 내려오니 그 산에서 내려 올 때에 모세는 자기가 여호와와 말하였음으로 말미암아 얼굴 피부에 광채가 나나 깨닫지 못하였더라"입니다. 성경은 정말로 재미있습니다. 모세의 얼굴에 광채가 났답니다. 어떻게 광채가 날 수 있었을까요? 얼굴 에 광채를 내기 위해 모세는 무엇을 했을까요? 모세의 얼굴에 광채가 났 다는 사실 때문에 모세에게 달라진 것이 무엇이 있습니까? 이날 이후로 모세의 별명이 광채남으로 바뀌었습니까? 모세는 아무 것도 한 일이 없 습니다. 이번뿐만이 아니라 성경 어디에도 모세가 하나님 앞에 어떤 모 습이 되기 위하여 어떤 일을 하였다는 표현이 없습니다. 모세가 하나님 앞에 어떤 존재가 되기 위하여 어떤 노력을 하였다는 기록이 없습니다. 모세가 하나님 앞에 어떤 역할을 하기 위하여 어떤 준비를 하려고 훈련했다는 내용이 없습니다. 모세가 하나님 앞에 하나님이 마음대로 사용하실 인물이 되기 위하여 자신의 무엇을 내려놓고 포기하였다는 언급이 없습니다. 제발 기독교를 오해하지 말고, 하나님을 왜곡하지 않았으면 좋겠습니다. 하나님이 인간을 위해 일하시지 인간이 하나님을 위해 일할 수 없습니다. 하나님이 인간에게 하나님으로 인정받기 위해 수고하시지, 인간이 하나님께 인정받는 사람이 되기 위해 수고하지 않습니다. 모세의 얼굴에 광채가 났습니다. 그래서 그 이후에 달라진 것이 없습니다. 갑자기 없던 지도력이 생긴 것이 아니요 갑자기 없던 권위와 카리스마가 생긴 것이 아니요 갑자기 하나님의 추가적인 축복이 주어진 것이 아니요 하나님이 갑절의 은혜를 더 주신 것도 아닙니다. 모세는 아무 것도 달라진 것이 없습니다. 왜냐하면 이미 모세는 모든 것을 다 받았기 때문입니다.

## 두려워하는 백성

30절 "아론과 온 이스라엘 자손이 모세를 볼 때에 모세의 얼굴 피부에 광채가 남을 보고 그에게 가까이 하기를 두려워하더니"입니다. 모세의 얼굴에 광채가 났습니다. 그래서 백성들에게 생긴 유익이 아무 것도 없습니다. 모세가 백성들에게 새로운 것을 제공한 것이 아무 것도 없습니다. 유익은 없는 대신 백성들에게는 모세에 대한 두려움이 생겼습니다. 정작 모세는 자신의 얼굴에 광채가 남도 깨닫지 못하였고 백성을 위해 아무런 유익을 제공하지도 못했고 아무런 위협을 가하지도 않았는데 백성들은 모세에게 다가오는 것조차도 두려워하였습니다. 이때 모세가 행한 것은 오직 하나 수건으로 얼굴을 가리는 것이었습니다. 33~35절 "모세가 그들에게 말하기를 마치고 수건으로 자기 얼굴을 가렸더라. 그러나 모세가 여호와 앞에 들어가서 함께 말할 때에는 나오기까지 수건을 벗고 있다고 나와서는 그 명령하신 일을 이스라엘 자손에게 전하며 이스라엘 자손이 모세의 얼굴의 광채를 보므로 모세가 여호와께 말하러 들어가기까지 다시 수건으로 자기 얼굴을 가렸더라"입니다. 모세는 광채를 드러내려 하지 않았고 광채가 난다는 사실을 이용하려고도 하지 않았습니다. 광채가 난다는 것으로 자신의 독특성이나 우월성을 강조하지도 않았습니다. 광채로 인하여 달라지는 것이 없음에도 불구하고 백성들이 불편해 하기에 불필요한 것을 가린 것입니다. 이미 자신이 하나님의 백성이 되었고 하나님의 약속을 받았고 하나님의 사역에 동역하고 있다는 사실보다 더 중요한 것은 없기에 광채에 다른 의미를 부여할 이유가 없었던 것입니다. 모세의 얼굴에 광채가 난다는 사실보다 중요한 것은 하나님입니다. 모세가 어떠한 인물이냐 보다 중요한 것이 하나님입니다. 하나님을 구하지 않고 도리어 광채를 구하고, 광채를 자랑하고, 광채를 부러워하는 것은 신앙의 본질을 벗어난 것입니다. 이미 받은 하나님의 은혜와 복을 아시고, 복을 누리는 하나님의 원리를 아셔서 신나고 자유롭고 평화롭고 행복한 삶을 누리시기를 주님의 이름으로 축원합니다.

# 52

# 마음에 원하는 자

출애굽기 35 : 1 ~ 29

1 모세가 이스라엘 자손의 온 회중을 모으고 그들에게 이르되 여호와께서 너희에게 명령하사 행하게 하신 말씀이 이러하니라 2 엿새 동안은 일하고 일곱째 날은 너희를 위한 거룩한 날이니 여호와께 엄숙한 안식일이라 누구든지 이 날에 일하는 자는 죽일지니 3 안식일에는 너희의 모든 처소에서 불도 피우지 말지니라 4 모세가 이스라엘 자손의 온 회중에게 말하여 이르되 여호와께서 명령하신 일이 이러하니라 이르시기를 5 너희의 소유 중에서 너희는 여호와께 드릴 것을 택하되 마음에 원하는 자는 누구든지 그것을 가져다가 여호와께 드릴지니 곧 금과 은과 놋과 6 청색 자색 홍색 실과 가는 베 실과 염소 털과 7 붉은 물 들인 숫양의 가죽과 해달의 가죽과 조각목과 8 등유와 및 관유에 드는 향품과 분향할 향을 만드는 향품과 9 호마노며 에봇과 흉패에 물릴 보석이니라 10 무릇 너희 중 마음이 지혜로운 자는 와서 여호와께서 명령하신 것을 다 만들지니 11 곧 성막과 천막과 그 덮개와 그 갈고리와 그 널판과 그 띠와 그 기둥과 그 받침과 12 증거궤와 그 채와 속죄소와 그 가리는 휘장과 13 상과 그 채와 그 모든 기구와 진설병과 14 불 켜는 등잔대와 그 기구와 그 등잔과 등유와 15 분향단과 그 채와 관유와 분향할 향품과 성막 문의 휘장과 16 번제단과 그 놋 그물과 그 채와 그 모든 기구와 물두멍과 그 받침과 17 뜰의 포장과 그 기둥과 그 받침과 뜰 문의 휘장과 18 장막 말뚝과 뜰의 말뚝과 그 줄과 19 성소에서 섬기기 위하여 정교하게 만든 옷 곧 제사 직분을 행할 때에 입는 제사장 아론의 거룩한 옷과 그의 아들들의 옷이니라 20 이스라엘 자손의 온 회중이 모세 앞에서 물러갔더니 21 마음이 감동된 모든 자와 자원하는 모든 자가 와서 회막을 짓기 위하여 그 속에서 쓸 모든 것을 위하여, 거룩한 옷을 위하여 예물을 가져다가 여호와께 드렸으니 22 곧 마음에 원하는 남녀가 와서 팔찌와 귀고리와 가락지와 목걸이와 여러 가지 금품을 가져다가 사람마다 여호와께 금 예물을 드렸으며 23 무릇 청색 자색 홍색 실과 가는 베 실과 염소 털과 붉은 물 들인 숫양의 가죽과 해달의 가죽이 있는 자도 가져왔으며 24 은과 놋으로 예물을 삼는 모든 자가 가져다가 여호와께 드렸으며 섬기는 일에 소용되는 조각목이 있는 모든 자는 가져왔으며 25 마음이 슬기로운 모든 여인은 손수 실을 빼고 그 뺀 청색 자색 홍색 실과 가는 베 실을 가져왔으며 26 마음에 감동을 받아 슬기로운 모든 여인은 염소 털로 실을 뽑았으

며 27 모든 족장은 호마노와 및 에봇과 흉패에 물릴 보석을 가져왔으며 28 등불과 관유와 분향할 향에 소용되는 기름과 향품을 가져왔으니 29 마음에 자원하는 남녀는 누구나 여호 와께서 모세의 손을 빌어 명령하신 모든 것을 만들기 위하여 물품을 드렸으니 이것이 이 스라엘 자손이 여호와께 자원하여 드린 예물이니라

# 두 건축 작업

## 도시 건축, 성막 건축

출애굽기는 40장으로 되어 있습니다. 출애굽기의 구조가 아주 재미 있습니다. 1장에 큰 건축 작업으로 시작하고 40장에 큰 건축 작업이 완성되는 것으로 끝이 납니다. 물론 두 건축 작업은 외형상, 내용상 극과 극의 대조를 이룹니다. 먼저 출애굽기 1장의 건축 작업을 살펴보겠습니다. 1장 8~11절 "요셉을 알지 못하는 새 왕이 일어나 애굽을 다스리더니 그가 그 백성에게 이르되 이 백성 이스라엘 자손이 우리보다 많고 강하도다 자, 우리가 그들에게 대하여 지혜롭게 하자 두렵건대 그들이 더 많게 되면 전쟁이 일어날 때에 우리 대적과 합하여 우리와 싸우고 이 땅에서 나갈까 하노라 하고 감독들을 그들 위에 세우고 그들에게 무거운 짐을 지워 괴롭게 하여 그들에게 바로를 위하여 국고성 비돔과 라암셋을 건축하게 하니라"입니다. 건축을 시키는 권력자들의 입장에서 보면 백성들의 번성함이 두려웠습니다. 아마도 지도자들이 가장 싫어하는 것이 바로 이것일 것입니다. 힘이 수단일 경우에는 건강함, 숫자가 수단일 경우에는 번성함, 지식이 수단일 경우에는 지혜로움, 돈이 수단일 경우에는 부유함 등입니다. 자신들이 가장 많이 가지고 있어야 하고 자신들의 것이 수단으로 작용할 수 있어야 하는 것이며 상대방이 자신들과 같아지기를 싫어하는 것입니다. 그래서 번성함을 억제하기 위한 수단으로 건축 노역을 시켰습니다. 직접 건축에 동원되는 백성의 입장에서 아주 싫고 힘들고 고된 노동입니다. 자신들을 위한 건축물을 세우는 것도 아

니고 자신들의 필요에 의한 노동이 아니기 때문에 노동 생산성이 오를 리 만무고 매사에 불평과 원망이 끝이지 않았던 것입니다. 사람에게 가장 견디기 힘든 고통은 오해이고 사람에게 가장 하기 싫은 일은 필요를 느끼지 않는 일을 하는 것입니다. 출애굽기는 이러한 건축을 하는 이야기로 시작했습니다.

이와는 상대적으로 출애굽기에 등장하는 두 번째 건축 작업은 성막을 세우는 것입니다. 하나님이 시행자이십니다. 그런데 그 목적부터가 다릅니다. 백성의 유익을 위해서 하는 것입니다. 하나님에게는 성막이 필요하지 않습니다. 또한 그 작업을 통해 백성을 통제하거나 압박하려는 의도도 없습니다. 그렇기 때문에 자원하는 마음이라는 표현이 등장하는 것입니다. 일을 위하여 백성을 동원하지 않았고 일을 위하여 백성의 재산을 탈취하지 않았습니다. 백성들은 즐겁고 기쁜 마음으로 예물을 드렸고 성막을 지었고 성막 짓는 과정에 대하여 단 한 번도 불평과 원망을 하였다는 기록이 없습니다. 애굽 왕의 지시에 의하여 도시를 건축하는 작업이나 하나님의 말씀에 따라 성막을 건축하는 작업은 모두 인간의 육체적 수고와 물질적 손해가 있는 것입니다. 그러나 작업에 임하는 마음과 태도는 전혀 달랐던 것입니다.

### 성전 건축

이러한 대조는 이스라엘 내에서 행한 일, 성전이라는 동일한 건물에 대한 일에서도 차이가 납니다. 구약 성경에 성전을 건축하는 기록이 두 번 나옵니다. 그런데 이 두 번의 건축과정이 완벽하게 다릅니다. 한번은 다윗과 솔로몬 시대에 이루어진 성전건축입니다. 다윗이 성전을 짓겠다고 다짐하고 성전을 짓기 위한 많은 준비를 행하였고 실제로 성전을 지은 것은 솔로몬입니다. 그래서 다윗 성전이라고도 하고 솔로몬 성전이라고도 합니다. 다윗의 성전을 짓는 동기와 과정은 애굽이 도시를 건축하는 과정과 흡사합니다. 다윗은 성전짓기를 원했지만 정작 성전에 모셔질 하나님은 성전을 원하시지 않았습니다. 하나님이 원하시는 성전이 아니었기에 사실 이 성전은 있어야 하는 필요가 없는 것이었습니다. 하나님도 원하시지 않는 성전이니 정작 그 성전을 짓는 일에 동원되어야 하는 백성들에게는 성전의 필요성이 더욱 느껴지지 않았습니다. 비록 다윗이 많은 준비를 하였고 이방 민족들의 많은 노동자들이 동원되었다고 하여도 이스라엘 백성들의 불필요한 희생을 없앴을 수는 없었습니다. 결국 솔로몬은 불필요한 성전을 건축한 후 백성들의 원망을 샀고 솔로몬의 아들 르호보암은 나라를 이어가지 못하고 솔로몬의 정책을 잇는 것에 반대한 열 지파에 속한 백성들이 북이스라엘로 나라를 분열시켜 버립니다. 이스라엘 분열의 원인에 성전건축이 자리 잡고 있는 것입니다.

또 한 번 성전이 건축되는 내용은 이스라엘이 바벨론에 멸망당하고 식민지가 된지 칠십 년이 지난 후 바벨론 식민지에서 바사의 식민지로 전환되었을 때입니다. 새로운 지배국가 바사의 왕 고레스의 명에 의해 포로로 잡혀갔던 백성들은 귀환할 수 있었고 이때 귀환한 백성들을 중심으로 예루살렘에서 무너진 성전을 재건축하게 된 것입니다. 식민국가요 포로 된 백성들이 성전을 지을 재력이나 노동력이 풍성했을 리 없습니다. 성전을 재건하겠다던 마음조차 먹지 못했던 상태이지만 하나님께서 저들을 감동시켰고 이방의 왕들의 후원을 받게 하셨고 결국 성전이 지어지게 도우셨습니다. 마침내 이스라엘은 성전을 지었고 백성들은 감격에 눈물을 흘렸습니다. 그 당시 지도자가 학개와 스룹바벨이었기에 스룹바벨 성전이라고 불리는 성전입니다. 성전을 지었다는 사실은 같지만 다윗 성전을 지을 때는 백성들이 고통의 눈물을 흘렸고 스룹바벨 성전을 지을 때는 백성들이 감격의 눈물을 흘렸습니다. 도시를 건축하느냐 성막을 건축하느냐의 차이가 아니고 신전을 건축하느냐 성전을 건축하느냐의 차이가 아닙니다. 왜 지어야 하는지의 필요에서 차이가 나는 것이고 짓는 과정에 동참하는 백성들의 마음에서 차이가 나는 것입니다. 세상 일이라 힘들고 교회 일이라 힘이 들지 않는 것이 아닙니다. 교회 일이라도 성도가 그 필요를 인식하지 못하고 감동받지 않는 마음, 자원하지 않는 마음으로 임하면 당연히 힘들고 결국에는 불평과 원망이 나오게 되어 있습니다. 그래서 출애굽기에서 하나님이 성막을 지으시는 과정에 대한 바른 이해가 필요한 것입니다.

## 은혜에 기초한 신앙

### 먼저 은혜를 주신 하나님

성막 건축에 관한 기사가 출애굽기에 두 번 나옵니다. 성막 건축이 출애굽기에서 어느 시점에 나오느냐가 우선 중요합니다. 처음 나오는 기사가 25장부터이고 두 번째 나오는 기사가 35장부터입니다. 25장부터 40장까지 성막에 관한 기사가 나오는데 중간에 시내산에서 백성들이 송아지 신상을 만든 사건이 들어있을 뿐 다른 내용이 없어서 사실상 성막 기사는 하나의 연결된 내용입니다. 출애굽기 내에서 성막건축은 출애굽 사건과 광야 사건을 거친 후에 등장한다는 것입니다. 이것이 매우 중요합니다. 성막건축이 출애굽기 1장에 나오는 것이 아니라 출애굽의 중요한 사건이 모두 진행된 다음에 나온다는 것입니다. 하나님이 먼저 출애굽이라는 은혜를 주시고, 하나님이 먼저 광야 생활의 보장이라는 축복을 주신 후에 등장하는 것입니다. 그렇다고 은혜를 받은 자는 성막을 지어야 한다는 것도 아닙니다. 성막을 짓는 것 자체가 하나님께는 필요하지 않기 때문입니다. 기독교 신앙의 핵심은 하나님이 먼저 은혜를 주신다는 것입니다. 단 한번 은혜를 주시는 것이 아니라 아예 처음부터 끝까지 전체가 은혜입니다. 기독교의 은혜는 일회적 사건을 의미하는 것이 아니라 하나님의 원리 자체를 의미합니다. 그래서 은혜를 한번 크게 받는 것이 아니라 존재자체, 일상전체가 은혜입니다. 하나님은 계속하여 은혜를 주시는 분이시기 때문에 인간에게 아무 것도 요구하는 것이 없으시다는 것입니다. 작은 은혜를 주시고 큰 보답을 요구하지 않으시고, 한 번 은혜를 주시고 계속적으로 갚음을 요구하지 않으시고, 도리어 하나님이 계속 은혜를 주시는 것입니다. 이것이 기독교입니다. 기독교는 은혜를 받지 않고는 시작될 수 없으며 은혜를 받지 않고는 지속될 수 없습니다. 기독교는 은혜의 종교이기에 복 받는 수단, 복 받는 방법, 복 받는 일이란 존재하지 않는 것입니다.

출애굽기 40장에 가면 성막이 완성되는 기록이 나옵니다. 드디어 이스라엘이 성막을 다 지었습니다. 성막을 지은 후 달라진 것이 없습니다. 그렇게 성막을 지었더니 하나님께서 이스라엘에게 크게 축복을 더 하셨나요? 성막건축이라는 거룩한 역사를 완성하였더니 하나님께서 이스라엘에게 무엇을 더 해주셨나요? 재산을 불려주셨나요? 장수하게 해 주셨나요? 구름기둥과 불기둥이 발전하여 형형색색 변화하는 조명장치로 바뀌었나요? 저들이 먹는 음식이 만나에서 뷔페로 다양화되었나요? 광야 지나가는 시간이 사십 년에서 사십 시간으로 단축되었나요? 가나안으로 들어가는 대신 애굽으로 돌아가서 그냥 애굽을 차지해 버렸나요? 성막을 건축해서 이스라엘에게 달라진 것이 무엇이 있습니까? 아무 것도 없습니다. 성막 건축은 은혜 받는 조건이 아니었고, 축복받는 방법도 절대로 아니었습니다. 하나님은 은혜를 미끼로 사용하시는 분이 아닙니다. 하나님은 축복을 낚시 밥으로 악용하시는 분이 아닙니다.

### 성막건축

성막건축에 관한 기사를 좀 더 세밀하게 관찰해 보도록 하겠습니다. 성막기사가 출애굽기에 두 번 등장합니다. 하나는 출애굽기 25장부터

31장 11절까지입니다. 성막을 지으라는 설계도와 청사진을 주시는 내용입니다. 그 마지막이 31장 12절부터 17절까지의 안식일을 지키라는 말씀으로 끝이 납니다. 다른 하나는 출애굽기 35장 4절부터 40장까지에 나오는 것으로, 이전에 주어진 내용에 따라 실제 성막건축과정과 성막봉헌으로 끝이 나는데, 이때에도 35장 1~3절에 안식일을 지키라는 말씀으로 시작합니다. 즉 성막에 관한 두 기사가 좌우 대칭형으로 기록되어 있고 그 중앙에 안식일을 지키라는 말씀이 두 번 반복되어 등장하고 있는 것입니다. 성막을 짓는 일의 핵심에 안식일이 반복되어 등장하는 이유는 성막의 의미를 바르게 이해시키기 위한 하나님의 의도입니다. 성막건축의 핵심은 하나님이 거하시는 전을 건축한다는 것이 절대로 아닙니다. 또 하나님을 위하여 처소를 마련해 드린다는 것도 아닙니다. 성막건축은 단순히 신전을 건축하는 것과는 전혀 다릅니다. 만약 안식일에 대한 말씀이 없다면 타 종교의 신전건축과 유사한 의미가 될 것입니다. 그러나 안식일 지침이 있음으로 인해서 타 종교의 신전건축과는 전혀 다른 의미를 담고 있는 것입니다. 타 종교의 신전건축의 의미는 신을 위한 인간의 노력입니다. 신을 영화롭게 하며 신을 경배하며 신을 높이는 인간의 행위가 되는 것입니다. 이러한 행위를 빌미로 인간은 복을 구할 수 있으며 신의 가호를 기대할 수 있는 것입니다.

그러나 성막건축의 핵심은 성막이 아니라 안식일입니다. 안식일의 유일한 규정은 '너희는 아무 일도 하지 말라' 입니다. 즉 하나님이 일하신다는 것입니다. 하나님이 인간을 위해 일해 주신다는 것이 기본 의미입니다. 즉 성막 기사의 중앙에 안식일이 놓임으로 해서 결국 성막 건축의 의미는 인간이 신을 위해 일하는 것이 아니라 정 반대로 하나님이 인간을 위해 일하는 것이 되는 것입니다. 안식일은 일 년 중에 기념해야 하는 특별한 하루가 아니고 일주일에 한 번씩 돌아오는 날이 아닙니다. 안식일을 지키느냐 못 지키느냐의 결정적 열쇠는 인간에게 달려있지 않고 하나님께 달려있습니다. 안식일을 지키느냐 못 지키느냐의 결정적 열쇠는 안식일에 달려있는 것이 아니라 나머지 육일에 달려있습니다. 만약 하나님이 육일 동안 만나를 약속대로 내려주지 않는다면 특별히 여섯째 날에 다른 날의 갑절로 내려주지 않는다면 인간은 절대로 안식일을 지킬 수 없습니다. 하나님이 어떻게 행동하시냐에 따라 인간이 안식일을 지킬 수 있는지의 여부가 달려있습니다. 인간이 지키려고 노력하고 다짐한다고 해서 지킬 수 있는 것이 아닙니다. 인간이 아무리 다짐하고 각오하고 결단해도 하나님이 육일 동안 만나를 내려주지 않으면 인간의 각오와 다짐은 아무런 소용이 없습니다. 반대로 하나님이 육일 동안 만나를 내려주신다면 인간은 저절로 안식일을 잘 지킬 수 있습니다. 그러므로 안식일 준수를 위해 힘쓰고 애써야 하시는 분은 인간이 아니라 하나님이십니다.

만약 인간이 안식일을 지키지 않는다면 그 근본적 원인은 하나님께 있는 것입니다. 안식일의 핵심은 하나님이 일하신다, 하나님이 인간을 위해서 일하신다는 것입니다. 성막을 짓는 일은 인간이 하나님을 위해 위대한 역사를 이루어 드리는 것이 아니라 도리어 하나님이 계속하여 인간을 위해 놀라운 역사를 이루어 가신다는 의미입니다. 하나님이 성막과 함께 이스라엘 백성의 한 가운데 임하여 이스라엘과 동행하시며 이스라엘의 삶을 책임지시며 보호하시며 관리하신다는 것입니다. 그러므로 안식일의 의미를 이해하지 못하면 성막 건축의 의미가 왜곡될 것이며 백성들은 즐겁고 신나고 행복한 마음으로 성막을 짓는 것이 아니라 두렵고 떨리는 마음으로 짓게 될 것입니다.

### 안식일 규정의 느낌

안식일 규정을 읽을 때 어떤 느낌이 드는지 생각해 보시기 바랍니다. 먼저 31장 12~15절 "여호와께서 모세에게 말씀하여 이르시되 너는 이스라엘 자손에게 말하여 이르기를 너희는 나의 안식일을 지키라. 이는 나와 너희 사이에 너희 대대의 표징이니 나는 너희를 거룩하게 하는 여호와인줄 너희가 알게 함이라. 너희는 안식일을 지킬지니 이는 너희에게 거룩한 날이 됨이니라. 그 날을 더럽히는 자는 모두 죽일지며 그 날에 일하는 자는 모두 그 백성 중에서 그 생명이 끊어지리라. 엿새 동안은 일할 것이나 일곱 째 날은 큰 안식일이니 여호와께 거룩한 것이라. 안식일에 일하는 자는 누구든지 반드시 죽일지니라"입니다. 다음은 본문 35장 2, 3절 "엿새 동안은 일하고 일곱 째 날은 너희를 위한 거룩한 날이니 누구든지 이 날에 일하는 자는 죽일지니 안식일에는 너희의 모든 처소에서 불도 피우지 말지니라"입니다.

성경에 나타난 하나님의 말씀은 관계적 표현입니다. 관계적 표현에서 관계를 제외한 채 기록된 내용만을 고려하여 명제적으로 읽으면 오해가 되어버립니다. 만약 안식일 규정을 들으시고 불안함을 느끼셨다면 하나님과의 관계를 생각하지 않으신 채 그 내용만을 명제적으로 들으셨기 때문입니다. 군대에서 교관이 군인들을 바다에 던져 넣고 물 밖으로 나오지 못하게 계속 밀어 넣는 장면을 보면, 교관과 군인이라는 관계를 고려하면 훈련이라고 생각하실 것이고, 그 관계를 제외시켜 버리면 인권유린이요 살인행위라고 생각하실 수 있는 것입니다. 대부분의 성경을 읽는 독자들이 성경을 읽을 때 말씀을 하시는 하나님과 백성의 관계를 생각하지 않고, 말씀을 하시는 시점에 대하여 생각하지 않습니다. 읽은 순간 읽은 내용이 우선 눈에 들어옵니다. 읽어보니 '안식일에 일하는 자는 누구든지 반드시 죽일지니라' 고 되어 있단 말입니다. 읽는 순간 겁나고 두렵고 하나님이 살벌한 것입니다. 성경에 대한 오해입니다.

광야에서 안식일 규정을 들은 이스라엘 백성들의 느낌을 이해하셔야 합니다. 광야에서 안식을 규정을 들은 이스라엘은 환호를 질렀을 것입니다. 광야에서 만약 하나님이 만나를 제공하여 주지 않고 너희가 일을 해서 먹고 살라고 말씀하셨다면 아무도 하나님을 따르지 않았고 아무도 광야를 지나갈 생각을 하지 않을 것입니다. 모두 애굽으로 돌아가 버리고 말았을 것입니다. 왜냐하면 광야에서는 일해서 즉 자신이 스스로 식량을 만들어낼 방법이 없기 때문입니다. 그런 광야에서 하나님이 너희가 스스로 식량을 만들려고 애쓰지 말리고 말씀하실 때 두렵고 떨리고 불안한 마음을 가질 자가 없고 모두 반가움의 소리를 질렀을 것입니다. 사람에게 식량을 만들려는 일을 하지 말라, 식량을 만들려고 일을 하는 자는 죽이리라고 말씀하시는 것은 하나님이 식량을 계속하여 제공해 주겠다는 신나고 고마운 약속이기 때문입니다. '안식일에 일하는 자는 반드시 죽이리라' 는 말씀은 하나님의 계명을 준수하라고 인간을 협박하는 것이 아니라 하나님이 일하시겠다는 선언입니다. 이 하나님의 일하시겠다는 선언이 안식일이고, 안식일의 선언의 연장선상이 성막건축이었습니다.

### 성막건축의 느낌

하나님의 일하심의 선언을 듣고 환호를 질렀을 백성들에게 하나님이 성막을 지으라고 말씀하십니다. 성막을 지으라는 말씀을 들었을 때의 이스라엘 백성의 느낌을 이해하셔야 합니다. 백성들은 자기들에게 이런 약속을 하시는 하나님이 자기들과 함께 거하기를 기대하는 것입니다. 당연히 저들은 그런 하나님이 자기들과 동행하기를 바라는 것입니다. 아예 하나님을 자신들 한 가운데 모셔 놓으려고 하는 것입니다. 그런 마음을 가지고 있는 자들을 향하여 성막을 지으라고 말씀하셨습니다. 이미 하나님을 붙들어 놓고 싶은 마음을 가지고 있는 자들이 이 성막을 지으라는 말씀을 들었을 때에 저들의 마음이 짐이 되고 부담이 되는 일이 아니라 당연히 즐겁고 신나고 고대하고 기대하고 바라고 소망하는 일이었을 것입니다. 하나님은 성막을 짓기 전에 백성들에게 그런 마음이 들도록 하시기 위하여 그동안 출애굽기 1장부터 지금까지 수많은 놀라운 일들, 허다한 은혜의 사건들을 진행하셨던 것입니다. 그렇게 은혜를 주신 후에, 그렇게 저들의 마음에 즐거움과 기쁨의 감동을 주신 후에, 저들의 필요에 따라 저들 스스로 성막을 짓도록 하시는 것입니다. 신앙의 기초는 하나님의 은혜입니다. 그리고 은혜 받은 성도의 기본적인 반응은 기쁨과 즐거움입니다.

## 자원하는 신앙

### 성막에 동참하는 자

성막건축 기사에서 가장 빈번히 등장하는 표현이 "마음에 원하는 자"입니다. 25장 2절에 "기쁜 마음으로 내는 자", 35장 5절에 "마음에 원하는 자", 10절에 "마음이 지혜로운 자", 21절 "마음이 감동된 모든 자와 자원하는 모든 자", 22절에 "마음에 원하는 남녀", 25절에 "마음이 슬기로운 모든 여인", 26절에 "마음에 감동을 받아 슬기로운 모든 여인", 29절에 "마음에 자원하는 남녀"라고 나옵니다. 기독교 신앙의 가장 큰 특징이 바로 이것입니다. 자원하는 자, 기뻐하는 자, 감동된 자의 반대말에는 싫어하는 자, 억지로 하는 자, 외식하는 자 등 여러 가지가 있을 것입니다. 성경이 말하는 정답은 두려워하는 자입니다. 기독교 신앙의 가장 큰 특징이 자원하는 마음이요 타 종교의 대표적 특징이 두려워하는 마음입니다. 종교학에서 종교의 기원에 대한 여러 가지 설명이 있지만 가장 대표적인 것이 인간의 두려움입니다. 인간에게 불안과 걱정, 염려, 두려움이 있는데 이것을 극복할 방법의 일환으로 종교가 발생하였다는 것입니다. 종교가 인간에게서 기원하고, 두려움을 극복하기 위한 목적으로 등장하기에 인간이 행하는 모든 종교적 행위가 수단이요 방법으로 전락되는 것입니다.

기독교는 인간에게서 기원하지 않았고 인간의 두려움을 극복하기 위한 수단으로 제공되지 않았습니다. 기독교는 하나님이 일하심으로 시작되었고 하나님이 은혜로 인간의 행복을 제공하심으로 시작되었습니다. 그렇게 하나님께 은혜를 받은 자가, 이미 행복을 얻은 자가 즐거워서 좋아서, 지금 가지고 있는 기쁨과 행복과 자유와 평안을 유지하고 싶은 마음을 가진 자가 행하는 삶의 원리입니다. 자신이 필요한 것임을 알고 있고 자신에게 좋은 것임을 알고 행하는 것이기에 두려움이 없고 부담감이 없고 짐스러운 마음이 없는 것입니다.

## 자유의 신앙

신앙은 강요할 수 없는 것입니다. 어떻게 하나님을 믿으라고 할 수 있습니까? 어떻게 기뻐하라고 명령할 수 있으며 즐거워하라고 지시할 수 있습니까? 신앙은 은혜와 축복을 빌미로 강요되는 것이 아니라 은혜와 축복을 전제로 감동을 만들어 내고 자원하는 마음을 기대하는 것입니다. 신앙은 강요할 수 없고 도리어 자원하는 마음이어야 가능하기 때문에 하나님의 말씀 어디에도 협박이 없습니다. 아브라함에게 하나님의 말씀을 듣지 않을 경우에 당하게 될 치명적 결과를 예고하지 않았습니다. 이삭에게도, 야곱에게도, 모세에게도 마찬가지입니다. 물론 성경을 읽다보면 가끔 협박과 징계가 있는 것처럼 보이는 구절이 있습니다. 그러나 그 의미를 살펴보면 절대로 협박이 아닙니다.

기독교 신앙에는 강요나 협박이 없고 도리어 자유의 선언이 있습니다. 이스라엘이 가나안에 도착하여 땅을 분배하여 정착하여 살 게 되었을 때에 기독교의 위대한 선언이 나옵니다. 바로 여호수아 24장 14, 15절에 나오는 위대한 종교의 자유선언입니다. "그러므로 이제는 여호와를 경외하며 온전함과 진실함으로 그를 섬기라. 너희의 조상들이 강 저쪽과 애굽에서 섬기던 신들을 치워버리고 여호와만 섬기라. 만일 여호와를 섬기는 것이 너희에게 좋지 않게 보이거든 너희 조상들이 강 저쪽에서 섬기던 신들이든지 또는 너희가 거주하는 땅에 있는 아모리 족속의 신들이든지 너희가 섬길 자를 오늘 택하라. 오직 나와 내 집은 여호와를 섬기겠노라"입니다. 누가 감히 기독교에 대하여 독선이며, 배타이며, 강요이며, 인간이 제한되고, 속박되며, 신에게 눌린다고 말합니까? 도대체 어디에 그런 것이 있습니까? 세상에서도 종교의 자유가 강조됩니다. 세상에서 말하는 종교의 자유와 하나님의 선언하시는 종교의 자유가 얼마나 다른지 아셔야 합니다. 세상은 아무 것도 해 준 것도 없는 채 그냥 자유입니다. 그냥 본인의 마음대로 하라는 것입니다. 그러나 하나님의 자유의 선언은 수많은 기적과 은혜와 축복을 제공하신 후에 하시는 선언입니다. 성막 건축 기사를 통해 인간의 헌신을 요구하는 하나님이 아니라 인간에게서 기쁨과 감사의 자원하는 마음을 이루어 내시는 하나님을 만나야 하는 것입니다. 하나님을 아시기 바랍니다. 하나님이 주신 은혜와 복을 아시기 바랍니다. 하나님이 말씀하신 내용들의 의미를 아시기 바랍니다. 그래서 즐겁고 신나고 자원하는 자유의 신앙되시기를 주님의 이름으로 축원합니다.

# 53

## 하게 하시고

### 출애굽기 35 : 30 ~ 36 : 7

30 모세가 이스라엘 자손에게 이르되 볼지어다 여호와께서 유다 지파 훌의 손자요 우리의 아들인 브살렐을 지명하여 부르시고 31 하나님의 영을 그에게 충만하게 하여 지혜와 총명과 지식으로 여러 가지 일을 하게 하시되 32 금과 은과 놋으로 제작하는 기술을 고안하게 하시며 33 보석을 깎아 물리며 나무를 새기는 여러 가지 정교한 일을 하게 하셨고 34 또 그와 단 지파 아히사막의 아들 오홀리압을 감동시키사 가르치게 하시며 35 지혜로운 마음을 그들에게 충만하게 하사 여러 가지 일을 하게 하시되 조각하는 일과 세공하는 일과 청색 자색 홍색 실과 가는 베 실로 수 놓는 일과 짜는 일과 그 외에 여러 가지 일을 하게 하시고 정교한 일을 고안하게 하셨느니라

36 : 1 브살렐과 오홀리압과 및 마음이 지혜로운 사람 곧 여호와께서 지혜와 총명을 부으사 성소에 쓸 모든 일을 할 줄 알게 하신 자들은 모두 여호와께서 명령하신 대로 할 것이니라 2 모세가 브살렐과 오홀리압과 및 마음이 지혜로운 사람 곧 그 마음에 여호와께로부터 지혜를 얻고 와서 그 일을 하려고 마음에 원하는 모든 자를 부르매 3 그들이 이스라엘 자손의 성소의 모든 것을 만들기 위하여 가져온 예물을 모세에게서 받으니라 그러나 백성이 아침마다 자원하는 예물을 연하여 가져왔으므로 4 성소의 모든 일을 하는 지혜로운 자들이 각기 하는 일을 중지하고 와서 5 모세에게 말하여 이르되 백성이 너무 많이 가져오므로 여호와께서 명령하신 일에 쓰기에 남음이 있나이다 6 모세가 명령을 내리매 그들이 진중에 공포하여 이르되 남녀를 막론하고 성소에 드릴 예물을 다시 만들지 말라 하매 백성이 가져오기를 그치니 7 있는 재료가 모든 일을 하기에 넉넉하여 남음이 있었더라

# 하나님이 하신다

## 하나님의 선택

하나님이 하시는 일과 인간이 하는 일을 구분할 줄 알아야 합니다. 성경은 하나님만이 행하실 수 있는 일을 하셨다고 선언하는 것입니다. 그래서 인간은 하나님이 이루어 주신 일에 감사하고 그 결과를 누리는 것입니다. 하나님만이 하시는 일을 인간이 하자고 나서면 어리석은 것입니다. 반대로 성경에는 인간이 할 일을 하나님이 하시겠다고 나서는 장면이 없습니다. 그렇다면 인간은 인간이 할 수 있는 일을 하나님께 부탁하는 것도 해서는 안 됩니다. 하나님이 하시는 일과 인간이 하는 일을 잘 분별해야 합니다. 하나님의 원리와 죄의 원리를 잘 분별해야 합니다. 이것을 혼동하면 신앙이 미신이 되고 믿음이 신념이 되어버리는 것이고 기독교가 타종교와 같아져버리는 것입니다. 35장 30절부터 36장 1절까지를 읽어보시면 의미있는 내용을 만나실 수 있습니다. 본문의 강조점은 하나님이 하신다는 것입니다. "모세가 이스라엘 자손에게 이르되 볼지어다. 여호와께서 유다 지파 훌의 손자요 우리의 아들인 브살렐을 지명하며 부르시고 하나님의 영을 그에게 충만하게 하여 지혜와 총명과 지식으로 여러 가지 일을 하게 하시되 금과 은과 놋으로 제작하는 기술을 고안하게 하시며 보석을 깎아 물리며 나무를 새기는 여러 가지 정교한 일을 하게 하셨고 또 그와 단 지파 아히사막의 아들 오홀리압을 감동시키사 가르치게 하시며 지혜로운 마음을 그들에게 충만하게 하사 여러 가지 일을 하게 하시되 조작하는 일과 세공하는 일과 청색 자색 홍색 실과 가는 베 실로 수 놓는 일과 짜는 일과 그 외에 여러 가지 일을 하게 하시고 정교한 일을 고안하게 하셨느니라"입니다. 다 하나님이 하셨습니다.

세상에는 있는데 기독교에는 없는 것, 세상에서는 하는데 하나님은 하시지 않는 것이 있습니다. 물론 여러 가지가 있지만 그 중에 하나가 선택 또는 선별입니다. 선택이라는 용어의 의미자체가 동등한 자격과 조건을 갖춘 여러 사람 중에서 가장 탁월하고 우수한 사람을 선별하여 골라내는 것입니다. 그런데 기독교에는 하나님이 선택을 하시지 않는 것이 아니라 원천적으로 불가능하다는 것입니다. 왜냐하면 인간 중에 하나님의 기준에 자격과 조건을 갖춘 존재가 없기 때문입니다. 성경에는 하나님이 우리를 선택하셨다는 표현이 나옵니다. 그러나 이때 사용된 선택이란 용어의 의미는 골라냄 또는 여러 사람 중에 가장 적합한 자를 선별하여 뽑음이 절대로 아닙니다. 하나님의 선택이란 의미는 있는 것 중에서 선별하여 골라내는 행위가 아니라 없는 것을 있게 하시는 하나님의 의지적 행동입니다. 그러므로 하나님의 선택에서 강조되어야 하는 부분은 하나님이 누구를 선택하셨는가, 왜 선택하셨는가, 어떻게 선택하셨는가가 아니라 하나님입니다. 즉 하나님의 선택에서 중요한 것은 선택받는 대상에 대한 관심이 아니라 선택하시는 하나님에게 초점이 맞추어 져야 하는 것입니다.

하나님의 선택은 있는 것 중의 선별작업이 아니라 없는 것을 있게 하시는 하나님의 의지적 행동입니다. 하나님이 아벨의 제사를 선택하셨습니다. 가인과 아벨의 제사 중 아벨의 제사를 선택하였다는 것이 강조점이 아니라 없는 행위 즉 하나님과 무관한 제사행위를 하나님이 받아주셨다는 것입니다. 하나님이 선택하심으로 이제 인간은 하나님과 연결될 수 있게 된 것입니다. 하나님이 노아를 선택하셨습니다. 다른 사람들은 죄인이고 노아는 의인이기 때문이 선택된 것이 아닙니다. 모두가 다 죄인이었고 모두가 다 죽어야 했습니다. 그런데 하나님이 노아를 선택하셨습니다. 살아남을 사람이 없는 상태에서 하나님이 선택하심으로 살아남을 자가 있게 하신 하나님의 의지적 행동이십니다. 하나님의 선택하심으로 인간이 생명을 보존하고 인간의 명맥이 이어질 수 있게 된 것입니다. 하나님이 죄인을 구원하시기 위하여 택하셨습니다. 죄인 아닌 자를 골라내신 것이 아닙니다. 구원받을 자가 없는 상태에서 구원을 받은 자가 있게 하신 하나님의 의지적 행동이십니다. 하나님의 선택은 선택된 자들의 상태나 조건을 살필 것이 아니라 하나님이 선택하셨다는 의지적 행동을 강조하여야 하는 것입니다.

## 선별이 아니다

분명 성경에는 하나님이 선택하신다는 표현이 나옵니다. 그렇지만 그 표현이 인간 중에 자격 있는 자를 선별하는 것이 아님을 확인해 보겠습니다. 하나님이 아브람을 부르셨습니다. 그렇지만 아브람의 경쟁 상대, 라이벌, 아브람과 더불어 선발대상에 올랐던 사람이 아무도 없습니다. 아브람이 군계일학으로 비교대상이 없었던 것이 아니라 아브람을 비롯하여 아무도 선발대상에 없었기 때문입니다. 하나님이 모세를 부르셨습니다. 모세가 선발될 수 있었던 모세의 장기, 특징, 우수성이 무엇이었습니까? 모세의 경쟁 상대는 누구였고, 모세가 경쟁자보다 우수했던 영역이 어디입니까? 아무 것도 없습니다. 본문에서는 유다 지파 훌의 손자요 우리의 아들인 브살렐을 지명하여 부르셨습니다. 왜 유다지파죠? 왜 훌의 손자이죠? 왜 우리의 아들이죠? 왜 브살렐입니까? 또 단 지파 아히사막의 아들 오홀리압을 감동시키셨다고 합니다. 이번에는 왜 단 지파죠? 왜 아히사막의 아들이죠? 왜 오홀리압이죠? 성경이 제시하는 브살렐이 부름 받을 수 있는 자격이 무엇입니까? 성경이 제시하는 오홀리압이 감동받을 수 있었던 조건이 무엇입니까? 단 한 가지도 없습니다.

이때에도 성경이 강조하려는 것은 부름 받은 자들이 아니라 부르시는 하나님입니다. 부름 받은 자들의 특징이 아니라 하나님이 그들에게 제공하신 특징들입니다. 하나님은 브살렐이 지혜와 지식이 있고 금과

은과 놋으로 제작하는 기술이 있고 보석을 깎아 물리며 나무를 새기는
여러 가지 정교한 일을 할 줄 아는 자이기 때문에 뽑으신 것이 아닙니
다. 정 반대로 하나님이 브살렐을 뽑으셔서 그 브살렐에게 "지혜와 지식
이 있게 하시고, 금과 은과 놋으로 제작하는 기술이 있게 하시고, 보석
을 깎아 물리며 나무를 새기는 여러 가지 정교한 일을 할 줄 알게 하신
것"입니다. 하나님은 오홀리압이 지혜로운 마음이 있고 조각하는 일과
세공하는 일과 청색 자색 홍색 실과 가는 베실로 수 놓는 일과 짜는 일
과 그 외에 여러 가지 일을 할 줄 알고, 정교한 일을 고안할 줄 아는 자이
기 때문에 뽑은 것이 아닙니다. 정반대로 하나님이 오홀리압을 "감동시
키시고 지혜로운 마음이 있게 하시고 조각하는 일과 세공하는 일과 청
색 자색 홍색 실과 가는 베실로 수 놓는 일과 짜는 일과 그 외에 여러 가
지 일을 할 줄 알게 하시고 정교한 일을 고안하게 하신 것"입니다.

### 요구되는 조건이란?

만약 하나님이 인간을 선발하여 하나님의 목적을 위하여 인간을 이
용하신다면 인간의 어떤 측면을 이용하실까요? 힘일까요? 지식일까요?
돈일까요? 외국어 실력일까요? 운전면허일까요? 땅일까요? 컴퓨터일까
요? 방언일까요? 흔히 말하기를 하나님은 꿈이 있는 사람을 부르신다고
하는데 세상에 꿈 없는 사람이 있나요? 하나님은 신실한 사람을 사용하
신다고 하는데 이미 신실하게 삶을 잘 살고 있는 사람을 왜 부르시죠?
사실 하나님이 사람을 선발하시려면 하나님이 뽑으시는 조건, 유일한
조건이 있습니다. 그 조건이 하나님의 마음을 가진 자입니다. 그런데 죄
인 중에 하나님의 마음을 가진 사람이 없습니다. 결국 하나님은 자격 있
는 사람 중에 선발하시는 것이 아니라 자격 없는 자들 중에 아무나 뽑으
셔서 자격이 있게 만들어 주시는 것입니다. 그래서 하나님의 선발을 상
징적으로 보여주는 방식이 제비뽑기입니다. 아무나 뽑혀도 되는 것입니

다. 아무나 뽑아서 자격이 있게 하는 것을 보여주는 사건이 아론의 싹난 지팡이입니다. 하나님의 선택에 대한 인간의 오해는 어제 오늘의 이야기가 아니라 처음부터 있어 왔습니다. 레위 지파가 하나님의 제사장 지파로 선택되었습니다. 레위 지파의 독특성이 있어서가 아니라 하나님이 뽑으셨기에 뽑힌 것입니다. 그런데 뽑힌 사람들이 위세를 부립니다. 그리고 뽑히지 않은 사람들이 시기를 합니다. 하나님의 선택에 대한 인간의 오해의 현상입니다.

민수기 16장에 나오는 사건입니다. 1~4절 "레위의 증손 고핫의 손자 이스할의 아들 고라와 르우센 자손 엘리압의 아들 다단과 아브람과 베렛의 아들 온이 당이 짓고 이스라엘 자손 총회에서 택함을 받은 자 곧 회중 가운데서 이름 있는 지휘관 이백오십 명과 함께 일어나서 모세를 거스르니라. 그들이 모여서 모세와 아론을 거슬러 그들에게 이르되 너희가 분수에 지나도다. 회중이 다 각각 거룩하고 여호와께서도 그들 중에 계시거늘 너희가 어찌하여 여호와의 총회 위에 <u>스스로 높이느냐</u>"입니다. 이런 사건이 발생하는 이유는 자신도 뽑혔다는 것입니다. 모세와 아론이 뽑혔다면 고라와 다단과 온도 뽑혔으니까 자신들도 모세와 아론 같은 자격이 있다는 것입니다. 자신들이 뽑혔다는 것에 근거하여 위세를 떨치고 싶은 것입니다. 이때 모세와 아론은 아무런 반박을 하지 않습니다. 왜 감히 대드냐고 제압하지도 않고 그들보다 자신들이 어떤 측면이 뛰어나기에 선발되었다고 비교하여 증명하지도 않습니다. 왜냐하면 자신들이 저들과 다른 특징이 없었고 또한 당연하게 저들보다 높아진 적이 없기 때문입니다.

이때 하나님이 모세와 아론을 세우신 이유를 설명하시는 장면이 지팡이 사건입니다. 이 지팡이 사건이 일반적인 사람들의 예상과 다르다는 것입니다. 지팡이는 이미 죽어있는 나무입니다. 하나님이 열 두 지파에게 지팡이 하나씩을 주시고 일주일의 기한을 두고 죽어있는 지팡이에서 움이 돋고 순이 나고 꽃이 피어서 열매를 맺게 하는 지파를 뽑겠다고 말씀하신 것이 아닙니다. 가문 나름대로 전승되는 민간비법이 있을 테니 갖은 비법을 총 동원하여 지팡이에서 열매를 맺게 하는 그 지파를 선택하여 총회 위에 놓여주고 이스라엘의 대표 지파가 되게 하시겠다고 말씀 하신 것이 아닙니다. 만약 그렇게 하셨다면 선발입니다. 하나님은 정반대로 하셨습니다. 각 지파가 알아서 지팡이를 취하여 오라고 하셨습니다. 각 지팡이마다 각 지파의 이름을 쓰게 하셨습니다. 그리고 하나님이 택한 자의 지팡이에는 싹이 나게 하신다고 말씀하십니다. 지팡이에서 싹이 나게 하는 지파를 선택하시는 것이 아니라 하나님이 선택하신 지파의 지팡이에서 싹이 나게 하시는 것입니다. 있는 것 중에 골라내시는 하나님이 아니라 없는 것을 있게 하시는 하나님의 일하심입니다.

오늘날 구원받은 저와 여러분의 경우도 이와 같은 것입니다. 저와 여러분은 모두 죽은 나무 지팡이였습니다. 죽은 나무 지팡이에서 움이 돋우고 순을 내고 꽃을 피우고 열매를 맺으면 하나님이 선택하시고 상을 주시고 복을 주시는 것이 아닙니다. 이미 죽어서 지팡이로 밖에는 쓸모없는 무익한 나무인데 하나님이 이런 지팡이를 골라서 그 지팡이를 살려 내셔서 움이 돋게 하시고 순이 나게 하시고 꽃이 피게 하시고 살구 열매가 맺히게 해 주시는 것입니다. 저와 여러분이 은혜를 받은 것입니다.

### 시상이 없다

선택에 대한 성경의 강조점은 하나님이 행하신다는 것입니다. 하나님의 행하심이 강조되기에 자격 있는 인간을 선발하는 것이 아닌 것입니다. 그래서 선택받은 자는 자격 있는 인간이었던 것이 아니라 하나님께 은혜 받은 자라는 것입니다. 부름 받은 사람, 선택 받은 사람은 이미 하나님께 은혜를 받은 것입니다. 이미 은혜를 받고 시작하기에 기독교에는 상이 따로 언급되지 않는 것입니다. 기독교에서 상급을 운운하는 것은 은혜를 멸시하는 것입니다. 또한 뽑힌 사람은 하나님이 베풀어 주신 것으로 일을 합니다. 능력이든, 실력이든, 지혜든, 힘이든 하나님이 그 사람으로 그 것을 행할 수 있게 만들어 주십니다. 그러므로 그 사람이 일을 했다고 해서 그 사람이 한 것이 아니기 때문에 그 사람이 상을 받을 이유가 전혀 없습니다. 그래서 성경에 어떤 사람이 상 받았다는 표현이 없습니다. 아브라함이 백세에 아들을 낳은 후에 상을 받은 것이 없습니다. 백세에 아들을 낳았다는 것이 이미 은혜를 받은 것입니다. 모세가 광야 생활 사십 년이 지난 후에 상을 받은 것이 없습니다. 이미 은혜를 받은 것입니다. 여호수아가 가나안 정복의 일등공신이라고 합니다. 그렇다고 공신으로서 상을 받은 것이 없습니다. 이미 은혜를 받은 것입니다. 다윗이 예루살렘 성을 정복하여 다윗 성이라고 이름을 붙인 후에 상을 받은 것이 없습니다. 목동이 왕이 되었다는 것 자체가 이미 은혜를 받은 것입니다. 본문에 나오는 브살렐과 오홀리압이 성막 건축에 상당한 공헌을 했습니다. 성막을 완성한 후 그들이 상을 받은 것이 없습니다. 이미 은혜를 받았습니다. 기독교는 상을 받기 위해 일하는 것이 아니라 이미 은혜를 받은 자가 감사의 삶을 사는 것입니다. 은혜를 받지 않고는 기독교의 신앙생활이 시작될 수 없는 것입니다.

## 하나님의 영

31절에 보면 "하나님의 영을 그에게 충만하게 하여"라고 되어 있습니다. 성경에서 하나님이 행하셨다는 것을 강조하는 표현 방식이 하나님의 영이 임하였다고 말하는 것입니다. 본문처럼 성막을 지을 때 하나님이 세우신 사람에게 하나님의 영을 불어넣어 사역을 감당하게 하시는 표현이 하나님이 하셨다는 것입니다. 사사기에서 사사들에게 하나님의 영이 등장하여 주어진 사역을 감당하게 하시는 표현들도 하나님을 강조하는 것입니다. 사사들이 행한 사역이 사역을 행하는 그 사람의 능력과 방법이 아니라는 것을 부각시키는 것입니다. 즉 사람이 행한 것이 아니라 하나님이 하셨다는 것입니다. 사무엘상에서 사울에게 여호와의 영이 임하여 예언을 하고 전쟁 때 사울이 하나님의 영에 감동되는 것의 의미도 사울의 승리가 사울의 능력과 자질에 의한 것이 아니라 하나님이 도우심의 결과라는 것을 선언하는 것입니다. 복음서에서 예수에게 성령으로 잉태하여라는 표현은 남자로 잉태하지 않았다 즉 사람으로부터 기원된 것이 아니라는 의미입니다. 예수를 하나님의 아들이라고 표현하는 것도 예수는 인간 요셉에게서 난 인간 예수가 아니요 하나님으로 난 하나님으로 철저하게 인간의 원리와 가치가 아닌 하나님의 원리를 따름을 강조하는 것입니다. 또한 예수의 사역에서 공생애를 시작하실 때 성령이 임하는 마태복음 3장 16절의 사건도 인간 예수의 능력 즉 경험, 학력, 재능 등을 펼치기 시작한 것이 아니라 하나님이 사역을 시작하셨다는 의미입니다. 사역 과정에서 계속하여 누가복음 4장 1절 "성령이 충만하여", 마태복음 4장 1절 "성령의 인도를 받아"라는 표현들의 강조점은 예수의 인간적이고 개인적인 생각, 사고, 판단, 원리, 방법이 아니라 하나님의 사역이라는 것입니다. 사도행전과 서신서에서 성도들의 사역을 권고함에 있어 사도행전 2장 4절 "성령을 받고", 사도행전 13장 4절 "성령을 따라", 에베소서 6장 18절 "성령 안에서" 등의 표현이 강조하려는 것은 인간의 것 즉 인간의 뜻과 원리와 능력 등이 아닌 하나님의 것임을 강조하는 것입니다. 기독교는 하나님이 일하시는 종교입니다.

## 하나님의 말씀대로

### 하나님의 말씀대로

36장 1절 "브살렐과 오홀리압과 및 마음이 지혜로운 사람 곧 여호와

께서 지혜와 총명을 부으사 성소에 쓸 모든 일을 할 줄 알게 하신 자들
은 모두 여호와께서 명령하신 대로 할 것이니라"입니다. 부름을 받고 세
움을 받은 사람들이 사역을 감당한 모습을 성경이 표현하는 구절이 하
나님의 말씀대로입니다. 아마도 세상에서는 이것을 답답하다고 할 것입
니다. 곧이곧대로 하는 것이라고 할 수 있고, 융통성이 없는 것일 수도
있고, 창의성이 없는 것일 수도 있습니다. 그런데 기독교에서 가장 잘하
는 것이 바로 말씀하신 대로입니다. 왜냐하면 그것이 진리이기 때문입
니다. 그것이 가장 좋고, 가장 편하고, 가장 분명하고, 가장 유익하기 때
문입니다.

광야에 있는 이스라엘 백성들은 애굽의 신전을 보았던 사람들입니
다. 애굽의 신상들을 보았던 사람들입니다. 그런데 지금 그러한 애굽의
신들을 박살내고 애굽 신들을 물리친 사람들입니다. 지금 이스라엘 백
성들의 사기가 어떻겠습니까? 하나님의 전을 만들고 하나님의 전에 사
용되는 기물을 만들려는 시점에 저들은 어떤 생각을 가질 수 있을까요?
애굽의 신전이 천 평이었다면 애굽 신전 안에 있는 신들을 다 박살낸 여
호와 하나님의 신전은 최소한 만 평은 되어야 된다는 생각이 들었을 것
입니다. 가짜 신도 신상을 가지고 있다면 진짜 신은 얼마나 더 멋진 신
상이 있어야 하냐는 생각이 들었을 것입니다. 그래서 자기들이 신을 위
한다는 생각에 더 멋있고, 더 영광스럽게 한다는 생각에 여호와의 말씀
대로가 아니라 자신들의 의도대로 할지라도 하나님이 그 생각이 기특하
다고 하시지 않을 것입니다.

성도들이 오해하는 부분이 이 부분입니다. 자신들의 진심을 알아달
라고 말하고 싶어합니다. 잘 하려고 한 것이요 어떻게든 하나님을 위하
려고 했다는 것입니다. 그러나 하나님은 인간에 의하여 더 높여지거나
좋아질 수 있는 분이 아닙니다. 하나님은 인간의 무엇을 필요로 하신 분
이 아닙니다. 하나님의 말씀대로 하는 것이 가장 잘하는 것입니다. 솔로

몬이 기브온에서 제사를 드릴 때 일천번제를 드렸지만 잘한 것이 아닙니다. 어떤 성도님은 하나님의 은혜가 너무 감사하다고 말하면서 십의 이조를 드리기도 하지만 잘하는 것이 아닙니다. 본문에서도 성막에 쓸 재료가 넘쳤습니다. 그러면 그만 가져오게 하는 것이 옳습니다. 무조건 계속 가져오라 하고 창고에 가득 쌓아 놓을 것이 아닙니다. 그냥 하나님의 말씀대로 하는 것이 가장 좋습니다.

## 인간이 힘들지 않도록

본문의 강조점은 하나님이 하신다는 것입니다. 또 부름 받은 인간이 할 수 있는 최선의 길은 하나님의 말씀대로 하는 것입니다. 하나님이 왜 이렇게 하시는 지 알아야 합니다. 인간이 선발을 할 만한 자격이 없다면 없는 상태에서, 그 수준에서나마 그래도 나은 사람을 뽑을 수 있지 않느냐고 생각할 수 있습니다. 그런데 기독교는 선발이 아니라 하나님이 하신다고 선언하는 것입니다. 꼭 이렇게 하시는 첫 번째 이유는 인간이 힘들지 않도록 하기 위해서입니다. 만약 하나님이 인간을 선발하신다면 그래서 인간이 하나님께 선택받아야 하는 자격과 조건을 갖추어야만 된다면, 인간이 신의 기준에 합당하려면 인간은 너무나 많은 수고와 노력을 해야 하고 언제나 신을 의식해야 하고 늘 신과 긴장관계에 놓여야 합니다. 인간이 힘들어서 못삽니다. 이단들의 공통적 특징은 사람을 긴장하게 만드는 것입니다. 그 대표적인 것이 날짜를 지정하는 것입니다. 어느 날에 종말이 온다, 어느 때에 재림이 있다고 지정하여 하루하루를 그 날짜에 맞추어 긴장하게 하고 불안하게 하는 것입니다. 정상적인 삶을 살 수가 없습니다. 그런데 이단들도 강조점에 변화가 생깁니다. 요즘에는 날짜를 지정하는 대신 숫자를 지정합니다. 천국 가는 사람의 숫자가 정해져 있다는 것입니다. 지금 그 숫자가 거의 다 채워져가고 있으니 빨리 서둘러야 한다는 것입니다. 어떠한 이유로든 사람을 불안하게 만들고 긴장하게 만들고 채근하고 독촉하면 정상이 아니고 하나님 방식이 아닙니다.

## 차별이 없도록

하나님이 행하신다고 강조하는 두 번째 이유는 인간에게 갈등과 차별이 없는 세상을 살게 하시기 위한 것입니다. 인간의 행함이 있는 곳에는 언제나 논공행상의 시비가 그치지 않습니다. 어떤 인간도 자신의 수고와 노력이 알려지지 않는 것을 견디기가 쉽지 않습니다. 당연히 시비와 갈등과 차별이 있는 것입니다. 이렇게 시비와 갈등과 차별이 존재하면 인간은 상호간에 행복한 삶을 영위할 수 없습니다. 인간의 시비와 갈등과 차별이 존재하지 않는 유일한 영역이 바로 교회입니다. 왜냐하면 모두가 하나님이 하셨다고 선언하기 때문입니다. 교회 안에 있는 모든 성도가 자신들은 모두 하나님께 은혜받은 자라고 고백하기 때문입니다.

출애굽기에서 40장에 가면 성막이 완성됩니다. 성막이 완성된 후에 성막을 누가 세웠는가에 대한 갈등이 없습니다. 누가 더 수고했고, 누가 더 애를 썼고, 누가 더 적극적이었고, 누가 더 많이 바쳤고, 누가 더 좋은 것을 바쳤는가에 대한 갈등이 없습니다. 저들의 행위에 근거하여 차별적 시상이 없습니다. 이스라엘 가운데 원천적으로 시비와 갈등과 차별이 존재할 수 없고, 당연히 파당과 분열이 일어날 근거자체가 없습니다. 하나님이 하셨기에 인간 중에는 아무도 자랑할 수가 없는 것입니다. 내가 했다, 내가 더 수고 했다고 주장할 만한 어떤 근거가 존재하지 않습니다. 이게 기독교입니다. 하나님이 행하신 역사에서 이스라엘 백성에게 갈등을 유발시킨 사건이 없습니다. 이스라엘에게 차별을 유발시킨 사건이 없습니다. 이스라엘에게 행복을 방해하는 사건이 없습니다. 하나님이 행하시는 대로, 하나님의 말씀대로 해야 인간이 참으로 행복을 누리며 살 수 있는 것입니다. 하나님 때문에 평안하고, 하나님 때문에

화목하고, 하나님 때문에 즐겁고 신나고 행복한 인간의 삶을 사는 것이
하나님의 목적이요 기독교의 본질입니다. 하나님 안에서 인간의 행복과
안식을 누리시기를 주님의 이름으로 축원합니다.

# 54

## 여호와의 영광이 충만하매

### 출애굽기 40 : 17 ~ 38

17 둘째 해 첫째 달 곧 그 달 초하루에 성막을 세우니라 18 모세가 성막을 세우되 그 받침들을 놓고 그 널판들을 세우고 그 띠를 띠우고 그 기둥들을 세우고 19 또 성막 위에 막을 펴고 그 위에 덮개를 덮으니 여호와께서 모세에게 명령하신 대로 되니라 20 그는 또 증거판을 궤 속에 넣고 채를 궤에 꿰고 속죄소를 궤 위에 두고 21 또 그 궤를 성막에 들여놓고 가리개 휘장을 늘어뜨려 그 증거궤를 가리니 여호와께서 모세에게 명령하신 대로 되니라 22 그는 또 회막 안 곧 성막 북쪽으로 휘장 밖에 상을 놓고 23 또 여호와 앞 그 상 위에 떡을 진설하니 여호와께서 모세에게 명령하신 대로 되니라 24 그는 또 회막 안 곧 성막 남쪽에 등잔대를 놓아 상과 마주하게 하고 25 또 여호와 앞에 등잔대에 불을 켜니 여호와께서 모세에게 명령하신 대로 되니라 26 그가 또 금 향단을 회막 안 휘장 앞에 두고 27 그 위에 향기로운 향을 사르니 여호와께서 모세에게 명령하신 대로 되니라 28 그는 또 성막 문에 휘장을 달고 29 또 회막의 성막 문 앞에 번제단을 두고 번제와 소제를 그 위에 드리니 여호와께서 모세에게 명령하신 대로 되니라 30 그는 또 물두멍을 회막과 제단 사이에 두고 거기 씻을 물을 담으니라 31 모세와 아론과 그 아들들이 거기서 수족을 씻되 32 그들이 회막에 들어갈 때와 제단에 가까이 갈 때에 씻었으니 여호와께서 모세에게 명령하신 대로 되니라 33 그는 또 성막과 제단 주위 뜰에 포장을 치고 뜰 문에 휘장을 다니라 모세가 이같이 역사를 마치니 34 구름이 회막에 덮이고 여호와의 영광이 성막에 충만하매 35 모세가 회막에 들어갈 수 없었으니 이는 구름이 회막 위에 덮이고 여호와의 영광이 성막에 충만함이었으며 36 구름이 성막 위에서 떠오를 때에는 이스라엘 자손이 그 모든 행진하는 길에 앞으로 나아갔고 37 구름이 떠오르지 않을 때에는 떠오르는 날까지 나아가지 아니하였으며 38 낮에는 여호와의 구름이 성막 위에 있고 밤에는 불이 그 구름 가운데에 있음을 이스라엘의 온 족속이 그 모든 행진하는 길에서 그들의 눈으로 보았더라

# 가장 역설적인 종교

## 인간의 원리를 이용하는 종교

어느 날 서점가에 아주 독특한 책 제목이 선을 보였습니다. '죽기 전에 해야 할 일 50가지' 입니다. 각자의 취향이 다르겠지만 평상시 자신의 소원을 다 충족시키며 사는 사람이 적은 마당에 강력한 동기부여를 제공하는 제목이었습니다. 얼마 후 유사한 책 제목이 쏟아져 나옵니다. 20대에 꼭 해야 할 일 50가지, 30대에 꼭 가 봐야할 곳 100곳, 하지 않으면 죽어서도 후회하게 되는 일 10가지, 10대에 꼭 읽어야 하는 책 100선 등입니다. 지금은 그 책들에서 추천하는 일만 하려고 해도 인생이 100살로는 부족하다는 말이 나올 정도입니다. 이런 책들이 좋은 역할을 하면서도 가장 치명적인 부작용은 일상의 삶을 지루한 나날이나 진부한 삶으로 폄하시킬 수 있다는 것입니다. 정작 중요한 것은 특별한 50가지가 아니라 평범한 수 만 가지입니다. 특별한 50가지는 전혀 하지 않아도 삶에 아무런 문제가 없지만 평범한 수 만 가지는 행하지 않으면 당장 삶에 문제를 야기하는 데에도 불구하고 사소한 것으로 취급당하곤 합니다. 한국 교회에서 주일 성수를 강조했습니다. 덕분에 주일에 교회에 출석하는 것을 중요하게 생각했습니다. 그런데 이것이 주일만 하나님을 생각하고 나머지 날에는 하나님을 잠시 옆으로 비켜두는 실수를 만들어 내고 말았습니다. 특별 새벽기도회도 마찬가지입니다. 연초에 신년특별 새벽 기도회 2주간 하고 학교 개학하기 이전에 새 학년, 새 마음, 새 비전을 의미하는 삼새 특별새벽기도회를 합니다. 곧이어 부활절을 위한 40일 새벽기도회, 오월이 되면 가정의 달을 맞아 다니엘 특별 새벽기도회, 여름이 다가오면 수련회 준비를 위한 특별 새벽기도회가 진행되고, 가을이 되면 부흥회를 위한 특별기도회와 추수감사절을 위한 특별 새벽기도회가 진행됩니다. 일 년에 250일 동안 특별 기도회를 합니다. 특별

새벽기도회 250일에다 주일 50일을 합치면 총 300일 정도 됩니다. 365일 중에 300일이 특별이니까 이것은 특별이 아니고 특별 새벽기도회가 없는 날이 특별한 날이 되어버립니다. 강조를 하려다가 생기는 부작용입니다.

어떤 명분으로든 강조를 하려는 이유는 강조하지 않으면 중요한 것으로 인식하지 못하는 죄적 개념 때문입니다. 정작 중요한 것을 중요한 것으로 여기지 못하는 죄적 사고방식의 문제입니다. 그런데 더욱 안타까운 것은 사람들이 이러한 죄적 개념, 죄적 사고방식의 문제점을 지적하는 것이 아니라 언제나 죄적 개념과 죄적 사고방식을 적극 활용한다는 것입니다. 이런 죄의 개념과 사고방식을 이용하고 죄의 원리를 적용해야 실제적 효과를 얻을 수 있기 때문입니다. 결과적으로 죄의 개념과 사고방식이 줄어드는 것이 아니라 더욱 확산되고 확산되는 정도가 아니라 정당화되고 있다는 것이 가장 큰 문제입니다. 죄적 사고가 만들어내는 어이없는 주장들도 있습니다. 요새는 평생 교육원 과정에 웃음치료사라는 교양강좌도 생겼습니다. 그 내용 중에 웃음철학이 있습니다. 웃기기 때문에 웃는 것이 아니라 일부러 웃으라는 것입니다. 강사가 말하기를 웃기는 일이 있어서 웃는 것이 아니라 웃으니까 웃을 일이 생기더라는 것입니다. 좀 더 확장하면 행복해서 행복을 느끼는 것이 아니라 행복하다고 생각하며 사니까 행복한 일이 일어나더라는 것입니다.

인간이 가장 못할 일이 억지로 하는 것입니다. 억지로 하는 일 중에 가장 못할 일이 감정을 억지로 하는 일입니다. 기쁘고 즐겁고 신나고 행복하고 사랑하고 웃고 우는 것을 억지로 한다는 것은 인생을 가장 어렵게 사는 방식이요 인간의 가장 상식적이고 기본적인 원리를 거스르는 것입니다. 그런데 이러한 웃기지 않는데도 웃으라는 역설이 정당화됩니다. 왜냐하면 쉽게 얻어지면 귀하지 않다는 죄적 생각이 있기 때문입니다. 없는 것도 될 수 있다는 어리석은 죄적 기대 때문입니다. 죄의 원리가 틀렸다고 고치는 것이 아니라 죄의 원리가 정당화되고 죄의 개념이 추천되고 죄의 사고방식이 선동되고 있는 것입니다. 세상 일에서만 그런 것이 아니라 종교에도 그대로 적용 되어 종교적 방식이 대부분 죄의 방식을 따르고 있습니다.

기독교는 그 개념과 원리와 사고에 있어서 그 자체가 혁신적입니다. 기독교는 죄의 원리를 사용하지 않습니다. 타 종교에서는 가르침이 우선하지 않고 열심이 우선합니다. 왜냐하면 동일한 가치와 개념을 가지고 있기 때문입니다. 그러나 기독교는 열심을 말하기 이전에 가르침이 강조됩니다. 왜냐하면 기독교적 개념, 하나님의 원리를 배우지 않은 채 행하는 열심은 죄를 더할 뿐이기 때문입니다. 기독교에는 억지로 행하는 것이 없습니다. 부자연스러움이 존재하지 않습니다. 의도적 행위가 없습니다. 세상에서 열심이 강조되는 이유는 자신이 행하지 않으면 아무 것도 이루어 질 수 없기 때문입니다. 기독교에서 가르침과 배움이 강조되는 이유는 이미 하나님이 이루어 놓으신 일이 있기 때문입니다.

## 인간의 기대를 이루는 종교

인간들에게 잘 활용되는 원리가 바로 죄의 원리입니다. 하지만 인간의 원리, 죄의 원리를 적용해서는 절대로 인간의 기대와 소망을 이룰 수 없습니다. 죄의 원리로는 차별 없는 세상, 더불어 함께 사는 세상을 절대로 만들 수 없습니다. 열심이 강조되는 세상에서, 열심히 일한 사람과 열심히 일하지 않은 사람이 차별이 없게 만드는 것은 불가능합니다. 열심히 일한 당신 떠나라는 주장이 있을 뿐, 열심히 일한 당신이 놀고 있는 저 사람을 데리고 떠나라는 주장은 없습니다. 차별이 없어지고 더불어 함께 살려고 하면 일한 사람이 자신의 일한 것을 주장하지 않아야 합니다. 그런데 인간은 자신의 수고, 자신의 노력, 자신의 정성을 무가치한 것으로, 값없는 것으로 여길 수가 없습니다. 공동체를 주장하는 사람

중에 잘사는 사람이 없습니다. 어차피 소유가 없는 사람들이 공동체를 하자고 합니다. 나누는 삶을 살자고 외치는 사람 중에 부자는 없습니다. 나누어 달라는 주장일 뿐 나누어 줄 것이 없는 사람들만이 외치는 것이 나눔입니다. 좋은 일 하겠다고 나서는 사람이 가장 먼저 하는 일이 나쁜 일입니다. 선한 일을 하겠다고 발 벗고 나서서 첫 번째 하는 일이 악한 일입니다. 왜냐하면 좋은 일은 하고 싶고 선한 일은 하고 싶은데 아무 것도 가진 것이 없습니다. 그래서 제일 먼저 하는 일이 돈 끌어 모으는 일입니다. 기부를 강요하고 물건을 강매하고 후원을 떠맡기는 식입니다.

인간의 원리로는 은혜와 감사를 논할 수 없습니다. 내가 수고 했는데 무슨 은혜이고, 내가 열심을 내고 내가 잠을 줄이고 먹을 것 줄이고 놀 것 줄이면서 희생과 고생을 했는데 누구에게 감사를 해야 할 이유가 없습니다. 인간의 원리로 인간들이 바라는 욕망을 채울 수는 있습니다. 인간의 원리로 인간들이 바라는 행복한 삶, 평안한 삶, 자유로운 삶, 더불어 함께 하는 삶을 이룰 수 없습니다. 기독교는 인간의 열심이 역사를 이루고 기적을 이룬다고 말하지 않습니다. 기독교는 인간의 수고를 말하지 않고 하나님의 일하심을 선포합니다. 하나님이 일하셨습니다. 기독교는 하나님의 일하심을 전제로 인간을 향한 하나님의 은혜를 선포합니다. 그래서 기독교에는 차별과 우열과 갈등과 분쟁이 발생할 수 없습니다. 오직 은혜요 오직 감사라는 말만 할 수 있을 뿐입니다. 기독교의 원리, 하나님의 원리를 성막 사건을 통해 확인해 보도록 하겠습니다.

## 성막 제작

### 여호와께서 명령하신 대로

출애굽기 36장부터 성막이 지어지는 모습이 기록되어 있습니다. 그 시작이 아주 단호합니다. 36장 1절 "브살렐과 오홀리압과 및 마음이 지혜로운 사람 곧 여호와께서 지혜와 총명을 부으사 성소에 쓸 모든 일을 할 줄 알게 하신 자들은 모두 여호와께서 명령하신 대로 할 것이니라"입니다. 강조점은 "여호와께서 명령하신 대로 할 것"입니다. 그리고 36장 2절부터 37, 38장에 걸쳐 성막의 모든 기구를 만들었다는 보고가 나옵니다. 39장에 제사장 의복에 대한 보고가 나오고 39장 32절 이하에 성막에 대한 종합적인 완성보고가 나옵니다. 이때 성막이 만들어진 것을 보고하는 대목에서 가장 반복되는 표현이 "여호와께서 명령하신 대로 하였더라"입니다. 39장 5, 7, 21, 26, 29, 31, 32, 42, 43절과 40장 16, 19, 21, 23, 25, 27, 29, 32에서 반복됩니다. 시작할 때 "여호와의 명령하신 대로 할 것"이 강조되었고 완성했을 때 "여호와의 명령하신 대로 하였더라"고 보고하고 있습니다.

죄인들은 의도하지 않은 엉뚱한 문제를 유발하는 경우가 많이 있습니다. 요사이 교육은 창의성이 강조되고 있습니다. 창의성이 강조되면 새로운 시도, 기발한 사고를 도입해 보라고 권면하는 것입니다. 그 말은 창의성을 강조하는 말이지 기존 사고를 거부하라거나 이전의 것은 낡은 것이요 틀린 것이라는 의미가 아닙니다. 창의성이 부각되면 순종적인 것이 매우 진부해 보이고 무능력해 보입니다. 그래서 조금 독창성이 있는 아이들은 일단 말을 잘 듣지 않고 제멋대로 하려고 합니다. 그런데 아무리 창의적이고 독창성이 많고 기존의 말을 듣지 않는 망나니들도 꼭 말을 듣는 상황이 있습니다. 예를 들어 한 아이가 스마트 폰을 샀을 경우 평상시 남의 말이라고는 도무지 듣지 않았을지라도 스마트 폰 매뉴얼의 설명대로 합니다. 스마트 폰을 사용할 때 창의적으로 혁신적으로 행동하지 않습니다. 남들과 다르게 행동하고 싶다고 해서 수영장에 들어가서 수중에서 스마트 폰을 사용하지 않습니다. 남들이 모두 충전기로 충전을 할 때에 자신은 독창적으로 행동하고 싶다고 해서 번개와 우레를 맞아서 충전하겠다고 나서는 사람은 없습니다. 왜냐하면 매뉴얼이 시키는 대로 하는 것이 가장 적절하기 때문입니다.

성경이 "여호와의 명령대로 행하라"고 강조하고 "여호와의 명령대로 되었다"고 강조하는 것은 여호와의 명령, 여호와의 말씀이 가장 옳고 가장 분명하고 가장 좋다는 것을 의미하는 것입니다. 창의성이 요구되지 않는 것, 혁신적 사고가 필요하지 않은 것이 바로 진리입니다. 왜냐하면 이미 진리이기 때문이다. 진리는 말 그대로 진리입니다. 진리는 모든 사람을 위한, 모든 시대를 위한, 모든 지역을 위한 동일한 효과가 있어야만 진리입니다. 하나님의 말씀에 순종하는 것은 자신의 뜻을 포기하는 것이 아니라 진리를 따르는 가장 지혜로운 일입니다.

예수님이 행하신 일 중에 가장 위대한 일은 육신을 입고 강림하신 것이나 바다 위를 걸으신 것이나 오병이어를 행하신 것이 아니라 바로 하나님의 말씀, 하나님의 뜻에 따른 것입니다. 예수님의 가장 아름다운 모습이 하나님의 뜻대로 행한 것입니다. 예수님의 삶에 대하여 구약에 예언이 되어 있습니다. 예언은 구약시대에 선포된 것이고 정작 예수님은 신약시대에 강림하셨습니다. 예언이 선포된 지 적어도 사백 년 이상이 지난 후에 강림하셨습니다. 구약과 신약이 시대가 변하고 상황이 달라졌습니다. 그런데 예수님은 구약에서 하나님이 말씀하신 것을 단 하나도 바꾸지 않습니다. 도리어 강조하여 표현하기를 하나님이 말씀하신 것을 '일점일획이라도 폐하지 아니한다' 고 하였습니다. 예수가 십자가를 지었다는 것보다 우선하는 것이 하나님의 말씀대로 하였다는 것입니다. 십자가를 지는 것도 하나님의 말씀이었기 때문입니다.

### 성경의 강조

성경은 진리를 말씀하고 있고 죄인은 진리에 대해 무지하기 때문에 성경을 읽으면서 늘 성경의 강조점이 오해됩니다. 성경에서 하나님이 하셨다는 것을 강조하는 것은 인간이 행한 것이 아니라는 것입니다. 하나님이 하셨다와 인간이 행한 것이 아니다의 강조점을 왜곡하면 안 됩니다. 하나님이 하셨다고 말한다고 해서 하나님의 전능성만 강조하고 인간이 행한 것이 아니라고 말한다고 해서 인간의 능력을 무시했다고 비판하면 안 됩니다. 또는 하나님의 명령대로 행하라고 말하신다고 해서 하나님의 강압적 지시라고 조롱하면 안 되고, 하나님의 명령대로 행하였다고 말한다고 해서 인간의 무기력한 복종이라고 비아냥을 해서도 안 됩니다. 하나님이 하셨다는 표현은 하나님의 은혜를 의미하는 것이고, 인간이 행한 것이 아니다는 표현은 인간의 차별과 우열이 드러나지 않았다는 것을 의미하는 것입니다.

예수님은 왜 하나님의 뜻에 순종했을까요? 아버지의 뜻을 어길 수 없어서요? 착한 아들이었기 때문입니까? 감히 도전이나 반항을 하면 엄한 징계와 보복이 있을 까 두려워서였을까요? 예수님이 하나님의 뜻에 순종한 것은 하나님의 뜻이 진리이었기 때문입니다. 교회는 새로운 원리, 새로운 방식, 새로운 내용을 찾는 곳이 아닙니다. 교회는 새로운 인물, 새로운 행사, 새로운 프로그램을 찾는 곳이 아닙니다. 왜냐하면 기독교 자체가, 성경 자체가, 교회 자체가 인간들에게는 늘 새롭고 놀라운 것이기 때문입니다. 죄의 원리와 비교하여 하나님의 원리 자체가 이미 감당할 수 없을 만큼 새로운 것입니다. 새로운 것을 발견하려고 하지 말고 이미 새로운 복음을 배워나가시기를 주님의 이름으로 축원합니다.


## 성막에 대한 평가

성막에 대해 여호와의 명령대로 행하라고 강조하셨고, 여호와의 명하신 대로 행하여졌습니다. 드디어 하나님의 말씀대로 성막이 지어졌습니다. 성경에서 아주 재미있는 것은 성막에 대한 평가가 단 한마디도 없다는 것입니다. 성막을 지은 자들의 수고에 대하여도 언급하지 않고, 지어진 성막에 대하여도 아무런 언급을 하지 않습니다. 성막이 아주 컸더라, 성막이 아주 아름답더라, 성막이 아주 웅장하더라는 어떠한 평가가 없습니다. 성막보다 더 신령한 것은 전무후무하더라는 찬사가 없습니다. 성막이 애굽의 어떤 신전보다 영험하더라는 비교도 없습니다.

성막에 대한 언급이나 비교가 없다는 것을 다윗의 성전과 대조해보면 뚜렷해집니다. 다윗이 성전을 짓겠다고 다짐하게 된 표면적 이유가 사무엘하 7장 2절에 나옵니다. "왕이 선지자 나단에게 이르되 볼지어다. 나는 백향목 궁에 살거늘 하나님의 궤는 휘장 가운데에 있도다"입니다. 자기는 백향목 나무 궁에 사는데 여호와는 천막에 거하신다는 것입니다. 즉 다윗은 자신의 거주지와 하나님의 거주지를 비교하였습니다. 그리고 백향목 궁이 천막 휘장보다 낫다고 생각한 것입니다. 하나님의 성막이 초라하고 누추하다고 생각한 것입니다. 정작 하나님은 아무 말씀도 하지 않으셨는데 다윗은 그렇게 생각한 것입니다. 하나님의 대답이 사무엘하 7장 5~7절 이하에 나옵니다. "네가 나를 위하여 내가 살 집을 건축하겠느냐? 내가 이스라엘 자손을 애굽에서 인도하여 내던 날부터 오늘까지 집에 살지 아니하고 장막과 성막 안에서 다녔나니 이스라엘 자손과 더불어 다니는 모든 곳에서 내가 내 백성 이스라엘을 먹이라고 명령한 어느 지파들 가운데 하나에게 내가 말하기를 너희가 어찌하여 나를 위하여 백향목 집을 건축하지 아니하였느냐고 말하였느냐?"입니다. 광야에서 성막이 위대하고 백성들의 천막은 초라하다고 말씀하신 적이 없고 예루살렘에서 다윗의 백향목 궁은 화려하고 하나님의 성막은 누추하다고 말씀하신 적이 없습니다.

다윗과 같이 생각한 사람들이 또 있었습니다. 이스라엘이 포로에서 귀환한 후에 스룹바벨을 중심으로 성전을 재건하였습니다. 포로에서 돌아온 사람들이 재건하니 새 성전의 규모가 작았습니다. 다윗의 성전을 기억하고 있는 사람들이 새 성전과 다윗 성전을 비교해 보니 너무 초라

하게 여겨져서 눈물을 흘렸습니다. 그 사람들의 생각을 하나님이 지적하십니다. 학개 2장 3절 "너희 가운데에 남아 있는 자 중에서 이 성전의 이전 영광을 본 자가 누구냐? 이제 이것이 너희에게 어떻게 보이느냐? 이것이 너희 눈에 보잘 것 없지 아니하냐"입니다. 하나님은 초라함을 느끼지 않았는데 백성들은 초라함을 느꼈습니다. 하나님은 스룹바벨 성전 규모와 장식에 대하여 전혀 초라함이나 부끄러움이나 민망함을 가지고 계시지 않습니다. 어차피 하나님은 비교대상이 아니며 어떤 영광과 존귀함으로 하나님의 품격에 맞추어 질 수 있는 것이란 존재하지 않기 때문입니다. 백성들이 초라하다고 느낄 때 하나님이 하신 말씀이 학개 2장 6~9절입니다. "내가 하늘과 땅과 바다와 육지를 진동시킬 것이요 또한 모든 나라를 진동시킬 것이며 모든 나라의 보배가 이르리니 내가 이 성전에 영광이 충만하게 하리라. 만군의 여호와의 말이니라. 은도 내 것이요 금도 내 것이니라. 만군의 여호와의 말이니라. 이 성전의 나중 영광이 이전 영광보다 크리라. 만군의 여호와의 말이니라. 내가 이 곳에 평강을 주리라. 만군의 여호와의 말이니라"입니다. 하나님이 할 수 없어서 작게 만든 것이 아니며 하나님이 재료가 없어서 그렇게 지은 것이 아닙니다.

### 하나님의 평가

다윗이나 백성들이 성전에 대해 평가하였던 것과는 달리 하나님은 성막에 대해 아무런 말씀을 하시지 않습니다. 성막에 대한 평가가 나오지 않는 이유는 성막을 세우는 것이 하나님의 목적이 아니었기 때문입니다. 하나님은 성막이 필요하지 않았고 성막이 있다고 해서 나아질 것이 하나도 없습니다. 성막이 지어졌다는 사실로 인해 변화될 것이 아무 것도 없습니다. 성막이 목적이 아니기에 성막이 지어졌다는 것에 의미를 부여할 아무런 이유가 없는 것입니다. 또 다른 이유는 하나님이 지으셨기 때문입니다. 성막의 설계부터 제작, 완성까지 하나님이 친히 행하셨습니다. 성막이 백성이 하나님을 위해 지어드린 것이 아니라 하나님이 백성에게 제공하신 것입니다. 백성들의 업적으로 치하할 일이 아니었고 하나님이 행하신 것을 하나님이 자화자찬하실 일이 없습니다. 그래서 아무런 평가가 나오지 않습니다.

하나님의 목적은 인간, 사람에게 맞추어져 있습니다. 그래서 창조 즉 세상을 창조하시고 그 세상에 거할 인간을 창조하신 후에 '다 이루었다'고 말씀하셨고, 그 인간이 하나님의 창조 안에서 행복한 삶을 누리는 모습을 보시고 '보시기에 심히 좋았더라'고 말씀하셨습니다. 또 그 인간이 범죄 하자 안타까워하셨고 죄인을 구원하기 위하여 예수 그리스도를 보내셨고, 예수 그리스도가 십자가를 통하여 인간의 죄를 대속하실 때 '다 이루었다'고 말씀하셨습니다. 하나님의 모든 관심은 언제나 인간입니다. 인간이 자유와 평화와 안식과 기쁨과 행복을 누리며 사는 것이 하나님의 관심이요 하나님의 기쁨입니다. 출애굽 사건이나 성막이 지어진 것은 그 자체로서는 아무런 의미가 없습니다. 다만 인간에게 하나님을 알게 하고 하나님의 동행하심을 알게 하여 하나님과 더불어 평안을 누리며 사는 것이 하나님의 유일한 관심이요 목적인 것입니다. 그 하나님이 오늘도 저와 여러분을 향하여 일하시고 계심을 기억하시기 바랍니다.

## 여호와의 영광이 충만하매

### 영광이 임하는 종교

출애굽한 후 두 달 동안 이동하여 시내 산에 도착하였고 시내 산에 십 개월을 머물면서 성막을 지어 일 년이 지났습니다. 그래서 40장 17절대로 "둘째 해 첫째 달 곧 그들 초하루에 성막을 세우니라"입니다. 성막이 지어진후 어떤 역사가 일어난 것도 아니요 하나님이 찬양을 받으시고 존귀를 받으시고 영광을 받으시고 높아지신 것도 아닙니다. 기독교는 인간이 하나님께 영광을 돌리는 종교가 아닙니다. 정 반대로 여호와의 영광이 인간에게 임하는 종교입니다. 성막이 완성되자 40장 34, 35절대로 "구름이 회막에 덮이고 여호와의 영광이 성막에 충만하매 모세기 회막에 들어갈 수 없었으니 이는 구름이 회막 위에 덮이고 여호와의 영광이 성막에 충만함이었으며"입니다. 성막 때문에 여호와가 달라지는 것도 아니고 여호와 때문에 천막이 달라지는 것도 아닙니다. 여호와의 영광이 임하매 이제 성막이 존귀해 진 것도 아니요 갑자기 천 쪼가리가 비싼 것이 된 것도 아닙니다. 아무 것도 달라지지 않았습니다. 성막은 단지 천막일 뿐입니다. 중요한 것은 여호와가 백성과 함께 한다는 사실입니다. 여호와가 영광을 백성에게 나타내었다는 사실입니다.

성전을 지었을 때에도 마찬가지입니다. 다윗이 지은 금 은 보화의 성전 때문에 천막 속에 거한 초라했던 여호와의 품격이 높아진 것이 아닙니다. 열왕기상 8장 10, 11절 "제사장이 성소에서 나올 때에 구름이 여호와의 성전에 가득하매 제사장이 그 구름으로 말미암아 능히 서서 섬기지 못하였으니 이는 여호와의 영광이 여호와의 성전에 가득함이었더라"입니다. 성전 때문에 여호와가 영광스러워 진 것이 아니었고, 여호와 때문에 성전이 영광스러워진 것도 아닙니다. 성전은 그냥 성전이요 건물입니다. 그냥 금 은 보석을 쳐발라 놓은 건물일 뿐입니다. 그래서 나중에 금 은 보석이 수 십 차례 약탈됩니다. 성전이 거룩해져서 성전에 붙은 금과 은을 떼어내는 자는 모두 손에 문둥병이 걸린 것이 아닙니다. 건물은 그냥 건물입니다. 중요한 것은 여호와가 백성과 함께 한다는 것입니다. 여호와가 영광을 백성에게 나타내었다는 사실입니다.

## 인간을 인도하는 종교

성막이 지어지는 사건을 마지막으로 출애굽기가 끝이 납니다. 출애굽기가 성막의 영광으로 끝이 나거나 성막을 지은 백성들에 대한 상급으로 끝이 나는 것이 아닙니다. 마지막 40장 36~38절 이하 "구름이 성막 위에서 떠오를 때에는 이스라엘 자손이 그 모든 행진 하는 길에 앞으로 나아갔고 구름이 떠오르지 않을 때에는 떠오르는 날까지 나아가지 아니하였으며 낮에는 여호와의 구름이 성막 위에 있고 밤에는 불이 그 구름 가운데에 있음을 이스라엘의 온 족속이 그 모든 행진하는 길에서 그들의 눈으로 보았더라"입니다.

출애굽기의 끝은 하나님이 이스라엘과 동행하시며 이스라엘을 인도하시는 장면으로 끝이 납니다. 이것이 성막의 강조점이요 출애굽기의 강조점이요 성경의 강조점입니다. 성막이 지어지고 나서 백성들이 날마다 성전에 예물을 바치며 살았더라가 아니라 하나님이 백성을 인도하였더라입니다. 성막이 지어지고 마치 인간이 성막을 짊어지고 가는 것처럼 생각하시면 안 됩니다. 성경에는 백성이 성막을 지고 가는 일 때문에 어깨에 담이 오고 무릎에 관절염이 왔다는 기록이 없고 백성이 성막 보수공사 때문에 힘들어 했다는 투정이 등장하지 않습니다. 틈만 나면 불평불만과 원망을 쏟아내던 백성들이 성막에 대하여는 단 한마디도 불평이나 원망을 하였다는 기록이 없습니다. 하나님은 하나님 때문에 인간이 힘들어 하도록 만드시지 않으십니다. 정반대로 하나님이 일하심으로 백성을 보호하고 책임지고 돌보시는 것입니다. 출애굽 할 때 구름기둥과 불기둥으로 인도하시던 하나님이 이제는 성막 위에 구름으로 백성을 인도하십니다.

하나님이 인간에게 대접을 받는 것이 아니라 하나님이 인간을 위해 수고하고 노력하는 것이다. 성경을 읽고, 성경을 통해 하나님과 하나님이 행하신 일들을 아시고 하나님의 마음과 개념과 원리와 가치를 아시

고 하나님의 말씀대로 행하셔서 자유와 평안과 안식과 기쁨과 행복의
삶을 풍성히 누려 가시기를 주님의 이름으로 축원합니다.